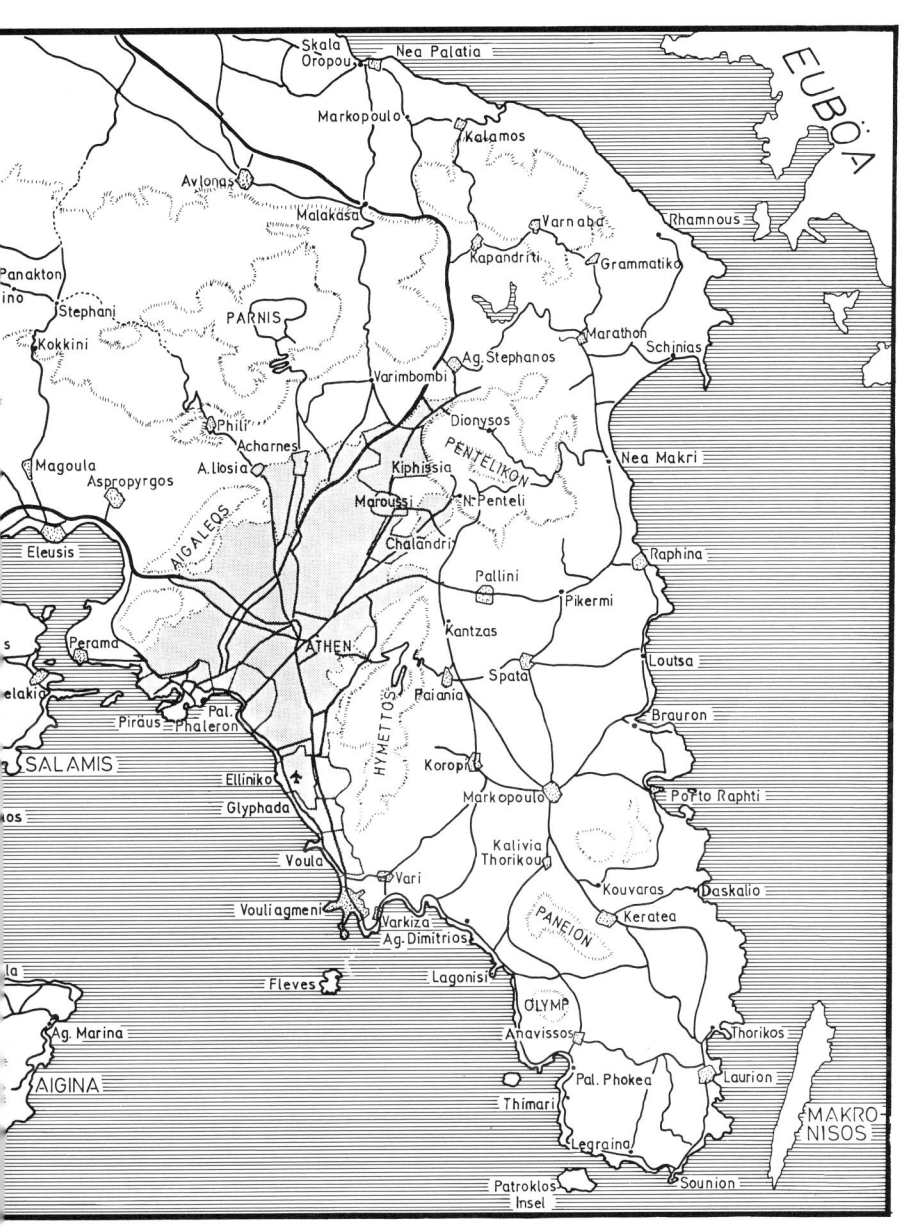

Hans Rupprecht Goette

ATHEN – ATTIKA – MEGARIS

Hans Rupprecht Goette

ATHEN – ATTIKA – MEGARIS

Reiseführer
zu den Kunstschätzen und Kulturdenkmälern
im Zentrum Griechenlands

1993

BÖHLAU VERLAG KÖLN WEIMAR WIEN

Den Griechenland-Kennern
A., L., B. und K.

Die Deutsche Bibliothek – CIP-Einheitsaufnahme

Goette, Hans Rupprecht:

Athen – Attika – Megaris. Reiseführer zu den Kunstschätzen und
Kulturdenkmälern im Zentrum Griechenlands / von Hans Rupprecht
Goette. – Köln, Weimar, Wien.
Böhlau, 1993
ISBN 3-412-03393-6

Abbildung auf Einband:
Vorn: Aigosthenai, Kastell. Hinten: Athen, Akropolis

© 1993 by Böhlau-Verlag Köln
Alle Rechte vorbehalten

Satz: Dr. Martin Kreeb, Nea Makri
Lithos: Litho Köcher, Köln
Druck und Bindung: Danuvia Druckhaus Neuburg GmbH
Printed in Germany
ISBN 3-412-03393-6

INHALTSVERZEICHNIS

VORWORT

Danksagung

Die Idee zu diesem Führer entstand während eines mehrjährigen Aufenthaltes in Griechenland. Bei zahlreichen Besichtigungsreisen wurde deutlich, daß trotz der großen Zahl deutschsprachiger Reiseliteratur, die zum Thema Griechenland (bzw. Athen, Attika und Megaris) auf dem Markt ist, kein Führer in ausreichender Weise den Bedarf nach wissenschaftlich verlässlicher Information, verbunden mit korrekten Wegbeschreibungen sowie der Besprechung minder bekannter Orte, zu decken vermochte. Das vorliegende Buch versucht, diese Lücke zu schließen.

Bei der Erarbeitung des Reiseführers standen mir die Bibliothek und die Photosammlung des Deutschen Archäologischen Instituts in Athen zur Verfügung. Diese Unterstützung sowie die anregenden Gespräche mit Kollegen in jenem Haus, für die ich sehr dankbar bin, sind dem Führer zugute gekommen. V. von Eickstedt, der mir seinen Stadtplan des Piraeus mit den Eintragungen der antiken Bebauung zur Verfügung stellte, fühle ich mich besonders verpflichtet. Wertvolle Hinweise steuerten zudem I. Bogun, K. Fittschen und M. Heiber bei. Den Satz des Textes verdanke ich meinem Freund M. Kreeb. Ohne die intensive Anteilnahme und Hilfe meiner Frau bei der Vorbereitung und Ausarbeitung dieses Führers wäre mir seine Fertigstellung nicht möglich gewesen; in Erinnerung an viele gemeinsame Besichtigungsreisen der letzten Jahre widme ich ihr dankbar dieses Buch.

Hinweise für den Leser

Der vorliegende Führer behandelt die Herzlandschaft Griechenlands und stellt ihre kulturellen Sehenswürdigkeiten im historischen Rahmen vor. Die Beschreibung der einzelnen Orte ist so angelegt, daß sich eine sinnvolle Reihenfolge praktikabler Touren ergibt. Viele Besichtigungsstätten sind am besten und bequemsten mit einem Auto zu erreichen; wer auf diese Reiseart verzichten möchte, muß selbst heute, da das Netz der öffentlichen Verkehrsmittel eng ausgebaut ist, viel Zeit aufwenden und häufig längere Wanderungen einplanen; man wird dabei zwar intensivere Eindrücke von Griechenland gewinnen, auch mehr Kontakt zur Bevölkerung bekommen, jedoch muß man dann bei beschränkter Reisezeit das Besichtigungsprogramm sorgfältiger planen. Welche Form des Reisens man auch immer wählt – der Führer soll dem interessierten Individualreisenden Informationen zu den Kunst- und Kulturdenkmälern geben und ihm sowohl die Wahl der Reiseroute als auch die Orientierung im Lande erleichtern. Die allgemeinen Texte zur Geschichte und Entwicklung der einzelnen Stätten sind insbesondere zur

Vorbereitung zu Hause gedacht; dagegen sind die daran angeschlossenen Beschreibungen, die meist einem Rundgang folgen, als Lektüre vor Ort konzipiert. Fett gesetzte Zahlen beziehen sich auf die im Text gedruckten Pläne und Abbildungen. Eine Karte von Attika (**1**) findet sich im vorderen, eine Karte des Piraeus (**40**) im hinteren Vorsatzblatt. Derjenige Reisende, der seine Besichtigungen auf Denkmäler bestimmter Epochen oder auf einzelne Kunstgattungen konzentrieren möchte, mag sich diese anhand der chronologischen Liste (s.S. 305-308) auswählen und ihre Behandlung im Führer über die Ortsregister auffinden.

ATTIKA UND MEGARIS

Athen und Piraeus

1. STADT UND GESCHICHTLICHER ÜBERBLICK

Die Stadt Athen lernt der Reisende heute als eine unüberschaubare Fläche
eintöniger Betonarchitektur kennen, die das gesamte Becken zwischen den
Gebirgszügen Aigaleo im Westen, Parnis und Penteli im Norden und Hymettos im Osten sowie dem Meer im Süden füllt. Eigentlich handelt es sich
um viele Dörfer mit jeweils eigenen Namen, die erst in den letzten Jahrzehnten um das Zentrum Athen zu einer Großstadt zusammenwuchsen. Die
Griechen selber verstehen unter 'Athen' nur das umgrenzte Viertel rund um
die Akropolis, insbesondere das Gebiet nördlich der alten Burg.
Die Gründe für das Entstehen einer riesigen 'Betonwüste' sind schnell
genannt. Nachdem Athen noch 1834, als es die Hauptstadt des Königrei-
ches Griechenland wurde, ein kleiner Ort war (*Taf. 1,2; 2; 8,2*), wuchs es
in mehreren Schüben zur Millionenstadt: Nach 1922, als viele Griechen die
Städte an der kleinasiatischen Westküste verlassen mußten, lebten hier schon
ungefähr eine halbe Million Einwohner, und seit dem 2. Weltkrieg, insbesondere seit den frühen sechziger Jahren, trieb die Landflucht immer mehr
Menschen von den Dörfern und Inseln in die Städte. Die landwirtschaftlichen Gebiete veröden, in den Dörfern findet man überwiegend Menschen
der älteren Generation, während die Ballungszentren mit Wohnungsnot,
städtebaulichem Chaos, starker Luft- und Meeresverschmutzung sowie Was-
serarmut konfrontiert sind. In extremem Maße betrifft dies natürlich die
größte griechische Stadt, Athen mit sämtlichen Vororten, wo heute mit rund
4 Mio. Griechen etwa 40% der Bevölkerung des ganzen Landes lebt.
Eine 'Betonwüste' also? Das ist es ganz gewiß nicht, was der Athen-Rei-
sende erwartet, und es ist auch nur vordergründig das, was er vorfindet.
Denn aus der amorphen Masse der modernen Großstadt ragt so weithin sichtbar und bestimmend der schroffe Akropolis-Felsen auf, daß sofort nach-
drücklich die Spuren der Antike ins Blickfeld gerückt werden, die auf diesem Stadthügel und um ihn herum so vielfältig in Erscheinung treten und
damit Athens Bedeutung für die Kunst- und Kulturgeschichte Europas unmittelbar begreifen lassen. Aber auch inmitten der modernen Stadtbebauung,
die in jüngster Zeit erfreulicherweise in manchen Bereichen vom Autoverkehr befreit wurde, kann der Besucher auf seinen Spaziergängen viel Reiz-
volles finden: Sehenswerte byzantinische Kirchen (*Taf. 11; 14,1; 15*), architektonisch interessante neoklassizistische Häuser (*Taf. 12,2*) und Villen oder
auch die Altstadt, die Plaka, mit ihren engen Gassen und der lärmenden
Geschäftigkeit der Händler und Handwerker (*Taf. 10*). Beeindruckend ist

schließlich auch die topographische Situation der Metropole insgesamt mit ihren Gebirgszügen und den einzelnen Stadthügeln, von denen man einen ordnenden Überblick über das Häusermeer bis zu den Rändern des Beckens von Groß-Athen und über den Saronischen Golf mit den Inseln Aigina und Salamis hat.

Diese geographischen Gegebenheiten waren es, die die Menschen der Vorzeit veranlaßten, hier zu siedeln: die verkehrstechnisch günstige Nähe zum Meer, das fruchtbare Land der Ebene und die Hügel als sichere Rückzugsorte. Derartige topographische Situationen haben im ganzen Mittelmeerraum zu Siedlungszentren geführt; man findet sie immer wieder bei griechischen Gründungen, seien es Orte in Griechenland selbst, seien es Kolonien wie z.b. Nizza oder Marseille.

Auf dem Felsen der Akropolis, dem schroffsten Hügel in der Ebene, sind dementsprechend Siedlungsspuren in Form von Keramik seit der Wende vom 4. zum 3. Jahrtausend nachgewiesen. Baureste stammen erst aus der mykenischen Zeit, als die Burg mit einer dicken Festungsmauer umgeben war und den Palast des Königs trug. Zwischen dem 11. und 8. Jahrhundert wurde die gesamte Ordnung auf der Balkanhalbinsel durch das Eindringen nördlicher Hirtenstämme zerstört; in dieser Zeit, den sog. Dunklen Jahrhunderten, wurde Attika – in Athen scheint es keine Kontinuität gegeben zu haben – ebenso wie das übrige Griechenland von Wirren heimgesucht. Erst im 8. Jahrhundert tritt uns eine neue Ordnung entgegen: Adelsgeschlechter bestimmten die Geschicke des Stadtstaates, die Burg wurde zum kultischen Zentrum und verlor nach und nach ihre Bedeutung als Herrschersitz. Dank der antiken Historiographie lassen sich von diesem Zeitpunkt an die wichtigsten Entwicklungen der griechischen Geschichte gut verfolgen – sie sollen hier im Hinblick auf Athen und im Zusammenhang mit seiner beherrschenden Stellung in Attika nur in den gröbsten Zügen skizziert werden.

Rechtssicherheit schaffte am Ende des 7. Jahrhunderts die Aufzeichnung der geltenden, strengen Gesetze durch Drakon (624 v.Chr.), die durch Solon (594 v.Chr.) reformiert und in eine erste Verfassung überführt wurden. Ergebnis war die Einteilung der Bevölkerung in Klassen entsprechend ihrem Grundbesitz. Zwischen 560 und 510 v.Chr herrschten die Peisistratiden in Athen, eine Adelsfamilie aus Brauron, als 'Tyrannen' (=Alleinherrscher, zunächst ohne negative Wortbedeutung) und führten die Stadt zu einer ersten Blüte. Nach der Vertreibung des letzten Sohnes des Peisistratos reformierte Kleisthenes die solonische Verfassung (508/507 v.Chr.) und bereitete somit die attische Demokratie vor: Attika wurde in 30 Teilgebiete (Trittyen) gegliedert, von denen jeweils drei geographisch unabhängige zusammen eine Phyle (Volks-Abteilung) bildeten. Die zehn Phylen, die jeweils aus mehreren Demen (Gemeinden) bestanden, entsandten je einen Strategen (Feldherrn) und je 50 Bouleuten (Ratsmitglieder). Zehnmal im Jahr wechselte der Vorsitz im Rat, der die Staatsgeschäfte Attikas bestimmte. Gegen die Gefahr, daß ein einzelner Politiker die Macht an sich reißen könnte, wurde – vielleicht ebenfalls schon unter Kleisthenes, vielleicht wenig später – das Scherbengericht (Ostrakismos) eingerichtet: Eine allzu mächtige Persönlichkeit konnte durch eine Abstimmung der Volksversammlung (die 'Stimmzettel' waren die Scherben zerbrochener Gefäße mit den eingeritzten Namen) für zehn Jahre in die Verbannung geschickt werden. In den folgenden Jahrzehnten beherrschten die Kriege gegen die Perser die Geschichte: Im Jahre 490 v.Chr. schlugen die Athener zusammen mit den Platäern die persische Übermacht bei Marathon, zehn Jahre später (480 v.Chr.) besiegte eine griechische Flotte von schnellen und wendigen Dreiruderern in der Seeschlacht von Salamis die persische Übermacht. Zuvor hatten die Spartaner unter Leonidas' Führung bei den Thermopylen vergeblich das persische Heer aufzuhalten versucht; ein Jahr später ging bei Platää auch das griechische Landheer als Gewinner aus der Schlacht hervor. Athen, der eigentliche Sieger der Perserkriege, gründete 477 v.Chr. den delisch-attischen Seebund als Verteidigungsgemeinschaft gegen die Perser; die Bündner hatten zunächst Schiffe zu stellen und konnten sich später von dieser Verpflichtung durch Abgaben an die Bundeskasse befreien, die 454 v.Chr. vom Apollon-Heiligtum auf Delos nach Athen verlegt wurde. Diese Mittel sowie die Erträge aus den Silberminen bei Laurion waren die finanzielle Grundlage für die Blütezeit Athens seit 460 v.Chr. unter der Führung des Perikles (ca. 500 bis 427 v.Chr.), in der die berühmten Tempel auf der Akropolis und in ganz Attika errichtet wurden und die Kunst in Skulptur und Malerei (fast nur als Reflexe in der Vasenmalerei bekannt) 'Klassisches' hervorbrachte. – In der Politik stellte sich Athen mit seiner radikalen Demokratie in immer schärferen Gegensatz zu den aristokratisch geführten Stadtstaaten unter der Leitung Spartas. Der Konflikt um die Vorherrschaft über Griechenland gipfelte zwischen 431 und 404 v.Chr. im Peloponnesischen Krieg, aus dem Sparta als Sieger hervorging und '30 Tyrannen' als Herrscher in Athen einsetzte, die am Ende des 5. Jhs. die demokratische Politik und ihre Vorkämpfer in Athen zu vernichten suchten. Im 4. Jh. bestimmte zunächst die Rivalität zwischen Sparta, Theben und Athen die Geschichte: Mehrere Kriege und Schlachten mit unterschiedlichen Bündnissen griechischer Stadtstaaten erschütterten das Land. Philipp II. von Makedonien erkannte die Schwäche der anderen Staaten und erlangte durch den Sieg von Chaironeia (338 v.Chr.) die Vorherrschaft in Hellas. Nach seiner Ermordung 336 v.Chr. regierte sein Sohn Alexander (d.Gr.) bis 323 v.Chr. und erweiterte sein Reich durch Feldzüge bis weit nach Osten (Indien) und Süden (Ägypten). Doch nach seinem Tod zerfiel das Weltreich, seine Generäle und deren Nachfolger (Diadochen) teilten es in mehrere Staaten auf, die in fortwährender Konkurrenz standen. In den Jahrhunderten des Hellenismus bis zum Eingreifen der Römer in Griechenland (323–146 v.Chr.) entstanden daher neben Athen zahlreiche neue Zentren des politischen und kulturellen Lebens im östlichen Mittelmeerraum. Athen lebte unter verschiedenen Herrschern vom

Glanz vergangener Tage; große Stiftungen an das 'klassische Vorbild' durch hellenistische Könige prägten das Stadtbild. – Nach einem Aufstand der Griechen gegen die aufstrebende Macht Rom wurde Griechenland zur römischen Provinz Macedonia (146 v.Chr.). Die griechische Kultur blieb nicht ohne Wirkung auf die neuen Herrscher und breitete sich dadurch – insbesondere in der römischen Kaiserzeit – über den ganzen Mittelmeerraum aus. Zahlreiche römische Politiker studierten in Athen an den berühmten Philosophen- und Rhetorenschulen, und auch einige Kaiser waren Griechenland und speziell Athen verbunden; in der Kunst wurden Bildformen, Dekorationsschemata und andere Schmuckelemente übernommen und zu Eigenständigem verarbeitet. Römische Herrscher erwiesen durch Stiftungen von Bauten und Denkmälern sowie durch Besuche Athen ihre Reverenz und konnten sich gleichzeitig als Nachfolger der Großen der griechischen Geschichte darstellen; besonders Augustus, Nero und Hadrian sind hier zu nennen. Auch reiche Privatleute wie Herodes Atticus (2. Jh. n.Chr.) folgten diesem Vorbild. Der beginnende Verfall des Römischen Reiches schwächte auch die Bedeutung Athens als geistiges Zentrum, und der Einfall des germanischen Stammes der Heruler im mittleren dritten Jahrhundert n.Chr. besiegelte weitgehend den Niedergang der Stadt. Aus dieser Zeit und den folgenden Jahrhunderten beeindrucken fast nur noch Befestigungsbauten, die allerdings aus dem Material älterer, abgetragener oder bereits zerstörter Bauwerke zusammengefügt wurden. – Unter Konstantin d.Gr. (312 n.Chr.) wurde das Christentum zur Staatsreligion erklärt und die Hauptstadt des Römischen Reiches nach Konstantinopel verlegt. Die heidnischen Philosophenschulen und Tempel wurden unter Theodosius (379–395 n.Chr.) bzw. unter Justinian (527–565 n.Chr.) geschlossen. Für Jahrhunderte versank die Stadt in Bedeutungslosigkeit.

Griechenland wurde zum Spielball fremder Mächte: Im 13. Jh. teilten fränkische Kreuzritter das Land unter sich auf. 1456 wurde Athen von den Türken eingenommen, die in den folgenden Jahrhunderten während ständiger Kämpfe mit den Venezianern das Land veröden ließen; ihre Herrschaft konnte erst in den Befreiungskriegen von 1821 bis 1830 mit Hilfe der Großmächte Frankreich, Großbritannien und Rußland abgeschüttelt werden. Entsprechend einem Beschluß der Großmächte in London, dem die griechische Nationalversammlung zustimmte, wurde der Wittelsbacher Prinz Otto I., ein Sohn Ludwigs I., als König eingesetzt; Athen, das damals etwa 300 Häuser umfaßte, wurde im Jahre 1834 zur Hauptstadt erklärt. Seit 1830 begannen die ersten systematischen Erforschungen der antiken Denkmäler, der Ausbau der Stadt (**2**) wurde von bayerischen und preussischen Architekten (u.a. Klenze, Schinkel, Ziller) geplant und nach neoklassizistischen Mustern vorgenommen (*Taf. 1,2; 2*). In den Balkankriegen 1912–1913 gewann Griechenland Epirus, Teile Makedoniens, Kreta und Samos zu seinem Staatsgebiet hinzu. Nach einem verlorenen Feldzug gegen die Türkei mußten 1922 ca. 1,6 Millionen Griechen Kleinasien verlassen und flüchteten in das Mut-

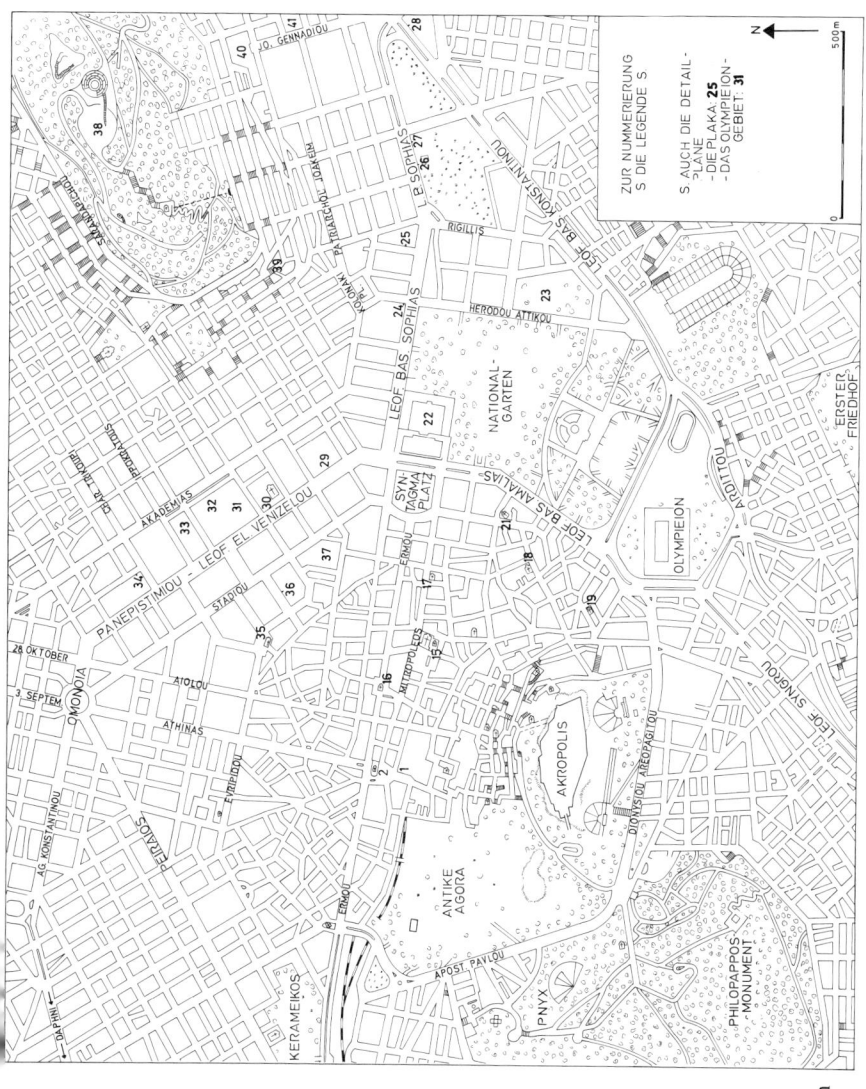

2 Plan vom historischen
Zentrum Athens

VEDUTA DEL CAST: D'ACROPOLIS DALLA PARTE DI TRAMONTANA.
308

3 Bombardierung und Explosion der Akropolis, September 1687 (F. Fanelli,
Atene Attica ... 1707)

terland. Im Zweiten Weltkrieg besetzten Italiener und Deutsche das Land.
Im Jahr 1967 löste eine Militärregierung die konstitutionelle Monarchie
unter König Konstantin II. ab und rief 1973 die Republik aus. Am 25.11.
desselben Jahres wurde der Diktator (Staatspräsident) Papadopoulos gestürzt;
1974/5 bildete sich eine demokratische Regierung unter dem Ministerpräsidenten K. Karamanlis, die eine neue Verfassung verabschiedete. 1981 trat
Griechenland der europäischen Gemeinschaft bei; bis 1989 regierten die
Sozialisten des Ministerpräsidenten A. Papandreou, im Herbst 1989 wurden sie durch eine bürgerliche Regierung unter K. Mitsotakis abgelöst.

2. DIE AKROPOLIS VON ATHEN (4.5)

Der Akropolis-Felsen stellte sich in der Frühzeit der Besiedlung von Attika nicht so dar wie heute: Trotz seiner steilen Abhänge wirkte er ohne die
hoch aufragenden Mauern an seinen Süd-, Ost- und Westseiten kaum so
schroff. Die Fläche auf dem Felsen war kleiner und uneben, denn es fehlten sowohl die Abarbeitungen der Oberfläche als auch die Anschüttungen
und Terrassierungen. Wahrscheinlich bedeckte den Berg noch eine Erdschicht mit Pflanzenbewuchs, zwischen dem die einfachen Hütten der prähistorischen Bewohner zu rekonstruieren sind. Diese Phase der Besiedlung
bezeugen lediglich in Felsspalten gefundene Scherben.

Regelrechte Architektur, von der heute noch Reste sichtbar sind, stammt aus mykenischer Zeit. In dieser Epoche war der Felsen der Standort eines Palastes, nach dem Mythos handelte es sich um die Residenz der Könige Erechtheus und Aigeus. Von diesen Gebäuden sind geringe Spuren in Form von Felsfundamentierungen im Bereich des späteren Erechtheion und des Alten Athena-Tempels gefunden worden. Die Burg war – wie alle vergleichbaren mykenischen Adelssitze – zu jener Zeit von einer mächtigen Mauer (**4**,5) umgeben, die aus großen, sehr kunstvoll gefügten Steinblöcken errichtet war; ein gut erhaltenes Stück dieser Festungsanlage steht noch heute südlich der Propyläen; es trennt den Bezirk der Athena Nike von dem Südflügel des klassischen Eingangsbaues zur Akropolis (**5**); Teile der Mauer sieht man in zwei Gruben auf der Südseite des Parthenon. An der Stelle des Niketempels ragte ein Turm auf; hier war den Athenern der Klassik ihre mythische Vorzeit so wichtig, daß sie innerhalb der Verschalung des Nike-Tempel-Unterbaues einen Block absichtlich aussparten, damit man an dieser Stelle einen Rest des mykenischen Bauwerkes sehen kann. Zur Sicherung der Wasserversorgung diente eine Quelle im Fels, zu der am Nordabhang eine versteckt angelegte Treppe hinabführte. Daneben existierte ein einfacher, schmaler Aufgang unterhalb des späteren Erechtheion (**12**,33) und ein weiterer am Südabhang, den einige in den Fels geschlagene Stufen belegen. Sie beginnen oberhalb des Dionysos-Theaters und führen zur Südostecke der Akropolis hinauf.

Spätestens in der Archaik (6. Jh. v.Chr.) wandelte sich die Burg vom Herrschersitz zum Kultzentrum der Stadt. Mittelpunkt des Heiligtums war ein Athena-Tempel, dessen Fundamente heute noch südlich des Erechtheion gut erkennbar sind, mit einem vor der Ostfront gelegenen Altar (**4**,3); an seiner Stelle lag in früheren Zeiten ein geometrisches Tempelchen. Als repräsentativen Ersatz nahmen während der zweiten Hälfte des 6. Jhs. offenbar die Peisistratiden diesen Großbau für Athena Polias in Angriff und ließen ihn mit einem marmornen Giebelschmuck ausstatten (*Taf. 3,1*). Funde in den Planierungsschichten und den Fundamenten klassischer Bauten weisen auf verschiedene weitere Gebäude hin: Es standen offensichtlich mehrere kleine Schatzhäuser auf der Burg, die z.T. üppig ausgeschmückt waren und Weihgeschenke von reichen Stiftern bewahrten. Größerer Giebelschmuck wie z.B. der 'Dreileibige' (s.s. 38) werden darüber hinaus einem solonischen Athena-Tempel zugeordnet, von dem nur wenige Fragmente des architektonischen Aufbaues erhalten sind. Daraus kann man schließen, daß auf der Burg in der ersten Hälfte des 6. Jhs. auch noch ein anderer Kultbau stand. Zwar fehlen Fundamente eines größeren Bauwerkes, doch spricht für diese Annahme eine Inschrift aus der späten Archaik, die einen Hekatompedon, also einen Hundertfuß-Tempel erwähnt. Anhand der Fragmente von Architekturgliedern und Giebelschmuck nimmt der überwiegende Teil der älteren Forschung an, daß dieser an der Stelle des späteren Parthenon gestanden hat (daher 'Ur-Parthenon' genannt) und ein zweiter Athena-Tempel,

4   Die Akropolis von Athen kurz vor 480 v.Chr.
1: Propyläen; 2: Altar der Athena Nike; 3: Alter Athena-Tempel; 4: Vor-
Parthenon; 5: Pelargikon; 6: Pandion-Bezirk; 7: Brunnenhaus; 8: Dionysos-
Tempel am Südabhang

nämlich für Athena Parthenos, gewesen sei. Andere Archäologen meinen
jedoch, der spätere Parthenon habe keine kultisch-religiöse Funktion gehabt,
und deshalb sei ein Bau mit einer solchen Bestimmung auch in älterer Zeit
an seinem Platz nicht anzunehmen; demnach habe es sich beim Hekatompedon vielleicht nur um einen abgegrenzten Bezirk, in dem Weihgaben an
die Schutzgottheit Athens aufgestellt waren, gehandelt. Sichere Aussagen
sind über den Hekatompedon z.Zt. (ohne Ausgrabungen unter dem Parthenon) nicht zu machen. Doch sprechen viele Einzel-Indizien für die ältere
Hypothese. Wichtig ist besonders die Beobachtung, daß die großen Tempel
auf der Akropolis – Alter Athena-Tempel, Vor-Parthenon, Parthenon und
Erechtheion, jeweils einen zweiten Cella-Raum haben, der offenbar kultische Funktion hatte. Außerdem läßt sich zeigen, daß alle archaischen Heiligtümer im Zentrum der Burg mit ihren Ostseiten in einer Flucht lagen –
erst der Vor-Parthenon brach aus dieser Phalanx aus. Auch dies spricht dafür,
daß alle diese Bauten kultische Aufgaben hatten, und es läßt sich vermuten,
daß der Hekatompedon-Bau ebenfalls auf dieser Linie seine Front hatte.
Und daß neben der Stadtgöttin (Polias) auch eine 'jungfräuliche' Athena
(Parthenos) verehrt wurde, ist unzweifelhaft. Problematisch ist nur die Tatsache, daß bislang auf der Ostseite des Parthenon kein Altar entdeckt wurde;
vielleicht vollzog man die Kulthandlungen auf einem gemeinsamen Athena-
Altar vor dem Alten Tempel?

Die Akropolis erhielt unter der Herrschaft der Peisistratiden (561–510 v.Chr.)
ein entscheidend neues Aussehen. Das Adelsgeschlecht, das als letztes in
der Nachfolge mykenischer Herrscher einen Wohnsitz auf der Burg hatte,
betrieb eine gezielte Baupolitik: Neben der Errichtung des Alten Athena-
Tempels (**4**,3) führten die Peisistratiden den Artemis-Kult ihres Heimat-
ortes Brauron im östlichen Attika in Athen ein und errichteten ein Brauronion (**5**,8) direkt östlich des westlichen Aufganges zur Burg. Daneben muß
es einen Ausbau der Mauern und des Zuganges zur Akropolis (**4**,1) gegeben haben. Und auf der Südwestecke des Hügels wurde – wohl bei der Gründung des Panathenäischen Festes 566 v.Chr. – der Athena Nike ein Altar
errichtet (**4**,2).

Neben diesen Bauwerken wurde das Heiligtum durch eine Vielzahl von
Weihgeschenken geprägt. Es muß zwischen den Adelsfamilien, die die Politik Athens beeinflussten, geradezu einen Wettstreit um die Ausschmückung
der Akropolis gegeben haben; später – gegen Ende des 6. Jahrhunderts –
stifteten auch einfachere Leute der Athena Geschenke: Man stellte nicht nur
bescheidene tönerne Gegenstände oder Geräte wie Kessel und Waffen aus
wertvoller Bronze auf, sondern herausragende Wirkung hatten besonders
die bunt bemalten marmornen Skulpturen in Form von Reliefs und Statuen,
die Pferde, Hunde sowie junge Männer und Frauen darstellten. Die freien
Flächen zwischen den Gebäuden sowie die Stufen der Tempel muß man
sich mit diesen Weihgaben dicht besetzt vorstellen, will man sich ein reali-
stisches Bild von der archaischen Akropolis machen (*Taf. 7,1*).

Nach der Vertreibung der Tyrannen und nach der Heeres- und Verfassungsreform des Kleisthenes erschütterte der erste Einfall der Perser den athenischen Stadtstaat. Der Sieg bei Marathon, der als besondere Leistung der Athener in die Geschichte einging, war Anlaß zu einem baulichen Großprojekt, das die entstehende Demokratie zur eigenen Ehre beschloß: Nach 490 v.Chr. begann man mit der Errichtung großer Propyläen und eines riesigen Bauwerkes zur monumentalen Verherrlichung des Sieges: Auf einem eigens mit ungeheuren Stützmauern geschaffenen Plateau südlich neben dem Alten Athena-Tempel sollte ein Peripteros, der sog. Vor-Parthenon, entstehen, der ionische Bauelemente mit dorischer Architektur kombinierte und gänzlich aus pentelischem Marmor gearbeitet wurde, ein Monument, das wahrscheinlich den Platz des Hekatompedon und dessen Funktion als Kult-Tempel übernahm, jedoch zugleich profanen Zwecken – als Siegesdenkmal und Schatzhaus für die Beute – diente (*Taf. 3,1*). Die Fertigstellung dieser ungeheuren, bis dahin auf dem griechischen Festland nie gesehenen Bauten konnte jedoch nicht gelingen: Die Kunde von dem abermaligen Einfall des Perserheeres nach Griechenland band zunächst die Finanzmittel und dann die ganze Kraft der Athener, um den Feind abzuwehren. Unter Themistokles' Führung überließ man die Stadt Athen dem Feind, der die Burg 480 v.Chr. total zerstörte, die Denkmäler umstürzte, zerschlug und verbrannte. Doch gelang es den Griechen ein weiteres Mal, die persische Übermacht zu besiegen, zunächst in der Seeschlacht bei Salamis, später dann zu Lande bei Plataä und zuletzt bei der Halbinsel Mykale gegenüber von Samos zur See. Die Gefahr schien zunächst gebannt, die Flotte des Delisch-Attischen Seebundes sollte gegen etwaige weitere persische Angriffe sicheren Schutz bieten.

Nach der totalen Zerstörung Athens und der Akropolis blieb das zentrale Heiligtum zunächst wie ein Mahnmal in Ruinen liegen; man widmete sich der Befestigung der Stadt und des Hafens Piraeus. Erst 30 Jahre später begann man mit Aufräumungsarbeiten: Die Akropolisfläche wurde planiert und durch Stützmauern vergrößert; unter den Erdmassen begrub man sowohl die Reste der archaischen Bauten als auch die der Skulpturen, die somit der Gottheit erhalten blieben. Es entstand dadurch eine an Denkmälern reiche Kulturschicht, der sog. Perserschutt, der für die Archäologen als Datierungsgrundlage (vor 480 v.Chr.) von größter Bedeutung ist (*Taf. 7,1*). An diesen archaischen Funden konnten auch erstmals detaillierte Untersuchungen zur farbigen Fassung der antiken Kunst vorgenommen werden: Die reiche Bemalung der Plastik und auch der Bauglieder ist noch heute eindrucksvoll im Museum zu erkennen; sie wurde im Erdboden besser konserviert als an den späteren Bauten und Skulpturen, die über Jahrhunderte hin der Witterung ausgesetzt waren.

Zusätzlich verfolgte man den Gedanken, die Zerstörung der Stadt durch die Perser den Athenern immer mahnend vor Augen zu stellen, und integrierte in der zur Stadt gewandten Nordmauer der Burg Teile archaischer Archi-

tektur (**5**,19): Neben einer Reihe von Säulentrommeln des Vor-Parthenon erkennt man von der Plaka aus Blöcke des Architravs, Metopen und Triglyphen sowie Geison-Teile des Alten Athena-Tempels so geschichtet, wie sie auch am Bau selbst angebracht waren. Weniger deutlich sind die Architekturglieder des sog. Tempels H, der wohl mit dem Hekatompedon zu identifizieren ist, in der Süd- und Südostmauer der Akropolis verbaut. Nach der Planierung des Geländes begann man 448 v.Chr. mit einem Bauprogramm, das im Laufe von nur knapp 50 Jahren – mit mehreren Unterbrechungen während des Peloponnesischen Krieges – zu den uns heute als klassisch bekannten, berühmten Tempeln und Gebäuden der Akropolis (*Taf.* 7,2) und in Attika führte: 448 bis 432 entstand der Parthenon (**5**,12) mit seinem gesamten Skulpturenschmuck an der Stelle des älteren Vor-Parthenon, dessen Funktionen – Tempel der Parthenos, Schatzhaus und Siegesdenkmal – er übernahm; seit 437 bis zum Kriegsausbruch 432 wurden die neuen Propyläen gebaut (**5**,3-5); zur gleichen Zeit wurde der Athena Nike-Tempel geplant und wohl auch begonnen, jedoch erst um 410 mit der Montage eines reliefverzierten Geländers, der Nike-Balustrade, fertig gestellt (**5**,6). Das Erechtheion (**5**,11), das die Funktionen des Alten Athena-Tempels übernehmen sollte, entstand zwischen 421 und 406. Neben diesen Tempeln gab es noch einen Kultbezirk mit einer Umfassungsmauer im Bereich des heutigen Museums, der dem Pandion (**5**,16), einem mythischen attischen Heros, geweiht war. Zudem muß wohl auch das ältere Heiligtum des Zeus erneuert worden sein, das nordöstlich des Parthenon lag (**5**,15). Das peisistratidische Brauronion für Artemis erhielt seitliche Hallen, die einen etwa dreieckigen Hof bildeten (**5**,8). Hier war die von Pausanias überlieferte Bronzestatue des Trojanischen Pferdes aufgestellt, von der die marmorne Basis gefunden wurde. Und auch die Fläche zwischen diesem Artemis-Heiligtum und den Felsstufen westlich des Parthenon wurde bereits in der Klassik für einen Bau genutzt: Eine längsrechteckige Halle, die Chalkothek (Bronzemagazin), beherbergte zahlreiche bronzene Weihgeschenke – ein inschriftliches Inventar aus dem Jahr 353/2 v.Chr. nennt Angriffs- und Verteidigungswaffen, Gefäße und anderes (**5**,9).
Es entwickelte sich also eine Bautätigkeit, die zu ganz unterschiedlichen Architekturformen führte, in ihrer Gesamtheit aber schon bald als einzigartig, vorbildhaft-klassisch angesehen wurde und noch heute unsere Bewunderung verdient. Die enormen künstlerischen Leistungen dieser Epoche in Attika waren nur möglich aufgrund der unerschöpflichen finanziellen Mittel, die insbesondere aus der Kasse des attisch-delischen Seebundes stammten, und aufgrund der sog. radikalen Demokratie, die sich und ihrer Politik mit starkem Selbstbewußtsein ein Denkmal zu setzen verstand: Die Form dieser Bauten war das Ergebnis zahlreicher Verhandlungen und Beschlüsse der stimmberechtigten Vollbürger, die das Projekt ständig beaufsichtigten und die richtige Verwendung der Gelder prüften. Aufgrund von Abrechnungen, die in Stein gemeißelt öffentlich ausgestellt wurden (heute im Epi-

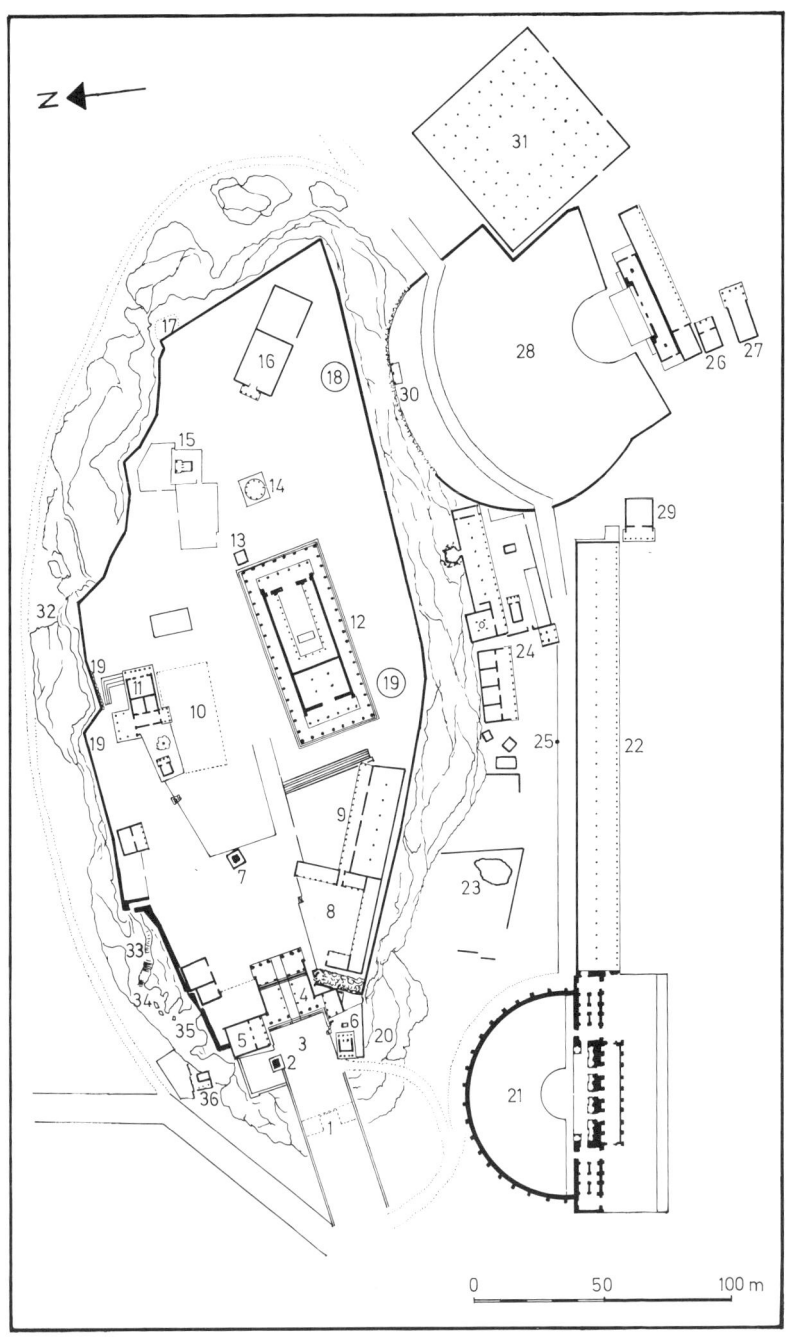

graphischen Museum von Athen), sind wir nicht nur über die Kosten und die Chronologie der Bauten informiert, sondern auch über Fragen der Entlohnung der Arbeiter oder über heute verlorene Ausstattungsgegenstände u.v.a.m. Nach dieser großen Zeit der Hochklassik, nachdem also der Stadtstaat Athen in Kriegen gegen Sparta seine Macht verloren hatte, entstanden auf der Burg keine Gebäude mehr, die aus Anstrengungen der Bürgergemeinschaft resultierten. Wie in Krisen zu allen Zeiten wandte sich das Interesse der Bürger mehr dem Privaten zu: Aufgestellt wurden nun Monumente, die einzelnen Personen gewidmet waren, insbesondere Statuenweihungen für große Politiker und Feldherrn. Im übrigen begnügte man sich mit der Instandhaltung der vorhandenen großen Gebäude.

Erst gegen Ende des 4. Jhs. entstand – im Zuge restaurativer Bemühungen des athenischen Politikers Lykurg – am Akropolis-Südabhang in Nachbarschaft des perikleischen Odeion (**5**,31), einer vielsäuligen überdachten Halle, das große steinerne Theater (**5**,28) im Dionysos-Heiligtum; in diesem führte man – rückwärts gewandt-nostalgisch – die alten Theaterstücke der Hochklassik auf. Kurze Zeit zuvor hatte man einen neuen Tempel für den Gott Dionysos errichtet (**5**,27), der den alten Kultbau ersetzte (**4**, 8; **5**,26). Im Zusammenhang mit den für den Gott stattfindenden jährlichen Theateraufführungen kreierte man auch eine neue Gattung von Denkmälern, die zur Verherrlichung einzelner Personen dienten: Die 'Sponsoren' (Choregen) der Festspiele durften Monumente mit ihren in Stein gemeißelten Namen, sog. choregische Weihgeschenke, errichten lassen, wenn im Wettstreit ihr Stück als gelungene Inszenierung den Siegespreis, einen Dreifuß, erbracht hatte (**5**, 29-30; **15**. **29**).

Ebenfalls im 4. Jh. wurde das erst 419 v.Chr. gegründete Heiligtum des Heilgottes Asklepios als Marmorarchitektur ausgebaut (**5**,24). Es erstreckt sich westlich des Dionysos-Theaters am Südabhang der Akropolis und wurde um ein bereits in archaischer Zeit genutztes Quellhaus (**4**,7) herum mit Hallen und mehreren Tempeln, auch für andere Heil-Gottheiten, angelegt.

---

5 Die Akropolis von Athen mit ihren Abhängen um 180 n.Chr.
   1: (spätantikes) Beulé-Tor; 2: Agrippa-Monument; 3: Rampe; 4: Propyläen; 5: Propyläen-Nordflügel mit Pinakothek; 6: Propyläen-Südflügel mit Athena Nike-Tempel; 7: Standplatz der Athena Promachos; 8: Heiligtum der Artemis Brauronia; 9: Chalkothek; 10: Alter Athena-Tempel; 11: Erechtheion; 12: Parthenon; 13: Pfeiler-Monument; 14: Roma- und Augustus-Tempel; 15: Heiligtum des Zeus Polieus; 16: Heiligtum des Pandion; 17: Belvedere; 18: (neuzeitliches) Museum; 19: Nordmauer mit Spolien des Alten Athena-Tempels sowie Bauglieder des Vor-Parthenon. - 20: Aphrodite-Tempel (?); 21: Odeion des Herodes Atticus; 22: Eumenes-Stoa; 23: Bronzewerkstatt; 24: Asklepieion; 25: Horos-Stein des Brunnenhauses; 26: archaischer Dionysos-Tempel; 27: klassischer Dionysos-Tempel; 28: Dionysos-Theater; 29: Nikias-Monument; 30: Thrasyllos-Monument; 31: Odeion des Perikles; 32: Eros- und Aphrodite-Heiligtum; 33: Treppe; 34: Pan-Heiligtum; 35: Apollon Hypoakraios- und Zeus-Heiligtum; 36: Klepsydra

Im Hellenismus und in der Zeit der Römerherrschaft blieb die Bautätigkeit im Bereich der Akropolis weiterhin beschränkt. Insbesondere das pergamenische Königshaus (2. Jh. v.Chr.) zeichnete sich durch zahlreiche Stiftungen von Bauten und Statuenmonumenten in Athen aus: Auf der Akropolis wurden zwei hohe Pfeilermonumente errichtet, die Viergespanne mit den Statuen der Stifter trugen. Einer dieser Pfeiler, in der frühen Kaiserzeit für den Feldherrn und Schwiegersohn des Augustus, Agrippa, umgewidmet, ist am Eingang zur Akropolis nahezu unversehrt erhalten (**5**,2); ein zweiter, völlig baugleicher stand an der Nordostecke des Parthenon und ist im Laufe der Geschichte in seine Einzelglieder zerlegt worden; auch er wurde später für einen Römer, vielleicht den Kaiser Nero, wiederverwendet (**5**,13). Eine weitere, große Architekturstiftung aus Pergamon ist eine lange, zweigeschossige Halle am Südabhang der Akropolis, die das abfallende Gelände stützt und verschalt (**5**,22). Dieses Geschenk des Königs Eumenes (197–159 v.Chr.) ist heute weitgehend zerstört, nur noch die rückwärtige Stützmauer beeindruckt mit ihren Bogenkonstruktionen. Einen Eindruck von einer derartigen Anlage vermittelt aber die rekonstruierte Stoa auf der griechischen Agora (*Taf. 9,2*), die der Nachfolger des Eumenes auf dem pergamenischen Thron, Attalos II., der Stadt Athen schenkte (**19**,19).

Auf der Burg selbst begannen Bauvorhaben erst wieder in der römischen Kaiserzeit. Unter Augustus (27 v.–14 n.Chr.), der die klassischen Kunstformen in seiner ausgeklügelten und hoch-intellektuellen Kulturpolitik aufgreifen und intensiv verarbeiten ließ, wurden Beschädigungen an den Tempeln und den Propyläen repariert. Doch die Beschäftigung mit der Klassik manifestierte sich auch in einem Neubau, dem Rundtempel vor der Ostfassade des Parthenon, in dem der Herrscher selbst zusammen mit Roma, der Stadtgöttin der neuen Weltmacht, verehrt wurde (**5**,14). Die Einzelformen der Baudekoration sind bei diesem Bauwerk genaue Kopien derjenigen des Erechtheion, ein Charakteristikum der augusteischen Kunstpolitik: denn man findet nicht nur diese Schmuckelemente, sondern z.B. auch Kopien der Erechtheionkoren bei Bauprojekten dieses wie auch anderer Herrscher im gesamten römischen Reich. Desgleichen wurden in den ersten beiden Jahrhunderten n.Chr. intensiv ältere griechische Skulpturen kopiert und überall als Dekorationen von öffentlichen und privaten Bauten aufgestellt, ein weiteres Zeichen für die Vorbildlichkeit der klassischen Akropolis-Kunst.

Ein bedeutendes Bauprojekt im Bereich der Akropolis war die Anlage eines großen, überdachten Theaterraumes (Odeon), der durch den Athener Herodes Atticus initiiert wurde (**5**,21). Dieser reiche Privatmann, der Kontakte zu Kaiser Hadrian, dem Philhellenen, und zum antoninischen Herrscherhaus in Rom unterhielt, stiftete in ganz Griechenland und in Italien öffentliche Bauten und legte private Villenanlagen an, in denen er zu unterschiedlichen Zeiten des Jahres lebte. Das Odeion neben der hellenistischen Eumenes-Halle am Südabhang der Burg muß zwischen 160 und 170 n.Chr. errichtet worden sein und bot etwa 5000 Besuchern Sitzplätze (*Taf. 3,2*).

Im 3. Jh. n.Chr. verlor Athen immer mehr an Bedeutung. Eine letzte Baumaßnahme auf der Akropolis mag den Niedergang der einstigen Kulturstätte widerspiegeln: Als Schutz vor einfallenden Barbarenstämmen umgab man nicht nur die Stadt insgesamt, sondern auch die Burg mit einer Festungsmauer, die weitgehend aus Spolien bestand, also aus Baumaterial abgerissener oder zerstörter älterer Gebäude. So haben sich fast alle Blöcke eines choregischen Monumentes des 4.Jhs. v.Chr. im Westtor zur Akropolis erhalten (**5**,1), aber auch andere Baumaterialien lassen sich bisweilen ihren ursprünglichen Bauten zuweisen und geben somit auch Aufschluß über die Geschichte dieser Denkmäler in der römischen Spätantike. Mit dem Verbot heidnischer Kulte und der Schließung der Tempel in Griechenland unter Theodosius endete die Geschichte der antiken Akropolis-Bauten.

In den folgenden Jahrhunderten wurden an den Monumenten Umbauten vorgenommen: Zunächst entstanden im Erechtheion und im Parthenon christliche Kirchen; letztere wurde während der Türkenherrschaft in eine Moschee umgewandelt. Als die Venezianer unter der Führung ihres Generals Morosini Athen belagerten, nahmen auch die Bauwerke auf der Akropolis erheblichen Schaden, in denen sich die türkische Besatzung verschanzt hatte. Am 27.9.1687 traf eine Kugel aus einem auf dem Philopappos-Hügel aufgestellten Geschütz das Pulverlager der Türken, das im Parthenon untergebracht war; die schreckliche Explosion zerstörte große Teile des bis dahin noch nahezu unversehrten klassischen Bauwerks (**3**). Später errichteten die Türken eine kleine Moschee im nun lichten Innenraum des Parthenon (**14**). Rund um dieses Monument war seit langem ein Dorf entstanden; teils wurden die antiken Tempel umgebaut, teils wurden aus ihrem Mauerverband gelöste Steine zu Hausbauten benutzt und auf der Fläche bisweilen weit transportiert. Die Propyläen waren schon unter den Franken (13. Jh.) in eine Festung verwandelt und zugemauert worden (**6**); vor einem hohen Turm an der Südwestecke des klassischen Eingangsbaues (*Taf. 1,1*) waren in einem Vorwerk z.B. die Steine des Nike-Tempels verwendet worden. – Europäische Bildungsreisende und 'Kunsthändler' des späten 18. Jhs., unter ihnen Lord Elgin, bereisten Griechenland, und es begann neben der Erforschung antiker Kunst und Architektur auch der Erwerb von Skulpturen und Bauteilen von der Akropolis, namentlich großer Teile des Parthenonfrieses, der Giebelskulpturen und einiger Metopen sowie einer Erechtheionkore und einer Ostsäule dieses Tempels.

Nach dem Ende der Türkenherrschaft wurde 1834 damit begonnen, die antiken Bauten wiederherzustellen. Man beseitigte spätere Ein- und Umbauten mit dem Ziel, möglichst den reinen, antiken Zustand zurückzugewinnen (*Taf. 1. 4. 6*). Seit dem ausgehenden 19. Jh. bis 1940 wurde unter der Leitung des griechischen Architekten Balanos Bauwerk für Bauwerk nach damaligem wissenschaftlichem Kenntnisstand restauriert und erforscht. Diese Arbeiten hatten weitgehende Veränderungen des ruinösen Zustandes zur Folge und haben den Eindruck geprägt, den der moderne Reisende von der

6 Die Propyläen von der Südseite, um 1820 (W. Kinnard)

Akropolis erhält. Dies wird deutlich, wenn man Abbildungen vor und nach
den Maßnahmen Balanos' vergleicht. – 1977 sind neue Restaurierungsarbeiten begonnen worden, die nicht nur zum Ziel haben, folgenschwere Fehler
früherer Arbeiten an den Bauten zu korrigieren (z.b. die Beseitigung rosten-
der Eisendübel), sondern auch erstmalig alle erhaltenen antiken Fragmente
– Bauglieder und Skulpturen – wissenschaftlich zu untersuchen und sodann
nach Möglichkeit in ihren ursprünglichen Bauzusammenhang wieder zu
integrieren; so sollen sie wirkungsvoll vor weiterer Zerstörung, insbesondere durch die Folgen der Luftverschmutzung, geschützt werden. Dabei ist
aber keineswegs nur die Wiederherstellung des klassischen Zustandes angestrebt, sondern es soll daneben auch die vielfältige Geschichte mit all ihren
Veränderungen der Denkmäler dokumentiert und in angemessener Weise
dem Betrachter vorgeführt werden. Seit 1988 sind die praktischen Arbeiten
am Erechtheion abgeschlossen, so daß jedem Besucher die Möglichkeit
gegeben ist, die Ergebnisse zu begutachten. Die Arbeiten werden mit großem
Einsatz und Engagement eines Teams griechischer Wissenschaftler und
Handwerker durchgeführt und unterliegen der Aufsicht eines übergeordne-
ten Gremiums, das sich regelmäßig Rat und Gutachten von internationalen
Fachleuten einholt. Wichtig ist dabei die Feststellung, daß alle Maßnahmen,
die bei den jetzigen Restaurierungen durchgeführt werden, rückgängig zu
machen sind, wenn sich dies zu einem späteren Zeitpunkt als notwendig
erweisen sollte.

EIN RUNDGANG ÜBER DIE AKROPOLIS (**4. 5**; *Taf. 3*):

Man steigt heute von Westen (entweder vom Areopag-Hügel oder von der Dionysiou Areopagitou-Str.) zur Akropolis hinauf, löst noch außerhalb des umzäunten Geländes die Eintritskarten und kann dann sowohl oberhalb des Odeion des Herodes Atticus als auch durch die spätantike Befestigung das Ausgrabungsgelände betreten.

Vor der Besichtigung der Monumente ist Grundsätzliches zu bedenken: Durch die zur Erhaltung der Denkmäler dringend notwendigen Restaurierungs- und Forschungsarbeiten sind an vielen Gebäuden Gerüste angebracht und Geräte aufgestellt. Diese behindern zwar einerseits die ungestörte Besichtigung der Monumente, bieten aber andererseits auch die Möglichkeit, einen gewissen Einblick in die Wiederherstellungsmaßnahmen zu gewinnen. Zudem sollte jedermann daran denken, daß auch folgende Generationen noch diese herausragenden Beispiele europäischen Kulturgutes ansehen und kennenlernen wollen – dies wäre ohne die so weit wie möglich eingeschränkten Behinderungen heutiger Besucher sicher bald nicht mehr möglich. Die folgende Beschreibung der Bauten geht auch auf neue Forschungsergebnisse ein, die erst durch die jetzigen Restaurierungen zustande kamen.

Der Haupteingang, das BEULÉ-TOR (**5**,1), das im späten 3. Jh. n.Chr. aus zahlreichen älteren, wiederverwendeten Blöcken errichtet wurde, wird von zwei Türmen gerahmt. Das Tor wurde 1852/3 von dem französischen Archäologen Beulé erforscht und trägt deshalb seinen Namen. Von den Spolien sind besonders die über der Tür verbauten Marmorblöcke eines Architraves, eines Metopen-Triglyphen-Frieses und einer Traufleiste (Geison) von Interesse: Sie sind Teile eines Monumentes in Form eines Tempels mit sechs Säulen an der Front, das ursprünglich am Südabhang der Akropolis, westlich des Dionysos-Theaters stand und einen Choregen, einen Finanzier von Theateraufführungen im Jahre 320/19 v.Chr. ehrte (**5**,29); sein Name – Nikias – und seine Ämter sind auf dem Architrav verzeichnet. Im Inneren des Tores findet man weitere Spolien eingebaut, darunter eine hübsche Statuenbasis mit reliefierten Olivenkränzen, die den Staatsbeschluß für den Geehrten symbolisieren. Daneben stehen einige Marmorskulpturen von Hunden aus dem 4. Jh. v.Chr.

AGRIPPA-MONUMENT (**5**,2; **7**,2): Man hat nun die eindrucksvolle Fassade des Akropolis-Aufganges vor sich: In der Mitte die mächtige, sechssäulige Front der Propyläen, die an den Seiten von zwei nahezu symmetrischen Flügeln gerahmt werden; rechts steht auf einem hohen Turm der zierliche ionische Tempel der Athena Nike, während links unterhalb des nördlichen Flügels ein hoher, pfeilerartiger Sockel aufragt. Dieses Postament aus blaugrauem hymettischem Marmor mit weißen Marmorprofilen trug einst (im mittleren 2. Jh. v.Chr.) das Viergespann eines pergamenischen Königs, dessen Bildnisstatue gegen die des römischen Feldherrn Agrippa ausgetauscht wurde, des Schwiegersohnes und Mitstreiters von Augustus. Bei der Wiederverwendung des Sockels (27–12 v.Chr.) beseitigte man auch fast vollständig die Inschrift, die den Pergamener nannte, und meißelte an ihrer Stelle die neue für Marcus Vipsanius Agrippa ein; bei günstigem Seitenlicht läßt sie sich an der Westseite in Zweidrittelhöhe des Pfeilers lesen.

AUFGANG UND RAMPE (**5**,3; **7**,1): Zur Westfassade der Propyläen führt heute ein Zickzack-Weg empor, der aber nicht der antiken Aufgangssituation entspricht. Steht man innerhalb des Beulé-Tores, so erkennt man etwa in der Mitte der Propyläen-Achse unten eine Stützmauer aus unregelmäßig geformten Steinen, die in diffizilem Fugenschnitt aufeinander geschichtet sind. Diese schöne Polygonalmauer aus Akropolis-Kalkstein gehört zur Abstützung einer Rampe der archaischen Zeit, also zum Aufgang der älteren Propyläen oder gar zum peisistratidischen Eingang. Demgegenüber unterscheiden sich die Fundamente der klassischen Rampe deutlich: Unterhalb des Agrippa-Pfeilers liegen noch einige regelmäßige Fundament-Quaderblöcke aus Poros-Stein, die den Steigungswinkel des Aufganges angeben. Daraus läßt sich rekonstruieren, daß in der Klassik eine etwa 80 m lange Rampe zu dem monumentalen Eingangsbau hinaufführte, die genau achsial und in voller Breite der Propyläen-Front anstieg; ihre Seiten fluchten exakt mit den Fronten des Nord- und des Südflügels – gut zu erkennen an der Felsabarbeitung neben der heutigen, modernen Treppe; und auch die Verschalung des Unterbaues für den Athena Nike-Bezirk nimmt auf diese Rampenbegrenzung Rücksicht.

PROPYLÄEN UND SEITENFLÜGEL (**5**,4-6; **7**): Zwischen zwei seitlich vortretenden Risaliten ist der eigentliche Eingang zum zentralen Heiligtum Athens als eine monumentale Anlage gestaltet, die sich in ihren beiden Frontansichten wie ein Tempel darstellt: Außen und innen begrenzten die Propyläen (wörtl.: Tore) je eine sechssäulige Front in dorischem Baustil mit Giebeln (*Taf. 4,1*). Diese Fronten mußten wegen des ansteigenden Akropolisgeländes auf unterschiedlichen Niveaus errichtet werden, so daß eine komplizierte Dachlösung notwendig war: Zusätzlich zu den zwei Giebeln an den Fassaden muß etwa über der Mitte des Eingangsbaues eine Stufe im Dach und somit ein dritter Giebel rekonstruiert werden. Gleichzeitig ergab sich ein weiteres Problem: Die Höhe im Innern des Bauwerkes war so groß, daß dorische Säulen als Stützen für die marmornen Dachbalken und Kassetten nicht in Frage kamen, sie hätten dann bei klassischer Proportionierung unten einen zu großen Durchmesser gehabt; daher wählte der für den Entwurf zuständige Architekt Mnesikles für den Innenbau schlanke, hoch aufragende ionische Säulen. Diese stehen auf dem tiefer gelegenen westlichen Niveau, von dem einige Stufen zu den fünf Türen und dem östlich gelegenen, höheren Gelände ansteigen.
Die Architektur der Propyläen ist zum einen – für uns heute selbstverständlich, damals völlig neuartig – zu Repräsentationszwecken in seiner vorliegenden Form geplant worden. Doch spielen bei einigen Besonderheiten des Baues zusätzlich kultische und politische Zusammenhänge eine Rolle. Schon die langgestreckte Rampe, die in der Mitte vielleicht in regelmäßigen flache Stufen aufwies, war ganz auf den Zug beim Fest der Panathenäen hin angelegt. Denn bei diesem Fest wurden zahlreiche Rinder und auch andere Tiere zum Opfer auf die Akropolis hinaufgetrieben; so mußte der Aufgang auch für diesen Zweck geeignet sein. Die Breite des Durchganges mußte Mnesikles ebenfalls auf den Panathenäenzug hin konzipieren: Aus dieser Notwendigkeit resultierten die abgestuften Maße der Türen, in der Mitte sehr breite und zu den Seiten hin kleiner werdende Tore. Dies hatte nun eine ganz besondere architektonische Lösung der Propyläen-Fronten zur Folge. Während nämlich in der dorischen Architektur jeweils eine Triglyphe über einer Säulenachse und nur eine weitere mittig über dem Säulenzwischeraum (Interkolumnium) angebracht ist, wurde dieses Prinzip hier zum ersten Mal durchbrochen: Wegen des verbreiterten Mitteldurchganges erscheinen nun über der Fassadenmitte im Interkolumnium zwei Triglyphen und somit auch drei Metopen, der Säulenabstand des Zentrums

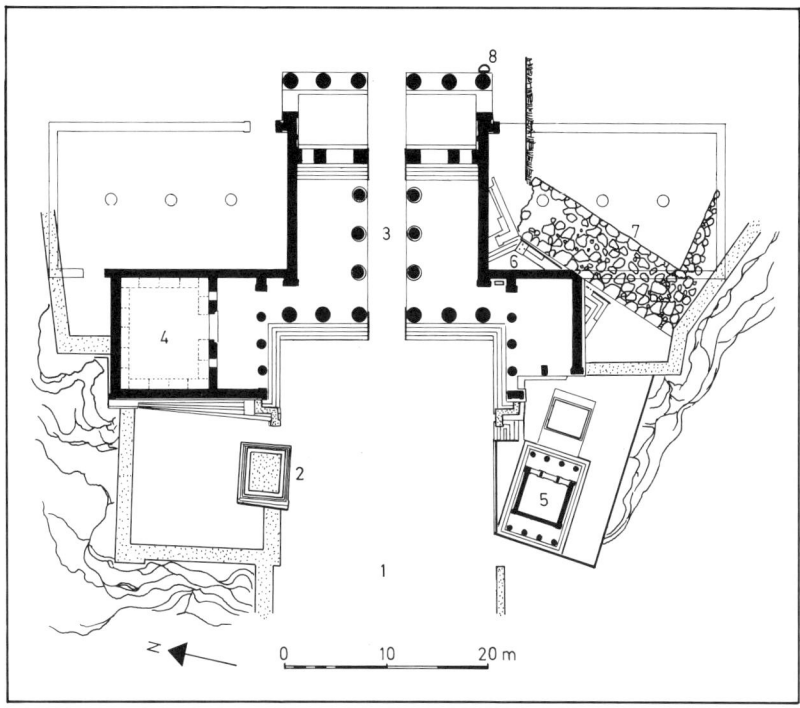

7 Die Propyläen der Akropolis von Athen
1: Rampe; 2: Agrippa-Pfeiler; 3: Propyläen; 4: Pinakothek; 5: Tempel der
Athena Nike; 6: Hof der archaischen Propyläen; 7: Pelargikon; 8: Statuenbasis
der Athena Hygieia

wurde auf 5,44 m gegenüber 3,62 m daneben erweitert. Diese ungewöhnliche Lösung,
die Durchbrechung eines architektonischen Prinzips, sollte weitreichende Folgen
haben: Einmal erdacht, führte dies zu einer immer weitergehenden Auflösung der
dorischen Ordnung, so daß im Hellenismus und der römischen Kaiserzeit schließlich eine Vielzahl von Metopen und Triglyphen über einem Interkolumnium erscheinen konnten; die ursprüngliche Herleitung dieser Formen aus dem tatsächlichen
Gefüge einer Holzarchitektur – die Triglyphen verdeckten die Balkenenden des
Dachstuhles, die Metopen deren Zwischenräume – waren endgültig vergessen, es
handelte sich nur mehr um reine Schmuckelemente.
Der Durchgangsbereich der Propyläen ist von zwei seitlichen Flügeln gerahmt, die
aus der Ferne nahezu symmetrisch wirken, die aber aufgrund von Abweichungen
vom ursprünglichen Idealplan nicht gleichartig sind. Im Norden (7,4) befindet sich
hinter einer dreisäuligen Front und einer quergelagerten Vorhalle ein nahezu quadratischer Raum, der durch eine nicht zentral angeordnete Tür zu betreten war und
durch zwei Fenster beleuchtet wurde. Aufgrund einer Nachricht des Pausanias ist
bekannt, daß in diesem Raum Bilder berühmter griechischer Maler ausgestellt waren;
danach hieß der Nordflügel der Propyläen 'Pinakothek'. Doch diente er nicht als
'Museum' sondern als Empfangs- und Ruheraum für Pilger, bevor sie das Heilig-

tum betraten; an seinen Wänden standen rundum mit großer Wahrscheinlichkeit sieb-
zehn Ruhebetten (Klinen). Dieser Pinakothek gegenüber war offensichtlich eine
symmetrisch gebildete Anlage vorgesehen, für die aber wegen des Athena Nike-Hei-
ligtums kein Platz war. Deshalb wurde der Südflügel gegenüber dem ursprünglichen
Plan des Mnesikles radikal beschnitten und verkürzt: Hinter der dorischen Drei-
säulenfront liegt nur noch ein Raum, der auf der Westseite zum Nike-Tempel hin
geöffnet war und sozusagen als Eingang zu diesem Kultbezirk dienen konnte; die
Seitenwand wurde zu einem Pfeiler verkürzt, ein weiterer Pfeiler trug das Gebälk
der Westseite bis zur südlichen Rückwand.
Die neuen Restaurierungen, die seit 1990 durchgeführt werden, waren Anlaß zu zahlreichen Detailuntersuchungen. Dabei wurde auch ermittelt, daß im Dachbereich der
Propyläen in der frühen römischen Kaiserzeit Reparaturen vorgenommen wurden.
Das Dach war naturgemäß ein besonders gefährdeter Bauteil, der ständig gewartet
werden mußte. Dies trifft auf die Propyläen in besonderem Maße zu, da z.b. die
Deckenbalken mit den heute stark zerstörten Kassettendecken eine für Marmorblöcke riesige Spannweite hatten; die antiken Architekten hatten sich zu ihrer (ver-
meintlichen) Sicherung als besondere Maßnahme die Integrierung von Bronzebän-
dern auf den Oberseiten der Marmorbalken ausgedacht. Ein Architekturdetail von
außergewöhnlicher optischer Wirkung war die Einfügung von dunklen Streifen in
den Aufbau: Sowohl unterhalb der Fenster der Pinakothek als auch an den Seiten-
wänden und Türen des Mitteltraktes wurden Schichten aus eleusinischem, dunkel-
grauem Kalkstein in die Marmorwand eingefügt und damit die Architektur deutlich
gegliedert. Bei Bauten des Hellenismus und der Römerzeit wurde später die Kombination von unterschiedlichen Marmorfarben zu einer besonderen Blüte geführt –
die Propyläen bilden einen wichtigen Vorläufer für diesen Ausstattungsluxus.
Eine weitere Besonderheit des Baues, die auf die nachfolgende Architektur vor-
bildhaft wirken sollte, ist kurioserweise seine Unfertigkeit. An den Wänden, insbesondere der südlichen Außenseite der Propyläen, und an den Böden und Stufen
erkennt man noch Bossen zum Heben der Blöcke beim Aufbau des Gebäudes (**11**)
bzw. einen Schutzmantel gegen Beschädigung. Während der endgültigen Glät-
tung, die von oben nach unten durchgeführt wurde, hätten diese Bossierungen noch
abgearbeitet werden sollen. Im oberen Bereich der Propyläen geschah dies auch, ja
man hat dort sogar schon die Bemalung – etwa Sterne in den Kassetten – angebracht;
nach dem Abbau der dafür nötigen Gerüste ist eine endgültige Fertigstellung, wohl
wegen des Ausbruches des Peloponnesischen Krieges, jedoch ausgeblieben. Manche Forscher meinen sogar, man habe diese Fertigstellung mit Absicht unterlassen,
man habe nämlich in dieser Zeit den optisch reizvollen Effekt der Unfertigkeit entdeckt. Für spätere Zeiten ist dies mit Sicherheit richtig – man kann einen 'Bossenstil'
als absichtsvolle Gestaltung besonders im Hellenismus häufig nachweisen; bei den
Akropolis-Propyläen scheint aber wohl doch die politische Situation für den Arbeits-
abbruch ausschlaggebend gewesen zu sein. Denn man muß auch sehen, daß die Ausführung des gesamten Bauwerkes gegenüber zu erschließenden Planung vor-
zeitig abgebrochen wurde: An manchen Stellen existieren Bauglieder (z.B. eine Ante
unterhalb der Pinakothek-Westmauer und an der Ostseite des gesamten Tores), die
nur unter der Voraussetzung weiterer Räume oder Flügelbauten sinnvoll erklärbar
sind; diese wurden aber aufgrund des Kriegsausbruches nicht mehr begonnen.
Wie bereits oben geschildert, hatten die heute vorhandenen klassischen Propyläen
einen Vorgänger, der wohl gleich nach dem Sieg bei Marathon begonnen und von
den Persern 480 v.Chr. zerstört wurde (**4**,1). Von diesem Bau sind nur geringe Reste
erhalten, die für den heutigen Touristen nicht zugänglich sind. Unter dem Mittel-

durchgang, der wegen der den Boden beschädigenden Besucherströme mit Holz verschalt ist, fand man ebenso wie in zwei Fußbodenlöchern der seitlichen Pflasterung Felsbettungen für die Mauern des Vorgänger-Einganges. Zudem sind auf der Südseite der klassischen Propyläen bei der riesigen mykenischen Mauer Architekturreste (Teile eine Vorplatzes) und sogar die Basis für einen Dreifuß erhalten; zusammen mit den anderen Spuren deuten sie darauf hin, daß die archaischen Propyläen schräg zu den klassischen ausgerichtet waren: Ihre Lage war demnach noch viel mehr von der topographischen Situation des Akropolis-Abhanges an dieser Stelle bestimmt, während der perikleische Bau die Natur unterwarf und den Berg mit einer Monumentalarchitektur bezwang. Damit wurden die klassischen Propyläen zum Vorbild für zahlreiche Eingangsbauten in der gesamten europäischen Architekturgeschichte.

In der Nachantike war der Eingangsbau zur Akropolis zahlreichen Veränderungen unterworfen. Im 13. Jh. verwandelten ihn die Franken durch den Einbau von Mauern zwischen den Säulenfronten in eine Festungsanlage (6). Im Innern wurden Zwischendecken eingezogen, von denen man heute noch die Balkenlöcher in den Marmorwänden sieht. Im Südflügel ragte ein hoher Turm weit über die antiken Bauten hinaus, und die Einzelteile des Nike-Tempels waren in einem Vorwerk zwischen seinem Unterbau und dem Pfeiler des Agrippa verwendet worden. Das Erscheinungsbild der Akropolis in jener Zeit haben einige Stiche und Zeichnungen bewahrt, die auch für die heutigen Forschungen noch von Bedeutung sind. Nach den Befreiungskriegen haben die damaligen Architekten, die aus Deutschland und Dänemark stammten, die nachantiken Einbauten nach und nach entfernt; 1835 begannen umfangreiche Restaurierungen, die auch zum Wiederaufbau des Nike-Tempels führten, dessen ursprüngliche Fundamente damals vor den Propyläen auf einer hohen Bastion gefunden wurden. Zwischen 1835 und 1844 wieder zusammengesetzt, mußte er von 1935 bis 1939 wegen Fundamentsenkungen nochmals demontiert und neu aufgebaut werden. Doch auch diese zweite Restaurierung wird nicht die letzte bleiben: Für die nächsten Jahre ist ein abermaliges Abtragen der Bauglieder und ein Neuaufbau vorgesehen, eine Maßnahme, die wegen der rostenden Eisendübel und zum Schutz der noch am Bau befindlichen antiken Friesteile notwendig erscheint. Nun zum Bauwerk selbst:

NIKE-TEMPEL (Abb. **7**,5; **8**): Der wohl 448 oder 437 v.Chr. vom Architekten Kallikrates (inschriftlich ist nur überliefert, daß Kallikrates eine Tür für das Heiligtum entwarf) geplante Tempel für die Göttin Athena Nike, der erst in den folgenden Jahrzehnten ausgeführt wurde, steht über älteren Zeugnissen des Kultes an diesem Platz. Vielleicht schon durch die Peisistratiden (561–510 v.Chr.) wurde hier ein Heiligtum für Athena angelegt. Dessen archaische Reste sind innerhalb der klassischen Bastion erhalten (**4**,2): Man fand unter dem Nike-Tempel mehrere Altäre – z.T. noch mit Weihegaben – und die Fundamente eines kleinen Naiskos (wörtl.: Häuschen), in dem das Kultbild der Athena gestanden haben muß. Nach der Zerstörung des Platzes durch die Perser (480 v.Chr.) errichtete man einen turmartigen Unterbau, der in seiner Verschalung eine Öffnung besitzt, in der man einen Stein der alten mykenischen Kyklopenmauer erkennen kann. Auf der einen Seite flankiert der sog. Nike-Pyrgos die Propyläenrampe, während er auf den anderen Seiten die Orientierung der archaischen Altäre aufnimmt, die auch der ionische Tempel bewahrt. Dieser steht mit seinem Gesamtentwurf wie auch mit seinen Detailformen (*Taf. 4,2*) in denkbar großem Gegensatz zur Monumentalität der Propyläen: Je vier zierliche ionische Säulen mit feinen Volutenkapitellen bilden die Front und die Rückseite des

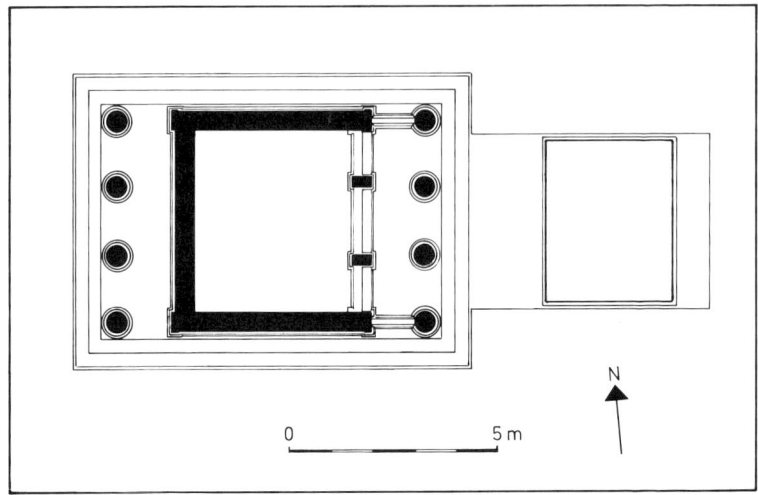

N

0 _____ 5 m

8 Athen, Akropolis, Tempel der Athena Nike mit Altar

kleinen Tempels (Amphiprostylos). Die Cella selbst ist äußerst klein, denn sie mußte wegen des Platzmangels auf der Bastion verkürzt werden: Es fielen der Vorraum (Pronaos) und die Türwand zusammen; hier lassen sich anhand von Verdübelungs- spuren Änderungen während der Bauausführung erkennen – die Verkürzung der Cella geht wohl erst auf eine spätere Umplanung zurück. Die Ostseite ist offen und wird nur durch zwei Pfeiler in einen mittleren Durchgang und zwei seitliche, ehe- mals vergitterte Öffnungen gegliedert. Im Innern stand das hölzerne Kultbild der Athena, die einen Helm und einen Granatapfel, Zeichen der Wehrhaftigkeit und der Fruchtbarkeit, in den Händen hielt.

Die Dekorationselemente der Säulenbasen, der Kapitelle und des Gebälkes sowie der skulptierte Fries – alles aus feinem pentelischen Marmor gemeißelt – tragen zu dem Eindruck eines Schmuckkästchens bei; ehemals traten hierzu noch ein fast voll- ständig verlorener Giebelschmuck mit Figuren und die Akrotere auf dem Dachge- sims. Die Themen der Friese, die heute fast vollständig durch Abgüsse ersetzt sind (nach den Restaurierungen werden sie alle ins Museum transferiert), sind bislang nicht sicher ermittelt: Man erkennt am Ostfries eine Götterversammlung und auf den anderen Seiten Kämpfe, z.T. von Griechen gegen berittene Orientalen, z.T. von Grie- chen gegen Griechen. Mit welchen mythischen oder historischen Begebenheiten diese Darstellungen zu verbinden sind, ist möglicherweise absichtsvoll unpräzise 'formuliert' worden: Athener besiegen Perser und andere griechische Stadtstaaten.

Vor dem Tempelchen stand auf dem Vorplatz ein Altar, an dem die Kulthandlun- gen vorgenommen werden konnten. Dahinter begrenzt die alte mykenische Poly- gonalmauer, das 'Pelargikon', den Bezirk gegenüber dem Südteil der Propyläen und dem höher gelegenen Brauronion (Abb. **4**,5; **7**,7).

Gegen Ende des 5. Jhs. v.Chr. wurde schließlich noch an den Kanten des Tempel- Unterbaues, dem Nike-Pyrgos, ein etwa 1,50 m hohes Marmor-Geländer angebracht, das auf seiner Außenseite Reliefs aufwies (im Akropolis-Museum). Diese zeigen Bilder von Niken, die mit unterschiedlichen Tätigkeiten beschäftigt sind: beim

Stieropfer, beim Schmücken von Siegesmalen oder beim Ablegen von Sandalen. Die Formen sind in reichem Spiel von tiefen Falten und den Körper modellierenden, anliegenden Stoffpartien gestaltet. Die Aussage des Frieses ist klar: Athen ist und bleibt siegreich.

DIE FLÄCHE ZWISCHEN PROPYLÄEN, PARTHENON UND ERECHTHEION: Tritt man heute durch die Propyläen hindurch, liegt vor dem Betrachter die große Fläche der Akropolis mit den beiden Ruinen des Erechtheion links und des Parthenon rechts und nur einigen über den Fels verstreuten Marmorblöcken. In der Antike ergab sich für den Besucher ein ganz anderes, abwechslungsreicheres und bunteres Bild: Er sah eine Vielzahl von Weihgeschenken und Statuenmonumenten mit Götter- und Menschenfiguren vor sich, mit Darstellungen von Sagen und von historischen Ereignissen. Dahinter erhoben sich strahlende Marmorbauten, nicht nur die beiden genannten Tempel, sondern auch noch gedeckte Säulenhallen und kleinere Heiligtümer; die heute alles beherrschenden Tempel wurden von den Hallen z.t. verdeckt. Überall war der antike Pilger mit Historie und Mythos, mit profanen Ehrungen und religiösen Denkmälern konfrontiert. Ein antiker Reiseleiter hatte dann auch – Pausanias nennt zahlreiche dieser Geschichten – sehr viele Sagen zu erzählen, die sich an die einzelnen Monumente knüpften, z.B. die der Prokne und des Itys (s. S. 42). Beherrschend waren die zahlreichen Darstellungen der Athena, der Stadtgöttin selbst. Genau gegenüber der Ostfront der Propyläen (**5**, 7) erhob sich auf einer großen quadratischen Basis, von der sich noch einige Blöcke mit einem mächtigen Eierstab in der ursprünglichen Felsbettung befinden (*Taf. 6,1*), die ca. 9 m hohe Bronzestatue der Athena Promachos, der 'Vorkämpferin', ein Werk des Phidias. Sie personifizierte – bald nach den Perserkriegen errichtet – die militärische Stärke Athens und war deshalb in Rüstung und mit einem Speer dargestellt. Wohl unter der Regierung des Iustinian wurde die Bronzestatue nach Konstantinopel gebracht, wo sie 1203 zerstört wurde. – Weitere Athenafiguren sind durch römische Kopien bekannt, darunter eine klassische Statue des Phidias, die die Göttin darstellt, wie sie ihren Helm abgenommen hat und ihn sinnend betrachtet. Von ebensolcher Ruhe bestimmt ist das kleine Original-Marmorrelief der Athena, die sich mit ihrer Linken auf eine Lanze stützt, die Rechte in die Hüfte gestemmt hat und auf einen Pfeiler oder eine Stele vor sich hinabschaut (s.u. S. 41).
Doch auch andere Gottheiten wurden auf der Akropolisfläche verehrt. Vor der südlichen Frontsäule der Propyläen, noch an ihrem ursprünglichen Platz, befindet sich eine Marmorbasis, auf der – laut Inschrift – eine Bronzefigur der Gesundheitsgöttin Hygieia aufgestellt war (**7**,8). Einige Schritte weiter östlich, rechts des Weges erkennt man eine Felsbettung in Halbkreisform, in der die mehrstufige Basis einer Figurengruppe ruhte, ein Beispiel für sehr viele Statuenbilder von historischen Persönlichkeiten der griechischen und römischen Geschichte (von Perikles bis hin zu den römischen Kaisern). Eine zweite ähnliche Exedra-Basis mit den Figuren der beiden Politiker Konon und Timotheos, Vater und Sohn (M.4.Jh. v.Chr.), befand sich nördlich des Parthenon, etwa in der Mitte der Langseite. Es sind dort die Felsbettung und einige Marmorsteine, auf denen die Namen verzeichnet sind, zu sehen. Sie liegen neben einer Felsweihung für Gaia, die Göttin der Erde, für die – erst in römischer Zeit – eine Inschrift in eine vertiefte Felsfläche gemeißelt und davor eine Figur der Göttin aufgestellt wurde; diese nennt Pausanias zusammen mit den Statuen des Konon und Timotheos. Heute sind Inschrift und Statuenbettung der Gaia mit einem kleinen Gitter umgeben. – Der Weg über die Akropolisfläche wird gesäumt durch eine Vielzahl von längsrechteckigen Löchern im Fels, in denen einst Marmorplatten – Stelen

mit Weih- oder Urkundenreliefs – eingelassen waren. Anhand ihrer Ausrichtung läßt sich der in der Antike gewählte Pfad der Pilger sicher rekonstruieren; er entspricht dem heute mit Beton bedeckten Weg – der Fels wurde von den Tausenden Touristen regelrecht abgeschliffen und gefährlich glatt; da auch archäologisch wichtige Informationen für immer zu verschwinden drohten, hat man sich zum Schutz der antiken Felsoberfläche für die Betonschicht und die vorhandenen Absperrungen entschlossen.

Südlich des Hauptweges befanden sich zwei Baukomplexe. Zunächst steigt neben der halbrunden Exedra-Bettung eine Treppe zum Heiligtum der Artemis Brauronia an (**5**,8), deren Kult von den Peisistratiden im Zuge einer Zentralisierung der Religion und der Kulte nach Athen gebracht worden war: In der Felsoberfläche erkennt man die waagerechten Einarbeitungen für die Fundamente von zwei Hallen und zwei längsrechteckigen Seitenräumen; sie rahmten einen nahezu quadratischen Platz, auf dem nach Pausanias die Bronzestatue des Trojanischen Pferdes gestanden haben soll (die Blöcke der Marmorbasis liegen im Areal westlich davon).

Eine weitere Halle schloß direkt östlich an dieses Heiligtum an und begleitete mit ihrer Rückwand die Akropolis-Stützmauer (**5**.9). Sie diente zur Aufbewahrung bronzener Weihgeschenke und trug daher den Namen Chalkothek (chalkos = Bronze). Eine im 4. Jh. v.Chr. vor diese Halle gesetzte Säulenhalle schneidet an ihrer Nordostecke in die Stufen ein, die aus dem Fels herausgeschlagen wurden und einerseits zum Parthenon hinaufführten sowie andererseits zur Aufstellung von Weihgeschenken dienten. (Die Grundfläche der Chalkothek dient z.Zt. als [nicht zugängliches] Lager von wichtigen Inschriften und Statuenbasen, bis ausreichender Museumsraum auch für diese Marmorblöcke geschaffen ist.)

ALTER ATHENA-TEMPEL (**4**, 3; **5**,10): Die Kalkstein-Fundamente, die man zwischen dem Erechtheion und dem Parthenon sehen kann, sind die einzigen heute sichtbaren Architekturreste von Akropolis-Tempeln der archaischen Zeit; von anderen Kultbauten aus der Zeit vor der Perserzerstörung sind lediglich Dekorationselemente wie z.B. Giebel- und Traufleistenschmuck erhalten. Die Interpretation der vorhandenen Fundamente ist schwierig und umstritten; als sicher kann aber angenommen werden, daß dieser Bau seine Vollendung in peisistratidischer Zeit, zwischen 530 und 520 v.Chr., erhalten hat. Doch muß es Vorgänger-Tempel an demselben Platz gegeben haben: Einen, den Nachfolger des mykenischen Palastes, erwähnt Homer, und auch in solonischer Zeit, zu Beginn des 6. Jhs., dürfte ein Athena-Tempel auf der Akropolis gestanden haben, den man mit einem kleinen geometrischen Vorgänger am selben Platz identifiziert. Der Alte Athena-Tempel schließlich bestand aus einer in mehrere Räume untergliederten Cella mit einer Ringhalle von 6 zu 12 Säulen; für alle Teile, Mauern wie Säulen, sind gesonderte Fundamente aus unterschiedlichen Kalkstein-Sorten erhalten, die es auch erlauben, in den Front- und Rückseiten-Vorhallen sowie in der Cella Säulenstellungen zu rekonstruieren; zunächst hatte man angenommen, daß die unterschiedlichen Fundament-Materialien auch zwei Bauphasen belegen; doch konnte diese Deutung aufgrund von Beobachtungen gleichartiger Steinbearbeitungstechniken (Zahneisen) widerlegt werden. Der Aufbau selbst (*Taf. 3,1*) bestand aus Poros-Kalkstein: Auf der Akropolis findet man an verschiedenen Plätzen (Chalkothek und NO-Ecke) große gelbbraune dorische Kapitele mit durch Brand hervorgerufenen Verfärbungen, und in der Nordmauer der Akropolis, von der Plaka aus gut sichtbar, sind Teile des Gebälkes verbaut (**5**,19). Die Metopen, Giebel und die Traufleisten mit Wasserspeiern in Form von Widderköpfen hoben sich gegen den – einst mit Stuck verputzten und bemalten – Kalkstein durch ihr Marmormaterial deutlich ab; ein Widderkopf war in dem Brunnen des Klosters Kaisariani (s.u. S. 140) jahrhundertelang verbaut, ist inzwischen ins Museum überführt und heute durch eine hervorragende Kopie ersetzt. Die Giebel zeigten auf der Hauptseite im Osten eine Schlacht zwischen Göttern und Giganten – ein Ur-Thema griechischer Mythendarstellung – und auf der Westseite eine Tierkampfgruppe. Der Alte Athena-Tempel, der auch noch weitere Kulte in seinen Räumen aufgenommen hatte, wurde von den Persern 480 v.Chr. zerstört; einige seiner Bauteile dienten in der Nordmauer der Akropolis als Mahnmal für die Persergefahr. Die meisten der übrigen Teile verschwanden in der Klassik im Perserschutt; vielleicht wurde aber ein Raum der Cella als Aufbewahrungsort des alten hölzernen Kultbildes, das nach der Sage in grauer Vorzeit vom Himmel gefallen sein soll, instandgesetzt; bis zum Neubau des Erechtheion, das die Funktionen des Alten Athena-Tempels übernahm, mag dieser Raum als Notlösung gedient haben; da die Korenhalle in die Fundamente des Säulenkranzes vom alten Tempel eingreift, ist spätestens im 4.Jh. v.Chr. von dem Alten Athena-Tempel nichts mehr zu sehen gewesen, bis der deutsche Architekt W. Dörpfeld im späten 19. Jh. seine Fundamente ausgrub.

ERECHTHEION (**5**,10; **9**): Der Nachfolger des archaischen Athena-Tempels heißt nur in zwei Quellen 'Erechtheion', sein offizieller Name war 'Tempel auf der Akropolis mit der alten Statue', also dem Holzkultbild der Athena, das während des Panathenäen-Festes mit einem neuen Gewand geschmückt wurde. Obwohl die Quellenlage für diesen Tempel besonders reich ist – neben Beschreibungen bei Pausanias gibt es eine große Menge an Bauabrechnungen und Urkunden über die Errichtung des Gebäudes (Epigraphisches Museum) –, ist die genaue Interpretation der Einzelteile sowie die Lokalisierung aller in dem Bauwerk untergebrachten Kulte unklar, ein Faktum, das durch die Umgestaltung des Gebäudes zu einer christlichen Kirche im 7.Jh. n.Chr. mitbedingt ist. Wie der Name des Tempels sagt, war er zunächst ein Kultbau für die Stadtgöttin Athena (Polias). Daneben beherbergte er aber auch noch die Kulte für die attischen Urkönige Erechtheus und Kekrops sowie für Poseidon, Boutes und Hephaistos. Dieser schwierigen kultischen Situation entspricht eine äußerst ungewöhnliche bauliche Form, die von allen vier Seiten jeweils völlig unterschiedliche Ansichten bietet.

Von Osten her zeigt der Tempel einen vertrauten Anblick: Die Front mit sechs ionischen Säulen steht vor einem nahezu quadratischen Cella-Raum, der als Kultplatz für Athena interpretiert wird. Dieser Hauptteil des Tempels befindet sich auf demselben Niveau wie die an die Südseite angebaute flache Halle, deren Gebälk von sechs auf einer Scherwand stehenden Frauenfiguren getragen wird, der sog. Korenhalle; sie war über eine Treppe mit dem viel tiefer gelegenen Westteil des Erechtheion verbunden und muß als Kultplatz für die mythischen Urkönige gedient haben; die Koren, deren Tracht und Frisur altertümlich gestaltet sind, werden deshalb auch mit einem religiösen Ritus – sie trugen Opferschalen in den Händen – in Verbindung gebracht und entweder als Dienerinnen eines Kultes oder als Wächterinnen am Grab der Urkönige gedeutet.

Der Rest des Tempels liegt auf einem über drei Meter tieferen Geländeniveau als die Ostseite. Im Norden ist eine sehr hohe und überaus reich geschmückte Säulenhalle errichtet; sie bietet den Zugang zu einem separaten Heiligtum im Westen des Erechtheion, war aber zugleich auch ein eigener Kultplatz: In der Kassettendecke ist ein Viereck ausgespart, und unter diesem befindet sich ein rechteckiges Brunnenbassin; beide Bestandteile deuten auf den mythischen Wettstreit zwischen Athena und Poseidon um die Herrschaft über das attische Land hin: Poseidon hatte mit

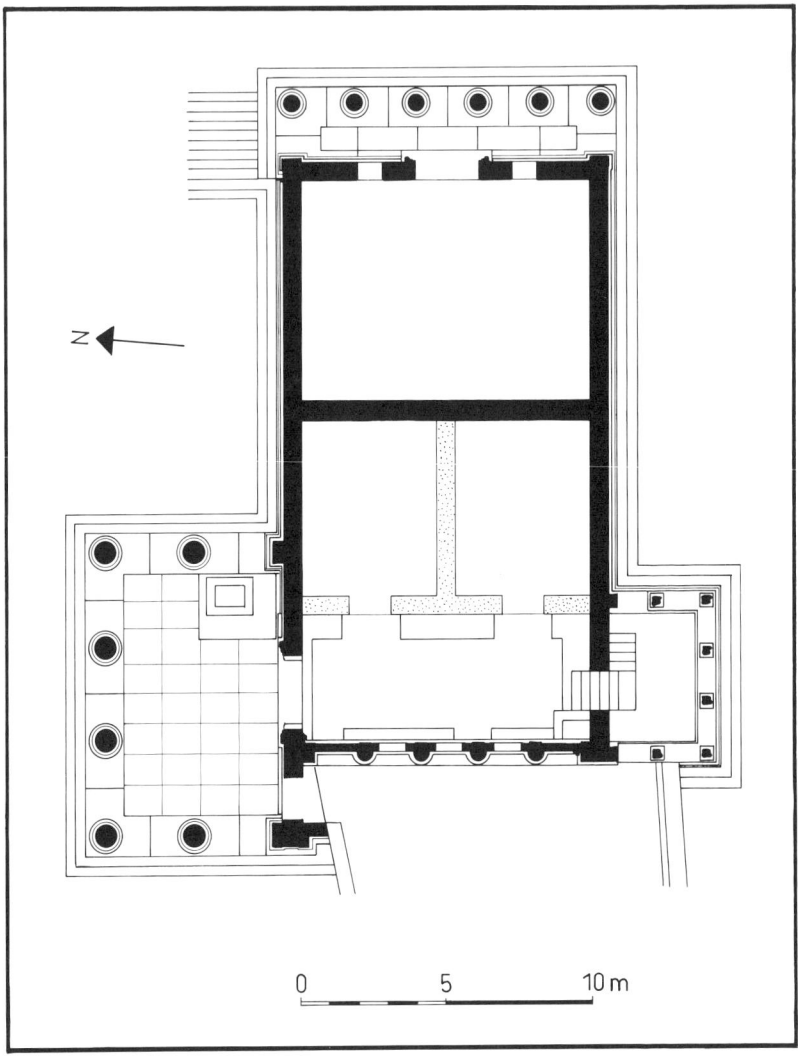

0   5   10 m

9 Athen, Akropolis, Erechtheion

einem Dreizack ein Loch in den Akropolisfels geschlagen, aus dem eine Salzquel-
le hervorsprudelte, wohingegen Athena einen Ölbaum wachsen ließ, der im westlich anschließenden Hofareal gezeigt wurde und auch heute wieder zu sehen ist. Östlich neben der Nordhalle hat man einen Hof mit rechtwinkelig angelegten Stufen zu
rekonstruieren, die den antiken Teilnehmern an Kulthandlungen als Sitzgelegen-
heiten dienen konnten.
Sind die bislang genannten drei Teile des Tempelbaues schon eine besondere Archi-

tektur-Kombination, so muß die Westseite des Erechtheion (*Taf. 6*) auf die Zeitgenossen völlig ungewöhnlich gewirkt haben: Über einer glatten Tür-Wand erhebt sich eine mit fünf Fenstern durchbrochene Fassade, die durch ionische Halbsäulen gegliedert ist; der prostylen Osthalle ist also eine Art Blendarchitektur auf der Westseite gegenübergestellt, dem plastischen Architekturkörper entspricht eine für klassische griechische Architektur ungewöhnliche, körperlose Schauseite.

Mit dem besonderen Grund- und Aufriß des Erechtheion korrespondiert eine höchst aufwendige, feine und reiche Baudekoration, die über die des Nike-Tempels noch weit hinausgeht. Die ionischen Säulen der Nordhalle besitzen mit verschiedenartigen Flechtbändern verzierte Basen, in die bunte Glasperlen eingesetzt waren; unterhalb der Kapitelle befindet sich – wie rings um den Tempel am oberen Abschluß der Wände – ein feines Reliefband von Lotosblüten und Palmetten; die ionischen Kapitelle wiesen in den Zentren der Voluten Blattgold auf, während die Dekorationsbänder – Perl- und Eierstäbe sowie lesbische Kymatien – farbig abgesetzt waren. Diese Schmuckformen wirkten schon bald so 'klassisch', daß sie – nicht nur in der Römerzeit, sondern auch bis in den mitteleuropäischen Klassizismus – häufig aufgegriffen wurden. Als ein wahres Musterbuch an Bauornamentik kann die Rahmung der Nordtür gelten, die überaus reich eine Vielzahl von Dekorarten aufweist. Um den Eindruck dieses Bauschmuckes auf den antiken Betrachter nachzuempfinden, muß man sich vor Augen führen, daß plastische Schmuckbänder grundsätzlich farbig bemalt waren und daß beim Erechtheion noch farbige Glaseinlagen und Blattgold zur reichen Erscheinung beitrugen. Abgerundet wurde die Wirkung durch einen Figurenfries über dem faszettierten Architrav: An graublauen Hintergrund-Platten aus eleusinischem Kalkstein waren helle marmorne Relieffiguren einzeln angestiftet (im Museum); hier wurde der Kontrast des unterschiedlichen Materials abermals (s. Propyläen) bewußt eingesetzt.

ZUR RESTAURIERUNG DES ERECHTHEION: Das Erechtheion ist zwischen 1977 und 1988 restauriert und erneut untersucht worden. Das schon früher einmal bis zu den Grundmauern abgetragene Bauwerk wurde dabei wieder vollständig auseinander genommen. Man entfernte die rostenden und den Marmor sprengenden Eisendübel und ersetzte den Skulpturenschmuck, insbesondere die Koren, durch Marmorstaub-Abgüsse. Das ermöglichte auch die Wiederherstellung des antiken Baugefüges der Südhalle, so daß erstmals seit Jahrhunderten wieder nur die Frauenfiguren das Gebälk tragen, nicht mehr die in die Zwischenräume gestellten Pfeiler oder Stahlträger. Bei dem Neuaufbau der Wände wurden fehlende Teile, vollständige Blöcke oder Ergänzungen von abgebrochenen Stücken, aus pentelischem Marmor nachgearbeitet. Für die Dübel und Klammern verwendeten man Titan, das in die antiken Löcher eingesetzt und mit Blei vergossen wurde. Alle ergänzten Teile erhielten die Jahreszahl der Restaurierung eingraviert, um später, wenn die neuen Bauglieder auch farblich den antiken Oberflächen angeglichen sind, eine Unterscheidung vom ursprünglichen Material zu gewährleisten. Schließlich wurde der weitgehend geschlossene Mauerverband mit Bleiplatten abgedeckt, die das Eindringen von Wasser verhindern. Auf der Ostseite ergänzte man die nördliche Ecksäule, die sich zusammen mit einer Kore im Londoner British Museum befindet, und gab damit der Säulenfront ihre ursprüngliche Geschlossenheit wieder. Im Innern richtete man die Chorschranken der christlichen Kirche als Hinweis auf die nachantike Geschichte des Bauwerkes auf. Nur von dem Harem, der zur Türkenzeit im Erechtheion eingerichtet war, zeugt heute nichts mehr. Ein Rundweg um das ganze Gebäude bietet die Möglichkeit, alle Seiten des Tempels zu betrachten. Dabei kann man auch auf der Nordseite des Erechtheion einige Säulentrommeln des Vor-Parthenon in der Akropolismauer entdecken.

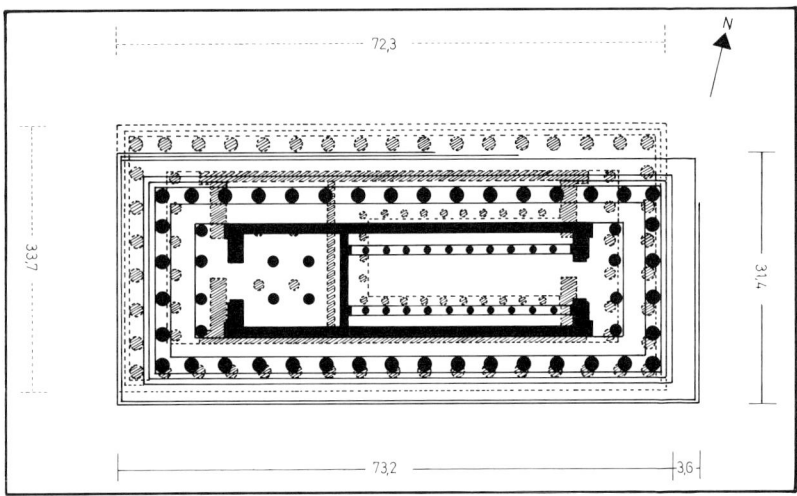

10 Athen, Akropolis, Grundriß des Vor-Parthenon (schwarz) und des Parthenon (schraffiert)

VOR-PARTHENON UND PARTHENON (**19**. **12-14**): An der Stelle des Parthenon muß im 6. Jh. v.Chr. ein Hundert-Fuß-Tempel gestanden haben, wie zahlreiche Architektur- und Skulpturreste belegen, für die auf der Akropolis sonst kein Fudamentplatz nachgewiesen werden kann. Als Ersatz für diesen altertümlichen Bau war bereits vor 480 v.Chr., vielleicht nach dem Sieg bei Marathon (490 v.Chr.), ein großer marmorner Tempelbau begonnen worden (*Taf. 3,1*), der dann allerdings vor seiner Vollendung bei dem zweiten Einfall der Perser in Griechenland verbrannte (**10**). Große Teile seines sehr langgestreckten Fundamentes konnten für den Neubau in der Hochklassik wiederverwendet werden: Man sieht den Unterbau vor allem an der Südseite (*Taf. 5*), aber auch im Osten, wo er einige Meter vor die Parthenon-Stufen in den Fels gearbeitet wurde; zudem läßt sich auf der Westseite, im nördlichen Bereich des hohen Fundamentaufbaues, deutlich die Fuge erkennen, die durch die Erweiterung des Unterbaues für den Parthenon entstand, der kürzer und breiter proportioniert wurde. Teile des Marmoraufbaues, insbesondere in Bosse stehende Säulentrommeln (**11**), wurden wie die Architekturteile des Alten Athena-Tempels in der Akropolis-Nordmauer verbaut (**5**,19), liegen aber auch an verschiedenen Stellen auf der Akropolisfläche. Auf der Südseite des Parthenon, westlich neben den Restaurierungswerkstätten, sind Teile der Cella-Mauer aus Fragmenten zusammengefügt: über einer Stufe ein ionisches Kyma (s-förmiges Profil), darauf wiederum die untersten Schichten der Tempelwand (Orthostaten). Auch diese Architekturblöcke sind unfertig, weisen also den Schutzmantel auf. Daß der Vor-Parthenon bei der Eroberung Athens durch die Perser zerstört wurde, ließ sich aufgrund von Brandschäden an Blöcken erkennen, die seit der Erbauung des Parthenon in dessen Fundamenten ruhten, also nur vor 448 v.Chr. Brandverletzungen bekommen habe können.

Das Bauwerk, das die ganze Akropolis beherrscht, ist der Parthenon (**12**; *Taf. 3,2; 5; 6,1*). Manche Forscher meinen, daß er freilich kein Tempel im eigentlichen Sinn gewesen sei: Entgegen seiner äußeren Form habe er nur profane Funktion gehabt, nämlich die eines Schatzhauses und eines Siegesmonumentes; dies wird aufgrund einiger Schriftquellen und wegen des Fehlens eines Altares vor der Ostseite geschlossen: Ein Kult habe also hier nie stattgefunden. Es muß aber berücksichtigt werden, daß die besondere architektonische Gliederung des Parthenon, nämlich das Vorhandensein zweier Cellaräume, sicherlich kultisch bedingt ist; außerdem ist ja an derselben Stelle ein archaischer Tempel anzunehmen (Hekatompedon, s.o. S. 9); auch ist bekannt, daß Athena Parthenos von jeher auf der Burg verehrt wurde; Gold-Elfenbein-Statuen schließlich, wie für Athena im Parthenon überliefert, waren immer Kultfiguren. Der Akropolis-Fels war an dieser Stelle seit alter Zeit kultisch besetzt, und eine Veränderung zum Profanen ist unwahrscheinlich. Außerdem ließ sich kürzlich im nördlichen Säulenumgang des Parthenon ein kleiner, separater Kultplatz nachweisen; dieser bestand bereits in der archaischen Epoche, in der er neben dem Vor-Parthenon (und wohl auch Hekatompedon) auf dem einige Meter tiefer liegenden Felsniveau existierte; er hat keinen Zusammenhang mit dem Parthenon selbst, sondern wurde erst sekundär in dessen Säulenumgang integriert, weil die klassische Bau breiter ist als sein Vorgänger. Es fällt auf, daß die Ostfront dieses kleinen Naiskos, diejenige des Alten Athena-Tempels und die Cella-Front des Erechtheion (die auf einen älteren Naiskos Rücksicht nimmt) auf einer Linie liegen; dies legt nahe, daß auch der Hekatompedon-Tempel auf dieser Linie seine Front hatte, ein weiteres Indiz für seine Rekonstruktion unter dem jetzigen Parthenon.

Der Parthenon verkörpert in besonders überzeugender Weise die klassische Baukunst mit ihrem harmonischen Gesamteindruck, den Höhepunkt der griechischen Architektur und zugleich durch die subtile Bildwerdung politischer Ideen und Botschaften die Situation in der Blütezeit der attischen Demokratie; all dies kann im folgenden nur kurz angedeutet werden.

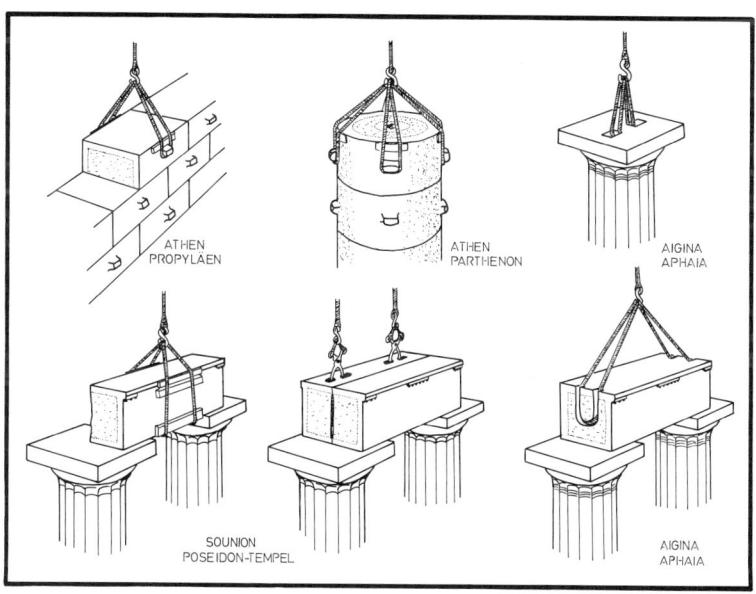

11 Antike Methoden zum Anheben von Bauteilen beim Tempelbau

Der Architektur-Entwurf: Der Tempel wurde auf dem Fundament des Vor-Parthenon (31,39 m x 76,81 m), der ein wenig länger und schmaler als die klassische Bau geplant war, in den wenigen Jahren von 448 bis 432 v.Chr. errichtet; die reine Architektur muß bis zu den Panathenäen von 438 v.Chr. nahezu vollendet gewesen sein, da in diesem Jahr die Gold-Elfenbein-Statue der Athena Parthenos eingeweiht wurde. Die restliche Bauzeit wird demnach vor allem für den Feinschliff, die farbige Fassung und den Skulpturenschmuck aufgewendet worden sein. "Das Wunderbarste aber war die Schnelligkeit: in kurzer Zeit geschaffen für die Ewigkeit", so rühmt Plutarch (2. Jh. n.Chr.) die Baupolitik der perikleischen Zeit und nennt auch ihren wirtschaftlichen Nutzen: "Viele Handwerker konnten für lange Zeit beschäftigt werden" (Plutarch, Perikles 12-13). Als leitende Künstler und Architekten waren Phidias, Iktinos und Kallikrates tätig, die offensichtlich intensiv zusammengearbeitet haben. Das ganze Projekt wurde ständig von der athenischen Volksversammlung überwacht, von der es auch vorher beschlossen worden war.

Man kann den Architekturplan von innen nach außen erklären, da der Entwurf auf die Kolossalstatue der Athena Parthenos zugeschnitten war, man kann dies jedoch auch entsprechend der Betrachtung umgekehrt tun; sicher ist jedenfalls, daß die Gesamtplanung von vornherein auf beide Aspekte zu achten hatte, auf die wirkungsvolle Aufstellung der Riesenstatue und auf den harmonischen, ausgewogenen Eindruck des Außenbaues, der sich aus einfachen Proportionsschemata im Grund- wie auch im Aufriß ergibt.

Ein Kranz von 8 zu 17 dorischen Säulen auf einem dreistufigen Unterbau (26,19 m x 69,61 m) umgibt die Cella (12), vor deren Front und Rückseite je sechs weitere Säulen stehen (Amphiprostylos mit Peristase). Im Osten ermöglicht eine breite Tür den Zugang zu der langgestreckten Cella, von der im westlichen Drittel ein gesonderter Raum durch eine durchgezogene Wand abgetrennt ist. Im östlichen Hauptraum begleiten doppelstöckige Säulen mit einer Galerie – in U-Form um die Statue der Athena Parthenos angeordnet – die Innenwände; dagegen reichen im rückwärtigen Teil der Cella, der nur von Westen her zugänglich ist und allein den Namen 'Parthenon' trug, vier große ionische Säulen bis zur Decke hinauf. Das Innere der Ost-Cella war durch die Tür und zwei erst kürzlich nachgewiesene Fenster beleuchtet, die in den Achsen zwischen den Wänden und den Innensäulenreihen hoch oben in der Pronaoswand angebracht waren; durch sie fiel Licht mit indirekter Führung auf die Kolossalstatue.

Architekturdetails: Dieser auf den ersten Blick einfache Grundrißplan ist aber keineswegs zufällig entstanden, vielmehr war er das Ergebnis diffiziler Überlegungen. So stehen alle Bauteile und auch die gesamten Grund- und Aufrisse in bestimmten Maßverhältnissen, also in von absoluten Maßen unabhängigen Relationen: Es taucht häufig das Verhältnis 4:9 auf, etwa bei der Höhe des Tempels zur Breite, bei seiner Länge zur Breite oder auch bei dem Verhältnis von Joch (= Achsabstand der Säulen) zur Säulenhöhe ohne Kapitell. Andere Maßverhältnisse sind ebenso einfach gewählt, wie z.B. die Relation von unterem Säulendurchmesser zur Höhe wie 1:5. Diese Verhältniszahlen wurden konkretisiert, indem man ein Modul für alle Maße festlegte, der jedem Bauarbeiter in Form einer Schnur oder eines Holzmaßstabes zur Verfügung stand (man rechnete ja nicht in Zentimetern, sondern in 'Fuß' oder 'Fingern'; beim Parthenon läßt sich der Modul als 28,627 cm berechnen). Es ist jedenfalls festzuhalten, daß die einfachen Maßverhältnisse einerseits ein korrektes Bauen erleichterten, andererseits zu dem heute so beeindruckenden harmonischen Eindruck entscheidend beitragen. Hinzu kommen aber noch einige wichtige Baudetails, die diese Harmonie unterstreichen.

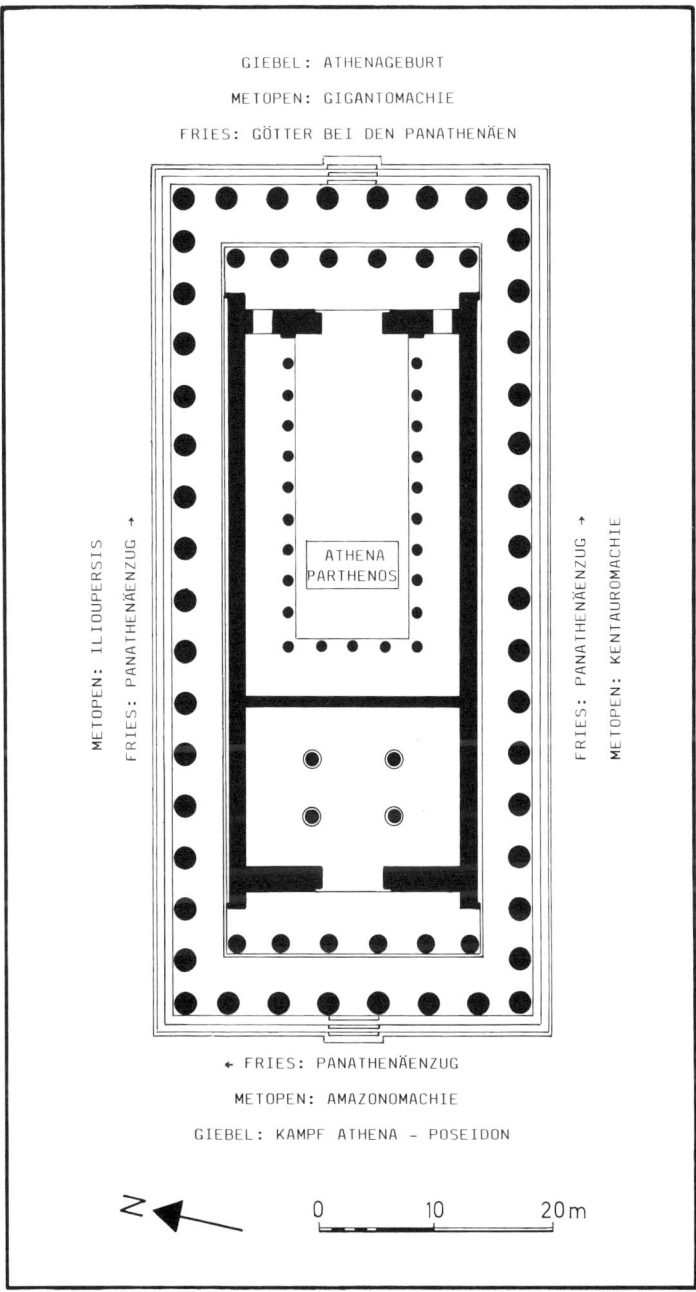

12 Athen, Akropolis, Parthenon: Grundriß und Verteilung des Bildprogrammes

Jede dorische Säule ist ein 'lebendiger' Körper, der das Tragen und Lasten des Gefüges ausdrückt. Dies erkennt man in einer unregelmäßigen Schwellung des Säulenschaftes ('Entasis' genannt), die etwa auf einem Drittel der Gesamthöhe zum größten Durchmesser führt. Darüber hinaus ist jede Säule leicht nach innen geneigt, die Ecksäulen als Kombination der Front- und Seitenstützen diagonal zum Inneren hin. Und der gesamte Bau ist nicht etwa auf einer horizontalen Fläche errichtet, sondern steht vielmehr auf einem jeweils zur Mitte hin leicht ansteigenden Grund; peilt man an den Stufen entlang, so kann man diese sog. Kurvatur, die an den Langseiten einen Höhenunterschied von ca. 10 cm ausmacht, deutlich wahrnehmen; sie setzt sich bis in die Dachzone hinein fort. Für die Steinmetzen bedeutete dieses Baudetail, daß kein Quader wirklich rechtwinkelig sondern immer leicht trapezoid gestaltet war und daß keine Säulentrommel regelmäßige Seiten-, Grund- und Oberflächen hatte – bedenkt man die minimalen Abweichungen, eine schier unglaubliche Arbeitsleistung. (Für die modernen Forscher erlauben die geringfügigen Maßverschiebungen im Zusammenhang z.B. mit Abwitterungen an den Außenseiten u.a. die Möglichkeit, die genaue Position eines isolierten Baugliedes zu bestimmen.) Und im Gesamteindruck bewirkt dieses lebendige Gefüge, das wie eine Skulptur als Körper verstanden wurde, die Harmonie des Ganzen; z.b. würde der Stufenbau ohne die Kurvatur auf den Betrachter optisch 'durchhängen' und damit viel von seiner Spannkraft verlieren.

Noch auf ein letztes Detail soll hier aufmerksam gemacht werden. Grundsätzlich brachte die dorische Architektur das Problem mit sich, daß die üblicherweise mittig über den Säulen angebrachten Triglyphen an den Ecken eines Tempels nicht über den Stützenachsen liegen konnten, da sie den Fries an den Ecken abschließen sollten (sog. dorischer Eckkonflikt, der bei den durchlaufenden ionischen Friesen nicht auftreten konnte). Deshalb hatte man bei älteren Bauten entweder die äußeren Metopen verbreitert oder aber die Ecksäulen weiter nach innen gestellt und somit den Fehlbetrag ausgeglichen; die äußeren Triglyphen befanden sich dann an den Ecken des Gebälkes. Doch waren beide Lösungen, auch wenn sie miteinander kombinierte, sogleich für jedermann deutlich erkennbar und störten somit den Gesamteindruck. Beim Parthenon haben die Erbauer zu einer neuen Lösung gegriffen, die selbst für das geübte Auge nur noch wahrzunehmen ist, wenn man sie kennt: Die Ecksäulen wurden jeweils weiter als notwendig nach innen verschoben und zusätzlich dicker gestaltet, wodurch der Säulenumgang besonders eng wurde; um den nun auftretenden Fehlbetrag auszugleichen, hat man die Metopen über den äußeren Interkolumnien nicht verbreitert, sondern kontinuierlich schmaler gearbeitet.

Wie sehr auch ein klassisches, genau durchdachtes Bauprojekt noch während der Errichtung Wandlungen unterworfen war, belegt erst jüngst genauer beobachtete Bauplan-Änderung: An der Ostseite des Pronaos hat man noch relativ früh, zu Beginn der Arbeiten, die bereits in ihren unteren Trommeln versetzten Säulen wieder abgebaut, sie wenige Zentimeter weiter nach Westen verrückt und schlanker gestaltet. Möglicherweise war die Ursache hierfür der Entwurf der Bauskulpturen (Metopen), die erst ca. zehn Jahre später an ihrem Ort angebracht wurden, deren genaue Abmessungen jedoch schon so weit festgelegt waren, daß die Veränderung des Pronaos notwendig schien.

DER SKULPTURENSCHMUCK (**12**): Neben der bei allen antiken Tempeln üblichen Bemalung der Ornamente trug zum überwältigenden Eindruck des Bauwerkes der reiche Bildschmuck bei. Vier verschiedene Arten von Skulptur zeichneten den Bau aus: Die Giebelfiguren und die Reliefmetopen außen, ein durchgehender Fries am oberen Rand der Cella sowie die kolossale Gold-Elfenbein-Statue der Athena Parthenos im Innern. Der gesamte Schmuck bildet ein dichtes Geflecht damals aktueller politischer Aussage in mythischer Verkleidung, die Vielzahl war in ihrer Zeit einzigartig. – Die überwiegende Menge der Skulpturen ist heute nicht mehr am Bau selbst, sondern wird in verschiedenen europäischen Museen, insbesondere in London, aufbewahrt. Doch gewinnt man auch in Athen einen recht guten Eindruck: Einige Teile befinden sich noch am Bau – bzw. werden z.Zt. durch Marmorstaubabgüsse ersetzt – oder im Akropolismuseum; und südlich unterhalb der Akropolis, gegenüber dem Dionysos-Theater, wurde ein Museum (Museum Makrygianni) eingerichtet, das alle erhaltenen und über die Welt verstreuten Skulpturen des Parthenon in Gipsabgüssen sammelt und Rekonstruktionen im originalen Format ausstellt. (Zudem findet man hier zahlreiche Modelle der Akropolis in ihren verschiedenen historischen Zuständen sowie eine Dokumentation der Restaurierungsarbeiten.)

DIE GIEBELSKULPTUREN (13): Der Akropolis-Pilger sah zwar den Westgiebel zuerst, dennoch aber war die Eingangsseite im Osten die wichtigere. Hier begegnete dem Betrachter die Darstellung der vollzogenen Geburt der Athena aus dem Haupt des Zeus: Beide Götter erschienen in Überlebensgröße in der Giebelmitte, während neben ihnen bis hin zu den Zwickeln die übrige Götterwelt am Geschehen Anteil nahm. Eingerahmt war die ganze Szene durch zwei Perdegespanne, das des Sonnengottes und das der Mondgöttin (hierzu gehört der Kopf des 'Goetheschen Urpferdes' in London), die einen Weltentag symbolisieren. Die Darstellung ist leicht zu interpretieren: Athena (und damit auch Athen) ist als Zeus-Tochter dank ihrer intellektuellen Leistungen ('Kopfgeburt') zu Höchstem berufen. – Der Westgiebel schilderte einen anderen Mythos, nämlich den vom Wettstreit zwischen Athena und Poseidon um das attische Land. Die beiden Götter verkörperten die wichtigen Machtgrundlagen Athens: Den Handel (Ölbaum) und die Meerherrschaft. Ihr dramatisch bewegter Kampf betonte den einzigartigen Wert des attischen Landes, und jedermann wußte, daß beide Götter auf der Akropolis, im Erechtheion, vereint waren.

DIE METOPEN: Waren in den Giebeln religiöse Themen angeprochen, so hatten die über 50 Metopen die Darstellung der Heldentaten der Athener bei der Perserabwehr in mythischem Gewand zum Ziel: Auf der Ostseite war der Ur-Krieg der Götter gegen die Giganten dargestellt, auf den anderen Seiten kämpften Griechen gegen barbarische Völker – Amazonen und Trojaner – und tiergestaltige Wesen – Kentauren. Schlagwortartig könnte man sagen: Alles Nicht-Griechische war kulturlos, böse und rechtfertigte den todesmutigen Einsatz des überragenden griechischen Heldentums, wie es in mythischer Vergangenheit und in der jüngsten Geschichte bewiesen worden war.

DER FRIES: Dieser Bauteil durchbricht die dorische Ordnung des Tempels; er gehört eigentlich nur zu ionischer Architektur und ist hier als zusätzliches Element eingefügt worden. (An seiner Unterseite erscheinen die eigentlich nur unter Triglyphen angebrachten Regulae mit Guttae, s. **100**; daraus kann man erschließen, daß an den Cella-Schmalseiten zunächst Metopen – wie beim Zeus-Tempel in Olympia – geplant waren). In dem ursprünglich ca. 160 m langen Reliefband war in idealisierter Form das alle vier Jahre wiederkehrende Große Panathenäenfest dargestellt. Zahlreiche Details des Zuges kann man sich den Reliefs entsprechend vorstellen: Die Opfertiere, die Weihegaben oder etwa die Festordner; doch erscheinen auch viele zeitlose und überindividuelle Motive: Die Nacktheit der jungen Männer soll die Athener in zeitloser Form charakterisieren; es treten Personifikationen von staatlichen Organisationen wie z.B. den Phylen auf, und natürlich auch die Versammlung der olympischen Götter im Osten ist in diesem Zusammenhang zu nennen. Das Thema jedenfalls ist das wichtigste Fest des demokratischen Athen, der Zug zu Ehren der Athe-

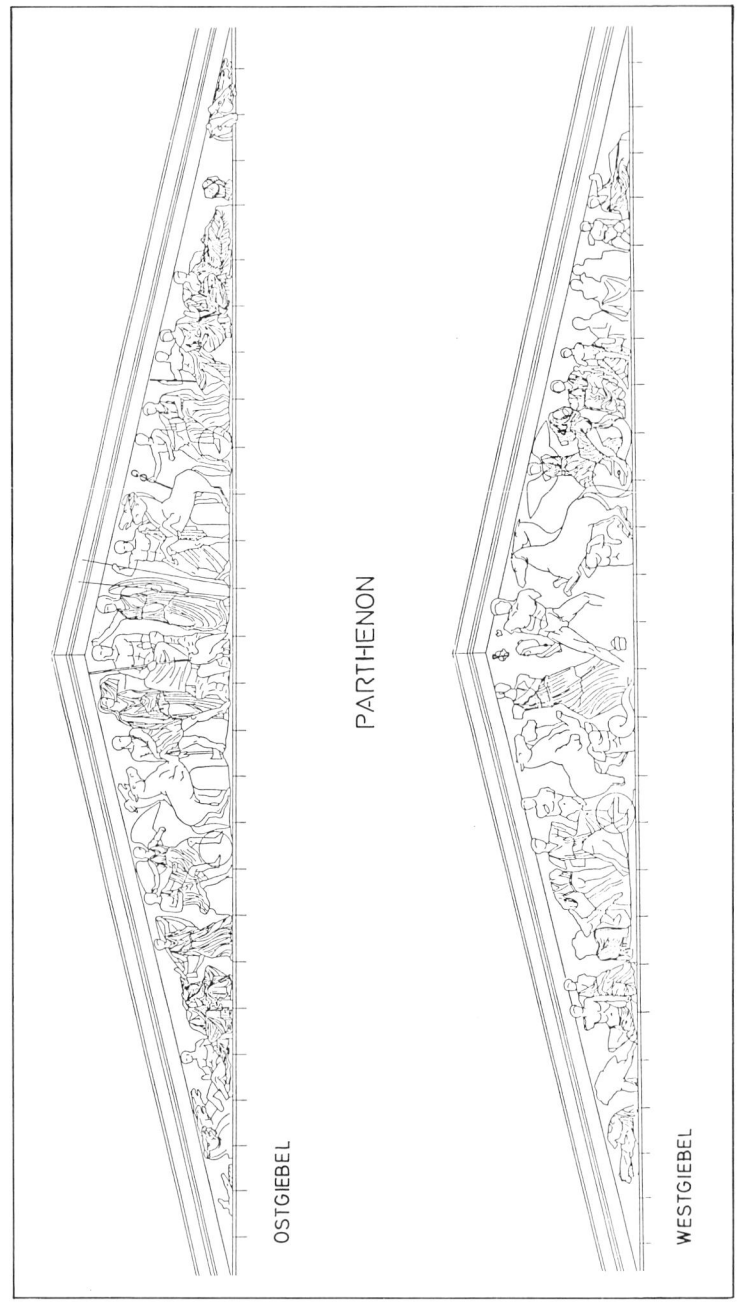

OSTGIEBEL

PARTHENON

WESTGIEBEL

13 Athen, Akropolis. Parthenon: Die Giebel-Skulpturen (nach Berger)

na durch die Stadt auf die Akropolis und die Übergabe des neu gewebten Gewandes für das alte Kultbild der Stadtgöttin. Die Komposition ist zweigeteilt: Von der Südwestecke brechen Reiter nach Norden auf – dieser Teil war noch bis vor kurzem am Bau vorhanden – und bewegen sich dann nach Osten, während Reiter, Wagen, Gabenträger und anderes Personal von demselbem Ausgangspunkt entlang der Südseite ostwärts ziehen. Der Zug gipfelt in den Bildern der Götter, die oft in lockerer Haltung auf ihren Stühlen und Thronen dargestellt sind und das Bild des Fest-Höhepunktes in der Mitte rahmen. Zeitlos und als ewiges Ritual ist das Geschehen ins Bild gesetzt und verkörpert damit wiederum den Anspruch Athens auf Vorbildhaftigkeit und Führung.

DIE ATHENA PARTHENOS: Im Innern des Gebäudes, durch raffinierte Lichtführung und Architekturrahmung hervorgehoben, stand die zwölf Meter hohe Statue der Athena Parthenos in einem Gewand aus hellem Elfenbein und strahlendem Gold und mit reichem Bildschmuck ausgestattet *(Taf. 7,2;* verkleinerte römische Kopien im Nationalmuseum, Saal 20, s.S. 111): Auf dem Helm sah man Sphingen, geflügelte Pferde, Hirsche und Greifen; an der linken Seite der Gottheit stand ein riesiger Schild, der außen mit Reliefs einer Amazonenschlacht, innen mit dem Gemälde einer Gigantomachie verziert war; selbst an den Schuhsohlen befanden sich Reliefs, die eine Schlacht der Griechen gegen die Kentauren zeigten – es wiederholten sich also die Themen der Metopen noch einmal. Und die Götterversammlung des Ostfrieses erschien ein weiteres Mal an der Basis der Figur, an der der Mythos der Pandora dargestellt war. Die ruhig stehende Statue streckte ihre Rechte nach vorn, auf die eine Nike herabschwebte und die Sieghaftigkeit Athens symbolisierte. Dem tagespolitischen Programm entsprach auch eine weitere Funktion der Kolossalstatue: Ihre Goldplatten bildeten einen Teil des Staatsschatzes; und auch andere Wertgegenstände lagerten im Innern des Parthenon, der also – wie alle antiken Tempel – in diesem Punkt einem Bankgebäude ähnlich war.

Bei der Würdigung des Parthenon muß man sich zwei Aspekte immer wieder verdeutlichen: Auf der einen Seite die sonst unerreichte harmonische Schönheit seiner tempelähnlichen Architektur und seiner Skulpturen und auf der anderen Seite die politische Programmatik des Gesamtkunstwerkes. Man kann die Ruine nur als marmorstrahlendes Relikt einer längst verflossenen Zeit ansehen, man kann sie aber auch bewundern als in einzigartiger Weise gelungene Kombination der genannten Komponenten aus Form und Inhalt.

DIE NACHKLASSISCHE GESCHICHTE DES BAUWERKES: In der Zeit unmittelbar nach der Erbauung des Parthenon sind keine größeren Veränderungen an ihm vorgenommen worden. Alexander d.Gr. weihte nach der Schlacht am Granikos (334 v.Chr.) Schilde nach Athen, die, zusammen mit einer Inschrift, am Front-Architrav angedübelt wurden; er, der Perserbezwinger, stellte sich damit in die Nachfolge der klassischen Athener, deren Erbe er angetreten hatte. Andere hellenistische Herrscher stifteten sogar größere Monumente, z.B. die Pergamener einen Pfeiler mit einem Viergespann, der vor der Nordostecke des Parthenon, an prominentester Stelle also, aufgerichtet wurde (**5**,13); nach seiner Zerstörung lagen seine Bauglieder auf der Akropolisfläche verstreut; sein in den Fels eingetiefter Standplatz ist noch heute auszumachen. Kaiser Nero ließ im Jahre 61/62 n.Chr. eine dreizeilige Inschrift an östlichen Architrav anbringen, die aus einzelnen Bronzebuchstaben bestand und im Wechsel mit den Alexander-Schilden angedübelt war. Diese Inschrift nahm auf den damals noch bestehenden Pergamener-Pfeiler Rücksicht, der in der Kaiserzeit die Statue eines römischen Herrschers, vielleicht Neros, trug. Größere bauliche Veränderungen erfuhr der Parthenon erst in der Spätantike: Die innere Säulenreihe wurde nach

14 Der Parthenon mit dem türkenzeitlichen Dorf und der Moschee um 1750, nach
Stuart - Revett

einer Brandbeschädigung durch andere, einem hellenistischen Gebäude entnomme-
ne Stützen ersetzt und der Hauptraum zu einer dreischiffigen Basilika umgewandelt.
Gegen Ende des 6. Jhs. n.Chr. und nachdem die heidnischen Kulte längst verboten
worden waren, übernahm der Parthenon die Funktion einer christlichen Kirche. In
dem 1687 zerstörten Bau – bis zu diesem Zeitpunkt hatte z.B. der Pronaos mit dem
Einbau der Kirchenapsis, aber auch die Peristase noch nahezu unversehrt gestanden
– errichteten die Türken eine kleine Moschee (**14**). Der schottische Lord Elgin erwarb
zu Beginn des 19. Jhs. einen großen Teil der klassischen Skulpturen, ließ sie auf z.T.
recht grobe Weise aus dem Bauzusammenhang herausmeißeln und überführte sie
nach London. Nach 1834 begannen die Aufräumungsarbeiten auch im Parthenon,
wobei alle türkischen Relikte beseitigt wurden. Doch erst am Anfang des 20. Jhs.
wurden Restaurierungen und ein Teilaufbau vorgenommen, deren Korrekturen und
Fortführungen gegenwärtig stattfinden.
Die Restaurierung: Wie bei allen Akropolis-Bauten war auch bei diesem antiken
Tempel, der bereits zwischen 1898 und 1933 restauriert und teilweise wieder errichtet wurde, die Entfernung der rostenden Klammern und Dübel und der durch die
Luftverschmutzung zunehmend angegriffenen Skulpturen dringend notwendig. Eine
genaue Bestandsaufnahme aller auf der Akropolisfläche verstreuten Bauteile erbrach-
te zudem die Möglichkeit, mit originalem Material bislang nicht vorhandene Archi-
tektur neu wiederaufzurichten. In den 80iger und 90iger Jahren stehen die Ost- und
Westseite sowie die Cella-Mauern im Zentrum der Wiederherstellungsbemühungen.
Die Ostmetopen sind bereits 1990 entfernt und durch Marmorstaubabgüsse ersetzt
worden. Besondere Sorgfalt wendet man auf die Restaurierung des Pronaos: Große
Teile der 1687 zerstörten sechs Säulen und des darauf liegenden Gebälkes sind gefun-

den worden und sollen wieder aufgebaut werden, möglicherweise bringt man auch
einen Abguß des Frieses am originalen Platz an. Dadurch verliert die Ostfront ihren
lichten Ruinencharakter, sie wirkt wieder geschlossener und nähert sich damit dem
Bild des ursprünglichen Bauzusammenhangs an. Doch auch die Veränderungen der
nachklassischen Geschichte sollen nicht völlig verschwinden; so ist daran gedacht,
den Chor der christlichen Basilika durch einige Blöcke anzudeuten und im Innern
der Cella auch mehrere Säulen aufzurichten. Da die Arbeiten sehr gewissenhaft und
verantwortungsbewußt durchgeführt werden, ist mit einer Fortführung der Restaurierung noch über viele Jahre zu rechnen.

DIE AKROPOLIS-FLÄCHE ÖSTLICH DES PARTHENON: Östlich vor dem Parthenon fand
man ein rechteckiges Fundament und zwei gerundete Gebälkblöcke, von denen einer
die Weihinschrift für einen Tempel der Roma und des Augustus trägt (5,14). Zusammen mit weiteren Bauteilen ließ sich ein Rundtempel ohne Cella rekonstruieren, dessen neun Säulen, die auf einer Stufe standen, die Ornamentformen des Erechtheion
genau kopieren. An einer Seite war der Säulenabstand ein wenig erweitert, von hier
aus bot sich ein freier Blick auf die Statuen der römischen Stadtgöttin und des ersten
römischen Kaisers, die man sich in dem baldachinartigen Gebäude vorstellen muß.
Den Hintergrund dieser Weihung bildete der klassische Parthenon – somit trafen
zwei politische Herrschaftsansprüche in architektonischer Form aufeinander: Vor
der durch die geöffnete Cellatür sichtbaren griechischen Athena Parthenos sah man
die römische Göttin und den Kaiser.
Weiter östlich ist die gesamte Felsfläche der Akropolis weitgehend abgearbeitet und
für horizontale Fundamentbettungen vorbereitet worden. Hier lagen die Heiligtümer
des Zeus Polieus (5,15), des höchsten olympischen Gottes als Stadtbeschützer, sowie
des Pandion, eines sagenhaften attischen Heros (5,16). Beide bestanden im wesentlichen aus offenen, von Mauern umgebenen Bezirken, in denen vielleicht einfache
Altäre oder allenfalls kleine Schreine den Mittelpunkt dieser altertümlichen Kulte
bildeten.
RUNDBLICK: An der Ostspitze der Akropolis ist eine moderne Plattform errichtet
(5,17), von der aus man einen schönen und lohnenden Überblick über die Stadt Athen
bekommt: Zu Füßen des Felsens sieht man das Lysikrates-Denkmal, in der Achse
dieses Monumentes und der Lysikratou-Straße liegen das Hadrianstor und das Olympieion. Weiter südöstlich leuchtet das Marmorstadion des Herodes Atticus zwischen
den Pinien, ihm gegenüber liegt der Nationalgarten mit dem Zappeion, einem Gebäude für Staatsempfänge und Ausstellungen, und dahinter reicht die Aussicht weit über
die moderne Stadt bis zum Hymettos hin. Auch ein Rundblick von den Akropolis-
mauern auf alle anderen Seiten ist zur Orientierung sehr nützlich: Im Norden schaut
man auf die Ziegeldächer der Plaka und das Ausgrabungsgelände der antiken römischen Agora mit dem Turm der Winde und der Hadriansbibliothek (Taf. 10,1); weiter westlich erkennt man den griechischen Markt hinter der rekonstruierten Halle
des Attalos. Im Hintergrund scheint sich die moderne Stadt uferlos hinzuziehen; sie
umschließt den Lykabettoshügel und die Türkenberge und dehnt sich bis zu dem
Gebirgszug des Parnis und zum Penteli hin. Auf der Südseite des Parthenon erhält
man einen schönen Eindruck von dem Dionysos-Bezirk mit dem riesigen Theater
und vom Asklepieion; der Grundrißplan dieser Anlagen erschließt sich von der Höhe
der Akropolismauer fast von selbst. Und schließlich bieten beim Hinabsteigen die
Stufen der Propyläen eine herrliche Aussicht auf den westlich liegenden Hügel der
Musen mit dem Philopappos-Grab und der Pnyx (Platz der Volksversammlung), auf
den Nymphenhügel mit dem alten Observatorium und den Areopag gleich zu Füßen

der Akropolis. In der Ferne sieht man Piraeus und die Berge von Salamis, weiter südlich Aigina und bei klarem Wetter sogar die östliche Peloponnes.

DAS AKROPOLIS-MUSEUM: Das Museum wurde in einer Hügelmulde an der Südostecke der Akropolis errichtet, an der in mykenischer Zeit ein kleiner Zugang gelegen haben muß. Es enthält im wesentlichen die Funde von der Burg selbst und ist entsprechend der Kunstentwicklung chronologisch geordnet. Wegen der Fülle magazinierter Denkmäler wird z.Zt. ein Neubau geplant, der nicht mehr auf der Akropolis liegen soll. Als interessante Ergänzung dieses Museums, das eines der bedeutendsten Griechenlands ist, ist ein Besuch des Museum Makrygianni (s.S. 33) zu empfehlen, in dem man insbesondere über den Parthenon und seine Skulpturen durch Modelle und Abgüsse sowie durch Wechselausstellungen informiert wird. Der folgende Rundgang durch das Akropolis-Museum beschreibt nur die wichtigsten Ausstellungsstücke; die angegebenen Nummern sind die an den Objekten angebrachten Inventarnummern. Das Eintrittsbillett für die Akropolis gilt auch für das Museum. Durch den Eingangsraum betritt man nach links den SAAL I mit Denkmälern aus dem frühen 6. Jh. v.Chr.: Herausragend ist ein farbiges Kalksteinrelief mit der Darstellung einer Löwin, die ein Stierkalb reißt; einen zweiten Löwen muß man sich spiegelbildlich ergänzen (4); das Relief wird dem solonischen Hekatompedon zugeordnet. Daneben das Giebelrelief eines unbekannten kleinen Bauwerkes: Herakles bekämpft die neunköpfige Schlange von Lerna (1). Die Figur einer Gorgo mit Schlangengürtel (701) war einst wohl die Dachbekrönung (Akroter) eines Gebäudes. Im Durchgang zum nächsten Saal sind eine Schlange (41) und eine kleine Eule, das Wappentier Athenas und Athens (56), ausgestellt, beide vermutlich einst Teile von Giebelschmuck.

SAAL II: Die Giebelreliefs bzw. -figuren von drei unbekannten Bauten bilden neben dem Kalbträger die wichtigsten Ausstellungsstücke: Gleich links neben dem Eingang ist die Einführung des Herakles durch Hermes in den Olymp wiedergegeben, im Zentrum der thronende Zeus und seine Gemahlin Hera (9.55). An der linken Längswand kämpft Herakles gegen Triton (35); gegenüber der Kalksteingiebel mit dem sog. Dreileibigen, an dem die ursprüngliche Bemalung gut erhalten ist und die ausdrucksvolle Charakterisierung der Alt-Männer-Gesichter bewirkt (2). Beide Giebelgruppen hat man mit der in Saal I ausgestellten, fragmentierten Löwin über einem Stierkalb kombiniert, indem diese – symmetrisch verdoppelt – die Mitte des Tympanon und die beiden mythischen Bilder die Zwickel füllten. Eine nicht endgültig zu beweisende Theorie besagt, daß es sich um den Schmuck des Giebels vom Hekatompedon-Tempel handelt. In der Saalmitte steht die Marmorstatue des Kalbträgers (624), eines älteren Mannes mit langen Haarlocken und Bart und mit einem dünnen Mäntelchen bekleidet, der auf den Schultern ein Stierkalb zum Opfer trägt. Die archaische Figur (um 570 v.Chr.) erscheint in einem festgelegten Typus: Das 'archaische Lächeln', die Frontalität und die Schrittstellung gehören zu diesem Schema, das bei allen Männerfiguren der Zeit (Kouroi) auftritt. Obwohl die Inschrift an der Basis einen Stifter namens Rhombos nennt, die Statue also als Portraitfigur des Opfernden gemeint ist, erkennt der moderne Mensch nichts Individuelles. Die einzelnen Partien und Glieder des Körpers sind additiv aneinandergesetzt, erst in der Spätarchaik und der Klassik verschmelzen sie zu einem organischen Ganzen. Die soziale Stellung der Stifter ist nur selten bekannt, es kann aber vermutet werden, daß in der frühen und mittleren Archaik nur die Aristokratenfamilien über die für derartige Weihungen notwendigen Mittel verfügten. Erst gegen 500 v.Chr. lassen sich Darstellungen einfacherer Leute, z.B. Handwerker, sicher nachweisen (s.u.).

SAAL III: An der linken Wand sieht man die Reste einer Löwen-Stier-Gruppe, die vielleicht zum Alten Athena-Tempel gehörte. Rechts sind Mädchenfiguren aus Bildhauerwerkstätten der Kykladeninseln (619. 677) und weibliche Sitzstatuen, wahrscheinlich Athena, ausgestellt (618. 620).

SAAL IV: In diesem, in drei Abteilungen gegliederten Saal sind die Meisterwerke zu sehen, die vor den Perserkriegen einen Teil der statuarischen Ausstattung der Akropolisfläche bildeten. An ihnen kann man die reiche Vielfalt und die Entwicklung der archaischen Kunst, wie sie an einigen Beispielen im folgenden vorgeführt wird, nachvollziehen sowie einige sozialgeschichtliche Fragen klären. Gleich rechts trifft man auf drei Skulpturen typisch attischen Charakters: Die 'Peplos-Kore', den 'Reiter Rampin' und eine Hundeplastik. Reiter und Pferdebesitzer waren in archaischer Zeit natürlich die Adligen, und so sind Weihungen derartiger Figuren ebenso wie die Skulptur eines Hundes (143), die auf die Jagd als Freizeitbeschäftigung der Aristokratie hinweist, typische Gaben der attischen Oberschicht für die Göttin Athena. Dasselbe gilt aber wohl auch für die Koren (wörtl.: Mädchen): In den Preisgedichten, die an den Adelshöfen vorgetragen wurden, wurden die Frauen als 'Schmuckstücke' häufig mit rassigen Pferden verglichen, ihre Schönheit gerühmt; auch die Statuenweihungen von Koren dienten also als allgemeine Chiffren für adlige Lebenshaltung der Selbstdarstellung der griechischen Oberschicht, und zwar nicht nur derjenigen Attikas, sondern auch anderer Regionen und Inseln Griechenlands. – Der 'Reiter Rampin' (590; um 550 v.Chr.), benannt nach einem französischen Ausgräber, der den Kopf (in Athen durch einen Abguß ersetzt) in den Pariser Louvre brachte, ist Teil einer Zweiergruppe, die als die mythischen Reiterzwillinge, die Dioskuren, oder als die Söhne des Peisistratos, Hippias und Hipparch, gedeutet wurden; der Efeukranz, der den Kopf des 'Reiters Rampin' schmückt, weist eher auf einen menschlichen Sieger im Pferderennen hin; jüngst wurden auf der Akropolis weitere archaische Reiterfiguren in Fragmenten nachgewiesen. Die 'Peplos-Kore' (679; um 540 v.Chr.) verkörpert mustergültig die attische Strenge archaischer Mädchenfiguren in der Marmorarbeit. Doch haben neue Forschungen (Ausleuchtung der Statue mit dem die Farben aktivierenden UV-Licht) ergeben, daß die Skulptur sehr reich bemalt war, u.a. mit figürlich verzierten Borten, die die heute so strenge Erscheinung der meisterhaften Plastik abmilderten; es wurde dadurch deutlich, daß die Bekleidung nicht der strenge dorische Peplos war, sondern daß die Bemalung früher drei übereinander getragenen Gewänder voneinander schied. Ähnliche Bilder derartiger Figuren in der gleichzeitigen Vasenmalerei zeigen, daß die 'Peplos-Kore' in Wirklichkeit als Athena-Statue mit einer Lanze in der Rechten zu interpretieren ist. Die Bemalung der mandelförmigen Augen und der lang auf die Schultern herabhängenden Haarlocken rief beim Betrachter einen lebendigen Eindruck hervor. – Der strengen Plastizität dieser Figur gegenüber entfaltet sich bei den ionischen und den von ionischer Kunst beeinflußten athenischen Korenstatuen eine üppige Vielfalt von Formen und Motiven: Die Untergewänder sind reicher gefältelt, die Mäntelchen häufig schräg über den Oberkörper gelegt und bisweilen von der Linken zur Seite gezogen; dadurch entwickelt sich ein reizvoller Kontrast zwischen senkrechten Steilfalten auf der einen und fächerförmig zur Seite schwingenden, mit Zickzack-Säumen belebten Gewandmotiven auf der anderen Seite. Zudem wirken die ionischen Stoffe weicher und dünner und lassen die Frauenkörper deutlicher zur Geltung kommen als die rein attischen Werke mit den fast faltenlosen Peploi. Zum Reichtum der Gesamtwirkung trug auch hier die Bemalung des Marmors bei. Beispiele von Korenfiguren für beide Kunstrichtungen sind im hinteren Teil des Saales IV in einzigartiger Fülle versammelt: Zwei unterschiedlich große Figuren von einem Künstler aus

Chios aus der Zeit um 520 v.Chr. (klein: 675; groß: 682); attische Koren mit deutlich ionischem Einfluß, jedoch strenger wirkenden Einzelformen der Gewänder und Gesichter (670; 685; 674; alle um 500 v.Chr.); in der Mitte des Halbrunds eine sitzende Athena (625; um 530 v.Chr.) in Chiton und einer darüber gelegten Ägis, einem für diese Göttin charakteristischen 'Gewand'-Teil, das in der Mitte mit einem übelabwehrenden Gorgoneion geschmückt ist; die kopflose und stark verwitterte Figur könnte die von Pausanias erwähnte Athena des Endoios sein und wäre dann eine der wenigen Statuen, die nach der Perserzerstörung wieder aufgerichtet worden sind, wahrscheinlich weil es sich um ein Kultbild handelte. – Erwähnenswert sind neben diesen Figuren auch einige archaische Weihreliefs, die Götter darstellen (im Durchgang zu Saal IV: 581: Familie mit Opfergaben vor Athena; in der Tür zu Saal V: 121: Athena Promachos; 1342/3: zwei Fragmente eines Frieses mit Hermes, kenntlich an seinem breitkrempigen Petasos, zusammen mit Wagenlenker und Viergespann) oder die Sitzstatue eines Schreibers (629), bei der der Einfluß der ägyptischen Plastik, der auch in der Frontalität und der Schrittstellung deutlich wird, besonders klar kenntlich ist.

SAAL V: Das beherrschende Monument dieses Saales ist der Gigantomachie-Giebel von der Ostseite des Alten Athena-Tempels (631, um 525 v.Chr.): Athena und Zeus kämpfen von der Giebelmitte nach außen gegen zwei am Boden liegende Giganten. Diese verkörperten ursprüngliche Naturgewalten, gegen die sich die geistig überlegenen olympischen Götter durchsetzten – als Kriegsgeschehen in der griechischen Kunst immer wieder ins Bild gesetzt. – In der Marmorarbeit und dem Stil den Giebelfiguren sehr ähnlich ist die sog. Antenor-Kore (681, um 520 v.Chr.): Sie ist überragend an Größe und beeindruckend in ihrer reichen Gewandung; mit ihrer formalen Strenge wirkt sie geradezu monumental. Die Basis neben ihr, die wahrscheinlich zugehört, trägt eine Inschrift: Sie nennt den attischen Bildhauer Antenor, der die Statue im Auftrag eines Nearchos ausführte. Interessant ist nun, daß aus jener Zeit ein Töpfer dieses Namens bekannt ist, so daß man daraus versuchsweise auf die Weihung eines attischen Handwerkers schließen kann, die das gewachsene Selbstbewußtsein dieser Bürgerschicht erkennen läßt. Offenbar konnte derselbe Bildhauer für Auftraggeber unterschiedlichen sozialen Ranges arbeiten; denn Antenor soll nach den Schriftquellen auch für die Athener Adelsfamilie der Alkmeoniden tätig gewesen sein; einen Staatsauftrag hat er ebenfalls ausgeführt, nämlich die erste Gruppe der sog. Tyrannenmörder, die von den Persern 480 v.Chr. verschleppt wurde. – In dem kleinen Seitenraum des Saales V ist in Vitrinen hauptsächlich Keramik von den Akropolis-Abhängen ausgestellt: Frühe korinthische Ware, attisch-schwarzfigurige und -rotfigurige Vasen sowie eine schöne weißgrundige Lekythos mit dem Bild einer Grabstele. Daneben findet man Statuetten aus Marmor und Ton, Fragmente von Marmorplastik und – in Vitrine 7 – Holzdübel, die in den Zentren der Parthenon-Säulentrommeln steckten.

SAAL VI: Hier läßt sich an herausragenden Werken der Übergang von der Archaik zur Klassik verfolgen: Ein fragmentiertes Relief zeigt einen auf einem Schemel sitzenden Töpfer in reich gefälteltem Gewand (1332; gegen 500 v.Chr.); er hält zur Kennzeichnung seines Berufes zwei Trinkschalen in der Hand. Die Darstellung, die vom wachsenden Selbstbewußtsein der einfachen Bürger Athens in der Spätarchaik zeugt, verbindet alte Formelemente (das Gewand) mit Modernem (dem kurzen Haupthaar). – Die Euthydikos-Kore, benannt nach der Stifterinschrift an ihrem Sockel (686.609; um 490 v.Chr.), zeigt in ähnlicher Weise noch archaisches Formengut beim Gewand, weist aber nicht mehr die archaische Gesichtsbildung auf. – Im 'Kritios-Knaben' (698), einer Jünglingsstatue, die nur kurze Zeit vor der Perserzerstörung im Jahre 480 v.Chr. geschaffen wurde, erkennt man die neue Art der griechischen Plastik: Die einzelnen Glieder sind nicht – wie bei den frühen archaischen Figuren – additiv zusammengesetzt, sondern sie bilden eine organisch geschlossene Einheit; auch die Frontalität der Figur und die ehemals starre Schrittstellung sind ein wenig durchbrochen: Der Kopf neigt sich leicht zur Seite und nach unten, und in den Hüften ist Ponderation, Gewichtverteilung auf Stand- und Spielbein wahrzunehmen. – Im Formalen verbindet der sog. Blonde Kopf (689, kurz vor 480 v.Chr.) altertümliche und neue Elemente: Auf den ersten Blick scheinen die archaischen langen Locken einer modernen Haarfrisur gewichen zu sein, denn nur kurze, vorn eingedrehte Strähnen rahmen das Gesicht. Von den Seiten und hinten jedoch erkennt man lange Zöpfe, die kunstvoll um den Kopf gelegt und verknotet sind, Relikte einer alten, längst verflossenen Zeit. – Ein Meisterwerk der klassischen Kunst aus ihrer Frühphase, dem sog. Strengen Stil, ist die kleine Stele der 'sinnenden Athena': Sie steht in gegürtetem Peplos, mit einem Helm auf dem Kopf und mit eingestemmter Rechter auf eine Lanze gestützt vor einem Pfeiler, dessen Bedeutung nicht gänzlich geklärt ist (Grenzstein, Inschrift- oder Weihestele). Die ruhige, strenge Haltung und die schlichten Formen sind typisch für diese Kunstrichtung, die in den Giebelfiguren des Zeus-Tempels von Olympia ihre monumentale Verkörperung finden.

SAAL VII: Der kleine Raum enthält Rekonstruktionsmodelle der Parthenon-Giebel (13) und einige Skulpturen seines Bildschmuckes (dazu s.S. 33): Den Brusttorso des Poseidon aus dem Westgiebel (885), einige kleinere Fragmente von Metopen und eine ganze Bildplatte mit der Darstellung eines Kentauren beim Raub einer Lapithin. Eindrucksvoller sind die Parthenon-Skulpturen im

SAAL VIII: Den Fries der Nordseite der Parthenon-Cella repräsentieren Platten mit Darstellungen von Reitern, von jungen Männern, die in vollem Lauf auf Wagen auf- und von ihnen wieder abspringen (Apobaten), von schreitenden Honoratioren, einem Lyraspieler und Gabenträgern sowie von Männern mit Opfertieren, darunter auch zwei eindrucksvoll gemeißelten Rindern; alle Teile sind Bilder des Panathenäen-Zuges (s.S. 33). Platten des Südfrieses zeigen wiederum Reiter, sind jedoch in einem schlechteren Erhaltungszustand. Bemerkenswert sind einige Reliefs des Ostfrieses mit der Götterversammlung: Man erkennt den bärtigen Poseidon, dem sich der jüngere Apollon im Gespräch zuwendet, sowie Aphrodite, an die sich der jugendliche Eros anschmiegt (weitgehend als Skizze nach einem alten Abguß angegeben). – Im Saal VIII sind zudem die Bauskulpturen auch der anderen klassischen Akropolis-Tempel ausgestellt. An einer in den Raum vorgebauten Scherwand sind Teile des Erechtheion-Frieses angebracht (s.S. 27): Die hellen Marmorfigürchen sind wie einst am Tempel vor (moderne) dunkle Platten gesetzt; ihre Kleider zeigen denselben 'Reichen Stil' wie die Reliefs des Nike-Pyrgos (s.S. 22), die das Geländer an den drei Seiten des hohen Tempel-Unterbaues bildeten: Die fließend bewegten Körper in Gewändern, die den Kontrast zwischen hohen Faltengraten und enganliegenden, den Leib geradezu modellierenden Stoffpartien betonen, sind zu Recht als Meisterwerke der Klassik berühmt. In ganz anderer Weise als bei den Parthenon-Reliefs ist hier die Bildhauerei zu höchster Meisterschaft gekommen: Korrespondiert dort der Inhalt der Bilder mit dem feierlichen Rhythmus und der ruhigen, klassischen Form, so widerspricht hier gänzlich die leichte, elegante Kunstform der kraftfordernden, blutigen Tätigkeit der Darstellung, dem Stieropfer.

SAAL IX: Hinter einer Glasscheibe stehen in einem klimatisierten Raum vier der Koren, die das Dach der Erechtheion-Südhalle trugen; eine fünfte befindet sich in London, und die sechste wird als Muster in den Restaurierungswerkstätten auf die Möglichkeiten hin untersucht, die Schädigung der Marmoroberflächen zumindest zu stoppen. Die Figuren tragen den schweren Peplos mit Überschlag und Gürtung; ihre Köpfe sind mit einem Polster bekrönt, das von einem Eier- und Perlstab verziert ist. Die Gesamtproportionen, die unter den Gewändern deutlichen Körperformen und die fließenden Falten waren in ihrer Zeit modern; altertümlich dagegen erscheinen die langen Haare und die um den Kopf gelegten Zöpfe (vgl. den Blonden Kopf, Saal VI) sowie die deutliche Frontalität der Figuren.

EINGANGSRAUM: Neben zwei Basen mit Reliefdarstellungen – Waffentänzer (1338, spätes 4. Jh. v.Chr.) und Apobatenübungen, das Auf- und Abspringen von fahrenden Wagengespannen – ist in diesem Raum eine Figurengruppe ausgestellt, die als eine der wenigen originalen klassischen Statuenweihungen auf der Akropolis die Zeiten überstanden hat. Die meisten griechischen Skulpturen waren in Bronze gearbeitet und sind dem Metallraub späterer Epochen zum Opfer gefallen; heute sind sie uns nur durch römische Marmor-Kopien bekannt. Eine Ausnahme ist die fragmentierte Gruppe der Prokne und des Itys (1358; um 420 v.Chr.), die auf eine schaurige Sage zurückgeht: Prokne, die Tochter des attischen Königs Pandion, war mit dem Thrakerkönig Tereus verheiratet, mit dem sie den Sohn Itys hatte. Tereus betrog seine Frau mit deren Schwester Philomele, die er vergewaltigte und der er, damit die Tat nicht bekannt wurde, die Zunge herausschnitt. Doch Philomele webte in ein Gewand die Bilder ihres Schicksals und verständigte so Prokne. Diese bestrafte ihren Mann damit, daß sie den gemeinsamen Sohn Itys tötete und dem Tereus als Fleischmahl zubereitete. Die Statuengruppe zeigt nun in klassisch-edler Zurückhaltung den Moment, in dem Prokne sich zu dem Mord entschließt, während ihr nichtsahnender Sohn Itys sich an ihre Beine schmiegt; nicht die grausige Tat wird also geschildert, sondern die psychologisch interessante, dramatische Entscheidungssituation. Der Mythos schildert anschließend die Verfolgung der beiden Schwestern durch Tereus und die Verwandlung aller in Vögel: Tereus wurde zu einem Wiedehopf, Prokne zu einer Nachtigall und Philomele zu einer Rauchschwalbe. In der Klassik hatte die Figurengruppe auf der Akropolis sicher auch andere Funktionen als nur die der Mythen-Darstellung: In einer Zeit, in der sich Athen gegen den Zuzug von Ausländern wandte und Kriege gegen unbotmäßige Bündner führte, mag die Statue auch als politische Mahnung verstanden worden sein: Die Athenerin Prokne rächt sich grausam an dem treulosen Tereus, einem barbarischen Ausländer. – Ein bedeutendes Werk dieses Saales ist auch das Bildnis Alexanders d.Gr. (1331; um 330 v.Chr.), dem ein römisches Philosophenportrait (4./5. Jh. n.Chr.) gegenübersteht.

3. DIE AKROPOLIS-ABHÄNGE UND DER PERIPATOS (5, 20-36)

Rund um die gesamte Akropolis führte in der Antike ein Weg, auf dem man in halber Höhe den Burgfelsen umwandern konnte. Dieser Peripatos (wörtl.: Rundweg) berührte zahlreiche Heiligtümer, die seit frühester Zeit und auch noch in der klassischen Epoche an den Abhängen der Akropolis angelegt wurden: Es gab Bezirke für Dionysos und Asklepios auf der Südseite sowie für Aphrodite, Pan, Apollon und Zeus am Nordabhang. Neben diesen Heiligtümern mit ihren kultischen Bauten findet man aber auch noch profane Gebäude: Das Odeion des Perikles, die lange Halle des Eumenes und das Odeion des Herodes Atticus sind beeindruckende Bauwerke am Akropolis-Südabhang, während an der Nordseite ein Quellhaus die wichtige Funktion der Wasserversorgung für die Stadt erfüllte.

Der Peripatos wird z.Zt. wieder instandgesetzt und ist deshalb nicht in seiner gesamten Länge rund um die Burg begehbar. Von entscheidender Bedeutung ist die Sicherung des Burgfelsens, der durch die Umweltverschmutzung ebenso stark gelitten hat wie die antiken Gebäude. Durch Injektionen von Dichtungsmasse in die zahlreichen Ritzen und durch Festigung größerer Felsbrocken wird seit einigen Jahren eine wichtige Grundlage für die Erhaltung der Monumente auf und unterhalb der Akropolis geschaffen. Zudem sind im Zuge langjähriger Untersuchungen des Dionysos-Bezirkes und der anliegenden Heiligtümer auch an den Akropolis-Abhängen Restaurierungen begonnen worden, die in den nächsten Jahren fortgesetzt werden sollen.

RUNDGANG UM DIE AKROPOLIS (*Taf. 3,2*):

Man kann südlich unterhalb des Nike-Tempels, beim Eingang zur Akropolis (oberhalb des Odeion des Herodes Atticus) das Gelände des Akropolis-Südabhanges betreten. Hier muß man dann die Eintrittsgebühr entrichten, die auch beim Zugang zum Dionysos-Bezirk von der Dionysiou Areopagitou-Str. erhoben wird. Normale ÖZ.

APHRODITE-TEMPEL (**5,**20): Noch vor Verlassen des Akropolis-Geländes sieht man unterhalb des Nike-Tempels ein Felsplateau mit mehreren Marmorblöcken, auf dem einst ein kleiner Tempel gestanden hat. Einige marmorne Gebälk-Teile hat man diesem Bau zugeschrieben: Sie liegen neben dem Beulé-Tor am Aufgang zu den Propyläen und zeigen am Fries Reliefs von Tauben, den heiligen Vögeln der Aphrodite. Die Inschrift am flachen Architrav darunter teilt mit, daß das Tempelchen der Aphrodite Pandemos in der späteren Klassik errichtet wurde.

ODEION DES HERODES ATTICUS (**5,**21): An der Südwestseite der Akropolis ist ein großes Halbrund von Marmorsitzstufen an den Felsabhang gebaut, eine Stiftung des reichen Atheners Herodes Atticus aus den Jahren zwischen 160 und 170 n.Chr. Die Anlage unterscheidet sich in zwei Punkten ganz wesentlich von einem griechischen Theater: Zum einen ist das Gebäude an seiner Front von einer 28 m hohen, dreigeschossigen Bühnenfassade aus Kalksteinquadern und Gußmauerwerk abgeschlossen, die die Cavea (die Sitzstufen) genau zu einem Halbkreis begrenzt – der Zuschauerraum griechischer Theater besteht dagegen in der Regel fast aus einem Dreiviertelkreis. Und während griechische Theater unter offenem Himmel lagen, war der Bau des Herodes Atticus mit einem Dach bedeckt, war also ein Odeion. Dieses Dach war für seine Zeit, ja sogar für heutige Maßstäbe eine technische Meisterleistung: Für den Dachstuhl mußten extrem lange Zedern aus dem Libanon herangeschafft werden, um die großen Spannweiten des Raumes (38 m Radius) zu überdecken. Im Innern beeindruckten den Besucher zudem noch die Fußbodenmosaiken, die verschiedenfarbig marmorgetäfelten Wände, die Säulengliederung der Bühne und die in den Nischen aufgestellten Statuen, die heute fehlen. Doch hat man nach der Ausgrabung in den 50er Jahren die Marmorsitzstufen wiederhergestellt, so daß das heute offene Theater im Sommer für kulturelle Veranstaltungen – Konzerte, Theateraufführungen nach griechischen Klassikern und modernen Autoren sowie Ballettdarbietungen – benutzt werden kann: Ein besonderes Erlebnis für jedermann, sich unterhalb der angestrahlten Akropolisbauten bei milder Abendluft in 'antiker' Umgebung von der Hitze des Tages zu erholen.

EUMENES-STOA (**5**,22): Auf dem Niveau des Odeion-Vorplatzes erstreckte sich nach Osten hin eine 163 m lange, zweigeschossige Halle, die im Innern durch eine Säulenreihe zweigeteilt war. Heute sieht man nur mehr einige wenige Reste des riesigen Bauwerkes, das von dem pergamenischen König Eumenes II. (197–159 v.Chr.) als Wetterschutz für die Besucher des Dionysos-Theaters gestiftet wurde: Die Terrassierung für die Stoa mit den Fundamenten für die mittlere Säulenreihe sowie die massive Stützmauer mit Bogenstellungen, die den z.t. für die Halle abgegrabenen Hang sicherte, sind erkennbar. Dagegen fehlen ebenso wie alle Stützen des Inneren und des Obergeschosses sowie die beiden Treppen an den Seiten. Die Stoa bot in der Antike denselben Eindruck – es fehlen nur die Räume auf der Rückseite – wie die Halle des Attalos auf der griechischen Agora, die vielleicht von demselben Architekten entworfen wurde. Unmittelbar oberhalb der Terrasse verläuft der alte Peripatos, auf den bei der Errichtung der Eumenes-Stoa Rücksicht genommen wurde. Der Weg begrenzt hier nach Süden hin das

ASKLEPIEION (**5**,24): Steigt man von der Akropolis direkt zum Südabhang hinab und folgt dem Serpentinenweg, der östlich des Herodes Atticus-Odeion verläuft, so erreicht man zunächst eine riesige, ovale Grube, die von einer modernen Mauer umgeben ist (**5**,23). Hier gefundene Bronzereste weisen darauf hin, daß es sich um eine Metallgießerei gehandelt hat, in der wahrscheinlich statuarische Weihgeschenke für die Akropolis gefertigt wurden. Die Grube war das Zentrum einer Werkstatt, an die als Flügelbauten zwei Hallen angeschlossen waren. Östlich dieser Bronzegießerei liegt das 419 v.Chr. gegründete und im Laufe der Jahrhunderte ausgebaute Heiligtum des Asklepios, in dem auch andere Götter wie z.B. Hygieia oder Isis verehrt wurden. Zu Beginn des Bezirkes, im Westen, findet man die Fundamente zweier kleiner Tempel und südlich darunter eine große, tonnengewölbte byzantinische Zisterne.

Das Asklepios-Heiligtum gliederte sich in zwei große Teile mit Hallen, deren Zentren jeweils eine Quelle darstellt; diese Quellen, die bereits vor der Gründung des Asklepieion bestanden, waren wohl der Anlaß zur Ansiedlung des Heilkultes in diesem Bereich. – Im Westen findet man am Felsabhang hinter einem schräg gestellten kleinen Tempel ein archaisches Brunnenbecken (**4**,7; z.Zt. mit Holzbrettern abgedeckt), dessen Wände aus sehr schön gefügtem Polygonalmauerwerk bestehen. Dieses archaische Wasserbassin war von einem kleinen Schrein mit dreisäuliger dorischer Front umrahmt; auf das Brunnenhaus weist ein Inschriftstein in der Bezirksmauer auf der Südseite hin, auf dem "Grenze des Brunnens (HOPOΣ KPENEΣ)" verzeichnet ist (**5**,25). – Östlich schloß sich an dieses Quellhaus ein Gebäude an, das aus vier quadratischen, mit Ruhebetten ausgestatteten Räumen und einer vorgelagerten Säulenhalle bestand. Hier ruhten die Pilger zum Heilschlaf (Inkubationshalle). Zwischen diesem und dem zweiten, weiter östlich gelegenen Asklepieion-Teil bot ein Propylon vom Peripatos her Zugang zum gesamten Bezirk; die erhaltenen Bauteile stammen zwar erst aus der römischen Kaiserzeit, gehen aber wohl auf griechische Vorläufer zurück. – Der Ostteil des Heiligtumsbezirkes bestand aus einer Hofanlage mit einem kleinen prostylen Tempel und dem Altar des Asklepios sowie einer kleinen Stoa auf der Süd- und einer großen Halle auf der Nordseite. Für die letztere wurde der Kalksteinfels der Akropolis in großer Höhe abgearbeitet. Die Stoa war durch eine innere Stützenreihe zweigeteilt und besaß ein Obergeschoß, zu dem eine Treppe am Ostende hinaufführte. Von der Halle aus konnte man die zweite Quelle des Asklepieion betreten: Sie lag in einem runden, aus dem Akropolisfels geschlagenen Raum, einer künstlich erweiterten Grotte; wahrscheinlich gab es an diesem Platz schon vor 420 v.Chr. einen Kult; und bis in die Gegenwart hinein hat sich die Tradition eines heiligen Ortes gehalten, denn in der Grotte befindet sich seit byzantinischer Zeit eine kleine Kapelle. Westlich der Stoa war auf einer höheren Terrasse ein offener quadratischer Gebäudeteil abgetrennt, dessen Zentrum ein tiefer, runder Schacht bildete. Um diesen war ein Baldachin auf vier Säulen aufgestellt, der die Öffnung überdeckte. Es handelt sich um einen Bothros, eine Opfergrube, in die man Weihegaben für erdverbundene (chthonische) Götter warf. – Das Asklepieion war offensichtlich gleich nach seiner Gründung und in den folgenden Jahrhunderten sehr beliebt: Zahlreiche Weihgeschenke, darunter viele Reliefs (Darstellungen der Götter Asklepios und Hygieia mit Verehrern sowie Reliefbilder von medizinischen Geräten, heute im Nationalmuseum) zeugen davon ebenso wie 'Filialen' des Heiligtums an anderen griechischen Orten (z.B. inschriftlich bezeugt für Sounion). Im 3. Jh. n.Chr. wurden die Bauten zerstört, aber schon bald wiederhergerichtet; erst im 6. Jh. entstand auf der Terrasse, auf der die antiken Gebäude abgerissen wurden, eine dreischiffige Basilika für die Agioi Anargyroi (die Heiligen Ärzte), in deren Wänden zahlreiche Bauglieder und zerschlagene Skulpturenteile vermauert wurden. Heute ist von dieser Kirche nichts mehr zu sehen, nur einige mit dem Kreuz-Zeichen verzierte Marmorblöcke weisen noch auf dieses Bauwerk hin.

DAS DIONYSOS-HEILIGTUM: Vom Asklepieion führt der Peripatos über einige Stufen hinauf ins Dionysos-Theater (**5**,28), das er parallel zu den Sitzstufen auf einem Zwischengang (Diazoma) durchquert. Das Theater (*Taf. 8,2*) ist heute der eindrucksvollste Teil des Dionysos-Heiligtums, es ist aber keineswegs das Zentrum und gehört in seiner heutigen Form auch nicht zu den ältesten Bauwerken des heiligen Bezirkes.

Das kultische Zentrum für den Gott des Weines war sein Tempel auf der Südseite vor dem späteren Bühnengebäude. Der kleine Naiskos (**4**,8; **5**,26) liegt am Westende einer langen, erst im 4. Jh. errichteten dorischen Halle. Der Tempel öffnete sich nach Osten durch zwei zwischen die Anten gestellte Säulen; von seiner Architektur sind nur noch die Steine der Nordwestecke erhalten. Der Bau muß in der 2. Hälfte des 6. Jhs. v.Chr. errichtet worden sein und barg das alte, hölzerne Kultbild des Dionysos Eleuthereus. Der Phidias-Schüler Alkamenes schuf dann im späten 5. Jh. ein neues Kultbild aus Gold und Elfenbein. Wo diese Statue zunächst untergebracht war, ist unbekannt; erst in der zweiten Hälfte des 4. Jhs. wurde sie in einen neuen Dionysos-Tempel (**5**,27) überführt, der südlich neben dem alten auf Breccia-Fundamenten stand; der Oberbau aus feinen Kalksteinquadern ist heute fast vollständig verschwunden. Der neue Tempel war – entsprechend dem berühmten Kultbild des Alkamenes – größer, und seine Front wurde mit einer tiefen Säulenvorhalle betont. In dem von einer Mauer umgebenen heiligen Bezirk standen verschiedene Altäre, an denen die Opferhandlungen vollzogen werden konnten. Ein heute noch an seinem Platz befindlicher Rundaltar aus der Zeit um 100 v.Chr. zeigt über Theatermasken hängende dicke Blattgirlanden.

Von diesem kultischen Zentrum abgewendet lag auf drei Meter höherem Niveau am Akropolis-Südabhang zunächst, d.h. im 5. und früheren 4. Jh. v.Chr., ein Holztheater, dessen Form nicht sicher zu ermitteln ist; vielleicht war es von annähernd rechteckigem Umriß, wie man es von einigen älteren Theatern kennt (s. Trachones: S. 146); dafür sprechen mehrere Steinblöcke, die durch Inschriftreste als Sitze von

Honoratioren des 5. Jhs. v.Chr. kenntlich sind und die keine Rundung aufweisen, sondern eine gerade Reihe bildeten (als Kanalabdeckung verbaut und modern innerhalb des Bühnengebäudes abgelegt). Im 6. und frühen 5. Jh. wurden Theaterstücke wohl auch in einem kurzfristig aufgebauten Holzbau auf der Agora aufgeführt. Die noch heute sichtbare, monumentale Marmorgestalt des Dionysos-Theaters (**5**,28) wurde unter dem Athener Redner und konservativen Politiker Lykurg (ca. 390–324 v.Chr.) begonnen. Lykurg hatte die alten klassischen Ideale der großen Zeit Athens vor Augen, als er städtische Kulte wieder belebte und Athen mit neuen Bauten ausschmückte. So ließ er z.b. im Theater drei Statuen der großen Tragiker des 5. Jhs. – Aischylos, Sophokles und Euripides – aufstellen und deren Dramen schriftlich für den Staat fixieren. In diesen Zusammenhang gehört auch die Neugestaltung des Theaters: Um eine runde Orchestra, in deren Zentrum vielleicht der Altar des Dionysos stand, sind Marmorsessel für die athenische Priesterschaft und Honoratioren aufgestellt – in der Mitte ragt der reliefgeschmückte Thron des Dionysos-Priesters heraus (*Taf. 8,1*); dahinter erhoben sich am Akropolis-Abhang die vielen Sitzstufen, aus Kalkstein angelegt, die etwa 17000 Personen Platz boten; von ihnen ist heute nur ein Bruchteil erhalten. Zwischen den seitlichen Stützmauern für die Sitzstufen und der Bühne konnten die Zuschauer durch zwei Tore das Theater betreten, wenn sie nicht von oben, vom Peripatos her, der den Zuschauerraum (Theatron, Koilon oder Cavea genannt) in zwei Ränge teilt, ihren Sitzplatz aufsuchten. In hellenistischer Zeit dann hat man die Bühne entsprechend der damaligen Mode auf eine höhere Ebene verlegt: Die runde Orchestra, in der nur noch der Chor auftrat, wurde auf der Südseite von einem Gebäude mit zwei seitlichen Vorsprüngen beschnitten; die Schauspieler agierten nun vor dem Hintergrund der Bühnenfront im ersten Stockwerk des Bühnenhauses (Skene). Dieser neuen Situation trägt auch die Aufstellung von Statuen und Thronen Rechnung, die in der römischen Kaiserzeit auf einer höheren Ebene in die Zuschauerränge integriert wurden. Die Baugeschichte des Theaters ist in ihren Einzelheiten sehr kompliziert und nicht endgültig geklärt; sicher ist aber, daß das Bauwerk im Laufe der folgenden Jahrhunderte mehrere Umbauten erfuhr; dabei wurden auch der Relieffries und die kauernden Silen-Figuren aus dem mittleren 2. Jh. n.Chr. angebracht. Der Fries zeigt Dionysos im Kreise weiterer Götter; das Relief wurde erst in Zweitverwendung als Begrenzung der Orchestra verbaut, wie eine genaue Untersuchung der Verdübelungen ergab; der Ort und der bauliche Zusammenhang der primären Verwendung sind unbekannt. Auch die Orchestra wurde in der Kaiserzeit verändert: Man pflasterte sie mit einem Marmorboden in Form von bunten Rauten (neue, bislang durch Grabungen nicht geprüfte Forschungen halten bereits eine hellenistische Datierung dieses Opus Sectile-Bodens für möglich). In der Spätantike integrierte man in den östlichen Zugang eine christliche Kirche und nutzte die Orchestra als Hof mit einem kleinen Brunnen. Doch auch diese Einbauten verschwanden im Laufe der Jahrhunderte, es blieb schließlich nur noch eine kleine Kapelle in dem Mosaikhof, die von den Ausgräbern östlich neben das Theater versetzt wurde. Die archäologische Erforschung des Geländes begann 1838 und ist bis heute nicht abgeschlossen. Die Skulpturenfunde hat man im Zuge der jüngsten Arbeiten unter einem Schutzdach an der Südostecke des Bezirkes aufgestellt: kolossale Statuen von Silenen und eine Poseidonfigur sowie Statuen von sitzenden Dichtern; auf einer längsrechteckigen Basis mit der Inschrift "Menandros" ist das Original einer Sitzfigur des großen Komödiendichters (342/1–293 v.Chr.) zu rekonstruieren, das in mehreren römischen Kopien erhalten ist.
Das Dionysos-Theater des Lykurg ist der Ort, an dem die großen griechischen Tragödien und Komödien seit dem späteren 4. Jh. v.Chr. aufgeführt wurden. Dies geschah

am Hauptfest des Dionysos, den Großen Dionysien im März. An drei aufeinander folgenden Tagen spielte man nach dem Vortrag von Dithyramben (Chorlieder mit mythologischem Inhalt) jeweils eine Tetralogie, die aus drei Tragödien und einem Satyrspiel bestand; Aufführungen von Komödien schlossen sich an. Die Dichter, die Stücke aufführen lassen wollten, beantragten beim städtischen Oberbeamten, dem Archon, einen Chor und einen Produzenten (Choregen), und der Staat loste ihm zusätzlich Schauspieler zu. Die Theater-Aufführungen fanden dann als Wettstreit statt: Ein zehnköpfiges, gewähltes Schiedsgericht beurteilte und reihte die Stücke nach ihrer Qualität; doch auch die Zuschauer nahmen lebhaften Anteil an dem Geschehen auf der Bühne und der Bewertung der Werke. Für die Ausstattung der Dithyramben bekam der siegreiche Chorege einen bronzenen Dreifuß vom Staat.

CHOREGISCHE WEIHGESCHENKE IM DIONYSOS-BEZIRK (**5**,29-30): Seit dem 4. Jh. v.Chr. wurde die Ausrichtung der Theaterfestspiele von hervorragenden Athenern des öffentlichen Lebens finanziert, den sog. Choregen (wörtl.: Chorführer). Den staatlichen Siegespreis, den Dreifuß, durfte der Chorege beim Theater selbst oder entlang einer Straße aufstellen, die vom Dionysos-Bezirk zunächst nach Osten und dann nördlich um die Akropolis herum bis zur Agora führte, der Tripoden- (Dreifuß-) Straße. Auf den steinernen Basen unter den Dreifüßen verzeichneten die Choregen zu ihrem Ruhm den betreffenden Wettstreit (Knaben- oder Männerchor), ihren Namen und das Jahr ihres Sieges. Für die Ausgestaltung der Basis mußten sie selbst sorgen. So entwickelte sich unter den berühmten und reichen Politikern eine Konkurrenz um die auffälligste und großartigste Basisform: Die Träger der Dreifüße konnten sogar die Form von kleinen Tempeln oder Rundbauten auf hohen Sockeln annehmen. Ein Beispiel dafür ist ein Bauwerk, das sich westlich des Theaters direkt neben dem Ostende der Eumenes-Stoa befand (**5**,29), wo heute nur noch ein Fundament zu sehen ist; fast alle Teile des tempelartigen, dorischen Marmoraufbaues stecken in der spätantiken Bastion am Eingang zur Akropolis, im sog. Beulé-Tor (**5**,1). Das Gebäude hatte der Chorege Nikias im Jahre 320/319 v.Chr. errichten lassen. – In demselben Jahr verkleidete der Athener Thrasyllos oberhalb des Dionysos-Theaters die geglättete Felswand vor einer Felsenhöhle mit einer dorischen Fassadenarchitektur, auf der der Siegespreis, der Dreifuß aufgestellt war (**5**,30). Dieses Monument, von dem heute nur noch geringe Reste den Eingang zur Kapelle der Panagia Spiliotissa rahmen, wurde erst im Jahre 1827 zerstört; sein ursprünglicher Zustand ist aus alten Stichen bekannt (**15**). Auf diesen erkennt man auch eine große Statue des Dionysos, die der Sohn des Thrasyllos, Thrasykles, im Jahr 271/0 v.Chr. stiftete, als er selbst als Chorführer gesiegt hatte; die Statue befindet sich heute im British Museum in London. – Die beiden Säulen oberhalb des Thrasyllos-Monumentes (im Fels erkennt man noch die Bettung für eine dritte) sind spätere Weihungen anderer Choregen; auch sie trugen als besonders hohe Basen über gesonderten Sockeln je einen Bronzedreifuß. – Östlich des Dionysos-Theaters begann die 'Straße der Dreifüße', die von zahlreichen Tripoden begleitet wurde. Von einigen Bauten, die die Siegespreise ausstellten, sind gleich neben dem Theater noch Fundamente sichtbar. – Die bekannteste Dreifußbasis aber steht einige hundert Meter weiter östlich in der Plaka, das Monument des Lysikrates aus dem Jahre 335 v.Chr. (s.u. S. 89; **29**).

ODEION DES PERIKLES (**5**,31): "Das Odeion soll ein Abbild und eine Nachahmung des persischen Königszeltes gewesen sein. Es enthielt im Innern eine große Anzahl von Sitzen und viele Säulen, während sich das Dach, von einer Spitze ausgehend

15 Athen, Akropolis-Südabhang mit dem Thrasyllos-Monument um 1750, nach
Stuart - Revett

(wie eine Pyramide), in ringsum gleichmäßiger Neigung herabsenkte. Auch dieser
Bau stand unter der Aufsicht des Perikles." Über diese Nachricht des Plutarch hinaus wissen wir durch Pausanias und Vitruv, daß das große, überdachte Versamm-
lungsgebäude für Konzerte und musikalische Wettbewerbe in der Nähe des Dionysos-Theaters lag; so konnte man das Odeion des Perikles mit dem weiträumigen,
etwa quadratischen Bauwerk identifizieren, das sich unmittelbar östlich an das Theater anschließt; dessen Stützmauer nimmt mit einer Einklinkung auf das ältere, perikleische Odeion Rücksicht. Der überdachte Konzertsaal selbst ist bislang nur zu
einem Bruchteil ausgegraben, die zahlreichen Innenstützen, die an das Telesterion
von Eleusis erinnern, stecken noch in einer mächtigen Erdschicht. Das Odeion wurde
bei der sullanischen Eroberung Athens (86 v.Chr.) zerstört und etwa 25 Jahre später durch eine Stiftung des kappadokischen Königs Ariobarzanes II. in seiner ursprünglichen Form wiederhergestellt.
Die Heiligtümer am Ost- und Nordabhang (heute meist nicht zugänglich):
Umschreitet man die Akropolis auf dem Peripatos, so erreicht man nach der Umrundung der östlichen Schmalseite bald den Nordabhang mit seinen zahlreichen, in
natürlichen Höhlungen und Felsüberhängen eingerichteten Heiligtümern, die nur
von diesem Rundweg aus zu erreichen waren. Zuerst stößt man an der Ostseite auf
eine große, natürliche Felshöhle. An ihrem Ausgang wurde erst vor wenigen Jahren
eine Inschrift entdeckt, die belegt, daß es sich um den Platz des Aglaurion handelt,
eines Heiligtums für die Kekrops-Tochter Aglauros, das man bis dahin an der Akro-
polis-Nordseite lokalisiert hatte; hier legten die Epheben ihren Eid ab. Durch den
Fund der Inschrift ergaben sich wichtige neue Einblicke in die Topographie des
archaischen Athen: Aus antiken Schriftquellen weiß man, daß beim Aglaurion, also

an der Ostseite der Akropolis, die archaische Agora lag; in ihrer Nähe ist das ältere Prytaneion anzusiedeln, und auch die Nachricht, daß die Stadt Athen zu Theseus' Zeiten auf der Südseite der Burg gelegen habe, gewinnt nun an Glaubwürdigkeit. Damit ist klar, daß die seit den amerikanischen Ausgrabungen bekannte griechische Agora (s.u. S. 65) erst das Resultat einer Neuplanung der Stadt ist, die vielleicht mit der kleisthenischen Reform von 508/7 v.Chr. verbunden werden kann.

An der Nordostecke des Akropolisfelsens trifft man auf das HEILIGTUM DES EROS UND DER APHRODITE (5,32) unterhalb des Mauervorsprunges der Akropolis beim Erechtheion. Man sieht in den senkrecht abfallenden Fels eingetiefte Rechtecke, in denen in der Antike Weihreliefs angebracht waren. Zwischen diesen Vertiefungen wurden Inschriften entdeckt, die den Platz als Aphrodite-Heiligtum bezeichnen, eine Identifizierung, die bei der Ausgrabung auch durch Weihegaben, wie z.B. Phalloi, bestätigt wurde. – Weiter westlich steigt eine in den Fels geschlagene TREPPE (5,33) in Richtung auf das Erechtheion auf, die zu einem kleinen Hintereingang der Akropolis führte. Dieser Aufgang hing eng mit den Kulthandlungen im Erechtheion zusammen und wurde von den Mädchen (Arrhephoren) benutzt, die in Körben die geheimen Kultgegenstände eines Fruchtbarkeitsritus zur Akropolis emportrugen. – Am Fuß dieser Treppe befinden sich eine Felsnische und eine kleine Höhle, in denen das HEILIGTUM DES PAN (5,34) lokalisiert wird. Die Nische enthielt später eine Kapelle des Ag. Ioannis Chrysostomos, von der noch geringe Reste mit Freskofragmenten und einem Poros-Sarkophag erhalten sind. Auf allen Seiten des gesamten Heiligtums sind Felsabarbeitungen zum Ablegen von Weihgeschenken und Nischen für die Anbringung von Votivreliefs zu sehen. In der Höhle war wohl das Kultbild des bocksgestaltigen Gottes aufgestellt, das vielleicht in einem schönen klassischen Marmorkopf fragmentarisch erhalten ist (heute in Cleveland). Das Heiligtum wird – wie alle derartigen Pan-Kultstätten – nach dem Sieg der Athener bei Marathon geschaffen worden sein, als Dank für die Mithilfe des Gottes, der den Persern 'panischen Schrecken' einjagte. – Wenige Meter weiter westlich und auf demselben Niveau oberhalb des Peripatos befinden sich die HEILIGTÜMER DES APOLLON HYPOAKRAIOS ("Apollon unter den Höhen") UND DES ZEUS (5,35). Zwei geräumige Höhlungen des Akropolisfelsens boten diesen zwei Kulten Platz, von denen heute nur noch viele Rechtecke für Reliefplatten an den Wänden zeugen. Von hier hat man einen schönen Blick nach Norden über die Stadt zum Parnis hinüber. Noch weiter westlich folgt eine weitere Nische, vor der zahlreiche Sitzstufen aus dem Fels herausgehauen wurden. – Unterhalb dieser letztgenannten Plätze findet man eine Quelle, die sog. KLEPSYDRA (5,36), die bereits seit mykenischer Zeit durch eine Treppe mit der Akropolis verbunden war. Heute sieht man einen von Ziegelmauerwerk überkuppelten Raum mit einem Schöpfbrunnen, eine Konstruktion des 3. Jhs. n.Chr., nachdem das alte Brunnengebäude durch herabgestürzte Felsen zerstört worden war. Unter diesem Raum liegt das Quellhaus des 5. Jhs. v.Chr., ein einfaches Gebäude mit einem rechteckigen Schöpfbecken hinter einem Marmorgeländer. Neben diesem Quellhaus wurde wenig östlich in der Klassik ein großer gepflasterter Hof angelegt, der wohl zum Auffangen von Regenwasser diente, das von der Akropolis herablief. Er ist heute direkt neben dem Peripatos sichtbar. – An der Nordwestecke der Akropolis stößt der Rundweg auf den Panathenäenweg, jenen Prozessionsweg, der vom Heiligen Tor im Gelände des Kerameikos über die Agora hinweg zur Burg hinaufführte.

4. DER AREOPAG, DER NYMPHEN- UND DER MUSENHÜGEL MIT PNYX UND
PHILOPAPPOS-MONUMENT SOWIE DER KERAMEIKOS (**16-17**)

Die Hügel, die sich westlich in einem leichten Bogen um die Akropolis grup-
pieren (**2. 16**), eignen sich zu einem schönen Spaziergang, wenn in der Stadt
keine Besichtigungen mehr möglich sind oder wenn am späten Nachmittag
die Sonne herabsinkt und das antike Zentrum Athens in ein warmes, gold-
gelbes Licht getaucht ist. Während man 'Fels-Athen' mit seinen baum- und
strauch-bewachsenen Hügeln durchstreift, bieten sich immer wieder herrliche Ansichten der Akropolis, des hochaufragenden Felsens mit den strah-
lenden Marmorbauten, die gerade im Überblick aus der Entfernung ein impo-
santes Gesamtbild ergeben. Alle Hügel waren – wie auch der Südwest-
Abhang der Akropolis – mit Häusern bebaut, deren Fundamente z.t. in den
anstehenden Kalkstein eingetieft wurden; z.t. wurden auch Wandteile und
Treppen, kleine Zimmer mit Sitzen und Höfe aus dem Felsen herausge-
meißelt (daher der Ausdruck 'Fels-Athen' für diese Wohnviertel). Ein geüb-
tes Auge entdeckt so die Stein gewordenen Grundrisse von Wohnhäusern
und läßt sich vielleicht zur gedanklichen Rekonstruktion einzelner Bauten
verleiten: Meist handelte es sich um zumindest zweistöckige Häuser, deren
Räume um einen kleinen Hof herum angeordnet waren; ein Teil des Hofes
war überdeckt, der andere gepflastert und bisweilen mit einer Zisterne 'unter-
kellert', in der das Regenwasser von den Dächern gesammelt werden konnte. Eine hölzerne Treppe führte zum oberen Geschoß mit den Wohnräumen,
während unten im wesentlichen repräsentiert und gearbeitet wurde. Die Mauern bestanden aus verputzten Bruchsteinen auf festen Fundamenten. Nach
außen gab es nur kleine Fensterluken, die Räume öffneten sich im wesentlichen zum Hof hin. Zugänglich waren die Wohnhäuser über breite Fahrstraßen mit Wagen-Gleisen – gegen das Abrutschen der Karren künstlich
eingetieft – und mit Bürgersteigen – wegen der Gefahr des Ausrutschens
der Fußgänger mit Rillen versehen –; sie zogen sich, häufig von Verkaufsläden gesäumt, ohne ein regelmäßiges Plansystem an den Hängen entlang.
Kleine, schmale Gassen mit Treppenstiegen führten von den Fahrstraßen
zwischen die einzelnen Wohnblocks.
Neben den Wohnhäusern gab es auf den Hügeln aber auch wichtige öffentliche Gebäude. Auf dem AREOPAG, dem "Ares-Hügel" gleich nordwestlich
unterhalb der Akropolis, stand ein Gerichtsgebäude; vom Namen des Felsens leitet sich heute noch die Bezeichnung des obersten griechischen
Gerichtshofes her. Hier spielen die Tragödien 'Elektra' des Sophokles und
Euripides und 'Eumeniden' des Aischylos, und hierher wurde der Apostel
Paulus abgeführt, als er sich in Athen aufhielt (Apostelgeschichte 17,19).
Auf der östlichen Spitze des Hügels, dort, wo man einen guten Blick auf die
Akropolis hat, wurden die heute glatt geriebenen Felseintiefungen jüngst
als Fundamente eines Tempels identifiziert, der eine ähnliche Form wie der
Nike-Tempel gehabt haben muß.

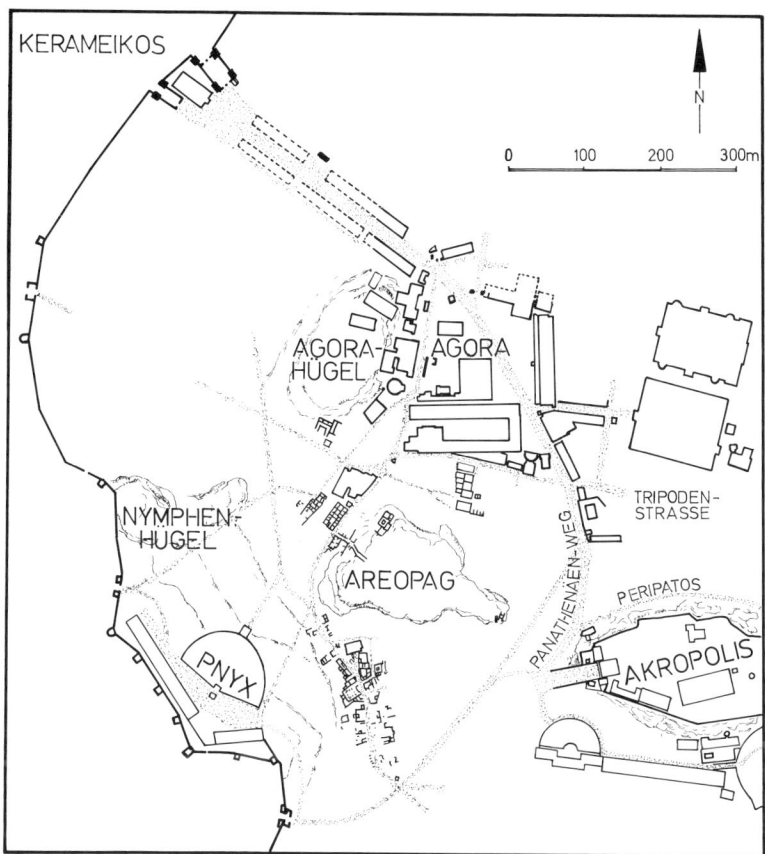

16 Athen, die antike Stadt und ihre Hügel

Westlich jenseits des Tales, in dem auch ein römisches Haus mit Mosaiken zu finden ist, erheben sich zwei weitere flache Berge: Der Musen- und der Nymphenhügel. Letzterer trägt auf seiner Spitze ein 1842 errichtetes Observatorium (*Taf. 4,1*). Eine Weihinschrift an die Nymphen an dem Felsen unterhalb dieses Bauwerkes gab der gesamten Erhebung ihren Namen. Östlich unterhalb der Kirche Ag. Marina, der Schützerin von Ehe und Geburt, erstreckten sich in der Antike wiederum Wohnhäuser, die in ihren Felsfundamenten noch erkennbar sind. Eine südlich vom Observatorium zwischen dem Nymphenhügel und der Pnyx gelegene Schlucht, deren genaue Lage unklar ist, war in der Antike und bis in die türkische Zeit hinein die Richtstätte für zum Tode Verurteilte.

Die ausgedehnteste Erhebung westlich der Akropolis ist der MUSENHÜGEL: Er beherbergte neben zahlreichen Wohnhäusern als wichtigstes öffentliches Bauwerk die Pnyx. Sie war der Platz der Volksversammlung (Ekklesia) vom späten 6.Jh. (Kleisthenes) bis in den frühen Hellenismus. Ihre heutige Form ist erst das Ergebnis zweier Umbauten. Zunächst samelten sich die athenischen männlichen Vollbürger – nur sie waren stimmberechtigt – in einem Halbrund, das entsprechend der natürlichen Hügelneigung nach Norden zur Rednertribüne (Bema) orientiert war. Im späten 5. Jh. dann wurde das Auditorium umgekehrt, d.h. nördlich des Bema angeordnet: So war den Bürgern der freie Blick auf die Stadt und die attische Ebene und somit die Ablenkung durch das dortige Geschehen (über die Aristophanes ironisch berichtet) verwehrt, und jeder Abstimmungsberechtigte konnte sich auf die Reden besser konzentrieren. Im Zuge der Baupolitik des Lykurg schließlich vergrößerte man die theaterähnliche Anlage beträchtlich, schüttete große Erdmengen an und stützte diese durch eine mächtige, geschwungene Mauer im Norden ab (*Taf. 4,1*, am linken Bildrand). Eine 12 m breite Freitreppe in der Achse bot den Zugang über die Stützmauer hinweg. Im Süden wurde die Versammlungsfläche ebenfalls stark erweitert, indem man den Kalksteinfels über eine weite Strecke hin abarbeitete und nur für die Rednertribüne einen großen, gestuften Block stehen ließ. Oberhalb der Geländestufe waren zwei lange Hallen zum Schutz bei schlechtem Wetter geplant, die aber nie fertiggestellt wurden. Sie waren als Begrenzung für einen Platz geplant, auf dem Altäre, eine berühmte Sonnenuhr und wohl auch ein Eingangsbau für die gesamte Pnyx standen. Hinter den Stoen wurden im frühen Hellenismus Befestigungsanlagen errichtet. Diese Mauern zogen sich weiter nach Süden bis zum Gipfel des Musenhügels mit dem Philopappos-Monument; sie standen mit einer bereits im späten 5. Jh. v.Chr. errichteten Quermauer (Diateichisma) in Verbindung, die einen Teil der Pnyx von der Stadt abschnitt, so daß die Wohnhäuser dort aufgegeben werden mußten.

Die Pnyx kann als einer der wichtigsten Orte für die Entwicklung und Ausgestaltung der attischen Demokratie gelten. Hier wurden alle Beschlüsse gefaßt, die die klassische Politik – und auch die Baupolitik, etwa der Akropolis – bestimmten, und an diesem Platz fanden alle Auseinandersetzungen der Redner statt, die die Geschicke des Stadtstaates beeinflußten. Die Teilnahme an der Ekklesia galt als besonderes Ehrenrecht, wurde aber schon bald unter dem Einfluß der radikalen Demokratie mit ihren ständigen Sitzungen als so lästig und zeitaufwendig empfunden, daß Perikles ein Entgelt für die Teilnahme an einer Abstimmung einführte.

Heute kann man auf dem Gelände der Pnyx an den 'Ton-und-Licht'-Spielen teilnehmen: Zur Verlesung antiker Texte werden die Gebäude auf der Akropolis jeweils einzeln und dann in ihrer Gesamtheit beleuchtet – gerade wegen der besonders eindrucksvollen Ansicht von diesem Gelände aus eine schöne Abendveranstaltung.

Geht man von der Pnyx weiter nach Süden (**2**), passiert man wiederum zahlreiche Felsabarbeitungen für Häuser. Ein breiter, mit Platten gepflasterter Weg windet sich bis zum Gipfel des Musenhügels hinauf, auf dem weithin sichtbar das Grab des Philopappos steht (*Taf. 1,2*). Gaius Iulius Antiochus

Philopappos war der letzte Nachfahr der Könige von Kommagene (in der Osttürkei). Er lebte in Athen im von den Römern verordneten Exil und tat sich als attischer Bürger, römischer Suffektkonsul und Wohltäter der Stadt hervor. In den Jahren 114–116 n.Chr. errichteten ihm die Athener auf dem Musenhügel ein repräsentatives Grabmonument: Einem großen, fast quadratischen Mausoleum wurde zur Stadt hin eine zweistöckige Marmorfassade vorgelegt, die im unteren Teil einen Fries trug und im oberen den Verstorbenen und zwei seiner Vorfahren in Nischen statuarisch darstellte. Der Fries zeigt Philopappos als römischen Magistraten in einem Viergespann, umgeben von zahlreichen Amtsgehilfen (Liktoren und Wagenknechten); das heute fehlende rechte Fassadendrittel mit dem hinteren Teil des Frieses und der dritten Portraitfigur in einer Nische des Obergeschosses hat noch bis in das spätere 15. Jh. unversehrt gestanden und wurde erst danach zerstört. In hellenistischer Zeit umgab den Gipfel eine makedonische Festung des Demetrios Poliorketes (um 294 v.Chr. errichtet); Teile der Festungsmauern sind heute noch nördlich unterhalb des Grabmales am Hang sowie neben dem Aufweg zum Philopappos-Monument zu finden.

Am breiten, gepflasterten Aufgangsweg zum Philopappos-Monument steht die kleine türkenzeitliche Kirche Ag. Dimitrios Loumbardiaris, in deren Wänden antike Spolien und Scherben verbaut sind.; westlich der Kapelle liegt eine riesige, unfertige Säulentrommel. Die Kirche ist zwar modern restauriert, geht aber auf einen Vorgänger des 9. Jhs. zurück. Eine alte mündliche Tradition sagt, daß Türken sie am 26.10.1656 während der Liturgie von der Akropolis aus beschießen wollten; doch sei dieses Vorhaben durch einen Blitzschlag in die Propyläen, die daraufhin explodierten, verhindert worden.

DER KERAMEIKOS (**17**): Nördlich des Hephaistos-Tempels im Ausgrabungsgelände der griechischen Agora überquert die 'Straße des Apostels Paulus', die im Tal zwischen dem Areopag und dem Musen- sowie dem Nymphenhügel verläuft, die Athener S-Bahn. Die Bahngleise zerstören also die ursprüngliche Verbindung zwischen dem Markt und dem Bezirk um das große Stadttor, von dem die wichtigste Straße in das städtische Zentrum führte (**16**).

Auf dem anschließenden Platz steht – tief unter dem heutigen Straßenniveau – die Kirche der Agioi Asomatoi. Sie stammt aus dem 14. Jh. und zeigt schönes, byzantinisches Mauerwerk. Ihre Kuppel wird von antiken Säulen aus euböischem Marmor gestützt. Von dem Platz wendet man sich nach Westen in die Hermes-Straße (Od. Ermou), in der man nach etwa 250 m rechts das Ausgrabungsgelände des Kerameikos erreicht.

Der Kerameikos hat seinen Namen von dem des Demos Kerameis, und dieser wiederum leitete sich vom Heros der Töpfer namens Keramos – daher unser Begriff 'Keramik' – her; der Name 'Kerameikos' kann also etwa mit dem Begriff 'Töpferviertel' übersetzt werden. Der Demos erstreckte sich

17 Kerameikos

1: Stadtmauer; 2: Proteichisma; 3: Stadtgraben; 4: Heiliges Tor; 5: Dipylon; 6: Brunnenhaus; 7: Pompeion; 8: Wohnhäuser; 9: Lakedaimonier-Grab; 10: Gräber; 11: Badehaus; 12: Grabhügel; 13: Eridanos-Brücken; 14: Südhügel (Grab); 15: Gesandtengräber; 16: Tritopatreion; 17: Grabhügel; 18: Amphiarete-Grabbezirk; 19: Grabbezirk der Aristomache; 20: Grabbezirk mit Bildfeldstele; 21: Lehmziegel-Grab; 22: Koroibos-Grabbezirk mit Hegeso-Stele; 23: Lysimachides-Grabbezirk; 24: Grab des Dionysos von Kollytos; 25: Herakleioten-Grabbezirk; 26: Grabbezirk der Thorikier mit Dexileos-Stele; 27: Grabterrasse mit fünf Bezirken; 28: Grab der Demetria und Pamphile; 29: Grabbezirk des Philoxenos aus Messene; H 1-3: Horos-Steine.

von der Agora ca. 1,5 km nach Nordwesten bis zur Akademie hinaus. Er umfaßte also einen sehr großen Bereich, sowohl einen Teil innerhalb als auch einen außerhalb der Stadt. Somit kann der Kerameikos auch nicht nur als 'Friedhof Athens' bezeichnet werden, wie es heute oft geschieht. Denn nur der Bereich außerhalb der klassischen Stadtmauer war Begräbnisstätte; innerhalb der Befestigung mit ihren zwei Toren lagen Häuser, Werkstätten und öffentliche Gebäude.

Das Ausgrabungsgelände des Kerameikos zeigt gerade jenen kleinen Ausschnitt des antiken Demos, wo die Stadtmauer den Wohn- und Arbeitsbereich von dem Bezirk der Gräberstraße trennt. Das Gebiet, das an der tiefsten Stelle des alten Athen in der Senke des Eridanos-Baches liegt, gehört heute zu den hübschesten Antiken-Zonen der Stadt: Die dichte Bepflanzung, die sich an der bereits in der Antike vorhandenen Flora orientiert, der mit Fröschen belebte und mit Lilien dicht bewachsene Eridanos-Bach und dazwischen die z.T. wieder aufgebauten, z.T. original erhaltenen Monumente bieten einen unvergleichlichen Anblick, durch den die tosende Stadt ringsum fast in Vergessenheit gerät.

Die Zweiteilung des Demos an dieser Stelle entstand erst nach den Perserkriegen im Jahr 478 v.Chr. Zuvor gab es nur eine kleine Mauer, den weiter stadteinwärts gelegenen Peribolos. Das Gebiet des Eridanos-Sumpfes war schon seit dem Ende des dritten Jahrtausends zunächst vereinzelt, später, seit etwa 1200 v.Chr., vermehrt als Friedhof benutzt worden. Davon zeugen zahlreiche kistenartige Gräber, in denen Beigaben von Keramik und Waffen zutage kamen. Die Senke war zu jener Zeit noch zu feucht für Siedlungen; diese haben auf den südlich anschließenden Hügeln gelegen. In der geometrischen Epoche (ca. 900 bis 700 v.Chr.) nahm der Reichtum der Bevölkerung allmählich zu, und so wurden auch die Gräber im Kerameikosgebiet aufwendiger und ihre Beigaben vielfältiger. Geometrische Ornamente und Mäanderbänder überziehen die Gefäße, und es treten Bilder von der Aufbahrung, der Totenklage und von Leichenspielen auf. Als besonders charakteristisches und gleichzeitig herausragendes Beispiel ist die riesige, fast mannshohe 'Dipylon-Amphora' im Nationalmuseum zu nennen, die als Denkmal einst auf einem Grab des mittleren 8. Jhs. v.Chr. im Bereich des Dipylon gestanden hat (s.u. S. 104).

In der archaischen Zeit gruppierten sich die Gräber vor allem am Südufer des Eridanos, entlang der Heiligen Straße nach Eleusis. Es wurden immer größere Erdhügel (**17**,12.14.17) angeschüttet, die zahlreiche Schachtgräber mit der Asche der Verstorbenen bedeckten. An der Oberfläche dieser Grabplätze wurden Opferrinnen angelegt, in denen Totengaben von der Trauergemeinde abgelegt werden konnten: Gefäße und auch Statuetten. Auf den Erdhügeln entstanden kleine stuckierte Grabbauten oder Steinmale, bisweilen bekrönten auch Gefäße den Tumulus. Eine erste monumentale Steigerung erlangte derartiger Grabschmuck am Ende des 7.Jhs. v.Chr. mit der kolossalen Statue eines jungen Mannes, dem sog. Dipylon-Kouros (s.S. 104).

Schon wenige Jahrzehnte später muß man sich im Kerameikos zahlreiche
marmorne Grabmonumente vorstellen: Reliefstelen mit Bildern von Kriegern und Jünglingen sowie Statuen auf z.t. mit Friesen geschmückten
Sockeln. Während der Ausgrabungen wurde aber keine Skulptur mehr an
ihrem ursprünglichen Aufstellungsplatz gefunden: Die gesamte archaische
Plastik war 478 v.chr. nach der Zerstörung Athens durch die Perser (480)
auf Antrag des Themistokles gemäß Beschluß der Volksversammlung in
der Stadtmauer verbaut worden. Von den damals angelegten Gräbern sind
noch zwei Hügel sichtbar: In der Gabel zwischen der Heiligen und der 'Gräber'-Straße lag ein Tumulus (**17**,17), der einem Adelsgeschlecht gehört haben
wird, während die sog. Südhügel (**17**,14) ein Staatsgrab für Gesandte der
Peisistratiden-Zeit (zweite Hälfte des 6. Jhs.) ist.

Durch die Errichtung der neuen, nach allen Seiten erweiterten Stadtmauer
(**17**,1) erhielt der Kerameikos ein völlig anderes Gesicht: Teile des ehemaligen Friedhofes wurden abgetragen, und ihre Denkmäler gelangten in die
Fundamente der Befestigungswerke; die Toten waren damit dem Grabkult
entzogen. Gleichzeitig wurden zwei große Stadttore errichtet, die bis heute
das Gebiet wesentlich bestimmen: Durch das Heilige Tor (**17**,4) führte die
Prozessionsstraße nach Eleusis, und weiter nördlich bot das Doppeltor, das
Dipylon (**17**,5), die Verbindung der Stadt mit dem Gebiet der Akademie;
durch das Tor führte eine breite Straße, der Dromos, auf dem sich der Panathenäenzug vom Kerameikos zur Agora und von dort auf die Akropolis
hinauf bewegte; auf der Straße fanden während des Panathenäenfestes Wett-
läufe von Fackelträgern statt. Vor dem Dipylon lagen zu Seiten des Dromos
die (bislang nur zum geringsten Teil gefundenen) Staatsgräber, z.B. das der
im Peloponnesischen Krieg gefallenen Athener, das des Perikles oder des
Kleisthenes. Außerdem wurden hier drei Inschriftsteine (**17**, H 1-3) gefunden, die eine Grenze des Kerameikos (ΟΡΟΣ ΚΕΡΑΜΕΙΚΟΥ) angeben. Die
Straßen südlich des Eridanos dagegen, die Gräber- und die Heilige Straße,
säumten sepulkrale Monumente wohlhabender Familien, die heute mit ihren
Reliefs, Naiskoi oder anderen Denkmälern oberhalb von hohen Terrassenmauern eindrucksvoll das Bild des Friedhofes prägen. Die Privatgräber stammen alle aus der Zeit vor dem späten 4. Jh. v.Chr. Denn ein Gesetz gegen
den überhand nehmenden Gräberluxus, das Demetrios von Phaleron zwischen 317 und 307 v.Chr. erließ, beendete die attische Grabmalkunst. Von
nun an waren nur noch kleine Säulchen oder viereckige Marmorblöcke, auf
denen die Namen der Verstorbenen verzeichnet waren, als Grabschmuck
erlaubt. Die reichen Grabbeigaben der Klassik – Vasen, Schmuck, Spiel-
zeug u.a. – fehlten später fast vollständig; nur noch graue Salbfläschchen
wurden in den folgenden Jahrhunderten den Toten mitgegeben. Erst in der
römischen Zeit baute man wieder größere Grabmonumente in Form von
Ziegelgebäuden. Doch ist heute von ihnen nichts mehr erhalten; einzig ein
großer Marmorsarkophag in Klinenform zeugt von einem derartigen Bau
aus dem späten 2. Jh. n.Chr. (**17**, bei 9).

Neben den Grabanlagen beeindrucken die Stadtmauern Athens, die im
Bereich des Kerameikos auf einem langen Stück ergraben wurden (**17**,1).
Vor der eigentlichen Mauer befand sich eine Straße, die rings um die Stadt
führte. Sie wurde nach außen von einer Vormauer, dem Proteichisma (**17**,2),
begrenzt, vor dem ein Graben (**17**,3) die Erstürmung der Befestigung erschweren sollte. Die Mauer selbst bestand aus einem ca. 1 m hohen Steinsockel
und darüber aus einer etwa 8 m hohen, verputzten Wand aus luftgetrock-
neten Lehmziegeln. Eine Brüstung oder ein Wehrgang bekrönte sie. Entsprechend dem Niveauanstieg im gesamten Gelände des Kerameikos wurde
auch der Sockel der Stadtmauer mehrmals erhöht; ihre Struktur blieb aber
bei allen Erneuerungen – nach Kriegseinflüssen oder Naturkatastrophen –
im wesentlichen dieselbe. Der Fachmann kann aber an der Stadtbefestigung
aufgrund der Mauertechnik fünf verschiedene Reparaturphasen unterscheiden. Deutlich als wiederverwendetes Material sind Blöcke im oberen Bereich
des südlichen Mauerzuges zu erkennen, an denen Reliefdarstellungen von
Kränzen erhalten sind; sie stammen von der letzten Bauphase des mittleren
6. Jhs. n.Chr. Einige Meter nördlich findet man noch ein kleines Stück des
oberen Maueraufbaues aus einfachen Lehmziegeln (unter einem Schutzdach).
Der etwa 200 m lange Abschnitt der Stadtmauer wird von zwei großen Toranlagen durchbrochen. Im Süden befindet sich das Heilige Tor (oder Thria-
sisches Tor, da es zur Thriasischen Ebene um Eleusis ausrichtet ist; **17**,4).
Zwischen zwei Seitenmauern mit vorgezogenen Ecktürmen liegt ein tiefer
Hof, der zur Tor- und Eridanosöffnung führt. Der Bach war an dieser Stelle und auch im Innern der Stadt kanalisiert, überwölbt und mit einem Gitter verschlossen. Der heutige Zustand zeigt allerdings eine spätantike Erneuerung des häufig reparierten Tores.
Im Norden des Ausgrabungsgeländes findet man die Reste des Dipylon
(**17**,5), des größten und prächtigsten antiken Stadttores von Athen. Aufgrund
der porösen Struktur des Steinmaterials ist aber von den einst mächtigen
Mauern nicht mehr viel erhalten. Die Anlage verunklärt zusätzlich ein moderner Betonkanal, der das Gelände durchschneidet. Das Dipylon war zunächst
ein tiefer Hof, der – ähnlich dem Heiligen Tor – die Möglichkeit bot, den
auf das Tor zustürmenden Feind von den Seiten her zu beschießen. Auf der
Innenseite der Toröffnungen, auf der nördlichen Straßenseite, lag zur Erfrischung der Ankommenden ein großes Brunnenhaus (**17**,6). Im späten Hellenismus wurde das Dipylon zu einem Zwinger umgewandelt, indem man
auch im Westen, auf Höhe der Ecktürme, ein Doppel-Tor aufbaute. Vor dessen Mittelpfeiler wurde im 2. Jh. n.Chr. aus älterem Baumaterial eine pfei-
lerartige Basis mit einer Sitzbank errichtet, die wahrscheinlich die Statue
eines Kaisers trug.
Innerhalb der Mauern, zwischen den beiden Toranlagen, liegt ein wichtiges
öffentliches Gebäude, das Pompeion (**17**,7), in dem sich an den Panathenäen der Festzug (griech.: Pompe) zu Ehren der Athena formierte (*Taf. 9,1*).

Das Pompeion bestand in der griechischen Zeit aus einem großen Säulen-
umstandenen Hof und einigen Banketräumen, in denen anläßlich des Festes Gastmähler mit dem Opferfleisch für die Honoratioren Athens veranstaltet wurden; der Hof war mit Statuen (z.b. des Sokrates) und Malereien
(z.b. ein Bild des Menander), die Banketräume mit Kieselmosaiken
geschmückt. Das Volk, das ebenfalls von der Hekatombe, der Opferung von
100 Rindern, profitierte und – wie eine antike Nachricht sagt – das Fleisch
im Kerameikos bekam, hat wahrscheinlich im Dipylon-Hof getafelt; große
Knochenmengen, die die Ausgrabung vor der Stadtmauer zutage förderte,
führten zu dieser Interpretation. Das Gelände südlich des Heiligen Tores
und nördlich des Dipylon wurde seit der Klassik für Wohnhäuser genutzt:
Es entstanden mehrere Gebäude mit kleinen Innenhöfen, die im Laufe der
Jahrhunderte immer wieder umgebaut, nach Zerstörungen eingeebnet und
neu errichtet wurden. In der Spätantike siedelten sich hinter dem Heiligen
Tor Töpfer an und bauten in den älteren Ruinen mehrere Brennöfen.
Der Kerameikos war im Jahre 86 v.Chr. Schauplatz der verheerenden Eroberung Athens durch die Truppen des Sulla, die südlich des Heiligen Tores
die Mauer überwanden und schleiften. Das Pompeion und die Gebäude südlich und östlich des Heiligen Tores wurden zerstört. Die anschließenden
Plünderungen und Morde schilderte der Historiker Plutarch und charakte-
risierte das Blutbad mit den Worten: "Allein das Gemetzel bei der Agora
überflutete den Raum bis zum Dipylon mit Blut, und es soll auch noch eine
Menge Blut durch die Tore in die Vorstadt geflossen sein."
Auf dem Platz des Pompeion (**17**,7) wurde im 2. Jh. n.Chr. ein dreischiffi-
ger, zweigeschossiger Magazinbau errichtet, der etwa 100 Jahre später, 267
n.Chr., durch den Einfall der Heruler zerstört wurde. In seinen Ruinen siedelten sich zunächst einige Töpfer mit ihren Öfen an, bis um 500 n.Chr.
zwei parallel angeordnete Säulenhallen mit Verkaufsläden und einer Straße
in ihrer Mitte den Raum einnahmen. Im Westen überlagerten sie die alte
Stadtmauer, während im Osten ein Festtor mit drei Durchgängen in die Stadt
führte. Als am Ende des 6. Jhs. n.Chr. slawische Stämme nach Attika einfielen, geriet das Gebiet des Kerameikos mit den Toren, den Straßen und
dem Eridanos bald unter die Erde. Erst durch einen griechischen Arbeiter,
der im April 1863 in diesem Gelände Sand ausheben wollte und dabei eine
aufrecht stehende Stele ausgrub, wurde man auf den Kerameikos aufmerksam. Es begannen die Ausgrabungen, die seit 1870 von der Griechischen
Archäologischen Gesellschaft und von 1913 bis heute vom Deutschen
Archäologischen Institut durchgeführt werden.

RUNDGANG DURCH DAS GRABUNGSGELÄNDE:
Die folgende Beschreibung der Antiken im Ausgrabungsgelände des Kerameikos erwähnt nur die wichtigsten Denkmäler und ist keineswegs erschöp-
fend. Ziel soll sein, dem Besucher die auffälligsten Monumente zu erläu-
tern.

Einen guten Überblick hat man bereits von der Hermesstraße. Ein Übersichtsplan der Grabung befindet sich auf dem sog. Südhügel (**17**,14) gegenüber dem Eingang, an der Kasse kann ein neuer Führer mit detaillierten Beschreibungen erworben werden.

Wendet man sich vom Eingang nach rechts und geht in die Grabung hinab, so erreicht man nach wenigen Metern die Stadtmauer (**17**,1), die hier – südlich des Heiligen Tores – in ihren verschiedenen Phasen gut erkennbar ist: Die unteren beiden Schichten gehören der ersten Erbauungszeit (478 v.Chr.) an; darüber liegt ein während des Peloponnesischen Krieges erneuerter Mauersockel (um 420 v.Chr. nach einem großen Erdbeben), während die großen Blöcke der vierten Schicht aus der Zeit nach diesem Krieg stammen (394 v.Chr.; gegenwärtig durchgeführte Untersuchungen am Heiligen Tor verändern vielleicht diese bislang als gesichert angesehene Chronologie). Die zwei Lagen rechteckiger Quader darüber wurden am Ende des 4. Jhs. v.Chr. und die folgenden Schichten erst in der Spätantike vor dem Einfall der Heruler (267 n.Chr.) bzw. im mittleren 6. Jh. hinzugefügt; man erkennt an Kranzverzierungen und Einlaßlöchern für Stelen, daß die Steine älteres, hier nur in Eile verbautes Material darstellen. Oberhalb der einzelnen Mauersockel bestand die Befestigung aus Lehmziegeln, die sich an einer Stelle gut erhalten haben.

Durch das Heilige Tor (**17**,3) mit dem Eridanosbogen führte einst die Straße von Athen nach Eleusis. Der Verschluß des Bachbettes, in dessen Bogen Gitterstäbe eingesetzt waren, stammt in seiner heute sichtbaren Form erst aus der Spätantike. Südlich des Heiligen Tores wurden zwei große Häuser (**17**,8) ausgegraben, die seit dem 5. Jh. v.Chr. bis in die römische Kaiserzeit oftmals umgebaut wurden. Sie bestanden aus einem zentralen Innenhof, um den sich z.t. weite Räume gruppierten; das östliche Gebäude scheint nicht zu Wohnzwecken sondern für Bankette gedient zu haben. Der Erhaltungszustand dieser Bauten ist sehr schlecht, es schneiden und überlagern sich überall die verschiedenen Bauphasen auf engstem Raum, und selbst die Fundamentsteine wurden geraubt (den besten Einblick in dieses Grabungsareal hat man von der Hermesstraße). Deutlich erkennbar und gut erhalten sind nur einige Töpferöfen, kleine Ziegelkuppeln mit einer Mittelstütze und einem Bedienungsgang.

Man kann nun auf dem Rundweg an dem Sockel der Stadtbefestigung (**17**,1) entlang gehen. Rechts (östlich) erstrecken sich die Fundamentreste des Pompeion und der spätantiken Hallenstraße (**17**,7). Links unterhalb des Weges ragt die Vormauer (Proteichisma; **17**,2) auf, vor der ein Stadtgraben (**17**,3) gelegen hat. Noch vor dem Eckturm steht einer der Grenzsteine des Kerameikos (**17**, H 1) an der Mauer mit der vertikal angebrachten Inschrift ΟΡΟΣ ΚΕΡΑΜΕΙΚΟΥ; ihm entspricht ein gleichartiger Stein auf der gegenüberliegenden Seite des Dipylon hinter dem nördlichen Eckturm. Man erreicht im Norden des Grabungsgeländes einen modernen Betonkanal, auf dem man das Dipylon (**17**,5) durchwandern kann. Zwischen den klassischen Ecktürmen wurde im späten Hellenismus das äußere Doppeltor angelegt, vor dessen Mittelpfeiler sich eine mächtige Statuenbasis mit einer Sitzbank an der Front befindet; sie besteht aus älteren, wiederverwendeten Blöcken und trug wahrscheinlich eine Kaiserstatue des 2. Jhs. n.Chr.. Der tiefe Dipylonhof wird im Osten von dem ursprünglichen Doppeltor abgeschlossen, hinter dem ein kleiner Rundaltar steht, der den Göttern Zeus (als dem Schutz spendenden) und Hermes (dem Begleiter der Wanderer und Händler) sowie dem Phylenheros Akamas geweiht ist (Inschrift). Links des Tores, in der Ecke der östlichen Torwand mit dem einstigen Aufgang zum Turm, liegen die Reste eines großen Brunnenhauses (**17**,6), das in der jetzigen Erscheinung aus den späten 4. Jh. v.Chr. stammt, jedoch einen Vorgänger an derselben

Stelle hatte. Hinter einer Säulenfront konnte der Reisende zum Brunnenbecken treten und zu seiner Erfrischung Wasser schöpfen. Das über die Beckenschranken laufende Wasser hat im Marmorboden der Vorhalle deutliche Auswaschungen hinterlassen.

Nach Süden zu kann man das Gelände des Pompeion (**17**,7) mit seinem großen dreitürigen Tor, seinem Säulen-umstandenen Hof und den anliegenden Bankettsälen erreichen (*Taf. 9,1*); die Speiseräume sind z.T. mit Kieselböden ausgestattet, ein Saal besaß sogar ein aus Kieselsteinen gebildetes Mosaikbild mit Tierkampfgruppen. Das Pompeion wurde bei der Eroberung der Stadt durch den römischen Feldherrn Sulla zerstört. Die das Gelände durchschneidenden Mauern aus Gußmauerwerk gehören zu einem Magazinbau des 2. Jhs. n.Chr. und zu zwei Hallenanlagen (um 500 n.Chr.), die eine Straße in ihrer Mitte säumten.

Nördlich des Dipylon stehen heute die Gebäude der deutschen Grabung mit Magazinen und Werkstätten. In diesem Gelände wurden zuvor geringe Reste von Wohnhäusern (**17**,8) gefunden.

Verläßt man die Stadt wieder durch das Dipylon und folgt dem Verlauf des Dromos (südlich unterhalb des modernen Niveaus), so findet man an der linken Seite des Weges die ersten Staatsgräber, zu denen weiter westlich – heute noch nicht gefunden – auch die Begräbnisstätten der athenischen Gefallenen und der großen Politiker wie Kleisthenes oder Perikles gehörten. Sichtbar ist z.b. das Grab der Lakedaimonier (gegenüber von einem römischen Marmorsarkophag des späten 2. Jhs. n.Chr.), das aufgrund einer Inschrift (Abguß bei der Westecke) identifiziert werden konnte (**17**,9). In diesem Staatsgrab waren die gefallenen Spartaner begraben, die im Verlauf eines Aufstandes der Athener gegen die drückende Tyrannenherrschaft nach dem Peloponnesischen Krieg getötet worden waren (Xenoph. Hell. II 4,28-33). Auf der Grabplatte sind die Namen der lakedaimonischen Führer erhalten, die auch Xenophon erwähnt. Die 13 Skelette aus dem Innern des Grabes ließen noch ihre Verletzungen erkennen. Vor dem Grabmal steht ein dritter Grenzstein (**17**, H 2) des Kerameikos. Anschließend folgen weitere, nicht identifizierte Gräber (**17**,10) und schließlich, unterhalb der neuzeitlichen Abstützung der Piraeusstraße, ein weiterer Grenzstein (**17**, H 3).

Das Gelände östlich der Kirche Agia Triada bis hin zum Eridanos füllen ein Badehaus (**17**,11), mehrere rechteckige Grabbezirke und zwei Grabhügel. Der große, neben dem Eridanos gelegene Hügel (**17**,12) enthielt Gräber, die in das 7. bis 5. Jh. v.Chr. gehören. Im 4. Jh. v.Chr. bekam der Tumulus eine Quadereinfassung auf der Südseite. Die lange Kontinuität von Bestattungen an diesem Platz ließ den Hügel als Begräbnisstätte einer wichtigen Adelsfamilie interpretieren, vielleicht entsprechend einer Nachricht des Pausanias (I 36,3) der Kerykes von Eleusis, die im dortigen Demeter-Heiligtum den Mysterien als Herolde fungierten.

Zwei Brücken (**17**,13) überspannten im Antike den Eridanos; ein über sie hinwegführender Weg verband den Dromos und die Heilige Straße. An letzterer liegt westlich der Mauern ein hoher Grabhügel, der sog. Südhügel (**17**,14), der heute auch als Aussichtspunkt genutzt wird. Der Tumulus enthielt zwei Bestattungen des 6. Jhs. v.Chr., von denen die eine aufgrund der Beigaben auf einen bedeutenden Fremden aus Kleinasien schließen läßt. Im späten 6. Jh. wurde der Hügel für Bürgergräber genutzt, während in der Hochklassik an seinem Nordhang Staatsgräber, die sog. Gesandtengräber (**17**,15), angelegt wurden. Ihre Stelen, einfache glatte Platten ohne Reliefschmuck, stehen seit der Antike, und zwar dem mittleren 5. Jh. v.Chr., aufrecht; ihre Inschriften berichten vom Schicksal der Verstorbenen. Ein Gesandter (rechte Stele), Pythagoras mit Namen, war aus Selymbria am Schwarzen Meer nach

Athen gekommen und hier gestorben; vielleicht hatte er den Beitritt seiner Heimat-stadt zum attischen Seebund (451 v.Chr.) übermittelt und erhielt deshalb ein Staats-grab. Daneben steht eine mit einem Giebel versehene Stele der Gesandten Ther-sandros und Simylos aus Kerkyra (Korfu), die wohl im Jahr 433 v.Chr. nach Athen kamen, um ein Bündnis gegen den Peloponnesischen Bund einzugehen. Während dieses Aufenthaltes kamen sie um und erhielten ein Staatsgrab, das nach einer Zer-störung um 375 v.Chr. erneuert wurde.

In der Mitte der Heiligen Straße liegt ein ummauerter Bezirk (**17**,16); hier zweigt von der Heiligen Straße, die nach Eleusis weiterführte, ein Nebenweg ab, die sog. Gräberstraße. Der Bezirk in der Straßengabelung (**17**,16) ist – nach Ausweis von zwei Inschriftsteinen in der Umfassung ("Grenze des Heiligtums der Tritopatres. Betreten verboten") und einem dritten, von Wagenrädern abgefahrenen Stein etwa 30 m weiter östlich – der Heilige Bezirk der Tritopatres, vielleicht Vertreter der See-len der Verstorbenen. Das Temenos, das schon im 6. Jh. v.Chr. existierte, gehörte möglicherweise zu dem großen Grabhügel einer Adelsfamilie aus derselben Zeit, der westlich von ihm an der Spitze eines großen Gräberfeldes liegt.

Folgt man der Heiligen Straße (an der Gabel nach rechts) stadtauswärts, so findet man an ihrer Südseite mehrere Grabbezirke, die ein Durchgang in der Mitte in zwei Gruppen gliedert. An der östlichen Gruppe kann man an den verschiedenen Niveaus der Sockel ihrer Terrassenmauern den Anstieg des Straßenniveaus ablesen, der sich am Ende des 4. Jhs. und im 3. Jh. v.Chr. in mehreren Schüben sehr schnell vollzog; dadurch gerieten die Mauern der spätklassischen Bezirke fast vollständig unter die Erde. An der Ecke dieser östlichen Bezirke, neben dem Durchgang, liegt der Grab-bezirk der Ampharete (**17**,18); hier wurde ein schönes Grabrelief (im Kerameikos-Museum, Eingangshalle; spätes 5. Jh.) gefunden, das eine sitzende Frau mit einem Baby auf dem Arm darstellt; die Inschrift auf dem Architrav der Stele läßt Ampha-rete selbst sprechen: "Das Kind meiner Tochter halte ich, das liebe, das ich auf mei-nen Knien hielt, als wir lebend die Strahlen der Sonne mit Augen erblickten; jetzt halte ich das tote Kind als Tote." Die westliche Gruppe von Grabbezirken, die jen-seits eines Durchganges zu dahinter gefundenen Gräbern liegt, besteht aus vier Ein-heiten, die alle kurz nach 338 v.Chr. entstanden sind. An der Nordostecke sieht man eine marmorne Lekythos auf runder Basis mit dem Reliefbild der Aristomache (**17**,19), die von ihrem Mann Abschied nimmt. Neben dieser stuckierten Fassade fol-gen eine weitere ohne Verkleidung, ein schmaler Durchgang, ein Bezirk mit einer schönen Polygonalmauer und zwei weitere, verstuckte Fassaden, alle aus dem begin-nenden Hellenismus. Bei den Grabungen haben sich aber eindeutige Nachweise – Sarkophaggräber, ältere Fundamente für Terrassenmauern u.a. – gefunden, die bereits für das 5. Jh. in diesem Bereich Bestattungen und auch Monumente bezeugen.

Gegenüber, auf der Nordseite der Heiligen Straße, befanden sich zwei Grabbezirke: Der westliche, heute unter Bewuchs verschwunden, stammt aus der frühen Klassik, als noch keine Reliefs die Gräber schmückten. Daneben (**17**,20) erhob sich eine Ter-rasse aus dem späten 4. Jh. v.Chr., auf der eine Bildfeldstele (Abguß) aufgestellt ist, die eine Frau und einen Jüngling mit Hund sowie einen Diener zeigt.

Wenn man den Grabhügel (**17**,17) beim Tritopatreion umrundet, erreicht man die Gräberstraße, die das Bild der Kerameikos-Nekropole mit ihren Reliefs über hohen Terrassenmauern prägt. In seiner ursprünglichen Gestalt nicht mehr erkennbar ist ein großer Lehmziegelbau gleich neben dem Tumulus (**17**,21), in dem vielleicht die Familie des Alkibiades seit dem Ende des 5.Jhs. v.Chr. bestattet wurde. Reiche Bei-gaben, darunter auch Seidenreste, zeichnen das Grab besonders aus. Westlich neben dem Lehmziegelbau folgen drei zusammengehörige Grabmäler des späten 4. Jhs.

v.Chr. und dann der große und bedeutende Grabbezirk des Koroibos (**17**,22): Von der einst prächtigen Fassade ist fast nichts erhalten, doch konnten bei der Ausgrabung noch die zugehörigen Grabstelen gefunden werden. In der Mitte der Grabmälergruppe steht die Anthemion-bekrönte, hohe Stele des Koroibos selbst (Mitte des 4.Jhs. v.Chr.), auf der unter zwei Rosetten sein Name und diejenigen seiner Söhne und Enkel sowie eines Sosikles aus einer ganz anderen Familie verzeichnet sind. Rechts daneben steht eine Stele mit dem Relief einer Loutrophore, eines Symboles dafür, daß die hier begrabene Person jung und unverheiratet starb, in diesem Fall ein Mann namens Kleidemos aus der Familie des Koroibos. Das früheste Denkmal der Stelengruppe ist das Relief der Hegeso (Original im Nat.Mus.), das erst in einer sekundären Aufstellung seinen Platz neben dem Pfeiler des Koroibos bekam. Es entstand schon im späteren 5. Jh. v.Chr. und gehört zu den schönsten Werken der attischen Grabmalkunst. Hegeso sitzt auf einem elegant geschwungenen Lehnstuhl in sich versunken und hält in ihrer Rechten einen – einst nur gemalten – Schmuck, den sie aus dem von ihrer Dienerin gehaltenen Kästchen genommen hat; sie betrachtet den Gegenstand aber nicht, ihr Blick scheint vielmehr über ihn hinauszugehen. Die Körperformen betonend fließen die Gewänder, ein über den Kopf gezogener Mantel und ein an den Armen geknüpfter Chiton, herab. Das Haar ist von einem Band locker zusammengehalten. Alle Grabstelen wurden nach der Schlacht bei Chaironeia (338 v.Chr.) beschädigt und ihre Basen wie auch die Fassadensteine für eine Stadtmauererneuerung verwendet. Später hat man aber den Grabbezirk des Koroibos wieder instand gesetzt.

Die eindrucksvollste Reihe von Grabterrassen erhebt sich auf der Südseite der Gräberstraße: Man erkennt die sehr sorgfältig, z.t. mit kunstvollem Polygonal errichteten Terrassenmauern und darüber die Grabmonumente. Gegenüber der Grabreliefgruppe des Koroibos findet man den fast vollständig erhaltenen Bezirk des Lysimachides (**17**,23), der nach 339, als er Archon in Athen war, und vor Inkrafttreten des Gräberluxusgesetzes (317/307 v.Chr.) entstand. An den Ecken lagerten zwei Molosserhunde – einer ist gut erhalten –, während in der Mitte ein eindrucksvolles Relief (Abguß) die Blicke auf sich zieht: Zwei von Frauen flankierte bärtige, alte Männer lagern beim Mahl; vor ihnen liegen auf einem Tisch mehrere Kuchen; im Vordergrund wartet Charon, der Fährmann des Totenreichs, mit seinem Schiff. Hinter der Fassade wurden über 30 Sarkophage gefunden, in denen die Angehörigen der Lysimachides-Familie bestattet waren.

Der östlich anschließende Bezirk des Dionysios von Kollytos (**17**,24) ist mit seinem hohen Unterbau und dem großen Naiskos, der von einem eindrucksvollen Marmorstier auf einem Pfeiler überragt wird, besonders repräsentativ. Er entstand zwischen 345 – in diesem Jahr ist Dionysios als Schatzmeister im samischen Heraion bezeugt – und 338 v.Chr., als der Grabbezirk seiner Fassade beraubt wurde. In dem Naiskos waren auf die Rückwand zwei sich gegenüberstehende Gestalten gemalt, Marmorfiguren enthielt er nicht; doch sind Basis und Architrav mit Grabepigrammen erhalten, die Dionysios als besonnenen und in Athen wie auch Samos hochgeschätzten Mann loben. Er wurde – unverheiratet noch vor seiner Mutter verstorben – in einem marmornen Sarkophag hinter dem Stierpfeiler begraben.

Im Osten folgt der Grabbezirk zweier Brüder aus Herakleia am Schwarzen Meer (**17**,25). Die hohe Anthemionstele mit den Namen der beiden Herakleioten war die Ursache zur Entdeckung des Kerameikos 1863, als ein Sandfahrer beim Abgraben auf das Anthemion stieß. Zu dem Grabbezirk, der vor 338 v.Chr. entstand, gehören noch ein Naiskos (einst mit einem gemalten Bild), ein Grabrelief und eine Marmorlekythos mit dem Relief einer Abschiedsszene.

Jenseits einer kleinen Lücke, in der – ein wenig zurückgesetzt – zwei Grabbezirke liegen, folgt die eindrucksvolle Anlage der Familie des Lysanias aus Thorikos (**17**,26).

Sie wird überragt von dem leicht geschwungenen Grabrelief des Dexileos (Abguß; Original im Kerameikos Museum), auf dessen Basis eine lange Inschrift über das Schicksal des Verstorbenen Auskunft gibt: Er wurde 414/13 v.Chr. geboren und fiel schon im Alter von 20 Jahren (394/3) in der Schlacht bei Korinth gegen die Korinther. Die Gebeine der Gefallenen wurden aber nicht in privaten Gräbern beigesetzt sondern in einem öffentlichen Staatsgrab, dem Demosion Sema, das am Dromos lag; auf der dort errichteten Stele sind neben den bei Korinth Gefallenen, darunter Dexileos, auch die im selben Jahr bei Koroneia in Böotien getöteten Athener aufgelistet. So hat das Dexileos-Grab also den jungen Mann gar nicht aufgenommen, seine Familie hat es vielmehr für sich selbst errichtet, wobei sie ihren Sproß besonders ehrte: Der Verstorbene ist, obwohl in Wirklichkeit unterlegen, als siegreicher Reiter dargestellt, der über seinen Gegner hinwegsprengt; die Szene ähnelt damit stark dem – durch einen glücklichen Zufall erhaltenen – Reliefbild des Staatsgrabmales (s.S. 110). Mit seinem geschwungenen Unterbau und der diagonalen Ausrichtung nach Nordosten mußte das Grab jedem Vorüberziehenden besonders auffallen. Neben diesem herausragenden, fest datierten Denkmal wurden für die Geschwister des Dexileos noch weitere, einfache Stelen errichtet.

Anschließend an das Thorikier-Grab erhebt sich eine lange Terrasse (**17**,27) mit einer z.T. erhaltenen Polygonalmauer, auf der die geringen Reste von fünf Bezirken gefunden wurden. Einige Grabreliefs aus diesem Bereich sind heute im Nationalmuseum, andere Denkmäler wurden im Hinterraum des Bezirkes wieder aufgestellt (Lekythos, Basen). Im Osten endet die Eckterrasse an einem Weg, der nach Süden hinaufführt und von zwei Grabbezirken flankiert ist. Der eindrucksvollere ist derjenige der Demetria und Pamphile (**17**,28) aus dem späten 4. Jh. Das wieder aufgerichtete Grabrelief am Ort, das kurz vor dem Gräberluxusgesetz (317/307) entstand, zeigt die verstorbene Pamphile auf einem Thron sitzend und ihre Schwester vor ihr. Demetria muß aber zur Entstehungszeit des Bildes bereits tot gewesen sein: Sie ist auf einem zweiten Grabrelief (im Nat.Mus.) als Sitzende wiedergegeben, die die Hand ihrer Schwester Pamphile hält. Diese zweite Grabstele hat an der nördlichen Front des Bezirkes gestanden. Südlich dieser Anlage befindet sich der Grabbezirk des Philoxenos aus Messene (**17**,29), ein großes Areal mit über 70 Bestattungen. Im Gelände sind einige blockartige Marmorbasen, ein Grabrelief einer sitzenden Frau erst und drei kleine Marmorstelen aufgestellt, die alle ihren jetzigen Platz erst nach der Zerstörung des Bezirks nach 338 v.Chr. (d.h. der Eroberung Griechenlands durch die Makedonen) bekamen; sie belegen wie viele andere Beispiele, daß die Schändung der Nekropole nicht hingenommen wurde und daß man die Monumente später neu aufstellte.

Im MUSEUM des Kerameikos findet man im Eingangssaal einige Stelen der archaischen und klassischen Nekropole. Die Denkmäler, die vor 480 v.Chr. entstanden (Statuen, Stelen und Relief-verzierte Statuenbasen) waren in der themistokleischen Mauer (478 v.Chr.) verbaut und wurden erst durch die Ausgrabungen entdeckt. Die wichtigsten Reliefs der klassischen Nekropole sind bereits beim Rundgang besprochen worden. Die übrigen Säle des Museums enthalten – chronologisch geordnet – vor allem Tongefäße und andere Beigaben aus den Gräbern. Aufgrund der in deutscher Sprache vorhandenen Beschriftung der Vitrinen kann hier auf nähere Erläuterungen verzichtet werden.

5. GRIECHISCHE AGORA, RÖMISCHER MARKT, HADRIANSBIBLIOTHEK UND MONASTIRAKI

Wie überall im antiken Griechenland bildete die Agora das politische und wirtschaftliche Zentrum der Stadt, während die Akropolis der kultische Mittelpunkt war. Auf dem Platz standen die öffentlichen Gebäude der Verwaltung, hier wurden Festspiele abgehalten, hier spielte sich das Geschäftsleben ab. Als Schauplatz weitreichender politischer Ereignisse war die Agora von Athen nicht nur für die gesamte antike Welt von besonderer Bedeutung, sondern ist es auch heute noch als das historische Zentrum europäischer Demokratien. Die durch die amerikanischen Ausgrabungen (seit 1936, s. *Taf. 2*) bekannte Agora nördlich unterhalb der Akropolis war allerdings nicht der erste Martplatz des antiken Athen. In archaischer Zeit muß das administrative Zentrum östlich unterhalb der Burg gelegen haben. Dies belegen antike Schriftquellen, die es in unmittelbarer Nähe des Aglaurion (s.o.S. 49) lokalisieren, das durch den Fund einer Inschrift vor wenigen Jahren in einer Höhle am Ostabhang der Akropolis gesichert werden konnte; freilich hat man bis heute keine archäologisch nachweisbaren Reste des archaischen Marktes entdeckt. Die Verlegung der Agora in die Senke nördlich unterhalb des Burgfelsens mag man mit dem Beginn der attischen Demokratie nach Kleisthenes in Verbindung bringen: Vielleicht wurde der zuvor von den Peisistratiden genutzte Platz programmatisch in das administrative Zentrum der neuen Staatsform verwandelt.

Leider sind die Gebäude, die den politischen Wandel des antiken Athen widerspiegeln, stark zerstört; denn bis zum Beginn der Ausgrabungen (1931) stand hier ein griechisches Wohnviertel mit zahlreichen kleinen Häusern. Der heutige Besucher muß sich durch einen Spaziergang erst mit dem unübersichtlichen Gelände vertraut machen, um die Entwicklung des Platzes – von einer sumpfigen Ebene über einen weiten Platz mit Randbebauung bis zu einer Ansammlung dicht beieinander stehender Großbauten – verstehen zu können (*Taf. 9,2*).

Das Ausgrabungsgelände der Agora kann man durch drei Eingänge erreichen: Einer liegt an der Nordseite in der Adrianou-Str. auf einer Brücke über die S-Bahn, ein zweiter befindet sich an der Südostecke der Agora an dem Weg, der von der Akropolis herabführt; von einem dritten Zugang auf der Westseite erreicht man eine Terrasse neben dem Hephaisteion, von der aus man einen guten ersten Überblick erhält; hier ist ein Plan der amerikanischen Ausgrabungen aufgestellt (**19**, P).

Wie das Gelände des Kerameikos wurde auch das Gebiet der späteren Agora in prähistorischer Zeit als Begräbnisstätte genutzt. Bei den Ausgrabungen stieß man – zumeist an den Hängen des Areopag und des Agora-Hügels (Kolonos Agoraios: **16**) – auf zahlreiche Grabstellen, z.T. Familiengräber in Kammern mit einem Gang davor, z.T. kleine Brandgräber. Die Beigaben

von Keramik und Schmuckgegenständen erlauben es, den sozialen Status
der Bestatteten zu ermitteln und den Lebensstandard der Gesellschaft über
die Jahrhunderte hin zu verfolgen. Die Bevölkerung siedelte offensichtlich
in den Jahrtausenden vor der geometrischen Zeit (also vor 900 v.chr.) auf
den umliegenden Hügeln, während die Toten in den Ebenen beigesetzt wurden: "Die Stadt war nur die jetzige Akropolis und etwa das südlich zu ihren
Füßen gelegene Gebiet", schreibt Thukydides über die prähistorische Zeit,
in der der athenische Heros Theseus regiert haben soll; Thukydides' Aussage wird nun durch die Lokalisierung des Aglaurion gestützt.
Erst seit dem späteren 6. Jh. v.Chr. entwickelte sich die Agora zum Zentrum
der Polis Athen, der Platz wurde mit Grenzsteinen ("Ich bin die Grenze der
Agora" ist auf ihnen eingemeißelt) abgesteckt, und es entstanden die ersten
öffentlichen Bauten, die der Verwaltung des Stadtstaates dienten; sie lagen
an der Westseite, am Fuß des Agora-Hügels: Im Südwesten ein Haus mit
einem großen Hof, vielleicht das Prytaneion, der Versammlungsort des Älte-
stenrates; daneben ein Gebäude, in dem der Rat der 400, die Boule, zusam-
mentrat (**18,** unter der Tholos). Neuere Überlegungen der amerikanischen
Ausgräber gehen dahin, daß jenes große Wohnhaus mit einem Hof zunächst
die Residenz der Peisistratiden gewesen sein könnte, die dann geradezu programmatisch vom neu geschaffenen Rat der jungen Demokratie übernommen wurde. Dem Versammlungshaus benachbart waren drei Heiligtümer –
für die Göttermutter mit dem Staatsarchiv, für Apollon und für Zeus. An der
Nordwestecke des Platzes schließlich, direkt neben der breiten Panathe-
näen-Straße, die zum Dipylon hinaus- und quer über den Platz zur Akropolis hinaufführte, stand eine kleine Halle, die Stoa Basileios, in der der
Regierungssitz des Archon Basileus, des zweiten Staatsbeamten in der Hier-
archie (die erste Stelle nahm der Archon Eponymos ein, der dem Amtsjahr
den Namen gebende Beamte), untergebracht war. Auf dem freien Platz selbst
gab es zwei weitere heilige Bezirke, die dicht beieinander im Norden neben
dem Panathenäenweg lagen: zum einen einen großen offenen Altarhof für
die Zwölf-Götter, zum anderen einen Opfer-Altar in einer kleinen Einfriedung. Im Süden befanden sich zwei weitere öffentliche Gebäude, nämlich
ein großer Hof, der wohl als das wichtigste athenische Gericht, die Heliaia,
zu identifizieren ist, sowie ein Brunnenhaus aus den Jahren 530–520 v.Chr.;
es diente der Wasserversorgung der Bevölkerung, und die Vermutung liegt
nahe, daß die Peisistratiden mit dieser Anlage ihr Prestige beim Volk stei-
gern und in Konkurrenz zu anderen Adelsgeschlechtern ihre Herrschaft dadurch sichern wollten; dies würde die Theorie stützen, die Fläche der späteren Agora sei zunächst von den Tyrannen genutzt worden.
Die Platzfläche diente zu jener Zeit – und auch noch im 5. und 4. Jh. v.Chr.
– als Veranstaltungsort, sei es für Theaterfeste, sei es für sportliche Wettkämpfe wie z.b. Reiterspiele. Dazu wurden für die Zuschauer kurzfristig
hölzerne Tribünen aufgebaut. Fanden derartige Feiern nicht statt, muß man
sich die Agora als belebten Platz vorstellen, auf dem Händler ihre Waren

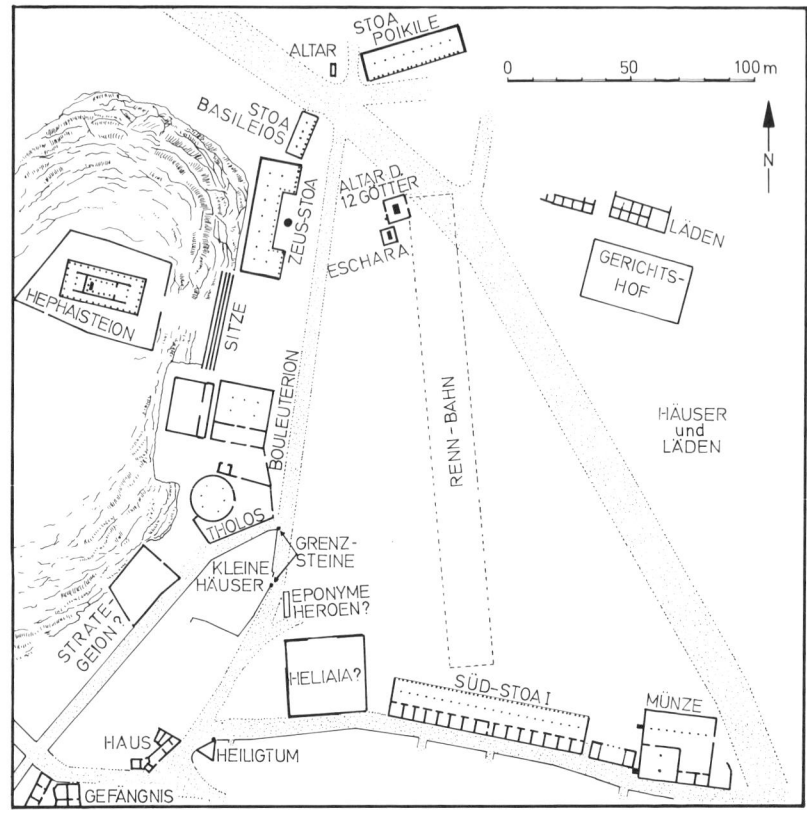

18 Athen, Agora, um 400 v.Chr.

anboten, Künstler arbeiteten und jedermann über die neuesten Ereignisse
diskutierte.

Bei der Eroberung Athens durch die Perser (480 v.Chr.) wurden auch die
Bauten der Agora zerstört. Doch machte man sich sehr schnell daran, die
wichtigsten Verwaltungsgebäude und auch die Kultplätze instandzusetzen.
Wiederum auf der Westseite (**18**), unterhalb des Kolonos Agoraios, entstand
über dem archaischen Hofhaus (der Peisistratiden ?) ein Rundbau, die Tholos, das Amtslokal der Prytanen (*Taf. 9,2*). Daneben wurde das Metroon
neu errichtet und erheblich erweitert sowie ein neues Bouleuterion für den
Rat der 500 gebaut. Östlich gegenüber diesen Gebäuden stand eine lange,
von einem Zaun umgebene Statuenbasis, auf der die Heroenfiguren der Phylen, der politischen Einheiten Attikas, aufgestellt waren; ihr Sockel diente
zum Anschlagen von öffentlichen Mitteilungen, z.B. Einberufungen, Gerichts-
terminen u.a.

Nach mehreren Sitzreihen ('Synhedrion'), vor denen im 4. Jh. v.Chr. der Tempel des Apollon Patroos errichtet wurde, folgte eine große Säulenhalle, die Zeus-Stoa, die um 420 v.Chr. erbaut wurde. Sie war dem Zeus Eleutherios, dem 'Befreier', geweiht und enthielt zahlreiche Gemälde, auf denen mythische und historische Taten der Athener sowie Personifikationen, z.B. Demokratia, dargestellt waren. Der Ort galt als beliebter Treffpunkt für Athener, unter ihnen Sokrates mit seinen Freunden und Schülern.

Neben dieser großen, repräsentativen Marmor-Stoa muß sich die kleine Stoa Basileios fast unscheinbar ausgemacht haben. Sie war nach ihrer Zerstörung 480 v.Chr. an der alten Stelle neu errichtet worden, wobei man das archaische Baumaterial in die Fundamente inkorporierte. Zwei kleine, später angeschobene Flügelbauten dienten zur Aufstellung von Gesetzestafeln.

Im 5. und 4. Jh. v.Chr. wurden einige Funktionen des Platzes an andere Orte verlegt – z.B. die Schauspiele in das neue Dionysos-Theater –, und es entstanden auf der Agora neben der Erneuerung alter Gebäude auch neue Bauten. Dadurch bekam der Platz insgesamt eine festere architektonische Fassung: Im Norden legte man neben dem Altar der Aphrodite eine große Stoa an, während die Südseite von dem alten Gerichtshof und einer Halle sowie dem Brunnenhaus und dem Gebäude der Münze begrenzt wurde. Insbesondere die nördliche Halle, die Stoa Poikile, ist uns aus den Schriftquellen gut bekannt: Hier hingen Bilder berühmter athenischer Maler, z.B. ein Gemälde der Schlacht von Marathon, und hier wurden erbeutete Waffen ausgestellt. Neben dieser repräsentativen Funktion diente die Stoa noch als Ort für Gerichtssitzungen und als Treffpunkt für die Personen, die in Eleusis in die Mysterien eingeweiht werden wollten. Der Philosoph Zenon versammelte hier seit etwa 300 v.Chr. seine Zuhörer, so daß die Mitglieder der neu gegründeten Philosophenschule 'Stoiker' genannt wurden. Die Südstoa hatte demgegenüber eine andere Aufgabe: Sie war ein Amts- oder Bürogebäude, in dem Staatsbedienstete, z.B. Kontrolleure für Maße und Gewichte (Metronomoi), tagten und ihre Speisezimmer hatten.

An der Südostecke der Agora lag die athenische Münze, eine Werkstatt, in der in mehreren Essen Bronzegeld – nicht die schönen Silbermünzen Athens – geprägt wurde. Auf dem Handelsplatz gleich in der Nachbarschaft konnte das Geld leicht in Umlauf gebracht werden. Den Abschluß des Platzes nach Südwesten bildete ein Amtslokal, das vielleicht den Generälen (Strategen) diente; es war z.t. in den abgegrabenen Hang des Hügels gebaut und ist nur sehr schlecht erhalten.

Außerhalb des Agora-Platzes, hinter der Südbebauung, entstanden in der Klassik einige private Häuser und Werkstätten, z.B. für Marmor- und Bronzebildhauer sowie für Töpfer. Direkt an den Grenzstein der Agora anschließend befand sich eine kleine Schusterwerkstatt, und vieles spricht dafür, daß es sich bei dem Haus um den Ort handelt, an dem Sokrates athenische Kinder unterrichtete. Daneben lag das Staatsgefängnis, ein nach außen abge-

schlossener Baukomplex mit einzelnen, um einen Hof gruppierten Zellen.
An einer Straßengabelung östlich des Gefängnisses liegt ein kleines Heiligtum aus der Mitte des 5. Jhs. v.Chr., eine dreieckige Einfriedung mit schönem Polygonalmauerwerk.
Im mittleren 5. Jh., etwa gleichzeitig mit dem Parthenon, wurde hoch über
dem Markt auf dem Kolonos Agoraios der große Hephaistos-Tempel (das
sog. Theseion) errichtet (**18**; **103**); da er etwa 450 n.Chr. zu einer Georgs-
kirche (**20**) umgebaut wurde, ist er heute der besterhaltene griechische Tempel. In der Nachbarschaft der Werkstätten auf der Agora und im Kerameikos war er dem Gott der Handwerker und zugleich der Göttin der Künste
und Wissenschaften, der Athena, geweiht; beider Statuen standen auf der
Kultbildbasis in der Cella.

Im Hellenismus veränderte die Agora abermals ihr Bild (**19**). Die Wirt-
schaftskraft und die politische Macht Athens waren zwar verloren, doch
ermöglichten große Stiftungen hellenistischer Könige Neubauten, die dem
Platz auf allen Seiten einen einheitlichen architektonischen Rahmen ver-
schafften. Hier ist insbesondere die Attalos-Stoa zu nennen, die in der 2.
Hälfte des 2. Jhs. v.Chr. entstand, eine lange, zweigeschossige Halle mit
zahlreichen Verkaufsläden an der Rückseite und einer Terrasse vor der Front
(**19**,19). Sie überlagerte einen großen, quadratischen Hof, der als weiterer
Gerichtsplatz gedient hatte. Amerikanische Archäologen konnten die Stoa
rekonstruieren (*Taf. 9,2*) und in ihr das Agora-Museum wie auch die Werkstätten der Ausgrabung einrichten. In der Stoa kann man heute eindrucksvoll die angenehme Wirkung einer antiken Halle nachempfinden: Im Winter ist man vor Stürmen und Regen geschützt, im Sommer genießt man die
wohltuende, schattige Kühle.
Neben der Begrenzung der Agora im Osten gab man dem Platz auch im
Süden einen neuen architektonischen Abschluß: Über der alten Süd-Stoa
wurde – im rechten Winkel zur Ostbebauung – eine Halle (**19**,22) an die
Heliaia angebaut; sie umgrenzte zusammen mit einem quergelagerten Gebäude im Osten (**19**,23) und einer weiteren, zweischiffigen Wandelhalle, der
sog. Mittelstoa (**19**,21), einen Handelsplatz. Von diesen Bauten sind heute
nur mehr die Fundamente erkennbar. Es konnte aber erwiesen werden, daß
in dem Ostgebäude, gleich neben der Münze, die Geldwechsler ihre Tische
aufgestellt hatten, während die eigentliche Markttätigkeit auf dem kleinen
rechteckigen Platz stattfand, der nun von der Agora abgetrennt war.
Um auch die Gebäude-Flucht auf der Westseite zu vereinheitlichen, legte
man dem Metroon-Bouleuterion-Komplex eine Säulenhalle vor (**19**,3-4),
die die unregelmäßige Raumgruppe dahinter verbarg, und baute ein gemein-
sames Propylon. Zusammen mit den Säulenfassaden des Apollon-Patroos-
Tempels, der Zeus-Stoa und der Stoa Basileios (**19**,9-11) war nun auch die
Westseite des Marktplatzes gleichmäßig abgeschlossen.

Nach dieser einheitlichen hellenistischen Platzgestaltung konnten die Veränderungen der Folgezeit, d.h. der Jahrhunderte römischer Herrschaft, auf
der Agora nur noch verunklärend wirken. Allein die Errichtung einer großen
Halle, der sog. Basilika im Nordosten (**19**,16), paßt noch in das System hellenistischer Markt-Begrenzung.

Dagegen zerstörte die Errichtung eines
großen, gedeckten Konzertsaales (Odeion: **19**,15) den Platz als traditionellen Versammlungsort; das Odeion wurde von Agrippa, dem Feldherrn und
Schwiegersohn des Kaisers Augustus, in den Jahren zwischen 27 und 12
v.Chr. gestiftet und im 2. Jh. n.Chr. noch einmal renoviert.

Andere Gebäude gehörten offenbar zu einem religiösen Programm, das die
Zentralisierung der attischen Kulte in Athen zum Ziel hatte: Von verschiedenen Orten Attikas wurden Tempel oder Teile von Kultbauten auf die Agora
versetzt. Dazu zählte der klassische Ares-Tempel (**19**,14), der vermutlich in
Acharnai sorgfältig abgetragen und auf der freien Fläche nördlich des Odeion wieder aufgebaut wurde. In zwei weitere Tempel, in der Südwestecke
des Platzes (**19**,8) und am Panathenäenweg ganz im Südosten gelegen (**19**,32),
wurde Baumaterial von zwei südattischen Orten eingearbeitet: Dorische
Architekturglieder aus Thorikos und ionische Säulen vom Athena-Tempel
in Sounion.

Unter den Umbauten älterer Gebäude während der römischen Zeit sind
besonders zwei Veränderungen hervorzuheben: Die alte Tholos (**19**,2) bekam
auf ihrer Ostseite eine repräsentative Eingangsfront mit einem Säulenvor-
bau. Und an die Rückseite der Zeus-Stoa (**19**,10) wurde ein zweiräumiger
Anbau gefügt, in dem vielleicht die römischen Kaiser kultisch verehrt wurden.

Außer dem Odeion des Agrippa entstanden auf der Agora im frühen 2. Jh.
n.Chr. zwei Neubauten: Der Stiftung eines reichen Privatmannes aus Athen,
des Titus Flavius Pantainos, ist eine Bibliothek zu verdanken (**19**,20), die
sich südlich der Attalos-Stoa befindet. Sie begrenzte einerseits den Panathenäen-Weg, andererseits eine Säulenstraße nach Osten, die zum römischen
Markt führte.

Ebenfalls im frühen zweiten Jahrhundert n.Chr. wurde ein Nymphaion (**19**,31)
errichtet, das die Münze überlagerte und die Sorge der römischen Herrscher
um die Wasserversorgung der Stadt demonstrierte.

Die spätantike Phase der Agora ist durch Umbauten der älteren Gebäude
geprägt. Besonders einschneidend war nach der Eroberung Athens durch
die Heruler (267 n.Chr.) die Abtragung vieler, z.T. beschädigter Bauten, der
meisten Tempel und Hallen; die Bauglieder wurden für eine Festungsmauer verwendet, die man entlang des Panathenäenweges und der Verkaufs-
räume der Attalos-Stoa errichtete. Sie faßte nur noch einen kleinen Kern der
klassischen Stadt ein, der gegen etwaige weitere Angriffe von Barbarenstämmen geschützt werden sollte. Durch die nachherulische Mauer, die heute
noch in großen Teilen den Panathenäen-Weg begleitet, gelangte das alte

Zentrum Athens, die Agora, nach außen vor die Stadtbefestigung. Dort entstand über dem Odeion und den südlich angrenzenden Hallen ein großes Gymnasium, zwei Höfe mit Thermen und Wandelhallen; den Eingang zu dieser Anlage schmückten Pfeiler mit Giganten- und Tritonenfiguren, die ursprünglich zur Renovierung des Odeion im 2. Jh. gehörten.

Daß man sich auf der Agora, im Gebiet des einstigen öffentlichen Lebens, nun ganz ins Private zurückzog, belegt auch die Einrichtung einiger Villen in diesem Bezirk, die mit älteren Skulpturen und Marmortäfelungen ausgestattet waren. Neben ihrer Funktion als Wohnhäuser dienten sie auch als Philosophenschulen. Das Leben kam endgültig zum Erliegen, als die Slawen 582 n.Chr. in Athen einfielen und die Reste der städtischen Architektur zerstörten; die Gebäude wurden daraufhin aufgegeben. Eine der wenigen Bauaktivitäten war die Umwandlung des Hephaisteion in eine Georgs-Kirche (**19**,1; **20**): Man riß die Innensäulen und die Pronaos-Wand heraus und setzte eine Apsis im Osten ein; im Westen und im Süden wurden die Cella-Mauern mit Türen versehen.

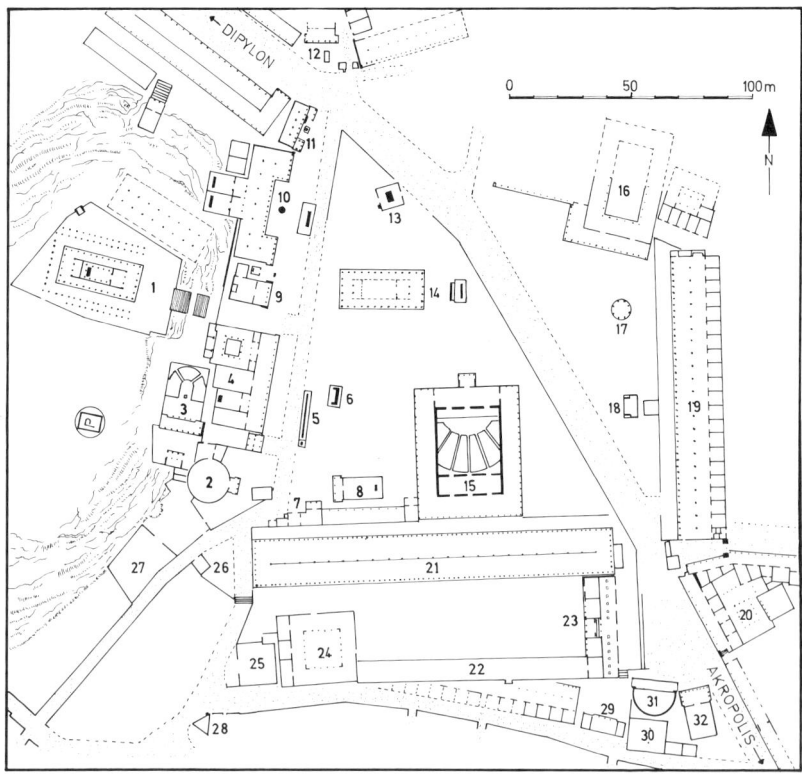

19 Athen, Agora, um 180 n.Chr.

RUNDGANG DURCH DAS AUSGRABUNGSGELÄNDE DER AGORA (**19**): Wenn
man – z.B. von der Pnyx oder dem Kerameikos kommend – die Agora durch
den Eingang auf der Westseite betritt, findet man auf dem Agora-Hügel
einen Grundrißplan vor, der eine erste Orientierung erleichtert. Bevor man
zum Platz selbst hinabsteigt, sollte man zunächst das Hephaisteion auf dem
Kolonos Agoraios besichtigen (*Taf. 2*).

DAS HEPHAISTEION (**19**,1; **103**): Der Tempel für Hephaistos und Athena ist ein
Musterbeispiel dorischer klassischer Sakralarchitektur (um 450–440 v.Chr.
erbaut): In den Säulenkranz von 6 zu 13 Stützen ist die Cella mit Achsenbezügen eingegliedert, die Cellamauern fluchten mit den Säulenachsen bzw. den Interkolumnien. Einst
standen Innensäulen im Tempelraum dicht an den Wänden und hinter den Kultbildern des Hephaistos und der Athena; die Wände selbst waren mit Gemälden verziert. Ungewöhnlich sind einige Entwurf-Details, die das Hephaisteion architektonisch mit dem Poseidon-Tempel auf Kap Sounion verbinden: Die Vorhalle ist um
ein halbes Joch erweitert und durch einen Figurenfries, der über der Pronaosfront
bis in die Säulenumgänge läuft, als eigenständiger Raum kenntlich gemacht; über
dem Opisthodom dagegen reicht der Fries nur über die Breite der Cella. Die Front
des Tempels ist also betont, und dies wird noch dadurch verstärkt, daß außen allein
auf der Ostseite über den ersten beiden Seiten-Jochen skulptierte Metopen angebracht sind, während die übrigen Bildfelder als glatte Platten erscheinen. Die Bildthemen des Skulpturenschmuckes sind die Heldentaten des Herakles (Front) und des
Theseus (Langseiten) sowie eine von Götterfiguren beobachtete Schlacht der Griechen (Pronaos-Fries) und eine Kentauromachie (Opisthodom-Fries); die geringen
Reste von Giebelschmuck konnten bislang nicht gedeutet werden; die Akroterfigur
einer mit wehenden Gewändern eilenden Frauengestalt befindet sich im Museum

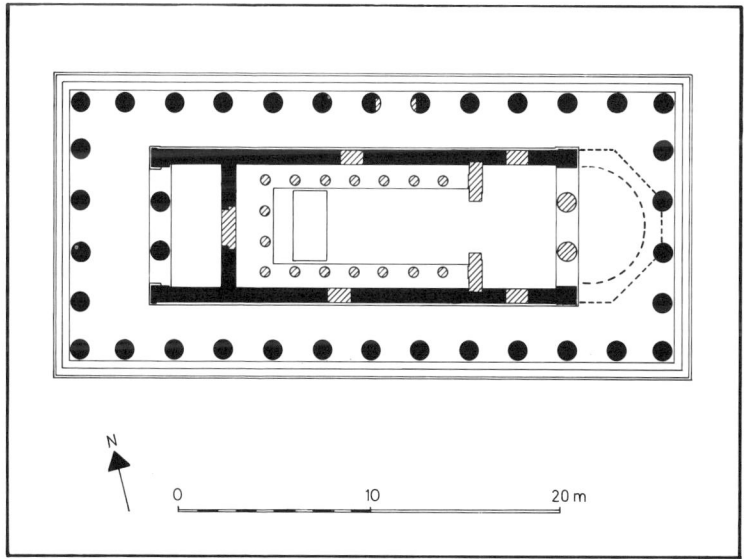

N

0   10   20 m

20 Athen, Hephaisteion, rekonstruierter Plan und Einbauten der Georgs-Kirche

der Agora. – Von dem Einbau der Kirche Ag. Georgios ist fast nichts mehr zu sehen;
nur das Tonnengewölbe des Daches und die Türen in der Seiten- und Opisthodom-
wand stammen noch aus diesem Umbau. – Ein interessantes Detail der Heiligtums-
Gestaltung rund um den Tempel ist die künstliche, planvolle Bepflanzung: Es wurden riesige Tontöpfe entdeckt, die auf drei Seiten um den Tempel herum in die Erde
eingelassen waren; in sie hatte man Sträucher oder Büsche gepflanzt, ein Befund,
der eindrucksvoll die Mühe der Landschaftsgestaltung und der regelmäßigen Bewässerung des heiligen Bezirkes bezeugt. Die heutige Bepflanzung der Umgebung orientiert sich an der antiken.

PRYTANEION (**19**,2): Unterhalb des Agora-Hügels erkennt man eine runde Fläche,
die Tholos, die der Versammlungsort der Amtspersonen war, die die Staatsgeschäfte
leiteten. In archaischer Zeit befand sich an dieser Stelle ein Haus mit mehreren Räumen und einem trapezoiden Hof, vielleicht ein Wohnhaus der Peisistratiden, das in
der Klassik durch den Rundbau ersetzt wurde. In römischer Zeit blendete man der
Tholos einen Eingang mit Säulen vor.

BOULEUTERION UND METROON (**19**,3.4): Der nördlich anschließende Ruinenbereich
ist in seinen einzelnen Gebäude- und Raumgestaltungen fast nicht mehr zu erkennen. Im Hintergrund muß das Haus der Rats-Versammlung (**19**,3) gestanden haben,
das man nach Vergleichsbeispielen in anderen griechischen Städten mit einer U-för-
migen Sitzanordnung rekonstruiert. Vor dem Einfall der Perser (480 v.Chr.) mag
der Rat in dem östlich vorgelagerten Gebäude (**19**,4) getagt haben; später war in dem
daneben neu errichteten Bau das Heiligtum der Muttergöttin (Metroon) sowie das
Staatsarchiv der Athener untergebracht. Die uneinheitliche Raumgruppe bekam im
Hellenismus eine gemeinsame Vorhalle, neben der ein Propylon Zugang zum Bouleuterion bot.

DENKMAL DER EPONYMEN HEROEN (**19**,5): Östlich gegenüber dem Metroon-Kom-
plex befindet sich eine lange, von einem Zaun aus Marmorpfosten und Querhölzern
umgebene Basis. Auf ihr standen zwischen zwei Dreifüßen die Personifikationen
der zehn attischen Phylen, die eponymen Heroen. Die Basis selbst fungierte als
'Schwarzes Brett' für öffentliche Bekanntmachungen, etwa Einberufungen der nach
Phylen geordneten Soldaten. Der Grabungsbefund hat ergeben, daß das Monument
an dieser Stelle erst sekundär um 330 v.Chr. aufgebaut wurde, während ein Denkmal für die eponymen Heroen spätestens seit 420 v.Chr. durch Schriftquellen bezeugt
ist. Im Laufe der Geschichte wurde das Monument mehrfach erweitert, nämlich
immer dann, wenn eine berühmte Herrschergestalt (des Hellenismus und der römischen Kaiserzeit, wie z.B. Hadrian) ehrenhalber in die Reihe der Phylenheroen aufgenommen wurde. Am Südende des Denkmals kann man die hadrianische Erweiterung gut erkennen.

ALTAR DES ZEUS AGORAIOS (**19**,6): Neben diesem Denkmal steht ein großer Mar-
mor-Altar mit schönen Profilleisten. Es handelt sich wahrscheinlich um den Altar
des Zeus Agoraios, der zunächst auf der Pnyx erbaut und später auf die Agora versetzt wurde. Bei diesem Altar legten die dem jeweiligen Amtsjahr den Namen geben-
den Archonten (Eponymen), die obersten Beamten des Stadtstaates, ihren Eid ab.

GRENZSTEIN (**19**,7): An der Südwestecke der Agora, östlich der Tholos und heute
auf einem tieferen Niveau wurde einer der archaischen Grenzsteine (um 500 v.Chr.)
des Platzes ausgegraben. Um eine grob gepickte Fläche sind auf einem glatten Rand-
streifen – so als ob der Stein selbst spräche – die Worte eingemeißelt: "Ich bin die
Grenze der Agora [ΗΟΡΟΣ ΕΙΜΙ ΤΕΣ ΑΓΟΡΑΣ]". Unmittelbar südwestlich dieses
Steines fanden die amerikanischen Ausgräber die Werkstatt des Schusters Simon
(**19**,26). Ein zweiter Grenzstein befindet sich unter der Mittelstoa (**19**,21).

SÜDWEST-TEMPEL (**19**,8): Der sehr schlecht erhaltene Tempel östlich des Grenz-
steines hatte eine dorische Säulenfront (vier oder sechs Säulen), deren Baumaterial
aus Thorikos stammte (s.u. S. 174; *Taf. 19,2*). Er entstand erst in der römischen Kaiserzeit (wohl im 1. Jh. n.Chr.), als die freie Platzfläche nach und nach immer mehr
bebaut und einige attische Tempel nach Athen versetzt wurden.

TEMPEL DES APOLLON PATROOS (**19**,9): Vor einer Reihe von Sitzstufen aus Poros-
blöcken wurde der Tempel etwa um die Mitte des 4. Jhs. v.Chr. errichtet. Er ersetzte einen älteren, kleinen Kultbau mit apsidaler Rückseite. Das längsrechteckige
Gebäude hatte vier Säulen zwischen den Anten und beherbergte eine berühmte Kolossalstatue des Apollon, die der Bildhauer Euphranor geschaffen haben soll (Pausanias) und die bei den Grabungen gefunden wurde (s. Südwand der Attalos-Stoa). –
Nördlich neben dem Apollon-Tempel sieht man die Fundamente eines kleinen
Schreins für Zeus Phratrios und Athena Phratria (Weihinschrift vor dem Bau).

STOA DES ZEUS ELEUTHERIOS (**19**,10): Diese große Halle stammt aus der Zeit um
430 v.Chr. Erst in römischer Zeit wurden zwei Räume im Hintergrund der Stoa angebaut, vielleicht als Ort der Kaiserverehrung. Das Gebäude bestand aus pentelischem
Marmor und wies außen dorische und innen ionische Säulen auf. Eine Besonderheit
sind die vorspringenden Risalite, durch die der dorische Fries – ungewöhnlicher-
weise – in einem Innenwinkel aufeinander stoßen mußte.

STOA BASILEIOS (**19**,11): Heute ist der Zusammenhang der Agora mit den folgenden Monumenten durch die Trasse der S-Bahn und die Adrianou-Straße zerrissen.
Doch kann man von der Straße aus einen Eindruck von dieser Halle wie auch von
dem Bereich weiter nördlich bekommen. – Die kleine "königliche Halle" war der
Ort, wo der Archon Basileus sein Amt ausübte, das im wesentlichen kultische und
in religiösen Fragen richterliche Funktion hatte. Es handelt sich um eine nach Osten
geöffnete Stoa mit einer inneren Stützenreihe, an die in der Spätklassik zwei Flügel
angebaut wurden. Hier waren Gesetzes-Inschriften aufgestellt, und hier wurde Gericht
gehalten. Auf einer Basis vor dem Gebäude wird eine Kolossalstatue der Themis,
der Göttin der Gerechtigkeit, rekonstruiert (s. Attalos-Stoa). In die Eingangsstufen
ist ein kolossaler Naturstein eingegliedert, auf dem der Archon Basileus seinen Amts-
eid ablegte.

APHRODITE OURANIA-ALTAR UND STOA POIKILE (**19**,12): Nördlich jenseits der Adrianou-Straße werden in den letzten Jahren die Grabungen der amerikanischen Archäologen fortgesetzt. Hier fand man einen kleinen rechteckigen Altar aus der Zeit um
500 v.Chr., der der Aphrodite Ourania (Himmels-Aphrodite) geweiht war. Er besteht
aus Marmorplatten von den Kykladeninseln; die Oberseite wurde von zwei giebel-
artigen Wangen gerahmt. Im Innern fanden sich Knochen von Opfertieren, die der
Göttin dargebracht worden waren. Nördlich des Altares ist von den Ausgrabungen
ein Fundament angeschnitten worden, das man vielleicht als den dem Altar zugehörigen Tempel interpretieren kann. – Östlich daneben sieht man die untersten Stufen
einer Halle, die hier ihren westlichen Abschluß hatte. Nach den Beschreibungen des
Pausanias muß es sich um die Stoa Poikile (Bunte Halle) handeln, die ihren Namen
nach ihrer Ausstattung mit zahlreichen Gemälden erhielt. In den Jahren zwischen
475 und 450 v.Chr. errichtet, diente sie als Gerichtsgebäude, zum alltäglichen Verweilen bei den mythischen und historischen Bildern sowie als Versammlungsplatz
für die Personen, die in die eleusinischen Mysterien eingeweiht werden wollten. In
der Nähe dieser Halle wurden mehrere klassische Hermen gefunden, die z.T. Reparaturen aufweisen (in der Attalos-Stoa); eine Verbindung mit dem Hermen-Frevel
des Alkibiades (415 v.Chr.) liegt nahe, über den Thukydides berichtet: "In einer einzigen Nacht hatte man der Mehrzahl der Hermen die Gesichter abgeschlagen... Hin-

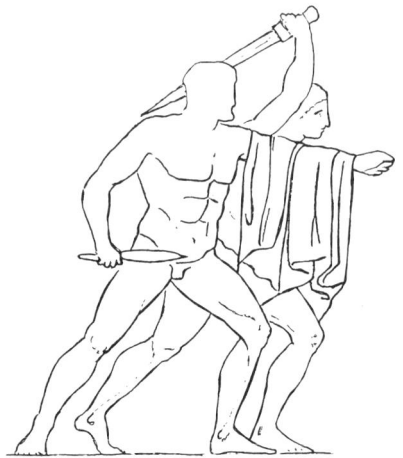

21 Tyrannenmörder-
Gruppe

ter der Tat schien eine Verschwörung im Blick auf eine Revolution und den Sturz
der Demokratie zu stecken". – Neben der Stoa rekonstruierten die Ausgräber auf
zwei Fundamenten einen Bogen; da die Basen nicht miteinander fluchten, könnte es
sich auch um die Sockel von separaten (Statuen-) Monumenten gehandelt haben.
ZWÖLF-GÖTTER-ALTAR (**19**,13): Direkt an der Mauer, die die Trasse der S-Bahn
vom großen Ausgrabungsgelände der Agora trennt, ist die marmorne Fundament-
ecke einer ungefähr quadratischen Einfriedung erhalten, in der sich ein Altar für die
Zwölf-Götter, die Gruppe der wichtigsten Olympier, befand. Die Identifizierung des
heiligen Bezirkes ergibt sich aus einer Statuenbasis mit Inschrift, die sich neben dem
westlichen Durchgang befindet ("Leagros hat dies den Zwölf Göttern geweiht"). Der
Ort galt als Mittelpunkt Attikas, von dem aus alle Entfernungen gemessen wurden.
ARES-TEMPEL UND ALTAR (**19**,14): In der frühen römischen Kaiserzeit wurde ein
klassischer Marmor-Tempel aus einem anderen Ort Attikas, vermutlich aus Acharnai am Fuß des Parnis, auf die Agora versetzt. Beim Abbau des dem Kriegsgott Ares
geweihten Gebäudes, das dem Hephaisteion ähnelte, markierte man jeden Block
mit eingemeißelten Zeichen, die den Wiederaufbau erleichterten. Diese Versatzmarken sind auf den wenigen Bauteilen, die heute noch am Platz des Tempels liegen, deutlich zu erkennen. Seine Grundfläche ist durch eine Kieseinschüttung kenntlich gemacht. In dem Kultbau stand eine Statue des Kriegsgottes von der Hand des
Alkamenes, eines Schülers des Phidias. Auf der Ostseite vor dem Bau befindet sich
der zugehörige Altar.
ODEION DES AGRIPPA (**19**,15): Den größten Raum auf der zentralen Agora-Fläche
nimmt der einst überdachte Konzertsaal ein, den Marcus Vipsanius Agrippa, der
Schwiegersohn des Kaisers Augustus, stiftete. Den Eingang schmückten – wohl erst
bei einer Renovierung im 2. Jh. n.Chr. hinzugefügt – Sockel mit zwei Tritonen- und
einer Gigantenfigur; die Oberkörper dieser Riesen sind Kopien von Göttergestalten
des Parthenon-West- bzw. Ostgiebels. Im Innern, umgeben von Wandelhallen, befand
sich ein Halbrund von 18 Sitzreihen, die heute noch z.T. erhalten sind. Die Bühne
war an ihrer Front mit einer Reihe von klassizistischen Hermen verziert (in der Attalos-Stoa). Eine besondere architektonische Leistung war es, daß das hohe Gebäude

ohne Innenstützen gedeckt war; bei einem Erdbeben stürzte die gewagte Konstruktion im 2. Jh. n.Chr. ein und erforderte eine gründliche Renovierung des gesamten Gebäudes. In der Spätantike, nachdem durch den Herulereinfall (267 n.Chr.) das Odeion zerstört war, diente das Mauergeviert als großer Eingangshof für ein Gymnasium (Sportanlage). – Auf der Fläche der Agora, die – z.B. durch den Ares-Tempel oder das Odeion – im Laufe der Zeit immer mehr zugebaut wurden, waren zahlreiche Statuen aufgestellt. Die berühmtesten sind die beiden Figuren der 'Tyrannenmörder' (**21**) oder das Bildwerk des Demosthenes.

BASILIKA, RUNDBAU UND BEMA (**19**,16-18): Ebenfalls in der römischen Kaiserzeit (ca. 120–130 n.Chr.) wurde eine riesige Halle, eine Basilika (**19**,16), an der Nordostecke der Agora errichtet, die heute erst in Ansätzen ergraben ist. Sie überlagerte zahlreiche kleine Läden, die früher diese Seite des Platzes einnahmen. – Vor der langen Front der Attalos-Stoa standen mehrere Monumente, unter anderen ein runder Säulenbau (**19**,17) und eine Rednertribüne (**19**,18). Der Monopteros besaß acht Säulen, die über einem Gebälk ein Kuppel-Dach aus Ziegeln trugen; im Innern gab es keine Mauern, vielmehr muß der Rundtempel aus dem mittleren 2. Jh. n.Chr. einen lichten Eindruck gemacht haben (vgl. den Roma-Augusus-Monopteros auf der Akropolis). In der Mitte vor der langen Stoa, unterhalb eines hohen Pfeilermonumentes, stand eine Tribüne; sie war über mehrere Stufen zu besteigen, so daß der jeweilige Redner bedeutend höher stand als sein Publikum, das sich auf der Panathenäenstraße versammelte.

ATTALOS-STOA (**19**,19): Die Stiftung des pergamenischen Königs Attalos II. (159–138 v.Chr.) gliedert sich in mehrere Komplexe: Der Halle ist eine Terrasse vorgelagert, an die genau in der Mitte ein Pfeilermonument angebaut war; dieses ähnelte dem Agrippa-Pfeiler vor den Akropolis-Propyläen und trug ein Viergespann mit der Statue des pergamenischen Herrschers. Die Halle selbst ist durch eine innere Säulenreihe in zwei Schiffe geteilt, hinter denen sich 20 Verkaufslokale (heute Museumsräume) befinden; an der Südostecke leitet ein Treppenhaus zum Obergeschoß der doppelstöckigen Stoa hinauf. Den amerikanischen Archäologen gelang es (1953–1956), die Halle vollständig zu rekonstruieren, da von allen Baugliedern genügend originale Teile als Muster vorhanden waren (*Taf. 9,2*). Die 116 m lange Front weist unten dorische und oben ionische Säulen auf; die dorischen Säulen sind im unteren Teil nicht kanneliert, die ionischen verbinden marmorne Schrankenplatten. Im Innern wechseln die Säulenordnungen: Unten wurden ionische Stützen, oben solche mit ägyptisierenden Palmblattkapitellen verwendet. Die Halle vermittelt dem Besucher sehr eindrucksvoll die angenehme Wirkung einer derartigen Stoa in südlichem Klima. – Den Restauratoren ist nur ein kleiner Fehler unterlaufen: Sie vergaßen, bei den Löwenkopfwasserspeiern der Traufleiste die herausgestreckte Zunge zu meißeln, so daß heute das Regenwasser nicht auf die Terrasse sondern auf die Stufen der Stoa herabplätschert.

Das MUSEUM in der Attalos-Stoa: Neben den Restaurierungswerkstätten, den Magazinen und Büros der Agora-Grabung beherbergt die Attalos-Stoa heute auch ein Museum, in dem zahlreiche Funde aus dem Gelände der Agora ausgestellt sind. Da hier nicht alle Objekte ausführlich behandelt werden können, beschränkt sich die Beschreibung auf wenige Angaben zur groben Orientierung des Besuchers.
An der Südseite der offenen Halle: Statue des Apollon Patroos, Werk des Euphranor, um 350 v.Chr. – Im Treppenaufgang und daneben an der Längswand der Stoa: Ionische Säulenteile mit schönen Bemalungsresten von einem unbekannten Bauwerk, das in der römischen Kaiserzeit auf die Agora versetzt wurde. – Zwei Pan-

zerstatuen aus der Pantainos-Bibliothek (**19**,20), die die Ilias und die Odyssee des Homer symbolisieren. – Skene-Front des Agrippa-Odeions mit klassizistischen Hermen. – Statue einer Nereide, um 400 v.Chr. – Fragmente vom Hephaisteion, u.a. Athena und Herakles aus dem Ost-Giebel sowie eine Akroterfigur und der Kopf von einer Ostmetope. – Reliefs von Reiterspielen: Basis mit der Darstellung von Männern in Rüstung, die auf Wagen aufspringen (Apobaten), und Stelenfragment eines Siegesmonumentes der Phyle Leontis (Inschrift s. Rückseite). – Kolossal-Statue der Themis von der Stoa Basileios (gewöhnlich um 330 v.Chr. datiert). – Einige römische Portraits, darunter Traian mit Lorbeerkranz, Feldherrn-Büste des Antoninus Pius. – An der nördlichen Schmalseite: Statue eines spätantiken Beamten in flach gefältelter Toga. Akroter-Figur einer Nike, von der Zeus-Stoa, um 420 v.Chr. – An den Mittelsäulen: Mehrere Urkundenreliefs, Inschriften zu Rechtsstreitigkeiten, Pachturkunden von Silberminen im Laurion-Gebiet, Statuenbasen und Statuetten; Nymphenfigur mit Wasserkrug, vom Nymphaion (**19**,31), 2. Jh. n.Chr. nach klassischem Vorbild; am Süd-Ende eine Dreifußbasis mit archaistischen Reliefs von Heroenfiguren (vielleicht Theseus, sein Vater Aigeus und Medea). – In den geschlossenen Räumen des Museums trifft man zunächst auf zahlreiche Vitrinen, deren Keramik-Inhalt aus prähistorischer bis geometrischer Zeit stammt und in Gräbern und Brunnen im Areal der Agora gefunden wurde. Besonders bemerkenswert ist eine reliefverzierte Elfenbein-Pyxis aus einem mykenischen Kammergrab (um 1400 v.Chr., s. Modell). In der dritten Abteilung (Vitrine 17) ist das berühmte Terrakotta-Kästchen mit geometrischer Bemalung ausgestellt, auf dessen Deckel fünf Miniatur-Getreidespeicher aufgesetzt sind, vielleicht Hinweise auf die (erst für Solon sicher belegte) Einteilung der Gesellschaft in Klassen nach ihrem Besitz, der nach erwirtschafteten Scheffeln Getreide bemessen wurde; die in dem zugehörigen Grab mit vielen Beigaben bestattete Frau hätte nach dieser Theorie der reichen Oberschicht angehört. – Auf den folgenden Gefäßen der sog. orientalisierenden Kunst treten Darstellungen von Menschen und Tieren auf, während geometrische Muster weitgehend zurückgedrängt sind. – In den weiteren Museumsabteilungen, die Objekte aus der archaischen und klassischen Zeit bewahren, findet man zahlreiche Produkte des Alltages und der politischen Verwaltung des Staates. Die Gegenstände des privaten Lebens sind z.B. ein Toiletten-Töpfchen für kleine Kinder, Terrakotta-Spielzeug in Form von Tieren oder auch zahlreiche Öl-Lampen. Aus der Verwaltung des Staates stammen Inschriftplatten mit Dekreten; die Fragmente der Statuenbasis der Tyrannenmörder Harmodios und Aristogeiton (**21**); Stimmsteine und Vasenfragmente mit Namen von Politikern, die beim Scherbengericht verbannt werden sollten; eine Maschine für die Auslosung von Geschworenen und Beamten; eine Durchlauf-Wasseruhr in Form von zwei Tonkrügen, die die Vortragszeit eines Redners bemaß; amtliche Gewichte zum Eichen und andere Maße zur Marktkontrolle. Auch einige Stiftungen – wie etwa die eines erbeuteten spartanischen Bronzeschildes aus der Schlacht von Pylos (425 v.Chr.), der in der Stoa Poikile ausgestellt war und noch von Pausanias gesehen wurde – haben derartigen offiziellen Charakter. Andere Objekte der Ausstellung gehören demgegenüber dem Bereich der Werkstätten und des Handels an: Die Terrakotta-Form einer Bronzestatue z.B. gibt Auskunft über die Herstellung von Skulptur, andere Objekte weisen auf Töpferwerkstätten hin; Ösen aus Knochen, Schusternägel und ein Tonbecher mit einer Namensinschrift auf dem Boden stammen aus der Schuhmacherei des Simon (**19**,26), in der Sokrates (s. die Statuette des Philosophen aus dem Gefängnis) athenische Kinder unterrichtete. Beachtenswert ist ein exzellentes Terrakotta-Salbgefäß in Form eines knienden Knaben, der sich wie ein Sieger im sportlichen Wettkampf eine Binde um den Kopf legt; ca. 530 v.Chr.

– Im nördlichen Teil des Museums trifft man abermals auf römische Marmorportraits. Weitere derartige Bildnisse, die zur Selbstdarstellung wichtiger Persönlichkeiten Athens dienten, findet man auch (im meist geschlossenen) Obergeschoss der Attalos-Stoa, wo zudem Modelle und Pläne sowie Photos von Denkmälern der Agora und anderen wichtigen Monumenten Athens ausgestellt sind.

PANTAINOS-BIBLIOTHEK (**19**,20): Südlich der Attalos-Stoa und jenseits einer nach Osten, zum römischen Markt führenden Säulenstraße ließ der Athener Flavius Pantainos um 100 n.Chr. eine öffentliche Bibliothek errichten. Auf dem Türsturz des Einganges ist der Stiftungstext notiert, der eine Datierung des Gebäudes in die Jahre 98–102 n.Chr. erlaubt. Zu den Straßen hin öffneten sich Verkaufsläden, während die eigentliche Bibliothek aus einem großen quadratischen Raum bestand, der nach Westen durch eine Säulenreihe zu einem Hof hin geöffnet war. Zwei anliegende Seitenräume dienten wohl dem Aufenthalt von Lesern, da es sich nach der erhaltenen Benutzerordnung um eine Präsenzbibliothek handelte, also keine Textrollen ausgeliehen wurden ("Kein Buch darf entfernt werden. ... Die Bibliothek ist von der 1. bis zur 6. Stunde offen zu halten."). – Im Anschluß an die Pantainos-Bibliothek begleitet die nachherulische Stadtmauer den Panathenäen-Weg hinauf zur Akropolis; in diesem Festungswerk erkennt der aufmerksame Besucher zahlreiche Bauteile von Agora-Gebäuden, u.a. Säulentrommeln und Marmorblöcke oder Inschriften.

SÜDLICHER MARKT MIT HELIAIA UND SÜDWEST-BRUNNENHAUS (**19**,21-25): Seit hellenistischer Zeit war von der Agora ein kleiner Teil abgetrennt, der als eigentlicher Marktplatz dem Handel diente. Er wurde auf der Nordseite von der Mittelstoa (**19**,21) und gegenüber von der Südstoa II (**19**,22) gerahmt, die die ältere Südstoa mit den Aufenthaltsräumen der Marktprüfer (Metronomoi) überlagerte. Nach Osten wurde der Platz von einer Halle mit einem Propylon in der Mitte abgeschlossen, in deren östlichem Vorraum die Geldwechsler ihre Tische hatten. Alle diese Bauten sind leider in sehr schlechtem Zustand, am deutlichsten sieht man noch die langen Säulenreihen der Mittelstoa, die mit einer inneren Stützenfolge in zwei Schiffe geteilt war.

– Den kleinen Südmarkt begrenzt an der einen Seite der große Hof der Heliaia (**19**,24), des bereits in archaischer Zeit existierenden Gerichtes. Vor diesem Gerichtshof sind noch Reste einer Auslauf-Wasseruhr sichtbar, die – zeit- und baugleich – ebenso funktionierte wie die so gut erhaltene im Amphiareion von Oropos (s.u. S. 206; **74**). Weiter westlich befindet sich ein großes Brunnenhaus, das ein L-förmiges Wasserbassin in einer nahezu quadratischen Umfassungsmauer besaß.

SCHUSTER-WERKSTATT UND STRATEGEION (**19**,26.27): Südlich außerhalb des Agora-Platzes fanden die amerikanischen Archäologen – direkt an den Grenzstein der Agora anschließend (**19**,7) – ein kleines Haus, das sie aufgrund eines Bechers mit Nameninschrift einem gewissen Simon zuweisen und anhand von Schuhnägeln, Ösen und Bändern als Schuhmacherei identifizieren konnten. Aus den Schriftquellen wissen wir nun, daß neben der Agora ein Schuster namens Simon eine Werkstatt betrieb, in der Sokrates die athenischen Kinder unterrichtete, die den Platz selbst noch nicht betreten durften. Noch 500 Jahre später, als es die Schuhmacherei längst nicht mehr gab, versetzte sich Plutarch in die interessante Atmosphäre der Werkstatt: "Ich wünschte, ich wäre ein Schuster im alten Athen, dann könnte Sokrates hereinkommen und in meinem Haus neben Perikles sitzen und sich mit ihm unterhalten." – Jahrhunderte später wurde an diesem Platz eine Latrine erbaut. – Westlich jenseits der Straße findet man einen in den Hang des Kolonos Agoraios eingeschnittenen Bereich, der vielleicht der Versammlungsplatz der Strategen, des athenischen Generalstabes, war. Darauf deuten Funde von Tonplaketten mit den Namen und Titeln militärischer Amtsträger hin.

DREIECKIGES HEILIGTUM (**19**,28): An der Südwestecke der Agora liegt ein kleiner Bezirk, der in mehrfacher Beziehung Aufmerksamkeit verdient: Er hat eine Umfassungsmauer in dreieckiger Form aus z.T. polygonal zugehauenem, schönem Mauerwerk. Derartige dreiseitig umzäunte Plätze sind in griechischen Städten bisweilen Heroen gewidmet, und tatsächlich ist aus einer Grenzinschrift an der Nordseite des Bezirkes auf der Agora bekannt, daß es sich auch hier um ein Hieron, eine heilige Stätte handelte. Leider sagt die Inschrift aber nicht, wem das Heiligtum geweiht war. – Südwestlich dieses Hieron, jenseits der Straße, lag wohl das Staatsgefängnis, in dem auch Sokrates inhaftiert war und mit dem Trank des Schierlingssaftes hingerichtet wurde. In diesem Gebäude fand man bei den Ausgrabungen zahlreiche Fläschchen, die vielleicht das Gift enthielten, sowie eine Statuette, die den Philosophen wiedergibt und vielleicht in einer Art Erinnerungsstätte bald nach seinem Tod aufgestellt wurde, als man die Hinrichtung bedauerte.

SÜDOST-BRUNNENHAUS, MÜNZE, NYMPHAION UND SÜDOST-TEMPEL SOWIE DIE KIRCHE DER HEILIGEN APOSTEL (**19**,29-32): An der Südostecke der Agora sind die einstigen antiken Gebäude für den Besucher fast nicht mehr erkennbar, da sie weitgehend durch eine Kirche überbaut wurden. Hier stand bereits in archaischer Zeit ein Brunnenhaus (**19**,29), das aus zwei seitlichen Schöpfbecken und einem mittleren, betretbaren Raum bestand; es gehört noch dem 6. Jh. v.Chr. an und könnte die laut Pausanias von den Peisistratiden gestiftete Enneakrounos (Neunröhrenbrunnen) sein. – Daneben wurde in der Klassik die Münze zur Herstellung von Bronzegeld errich-

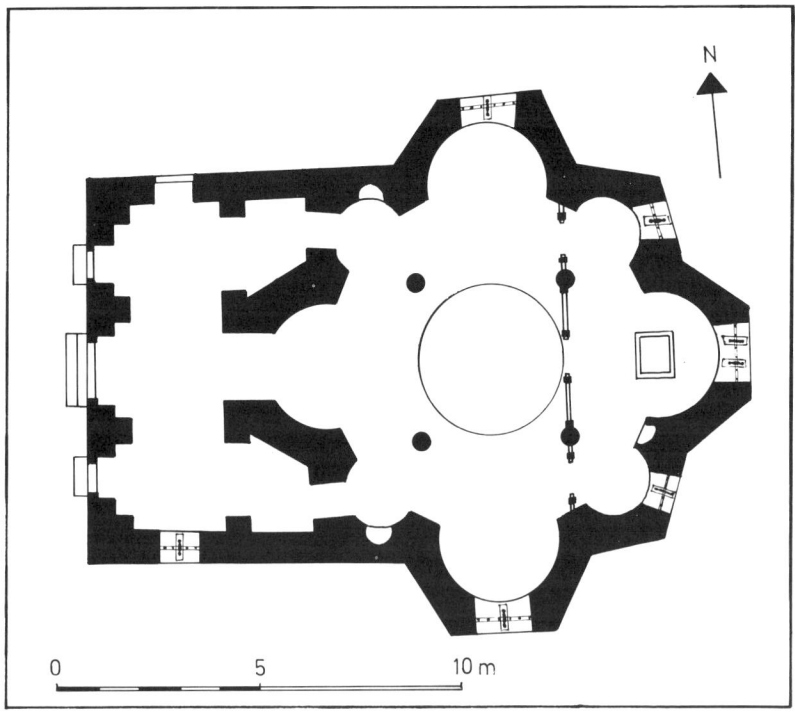

22 Athen, Agora, Agioi Apostoloi

tet (**19**,30). Nachdem die Münze seit späthellenistischer Zeit keine Funktion mehr hatte, traten das traianische Nymphaion (**19**,31) und der Südost-Tempel (**19**,32) an ihre Stelle. Letzterer bestand im wesentlichen aus Baugliedern eines älteren Gebäudes, des Athena-Tempels von Sounion. Heute sind hier einige dorische Säulenteile aus südattischem Marmor aufgerichtet, die aber am ehesten wohl zum Südwest-Tempel (**19**,8) gehören. Auf den Fundamenten des Nymphaions wurde um 1000 n.Chr. die Kirche der Agioi Apostoloi (der Heiligen Apostel) erbaut (**22**). Sie gehört zu den ältesten Kirchen Athens und nimmt nicht zuletzt wegen ihrer architektonischen Gestaltung einen besonderen Rang ein. Die stark zerstörte Kirche wurde 1954/6 von amerikanischen Wissenschaftlern restauriert, wobei Anbauten aus späteren Jahrhunderten entfernt wurden, so daß sich der Bau heute in seiner ursprünglichen Form zeigt. Der Längs- und der Querschnitt bilden ein in ein Quadrat eingeschriebenes Kreuz, wobei jeder Kreuzarm mit einer Konche abschließt. In die Zwickel des Kreuzes sind ebenfalls Konchen eingefügt, so daß ein ungewöhnlicher Zentralbau entsteht. Über der Mitte erhebt sich eine Kuppel, die von vier antiken Säulen gestützt wird. Im Westen ist ein schmaler Narthex vorgelagert, der sich harmonisch mit dem Hauptbau verbindet. Das Mauerwerk besteht im unteren Bereich aus größeren Bruchsteinen, darüber liegen kleinere, bearbeitete Quader, unterbrochen von reicher Ziegelverzierung, die an verschiedenen Stellen arabische Schriftzeichen nachahmt (sog. pseudokufische Arabesken). Neben einem aus Originalfragmenten restaurierten Marmorfußboden sind im Innern der Kirche noch einige Freskoreste erhalten, die einen Eindruck davon vermitteln, wie die Kirchenwände ehemals ausgestaltet waren. Die Fresken im Narthex der Kirche stammen dagegen aus der Kapelle Agios Spiridon, die im 17. Jh. über der Pantainos-Bibliothek erbaut und 1939 abgerissen wurde.

ELEUSINION: Im Süden, außerhalb des umzäunten Ausgrabungsgeländes, liegt östlich neben dem Panathenäenweg ein heute von Unkraut überwucherter Heiligtumsbezirk, der den eleusinischen Göttern geweiht war. Hier endete die um die Akropolis führende Tripodenstraße, die am Propylon des Dionysos-Heiligtums ihren Ausgang nahm. Im wesentlichen sieht man einige Fundamentschichten des Tempels; ein wohl aus diesem Heiligtum stammender Friesblock ist an der Südseite der Kleinen Mitropolis-Kirche verbaut (s.u. S. 87).

DER RÖMISCHE MARKT UND DIE HADRIANSBIBLIOTHEK (**24**)

Östlich der griechischen Agora und mit dieser durch eine Säulenstraße verbunden, lag der römische Markt, auch Agora des Caesar und des Augustus genannt. Ein großes dorisches Propylon, das Tor der Athena Archegetis (der 'Stammführerin Athena'), mit einer in die Jahre 11–9 v.Chr. datierten Weihinschrift am Architrav ist im Westen der gesamten Anlage noch gut erhalten (**23**; **24**,1). Darauf folgte ein großer freier Platz, der von Säulenhallen umgeben war; im Osten, gleich neben dem Turm der Winde (**24**,4), findet man die Reste eines weiteren Eingangsbaues: Auf Stufen aus graublauem Hymettos-Marmor erheben sich die unteren Teile von Säulen und die Türgewände aus hellem pentelischem Stein. Von der gesamten Platzanlage ist wenig mehr als die südliche Hälfte zu sehen, der Nordteil liegt heute unter moderner Bebauung bzw. unter der Fethiye Camii (**24**,2), der Siegesmoschee aus dem 15. Jh., in die zahlreiche antike Spolien integriert sind; von dem

23 Athen, Westtor zur römischen Agora ('Tor der Athena Archegetis') um 1750.
Nach Stuart - Revett

Minarett ist nur mehr der untere Ansatz mit dem Beginn der Wendeltreppe
vorhanden. An diesem Platz lag in der Zeit nach der Herulerzerstörung (267
n.Chr.) das Verwaltungszentrum des antiken Athen; und hier, im Herzen
der Stadt, wurde noch im gesamten Mittelalter und bis in das 19. Jh. hinein
Markt abgehalten.
Östlich vor der römischen Agora befinden sich die Ruinen einer Latrine
(**24**,3) – man erkennt noch die Spülungskanäle –, ein römischer Arkaden-
bau (**24**,5), der vielleicht die antike Marktaufsicht beherbergte sowie der
exzellent erhaltene Turm der Winde (**24**,4). Bei diesem oktogonalen Mar-
morbauwerk handelt es sich um die komplizierte technische Anlage einer
Wasseruhr, deren genauer Mechanismus bis heute noch nicht endgültig
geklärt ist. Die Uhr wurde nach einer Nachricht des Vitruv von Andronikos
von Kyrrhestos konstruiert und funktionierte über ein kompliziertes Röhrensy-
stem im Innern; das notwendige Wasser wurde innerhalb eines Beckens in
einem runden Anbau auf der Südseite des Gebäudes aufbewahrt; durch den
gleichmäßig verteilten Zu- und Ablauf des Wassers in einen Zylinder im
Innern des Gebäudes wurde die jeweilige Tageszeit an einem 'Zifferblatt'
angezeigt. Auf dem Dach befand sich eine bronzene Wetterfahne in Form
eines Triton. An der Außenseite, unterhalb des Gesimses, sind auf Reliefplatten die zur jeweiligen Himmelsrichtung gehörigen Windgötter in ihrer
der Temperatur angemessenen Kleidung und mit charakteristischen Attri-
buten dargestellt: Im Norden schwebt der mit einem Ärmelgewand und

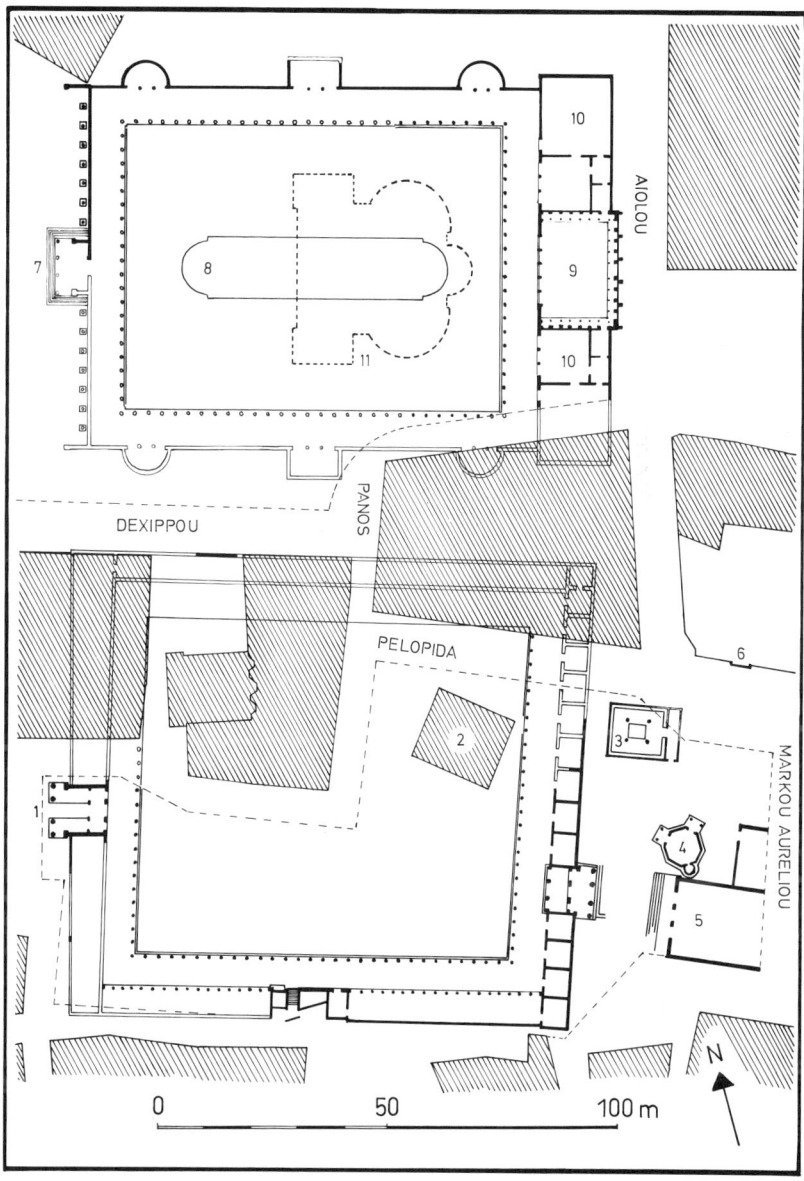

24 Athen, Römischer Markt (Agora des Caesar und des Augustus) und Hadriansbibliothek
1: Westliches Propylon (Athena Archegetis-Tor); 2: Fethiye-Camii; 3: Latrine;
4: Turm der Winde; 5: Agoranomion (?); 6: Tor zur Koran-Schule; 7: Propylon
zur Hadriansbibliothek; 8: Wasserbassin; 9: Bibliothekssaal; 10: Hörsäle; 11:
Vierkonchenbau / Kirche

hohen Stiefeln ausgestattete Boreas, der kalte Nordwind, während im Süden
(Notos) oder Westen (Zephyros) die milden Seewinde nur in luftige Tücher
gehüllt sind. Die Namen der geflügelten Windgötter sind oberhalb der Darstellungen verzeichnet (Boreas [N], Kaikas [NO], Apeliotes [O], Euros [SO],
Notos [S], Lips [SW], Zephyros [W], Skiron [NW]); unterhalb der Figuren
sind die Stundenlinien von Sonnenuhren eingemeißelt; ihre Zeiger fehlen
heute zumeist. Auf der Nordost- und Nordwestseite des Gebäudes gab es
einst kleine Anbauten mit einem von zwei Säulen getragenen Dach, die die
Eingänge zum Turm rahmten. Im – normalerweise nicht zugänglichen –
Inneren des Turmes findet man in den Boden eingelassene Rinnen für die
Röhren des Wasseruhr-Mechanismus sowie eine Wandgliederung in vier
Zonen, die durch Gesimse gegeneinander abgesetzt sind; der Wand der obersten Zone sind kleine dorische Halbsäulen vorgeblendet. In frühchristlicher
Zeit diente der Bau als Baptisterium einer benachbarten Basilika; in türki-
scher Zeit wurde der Turm der Winde dann als Andachtsraum für den Tanz
der Derwische, einen islamischen Ritus, genutzt; dazu legte man auf dem
Niveau des ersten Gesimses einen Zwischenboden ein; Täfelchen mit Koran-
sprüchen, eine Gebetsnische, religiöse Geräte und ein Leuchter, der vom
Turmdach herabhing, gehörten damals zur Ausstattung des Gebäudes.

Gegenüber dem heutigen Eingang zur römischen Agora (beim Turm der
Winde) befand sich eine Koranschule (**24**,6), von der nur noch das Eingangstor steht. Doch läßt dieses Portal mit seinen islamischen Ornamenten
noch die einstige Pracht des Gebäudes erahnen. Eine lange Stifterinschrift
über dem Tor datiert die Schule in die Jahre 1720/21.

Parallel zum römischen Markt, nur weiter nördlich gelegen, wurde unter der
Herrschaft Hadrians als Teil seines großen ideologischen Bauprogramms
zur Verschönerung Athens ein prachtvolles Bibliotheksgebäude errichtet.
Das heute als Magazin der Antikenverwaltung genutzte Gelände ist für den
Besucher geschlossen, er kann nur von außen einen Eindruck von der Anla-
ge gewinnen, den günstigsten Einblick bieten die Nordostecke an der Aiolou-
Straße sowie die Westseite mit der Fassade. In jüngster Zeit finden hier wie-
der Ausgrabungen statt, die die Bebauung des Gebietes vor der Bibliotheks-
Stiftung Hadrians klären sollen; bislang fand man Reste von späthellenisti-
schen Wohnhäusern, die für den kaiserlichen Großbau planiert wurden.
Man betrat den Komplex, der von einer hohen Mauer umgeben war, von
Westen durch ein Propylon mit einer breiten Rampe (**24**,7). Die Eingangsseite, die der griechischen Agora zugewendet war, wurde durch eine kost-
bare Marmorwand mit einer Säulengliederung betont. Der Hof im Inneren
war auf allen Seiten von Säulenhallen gerahmt und besaß in der Mitte ein
großes Wasserbassin (**24**,8). Im Osten schlossen der Bibliothekssaal (**24**,9)
und kleinere Seitenräume, die eventuell als Hörsäle (**24**,10) dienten, die
Anlage ab. Erhalten sind heute von der gesamten Bibliothek nur noch die
Fassadenarchitektur nördlich des Propylon mit sieben Säulen aus euböischem Marmor, eine korinthische Säule und eine Ante des Einganges, die

Rückwand des Bibliothekssaales mit sechs Strebepfeilern aus Poros-Quadern sowie geringe Reste der Innenräume. An die Stelle des Wasserbeckens ist im östlichen Bereich des Hofes in der Spätantike ein Vierkonchenbau (**24**,11) getreten, dessen Funktion unbekannt ist. Im 7. Jh. wurde dieses offene, lichte Bauwerk durch eine dreischiffige Basilika ersetzt. Die heute noch aufrecht stehenden Säulen an dieser Stelle stammen allerdings von dem Nachfolgebau der Basilika, einer Kirche aus dem 11. Jh. Neben dem antiken Propylon schließlich wurde 1295 eine Kreuzkuppelkirche für die Ag. Asomatoi erbaut, die 1842 zugunsten der Ausgrabungen abgerissen wurde. Die Reste von Fresken an den Bibliotheks-Außenwänden stammen aus der Gründungszeit der Kirche.

Von der Hadriansbibliothek erreicht man rasch den Monastiraki-Platz (**25**,2), nach dem das gesamte umliegende Geschäftsviertel seinen Namen erhielt. Zwischen dem hier gelegenen Unteren Bazar und dem Oberen Bazar im Bereich der Kapnikarea-Kirche (**25**,16) lag das Zentrum des türkischen Lebens, und noch heute erinnert das Gebiet mit seinen vielen Geschäften, den fliegenden Händlern und der lauten Betriebsamkeit an orientalische Städte. In den Gassen und Straßen bis zum Omonia-Platz (**2**), beiderseits der Athinas-Str., sind die Läden im Bazar-System gruppiert: Eine Gasse für Kupfergeräte, eine andere für Gardinen oder Gewürze. Vor vielen Kellern stehen Säcke mit Kräutern, Nüssen oder Stockfisch auf dem Gehsteig. Auf halbem Wege zum Omonia-Platz findet man in der Athinas links den Obst- und Gemüsemarkt, in den Hallen gegenüber ist die riesige Fleisch- und Fisch-'Agora' – so bezeichnet der heutige Grieche noch immer den Markt – untergebracht.

Am Monastiraki-Platz kann man eines der seltenen Relikte der Türkenzeit bewundern: Die Moschee (**25**,1), die 1759 erbaut wurde, wird als Volkskundemuseum neu eingerichtet. Gegenüber liegt die Pantanassa-Kirche, die zu einem Kloster des 10. Jhs. gehörte ('Monastiraki' bedeutet 'Klösterchen'). Die dreischiffige Basilika mit ellipsoider Kuppel läßt freilich von außen nichts mehr von ihrer ursprünglichen Bausubstanz erkennen.

Einige Querstraßen weiter nördlich wird die Athinas- von der Evripidou-Str. gekreuzt (**2**). Wendet man sich in dieser nach Westen, so kann man im vierten Häuserblock auf der rechten Seite eine kleine Kapelle entdecken, die dem Heiligen Johannes 'stin kolonna' (zur Säule) geweiht ist. Aus dem Dach des Kirchleins ragt eine antike korinthische Säule, die mit dem Volksglauben verknüpft ist, daß Fieberkranke (Malaria) hier Heilung finden.

Geht man die Athinas-Straße wenige Schritte weiter nach Norden, so erreicht man den Platz Ethnikis Antistaseos ('des nationalen Widerstandes'), der ein großes Ausgrabungsgelände aufweist (**2**). Im westlichen Teil liegen die Fundamente eines neoklassizistischen Theaters aus dem 19. Jh., während im östlichen, separat umzäunten Bereich ein Stück der klassischen Stadtmauer, einige spätantike, unverzierte Sarkophage und geringe Hausreste zutage kamen. In diesem Gelände werden die Ausgrabungen noch fortgesetzt.

6. PLAKA, OLYMPIEION, ILISSOS-GEBIET, DER ERSTE FRIEDHOF UND DAS
STADION DES HERODES ATTICUS (25-32)

DIE PLAKA (25): Die Athener Altstadt, die sich nördlich und östlich der
Akropolis erstreckt (Taf. 10,1), zwischen den Straßen Vas. Amalias, Dionysiou Areopagitou und Mitropoleos sowie der griechischen Agora, wird Plaka
genannt. Der Ursprung dieser Bezeichnung, die erstmals 1862 auftauchte
und damals das Gebiet um das Lysikrates-Monument bezeichnete, ist umstritten: Eine Version deutet den Ausdruck als 'die Flache' im Gegensatz zum
hohen Akropolis-Felsen, eine andere leitet das Wort aus dem Albanischen
ab, wobei es soviel wie 'alt' bedeuten würde, und führt die Namensgebung
auf albanische Söldner im Dienst der Türken zurück.
Die Plaka ist ein verwinkeltes Viertel, das teilweise vom Autoverkehr befreit
ist. Unmittelbar an den Akropolis-Felsen schmiegen sich die 'Anaphiotika'
(von der Theorias- und der Stratonos-Str. zugänglich), die an die Architektur der Kykladeninseln erinnern: Steil ansteigende Treppengäßchen, kubi-
sche, z.t. weiß gekälkte Häuschen mit Höfen und kleinen Gärten, farbenprächtige Blumentöpfe vor blauen und grünen Fensterläden. Tatsächlich siedelten sich hier nach dem Befreiungskrieg Handwerker von den Kykladen
an, die – wie z.b. die kunstfertigen Marmorkünstler von Tinos – zur Ausgestaltung der neuen Hauptstadt König Ottos herangezogen wurden. Die
ersten Häuser errichteten zwei Baumeister von der Insel Anaphi. Weiteren
Zustrom erhielt das Viertel dann nach 1922 durch Flüchtlinge aus den kleinasiatischen Gebieten.
Neben dieser Inselarchitektur kann man in der Plaka sehenswerte byzantinische Kirchen und schöne alte Häuser entdecken (Taf. 10,1). Von den
Gebäuden, die noch aus der Zeit der türkischen Besetzung stammen und mit
ihren Innenhöfen an die antiken Hofhäuser erinnern, oder von den prächtigen neoklassizistischen Bauten sind nicht mehr viele erhalten; und die meisten befinden sich in bedauernswertem Zustand. An zahlreichen Dachrän-
dern sieht man tönerne Verzierungen, häufig in Palmettenform, bisweilen
auch figürliche Darstellungen. Der größte Teil dieser, nach antiken Vorbildern gestalteten 'Akrokerama' ist modern, nur noch wenige stammen aus
dem letzten Jahrhundert.
Überall in der Plaka trifft man auf die Spuren der Antike: Unter manchem
zusammengestürzten Haus des 19. Jhs. erscheinen antike Fundamente;
Blöcke, Kapitelle und Säulen antiker Bauten finden sich in den Mauern der
alten Häuser und Kirchen wiederverwendet oder als Schmuckstücke in den
Gärten und Höfen. Die Plaka ist heute besonders wegen ihrer zahlreichen
Restaurants, Diskotheken und Andenkenläden bei Touristen bekannt und
beliebt (Taf. 10,2). Ein auf den ausländischen Besucher zugeschnittenes folk-
loristisches Programm vertrieb in den vergangenen Jahrzehnten die Einheimischen. Alte Häuser mußten modernen Bauten weichen oder verfielen
infolge der Abwanderung der Bewohner. Zusammen mit dem Restaurie-

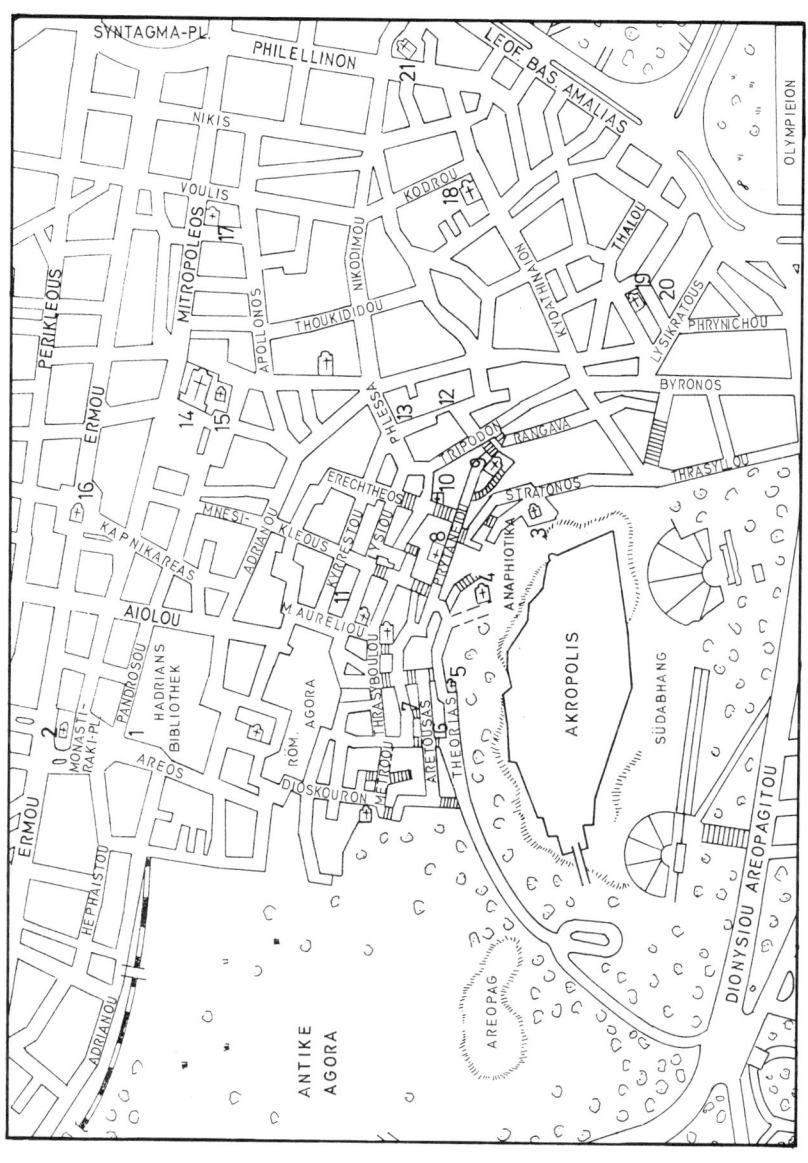

25 Athen, Plaka
Orientie-
rungsplan

rungsprogramm für die Akropolis wurde auch für die Plaka ein Sanierungsplan entworfen: Viele der alten Gebäude werden heute wieder instand gesetzt und genutzt, bisher überwiegend von öffentlichen Einrichtungen wie z.B. Antikenverwaltungen oder Museen.

RUNDGANG: Vom Dionysos-Theater kommend trifft man noch vor den Anaphiotika auf die kleine Kirche AG. GEORGIOS TOU VRACHOU (**25**,3) direkt unterhalb des Akropolis-Felsens. Das einfache Kirchlein mit Seitenkapelle, vielfach überkälkt und mit antiken Spolien geschmückt, stammt aus dem 13. Jh. – Unmittelbar östlich der Anaphiotika liegt AG. SIMEON (**25**,4) aus nachbyzantinischer Zeit. – In der Theorias-Str. steht die hübsche METAMORPHOSIS SOTEIROS (Verwandlung Christi; **25**,5; **26**) aus dem 14. Jh. mit den für jene Epoche typischen hochstrebenden Proportionen. Das Mauerwerk der Kreuzkuppelkirche läßt von außen unschwer die späteren Um- und Anbauten erkennen, z.B. beim Narthex. Der Altar besteht aus einem antiken Kapitell. Eine kleine Seitenkapelle wurde in den Felsen gearbeitet. – In einem renovierten Haus aus der Zeit um 1830 wurde das KANELLOPOULOS-MUSEUM eingerichtet (Theorias, Ecke Panos; **25**,6). Es enthält eine Privatsammlung antiker Kleinkunst (Keramik von neolithischer bis in römische Zeit, griechische Terrakotta-Statuetten, Schmuck, zwei römische Marmorportraits der Zeit um 120 n.Chr., koptische Stoffreste, im Hof marmorne Grabdenkmäler der Klassik) sowie byzantinische Kirchengegenstände und Ikonen des 14. bis 19. Jhs. Die Ausstellungsstücke sind von ausgesuchter Qualität und bieten auf konzentrierte Weise einen interessanten Überblick über die Kleinkunst Griechenlands von der Vorgeschichte bis in die jüngste Zeit; die Ruhe des Hauses (Nachahmungen pompejanischer Deckenmalerei) zu Füßen der vielbesuchten Akropolis mag manchem willkommen sein. – Weitere REPRÄSENTATIVE GEBÄUDE findet man in der Aretousas- und in der Panos-Str. Im Haus der neoklassizistischen Architekten Kleanthes und Schaubert (Tholou 5; **25**,7) war nach ihrer Gründung 1837 zunächst die UNIVERSIÄT untergebracht. Unter den ersten Professoren waren sieben Deutsche, darunter der Archäologe Ludwig Ross, der Botaniker Fraas und der Mediziner Treiber, der bereits in den Befreiungskriegen Verwundete gepflegt hatte. Ein weiteres Beispiel gelungener Renovierung bietet das Gebäude Prytaneiou 9, in dem heute das Amt für Erziehungsprogramme mit

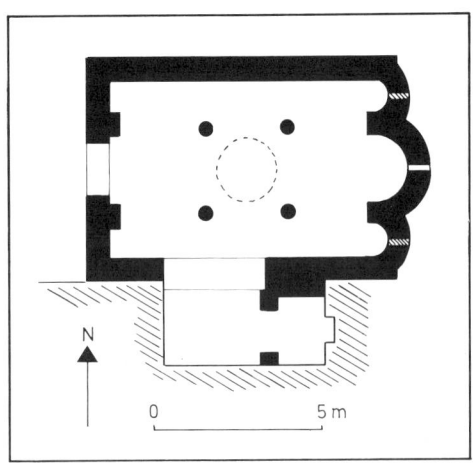

N

0   5 m

26 Metamorphosis
Soteiros am Nordabhang der Akropolis

einer kleinen didaktischen Ausstellung über die Entwicklung der Schrift eingerichtet ist. – Wenige Schritte entfernt, ebenfalls in der Prytaneiou-Str., liegt das Kloster METOCHITOU PANAGIOU TAPHOU (**25**,8), das zu der Gemeinschaft des Heiligen Grabes von Jerusalem gehört. Die Kirche der Anagyroi in diesem Kloster entstand erst im 17. Jh. und enthält vergoldete Schnitzereien; besonders sehenswert ist die Ikonostase. Der beschauliche Klosterhof mit zahlreichen antiken Marmorteilen lädt zum Verweilen ein. – Der ursprüngliche Bau von AG. NIKOLAOS RANGAVAS (Prytaneiou, Ecke Epicharmou; **25**,9) stammt aus dem 11./12. Jh. Jedoch wurde das Erscheinungsbild dieser Kirche, die zeitweise zum Palast der Adelsfamilie Rangavas gehörte, durch spätere Anbauten sowie Verputz stark verunklärt. In den Wänden aus Schächtelmauerwerk befinden sich auch hier antike Spolien. – Unverfälscht als kleine Kreuzkuppelkirche des 12. Jhs. erhalten ist dagegen AG. JOANNIS THEOLOGOS (Erechtheos, Ecke Erotokritou; **25**,10). Die Säulen des Kirchleins, das auf zwei Seiten durch neue Betonbauten bedrängt wird, sind mit antiken Kapitellen geschmückt; weitere Spolien sieht man im Vorhof. In den 70iger Jahren wurden bei Restaurierungsarbeiten einige Fragmente der Fresken des 13. Jhs. freigelegt. – Das TÜRKISCHE BAD (**25**,11) in einem verfallenen Gebäude in der Kyrristou-Str. ist nur noch kenntlich an den roten Halbmonden der Fenstervergitterung. – In der Scholiou 5 steht das HAUS VON R. CHURCH (**25**,12), ein ebenfalls stark renovierungsbedürftiger Turmbau. – Die Bildung einer DEUTSCHEN SCHULE (**25**,13) in Athen wurde durch den Architekten und einstigen Direktor des Deutschen Archäologischen Institutes, W. Dörpfeld, angeregt. Er entwarf auch das erste Schulgebäude, das man in der Scholiou, Ecke Phlessa findet. – Im Norden wird die Plaka durch die Mitropoleos begrenzt. Diese Straße erhielt ihren Namen nach der Hauptkirche Athens, der Bischofskirche des Metropoliten. Die 'GROSSE MITROPOLIS' (**25**,14) ist ein wuchtiger Bau aus den Jahren 1840–1855, dessen ursprüngliche, später vielfach abgeänderte Pläne von Schaubert stammen. Sie wurde an der Stelle eines Klosters errichtet, dessen Tradition bis in das 7. Jh. zurückreichte (**27**); 1827 wurden die meisten Gebäude des Klosters zerstört, nur das Katholikon blieb erhalten, die hübsche und interessante 'KLEINE MITROPOLIS' (**25**,15) auf der Südseite des modernen Kirchenbaues (Taf. 11). Sie gehört zum Typus der eingeschriebenen Kreuzkuppelkirche; im Inneren ersetzen seit 1833 vier Pfeiler die ursprünglichen Säulen. Nach 1841 wurde die Kirche als

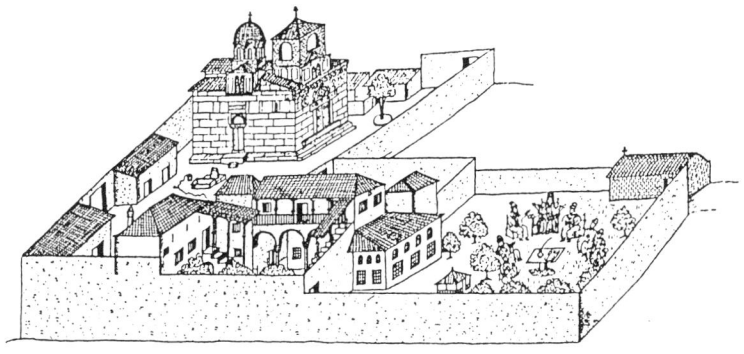

27 Die Kleine Mitropolis und ihr Kloster, nach Barski (1745)

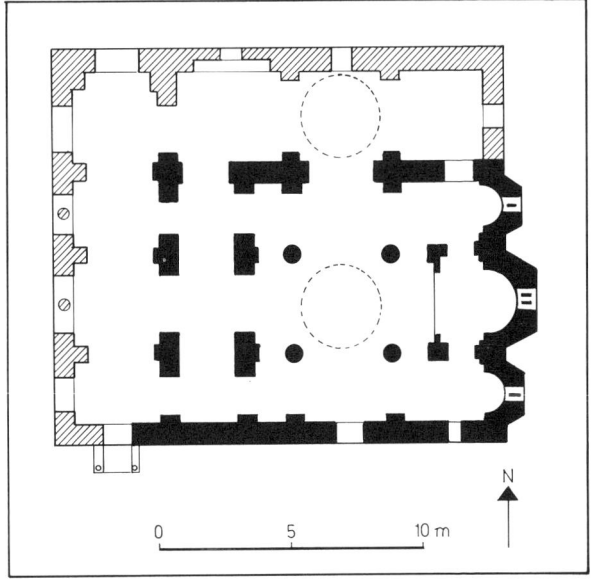

0   5   10 m

N

28   Kapnikarea

Bibliothek benutzt. Der eigentliche Reiz des Kirchleins aus dem 12. Jh. besteht in
seinem Mauerwerk aus großen Marmor- und Kalksteinquadern, antiken Grabreliefs
und Skulpturenfriesen, Inschriftplatten und Sarkophagfragmenten. Über 100 Bauteile stammen aus anderen, zumeist antiken oder frühchristlichen Zusammenhängen. 'Heidnische' Symbole oder Darstellungen wurden durch Einmeißeln des Kreuz-
zeichens 'christianisiert'. Triglyphen-Metopen-Platten mit Fackel, Tierschädel und
Omphalosschale deuten auf eine Herkunft aus dem eleusinischen Kultbereich; vielleicht stammt der Block vom Eleusinion bei der griechischen Agora. Das interes-
santeste Stück ist ein zweigeteilter Fries (1. Jh. v.Chr.) über der Eingangsfront, der
den attischen Kalender mit seinen Götterfesten wiedergibt (Tierkreissymbole, Pan-
athenäen-Zug, Ernte u.a.). Mittelalterlichen Ursprungs dagegen sind die Wappen der
Familien Villhardouin und de la Roche. Die 'Kleine Mitropolis' ist der Panagia Gor-
goepikoos (der schnellhelfenden Gottesmutter) und dem Ag. Eleutherios (dem Hel-
fer in Geburtsnöten) geweiht. – Ein Abstecher führt in die nördliche Parallelstraße,
die Ermou. Dort steht mitten in der Flucht, vom Verkehr umflutet, eine kleine byzantinische Kirche (**25**,16; **28**). Die Kapnikarea wurde im 11. Jh. als Kreuzkuppelkirche errichtet und ist der Mariä Opferung geweiht. Ihr Name leitet sich von ihrem
Stifter her, der die Rauchsteuer eintrieb (Kapnikaris). Im 17. Jh. wurde im Norden
ein der Heiligen Barbara gewidmetes Seitenschiff angebaut und der gesamte Komplex dann mit einem gemeinsamen Exonarthex versehen. Das Mauerwerk des
ursprünglichen Baus ist sehr charakteristisch: im unteren Bereich große Bruchstei-
ne, oben kleinere Quader mit Ziegelverzierungen. Die Malereien im Innern stammen aus dem 19. Jh. Das byzantinische Kleinod wäre beinahe den neoklassizistischen Stadtplanern Athens zum Opfer gefallen, die weite Blickachsen auf das Schloß

29 Das Lysikrates-Monument als Klosterbibliothek um 1750, nach Stuart – Revett

hin schaffen wollten und daher den Abriß der Kapnikarea vorgesehen hatten. Nur das persönliche Eingreifen König Ludwigs I. von Bayern rettete die Kirche, die neben ihrem kunsthistorischen Wert auch eine besondere ideelle Bedeutung besaß, diente sie doch der griechischen Bevölkerung als Versammlungsort während der Türkenzeit. – Östlich von der großen Bischofskirche in der Mitropoleos sieht man zwischen den Stützen eines Betonhochhauses die Kapelle AG. DYNAMIS (Heilige Kraft), ein eindrucksvolles Beispiel für das Aufeinandertreffen verschiedener Epochen (**25**,17): Das winzige türkenzeitliche Kirchlein wird beinahe vom modernen Erziehungsministerium erdrückt. – Wendet man sich nun wieder nach Süden, zur Akropolis, so erreicht man durch die Voulis und Kodrou die Kydathinaion, an der auf einem kleinen Platz mit antiken Säulen die Kirche SOTEIRA TOU KOTTAKI (**25**,18) liegt. Die Kreuzkuppelkirche aus dem 12. Jh. wurde später in eine dreischiffige Basilika umgewandelt; im Zentrum des Baues ist die alte, reich geschmückte Kuppel, die auf vier Säulen ruht, gut erhalten. Bis 1847 diente die Kirche dem russisch-orthodoxen Gottesdienst (danach in der Nikodemos-Kirche, s. S. 97). – Die Shelley-Str. führt auf den LYSIKRATES-PLATZ. Das kleine Ausgrabungsgelände, von Straßencafés gesäumt, zeigt mehrere Basen choregischer Weihgeschenke und zudem das fast vollständig erhaltene LYSIKRATES-MONUMENT (**29**). Lysikrates gewann als Chorführer (Produzent) im Jahre 335 v.Chr. mit dem von ihm finanzierten Dithyrambenchor einen Dreifuß als Preis. Anstelle einer einfachen Steinbasis ließ er einen kleinen Marmor-Rundbau auf einem hohen, quadratischen Kalksteinsockel errichten, dessen Dach mit einem dreigeteilten Akanthus-Strauß den Dreifuß trug. Die Säulen des Monumentes sind von korinthischen Kapitellen bekrönt – eines der frühesten Beispiele in der griechischen Architektur für die Verwendung der korinthischen Ordnung im

Außenbau. Der faszettierte Architrav trägt die Stifterinschrift; auf dem Fries ist die
Verwandlung von Seeräubern in Delphine durch Dionysos dargestellt. Im Innern
des Denkmals, das auf der Ostseite – zur Tripodenstraße hin orientiert – keine Scherwand besaß, stand in der Antike vielleicht eine Statue (von einem nicht zu identifi-
zierenden Choregen-Denkmal ist überliefert, daß darin ein Satyr des Praxiteles als
Schmuck stand). In der Zeit zwischen 1669 und dem beginnenden 19. Jh. wurde der
kleine Bau als Bibliothek eines benachbarten Kapuzinerklosters genutzt und war
unter dem Namen 'Laterne des Diogenes' bekannt (**29**). Durch diese Verwendung
blieb das choregische Weihgeschenk gut erhalten und mußte nur geringfügig restauriert werden. – Dieses Monument war eines von zahlreichen ähnlichen Denkmälern
(s.S. 47), die im Bereich des Dionysos-Theaters und entlang der Tripoden-Straße
standen, die die Akropolis auf der Ost- und Nordseite umrundete und bis zum Eleusinion an der griechischen Agora führte. – Heute wird das Bild des Geländes um das
Lysikrates-Weihgeschenk von den Ziegelmauern eines spätantiken Abwassersy-
stems bestimmt, das teilweise über die Dreifußbasen gebaut wurde. – In unmittelbarer Nachbarschaft dieses Platzes befindet sich (Lysikratous, Ecke Byronos) die
Kirche AGIA AIKATERINA (**25**,19) aus dem 11./12. Jh. Die ursprüngliche Kreuzkuppelkirche wurde mehrfach umgebaut und restauriert. Nur die Apsiden, die Kuppel und der Dachbereich der Kreuzarme lassen die alte Bausubstanz des Schächtel-
mauerwerkes erkennen. Die Ausstattung des Innern ist modern. Vor der Kirche wurden – auf tieferem Niveau – die Reste von zwei Flügeln einer Säulenhalle freigelegt, wohl eine Platzrahmung der römischen Kaiserzeit. Und auf der Südseite ist in
einem modernen, mehrstöckigen Gebäude das VOLKSKUNST-MUSEUM Athens untergebracht (**25**,20).

DER HADRIANS-BOGEN UND DAS OLYMPIEION (**30**): Vom Lysikrates-Monument führt die gleichnamige Straße auf den zweistöckigen Bogen des Kaisers Hadrian zu (**30**,1). An dieser Stelle lag die Grenze zwischen dem alten
Athen des Urkönigs Theseus und der neuen Stadt des Hadrian: So wenig-
stens sagen es zwei Inschriften auf dem inneren und äußeren Gebälk über
dem Durchgang. Auf beiden Seiten des Tores waren einst je zwei korinthische Säulen der flachen Architektur vorgeblendet; dieselbe Bauordnung
erscheint auch an den Eck-Pilastern und im oberen Geschoß. Dort sieht man
heute drei rechteckige Öffnungen, von denen die mittlere in der Antike durch
eine Marmorplatte verschlossen war. Statuenschmuck hat es am Bogen nicht
gegeben.
Innerhalb des hadrianischen Bauprogrammes – die Bibliothek (s. S. 82) und
das Olympieion waren weitere, von diesem Kaiser geförderte Großprojek-
te (Pausanias I,18,9) – spielt der Bogen aus dem 2. Jh. n.Chr. eine wichtige
Rolle: Denn es ist kein Zufall, daß er genau in der Achse Akropolis – Zeu-
stempel liegt. An dieser exponierten Stelle markiert er eine fiktive Grenze
zwischen dem alten und neuen Athen; es wurde programmatisch eine Verbindung zwischen dem alten kultischen Zentrum der Stadt und dem neuen
geschaffen, zwischen dem Heros Theseus und dem Stadtmäzen Hadrian. An
der Konzeption des Programmes war eine Körperschaft namens panhellenisches Synhedrion (Panhellenion) maßgeblich beteiligt, die alte, traditionelle Bindungen anderer Städte und Gemeinden der antiken Welt an Athen

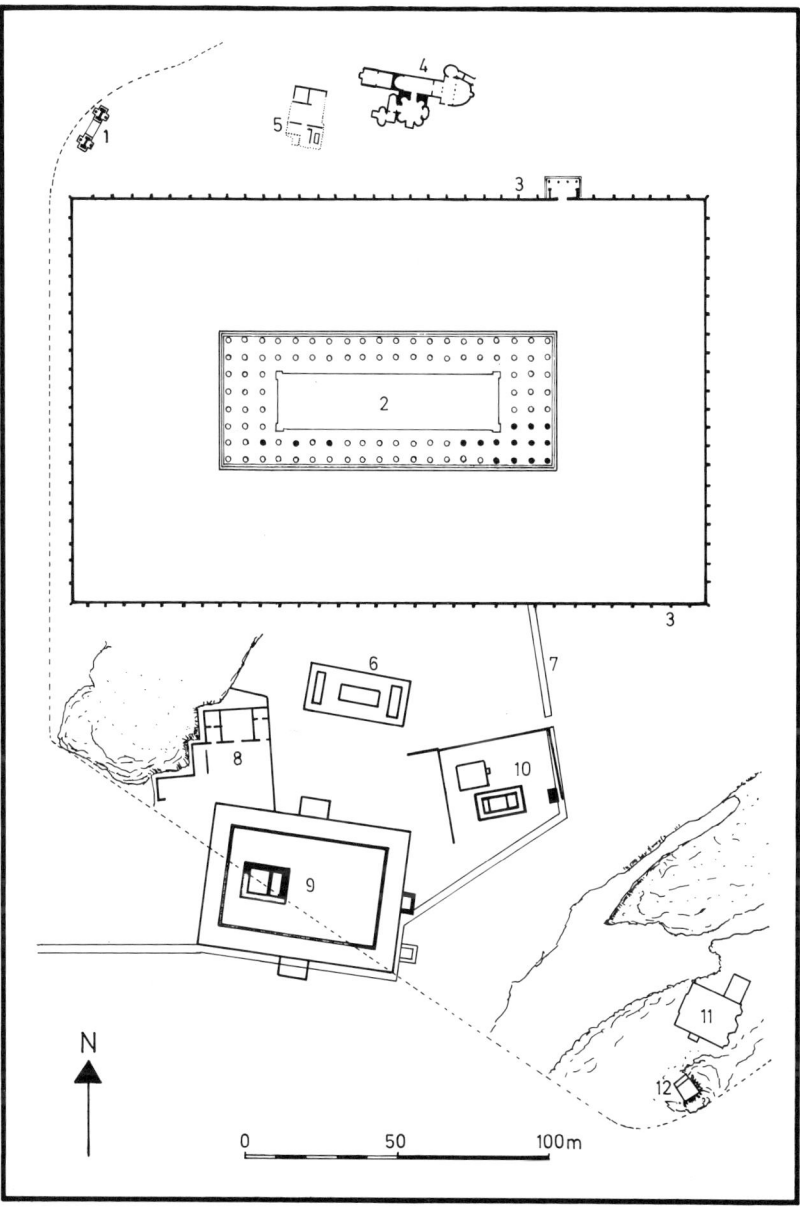

30 Das Olympieion- und Ilissos-Gebiet
   1: Hadriansbogen; 2: Tempel des Olympischen Zeus; 3: Peribolos-Mauer mit
   Propylon; 4: Thermen; 5: Wohnhaus; 6: Apollon Delphinios-Tempel; 7: vale-
   rianische Stadtmauer; 8: Gericht am Delphinion; 9: Hofanlage (für den Kaiserkult ?); 10: Heiligtum für Kronos und Rhea (?); 11: Ag. Photeini; 12: Pan-
   Heiligtum

pflegte – man würde heute von 'Städtepartnerschaften' sprechen – und ein religiöses Zentrum für diese Beziehungen bildete. Das Panhellenion machte sich auch die Pflege des Herrscherkultes Hadrians zur Aufgabe, dessen Zentrum das Olympieion war.

Der Tempel (**30**,2), der größte korinthische Marmorbau Griechenlands, war bis zu Hadrians Zeit ein nicht vollendetes Bauprojekt geblieben. Ursprünglich hatten bereits die Peisistratiden in archaischer Zeit den damals in ionischer Ordnung geplanten Bau begonnen, waren aber nicht weit über die Fundamentierungsarbeiten für den Dipteros (Tempel mit einer doppelten Reihe von Säulen ringsum) hinausgekommen. Einige der großen, unfertige Säulentrommeln dieses Tempels liegen an der Nordseite der Anlage, z.T. mit tiefen Einschnitten, die von einer begonnenen Zerstückelung der Blöcke herrühren. Der hellenistische König Antiochos ließ dann zwischen 175 und 164 v.Chr. das Projekt auf den alten Fundamenten neu in Angriff nehmen. Dazu zog er den römischen Architekten Cossutius heran, der nun einen Dipteros in korinthischer Ordnung plante. Auch dieser Bau blieb unvollendet, als Antiochos starb. Sulla ließ gegen 80 v.Chr. einige Säulen vom Olympieion nach Rom transportieren, die im capitolinischen Iupiter-Tempel verwendet wurden. Der Bau muß zwar Lücken aufgewiesen haben, war aber wohl doch schon recht weit gediehen. Unter Hadrian wurden die Lücken schließlich geschlossen und der Tempel wurde endlich, nach über 600 Jahren, fertiggestellt. Mit größter Wahrscheinlichkeit nahm der Kaiser sogar an der feierlichen Übergabe an die Gottheit teil (131/132 n.Chr.). Auf einem weiten Plateau erhob sich über einem ca. 110 zu 44 m messenden Unterbau ein korinthischer Riesentempel (**30**,2) mit insgesamt 104 Ringhallen-Säulen, von denen heute noch 15 aufrecht stehen; eine weitere wurde erst 1852 von einem starken Sturm umgestürzt. An den Fronten staffelten sich drei, an den Langseiten zwei Säulenreihen. Die langgestreckte Cella barg ein großes Goldelfenbein-Kultbild des Zeus. Diesen größten je für Zeus errichteten Tempel umgibt eine lange Umfassungsmauer aus Porosquadern (ca. 206 zu 129 m), die mit Strebepfeilern verstärkt ist und auf der Südseite eine beachtliche Höhe erreicht (**30**,3). Auf der Nordseite führte ein relativ kleines Propylon aus Marmor in den Bezirk, der im übrigen von der Umgebung abgeschlossen war. Im Innern waren der Mauer in regelmäßigen Abständen Säulen vorgeblendet, neben denen Götterstatuen und Darstellungen bedeutender Persönlichkeiten der Zeit zu sehen waren; Pausanias berichtet z.B., daß jede Stadt, die Mitglied im Panhellenion war, eine Hadrian-Statue gestiftet habe; einige der Statuenbasen sind noch heute im Bereich des Olympieion vorhanden. Die gesamte Anlage diente also der Verehrung des Zeus Olympios, war aber darüber hinaus auch Hadrian gewidmet. Der Kaiser hatte wenige Jahre zuvor den Zeus-Titel 'Olympios' und im Weihejahr 131/132 n.Chr. zusätzlich den Beinamen 'Panhellenios' angenommen. Bei jüngeren Ausgrabungen in diesem Jahrhundert kamen nördlich der Olympieion-Umfassungsmauer Reste römischer Thermen (**30**,4) und Wohnhäuser (**30**,5) zutage. In diesen fand man ein kleines Relief (Abguß am Fundort), auf dem der eleusinische Oberpriester Hagnousios zusammen mit den Göttinnen Demeter und Kore dargestellt ist.

DAS ILISSOS-GEBIET (**30**,6-12; **31**): Südlich des Olympieion liegen auf dem zum Fluß Ilissos abfallenden, heute leider wenig ansehnlichen Gelände die Ruinen mehrerer Tempel und Gebäude. Zwischen einigen Büschen sind z.b. die Fundamente eines klassischen Apollon-Tempels zu erkennen (**30**,6), der den göttlichen Geschwistern Artemis Delphinia und Apollon Delphinios gemeinsam geweiht war und erst im 3. Jh. n.Chr. abgetragen wurde, um seine Bauteile in der valerianischen Stadtmauer (**30**,7) zu verwenden. Geblieben ist ein Kalksteinfundament, auf dem sich ein dorischer Oberbau erhob. Das Polygonalmauerwerk weiter westlich läßt sich in das späte 6. Jh. v.Chr. datieren, und der Bautypus dieses Hofgebäudes (**30**,8) im Zusammenhang mit einer Beschreibung des Geländes durch Pausanias deutet darauf hin, daß hier das 'Gericht am Delphinion' zu lokalisieren ist. Dagegen haben sich bislang keine sicheren Hinweise für die Interpretation einer großen, rechteckigen Hofanlage südlich davon finden lassen (**30**,9): In dem nur in seinen Fundamentgräben erhaltenen, mit Säulen gerahmten Bau lag ein kleiner Tempel; die Datierung der Anlage in das 2. Jh. n.Chr. mag auf einen hier praktizierten Kaiserkult hindeuten. Ein weiteres Heiligtum mit einer separaten Umfassungsmauer (**30**,10) ist östlich der Hofanlage zu lokalisieren, zu dem ebenfalls ein kleiner Tempel auf einem Podium aus Gußmauerwerk (2. Jh. n.Chr.) gehörte. In dem einst dorischen Ringhallentempel mag man den von Pausanias überlieferten Kultplatz des Kronos und der Rhea erkennen.

31 Der Tempel am Ilissos um 1750, nach Stuart - Revett

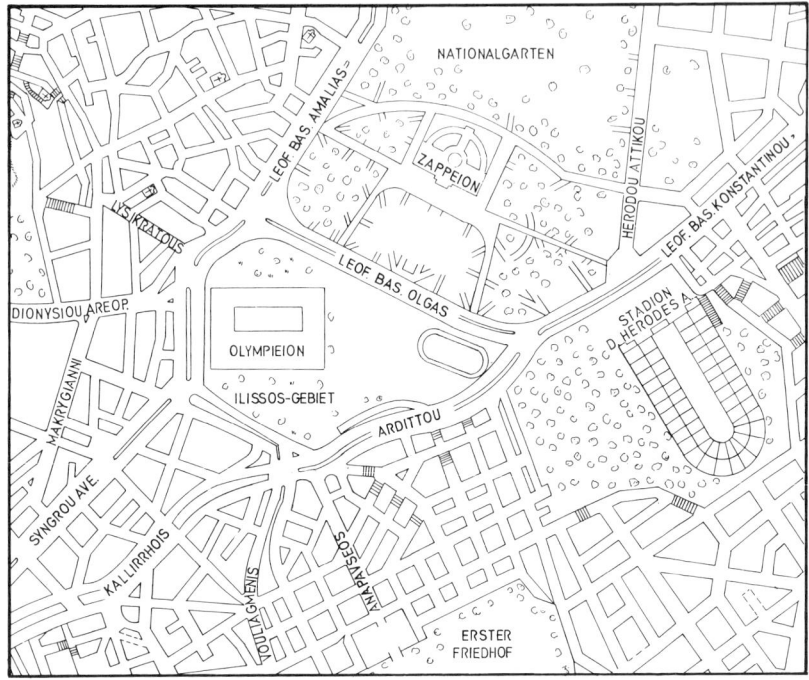

32 Orientierungsplan der Umgebung des Olympieion

Das gesamte Ilissos-Gebiet war also seit alters ein sakrales Gelände mit zahl-reichen Kulten. Aus antiken Schriftquellen wissen wir z.b. noch von einem Herakles- und einem Aphrodite-Heiligtum, die hier ebenfalls gelegen haben müssen. Bis in die Spätantike hinein blieb diese Tradition eines religiösen Gebietes erhalten; denn es wurde – im Bereich der modernen Sportanlagen (**32**) – eine dreischiffige Basilika aus dem 5. Jh. n.Chr. gefunden, die mit frühchristlichen Mosaiken ausgestattet war. Außerdem gibt es aber auch noch archäologische Reste von zwei weiteren Kultstätten. Auf der südöst-lichen Seite des meist trockenen und zum größten Teil verschwundenen Ilis-sos-Tales, das Platon als idyllisches, baumbestandenes Gelände schildert, wurde hinter der Kirche Agia Photini (**30**,11) eine Felswand in rechtem Win-kel abgemeißelt; hier muß sich wohl ein Pan-Heiligtum (**30**,12) befunden haben, denn man erkennt bei seitlich einfallendem Nachmittags-Licht eine Darstellung dieses Gottes, die in die südliche Felswand eingetieft wurde. Weiter oberhalb am Hang, jenseits der mehrspurigen, verkehrsreichen Leo-phoros Ardittou, liegen die kümmerlichen Fundamentreste einer Terrasse für einen Tempel, der – umgebaut in eine christliche Kapelle – noch bis 1778 nahezu unversehrt aufrecht stand (**31**). Es handelt sich um einen hoch-klassischen Kultbau (vielleicht der Artemis Agrotera geweiht), der dem

Athena Nike-Tempel auf der Akropolis sehr ähnlich war und wohl nach demselben Planentwurf (des Architekten Kallikrates ?) bald nach 440 v.Chr. errichtet wurde.

Dank einer Bauaufnahme der englischen Forscher Stuart und Revett (1751–1753) sind sowohl die architektonischen Details des kleinen ionischen Schreines, der aus parischem Marmor bestand, als auch seine Gesamterscheinung gut bekannt. Einzelteile des Tempels, insbesondere Platten seines Relieffrieses, befinden sich heute in Museen über ganz Europa verstreut.

DER ERSTE FRIEDHOF: Südlich des Ilissos-Gebietes, durch die Anapavseos-Str. erreichbar (**32**), liegt der Erste Friedhof Athens mit zahlreichen Marmorgrabmälern des 19. und 20. Jahrhunderts (ÖZ: 9–17 h). Der Besucher erhält hier ein interessantes Bild der klassizistischen Antikenrezeption, erinnern doch viele Grabbauten an antike Tempel, sind antiken Sarkophagen oder Grabstelen nachempfunden. Besonders deutlich wird dies bei einer Kopie des Lysikrates-Monumentes (s.o. S. 89) oder bei den Gräbern gleich links vom Haupteingang. Unter letzteren findet man das Grab H. Schliemanns (1822–1890), das als dorischer Tempel über einem hohen Sockel mit einem Relieffries (homerische Szenen, Ausgrabungsbilder Schliemanns) von Ziller entworfen wurde (Taf. 12,1). Folgt man etwa 100 m dem Zentralweg und wendet sich dann nach links, so kommt man zu dem eigens ummauerten evangelischen Friedhof; auf ihm ist unter zahlreichen Gräbern berühmter Philhellenen die Grabstele des bedeutenden Archäologen A. Furtwängler (1853–1907) mit einer Bronzenachbildung der von ihm auf Ägina gefundenen Sphinx zu sehen. Neben antikisierendem Grabschmuck sind auf dem Ersten Friedhof auch lebendig geformte Portraitbüsten, nahezu lebensgroße Darstellungen ganzer Familien und überraschend abstrakt gestaltete, moderne Grabsteine zu sehen.

In der orthodoxen Kirche finden für die Verstorbenen mehrmals Gedenkgottesdienste statt, auf die durch an die Hauswände geklebte Einladungen in den einzelnen Vierteln aufmerksam gemacht wird: Man versammelt sich am 40. Tag nach dem Tod sowie am ersten und dritten Jahrestag des Todes; nach dem Gottesdienst trifft man sich am Grab und ißt eine Süßspeise aus Weizen, Rosinen und Granatapfelkernen.

DAS STADION DES HERODES ATTICUS:
Man erreicht das unverschlossene Stadion vom Ilissos-Gebiet her über die Leophoros Ardittou oder vom Nationalgarten aus (**32**). Im Sommer finden hier bisweilen kulturelle Veranstaltungen statt. An normalen Tagen trainieren Sportler auf der Laufbahn oder oberhalb des Marmorbaues auf den Erdwegen unter den Pinien.

Im Jahre 330/329 v.Chr. ließ der athenische Politiker Lykurg die bei den panathenäischen Festspielen benutzte Laufbahn von der Agora in eine Senke zwischen zwei Hügeln östlich des Ilissos verlegen. Das natürliche Tal wurde durch Erdanschüttungen eingeebnet und mit einer 184,30 m langen Bahn und einigen Sitzstufen an den Hängen ausgestattet. Nach dem attischen Längenmaß der Laufbahn, die ein Stadion betrug, erhielt die ganze Anlage ihren Namen. Von nun an fanden hier die athletischen Wettkämpfe während der

Panathenäen statt. Nach mehreren Reparaturen in den folgenden Jahrhunderten veranlaßte schließlich der reiche Athener Herodes Atticus, daß das gesamte Stadion zwischen 140 und 144 n.Chr. mit pentelischem Marmor neu errichtet wurde: Die leicht gebauchten Langseiten schließen im Süden mit einem Halbkreis ab; die Sitze, auf denen etwa 50000 Personen Platz nehmen können, sind durch einen Umgang in zwei Ränge gegliedert. Das heutige Erscheinungsbild des Stadions verdankt Athen dem alexandrinischen Griechen G. Averoff, der die Wettkampfstätte nach den antiken Fragmenten originalgetreu restaurieren ließ; dabei wurden antike Bauteile in den neuen Bestand integriert (s. auch die beiden antiken Hermen im Innern). Bereits kurz nach der Wiederherstellung war das Stadion 1896 der Schauplatz der ersten Olympiade der Neuzeit.

In der Antike wurde der Bau durch den Ilissos von der Stadt getrennt. Für einen bequemen Zugang zur Wettkampfstätte wurde in seiner Flucht eine große Brücke errichtet (**31**), vielleicht ebenfalls eine Stiftung des Herodes Atticus. Sicher aber ist, daß dieser Mäzen auf den seitlichen Hügeln oberhalb des Stadions zwei weitere Gebäude bauen ließ, von denen geringe Reste gefunden wurden: Auf dem westlichen Ardettos sieht man die Gußmauerwerk-Fundamente eines Tyche-Tempels, während auf der östlichen Anhöhe die Ruinen des Mausoleums für den Stifter ausgegraben wurden. In ihnen stand ein unvollendeter, großer Marmorsarkophag, der vielleicht einst die Gebeine des Herodes Atticus geborgen hat; heute ist der mit Riefeln schlicht verzierte Sarkophag in einer Nische jenseits des oberen Stadiongeländers aufgestellt.

7. NATIONALGARTEN, PRACHTSTRASSEN, NATIONALMUSEUM, LYKABETTOS, TOURKOVOUNIA UND DIE AKADEMIE BEIM KOLONOS HIPPIOS

DER NATIONALGARTEN (**2**[s.S. 5]. **32**): Bereits mit der Grundsteinlegung des Königsschlosses 1836 wurde begonnen, einen nach englischen Vorbildern gestalteten Park neben dem Palast anzulegen. Dazu ließ Königin Amalia aus aller Welt Pflanzen und Bäume zusammentragen und zog aus Dattelkernen eigenhändig Palmen; auch ein Gemüsegarten wurde eingerichtet. Dank einer Wasserader, auf die man bei den Arbeiten stieß, konnten die Pflanzen ständig bewässert werden, auch dann, wenn die Athener Bevölkerung in den heißen Sommermonaten kaum genug Trinkwasser hatte. Zu bestimmten Stunden am Tage – zumeist während der heißen Mittagszeit – war der Park der Öffentlichkeit zugänglich. Heute ist der dicht zugewachsene Nationalpark mit seinem Ententeich, den Blumenbeeten und Lauben, den großen Büschen und Bäumen eine willkommene Oase der Frische und Ruhe. Bei einem Spaziergang stößt man auch hier überall auf die Spuren der Antike: Den Architrav der Zisternenarchitektur am Lykabettos mit einer großen, hadrianischen Inschrift (**37**), Steinsessel aus dem benachbarten Stadion, Säulen und Kapitelle korinthischer Ordnung, ein römisches Mosaik sowie Reste von Mauerzügen. Der südliche Teil des Parkes umschließt ein großes, neoklassizistisches Gebäude für Staatsempfänge und Ausstellungen, das Zappeion, das von zwei Brüdern namens Zappas gestiftet und von den Architekten Hansen und Ziller 1875–1885 gebaut wurde.

Verläßt man den Nationalpark auf der Westseite und überquert die breite Leophoros Amalias, gelangt man zu der Kirche Soteira Lykodimou (Nikodemos-Kirche; **2**,21). Die relativ große byzantinische Kirche wurde 1044 vollendet; die älteste Inschrift stammt von 1035. Die Gebäude des zugehörigen, gleichnamigen Klosters fielen einem Erdbeben 1701 zum Opfer, das Katholikon dagegen wurde erst 1780 durch die Türken stark beschädigt. In den Befreiungskriegen zu großen Teilen zerstört, wurde die Kirche vom russischen Zaren erworben und 1855 durch den bayerischen Maler Thiersch sorgfältig restauriert, der auch den viergeschossigen Glockenturm im alten Stil errichtete und die Ausmalung des Kircheninneren übernahm. Der Bau mit wuchtigen Proportionen steht auf den Fundamenten einer römischen Thermenanlage aus hadrianischer Zeit; Hypokausten und Fußbodenmosaiken sind in der Krypta, die von den römischen Mauern gebildet wird, zu sehen. Im Innenraum der Kreuzkuppelkirche ist die Emporengalerie auffallend, die vom Narthex aus erreichbar ist. Die Kuppel ruht auf den Säulen dieses Obergeschosses, das von acht Stützen getragen wird. Diese Konzeption erlaubte einen relativ großen Durchmesser der Kuppel und vermittelt so den Eindruck von Weiträumigkeit. Im Außenbau trägt das sorgfältige Schächtelmauerwerk sparsame Ziegelornamente und – als besonderen Schmuck – Tonplatten mit Arabesken und Tierdarstellungen.

An der Ostseite des Syntagma-(Verfassungs-) Platzes steht das große Alte Schloß, in dem heute das Parlament tagt (**2**,22). Es wurde zwischen 1834 und 1838 von dem Münchner Architekten Gärtner für König Otto errichtet; die Fronten sind nur durch säulenverzierte Marmoreingänge aufgelockert. Die Fläche vor der Westfront mit dem Denkmal des Unbekannten Soldaten ist der Schauplatz der vielbeachteten Wachablösung der Evzonen (der "Wohlgegürteten"), der in traditionelle Tracht gehüllten einstigen Leibwache des Königs.

Der Syntagma-Platz, der ursprünglich von Leo von Klenze entworfen wurde, ist auf den anderen drei Seiten durch große Hotels, darunter die traditionsreichen 'King George' und 'Grande Bretagne' aus dem Jahre 1867, durch Büros internationaler Fluggesellschaften und moderne Großbauten gerahmt. Vor kurzem wurde der Platz mit seinen Springbrunnen und Beeten aufwendig restauriert; einige Cafés luden zu einem erfrischenden Aufenthalt ein. Jüngst begannen aber hier die Bauarbeiten für die geplante neue U-Bahn; dabei stieß man unter anderem – wie schon vor etwa 10 Jahren – auf antike Reste, insbesondere auf Gräber und eine römische Thermenanlage, die östlich außerhalb der antiken Stadtmauern lagen. Der Syntagma-Platz ist – neben dem runden Omonia-Platz – ein wichtiger Orientierungspunkt im Stadtbild des modernen Athen: Von hier zweigen alle wichtigen Straßen und Alleen ab, die in die verschiedenen Richtungen führen. Hier finden die großen Massenversammlungen der politischen Parteien vor jeder Wahl statt und wecken damit die Erinnerung an die Ausrufung der Verfassung im Jahre 1843 vom Balkon des Schlosses.

Östlich des Nationalgartens, auf der Rückseite des Alten Schlosses in der Herodes Atticus-Str., befindet sich in einem hübschen Park mit großen Bäumen das Neue Schloß (**2**,23), ein von Ziller für den Kronprinzen erbautes Palais. Heute beherbergt es den Sitz des Staatspräsidenten, auch hier halten die prächtig gekleideten Evzonen Wache.

Vom Syntagma-Platz führt die Leophoros Vas. Sophias (Avenue der Königin Sophia) nach Osten und später in nördlicher Richtung nach Kiphissia hinaus. An dieser breiten Straße befinden sich repräsentative Gebäude aus dem 19. Jh., z.b. die Botschaften Ägyptens, Frankreichs und Englands, die sich in der Nähe des Schlosses angesiedelt hatten; daneben sieht man die Stadtpalais bedeutender Athener Familien, z.t. mit interessanten Kunstsammlungen, und auch größere Museen. Hier können nur kurze Hinweise zu den z.t. sehenswerten Bauten und ihren Sammlungen gegeben werden.

An der Vasilissis Sophias, Ecke Koumbari, liegt das BENAKI-MUSEUM (**2**,24), in einem marmorverkleideten Palais des 19. Jhs. untergebracht. Es handelt sich um die Privatsammlung von Antonios Benakis, der als reicher griechischer Geschäftsmann in Kairo antike, byzantinische, arabische und chinesische Kunst sammelte und den Nachlaß einschließlich des Gebäudes dem griechischen Staat vererbte. Einen Schwerpunkt unter den Ausstellungsstücken bilden die neugriechische Volkskunst sowie Gegenstände, die die griechische Geschichte seit den Befreiungskriegen illustrieren. Unter den Antiken beeindrucken die Schmuckgegenstände aus vielen Jahrtausenden sowie die Kleinkunst mit zahlreichen Terrakotten. In der byzantinischen Abteilung sind einige Ikonen des 14. bis 16. Jhs. bemerkenswert. Im Obergeschoß findet man Stoffe und Gewänder aus dem griechischen Kleinasien, türkische Kacheln und chinesische Keramik sowie interessante Stiche und Gemälde des 19. und frühen 20. Jhs. Das Museum wird in den nächsten Jahren durch neue Ausstellungsräume erweitert und ist daher im Moment (für ca. zwei Jahre) nicht zugänglich.

Zwei Querstraßen weiter östlich steigt links die Neophytou Douka zum Lykabettos hinauf. In dem Neubau Nr. 4 ist ein äußerst interessantes, modernes MUSEUM FÜR KYKLADISCHE UND ALTGRIECHISCHE KUNST untergebracht (**2**,25), eine Stiftung des Nikolaus GOULANDRIS. Sie bietet auf mehreren Stockwerken eine in der Welt einzigartige Sammlung von kykladischen Marmorstatuetten, Schmuckgegenständen und Steingefäßen aus dem 3. Jt. v.Chr. Die stark von natürlichen Körperbildungen abstrahierten Marmorfigürchen überraschen den Betrachter durch ihre zeitlose Form; aufgrund der großen Vielzahl derartiger Kykladen-Idole in dieser Sammlung lassen sich Entwicklungs- und Veränderungstendenzen nachvollziehen. Beim Eingang werden besonders geschmackvolle Nachbildungen antiken Schmuckes, Marmorschalen u.a. verkauft.

Folgt man der Vasilissis Sophias weiter stadtauswärts, so liegt rechts der Avenue eine der bedeutendsten Sammlungen Athens, das BYZANTINISCHE MUSEUM (**2**,26). Es ist in einem um 1840 entstandenen Gebäude mit einem großen Innenhof untergebracht und enthält Architekturteile, Fresken, Mosaiken, Skulpturen und Ikonen aus der Zeit von der Spätantike bis das 18. Jh. Die einzelnen Museumsgebäude werden seit einiger Zeit neu eingerichtet; anhand der Ausstellungsbeschriftungen findet man sich schnell zurecht.

Östlich neben dem Byzantinischen Museum liegt das moderne KRIEGSMUSEUM (**2**,27) mit Ausstellungsstücken, die die Entwicklung der Waffentechnik seit mykenischer Zeit demonstrieren. Schwerpunkte der Sammlung sind die Geschichte der Befreiungskriege sowie die Kriege des 20. Jhs.

An der großen Kreuzung der Vasilissis Sophias mit der Vasiliou Konstantinou stößt man – gegenüber dem Hilton-Hotel – auf die NATIONALPINAKOTHEK (**2**,28). Hier kann man im wesentlichen Bilder griechischer Maler des 19. und 20. Jhs. betrachten, daneben Entwürfe zu Marmorskulpturen (viele Portraitbüsten) bedeutender Bildhauer des 19. Jhs.

ZWISCHEN SYNTAGMA- UND OMONIA-PLATZ: Die beiden Drehscheiben des Stadtverkehrs sind durch breite Verkehrsadern miteinander verbunden: Vom Syntagma-Platz leitet die Leophoros E. Venizelou, Panepistimiou (Universitäts-Str.) genannt, den Verkehr hinab, während die Stadiou vom Omonia-Platz hinaufführt. Zu seiten und zwischen diesen wichtigen Adern liegen zahlreiche Banken und Büros, einige Geschäfte und sehenswerte Gebäude sowie Museen.

Folgt man, vom Syntagma-Platz kommend, der PANEPISTIMIOU, stößt man nach wenigen Metern rechts auf ein großes Palais mit säulengeschmückten Veranden. Es handelt sich um das WOHNHAUS HEINRICH SCHLIEMANNS (**2**,29), des deutschen Ausgräbers von Mykene, Tiryns, Orchomenos und Troja. Er nannte seine Villa, die der Architekt E. Ziller 1878/9 erbaute, in Erinnerung an seine Troja-Ausgrabungen 'Iliou Melathron', d.h. Palast von Ilion (=Troja); lange Zeit tagte hier der oberste Gerichtshof (Areopag). Heute steht das Haus leer und wird für neue Nutzungen (Numismatisches Museum u.a.) im Innern restauriert. – An der Panepistimiou/Ecke Omirou (in dieser Straße befindet sich das Goethe-Institut) liegt das Gebäude der traditionsreichen Griechischen Archäologischen Gesellschaft. Anschließend folgen die von L. von Klenze errichtete ST. DIONYSIUS-KIRCHE (**2**,30), in der katholische Gottesdienste gehalten werden, und die drei klassizistischen Gebäude der Akademie, der Universität und der Nationalbibliothek. – Die AKADEMIE (1859–1885, Architekt: Th. Hansen; **2**,31) ist im ionischen (vom Erechtheion beeinflußten) Baustil gehalten und beherbergt die Akademie der Wissenschaften; ihr Skulpturen- und (im Innern) Gemäldeschmuck ist deshalb klassischen Motiven der Geistesgeschichte gewidmet: Im Giebel die Geburt der Athena aus dem Haupt des Zeus, vor der Front Statuen des Sokrates und Platon, im Innern Bilder der Prometheus-Sage. Die Akademie wurde als Institution übrigens erst 1926 ins Leben gerufen! – Das mittlere, relativ schlichte Gebäude am Platz ist die Zentrale der Athener UNIVERSITÄT (Architekt: Chr. Hansen; **2**,32), deren Seminare und Vorlesungsräume erst vor wenigen Jahren aus der Innenstadt ausgelagert wurden. Heute finden nur noch Festveranstaltungen in der schönen Aula statt. – Zuletzt folgt ein großer Rechteckbau mit geschwungener Freitreppe und prächtiger dorischer Säulenfassade (Taf. 12,2), die NATIONALBIBLIOTHEK (**2**,33). Sie entstand in den 90er Jahren des vorigen Jahrhunderts nach Plänen Zillers; eindrucksvoll ist auch der Lesesaal mit hohen ionischen Säulen und angenehmem Oberlicht. – Weiter abwärts in Richtung Omonia-Platz überquert man die Trikoupi-Str., in der nach wenigen Schritten links das Deutsche Archäologische Institut in einem von H. Schliemann 1888 (nach Plänen Zillers) gebauten Wohnhaus untergebracht ist (**2**,34). Direkt daneben sieht man in der Phidias-Straße ein stark verfallenes Gebäude, das zu den ältesten Bauten des modernen Athen gehört. Es handelt sich um die ehemalige Residenz des österreichischen Gesandten Prokesch von Osten, 1836 im neoklassizistischen Stil, damals noch vor der Stadt liegend, errichtet; später war dort eine Musikschule (das Odeion, in dem auch Maria Callas lernte) untergebracht, heute steht die Ruine leer und wartet auf eine Restaurierung und neue Nutzung. – Die Panepistimiou endet auf dem OMONIA-PLATZ, einer runden Anlage, die einst von schönen neoklassizistischen Häusern umgeben war. Heute hat der Platz mit seinen abblätternden Fassaden sowie der neuzeitlichen Einheitsarchitektur ringsum seinen Reiz verloren, er ist nur mehr eine Drehscheibe des tosenden Autoverkehrs. Von hier führen bedeutende Verkehrsadern in alle Richtungen der modernen Stadt; umfangreiche U-Bahn-Bauarbeiten stören zudem den Gesamteindruck.

An der STADIOU findet man insbesondere im südöstlichen, oberen Teil sehenswerte Denkmäler. Dazu gehört z.b. die bedeutende byzantinische Kirche AGIOI THEODOROI (**2**,35; **33**) am südlich der Straße gelegenen, großen Klavthmonos-Platz (am Eingang zur Evripidou-Str.). Dieser Bau geht auf einen Vorgänger aus dem 9. Jh. zurück, von dem Fußbodenplatten unter der jetzigen Kirche des frühen 11. Jhs. erhalten blieben. Die Kreuzkuppelkirche mit vier Antenpfeilern im Zentrum schließt im Osten mit drei Apsiden ab; im Westen ist dem Hauptraum ein Narthex vorgelagert. Das Äußere der Kirche zeigt das typische Schächtelmauerwerk – Kalksteinquader sind durch vertikale und horizontale Ziegellagen umrahmt – und Tonfriese mit Tier- und Pflanzenornamenten sowie pseudokufische Schriftzeichen aus Ziegeln. Eine (vielleicht erst sekundär verbaute) Inschriftplatte über der Haupttür auf der Westseite nimmt auf eine Restaurierung der Agioi Theodoroi im September 1040 (6548 des konstantinischen Kalenders) Bezug. Der Glockenturm entstand später, die Innenausstattung ist modern. – An der Südostseite des Klavthmonos-Platzes befindet sich das athenische STADTMUSEUM (**2**,36). Es bewahrt Dokumente der bayerischen Geschichte Athens; besonders interessant ist ein Modell Athens im vergangenen Jahrhundert. – Einige Schritte weiter in Richtung Syntagma-Platz führt die Stadiou am Kolokotroni-Platz (Reiterstandbild des Feldherrn [1770–1843] der Freiheitskriege) mit dem alten Parlamentsgebäude vorbei (**2**,37). Die 1871 entstandene 'ALTE VOULI' (früher das Ratsgebäude) mit einem Sitzungssaal und angeschlossenen Flügelbauten enthält heute das NATIONALHISTORISCHE MUSEUM, in dem Erinnerungsstücke und Dokumente der Geschichte Griechenlands seit etwa 1770 gezeigt und bedeutende Persönlichkeiten der Befreiungskriege sowie der ersten Regierungsjahre Ottos in Bildern vorgestellt werden. – Dieses Museum kann man auch als Ausgangspunkt für einen Bummel durch die Plaka und zu den byzantinischen Kirchen im Bereich der Altstadt nehmen.

Kurz vor dem Omonia-Platz zweigt die breite 'Straße des 28. Oktober' (da in den Vorort Patissia führend auch 'Patission' genannt) nach Norden ab. In ca. zehn Minuten Fußweg erreicht man die Technische Universität (Polytechnion), einen neoklassizistischen Gebäudekomplex; hier begann im November 1973 ein Aufstand der Studenten gegen die Militärdiktatur, der mit Panzern niedergewalzt wurde, ein Ereignis, dessen alljährlich am 17. 11. mit einem Demonstrationszug durch die Stadt gedacht wird. Wenige Schritte weiter nördlich befindet sich das Archäologische Nationalmuseum, wohl die umfassendste und bedeutendste Antikensammlung der Welt, mit reichen Beständen an Skulpturen, Keramik und Kleinkunst

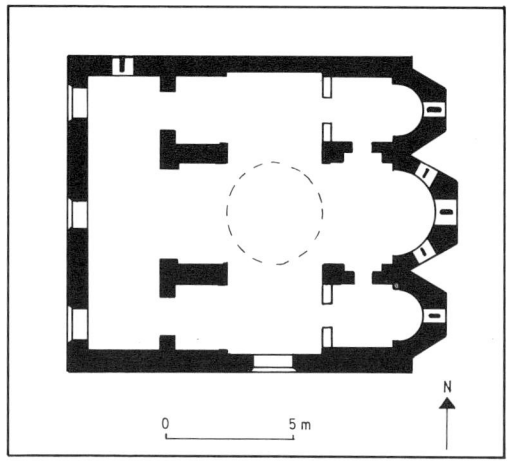

0   5 m

N

33 Agioi Theodoroi

von griechischen Fundplätzen. In den Jahren 1866–69 erbaut und mehrmals erweitert, beherbergt das Museum verschiedene Einzelabteilungen: Vom Haupteingang aus erreicht man eine prähistorische Sammlung und die überaus reiche Skulpturenabteilung im Erdgeschoß (**34**) sowie die (häufig geschlossene) Abteilung griechischer Keramik im Obergeschoß; daneben kann man in einer kleinen Sonderausstellung interessante Funde von der minoischen Siedlung Akrotiri auf Santorin (Thera) sehen, darunter bedeutende Wandfresken. Auf der südlichen Nebenseite des Museumskomplexes, in der Tositsa-Str., befindet sich der Eingang zu der Abteilung mit Inschriften (Epigraphisches Museum, nur für speziell Interessierte). Eine numismatische Sammlung ist unregelmäßig für Publikumsverkehr geöffnet und entweder durch den Eingang für Bedienstete an der Südostecke des Nationalmuseums oder von der Vasensammlung im Obergeschoß aus erreichbar. Man sollte das Nationalmuseum möglichst mehrmals besuchen, da die Bestände zu bedeutend sind, als daß man in wenigen Stunden einen ausreichenden Eindruck gewinnen könnte. Es empfiehlt sich daher, bei einem ersten Besuch nach den Öffnungszeiten der bisweilen geschlossenen Keramikabteilung zu fragen, um diese bei einer erneuten Besichtigung aufzusuchen. Im folgenden wird – in Form eines Rundganges entsprechend der chronologischen Abfolge der griechischen Kunstgeschichte sowie der Ordnung nach Gattungen – auf die wichtigsten Leit-Denkmäler stichwortartig hingewiesen (**34**). (! Das Museum wird seit 1991 in Teilen umgebaut, die Funde sollen neu aufgestellt werden; dementsprechend kann es bereits in naher Zukunft Veränderungen der Denkmal-Anordnung geben.!)

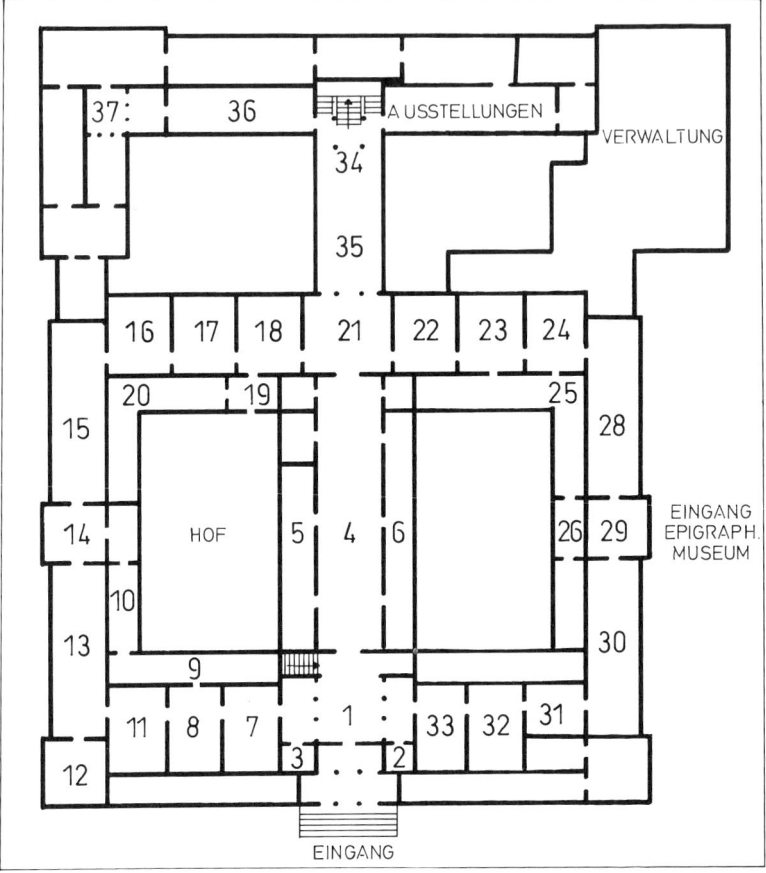

34   Archäologisches Nationalmuseum, Skulpturensammlung

SAAL 1-3: Eingangsräume mit Kasse, Garderobe, Buch- und Karten-Verkaufsständen.

SAAL 4: In diesem Saal sind die Funde der mykenischen Epoche ausgestellt, einer vorgriechischen Kultur, die nach dem großen Herrschersitz Mykene, der etwa 30 km südlich von Korinth in der Argolis liegt, benannt wurde; Spuren dieser Kultur hat man in ganz Griechenland nachweisen können. Sie blühte im 2. Jahrtausend v.Chr., insbesondere von ca. 1600 bis 1100 v.Chr. Ihre Entdeckung wird im wesentlichen Heinrich Schliemann verdankt, der seit 1876 an mehreren Orten, die er aufgrund der homerischen Werke lokalisierte, Ausgrabungen durchführte. Die Funde in Saal 4 des Nationalmuseums sind in ihren Vitrinen nicht chronologisch, sondern nach Gattungen und Ausgrabungsplätzen geordnet (z.B. Mykene: Vitrine 1.2.25.26).

Die meisten Ausstellungsstücke sind Grabbeigaben; man legte den Toten sowohl Gegenstände des täglichen Lebens (Keramik-Gefäße, Schmuck oder Siegel) als auch Waffen ins Grab; mit den goldenen Masken wurden die Gesichter der Verstorbenen bedeckt. Die genaue Betrachtung besonders der kleinen Details ist lohnend wie z.b. bei den religiösen Darstellungen auf den goldenen Siegelringen, den Einlege-Bildern mit Jagdmotiven (Wildkatzen werden von bewaffneten Mykenern verfolgt) auf Dolchen und Schwertern, den getriebenen Reliefdarstellungen auf Goldbechern – z.b. das Einfangen von Rindern mit Netzen – oder bei den ausdrucksstarken Goldmasken, die trotz manch individueller Züge freilich nicht als Portraits mykenischer Herrscher angesehen werden können. Aus den Burgen Mykenes, Tiryns' oder auch des böotischen Theben stammen einige wenige Fragmente von Wandmalereien mit Jagdbildern oder Darstellungen von Frauenprozessionen. Die Motive der mykenischen Kunst sind stark durch die minoische Kultur Kretas beeinflußt – die mykenischen Fürsten waren politisch eine Zeitlang von den die Ägäis beherrschenden Minoern abhängig. Daneben kann man an einigen Funden, z.B. an ägyptischen Fayencen oder Alabastergefäßen aus Kreta, die weiten Handelsbeziehungen ablesen.

SAAL 5: Im linken, schmalen Seitenraum des Saales 4 sind Fundstücke der neolithischen Zeit (6000–2000 v.Chr.) ausgestellt, einfache Keramik mit geritzter Ornamentik, Steingeräte (Beile, Äxte, Meißel, Pfeilspitzen u.a.) und auch Statuetten, die in stark schematisierter Form zunächst fettleibige Fruchtbarkeitsgöttinnen darstellen, später als geigenförmige Figürchen mit betonten Brüsten und Geschlechtsdreieck erscheinen.

SAAL 6: In diesem seitlichen Saal findet man Zeugnisse der frühen Kultur auf den Kykladeninseln der Ägäis (3. und 2. Jahrtausend v.Chr.). Auffallend sind die Idole aus feinem Marmor, kleine stark stilisierte Statuetten mit Betonung der Nase im Kopf- und der Geschlechtsmerkmale im Körperbereich; besonders berühmt ist unter den 'Kykladenidolen' (s. auch das Museum Goulandris, o.S. 98) die Statuette eines sitzenden Leierspielers. Daneben fallen flache Teller (sog. Kykladenpfannen) aus Marmor oder Ton auf, die oft mit Spiralornamenten verziert sind. Am Ende des Saales findet man Funde aus einer berühmten Siedlung der Kykladenkultur, nämlich aus Phylakopi auf Melos (Plan und Foto an der Wand); nur auf dieser Insel wurde Obsidian abgebaut, ein schwarzes Steinmaterial, das sich zur Herstellung von Messern und Pfeilspitzen eignete und von dort in den gesamten Mittelmeerraum exportiert wurde.

SAAL 7: Hier beginnt der Rundgang durch die Sammlung der griechischen Skulpturen. Vorauszuschicken ist, daß antike Marmorskulptur grundsätzlich farbig gefaßt war; zumeist ist aber von der Bemalung (Haare, Augen, Lippen, Kleidung u.a.) heute nichts oder nur noch sehr wenig erhalten; für den Gesamteindruck der griechischen Plastik ist dieses Phänomen sehr wichtig. – An der rechten Wand: Kalkstein-Metopen eines früharchaischen Tempels in Mykene mit ungedeuteten Darstellungen; stilistisch der gleichzeitigen dädalischen Kunst Kretas vergleichbar; um 630 v.Chr. – Rechts neben der Tür zu Saal 8: Kalkstein-Grabrelief des Kitylos und des Dermys aus Tanagra (Inschrift); in spiegelbildlicher Schrittstellung stehen die Brüder oder Freunde, sich gegenseitig umarmend, nebeneinander; böotisch-provinzielles Werk, Stiftung des Amphalkes, um 600 v.Chr. – Links neben der Tür zu Saal 8: Statue einer Frau aus Delos, sog. Nikandre; es ist unklar, ob die einem gegürteten Gewand bekleidete Marmorstatue die Göttin Artemis oder die Stifterin Nikandre (Inschrift an der linken Flanke) wiedergibt; die langgestreckte, flache, blockhafte Figur entstand als eines der ersten lebensgroßen Bildwerke der europäischen Kunstgeschichte (etwaig einst vorhandene große Holzfiguren sind verloren) um die Mitte des 7. Jhs. – Daneben die Sitzfigur einer Frau aus Tegea, zusammen mit dem Thron aus einem Kalksteinblock gemeißelt; die Figur, wahrscheinlich eine Göttin, trägt wie 'Nikandre' einen langen Peplos, darüber ein schräg gelegtes Schultertuch; um 620 v.Chr. –

Weitere Sitzfiguren links neben dem Eingang. – In der Mitte des Raumes eines der berühmtesten griechischen Tongefäße, die sog. Dipylonvase Inv.804 (s.o. S. 55); die riesige Schulterhenkelamphore ist ein Meisterwerk sowohl der Töpferkunst als auch der geometrischen Vasenmalerei aus der Zeit um 750 v.Chr.: Hals und Körper sind von Ornamentstreifen mit geometrischen Mustern, insbesondere Mäandern, überzogen, dazwischen findet man zwei Tierfriese und in der Henkelzone Bilder, die klagende Männer und Frauen an einer aufgebahrten, mit einem karierten Tuch bedeckten Leiche darstellen (sog. Prothesis-Szene); das beinahe mannshohe Gefäß stand auf einem Grab im Kerameikos-Gebiet; durch eine Öffnung in der Standfläche konnten flüssige Totenspenden in das Erdreich fließen. – An der Wand hinter der Dipylon-Vase eine kleine Elfenbeinstatuette aus einem um 730 v.Chr. datierten Grab im Kerameikos, eine weibliche Figur mit einem Polos, einer Kopfbedeckung, die häufig bei Darstellungen von Göttinnen zu finden ist; vielleicht war die Figur ein wertvoller Gerätegriff, z.B. von einem Spiegel. Deutlich erkennbar sind die kulturellen Impulse des Orients.

SAAL 8: Bei der Schöpfung der griechischen Kouros-Figuren haben offensichtlich ägyptische stehende Männerstatuen starken Einfluß als Vorbilder ausgeübt. Etwa die Frontalität, die Haltung der Arme oder die Schrittstellung sind mit ägyptischen Werken verwandt. Doch haben die Griechen etwas Neues aus diesen Vorbildern geschaffen: Die Proportionen sind andere – auffallend z.B. bei den großen Köpfen –, Körper und Beine besitzen eine senkrechte Achse und weisen nicht wie die ägyptischen Statuen mit ihren Rückenstützen eine Neigung nach hinten auf; das Dynamische, die Möglichkeit der Bewegung des menschlichen Körpers wird hervorgehoben, indem die Muskeln angespannt und die Gelenke sowie die Gliedmaßen betont dargestellt werden. – Beherrschend ist in Raum 8 der riesige Kouros aus Sounion in der Saalmitte (Fragmente weiterer, gleichartiger Statuen vom selben Fundort rechts neben dem Durchgang zu Saal 11 und links und rechts hinter dem großen Kouros); für die archaischen Jünglingsstatuen typisch sind die Schrittstellung mit vorgesetztem linken Bein, die herabhängenden Arme mit an den Hüften anliegenden Fäusten, das 'archaische Lächeln' und das lange, in gebuckelte Strähnen gelegte und von einem Band zusammengehaltene Haupthaar; über der Stirn sieht man einen Blütenkranz; stark stilisiert sind die Einzelformen der Figur, z.B. die Ohren, Knie und Knöchel; die Bauchdecke ist, ebenfalls charakteristisch für frührchaische Figuren, in acht Muskelkompartimente gegliedert – anatomisch 'richtig' wären sechs; betont lang und muskulös sind als Ausdruck der Sportlichkeit die Beine wiedergegeben; der Mann wird auf dem Höhepunkt seiner körperlichen Leistungsfähigkeit gezeigt. Bei den Sounion-Kouroi handelt es sich um Weihestatuen, die zu Beginn des 6. Jhs. in einem Heiligtum aufgestellt waren; jedoch standen die meisten anderen Kouroi auf Gräbern (s.u.). Untypisch ist bei dem großen Sounion-Kouros die deutliche Wendung zu seiner Rechten, vielleicht ist sie durch die Aufstellung im Poseidon-Heiligtum bedingt, die auf den Altarplatz Rücksicht nahm. – An der Wand neben der Kolossalstatue ein Kouros-Kopf und der Unterarm einer Figur vom Kerameikos (sog. Dipylon-Kopf) aus derselben Zeit (um 590 v.Chr.); die Haargliederung, das kunstvoll verknotete Band mit den langen, geschwungenen Enden, die Ohr- und Augenbildung sind dem Sounion-Kouros ähnlich, jedoch ist alles runder und sphärischer gestaltet als bei jenem. – Stilistisch abweichend erscheint der Kalkstein-Kouroskopf aus dem böotischen Ptoion (um 580 v.Chr.): Die Formen sind kantiger, das Gesicht erscheint spitzer, der Mund ist schmallippig und asymmetrisch; die Stirn wird oben von gleichmäßig zu den Schläfen gestrichenen Strähnen begrenzt, während am Hinterkopf die typischen 'Buckellocken'-Strähnen herabfallen.

SAAL 9: In den folgenden zwei seitlichen Sälen 9 und 10 sind ebenfalls archaische Skulpturen ausgestellt, darunter einige Korenfiguren mit reich gefälteten ionischen Mänteln und eine im Knielauf-Schema eilende Nikestatue. Um 550 v.Chr. entstanden der Kouros aus Melos an dem einen Ende des langgestreckten Saales und etwa ein Jahrzehnt später die Kore aus Merenda ihm gegenüber; letztere wurde zusammen mit einem Kouros (in Saal 10) in einem Grab gefunden, während die zugehörige Basis schon früher in einer Kapelle verbaut entdeckt worden war; auf ihr ist vermerkt, daß die Statue Phrasikleia zeigt und von einem Künstler namens Aristion von Paros gearbeitet wurde; die Kore trägt einen Peplos, der mit geritzten Stickereimotiven (Sterne, Mäander) verziert ist; am Hals und an den Ohren ist Schmuck, auf dem Kopf ein Blütenkranz dargestellt, und in der Hand hält die junge Frau eine weitere Blütenknospe; die gesamte Figur war reich bemalt.

SAAL 10: Man kann vermuten, daß auch die in demselben Grab gefundene Kouros-Statue von dem Parier Aristion gefertigt wurde. Der junge Mann, dessen einzelne Körperformen stilistisch deutlich weiter entwickelt sind (s. die Ohren, Knie, Knöchel oder Augen) als die des Sounion-Kouros, hat die Arme bereits vom Körper gelöst und leicht angehoben; sie sind noch durch kleine Stützen mit den Hüften verbunden; das Haupthaar fällt im Nacken lang herab und ist über der Stirn vor der Binde in Locken eingedreht; die ursprüngliche Bemalung der Figur erkennt man an Verwitterungsspuren noch im Bereich des Schamhaares. – Neben den archaischen Grabstatuen, die beispielhaft durch die Phrasikleia und den mitgefundenen Kouros vertreten sind, wurden auch Stelen als Grabschmuck verwendet, von denen einige Beispiele im Saal 10 zu sehen sind: Sie stellen zumeist Jünglinge dar, die ein Diskus, ein Speer oder ein Salbgefäß als Sportler (Epheben) kennzeichnen. Eine Gipsrekonstruktion zeigt den Aufbau eines derartigen Grabdenkmales: Ein Sockel mit einem Gorgo-Relief trägt die Bildstele, die von einer Sphinx als Grabwächter bekrönt wird. Von diesen archaischen Sphingen, Mischwesen aus Löwenleibern mit Flügeln und Frauenköpfen, sind vier Beispiele vertreten. – Im hinteren Bereich desselben Saales findet man den Kouros von Volomandra in Attika (um 560 v.Chr.) und eine unfertige, noch bossierte Statue, die aus den Steinbrüchen des Penteli stammt: Man erkennt, daß der Bildhauer rundum bereits grob die Formen angelegt hat, daß die Arbeit, die wohl in einer Werkstatt hätte zu Ende geführt werden sollen, dann aber abgebrochen wurde (römische Bildhauer meißelten aus einem Block dagegen nicht rundum Schicht für Schicht ab, um den Körper zu gewinnen, sondern arbeiteten eine Statue von vorn nach hinten aus dem Block heraus).

SAAL 11 folgt auf den Saal der Sounion-Kouroi (8). Hier findet man den vollständigen, mehrstufigen Sockel einer archaischen Figur, von der noch die Füße erhalten sind. Daneben steht ein Marmordiskus, die Weihgabe eines Arztes namens Aineas, wie eine Inschrift am Rand der Scheibe aussagt. An der seitlichen Wand des Saales sieht man zwei Grabstelen mit Kriegerfiguren (um 500 v.Chr.); auf dem Panzer des Aristion (das besser erhaltene der beiden Reliefs) erkennt man dank geringerer Verwitterung der Oberfläche die Reste von einstiger Bemalung: auf den Schulterklappen einen Stern und einen Löwenkopf, am Bauch ein Mäanderband; an der Stele, die aus Velanideza bei Loutsa stammt und in Kopie beim Athener-Grabhügel von Marathon aufgestellt ist, sind Reparaturarbeiten deutlich: der Helmbusch, die Bartspitze und ein Teil des Chiton waren in Stuck angesetzt und fehlen heute. – Neben der Aristion-Stele ein Grabdenkmal, dessen Bild nicht als plastisches Relief sondern gemalt angegeben war, wie an den Farbresten – ein Reiterbild auf rotem Grund – deutlich erkennbar ist. Der fragmentierte, bärtige Dionysos-Kopf gehört zu der Sitzstatue in Saal 13 (s.u. S. 106. 214).

SAAL 12: Im Seitenraum des großen Saales 13 sind Skulpturen des Aphaia-Tempels von Aigina versammelt, die erst später als die in München befindlichen 'Aigineten' gefunden und daher nicht nach Bayern transportiert wurden, insbesondere Köpfe von Kriegern, an denen Helmteile und lange Haarsträhnen separat angestiftet waren; weitere Fragmente in einer Wandvitrine. Daneben steht eine Stele mit dem Bild eines Waffenläufers (um 510 v.Chr.); während die Beine in Seitenansicht (das Knielaufschema drückt besondere Schnelligkeit aus) wiedergeben sind, erscheint die Brust frontal, und die Drehung des Oberkörpers wird durch Verkürzungen im Bauchbereich angedeutet. – An der Fensterwand die Figur eines liegenden Mannes aus Daphni (um 490 v.Chr.), wohl eine Giebelskulptur, die mittels eines Dübels im Rücken am Giebelhintergrund verankert war. – Gegenüber den archaischen Jünglingsfiguren fällt die Statue eines sitzenden, offenbar älteren Mannes auf, der einen schräg über den Körper drapierten Mantel trägt (aus Athen, um 520 v.Chr.); ein – einst reich bemaltes – Pantherfell und eine Lederbespannung bedecken seinen Klappstuhl; das Pantherfell deutet darauf hin, daß es sich um eine Darstellung des Dionysos handeln könnte. – Neben der Sitzstatue ein Torso mit einem Mantel (vgl. den älteren Kalbträger auf der Akropolis), eine Figur mit vorgestreckten Armen, die wohl als Weihgabenträger zu interpretieren ist; sie wurde nahe beim Ilissos gefunden (um 500 v.Chr.).

SAAL 13: In diesem großen Saal sind einige Kouroi aus dem böotischen Ptoion und andere spätarchaische Skulpturen ausgestellt. Eindrucksvoll sind die Fragmente einer kolossalen Sitzstatue des Dionysos mit einem Kantharos in der Rechten, wohl das Kultbild im Heiligtum auf dem Penteli, da die Fragmente in Dionysos (Ikaria, s.u. S. 214) gefunden wurden. – Die Figur des Aristodikos auf ihrer zugehörigen Basis an der Wand gegenüber stammt von einem Grab, das sich an der Straße von Anavyssos nach Athen (bei Olympos, s.u. S.159) befand; ein Vergleich des spätarchaischen Kouros (um 500 v.Chr.) mit früheren Statuen zeigt deutlich die Stilentwicklung im 6. Jh.: Bei grundsätzlicher Beibehaltung des archaischen Schemas mit der festen Schrittstellung sind die Körper- und Einzelformen nicht mehr so stark stilisiert (Ohren, Knie, Knöchel, Gliederung der Bauchmuskulatur in sechs Kompartimente), die Arme sind angehoben und vom Oberkörper getrennt; auch das lange Haupthaar früherer Statuen ist einer kurzen Haartracht – hier im Bereich des Oberkopfes einst in Stuck angesetzt – gewichen; typisch für spätarchaische Kouroi ist das in Sternform geschnittene Schamhaar. – Interessant ist auch eine Gegenüberstellung des Aristodikos mit der Grabstatue des Kroisos, die etwa drei Jahrzehnte früher entstand und ebenfalls nahe Anavyssos gefunden wurde (Taf. 17,3); sie steht auf einer dreistufigen Basis, deren Inschrift sich an den vorbeiziehenden Betrachter wendete: "Bleibe stehen und trauere beim Grabmal des toten Kroisos, den unter den Vorkämpfern der Kriegsgott Ares einst erschlug". Der Mann, der in einer Schlacht gefallen war, trug den Namen des berühmten Lyder-Königs. – Einige der Kourosbasen waren mit Reliefs verziert; zwei derartige Reliefbasen vom Kerameikos (s. auch das dortige Museum), die auf ihrer Oberseite die Einlassungsflächen für die Statuenplinthen aufweisen, befinden sich am Saal-Ende: Zum einen die sog. Ballspielerbasis, die auf der einen Neben- und der Vorderseite Bewegungsstudien von Epheben in unterschiedlichen Körperhaltungen und Ansichten wiedergibt, in den Einzelformen denen des Aristodikos ähnlich, auf der anderen Nebenseiten das Bild eines Kampfes zwischen Hund und Katze, von ihren Besitzern an Leinen gehalten; die zweite Basis, die sog. Hockeyspieler-Basis, trägt auf der Vorderseite das Relief von Epheben, die mit gekrümmten Stöcken und einem Ball spielen, während an den Nebenseiten Kriegswagen mit Pferdelenkern und gerüsteten Hopliten zu sehen sind.

Beide Basen waren reich bemalt, einige Details (z.B. die Zügel u.a.) waren nur farblich ausgeführt.

SAAL 14: Das Meisterwerk dieses Raumes ist das Fragment einer Reliefstele mit dem Bild eines Knaben, der sich einen – einst ebenso wie einige lange Locken separat angesetzten – Kranz vom Haupt nimmt, um diesen Siegerpreis einer Gottheit (Athena) zu weihen; das Relief stammt – wie die daneben ausgestellten ionischen Kapitelle – aus dem Athena-Heiligtum von Sounion; es entstand bereits nach den Perserkriegen – darauf weist auch der dargestellte Kontrapost hin – und ist in seinem ruhigen Ausdruck von besonderer Intensität. – In der Saalmitte findet man ein Relieffragment mit der Darstellung eines Frauenkopfes vor einer Art Scheibe; das Haar ist in einer Haube zusammengenommen, nur vor dem Ohr waren einige Locken frei angestiftet; die Deutung des Reliefs (Aphrodite ?) und seine einstige Verwendung sind umstritten (von der Insel Melos, um 460 v.Chr.). – Rundum sieht man an den Wänden einige frühklassische Grabreliefs (Jäger mit Hund, Wanderer mit Sonnenhut und Hase, Frauenfiguren), die aus der Umgebung von Larissa in Thessalien stammen.

SAAL 15: Links neben dem Eingang steht das 'Große Eleusinische Weihrelief', eine Darstellung der Demeter mit dem Szepter, ihrer Tochter Kore mit der Fackel und des jugendlichen Heros Triptolemos; abgebildet ist der Moment, in dem Demeter Kornähren (ehemals in Metall angesetzt) an Triptolemos übergibt, der sie den Menschen bringen soll; das Relief aus der Zeit um 440/430 v.Chr. war noch Jahrhunderte später so berühmt, daß es kopiert wurde (römerzeitl. Fragmente in New York). – Auf der anderen Seite der Tür sind zwei Reiterreliefs ausgestellt (aus Thespiai in Böotien und aus Aigina), vielleicht Grabstelen, vielleicht aber auch architektonische Reliefs des mittleren 5. Jhs. – In der Saalmitte zieht der bronzene 'Gott aus dem Meer' den Blick auf sich, eine hochklassische Statue, die in einem Schiffswrack vor Artemision, dem Nordkap Euboias, gefunden wurde; offenbar sollte sie (zusammen mit anderen Statuen, s. das Pferd mit Jockey in Saal 21) als Raubgut über das Meer abtransportiert werden. Der bärtige, athletische Gott holt mit weiter Gebärde zum Wurf aus, Haltung und Bewegung drücken mit ihrer Anspannung Kraft und Macht aus. Ob Poseidon oder Zeus dargestellt ist, läßt sich allein durch die Ergänzung der heute verlorenen Waffe erschließen: Die Rechte kann mit ihrer offenen Fingerhaltung keinen Dreizackstab gefaßt haben sondern nur das Mittelstück eines Blitzbündels; zudem würde ein Dreizack – eine Stich-, keine Wurfwaffe – die ausgewogene Komposition des Ausholens und Zielens zerstören; es handelt sich also um die großartige, originale Bronzestatue des Gottes Zeus (um 450 v.Chr.). – Vom Arestempel auf der Agora stammt die weibliche Akroterfigur mit flatterndem Gewand, die an der linken Wand des Saales steht. – Im Saal-Hintergrund ist das heilige Symbol des Apollon, der mit Binden umwundene Omphalos (Nabel) ausgestellt; auf seiner Oberseite stand einst eine Statue (Fußreste), und man hat früher irrtümlich angenommen, daß es die daneben befindliche Männerfigur gewesen sei; so gab man den zahlreichen römischen Kopien dieses Statuentypus den Namen 'Omphalos-Apoll'. Die jugendliche Männergestalt läßt sehr deutlich die Neuerungen der klassischen gegenüber der archaischen Plastik erkennen: Die Proportionen und Einzelformen der Figur sind an der Natur orientiert, aber auch ideal; die Neuerung der klassischen Plastik ist das Motiv von Stand- und Spielbein; dadurch wird ein Körperschwung bedingt, der sich im Verlauf der Mittellinie des Oberkörpers (linea alba) und des Rückgrats ausdrückt; außerdem bewirkt die Gewichtsverlagerung eine einander entgegengesetzte Hebung und Senkung von Hüften und Schultern; der Kopf ist locker zur Standbeinseite hin geneigt. Wie die Bronzestatue des 'Gottes aus dem Meer' trägt auch diese Figur, wohl tatsächlich Apollon (die Statue wurde im Dionysos-Theater gefunden), das lange Haupthaar in zwei Zöpfen, die um den Kopf gewunden und über der Stirn verknotet wurden.

KLASSISCHE GRABRELIEFS: Die Säle 16, 18, 23 und 24 sind den attischen Grabstelen der Klassik gewidmet. Diese Denkmäler, die alle in den Jahren von etwa 430 bis 310 v.Chr. entstanden, lassen sich aufgrund von deutlichen Veränderungen chronologisch reihen: Von einfachen Stelen mit Palmettenbekrönung entwickeln sie sich zu Architektur-Nachahmungen (sog. Naiskoi); die Relieftiefe nimmt im Laufe der Jahrzehnte immer mehr zu, bis die Figuren fast freiplastisch in den Rahmen erscheinen; zudem ändert sich die Ausrichtung der Dargestellten: Zu Anfang sind die Gestalten aufeinander bezogen, um die Mitte des 4. Jhs. wenden sich die Verstorbenen aus dem Bild heraus auf den Betrachter zu. Thematisch lassen sich kaum Variationen feststellen: Eine oder mehrere Figuren, Mitglieder einer Familie, stehen oder sitzen beieinander, oft werden Frauen von ihren Dienerinnen begleitet, Männer von ihren Vätern oder von Knaben; erwachsene Personen reichen sich häufig die Rechte, ein Gestus der Verbundenheit, der bei Kindern durch die Übergabe eines Geschenkes (Vogel, andere Tiere) ersetzt wird; Dienerinnen halten ihren verstorbenen Herrinnen bisweilen Schmuckkästchen entgegen, bisweilen auch deren Kleinkinder; ähnlich wie auch bei Kreiß-Darstellungen scheint in der Szene der Kindesübergabe ein Hinweis auf die Todesursache – während der Geburt oder im Kindbett – gegeben zu sein; im übrigen macht die große Mehrzahl der Grabreliefs keine Aussagen über die Todesursache; ebenso wenig differenziert sind die Angaben über Berufe: Männer sind zumeist als athenische Bürger des öffentlichen Lebens – z.B. auf den Knotenstock gestützt – wiedergegeben, nur in wenigen Fällen werden sie durch ein langes Gewand und ein Opfermesser als Priester charakterisiert; Frauen sind fast immer in häuslicher Umgebung – auf ihrem Stuhl oder Thron sitzend – oder in Begleitung ihrer Familie gezeigt. – Die Grabreliefs konnten bereits zu Lebzeiten oder aus Anlaß des Todes eines Familienmitgliedes bestellt werden, wobei noch lebende Verwandte im Reliefbild auftreten konnten; deren Namen wurden dann später bei ihrem Tod nachgetragen, oder auf dem Familiengrab wurde nochmals eine Stele mit dem Bild des jüngst Verstorbenen aufgestellt, so daß dieselbe Person mehrmals auf einem Grab erscheinen konnte. Häufig wurden – vielleicht aus ökonomischen Gründen – ältere Grabstelen wiederverwendet, indem man z.B. neue Inschriften anbrachte oder das Bild durch einen Bildhauer umgestalten ließ. Diese Überarbeitungen klassischer Werke fanden sogar noch in römischer Zeit statt, als in Attika wieder neue Grabstelen aufgestellt wurden. – Neben der Gruppe der Reliefplatten gibt es auch Grabreliefs in Form von Marmorvasen, insbesondere von kolossalen Lekythen, typischen Grabgefäßen; diese tragen dann auf ihrem Körper kleine, sehr flache Reliefs. Die Gräber waren zudem oft von Wächterfiguren, Hunden, Löwen, Sirenen oder auch Bogenschützen, gerahmt. – Die Gründe für das Aufleben attischer Grabreliefs um 430 v.Chr. (unter dem Einfluß der Parthenonkunst) sind unbekannt; vielleicht förderten die Staatsgrabmäler das Repräsentationbedürfnis von Privatpersonen, und die aus den großen klassischen Bauprogrammen frei gewordenen Bildhauer fanden hier ein neues Betätigungsfeld. Dagegen weiß man sicher, daß durch ein Dekret des Demetrios von Phaleron zwischen 317 und 307 v.Chr. der Gräberluxus – damit auch die immer aufwendiger gestalteten Grabreliefs – unterbunden wurde; die Bildstelen wurden danach durch einfache Säulchen oder Blöcke (sog. Trapezai) ersetzt, auf denen nur die Namen der Toten verzeichnet waren. – Im folgenden (Saal 16. 18. 23. 24) wird auf die charakteristischen Musterbeispiele für die hier gegebenen allgemeinen Beobachtungen verwiesen.

SAAL 16: In der Mitte eine Stele aus Salamis oder Aigina, um 430 v.Chr., mit Lotos-Palmetten-Fries bekrönt; die Darstellung zeigt einen jungen Mann mit einem Vogel in der Linken, den er aus dem Bauer genommen hat; auf einem Pfeiler sitzt eine Katze, davor steht ein kleiner Knabe. Der künstlerische Einfluß der Parthenonfriese ist unverkennbar. – Auf einer riesigen Marmorlekythos, am Syntagma-Platz gefunden, ist das Bild einer Familie (links) zu sehen, von der der Gott Hermes als Seelenführer (Psychopompos) eine weibliche Gestalt, inschriftlich als Myrrhine bezeichnet, wegführt. – Daneben die auf drei Seiten reliefierte Basis einer verlorenen Marmorlekythos: vorn das Reliefbild eines Mannes, der von einem Baum Früchte pflückt, die eine Frau ihm gegenüber im Gewandsaum sammelt; an der einen Seite Hermes mit dem Petasos (Wanderer-Hut), auf der anderen die Darstellung eines Priesters mit Messer und langem Gewand.

SAAL 17: Hier sind in der linken Hälfte des Raumes Funde aus dem Heraion von Argos ausgestellt (Giebelskulpturen, Metopenreliefs mit Amazonomachie-Szenen, Fragmente der Traufleiste mit Löwenkopfwasserspeiern und einem von Vögeln belebten Lotos-Palmetten-Band sowie der Kopf der Hera von Argos, um 420 v.Chr.), in der rechten Hälfte einige klassische Votivreliefs, die verschiedenen Göttern geweiht waren: Links neben der Tür ein Relief für Apollon, der auf einem Dreifuß thront; neben ihm eine Götterversammlung, die von einem Stier-gestalteten Flußgott abgeschlossen wird; das Relief ist die Weihung einer Frau namens Xenokrateia und wurde in einem Heiligtum in Phaleron gefunden (um 400 v.Chr.). – Dem Eingang gegenüber steht eine zweiseitig reliefierte Stele mit Giebel und Akroter aus demselben Heiligtum: Auf der einen Seite erscheint das von Hermes geführte Viergespann mit dem Heros Echelos und der Nymphe Basile (Inschriften auf dem Architrav), auf der anderen Seite sieht man Artemis vor einem ungedeuteten Gott, den gehörnten Fluß Kephissos in Vorderansicht sowie drei Nymphen; die Inschrift unter dem Giebel lautet: "Dem Hermes und den Nymphen" (um 410 v.Chr.; die Poros-Basen für beide Weihreliefs befinden sich im Saal 21). – In der Saal-Ecke sieht man eine sitzende Frauenfigur, die dem Giebel des Poseidon-Tempels in Sounion zugewiesen wird. – In der linken Saalecke ein Weihrelief für Dionysos, der, auf eine Kline gelagert, ein Greifenrhyton in der Rechten, eine Phiale in der Linken hält; vor ihm sitzt eine Frau, die sich zu drei Schauspielern mit Masken und Tympana umwendet (um 410 v.Chr., aus Piraeus).

SAAL 18: Das Hauptwerk dieses Saales ist die Naiskosstele der Hegeso (dem Eingang gegenüber): Die junge Frau sitzt, in Chiton und Mantel gekleidet, versunken auf ihrem eleganten Stuhl, hat ihr Haupt verhüllt und hält in der Hand ein – einst nur gemaltes – Schmuckstück; sie hat es aus einem Kästchen genommen, das ihr eine Dienerin in langem Gewand hinhält. Die Komposition ist klar, die Ausführung von bester Qualität, die Rahmung der Szene streng und einfach. Die Stele, im Grabbezirk des Koroibos im Kerameikos (s.o. S. 62) gefunden, kann als Musterbeispiel eines hochklassischen Grabreliefs (gegen 400 v.Chr.) gelten. – Ein weiteres Musterbeispiel für die Sepulkralkunst um 400 v.Chr. ist die kleine Stele des Ktesileos und der Theano (links neben der Hegeso-Stele); die Frau sitzt auf einem Schemel mit gedrechselten Beinen (Symbol für die häusliche Umgebung) und zieht mit der Rechten einen Teil ihres Gewandes nach vorn, ein oft wiederkehrender Abschieds- und Trauergestus; vor ihr steht Ktesileos, in den Mantel gehüllt und mit verschränkten Händen (ebenfalls ein Trauergestus) und einen Stab gestützt, den er unter die eine Achsel geschoben hat; diese Körperhaltung ist oft bei Bildern zu beobachten, die Männer in der Öffentlichkeit, auf der Agora beim Gespräch zeigen (z.B. im Parthenonfries mit dem Bild des Panathenäenzuges); demnach ist der Mann einerseits in einem 'Öffentlichkeits'-Schema dargestellt, das nicht zu dem der Frau paßt, andererseits ist aber die Verbundenheit des Paares durch die Trauer, die in dem Bild immer gesehen wurde, nicht zu leugnen. – Weitere Grabmonumente, alle im späten 5. und frühen 4. Jh. entstanden, bieten die bekannten Bildtypen: sitzende Frau mit Dienerin (Stele der Phrasikleia an der Fensterwand); Dienerin reicht der sitzenden Mutter ein Baby (neben der Phrasikleia-Stele). Rechts des Durchganges zu Raum 21 sieht man ein kleines Relief, auf dem ein Schiffsbug mit Rammsporn wiedergegeben ist; oben kauert – in Trauer versunken – ein Mann in einfachem Chiton neben seinen Waffen; wahrscheinlich war das Relief Schmuck eines Grabes für den in einer Seeschlacht gefallenen Demokleides. – Die in einer Wandvitrine ausgestellten, weißgrundig bemalten Lekythen geben Gelegenheit zum Vergleich mit den Formen der großen Marmorlekythen in diesem Saal. Die Tongefäße wurden beim Totenkult am Grab benutzt und tragen deshalb mit wenigen Strichen skizzierte Bilder aus diesem Bereich: Hinterbliebene an Stelen, die auf mehrstufigen Unterbauten stehen und mit Binden und Kränzen geschmückt sind; oft erscheint auf der anderen Seite des Grabmales der Verstorbene, der bisweilen auch von Hermes davongeführt wird. – An der gegenüberliegenden Wand sind zwei Teile eines Staatsgrabmales ausgestellt, die seitlich des Dromos im Bereich des Kerameikos gefunden wurden: Es handelt sich um die Bekrönung eines Grabmonumentes für die Gefallenen in den Schlachten bei Korinth und Koroneia (394 v.Chr.); die Namen der Toten sind unter dem Ornament eingetragen, unter ihnen auch Dexileos, dessen Angehörige ihm im Kerameikos eine zusätzliche Stele im Familiengrabbezirk aufstellten (s.o. S. 63); der symmetrisch komponierte Anthemienschmuck der Bekrönung mit Lotosblüten und Rosetten gehört zu den qualitätvollsten Ornamentarbeiten der Klassik. Auch das Relief neben der Bekrönung, unter dem wiederum Namen von Gefallenen – nach Phylen geordnet – aufgelistet sind, stammt von diesem Staatsgrabmal; die Darstellung erinnert an die der Dexileos-Stele: ein Reiter kämpft im Galopp gegen einen Hopliten und sprengt dabei über einen Gefallenen hinweg.

SAAL 19 UND 20: Von Saal 17 aus kann man einen Seitenflügel betreten, der zu einem Innenhof mit Garten und angeschlossener Cafeteria führt. In dem L-förmigen Raum befinden sich einige klassische griechische Original-Skulpturen sowie römische Kopien klassischer Bildwerke. – Am linken Saalende steht eine kopflose Frauenfigur in gegürtetem Chiton und um die Hüften geschlungenem Mantel; sie gibt als verkleinerte Kopie, die in Athen gefunden wurde, das Kultbild der Nemesis von Rhamnous wieder; dieses Kultbild ist aus zahlreichen Marmorfragmenten und der reliefverzierten Basis bekannt, die vor Ort entdeckt und zusammengefügt wurden (s.u. S. 200). – Links neben ihr ist die Sitzstatue einer Göttin, vielleicht der Demeter, zu sehen (um 430 v.Chr.). – Daneben findet man eine Akroterfigur von der Agora, eine auf einem springenden Delphin sitzende Nereide (um 400 v.Chr.). – Gleich links des Einganges ist ein Weihrelief für Pan ausgestellt (um 410 v.Chr.); es zeigt den Stifter namens Archandros (Inschrift) vor einem Altar, den Gott Pan in einer Felshöhle und drei Nymphenfiguren und wurde am Südabhang der Akropolis gefunden. – Rechts vom Eingang ein Weihrelief für Apollon (auf einem Dreifuß), seine Mutter Leto (rechts) und seine Schwester Artemis (um 410 v.Chr.). Daneben findet man drei römische Kopien einer berühmten Apollonstatue, die nach dem Aufbewahrungsort der besterhaltenen Kopie 'Kasseler Apoll' genannt und deren Erfindung dem jungen Phidias zugeschrieben wird: Der lebensgroße Kopf am Fenster, der große Torso und die Statuette an der Wand gegenüber wurden alle nach dem Vorbild dieses klassischen Werkes geschaffen. – Zwei Figürchen der stürmenden Athena (um 140 n.Chr.) stammen aus dem Asklepieion von Epidauros; die Inschriften an den Basen wurden erst 300 und 304 n.Chr. angebracht. – Die große Stützfigur einer Amazone wiederholt einen klassischen Statuentypus, der dem Phidias zugeschrieben wird; die vorliegende Kopie diente als Karyatide in der Villa des Herodes Atticus beim Kloster Loukous in Arkadien (bei Astros). – Links neben ihr folgt eine Statuettenkopie der Athena Promachos; das kolossale Bronzevorbild, ein Werk des Phidias, stand östlich der Propyläen auf der Athener Akropolis (s.o. S. 23). – Das Bord seitlich der Statuette trägt die Miniaturkopien von Figuren des Parthenon-Westgiebels, die in Eleusis gefunden wurden und dort wohl einst einen römischen Tempel schmückten. – Die folgenden Statuetten vermitteln eine Vorstellung von der Athena Parthenos, der 12 m hohen Gold-Elfenbein-Statue des Phidias, die im Parthenon aufgestellt war; man erkennt an der kleinsten Kopie (sog. Statuette Lenormant) die Schild- und Basisreliefs, während die gut erhaltene, jedoch allzu 'glatte' sog. Varvakion-Statuette aus hadrianischer Zeit diese Details nicht überliefert; dagegen gewinnt man bei der im Maßstab 1:12 verkleinerten Kopie einen guten Eindruck von der Gewanddrapierung, der Nike auf der vorgehaltenen Hand und besonders vom reichen Helmschmuck; deutlich erkennbar sind die Bemalungsreste (z.B. die Wimpern; Taf. 7,2). – Am Fenster findet man das Fragment einer Platte vom Fries des hochklassischen Apollon-Tempels in Bassai mit der Darstellung einer Amazone; das Reliefband war einst an den Innenseiten der Cella angebracht; er befindet sich heute fast vollständig im British Museum in London.

INNENHOF: Neben einigen attischen Grabreliefs, römischen, reliefgeschmückten Tischfüßen und einem großen Girlandensarkophag (spätes 2. Jh. n.Chr.) mit Dionysos-, Satyr- und Erotenfiguren sind hier die Reste von Marmorskulpturen ausgestellt, die in einem Schiffswrack vor Antikythera entdeckt wurden (s. auch die Bronzestatue im Saal 28); das Meerwasser und Bohrmuscheln haben die Figuren dort, wo sie nicht mit Sand bedeckt waren, z.T. stark zerfressen. Es handelt sich um Marmorkopien nach verlorenen Originalskulpturen der Klassik und des Hellenismus: Pferde von einem Gespann, die griechischen Heroen Diomedes und Odysseus und einen Satyrn, der eine Mänade zum Tanz auffordert. Von dem begrünten Innenhof aus erreicht man die Cafeteria des Museums.

SAAL 21: Von diesem Zentralraum der Skulpturensammlung hat man einerseits Zugang zum Saal der mykenischen Funde (4), andererseits über den hinteren Bereich (Säle 34 und 35) zur Sammlung Karapanos (Saal 36) und zu den Räumen der Sonderausstellungen (44-47) sowie über die Treppe zu den Sälen der Vasensammlung und der Thera-Funde. – In der Mitte des Saales findet man ein galoppierendes Bronzepferd mit einem kleinen Jockey, dessen Haltung und Mimik die Anspannung des Wettrennens erkennen lassen; die Gruppe, die im Schiffswrack vor Kap Artemision zusammen mit dem 'Gott aus dem Meer' gefunden wurde, ist ein hellenistisches Werk. – Ihm gegenüber steht die Marmorstatue eines Athleten, der sich eine Binde um den Kopf legt (sog. Diadumenos); es handelt sich um die hervorragende hellenistische Kopie einer Schöpfung des klassischen Bildhauers Polyklet aus Argos, die beispielhaft den Kontrapost mit Stand- und Spielbein und den Bewegungsrhythmus des Körpers wiedergibt; wie der berühmte Speerträger des Polyklet ist auch diese Figur in zahlreichen römischen Wiederholungen bekannt; hier ist die um 130 v.Chr. entstandene Marmorkopie des Diadumenos, die auf Delos gefunden wurde, durch eine Stütze bereichert, an der ein Köcher aufgehängt ist; daraus läßt sich wohl schließen, daß die Athletenstatue zu einer Darstellung des Apollon umgedeutet wurde. – Die beiden eng in Mäntel gewickelten Frauenfiguren links vom Durchgang zu Saal 4 und neben der Tür von Saal 18 sind Kopien nach demselben Vorbild der Spätklassik; sie gehören zum Typus der sog. Kleinen Herkulanenserin, der in sehr vielen Wiederholungen bekannt ist; hier lassen sich die Einzelmotive zweier Kopien gut miteinander vergleichen: Die qualitätvollere, späthellenistische Kopie (um 130 v.chr.) ist diejenige neben dem Diadumenos, die ebenfalls aus Delos stammt (an ihren Gewandsäumen sind grüne, gemalte Ornamente erhalten), die andere Figur, breiter und schwerer gebildet, wurde in Aigion an der Nordküste der Peloponnes gefunden und ist eine Arbeit des 2. Jhs. n.Chr. – Neben der Statue aus Aigion ist die römische Kopie eines anderen Statuentypus ausgestellt, der sog. Großen Herkulanenserin; auch sie geht auf ein Original des späten 4. Jhs. v.Chr. zurück; der Mantel über dem Chiton ist über den Kopf gezogen und in raffinierter Drapierung gelegt, so daß sich scharfe, diagonal verlaufende Faltenzüge ergeben; im vorliegenden Fall wurde der Statuentypus mit dem Portrait einer römischen Dame der Zeit um 140 n.Chr. kombiniert. – An der Wand zu Saal 22 steht eine nackte männliche Idealstatue, wohl ein Gott oder Heros; ein Mantel ist um den linken Arm gewickelt und liegt mit einem Bausch auf der Schulter (römische Kopie nach einem Original des mittleren 4. Jhs. v.Chr.). – Neben dieser Statue findet man ein klassisches attisches Grabrelief, auf dem unterhalb von Tänien und Alabastra drei Grabgefäße mit Reliefs dargestellt sind (das rechte ist ergänzt): auf der Loutrophore in der Mitte sieht man einen jugendlichen Reiter mit zwei Lanzen und Reisehut (Petasos) neben seinem Pferd, vor ihm einen älteren Mann, vielleicht seinen Vater, und einen Knaben; auf einer Lekythos ist ein Ephebe im Spiel mit seinem Reifen wiedergegeben; das Grabrelief (um 380 v.Chr.), bei dem die Gattung der figürlichen Grabstelen mit der der Marmorgefäße verbunden wurde, schmückte im Kerameikos das Grab des Panaitios, Sohn des Amaxanteus.

SAAL 22: Hier sind Skulpturen und Bauglieder des Asklepios-Tempels von Epidauros ausgestellt, insbesondere die Figuren der Giebeldreiecke dieses klassischen Baues (390–370 v.Chr.). Das Thema des Westgiebels war die Amazonomachie, die Schlacht der Griechen gegen die Amazonen; die Anführerin dieses kriegerischen Frauenvolkes, Penthesileia, bildete auf einem sich bäumenden Pferd in der Giebelmitte das Zentrum der Komposition. Vom Ostgiebel sind nur wenige Fragmente erhalten, so daß die Darstellung nicht mit letzter Gewißheit als Bild der Einnahme Trojas zu deuten ist. Bildhauer dieser Figuren war vielleicht Timotheos, einer der bedeutendsten Künstler des 4. Jhs.; er erhielt jedenfalls nach Ausweis von inschriftlich erhaltenen Abrechnungen einen größeren Geldbetrag für Modelle. Das Dach bekrönten reitende Nereiden oder Aurai ('Lüfte').

SAAL 23: In diesem Raum findet man attische Grabreliefs, die um die Mitte des 4. Jhs. v.Chr. entstanden sind. In der Mitte des Saales ragt eine riesige Marmorlekythos auf. – An der Wand zu Saal 24 steht ein besonders qualitätvolles Relief, die 'Ilissos-Stele': Links lehnt ein junger Mann in heroisch-sportlicher Nacktheit mit überkreuzten Beinen lässig an einem niedrigen Pfeiler, vor dem ein kleiner Knabe kauert; dem athletischen Jäger – erkennbar an seinem Wurfholz und dem Jagdhund – steht sein alter, sich auf einen Stab stützender Vater im langen Himation gegenüber, er hat die Rechte in Trauer an das Kinn geführt und betrachtet sinnend den Sohn; dieser dagegen wendet sich aus dem Relief heraus und blickt ziellos in die Ferne. Das Werk wird einem bedeutenden Bildhauer der Zeit um 340 v.Chr. zugeschrieben, dessen Entwurf noch für einige weniger kunstvolle Nachahmungen als Vorlage gedient hat (s. das Relief links daneben, dazu eine Stele im Museum von Marathon). – An der Fensterwand sieht man das Grabrelief eines gerüsteten Kriegers – sein ehemals separat gearbeiteter Kopf fehlt – zusammen mit einem bärtigen Alten und einem kleinen Knaben; es stammt aus Salamis und wurde in den Jahren um 340 v.Chr. gearbeitet. – Rechts daneben sind zwei Jagdhund-Reliefs, ebenfalls aus Salamis, vielleicht einst Verkleidungsplatten einer Grabmal-Basis, und links ein rundplastischer Grabwächter, ein Löwe, ausgestellt. – Neben diesem findet man das Fragment eines dorischen Frieses mit reliefverzierter Metope, die drei trauernde Personen erkennen läßt. Vielleicht gehörte der Marmorblock einst zu einem Bau, an dem noch andere Reliefs mit ähnlich eindrucksvollen Themen zu sehen waren, die nicht unbedingt als Lebensbilder, sondern vielleicht als Tragödienszenen zu deuten sind; dann könnte das Gebäude ein choregisches Weihgeschenk gewesen sein, zumal der Block nicht unweit von der Tripodenstraße gefunden wurde. – Wie die Grablöwen und -hunde fungierten auch Sirenen – mythische Figuren mit Vogelleibern und Frauenoberkörpern und -köpfen, die für ihren verführerischen Gesang berühmt waren – als Wächter in den Nekropolen; wie jene rahmten sie häufig als seitlicher Abschluß die Grabterrassen; zwei Beispiele sind in diesem Saal zu sehen, eine der Sirenen hält eine Kithara in der Hand. – Von Saal 23 erreicht man den schmalen seitlichen Nebenraum (25) mit Urkunden- und Weihreliefs.

SAAL 24: Die hier versammelten attischen Grabreliefs gehören zu den späten Beispielen dieser Gattung. Die Naiskoi (tempelartige Architekturrahmungen) haben eine beachtliche Tiefe und in einigen Fällen auch große Breite, so daß die Figuren fast rundplastisch erscheinen. Beispiele dafür findet man rechts neben der Eingangstür von Saal 23 und an der gegenüberliegenden Wand, wo das Relief des Prokles und Prokleides (vom Kerameikos, um 325 v.Chr.) mit einem gerüsteten Mann, einem Greis auf einem Thron ihm gegenüber und einer Frau im Hintergrund zu sehen ist; erhalten ist auch der mächtige Basisblock; die Inschriften auf dem Dachbalken (Epistyl) zeigen in ihrer unterschiedlichen Schreibform deutlich, daß später Nachträge hinzugefügt wurden. – An der Fensterwand stehen zwei sehr unterschiedliche Grabhunde: rechts ein aufmerksam aufgerichteter schlanker, eleganter Jagdhund, links ein gelagerter, dickerer Hund. In ihrer Mitte findet man die Stele eines Kriegers mit Schild, dem ein Knabe seinen Helm reicht. – Eine weitere Form von Grabwächtern neben den Löwen, Hunden und Sirenen sind kniende Bogenschützen, wie man sie in Saal 24 findet; die Figuren mit den großen Köchern faßten wahrscheinlich den Grabbezirk des Dionysios in Kollytos im Kerameikos ein. – Gleich neben dem Eingang zu Saal 24 sind eine Grablekythos und ein kleines Relief ausgestellt, die einander ähnliche Motive zeigen, nämlich Kreißszenen; die Gebärende sitzt zurückgelehnt, Dienerinnen und andere Frauen umgeben das Wochenbett; die Darstellung läßt sich – wie sonst bei attischen Grabreliefs nur selten – als Hinweis auf die Todesursache verstehen. – Vor dem Besuch des Raumes 25 mit den Weihreliefs empfiehlt sich ein Blick auf die letzten vor dem Verbot des Demetrios von Phaleron entstandenen attischen Grabreliefs in Saal 28.

WEIH- UND URKUNDENRELIEFS: Die Säle 25 bis 27, die L-förmig einen zweiten Innenhof des Museums umschließen, bewahren Weih- und Urkundenreliefs, zumeist aus dem 4. Jh. v.Chr. Zu der ersten Gattung gehören Marmor-Bildplatten, die von antiken Pilgern für bestimmte Götter in deren Heiligtümer gestiftet wurden; sie stellen die verehrte Gottheit dar, daneben oft auch den Weihenden oder eine Gruppe (Familie) von Verehrern (Adoranten). Die Reliefs sind meist architektonisch gerahmt; andere, z.B. Pan- und Nymphenreliefs, weisen daneben auch unregelmäßige Formen auf und sind als natürliche Felsen-Höhlen gestaltet. Oft sind die Weihenden durch Inschriften benannt. – Die Urkundenreliefs sind offiziell aufgestellte Marmorplatten mit dem Vertragstext im unteren Stelenteil, während in dem Bildfeld darüber meist die vertragschließenden Parteien durch Personifikationen oder Götter symbolisiert werden (Athen ist durch Athena vertreten). Die Inschriften geben die amtsführenden Archonten an, so daß sich die Reliefs sehr genau datieren lassen.

SAAL 25: Betritt man den Saal von Raum 23 aus, so findet man rechts an der Wand acht Weihreliefs für Pan und die Nymphen, die z.T. in den verschiedenen Höhlen entdeckt wurden, die diesen Göttern geweiht waren (Phyle, Vari, Eleusis, s. auch Saal 35). Die Reliefs sind meist in Form von Naturgrotten gebildet, an deren Rändern man oft noch Tiere, aber auch Flußgötter oder Jäger erkennen kann; nur eines, eine Stiftung an Trophonios in Levadia, zeigt eine rechteckige Rahmung: Pan tritt hier in Begleitung zahlreicher anderer Götter und Heroen auf (Kybele, Dionysos, Kore, Trophonios, Kureten, Dioskuren), die einen Altar umringen; an der rechten Reliefseite erscheint die vierköpfige Stifterfamilie. – Das Votivrelief gegenüber (zwischen den Fenstern) für Apollon (mit Kithara), Leto (mit Szepter) und Artemis (als Jägerin mit einem Hirsch) stammt aus Pharsala in Thessalien; die Stifterinschrift einer Gorgonilla (oder Gorgoniska) ist erst später unter die Figuren gemeißelt worden. – Daneben findet man eine schwere Platte mit einer Darstellung des Dionysos und einer Frau an einem Räucherständer. Gegenüber der Tür zu Raum 23 ist eine Weihgeschenk-Basis ausgestellt, auf deren Vorderseite ein Viergespann mit Wagenlenker vor dem Siegespreis eines Dreifußes abgebildet ist. – Die Urkundenreliefs sind mit zwei Beispielen gleich links von der Tür vertreten: links (1467) ein Vertrag zwischen Athen und Kerkyra (Korfu) aus dem Jahre 375 v.Chr. mit dem Bild der Athena, der Personifikation der Insel und des Demos; rechts auf einem Bord (1479) das Fragment einer Urkunde von der Akropolis: Unter dem Reliefbild der Athena im Handschlag mit Hephaistos (oder dem Demos) ist in Teilen die Abrechnung eines 'Schatzmeisters der Athena' und anderer Götter erhalten, der den Schatz am Ende seines Amtsjahres 397 v.Chr. übergibt. – An der Wand gegenüber stehen drei weitere Urkundenreliefs: Rechts der Beistandspakt (Symmachie-Vertrag, 362 v.Chr.) zwischen Athen und einigen westpeloponnesichen Stämmen mit dem Bild der Athena, der Hera und des Zeus, in der Mitte eine Ehrung von 346 v.Chr. für drei (im Relief dargestellte) Könige des Bosporanischen Reiches (Krim-Gebiet) und links eine Ehrung von 318 v.Chr. für Euphron aus Sikyon (Peloponnes), der Chiton und Chlamys trägt, begleitet von einem Knaben, der sein Pferd hält, und beschenkt mit einem Kranz, den ihm der Demos Athens im Beisein von Athena überreicht. – In der Ecke des L-förmigen Raumes stehen vier Mädchenstatuetten aus der Zeit um 300 v.Chr., die im Heiligtum der Geburtsgöttin Eileithyia als Weihefiguren aufgestellt waren; sie ähneln den Mädchenstatuetten, auch 'Arktoi' (Bärinnen) genannt, in Brauron (s.u. S. 180). – Die meisten in dem querliegenden Flügel des Raumes 25 aufgestellten Reliefs sind dem Asklepios und der Hygieia geweiht und wurden im Asklepieion am Südabhang der Akropolis gefunden. Sie sind Werke einfacher Bildhauer aus dem späten 5. und 4. Jh., jedoch eindrucksvolle Zeugnisse einer lebendigen Religiosität. Die Götter stehen oder sitzen in überragender Größe vor den kleinen Adoranten. Häufig trennt ein Altar, der auch über Eck abgebildet sein kann, den göttlichen vom menschlichen Bereich. Asklepios wird regelmäßig von seinem heiligen Tier, der Schlange, begleitet, die sich an dem Stab, auf den er sich stützt, emporringelt oder sich neben seinem Thron aufrichtet. Außer den zahlreichen Reliefs fand man zudem auch Statuetten, die den Gott darstellen, und die Figur eines auf dem Boden sitzenden nackten Knaben. – In der Raummitte ist der Oberkörper des beeindruckenden Asklepios aus dem Piraeus ausgestellt; die fehlenden Gliedmaßen waren separat gearbeitet, die Augäpfel in anderem Material eingesetzt; die Statue, ein Werk des 3. Jhs., wurde im Asklepieion von Mounychia beim Zea-Hafen gefunden.

SAAL 26: An der Fensterseite des Saales findet man das berühmte Weihrelief aus dem Amphiareion bei Oropos, das Archinos dem Amphiaraos geweiht hat (um 380 v.Chr.). Der links auf einen Stab gestützte Heilgott behandelt die Schulter des Archinos, daneben liegt der Weihende auf einer mit Tüchern bedeckten Kline und wird im Schlaf von einer Schlange 'gebissen', ein Symbol für die Heilung durch die Gottheit, und ganz rechts sieht man ihn stehend bei einer Reliefstele; es sind also in dem kleinen Bild drei Szenen miteinander verschränkt. – An der Fensterwand folgen weitere Asklepios-Reliefs; vier Kinderfiguren und zwei Asklepios-Statuetten gegenüber stammen aus Epidauros. – Links neben der Tür zu Raum 27 befindet sich ein Weihrelieffragment, auf dem die Göttin Artemis mit einer langen Fackel in Begleitung eines Hundes dargestellt ist; links von ihr sind die Kontur eines Berges und ein fliehender Hirsch zu erkennen. – Rechts vom Durchgang steht ein schönes Asklepios-Weihrelief aus Loukous in Arkadien: In der Mitte stützt sich der Gott auf seinen Stab, die Linke in die Hüfte gestemmt, hinter ihm stehen seine beiden Söhne und drei Töchter (die Asklepiaden), während eine Adorantenfamilie mit Gaben und einem Opferschwein von links vor den Gott tritt.

SAAL 27: Im hintersten der Weihrelief-Räume fällt eine große Hygieia-Statue auf, eine römische Kopie des 2. Jhs. n.Chr. nach einem klassischen griechischen Original. – An der Fensterwand findet man ein interessantes Relief mit dem Bild der Fußwaschung des Odysseus; der Held, an dem Filzhut (Pilos) kenntlich, kehrte nach 20 Jahren Abwesenheit nach Hause zurück und wurde von seiner Amme Eurykleia wiedererkannt; hinter dem sitzenden Odysseus steht seine Frau Penelope mit dem Spinnrocken; das Relief ist ein Werk aus dem mittleren 4. Jh. v.Chr., das vielleicht eine ältere Malerei kopiert. – An der Wand gegenüber sind einige kleine Kybele-Weihreliefs ausgestellt; die Muttergottheit thront in einem Naiskos, flankiert von Löwen, und hält ein Tympanon in der Hand. – Daneben hängen Beispiele von sog. Totenmahlreliefs: Ein Gott, z.B. Asklepios, lagert auf einer Kline, eine Göttin sitzt an deren Fußende, im Hintergrund erscheinen meist ein Baum mit einer Schlange und ein Pferd. – Eine marmorne Rundbasis (frühes 4. Jh. v.Chr.) von der Agora zeigt acht (von den einst vorhandenen zwölf) Götterreliefs: eine Göttin vor dem sitzenden Poseidon, Demeter, Athena, den thronenden Zeus und Hera sowie Apollon mit der Kithara und den Rest einer weiteren Gestalt.

SAAL 28: Die rechte Schmalseite dieses Saales beherrscht das großartige Grabrelief des Aristonautes vom Kerameikos: Voll gerüstet ist der Krieger in stürmischer Bewegung dargestellt; sein Mantel flattert nach hinten weg und bildet zusammen mit dem Schild die Verbindung zum Reliefhintergrund, während die Figur sonst frei gearbeitet ist; das dynamische Bild entstand als eines der spätesten Reliefs kurz vor dem Gräberluxus-Verbot des Demetrios von Phaleron. – Neben diesem Grabdenkmal findet man schmale Platten mit sehr flachen Reliefs, die einst die seitlichen Wände von großen Naiskoi bildeten, sowie Grablöwen und (rechts) das sog. letzte attische Grabrelief, eine matronale Frauengestalt, die eng in einen Mantel gewickelt ist; die reiche Faltengebung und die Binnengliederung des Stoffes mit Liegefalten beobachtet man bei späteren, hellenistischen Gewandfiguren häufig. – Unklar ist die Datierung und Deutung des großen, eindrucksvollen Pferdereliefs neben dem Fenster: Ein Negerknabe versucht, ein stattliches Pferd, dessen Rücken ein Pantherfell bedeckt, mit Zügel und Stock zu bändigen; das Gesamtbild ist nicht vollständig erhalten, und es ist auch nicht bekannt, ob es sich um ein sehr ungewöhnliches sepulkrales Monument (dann müßte es noch im späten 4. Jh. v.Chr. entstanden sein) oder ein offizielles Staatsdenkmal handelt (dann könnte es bereits in das 3. Jh. v.Chr. datiert werden); auch der Fundort nahe der Akademie läßt keine Entscheidung dieser Frage zu. – In der nächsten Abteilung desselben Saales steht auf hohem Sockel die Skulptur eines Babys, das einst von einer matronalen Frauenfigur in fußlangem Gewand auf dem Arm gehalten wurde; die Statue, die durch mehrere römische Marmorkopien überliefert ist, stellte die Friedensgöttin (Eirene) mit dem Ploutosknaben (Reichtum) und einem Füllhorn dar und war eine offizielle Weihung Athens; der Bildhauer Kephisodotos schuf sie zur Aufstellung auf der Athener Agora um 375 v.Chr. (schöne Kopie in der Münchner Glyptothek). – Dem Ploutos gegenüber findet man die bewaffnete Aphrodite von Epidauros, eine römische Kopie nach einem Original der Zeit um 400; die Gewänder, der eng anliegende, von der Schulter geglittene Chiton und auch der mit tiefen Faltenzügen gegliederte Mantel, betonen die Körperformen mehr, als daß sie sie verbergen, ein Stilphänomen, das man auch an den Reliefs der Nike-Balustrade, dem Musterbeispiel des sog. Reichen Stils (s.o. S. 41), findet; in der erhobenen Linken schwang die Göttin wahrscheinlich ihre Waffe, die sie aus der am Schwertband befestigten Scheide gezogen hatte. – Die bronzene Statue eines Heros oder Gottes in der Saalmitte wurde in einem Schiffswrack vor Antikythera gefunden. In der erhobenen Rechten hielt die athletische Figur, die wohl ein Original aus der Zeit um 340 v.Chr. ist, nach der Fingerhaltung entweder einen Apfel oder ein Medusenhaupt; dementsprechend müßte man sie als Paris oder als Perseus deuten. – Hinter dieser Großbronze findet man den bronzenen Kopf eines bärtigen Boxers aus Olympia, dessen Beruf an den verletzten Ohren, dem gebrochenen Nasenbein und den vernarbten, aufgedunsenen Gesichtspartien kenntlich ist; in deutlichem Gegensatz dazu steht das schöne, reich gelockte Bart- und Haupthaar; auf dem Kopf trug er einst einen Olivenkranz, Zeichen seines Sieges im Wettkampf (um 350 v.Chr.). – Unter den weiteren Werken in diesem Museumssaal sind einige Frauenköpfe des 4. Jhs. v.Chr. zu erwähnen, darunter der ausgezeichnete 'Kopf vom Südabhang' der Akropolis mit weichen Gesichtsformen, tiefliegenden, großen Augen und einer lockeren Haarpracht, die ein breites Band zusammenfaßt (rechts neben dem Durchgang zu Saal 29). – Am Ende des Saales schließlich sind einige Fragmente des Giebelschmuckes vom Tempel der Athena in Tegea (Peloponnes) zu sehen, der den Mythos der kalydonischen Eberjagd mit dem Helden Meleager zum Thema hatte; von diesem Werk des Bildhauers Skopas von Paros, eines der berühmtesten Künstler des mittleren 4. Jhs. v.Chr., sind einige Köpfe von Kriegern- und Heroenfiguren sowie der Rest eines Eberkopfes ausgestellt.

SAAL 29 wird beherrscht von der 'Themis von Rhamnous', einer Weihestatue der Göttin des Rechtes, die einst in dem Schatzhaus neben dem Nemesis-Tempel aufgestellt war (s.u. S. 201); sie ist die Stiftung eines Rhamnousiers mit Namen Megakles und ein Werk des Bildhauers Chairestratos, der um 290 v.Chr. arbeitete. Bezeichnend für den Stil dieser Zeit ist die hohe Gürtung des knittrigen Chiton und der Gegensatz in der Stoffwiedergabe von Untergewand und schwerem Mantel. – An der Fensterwand des Raumes stehen drei Reliefplatten von einem Monument, das als 'Musenbasis von Mantineia' (Peloponnes) bekannt ist; zusammen mit einer verlorenen vierten Platte bildeten sie wahrscheinlich die Verkleidung einer Basis, auf der sich eine dreifigurige Statuengruppe mit Leto und ihren beiden Kindern Apollon und Artemis befand, die laut Pausanias von Praxiteles geschaffen wurde; die Reliefs stellen den musikalischen Wettkampf zwischen Apollon und dem Satyrn Marsyas dar, den der Gott selbstverständlich gewann; zur Strafe für seinen Hochmut, sich mit einem Gott messen zu wollen, wurde Marsyas von einem Skythen die Haut abgezogen. Auf den Reliefs sieht man die Musen, die Begleiterinnen des Apollon, den Gott mit der Kithara, den Skythen, der mit seinem Messer den Ausgang des Wettstreites schon ankündigt, und den auf der Doppelflöte blasenden Satyrn. – Links neben dem Relief findet man drei Kopien nach einem griechischen Heroen-Kopf, dem sog. Eubuleus, einem eleusinischen Unterweltsgott; neuerdings wird der Typus als Heros Triptolemos gedeutet (die beste Kopie mit dem Ansatz des Chiton stammt aus Eleusis). – Auf der gegenüberliegenden Raumseite sieht man die hellenistische Marmorfigur eines Kriegers aus Delos und zahlreiche Skulpturteile von der Kultbildgruppe des Tempels der Großen Göttinnen in Lykosoura (Peloponnes; ein Bild gibt die rekonstruierte Aufstellung der Figuren wieder). Erhalten sind die Kolossalköpfe der Demeter, der Artemis und des Giganten Anytos; den reichen Thron schmückten Figuren von kleinen Tritonen. Besonders interessant ist ein Gewandteil mit figürlichen Reliefverzierungen, die als in den Stoff gestickte Bilder vorzustellen sind. Die Kultbildgruppe ist ein Werk des hellenistischen Künstlers Damophon, der auch die phidiasische Goldelfenbein-Statue des Zeus in Olympia reparierte. – Links neben dem Durchgang zu Saal 30 ist eine römische Kopie des Bildnisses des Demosthenes ausgestellt, des bedeutenden Athener Redners und Politikers der spätklassischen Opposition gegen die makedonische Herrschaft über Griechenland (das Original von 286 v.Chr. befand sich auf der griechischen Agora Athens).

SAAL 30 beherbergt eine Auswahl hellenistischer Skulpturen, darunter einige kleine Grabreliefs von den Ägäisinseln und einige späthellenistische Portraitköpfe. – Links vom Eingang findet man in zwei Vitrinen die bronzenen Fragmente einer Philosophenstatue mit Mantel und Sandalen; der bärtige Kopf mit den stechend wirkenden Augen, dem wirren Haar und der faltigen, asymmetrisch angespannten Stirn macht einen lebendigen Eindruck; die Statue war ein Teil der vor Antikythera gesunkenen Schiffsladung (um 200 v.Chr.). – Hinter zwei hellenistischen Kinderfiguren stehen an der Fensterwand die beiden Throne aus dem sog. Themis-Tempel (Schatzhaus) in Rhamnous, Weihegaben eines Sostrates an Themis und Nemesis (4. Jh. v.Chr.). – In der Saalmitte beherrscht die Kolossalfigur des Poseidon von Melos das Bild; während die Linke den Himationwulst an die Hüfte drückt, hielt die rechte erhobene Hand wohl den Dreizack; die Deutung der Götterdarstellung geht aus dem Delphin an der Seite hervor. Denselben hellenistischen Statuentypus gibt eine kleine Figur (in einer Vitrine rechts neben dem Poseidon) wieder; hier ist ein Chiton über dem Oberkörper hinzugefügt, und eine Weihinschrift an der Basis besagt, daß Timokles, Sohn des Timokleipes, das Werk dem Sarapis geweiht hat, den es nun wiedergibt. – In der rechten hinteren Saalecke sind zwei Teile des Zeus-Kultbildes aus Aigeira (Peloponnes-Nordküste) ausgestellt, ein bewegtes Antlitz mit pathetisch geöffnetem Mund und massigem Bart sowie ein kolossaler Arm; die einstige Sitzstatue war aus mehreren, z.t. zur Gewichtserleichterung ausgehöhlten Teilen zusammengestellt und an der Rückwand der Tempelcella verankert. – Rechts neben dem Durchgang steht die berühmte 'Pantoffelgruppe', ein Bildwerk der Zeit um 120 v.Chr. aus einem großen Haus auf Delos, dem Vereinslokal von Kaufleuten aus Berytus (Beirut): Die Göttin Aphrodite wehrt sich mit der Sandale in der erhobenen Rechten gegen einen zudringlichen, bocksbeinigen Pan, während ein kleiner Eros über ihrer Schulter fliegt und das Horn des Pan gefaßt hat. – Zwischen hellenistischen Grabreliefs, die durch Naiskoi mit großen, in enge Mäntel gewickelten Figuren charakterisiert sind, fallen die hellenistischen Portraits eines Ehepaares (von einem Grabdenkmal in Izmir, Türkei) sowie zwei Männerköpfe auf (einer ist durch den Myrtenkranz im vollen Haar als Priester gekennzeichnet), eindrucksvolle Bildnisse aus dem Athen des 2. Jhs. v.Chr. – Neben der Tür von Raum 29 schließlich steht der Torso einer Frauenstatue von einem Denkmal, das an der antiken Straße vom Dipylon zur Agora stand und von Pausanias beschrieben wird; demnach handelte es sich um eine Statuengruppe für Dionysos, ein Werk des Bildhauers Euboulides aus den Jahren um 200 v.Chr. Erhalten ist eine Muse, deren Körper an der Rückwand des Monumentes verdübelt war; der neben der Figur ausgestellte Athena-Kopf, der früher demselben Denkmal zugeschrieben wurde, muß aufgrund stili-

stischer und technischer Merkmale später entstanden sein und kann nicht zu dem
Euboulides-Monument gehört haben.
SAAL 31 BIS 33: Diese Museumsräume werden z.Zt. umgestaltet; sie werden einmal
römische Werke, insbesondere Portraits, Grabstelen und Sarkophage aufnehmen. –
SAAL 34 UND 35: Die große Abteilung mit der Treppe in das Obergeschoß soll den
Eindruck eines Heiligtums mit seinem Inventar vermitteln; sie enthält einige griechische Weih-Skulpturen und Votivreliefs aus verschiedenen griechischen Heiligtümern; in der Mitte steht ein großer Altar für Aphrodite und die Grazien, der von
der Straße zwischen der Agora und dem Kerameikos stammt. – An der Südseite des
Saales ist ein mit Kränzen verzierter Architrav ausgestellt; er gehörte zu dem choregischen Weihgeschenk des Thrasyllos an der Südseite der Akropolis und war Teil
einer Fassadenarchitektur vor dem Fels hoch über dem Dionysos-Theater (320/19
v.Chr.; s.o. S. 47). – Etwa in der Mitte des Raumes findet man die Schulterpartie
einer hochklassischen Aphroditestatue, die das Kultbild im Heiligtum in Daphni
war; die heiligen Tiere der Liebesgöttin, die Tauben, ebenfalls Funde aus dem Aphrodite-Heiligtum von Daphni, sieht man in einer Vitrine neben dem Fragment. – Am
Saalende stehen zu beiden Seiten der Treppe zwei große klassische Grabloutropho-
ren mit Reliefbildern der Toten; diese Form des Grabdenkmals war den unverheiratet Verstorbenen vorbehalten. – Die Nordseite der großen Halle zeigt einige Weihreliefs: Hinten drei Weihungen an Herakles; der Heros steht entweder in einer Säulenarchitektur oder ist auf einem Felsen gelagert. Vorn im Saal ein Votiv für Zeus,
der im Kreis anderer Götter und Heroen auftritt (Herakles, Flußgott Acheloos als
Maske, Hermes mit Heroldstab u.a.). Daneben zwei Weihreliefs für Pan und die
Nymphen (vom Südabhang der Akropolis und aus der Pansgrotte auf dem Pentelikon; s.u. S. 213); Pan erscheint ebenfalls zusammen mit anderen Göttern, nämlich
einerseits mit Apoll und Hermes, der die Nymphen anführt; seitlich sechs Pilger als
Adoranten; andererseits sieht man in dem Grotten-ähnlichen, räumlichen Bild Pan
neben den Nymphen und Hermes.
SAAL 36 UND 37: In diesem seitlichen Flügel wird eine große Sammlung (Slg. Karapanos) von Kleinbronzen gezeigt, die zumeist aus Dodona (bei Ioannina) stammen
und Werke der frühgriechischen bis klassischen Kunst (8.-4.Jh.) sind; andere Bron-
zen stammen aus den Grabungen in Olympia, Samos oder dem Kabirion bei Theben. – Waffenteile, Zaumzeug, Inschriften und – besonders interessant – Wimpern
und Augenfragmente, die in die Augenhöhlungen bronzener Statuen eingesetzt wurden, sind vertreten. Daneben findet man das gegossene Bein eines Dreifußkessels,
Waffenteile und Statuetten (Zeus, Pan); besonders kunstvoll gefertigt ist eine Helm-
wangenklappe mit dem getriebenen Reliefbild eines Kriegers über einem Gefallenen. – Ferner sieht man Klapp- und Flachspiegel sowie Bronzekannen, Götterstatu-
etten (Eros, Hermes) und Tierdarstellungen. – Der bronzene, archaische Flötenspieler
mit langem Gewand wurde in Dodona gefunden. – Die folgende Vitrine bewahrt
Terrakottastatuetten aus einem Artemis-Heiligtum auf Korfu, die Göttin mit ihrem
Bogen, Rehen und Vögeln. – Auch Bronzestatuetten, Nadeln, eine Hydria (Wassergefäß), Armreifen und eine Strigilis, d.i. ein Schabeisen von Sportlern zum Abkrat-
zen des Sandes vom Körper, sind hier ausgestellt. – Neben marmornen Grabreliefs
und einer hellenistischen Mantelfigur sieht man die Rekonstruktion eines römischen
Wagens mit Bronzeschmuck (aus Nikomedia, Türkei). – Am Saalende stehen griechische Grabreliefs, römische Portraits und hellenistische Köpfe; auffallend wegen
der hervorragenden Qualität (Politur des Marmors) ist ein weibliches Bildnis (um
130 n.Chr.) mit einer 'Turbanfrisur', bei der die zu Zöpfen geflochtenen Haare auf
dem Kopf zu einem Nest gelegt sind. – Die folgende Vitrine enthält bronzene Gefäß-

henkel und Formen für Götterfigürchen (Athena, Sarapis), eine spätarchaische Statuette des Zeus stammt wiederum aus Dodona. – Beschlagbleche, Nadeln, Schwerter, Kranzblätter und eine hübsche Schauspieler-Statuette füllen die nächste Vitrine. – Weiterhin sind Gefäßfüße in Prankenform, Armreifen, eine archaische Läuferstatuette (Randschmuck eines Gefäßes) und bronzene Beine von Dreifüßen zu sehen. – In der letzten kleinen Vitrine findet man die qualitätvolle Statuette eines Reiters aus Dodona, Teil eines Paares, dessen zweites Exemplar in den Louvre kam; man beachte die detaillierte Ausarbeitung der Pferdemähne (um 560 v.Chr.). – Im anschließenden Raum 37 steht in der Mitte die Bronzestatue eines Epheben, der einst auf seiner linken Handfläche einen Gegenstand hielt, während die rechte eine ungedeutete Bewegung ausführt; die Statue aus den Jahren 340 bis 320 v.Chr. wurde im Meer bei Marathon gefunden. – Rundum an den Wänden sind in Vitrinen zahlreiche Kleinbronzen, darunter viele geometrische Werke, ausgestellt. Besonders erwähnenswert ist die relativ große Statuette eines Doppelflöte blasenden Musikers aus dem Heraion von Samos (mittleres 6. Jh. v.Chr.).

DAS OBERGESCHOSS:

SONDERAUSSTELLUNG von Fresken und Funden aus Akrotiri auf Thera: Auf der Ägäis-Insel Thera (Santorin) wurde die minoische Siedlung 'Akrotiri' entdeckt, die – ähnlich wie das beim Vesuvausbruch untergegangene Pompeji – unter dicken Sand- und Lavaschichten verschüttet lag; insbesondere die gut erhaltenen Fresken an den mit Fenstern und Türen aufrecht stehenden Hauswänden sind einzigartige Kunstwerke der Zeit um 1550 v.Chr. – Im Vorraum vermitteln Fotos einen Eindruck der Ausgrabungen. Im Hauptraum sind in einigen Vitrinen Fundstücke zu sehen: Keramik, die mit Tierfiguren (Delphine, Oktopoden, Pferde, Ziegen) verziert ist; ein Gefäß in Form eines Löwen; ein Dreifuß-Altärchen und der Gipsabguß eines Bettes, der durch das Ausgießen der Hohlräume in der Lava gewonnen werden konnte. – Im hinteren Raum sind die Fresken ausgestellt. Die Wände der Wohn- und Heiligtumsräume waren mit Bildern von fast lebensgroßen Figuren bemalt: Affen in einer Felslandschaft, Schwalben über Lilien, Antilopen, boxende Kinder, ein Fischer mit seinem Fang, eine Priesterin mit einem Opfergaben-Teller sowie Frauenfiguren in der typischen minoisch-mykenischen Sakraltracht aus Volanröcken und einem Jäckchen, das die Brüste frei läßt (vgl. den Frauenfries von Theben im Mykene-Saal 4); daneben wurden auch Fresken mit Miniaturdarstellungen gefunden, die interessante Einblicke in den Alltag der Minoer gewähren: Man sieht eine Flußlandschaft mit Tieren und Palmen, eine Siedlung in einer Hafenbucht und davor große und kleine Schiffe mit ihrer Besatzung sowie Kriegsszenen mit bewaffneten Soldaten und im Meer treibenden Ertrunkenen.

VASENSAMMLUNG (SÄLE 49-56): Die wenig besuchte Sammlung griechischer Keramik bietet in chronologischer Ordnung einen einzigartigen Überblick über diese Denkmäler-Gattung in Griechenland von den bronzezeitlichen und mykenischen über die geometrische Epoche bis hin zu den berühmten archaischen und klassischen Vasen Athens, den hellenistischen Gefäßen und bunten Terrakotten Attikas und Böotiens (35 mit den Namen der Vasenformen und ihren jeweiligen Verwendungszwecken). – Die getöpferten Gefäße wurden nicht mit Farben, sondern mit verdünntem Tonschlicker bemalt; dort, wo der Schlicker aufgetragen wurde, entstand beim Brennvorgang ein dunkles, je nach Dicke des Malstoffes rotbraunes bis schwarzes Motiv. In der geometrischen Zeit bemalte man die Gefäße mit Kreisen, Rauten, Mäandern, glatten Bändern und anderen geometrischen Mustern, die z.T. schraffiert wurden; erst im Laufe der Zeit belebten Streifen mit stilisierten figürlichen Darstellungen (Tierfriese) sowie kleine Bilder (Aufbahrung eines Toten und Leichenzug,

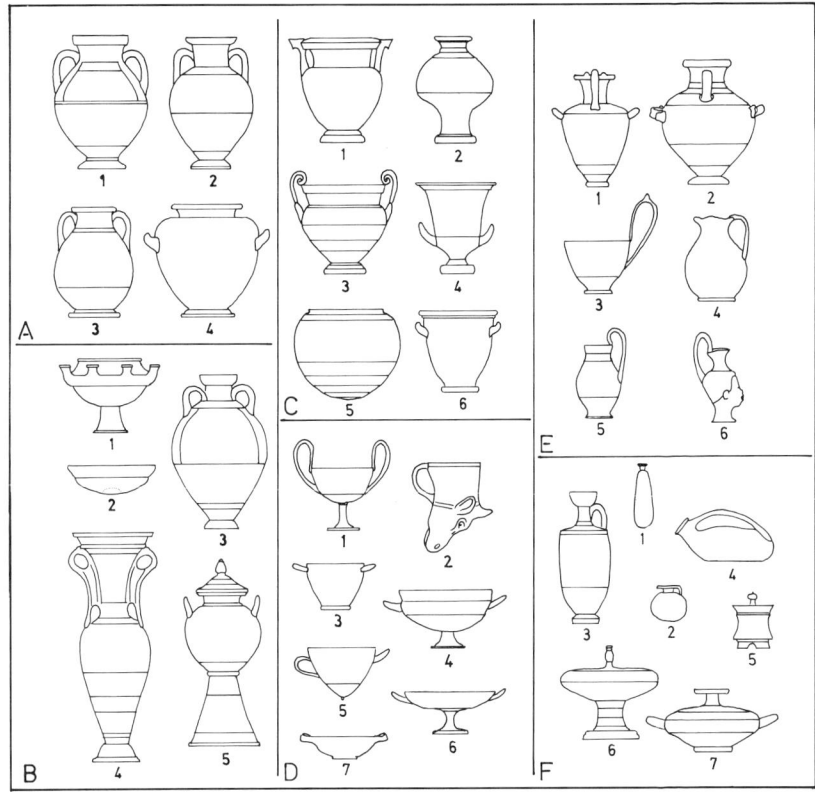

35   Formen griechischer Vasen (Größen nicht maßstabsgerecht)
  A: Vorratsgefäße: 1: Bauchamphore; 2: Halsamphore; 3: Pelike; 4: Stamnos.
  B: Kultgefäße: 1: Kernos; 2: Omphalos-Schale; 3: Panathenäische Amphore;
     4: Loutrophore; 5: Lebes Gamikos (Hochzeits-Gefäß).
  C: Mischgefäße: 1: Kolonettenkrater; 2: Psykter (Kühlgefäß); 3: Volutenkrater;
     4: Kelchkrater; 5: Lebes; 6: Glockenkrater.
  D: Trinkgefäße: 1: Kantharos; 2: Rhyton; 3: Skyphos; 4: schwarzfigurig bemal-
     te Schale; 5: Mastos; 6: rotfigurig bemalte Schale; 7: attischer Kothon.
  E: Schöpf- und Gießgefäße: 1: Hydria; 2: Kalpis; 3: Kyathos; 4: Oinochoe;
     5: Olpe; 6: Kopfgefäß.
  F: Salbgefäße und Büchsen: 1: Alabastron; 2: Aryballos; 3: Lekythos; 4: Askos;
     5: Pyxis; 6: Plemochoe; 7: Lekanis.

Alltagsszenen, später auch Mythenbilder) den strengen Aufbau der Gefäßdekora-
tion. Im 7. Jh. beherrschte die korinthische Keramik den griechischen Markt: Sie ist
an der Malerei mit viel Purpurrot und Lila auf sehr hellem Tongrund gut erkennbar;
die Figuren sind zudem in zahlreiche Füllmotive, insbesondere Rosetten, eingebettet. – Neben den beiden Hauptzentren der griechischen Vasenproduktion (Korinth
und Athen) gab es noch viele andere Orte, die ihren eigenen Vasen-Stil entwickelt
hatten (z.B. die griechischen Inseln Melos, Naxos, Samos, Lemnos oder Euböa; böo-
tische Reliefamphoren sind zu nennen u.v.a.m.); diese können nur in den Athener

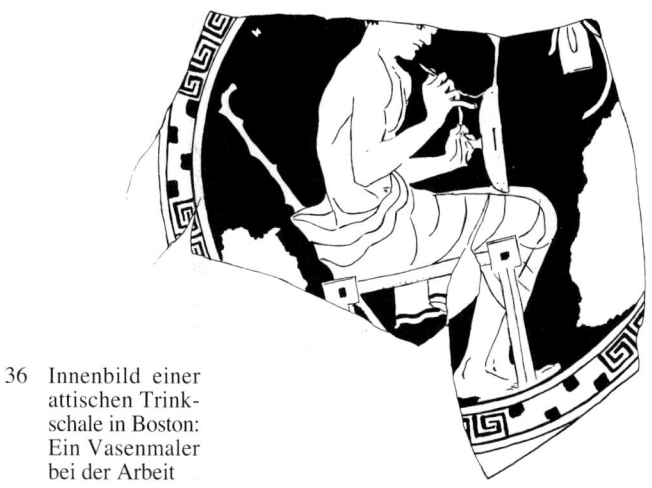

36 Innenbild einer
attischen Trink-
schale in Boston:
Ein Vasenmaler
bei der Arbeit

Sammlungen in dieser Vielfalt studiert werden. – In der Archaik eroberten dann die
attischen Werkstätten den griechischen Markt: Man verzierte die Gefäße mit Bildern, die als schwarze Silhouetten auf rotem Tongrund erscheinen; Binnenlinien
mußten bei dieser Technik als Ritzung nach dem Brand eingetragen werden; darüber hinaus konnte man dann noch Deckfarben auftragen (Rot und Weiß, letzteres
besonders für die Hautpartien bei weiblichen Figuren verwendet), die heute oft abge-
platzt sind. Zwischen 530 und 520 v.Chr. änderte sich die Mal-Technik: Man spar-
te das Motiv aus, bemalte den Hintergrund mit dickem Schlicker – er wurde dadurch
nach dem Brand schwarz – und konnte nun die Binnengliederung der tongrundigen
Figuren, die Gewänder, Muskulatur, Gesichter, Haare u.a., als dünne, braune Lini-
en angeben (36); die Figuren bekamen dadurch mehr Lebendigkeit, der Gesamteindruck wurde plastischer, die Erscheinung der rötlichen Gestalten auf dem schwarzen Hintergrund kam der natürlichen Erscheinung näher (als 'rotfiguriger Stil' gegenüber dem älteren 'schwarzfigurigen' bezeichnet). – Eine wichtige Datierungsgrundlage
bieten die Vasen von der Akropolis, die im Jahr 480 v.Chr. bei der Perserzerstörung
vom Brand geschwärzt wurden; sie gelangten in den sog. Perserschutt. – Eine besondere Vasengattung bilden die weißgrundigen Gefäße der Klassik, insbesondere die
Lekythen mit ihren Grabbildern: Auf hellem Hintergrund sind mit wenigen Strichen
und farbigen Gewändern Figuren hingeworfen, exzellente, flüchtige Darstellungen,
die sehr ausdrucksstark sind (s.o. Saal 18). – Für den Ausgräber ist die Keramik ein
unverzichtbares Mittel, die Fundschichten chronologisch einzuordnen; durch die
Fülle des Materials und eine gute wissenschaftliche Erschließung lassen sich heute
Vasen, die, zu Scherben zerbrochen, in jeder Ausgrabung in großen Mengen auftreten, bis auf wenige Jahre genau datieren; man kann Maler und Töpfer, die häufig
auch signiert haben, an ihrer 'Handschrift', ihrem Stil, unterscheiden und in ihrer
Entwicklung verfolgen. – Den am Alltagsleben Interessierten werden die Vasenbil-
der in ihren Bann ziehen; dem in der griechischen Mythologie bewanderten Besu-

cher bietet sich eine schier unvorstellbare Menge an Szenen aus den verschiedensten Sagenkreisen. – Eine detaillierte Beschreibung der Ausstellungsstücke ist hier wegen der nahezu unüberschaubaren Fülle nicht möglich.

VERKAUF VON GIPSABGÜSSEN: Im Kellergeschoß gibt es eine Abteilung, in der man neben kleineren Katalogen vor allem Gipsabgüsse von Antiken (Reliefs, Statuen, Terrakotta-Statuetten u.v.a.) aus Athener, aber auch aus anderen griechischen Museen erwerben kann.

LYKABETTOS: Der höchste Stadtberg Athens ist mit 277 m ü.nn der Lykabettos ('Wolfsberg'; 2); sein Gipfel mit der Agios Georgios-Kapelle bietet sich als herausragender Aussichtspunkt bei klarem Wetter für einen Rundblick über das Häusermeer der Stadt und den Saronischen Golf an. Man gewinnt so schnell die notwendige Orientierung, die bisweilen zwischen der gleichförmigen Architektur verloren geht. Auch ein ruhiger, erfrischender Aufenthalt in dem wenig unterhalb des Gipfels gelegenen Restaurant oder der noch weiter unten liegenden Taverne, Athen mit dem herausragenden Akropolis-Felsen zu Füßen, ist ein besonderes Erlebnis. Der Mythos berichtet über die Entstehung des Lykabettos, Athena habe den Fels vom Pentelikon gerissen und ihn auf dem Weg zur Akropolis fallen gelassen.

Zwischen spärlichen Nadelbäumen sowie großen Agaven hindurch schlängeln sich mehrere Fußwege den Berg hinauf; man kann aber auch mit dem Auto an der Westseite bis zu einem Parkplatz (hier liegt in einem modernen Steinbruch ein Theater, in dem im Sommer Freilicht-Aufführungen stattfinden, 2,38) nördlich unterhalb des Gipfels hinauffahren; oder man nutzt die auf der Südseite (in der Aristippou-Str. am Ende der Treppenstraße Ploutarchou; ausgeschildert) beginnende Zahnradbahn.

Südlich unterhalb des Lykabettos findet man das Viertel 'Kolonaki' (wörtl.: 'Säulchen', nach einer dort stehenden Säule benannt) mit geschmackvollen, aber relativ teuren Geschäften, Cafés und Bars. Der betriebsame Mittelpunkt ist der Kolonaki-Platz mit zahlreichen Cafés, in denen man die an Kiosken (griechisch: Peripteroi, wie die antiken Ringhallentempel!) erhältliche internationale Presse studieren kann. Der Platz trägt eigentlich den Namen 'Philikis Etairias' (= der Freundesgesellschaft), der von einer Geheimloge des vergangenen Jahrhunderts herrührt, die die Befreiung von der Türkenherrschaft vorbereitete. Etwa 200 m entfernt oberhalb am Hang (136 m ü.NN) liegen die Reste eines römischen Wasserreservoirs, 'Dexameni' genannt (2,39), das seit Hadrians Regierungszeit die antike Stadt mit Wasser versorgte und für den notwendigen Druck im Leitungssystem sorgte. Die Fassade dieser Zisterne war mit vier ionischen Säulen und einem Architrav geschmückt, auf dem eine Inschrift den Stifter der Anlage nannte. Noch im 15. Jh. nahezu intakt, wurden die Marmorteile 1778 abgerissen und in einem Tor der Stadtbefestigung verbaut (37). Heute liegt ein beschrifteter Architravblock dieser Zisterne im Nationalpark (s.o. S. 96); sie wird von der staatlichen Wassergesellschaft genutzt, und es sind vor Ort nur mehr geringe Mauerreste und einige Säulenbasen zu erkennen, auf denen die Fassade einst stand.

IMP· CAESAR·T· AELIVS
AVG· PIVS· COS·III· TRIB POT·II·PP· AOVAEDVCTVM· INNOVIS
CONSVMM AVIT

37 Östliches Stadttor
Athens um 1780
mit dem Architrav
der hadrianischen
Zisterne,   nach
Dodwell (1801)

Ebenfalls am südlichen Abhang des Lykabettos, wenige hundert Meter östlich des Wasserreservoirs, liegt die Gennadios-Bibliothek (**2**,40) mit einer aufwendig mit naxischem Marmor verkleideten Fassade. Sie gehört heute zur gegenüber befindlichen Amerikanischen Archäologischen Schule und ist die Stiftung des ehemaligen Botschafters Griechenlands in London (1922). Die der Öffentlichkeit zugängliche Bibliothek beherbergt eine international bedeutende Sammlung sämtlicher, in allen Sprachen erschienenen Werke über das moderne Griechenland. Bisweilen werden in Wechselausstellungen Teile der Bestände vorgestellt.

Zwei Straßen abwärts stößt man in der Gennadios-Str. auf das Kloster Petraki (18. Jh.; **2**,41); es ist der Sitz der Bischofs-Synode, und in seinen Mauern steht eine alte byzantinische Kirche (10. Jh.) vom Kreuzkuppel-Typus mit vier Säulen im Hauptraum; die Fresken (1719) stammen von Georgios Markos, der in der 1. Hälfte des 18. Jhs. zahlreiche Kirchen Attikas ausgemalt hat. Im hübsch bepflanzten Hof des Klosters findet man zahlreiche Marmorfragmente, u.a. – in einem Glockentürmchen integriert – eine klassische Anthemionstele, ein späthellenistisches Grabrelief, dessen Bild abgemeißelt und zu einem Löwenkopf umgeformt wurde, und eine zu einem Wasserbecken verwandelte Statuenbasis.

Die Senke zwischen dem Lykabettos und den Tourkovounia durchzieht eine wichtige Hauptstraße Athens, die Leophoros Alexandras; an ihr liegt auch das Stadion des bekannten Athener Fußball-Vereins 'Panathenaïkon'. Wenige Schritte südöstlich des Stadions, in der A. Tsocha-Straße, befindet sich

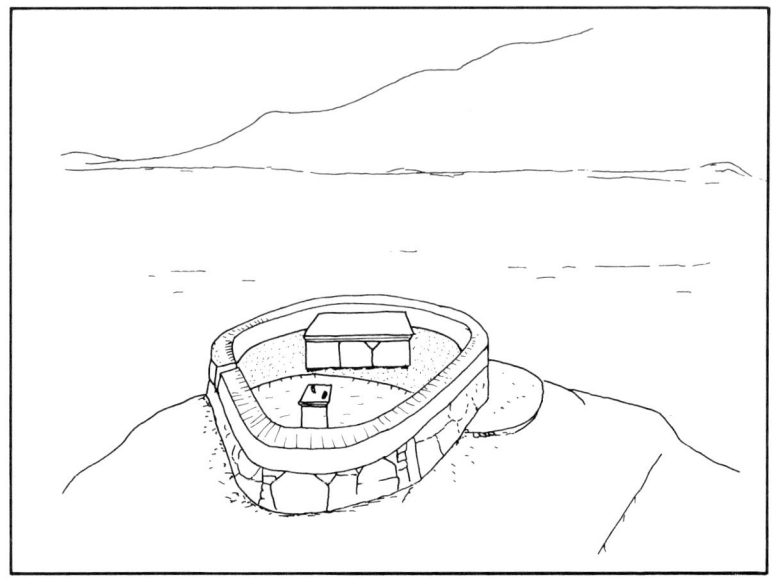

38 Zeus-Heiligtum auf den Tourkovounia, rekonstruierte Ansicht (nach Lauter)

zwischen den modernen Wohnbauten die 1957 schön restaurierte, mittelbyzantinische Kreuzkuppelkirche der Agion Panton (Aller Heiligen, auch
Homologiton genannt). In ihren Mauern sind zahlreiche ältere, antike und
frühchristliche Steine verbaut, darunter auch eine klassische Grenzinschrift
(ΟΡΟΣ); im Inneren sind zwei Säulen aus Karystos-Marmor als Stützen verwendet worden, und neben der kleinen Kirche liegen weitere Spolien, die
von römischer Marmorarchitektur und einem früheren, vielleicht frühchristlichen Vorgängerbau herrühren.
TOURKOVOUNIA: Vom Lykabettos-Gipfel sieht man nach Norden auf einen
flachen Hügel, der inmitten des Häusermeeres liegt. Es handelt sich dabei
um die 'Türkenberge', die Tourkovounia, eine Nord-Süd verlaufende baumlose Hügelkette, die von modernen Steinbrüchen bizarr zerklüftet ist; in der
Antike hieß dieser Berg wahrscheinlich Anchesmos. An seiner Ostseite sind
in z.T. hübschen Villen einige Botschaften untergebracht, deren Personal in
den begrünten, in der Zwischenkriegszeit systematisch geplanten Vierteln
wohnt. Auf dem nördlichsten Höhenpunkt, etwa 330 m über dem Meer gelegen, von dem aus man einen guten Blick auf die Stadtteile Athens am Parnis und Penteli hat, wurde ein antiker Altar gefunden. Bereits im 8. Jh. v.Chr.
hat es hier einen Kultplatz gegeben. Nach einem vorübergehenden Rück-
gang der Kulttätigkeit im 6. Jh. v.Chr. lebte die Religiosität an diesem Platz
wieder auf, und die Stätte wurde architektonisch gefaßt: Sie besteht aus
einem ovalen Mauerring, in dem auf einem leicht erhöhten Plateau ein klei-

ner Altar steht; daneben mag es noch eine Statue gegeben haben (**38**). Diese
einfache, rustikale Anlage aus dem späten 4. Jh. v.Chr. bedeckte in ihrem
Innern den älteren Kultplatz und war vielleicht dem Zeus Anchesmios geweiht
– darauf deutet eine Notiz bei Pausanias hin –, mag aber auch der Verehrung eines unbekannten Heros gedient haben.

Um das Nordende der Tourkovounia zu erreichen, fährt man am einfachsten in Richtung Kifissia auf der Leof. Kiphissias; man biegt dann entweder bei dem Schild 'Phi-
lothei' nach links ab und folgt der Hauptstr., bis man in den Wohnvierteln unterhalb
des Nordgipfels anlangt; oder man biegt erst später bei einer breiten Querverbin-
dung nach Westen (Schild: Nea Ionia) ab und bei erster Gelegenheit (Ampel) wieder links und folgt dieser Straße den Nordgipfel hinauf. Ein betonierter Fußweg führt
von den letzten Wohnhäusern aus in Serpentinen zum Altar hinauf. – Hält man sich
nach dem Abbiegen von der Leof. Kiphissias in Richtung 'Nea Ionia' weiter geradeaus, so erreicht man bald mehrere hohe Pfeiler eines ursprünglich hadrianischen,
im Mittelalter reparierten Aquäduktes; die Autostraße führt zwischen diesen Pfeilern hindurch und biegt nach links um den Fuß der Tourkovounia herum in Richtung 'Galatsi'. Wenige hundert Meter weiter steht westlich neben der Straße auf freiem Gelände die 'Omorphi Ekklesia', nach der auch die breite Avenue benannt ist.

Die OMORPHI EKKLESIA ('Schöne Kirche') befindet sich westlich unterhalb
des Kultplatzes auf den Tourkovounia. Sie steht an einer Stelle, die schon
in der Antike bebaut war: Polygonalmauerwerk auf der Südseite der Kirche
weist auf größere griechische Architektur hin (Taf. 15,1). Die interessante
byzantinische Kirche (**39**) wurde im 11. oder 12. Jh. errichtet. Der Hauptraum
entspricht dem Typus der eingeschriebenen Kreuzkuppelkirche. Die Wände

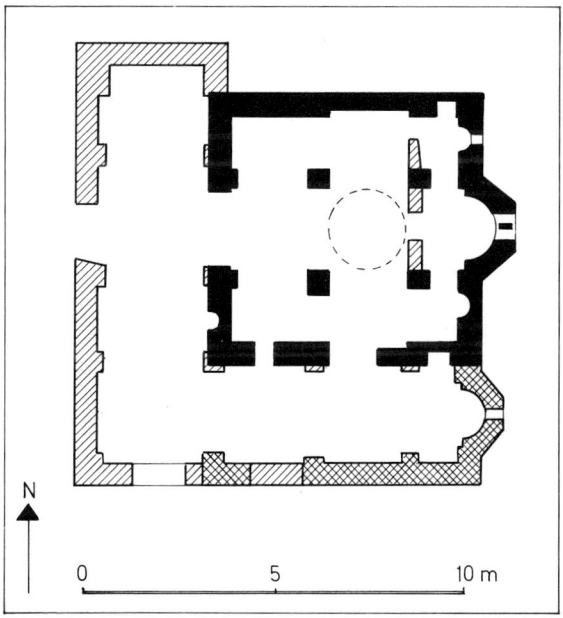

N

39 Die Omorphi
    Ekklesia bei
    Kalogreza

0   5   10 m

bestehen aus dem typischen Schächtelmauerwerk, die Ecken der im Außenbau oktogonalen Kuppel werden durch marmorne Säulchen betont, über den Fenstern spannen sich Marmorbögen. An den Zentralbau schließt sich im Süden eine Nebenkirche aus dem 13. oder 14. Jh. an. Im Westen wurde über die gesamte Breite ein Narthex vorgelagert (15. oder 16. Jh.). Die Reste der Fresken im Inneren (normalerweise verschlossen, Schlüssel im Byzantinischen Museum) stammen aus der Zeit um 1300.

DIE AKADEMIE UND DER KOLONOS HIPPIOS: Das Gebiet, das heute unter dem allgemeinen Namen 'Akademie' und speziell wegen der von Platon gegründeten Philosophenschule bekannt ist, war dem Orts-Heros Hekademos (oder Akademos) geweiht; dies geht aus antiken Schriftquellen und einer am Ort gefundenen Grenzinschrift des 6. Jhs. v.Chr. hervor. Mit der Verehrung des Hekademos waren an diesem Platz mehrere andere Heiligtümer verknüpft: für Eros, für Hephaistos und Prometheus, für die Musen und vor allem für Athena, die Göttin der Künste und Wissenschaften, die besondere Schutzgottheit der Akademie. In dem Bezirk, etwa 3 km außerhalb der antiken Stadt gelegen, begannen die Fackelläufe des Panathenäenfestes, die über den Dromos bis zum Kerameikos führten. Im Gelände der Akademie lag ein heiliger Olivenhain; das aus den Oliven gewonnene Öl wurde in besondere Gefäße, die Panathenäischen Preisamphoren, gefüllt und den Siegern der athletischen Wettbewerbe beim Fest als Preis übergeben.

Von dem Bezirk des Hekademos sind nur wenige und zudem wenig ansehnliche Ruinen ergraben worden. Zu nennen sind prähistorische und geometrische Siedlungsreste, von denen man heute jedoch nichts mehr sieht. Sichtbar sind dagegen Fundamentmauern zweier Gymnasien, in denen junge Sportler trainieren konnten: Große, rechteckige Bezirke, z.T. mit Basen für Säulenhallen entlang der Innenwände; ein Gymnasium besitzt zudem ein langes Badebecken. Zwar sind in diesen Anlagen Blöcke der klassischen Zeit verbaut, doch stammen sie im vorliegenden Bauzusammenhang aus dem späten Hellenismus oder der frühen Kaiserzeit.

Man erreicht das einfache Athener Vorstadtviertel, in dem die Ruinen der Akademie ausgegraben wurden, am besten mit dem Auto: Vom Omonia-Platz stadtauswärts in Richtung Korinth, nach der Überquerung der Bahnlinie in die 6. Str. nach rechts (die breite Palamidiou), bis zur Kirche Ag. Georgios an der Platia Akademias Platonos, dort nach links in die Platonos-Str.; dieser bis zur 11. Straße links (Tripoleos) folgen, dort nach links bis zu einem 'Park'-Gelände auf der rechten Seite, in dem die Ruinen liegen. – Zum Kolonos Hippios gelangt man direkt durch die Tripoleos-Str. in nordöstlicher Richtung.

Zwischen dem Ruinengelände der Gymnasien und dem nordöstlich liegenden Hippios-Hügel lag das Privathaus des Platon, der dort eine Schule der Philosophie und Gelehrsamkeit einrichtete, die berühmte 'Platonische Akademie'. Sie bestand bis 529 n.Chr., als Justinian die alten Schulen Athens schließen ließ. An diese antike Einrichtung knüpften – als erste 1470 die

Academia Platonica des Cosimo de' Medici in Florenz – die modernen Akademien als Versammlungsstätten herausragender Gelehrter an.

Der Kolonos Hippios, heute ein aus der einfachen Vorortbebauung Athens herausragender Hügel mit einem Park und einem modernen Freilicht-Theater, war in der Antike den Pferde-beschützenden Göttern Poseidon und Athena geweiht (Hippos bedeutet Pferd); der Meeresgott besaß hier eine heilige Grotte. In der Nähe soll es dem Mythos nach eine Kultstätte der Eumeniden gegeben haben, zu der sich der blinde Ödipus flüchtete, bevor er in die Unterwelt entschwand. Heute lohnt der Besuch des Hügels nur noch, wenn man die Gräber zweier großer Altertumsforscher besichtigen will: Auf dem höchsten Punkt des Kolonos Hippios wurden der Göttinger Professor Carl Otfried Müller († 1840) und der französische Archäologe Ch. Lénormant († 1859) beerdigt. Das Grab Müllers schmückt eine antikisierende Anthemion-Grabstele, das Lénormants eine marmorne Grabvase auf einem Sockel.

8. PIRAEUS UND DAPHNI

Piraeus war und ist der Hafen Athens, der wichtigste Umschlagplatz für Güter ganz Griechenlands und einer der bedeutendsten Industrieorte des Landes. Dementsprechend sind die optischen Reize bei einem Besuch dieser extrem dicht besiedelten Stadt gering, der Eindruck wird durch die Werften, Lager, Handelskontore, Reedereien, Verwaltungsbauten, Läden und moderne Betonbebauung geprägt. Die geschäftige Atmosphäre des modernen, großen Hafens mit den an- und abreisenden Passagieren, mit dem Bild der am frühen Abend auslaufenden weißen Dampfer und der unentwegt zu den nahen Inseln des Saronischen Golfes pendelnden kleinen Fähren und Tragflächenboote hat gleichwohl ihren eigenen Reiz. Etwas geruhsamer geht es um den Zea- und den Kleinen Hafen (Mikro- oder Tourkolimano) zu, die beide südöstlich des Haupthafens liegen und heute als Yachthäfen dienen (Taf. 13,2). Hier kann man in einer der zahlreichen Tavernen ein abendliches (allerdings nicht billiges) Fischessen genießen. Von der einst so bedeutenden Rolle des Piraeus für die antike Geschichte Athens ist heute wegen der dichten modernen Bebauung für den Touristen nur mehr wenig zu sehen.

Ein Tagesausflug nach Piraeus reicht für einen Überblick gut aus. Will man nicht nur das Museum und den Hafenbereich besichtigen, empfiehlt sich das Auto, obwohl es sehr schwer ist, einen Parkplatz zu finden. Wer das Durchstreifen der Stadt zu Fuß nicht scheut, kann sehr preiswert, schnell und bequem mit der S-Bahn bis zur Endstation fahren und von dort z.B. ein Taxi zum Archäologischen Museum – dem praktischsten Ausgangspunkt der Besichtigung – nehmen. Für das Aufsuchen der nordöstlichen Stadttore empfiehlt sich dann wieder das Taxi, mit dem man am Abend z.B. zum 'Kleinen Hafen' zu einem Fischessen zurückkehren kann.

In der Vorzeit waren die Hügel des Piraeus vom Festland getrennte Inseln. Und noch bis in die archaische Zeit hinein trennten Sümpfe den späteren

Hafen von Athen; die für die Stadt bestimmten Schiffe legten in jener Zeit am Strand von Phaleron an. Die wichtigste und höchste Erhebung des Piraeus (**40**) war der im Südosten gelegene Mounychia-Hügel (87 m), auf dem schon der Peisistratide Hippias 512 v.Chr. eine Festung bauen wollte. Er hatte die besondere Bedeutung dieses Ortes für die Beherrschung Athens erkannt; der griechische Philosoph Epimenides (7.Jh. v.Chr.) soll über den heute 'Kastella' genannten Fels gesagt haben: "Wenn die Athener wüßten, wieviel Leid dieser Hügel der Stadt bringen wird, würden sie ihn mit ihren Zähnen abtragen." Er hatte recht, denn nach dem Ausbau zum Hafen und nach der Befestigung des Piraeus durch Themistokles (seit 493 v.Chr.) hatte jeder, der ihn besetzt hielt, auch die Macht über Athen: Die Spartaner im Peloponnesischen Krieg, die Diadochen Alexanders im Hellenismus und auch noch die Venezianer Morosinis (1687).

Der Aufstieg des antiken Hafenortes (**40**) begann mit der Schaffung der athenischen Flotte gegen die Perser unter Themistokles (Archon: 493/2 v.Chr.): Er ließ den Mounychia-Hügel und zwei weitere natürliche Erhebungen (im Nordwesten die Eetoneia, im Südwesten die Akte) mit einer Mauer bewehren; in den drei Buchten unterhalb dieser Hügel wurden Hafenanlagen mit Schiffshäusern für die Kriegs-Trieren (Taf. 30,1) und Handelsschiffe errichtet. Das größte Becken, der Kantharos-Hafen, in dem heute die Passagierdampfer anlegen, öffnet sich nach Westen, an ihn schloß im Norden der kleinere Kophos-Limani an. An der Hafeneinfahrt wurde ein kolossaler Marmorlöwe aufgestellt, der dem Piraeus im Mittelalter den Namen Porto Leone gab; Morosini brachte ihn am Ende des 17. Jhs. nach Venedig; dort steht er heute vor dem Renaissance-Portal zum Arsenal. – An der Südküste lagen zwei weitere, kleine Hafenbuchten unterhalb der Mounychia: Westlich der Zea-Hafen (Pascha-Limani) mit 196 Schiffshäusern für ebenso viele Schnellruderer (Reste der Häuser wurden im vergangenen Jahrhundert gefunden und sind gegenwärtig nur noch in Kellerräumen sichtbar, **40**,1); und östlich der Mounychia-Hafen, der im Mittelalter Phanari (Leuchtturm) und dann Tourkolimano hieß und seit 1967 offiziell Mikrolimano genannt wird. An seiner Westseite, auf einem Fels hoch über dem Meer, im Gelände des modernen Yachtclubs, wurden die Ruinen eines Artemis-Heiligtums gefunden, das vom 7. Jh. v.Chr. bis in die Spätantike hinein kultisch genutzt wurde – heute sind an diesem Platz keine Spuren des Tempels mehr sichtbar.

Die eindrucksvollsten antiken Ruinen, die der moderne Besucher der Stadt vorfindet, sind die Befestigungswerke. Von den themistokleischen Mauern – sie bestanden aus durchgeschichteten Quadern – sind allerdings kaum mehr Reste erhalten (**40**,2), da sie nach dem Peloponnesischen Krieg zerstört wurden; der überwiegende Teil des erhaltenen Mauerwerks stammt aus dem frühen 4. Jh., als der Athener Konon die Befestigung erneuern ließ (**40**,3). Die etwa 3 m breiten Mauern begleiten im Süden die Küste (Taf. 13,1) und bestehen aus zwei Schalen Quadermauerwerk mit eingefülltem

Erdmaterial. In regelmäßigen Abständen sind sie mit Bastionen bewehrt, zu denen auf der Innenseite Treppen hinaufführen. Vor den Mauern sieht man an mehreren Stellen deutlich die Spuren von Steinbruchtätigkeit – Zeugnis für die rationale Ökonomie bei der Errichtung der Befestigung. Am westlichen Kap der Akte, heute im Bereich der Marineschule, ragt eine einzelne Säule auf (**40**,4). Sie markiert eine rechteckige Einfriedung, in der einst Sarkophage aufgestellt waren. Eine erst im 4. oder 3. Jh. angebrachte Inschrift auf einem der Quader dieses Bezirkes besagt, daß es sich um das Grab des Themistokles handele, und auch Pausanias benennt diesen Bau entsprechend. Die Art der Schrift wie auch ein Schreibfehler bei der Nennung des Vatersnamens lassen den Schluß zu, daß diese Benennung mit Sicherheit nicht ursprünglich ist, zumal Themistokles in der Verbannung im kleinasiatischen Magnesia (um 459 v.Chr.) starb, und die Einfriedung mit der Säule daneben erst aus dem 4. Jh. v.Chr. stammt.

Im Norden und Osten, auf der Landseite also, sind die Festungswerke nicht so gut erhalten; hier trifft man aber auf die Ruinen der Stadttore: Das 'Tor zwischen den langen Mauern' mit einem großen Hof (**40**,5), das 'Asty-Tor' mit rechteckigen Türmen auf runden Vorgänger-Fundamenten (**40**,6) sowie das 'Eetoneia-Tor' mit zwei Rundtürmen, die eine rechteckige Konstruktion ummanteln (**40**,7). Diese Tore gehören ebenfalls zu der kononischen Erneuerung der Festungswerke von Piraeus.

Das 'Asty-Tor' erreicht man vom Haupthafen durch die Gounari-Str. bis zum Hippodameia-Platz, auf den die Pylis-Str. mündet; hier liegen in einem eingezäunten Areal die Ruinen dieses Tores; folgt man von dort der Kodrou-Str., eine Querstraße überquerend, nach Osten, so stößt man auf ein freies Gelände an der Zanni-Str., in dem das 'Tor zwischen den langen Mauern' ausgegraben wurde. Das 'Eetoneia-Tor' dagegen befindet sich westlich des Haupthafens: Man fährt auf der Akti Kondyli nach Westen, biegt nach Überquerung der Eisenbahn nach links (Süden) in die Kanari-Str. ab und erreicht nach etwa 500 Metern das auf einem kleinen Hügel stehende Tor.

Das 'Tor zwischen den langen Mauern' (**40**,5) war der Zugang zum Piraeus, wenn man von Athen kam. Denn beide Städte waren durch zwei Mauerzüge, die gleichsam einen Korridor bildeten, miteinander verbunden, um die Verbindung zwischen Hafen und Stadt, geschützt vor etwaigen Feinden, aufrecht erhalten zu können. Von diesen 'Langen Mauern' sind nur geringe Reste nachgewiesen worden.

Durch die moderne Bebauung des Piraeus ist von den städtischen Anlagen innerhalb der Stadtmauern bislang nur wenig bekannt. Die Häuserviertel waren in einem regelmäßigen Raster mit rechtwinklig kreuzenden Straßen planvoll angelegt; dieses sog. hippodamische System – nach dem antiken Architekten Hippodamos von Milet benannt – ist sowohl aus Schriftquellen auch in Details durch die bislang ausgegrabenen Häuser-Inseln bekannt; aus Grabungsergebnissen geht hervor, daß es mindestens zwei

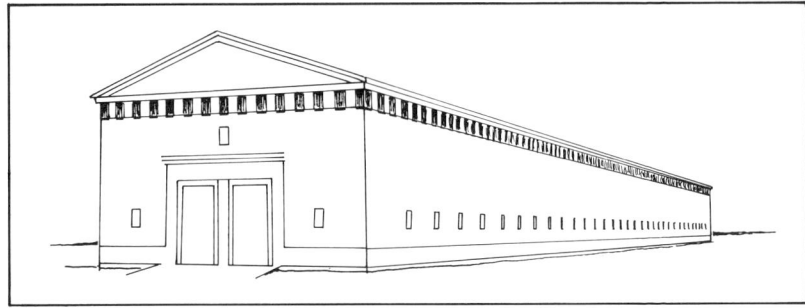

41 Piraeus, Skeuothek des Philon, Rekonstruktion nach Travlos

Systeme gegeben haben muß, die in einem stumpfen Winkel aneinander stießen. Allerdings wurden die öffentlichen Anlagen der Stadt – die Agora, die Verwaltungsgebäude oder die großen Heiligtümer – bislang nicht gefunden; der Hauptplatz der Stadt könnte nördlich des Zea-Hafens gelegen haben. Hingegen gelang den griechischen Archäologen 1988 die interessante Entdeckung eines Gebäudes, das zu den Hafeneinrichtungen gehört: Sie fanden die Fundamente vom nördlichen Eingangsbereich der Skeuothek des Philon (in einer Baulücke zwischen der Ypsilantou- und Kountouriotou-Str. nördlich der 2. Merarchias-Str., wenige Schritte vom Zea-Hafen und vom Archäologischen Museum entfernt, **40**,8). Es handelt sich dabei um eine riesige, dreischiffige Lagerhalle, in der die Takelage, die Ruder und die anderen Ausstattungsgegenstände der Kriegsschiffe aufbewahrt wurden; dieses Arsenal entwarf der Architekt Philon, der auch die Vorhalle des Telesterion von Eleusis (s.u. S. 227) plante, und ließ es um 330 v.Chr. errichten. Bis 1988 kannte man das Bauwerk nur aus einer sehr ausführlichen, an der Nordseite des Zea-Hafens gefundenen Inschrift mit dem Bauentwurf, in der alle Details der Halle – von den Gesamtmaßen über die Abmessungen der Fenster und Türen bis hin zur Innenaufteilung – genauestens aufgelistet sind, so daß eine Rekonstruktion der Skeuothek durch moderne Bauforscher schon am Ende des vergangenen Jahrhunderts möglich war (**41**). Die jetzt gefundenen Baureste – die Fundamente aus z.T. älterem Baumaterial sowie einige Bruchstücke des dorischen Aufbaues – stimmen mit den aus der Inschrift gewonnenen Vorstellungen bestens überein.

Neben dem Archäologischen Museum (in der Char. Trikoupi-Str.) befindet sich eines der beiden antiken Theater des Piraeus (**40**,9). Von den Sitzstufen und dem Bühnengebäude sind nur noch wenige Reste erhalten – von der Straße aus sieht man am leicht ansteigenden Hang einige Blöcke des Theaterrundes. Es handelte sich um ein relativ kleines Theater, das in das späte 2. Jh. v.Chr. datiert wird. Ein größeres Theater, das sog. Alte Theater, fand man vor vielen Jahren auf der Westseite des Mounychia-Hügels, schüttete es aber wieder zu und überbaute es mit modernen Häusern; so ist von seiner Gestalt nichts Genaues bekannt.

Das Archäologische Museum enthält nur einen kleinen Teil der Funde aus dem Piraeus, die meisten Denkmäler befinden sich im Nationalmuseum in Athen.

Im Erdgeschoß ist im linken Seitenraum ein riesiges Grabmonument – in seine Einzelteile zerlegt – ausgestellt, das bei Bauarbeiten in Kallithea (östlich von Piraeus) gefunden wurde: Es besteht aus einem Quadersockel mit einem Fries – Griechen kämpfen gegen Amazonen (Farbreste!) – und einem Naiskos darüber, in dem die Statuen eines alten Mannes und zweier Jünglinge stehen; auch dieser Aufbau ist mit einem Relieffries (Tierdarstellungen) geschmückt. Unter den Figuren sind zwei der Personen inschriftlich benannt. Der Grabbau, einer der größten Attikas aus klassischer Zeit, gehörte einem Mann aus Histria an der Donaumündung. – Im Mittelraum trifft man auf eine Serie sehr qualitätvoller Reliefplatten mit Darstellungen von tanzenden Nymphen und mit Kampfszenen von Amazonen und Griechen. Letztere sind originalgroße Kopien der Reliefszenen, die sich an der Schildaußenseite der Athena Parthenos befunden haben; hier jedoch ist die Gesamtkomposition der Klassik in Einzelbilder zerlegt. Die frühkaiserzeitlichen Marmorkopien sollten offenbar verschifft werden, denn man fand sie im Hafenbecken; durch das Salzwasser und Bohrmuscheln wurden sie in den Teilen, die nicht durch Meersand bedeckt waren, zerfressen. – Im rechten Raum sind einige klassische Grabstelen sowie Rundskulpturen zu sehen, darunter die Portraits römischer Kaiser: An der rechten Wand die kleine Panzerbüste des Claudius (41–64 n.Chr.), dessen Bildnis aus einem des Caligula (37–41 n.Chr.) umgearbeitet wurde; daneben nochmals Claudius und ein großes, qualitätvolles Portrait des Traian (98–117 n.Chr.); parallel auf der anderen Saalseite der obere Teil einer kolossalen Panzerstatue des Hadrian (117–138 n.Chr.); an der Kopfseite des Raumes die Mantelstatue des Kaisers Balbinus (238 n.Chr.). – Im Obergeschoß links ein Raum mit zahlreichen klassischen Grabstelen, darunter ein Relief mit zwei jungen Kriegern, von denen einer wie die berühmte Doryphoros-Statue des Polyklet einen Speer geschultert hat; an der linken Wand eine kopflose archaische Kore im Stil samischer Bildhauerkunst. – In den hinteren Räumen des Obergeschosses findet man vier große Bronzestatuen, eine Athena des frühen 4. Jhs. v.Chr., einen Jüngling in der Art archaischer Kouroi, jedoch mit seitenvertauschtem Standmotiv sowie zwei Artemisfiguren; im hintersten Saal sind jüngst die Funde aus einem Kybele-Heiligtum in Moschato, nordöstlich von Piraeus, ausgestellt worden: Die in ihrem Tempel thronende Göttinnen-Statue des frühen 4. Jhs. v.Chr. und zahlreiche Weihreliefs, die die kleinasiatische Fruchtbarkeitsgottheit mit den ihr zugeordneten Löwen zeigen.

Ein Aufstieg auf den Mounychia-Hügel lohnt sich wegen der Aussicht, die man an einigen Punkten hat: Im Süden blickt man auf den Mounychia-Hafen ('Kleiner Hafen'; Taf. 13,2) und über ihn hinweg zur Westküste Attikas mit dem Hymettos; auf der Ostseite liegt der moderne Piraeus bis hin zum Athener Stadtzentrum mit der Akropolis vor dem Betrachter; dahinter erkennt man bei klarem Wetter den Lykabettos und den Penteli; schließlich blickt man nach Westen zum großen Haupthafen und nach Salamis. Von der antiken Architektur, die auf dem Hügel einst gestanden haben muß, findet man nur mehr sehr wenige Reste: In einem Park auf dem Gipfel sind noch eini-

ge Mauern von Häusern und im Fels die Spuren von Steinbruchtätigkeit
sowie Treppen späterer Häuser sichtbar. An der Nordwestseite des Gipfels
(**40**,10), wenige Schritte unterhalb des Parkes, stößt man schließlich nochmals
auf die hohen Mauerzüge einer Festungsanlage; die Mauertechnik, zumal
auch die Verwendung älterer Quader läßt diese Befestigung, die einst den
gesamten Gipfel umgab, in die hellenistische Zeit der Makedonenherrschaft
datieren.

KLOSTER DAPHNI, PANSHÖHLE UND APHRODITE-HEILIGTUM: Am Paß über
den Aigaleo, der die athenische von der thriasischen Ebene um Eleusis trennt,
liegt an der heutigen Nationalstraße, die dem Verlauf der antiken Heiligen
Straße ungefähr folgt, das berühmte byzantinische Kloster von Daphni; es
steht an dem Platz eines antiken Apollon-Heiligtums, das Pausanias in seinem Reisebericht erwähnt. Nahebei, am südlichen Hang, wurde zudem eine
Grotte für den Gott Pan entdeckt, und wenige hundert Meter weiter westlich liegt rechts neben der Nationalstraße das klassische Aphrodite-Heiligtum von Daphni.

Am einfachsten erreicht man Daphni vom Athener Zentrum über die Straße nach
Korinth, die vom Omonia-Platz ausgeschildert ist (ca. 11 km). Kurz vor der Paßhöhe
muß man nach links zum Kloster (Schild) abbiegen. – Vom Klostereingang aus wendet man sich zum Hang und folgt dem Waldweg in westlicher Richtung ca. 250 m
bis zur Pan-Grotte, die oberhalb der Bäume sichtbar ist. – Zum Aphrodite-Heiligtum fährt man die Nationalstraße weiter nach Eleusis und parkt einige hundert Meter
westlich des Klosters im ersten Abzweig rechts der Straße.

DAS KLOSTER DAPHNI (**42. 107**): In antiker Zeit befand sich auf der
Paßhöhe des Aigaleo, dort, wo heute das traditionsreiche Kloster steht, etwa
auf halbem Wege von Athen nach Eleusis, ein Tempel, der laut Pausanias
dem Apollon Daphnios geweiht war. 395 n.Chr. wurde das Bauwerk von
den Goten Alarichs zerstört. Im 5. Jh. entstand an demselben Ort eine frühchristliche Klosteranlage, ein Areal mit einer Umfassung von etwa 100 m
auf 100 m; innen waren an die Mauer Zellen, Portiken, Speise- und Gasträu-
me angebaut. In der Mitte des Hofes wurde eine Basilika errichtet, von der
noch einige Fundamentreste westlich der heutigen Kirche zu erkennen sind.
Auch die Grundmauern der Räume und Portiken – besonders im Norden
noch sichtbar – sowie der Umfassungsmauer selbst sind Zeugnisse dieser
Epoche. Da das Kloster in strategisch wichtiger Position lag und den Aiga-
leo-Paß kontrollierte, wurde bereits im 6. Jh. unter Justinian die Wehranlage repariert und ausgebaut.
In den sog. dunklen Jahrhunderten wurde das Kloster aber – wie so viele
andere frühchristliche Bauten – aufgegeben, und es verfiel. Erst im 11. Jh.
erfolgte die Neugründung, die Anlage wurde renoviert, und an der Stelle
der Basilika entstand 1080 das dem Marienschlaf geweihte Katholikon, das
– mit kleinen Veränderungen – heute noch zu sehen ist (Taf. 14,1).

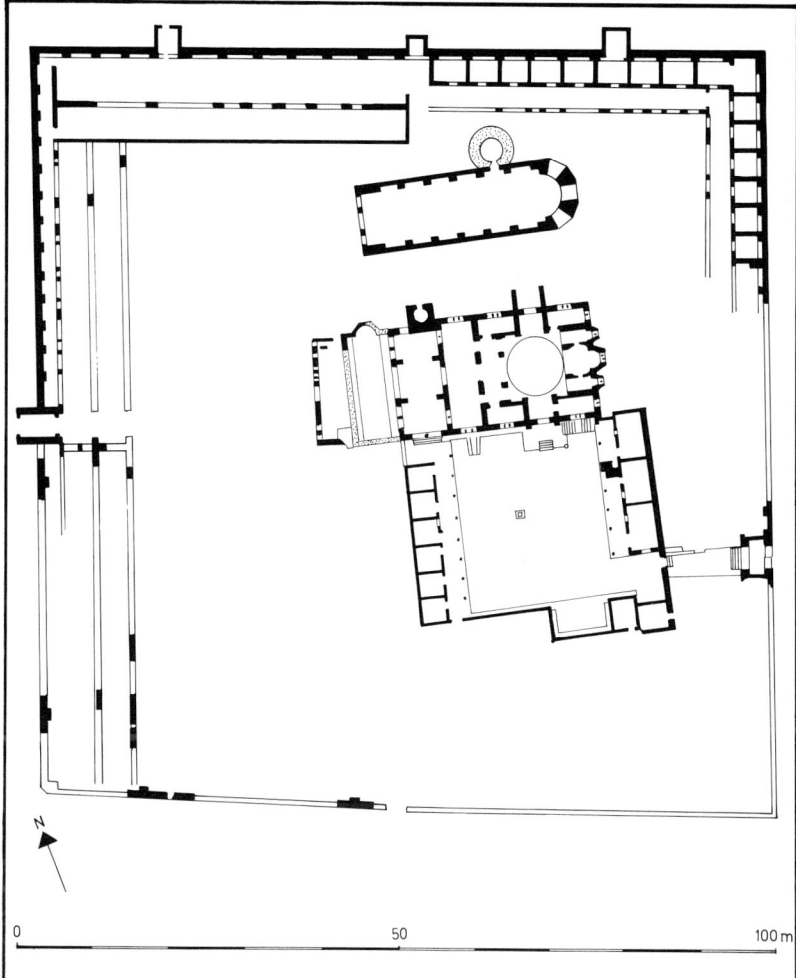

42 Kloster Daphni

Die klare Gliederung des Baues mit seiner dominierenden Kuppel wird bereits in der Außenansicht deutlich. Die Wände bestehen im unteren Bereich aus großen Quadern, die in Kreuzform angeordnet sind, in der oberen Zone aus sorgfältigem Schächtelmauerwerk. Ziegellagen betonen die Bögen der zwei- und dreigeteilten Fenster; ein einfaches Zickzack-Band gliedert die Außenmauer in der Horizontalen und faßt auch die Fenster ein, ein doppeltes läuft um den Tambour herum. Die Apsis wird hinter dem Bema sowohl farblich (durch Ziegelverwendung) als auch ornamental (durch ein Mäanderband) hervorgehoben. Die Kirche vertritt den Typus der Kreuzkuppel-

kirche mit acht Stützen sowie einem Narthex, der ein Obergeschoß trug;
dieses war durch einen nördlich angebauten Turm mit Wendeltreppe zu
erreichen; hier war vermutlich die Klosterbibliothek oder ein Raum für den
Abt untergebracht. Nur wenige Jahrzehnte nach der Neugründung des Klosters wurde zu Beginn des 12. Jhs. ein Exonarthex vorgelagert, dessen Rund-
bögen auf antiken ionischen Säulen ruhten; beide Narthizes erfuhren in späterer Zeit bauliche Veränderungen. Die antiken Säulen wurden mit einer Ausnahme von Lord Byron nach England abtransportiert.
Heute betritt man die Kirche von Süden. Acht im Quadrat angeordnete Stützen tragen die Kuppel, zu deren Tambour vier sphärische Dreiecke über-
leiten, die in die Kreuzungspunkte von Längs- und Querschiff eingescho-
ben sind. Dieses System erlaubt im Vergleich zum Vier-Stützen-Typus einen
größeren Kuppeldurchmesser, so daß der gesamte Innenraum vor dem Bema,
Protheson und Diakonikon überwölbt ist. Im Zusammenspiel mit den 16
Fenstern des Tympanon ergibt sich eine besonders eindrucksvolle Raum-
wirkung. Die überaus reiche Innenausstattung der Kirche ist nur noch fragmentarisch erhalten. Ursprünglich war der Boden mit verschiedenfarbigen
Marmorplatten bedeckt, die geometrische Muster bildeten, und auch die Seitenwände trugen bis zum kunstvollen Gesims eine Marmorverkleidung; sie
wurde zur Zeit der Türkenherrschaft zerstört und 1650 durch Fresken ersetzt.
Oberhalb des Gesimses jedoch blieb ein großer Teil der feinen, goldgrun-
digen Originalmosaiken des späten 11. Jhs. erhalten, ein wertvolles Zeugnis der Kunst jener Zeit, das Daphni zu Recht so berühmt gemacht hat. Die
Figuren der Bilder sind groß und schlank, die eleganten Darstellungen werden immer wieder mit antikem Formengut verglichen. Dieser 'Klassizismus' drückt sich nicht nur in der Kleidung der Gestalten, sondern auch in
der Faltengebung der Stoffe und den Bewegungen der Personen aus. Lie-
bevolle Details – z.b. im Garten der Anna oder bei der Geburt Christi – runden die Wirkung der Mosaiken ab, zu deren leichter Anmut die Strenge des
Christusbildes (Pantokrator) in der Kuppel zu kontrastieren scheint.
Verläßt man das Katholikon, findet man im Norden der Kirche ein weiteres Zeugnis aus mittelbyzantinischer Zeit, die Fundamente eines großen
Refektoriums mit Apsis.
Dem luxuriösen Leben des Klosters, das für seinen Reichtum bekannt war,
wurde 1207 durch die Frankenbesetzung ein jähes Ende bereitet. Die orthodoxen Mönche wurden vertrieben, und 1211 zog der Zisterzienserorden in
die Klostergebäude ein. Aus der Zeit der Burgunder-Herrschaft stammen
die Sarkophage, die neben antiken und frühchristlichen Funden im Südhof
zu sehen sind. An der Kirche wurden Umbauten vorgenommen: Das Obergeschoß des Narthex wurde entfernt sowie die Westfassade des Exonarthex
nach fränkischem Geschmack mit gotischen Spitzbögen versehen; zudem
renovierte man die Wehranlage.
Durch den Einfall der Türken 1458 wurden die Zisterzienser vertrieben.
Doch finden sich erst aus dem 16. Jh. Hinweise, daß das Kloster erneut von

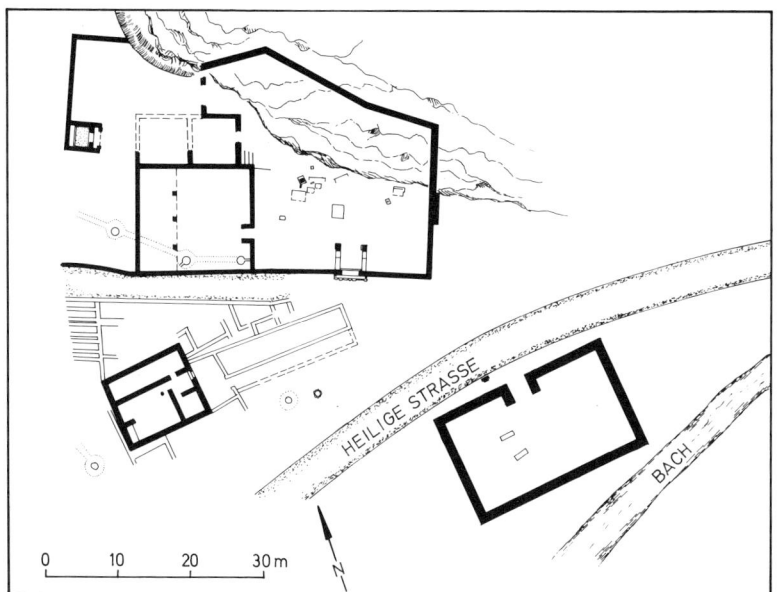

43 Das Aphrodite-Heiligtum von Daphni

orthodoxen Mönchen bewirtschaftet wurde: Im Süden der Kirche entstanden um den gepflasterten Hof niedrige Zellengebäude mit vorgelagerten Arkaden sowie das Osttor in der Umfassungsmauer, das noch heute als Eingang zum Kloster fungiert; der ursprüngliche Eingang lag dagegen im Westen. Während des griechischen Befreiungskampfes diente das Kloster als Versteck, z.b. für den Athener Metropoliten Bartholomaios, der 1770 in Daphni Zuflucht vor den Türken suchte; die Widerstandskämpfer unter Tasos Mavrovouniotis hatten hier ihr Hauptquartier, wurden aber durch einen Mönch namens Paisios verraten, so daß Daphni in türkische Hand fiel. Die Türken legten in der Kirche Feuer, um das Gold der Mosaiken abzuschmelzen. Nach wechselvollem Schicksal – als Standquartier bayerischer Soldaten 1838/9 und als Anstalt für geistig Behinderte 1883/5 – wurde bereits 1889 mit ersten Restaurierungsarbeiten an dem verlassenen Kloster begonnen, z.B. mit der Erneuerung der baufälligen Kuppel. Nach dem Erdbeben von 1981 waren dann wiederum aufwendige Wiederherstellungsarbeiten notwendig; die Mosaiken wurden restauriert und gereinigt und strahlen jetzt wieder in ihren ursprünglichen, hellen Farben.

DIE PANSGROTTE: In einer kleinen natürlichen Felshöhlung des Aigaleo war die klassische Pan-Grotte untergebracht. Sie besaß vier, z.t. durch Mauern voneinander getrennte kleine Räume und vor der Höhle eine langgestreckte Terrasse, die von zwei Feldsteinmauern gestützt wurde. Ausgrabungen im Jahre 1932 brachten Gefäße und Idole ans Licht, die den Beginn des Pan-Kultes auch an dieser Stelle (s. auch Akropolis-Nordabhang, Vari, Marathon-Oinoe, Phyle) im 5. Jh. v.Chr., also nach dem hilfreichen Eingreifen des Gottes bei der Schlacht von Marathon, belegen.

Bedeutender noch als diese Natur-Kultstätte war das HEILIGTUM DER APHRODITE an der Heiligen Straße nach Eleusis (43). Heute fallen sogleich die zahlreichen, in die Felswand gemeißelten Nischen für Weihreliefs und Opfergaben auf (Taf. 14,2). Vor diesem Fels liegt eine Einfriedung mit einem kleinen Eingang, an deren Westseite große Blöcke die Fundamente eines Gebäudes angeben; einige Meter südlich findet man die Reste eines kleinen Gebäudes, vielleicht eines Priesterhauses. Vor diesen beiden Bauten verlief in der Antike die Heilige Straße, auf deren gegenüberliegender Seite ein rechteckiges Haus mit Fundamenten aus unregelmäßig geschnittenen Blöcken sichtbar ist; es hat nach der Vermutung des Ausgräbers als Wachtstation gedient. In der Spätantike wurden hier zwei Gräber angelegt.

9. KAISARIANI UND DIE KLÖSTER UND STEINBRÜCHE AM HYMETTOS

"Ringsum ist aller fette und weiche Erdboden weggeschwemmt, und nur das magere Gerippe des Landes ist übrig geblieben." Das Problem, das Platon bereits zu Beginn des 4. Jhs. v.Chr. schilderte, plagt heute mehr denn je den 'Hausberg' Athens, den Hymettos. Der verkarstete Gebirgszug erstreckt sich im Osten der Stadt über 18 km Länge in nordsüdlicher Richtung, vom Athener Vorort Ag. Paraskevi bis Vouliagmeni, wo er im Kap Zoster ausläuft. Die Pirnari-Schlucht gliedert das Gebirge in zwei Teile. Der Gipfel (1026 m ü.NN) trägt eine Radarstation und ist militärisches Sperrgebiet. In der Antike befand sich dort ein Heiligtum des Zeus Ombrios (des Wolkenversammlers). Pausanias berichtet in diesem Zusammenhang von einer Zeus-Statue und einem Altar. Tatsächlich wurden zwischen 1923 und 1939 wenig unterhalb des Gipfels die Reste eines Altares freigelegt; dabei fand man auch Keramik, die eine Kultkontinuität von mykenischer Zeit bis in die spätantike Epoche belegt. Einige Scherben aus dem 7. Jh. v.Chr. tragen eingeritzte Buchstaben, die auf den Namen des Zeus hinweisen.

Geologisch gesehen besteht der Hymettos aus Schieferlagen (darunter dem charakteristischen grünen Kaisariani-Schiefer), aus Kalkformationen und kristallinem Marmor; die beiden letzteren Gesteinssorten wurden bereits seit dem 6. Jh. v.Chr. bis in die Spätantike hinein abgebaut: Der sog. Kara-Kalkstein für Fundamente großer Bauten, der weiße Hymettos-Marmor für Skulpturen, Inschriftstelen und Architekturteile. Seit dem späteren 4. Jh. v.Chr. brach man die blaugrauen Marmorschichten zu denselben Zwecken. Bis heute wird der hymettische Stein noch in riesigen Brüchen gewonnen.

Der Hymettos ist reich an Höhlen; insgesamt sind bis heute 78 Höhlen mit Tagöffnungen bekannt. Zu den interessantesten Tropfstein-Höhlen gehören Koutouki bei Paiania und die Pan-Nymphen-Grotte bei Vari (s.u. S. 137. 154).

Am Fuß des Hymettos liegen zahlreiche Quellen, doch trotz dieses Wasserreichtums schreitet die Verkarstung des Berges fort. Fahrlässigkeit oder gar Brandstiftung lassen die mühsamen Aufforstungsarbeiten, die seit Jahrzehnten laufend durchgeführt werden, alljährlich wieder nutzlos werden. Erst 1988 brannte ein großer Teil des Baumbestandes bis kurz vor das traditionsreiche Kloster Kaisariani ab. Die Zeiten eines Pindar oder Ovid, die den Berg – wie auch mittelalterliche Schriften – mit einer Vielfalt an Kräutern, blühenden Sträuchern und dichten Wäldern schildern, scheinen vorbei zu sein.

Für einen Ausflug zum Hymettos wählt man am besten die Mesogeion-Str. stadtauswärts, biegt vor einer Unterführung rechts in die Leophoros Katechaki Alimou ein und folgt dieser bis zur Ausfahrt Kaisariani. Dort stößt man auf die Straße, die vom Vorort Kaisariani zum Kloster hinaufführt (sie ist bereits in der Innenstadt, vom Kriegsmuseum an, ausgeschildert). Die Asphaltstr. passiert das Kloster Kaisariani und windet sich – mit herrlichen Ausblicken auf die Stadt – den Berg hinauf. Oberhalb des Klosters Asteri erreicht man einen Bergsattel (mit OTE-Station), der einen weiten Blick in die östlich gelegenen Mesogaia bis Porto Raphti bietet. Die Straße steigt auf der Westseite des Hymettos weiter bis unterhalb der genannten Militärstation an.

DAS KLOSTER KAISARIANI: "Weißt Du von heiliger Quelle, die rauscht am Hymettos, / blumige Hänge begrünt im sanften Schatten der Bäume?" So beschreibt Ovid (Metamorphosen 7, 661 ff.) die Gegend von Kaisariani und läßt an diesem idyllischen Ort die traurige Geschichte von Prokris und Kephalos spielen. Pausanias hingegen berichtet von Keleos, dem mythischen König von Eleusis, der hier ein Heiligtum für Demeter und Persephone errichtet haben soll; nach seiner Tochter Saisara, einer Priesterin der Demeter, erhielt die Gegend villeicht den Namen 'Saisariane'. Tatsächlich deutet auf den Demeter-Kult eine Inschrift hin (im Klostergarten), in der ein eleusinischer Oberpriester (Hierophant) erwähnt wird. Der Name scheint dagegen nicht, wie gemeinhin angenommen, auf die Stiftung einer Wasserleitung durch einen römischen Kaiser zurückzugehen, da von hier nie ein Aquädukt nach Athen führte.

Die Umgebung Kaisarianis wird durch drei Quellen geprägt: Durch die Klosterquelle, die vielleicht mit der antik überlieferten Kallia zu identifizieren ist, durch eine Quelle südwestlich des Klosters bei einer einfachen Kapelle sowie die Quelle Kalopoula ca. 300 m nordöstlich. Die Quelle Kallia lag (nach einer Nachricht des Suidas aus dem 10. Jh.) bei einem Aphrodite-Heiligtum und war für ihre fruchtbarkeitsspendenden Kräfte berühmt, ein bis in unser Jahrhundert tradierter Glaube.

Archäologisch läßt sich im Gebiet des Klosters Bautätigkeit vor allem aus der Römerzeit nachweisen: Auf der Anhöhe Agios Markos, die südwestlich des Klosters liegt und in einem ca. 15-minütigen Spaziergang erreichbar ist, wurde im 2. Jh. n.Chr. ein bedeutendes Bauwerk, wohl ein Tempel, errichtet, von dem zahlreiche Architekturfragmente erhalten sind; man findet sie

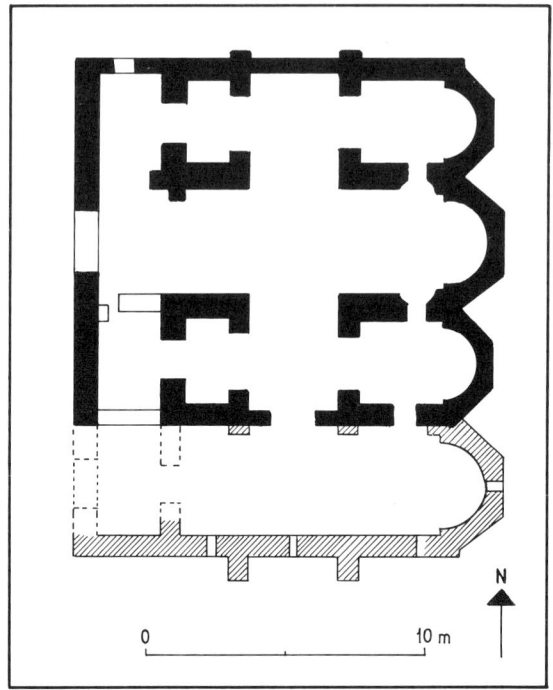

44 Kaisariani,
Taxiarchen-
kirche

im Klostergarten und als Spolien in den Klostergebäuden sowie in den Kirchen auf dem Hügel selbst. Als Nachfolger dieses Römerbaues entstand auf der Kuppe mit ihrem schönen Blick über die Athener Ebene im 5. Jh. eine dreischiffige Basilika mit drei Apsiden, deren Fundamente noch östlich der Taxiarchen-Kirche zu erkennen sind. Schrankenplatten und andere Teile dieser frühchristlichen Kirche wurden im späteren Katholikon des Klosters verbaut. Während der ʻdunklen Jahrhunderteʼ verfiel die Kirche und wurde im 10. Jh. durch eine byzantinische Kirche (**44**), die den Taxiarchen geweiht war, ersetzt. Ihre Mauern stehen nur noch in geringer Höhe an, jedoch zeigt ihr Grundriß den Übergang von der Basilikaform zur eingeschriebenen Kreuzkuppelkirche: In ihrer Größe abgestufte, eckige Apsiden und ein breiteres Längs- als Querschiff; eine Kuppel, gestützt durch die Kreuzungsecken, müßte ellipsoide Form gehabt haben. Auch bei dieser Kirche wurden antike und frühchristliche Spolien zahlreich verwendet. Während der Frankenzeit baute man an die Südseite der Taxiarchen-Kirche die einschiffige Kapelle des Heiligen Markos an, in der katholische Gottesdienste abgehalten wurden. Heute ist noch ein großer Teil ihrer Mauern und des Tonnengewölbes erhalten. – In späterer Zeit diente die Anhöhe als Friedhof des Klosters, das im 11. Jh. an einen geschützteren Ort verlegt wurde; eine Kapelle aus der Türkenzeit wurde als Beinhaus genutzt. Besonders in der West-

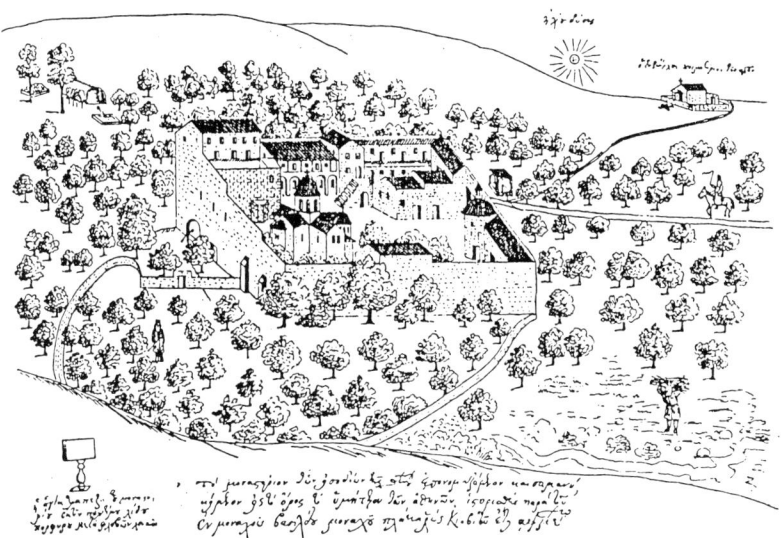

45 Das Kloster Kaisariani, nach Barski (1745)

wand dieser kleinen Kirche, die ebenfalls den Taxiarchen geweiht war, sind sehenswerte antike Architekturfragmente zu finden, darunter ein marmorner Block mit einem von Tieren belebten Rankenfries; ein weiterer Teil dieses Frieses liegt im Klostergarten.

Nordöstlich unterhalb der Anhöhe, gleich neben einer Quelle, die vielleicht in römischer Zeit ein Nymphäum (Reste östlich des Katholikon) versorgte, wurden im 11. Jh. neue Klosterbauten angelegt (Taf. 15,2); von diesen sind noch die Kirche und das Badehaus erhalten (45). – Das Katholikon, der Muttergottes geweiht, entstand als eingeschriebene Kreuzkuppelkirche in den Jahren bald nach 1000 n.Chr. (46). Das sorgfältige Schächtelmauerwerk, teilweise durch spätere Reparaturen verunklärt, wird nur durch strengen Ziegelschmuck über den Fensterbögen und ein horizontal verlaufendes Zickzackband unterhalb der Kuppel aufgelockert; die drei Eingänge sind durch Marmorschwellen und Türstürze aus Spolienmaterial betont. Im Innenraum fallen die Schrankenplatten aus der frühchristlichen Basilika und der schöne Marmorfußboden auf. Die Kuppel mit sehr hohem Tambour wird durch vier antike Säulen getragen. Die Fresken des Hauptraumes, den üblichen Themen folgend, entstanden nach der Auffassung des Byzantinisten Chatzidakis erst im 18. Jh., sind aber in einem Stil gemalt, der sich an der kretischen Schule des 16. Jhs. stark orientierte. – Die älteste Malerei befindet sich auf der ehemaligen südlichen Außenwand der Kirche, heute in der Seitenkapelle des Agios Antonios in einer Putzaussparung zu sehen: Es ist eine kaum mehr erkennbare Darstellung der Muttergottes in Fürbitten-Haltung

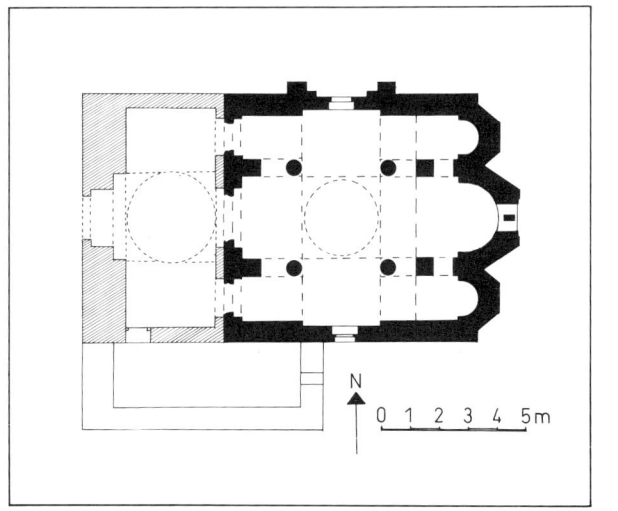

46 Kaisariani,
    Katholikon

aus dem 14. Jh. – Der Narthex des Katholikon wurde – wie die Seitenkapelle und der Glockenturm – im 17. Jh. angebaut; mit seinem einfachen
Mauerwerk unterscheidet er sich bereits äußerlich deutlich von dem ursprünglichen Kirchenkomplex. Seine Malereien stammen aus dem Jahr 1682, wie
eine Inschrift über der Eingangstür zusammen mit den Einzelheiten der Fres-
ken-Entstehung mitteilt: Sie wurden von Joannis Benizelos in Auftrag gegeben, der mit seiner Familie im Kloster Zuflucht fand, als in Athen die Pest
wütete. Über der Inschrift sind Moses und Aaron mit den zwölf Stämmen
Israels zu sehen, an der Nordwand die Wurzel Jesse und an der Südwand
Jesus mit seinen Jüngern entsprechend dem Gleichnis vom Weinstock und
den Reben. Die Malereien führte der peloponnesische Künstler Joannis
Hypatos aus.
Zu den ursprünglichen Bauten des Klosters (11. Jh.) gehört auch ein Teil
des Badehauses mit seiner schönen Kuppel (Taf. 15,2 rechts). Es umschließt
eine natürliche Quelle, die an der östlichen Außenwand des Klosters eine
ungewöhnliche Fassung erhielt: Das Wasser sprudelt hier aus einem archaischen, marmornen Widderkopf, der von der Athener Akropolis stammt (heute
Kopie). – In seiner Raumaufteilung folgt das Badehaus der Tradition römischer Thermen (Sudatorium, Caldarium, Frigidarium); neben dem Schwitz-
bad befinden sich zwei Aufenthaltsräume. Eine runde Marmorsitzbank, die
heute im Klostergarten aufgestellt ist, gehörte ursprünglich in das Bad. In
der Türkenzeit wurde das Badehaus zu einer Mühle umgebaut; daran erinnern Mühlsteine und eine Olivenpresse im Innern.
Die übrigen Gebäude des Klosters stammen aus dem 16. und 17. Jh., so der
Zellenbau mit Loggien, der sich an das Badehaus anschließt, und in den der

Wohnturm der Familie Benizelos integriert ist, sowie das Refektorium mit
Küche, Vorratsraum und Speisesaal (**45**).

Bis ins 18. Jh. war das Kloster, auch unter den Namen Seriani und Syrgia-
ni, berühmt für seine Olivenhaine, Weinberge, Bienenzucht und die Heil-
mittel, die aus den Hymettoskräutern hergestellt wurden. Während der Türkenzeit fungierte es als geistiges Zentrum der Gegend, die hochgebildeten
Äbte unterrichteten in den Schulen Athens. Durch seine geschickte Politik
konnte Kaisariani stets eine Sonderstellung und Steuerbegünstigung erreichen, sei es von der katholischen Kirche, sei es von den Türken oder vom
byzantinischen Patriarchat. Der Niedergang des Klosters setzte am Ende des
18. Jhs. ein, die Selbständigkeit wurde aufgehoben, die berühmte Bibliothek teils an die Engländer verkauft, teils als Brennmaterial auf der Akropolis während der Türkenbelagerung verbraucht. Während der Regierungszeit Ottos I. war in Kaisariani vorübergehend ein Nonnenorden untergebracht. Danach wurde das Kloster aufgegeben, die Gebäude verfielen. Erst
durch die Initiative von Kaity Argyropoulou, die in den 50er Jahren dieses
Jhs. zusammen mit den 'Baumfreunden' in der Klosterumgebung umfangreiche Aufforstungsarbeiten (heute vom WWF gefördert) vornahm, wurde
auch eine Restaurierung der Klosterbauten durchgeführt. Ein Denkmal auf
der Anhöhe im Südosten des Klosters erinnert an die Frau, der die Wiederherstellung des idyllischen Ortes zu großen Teilen zu verdanken ist.

DAS KLOSTER ASTERI (**47**): Das nicht mehr bewirtschaftete Kloster der Erz-
engel (Moni Taxiarchon), bekannter unter seinem Beinamen Asteri, liegt in
545 m Höhe am Abhang des Hymettos. Über die Entstehung dieses Namens
weiß die Legende zu berichten, daß sich hier Asteria, die Schwester der Leto,
von einem Felsen stürzte, um den Nachstellungen des Zeus zu entfliehen,
und in eine Wachtel verwandelt wurde. Wahrscheinlicher geht der Name
auf Hosios Loukas aus Steiria zurück, der sich während seiner geistlichen
Ausbildung auch in Athen aufhielt und in die Bergwelt des Hymettos zurückzog. Somit reicht die christliche Tradition des Klosters mindestens bis in
das frühe 10. Jh.; ein genaues Gründungsdatum läßt sich nicht nennen. Im
11. Jh. entstand die heute noch erhaltene Klosterkirche, die dem Typus der
eingeschriebenen Kreuzkuppelkirche mit Narthex entspricht. Nur im Bereich
des achteckigen Tambours ist das typische Schächtelmauerwerk zu erkennen. Die Kuppel ruht im Innern auf vier Säulen mit ionischen Kapitellen.
Die Fresken stammen aus dem 16. Jh. Von dem mit einer hohen Mauer eingefaßten Klosterbezirk sind im übrigen noch das Torgebäude, die spätere
Trapeza mit Apsis und einem schönen Fresko aus dem 17. Jh., die Küche,
die frühere Trapeza, Zellen sowie im Süden ein Brunnenhaus erhalten. Die
ehemalige griechische Königin Friederike (die Frau König Pauls I. und Mutter Konstantins II.) zog sich nach Asteri zurück und lebte dort mehrere Jahre.
Der später nicht mehr bewirtschaftete Komplex wurde vor wenigen Jahren
vollständig restauriert.

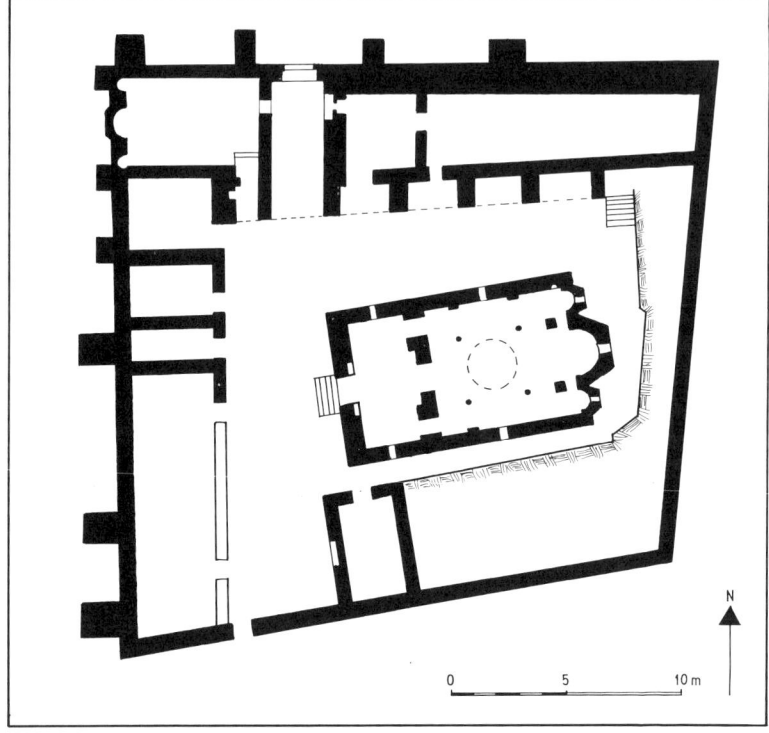

47   Kloster Asteri

Das Kloster Asteri ist meist geschlossen, regelmäßige Öffnungszeiten sind nicht bekannt. Man erreicht es auf der Asphaltstraße bergauf, ca. 3,5 km oberhalb vom Kloster Kaisariani. Nach ca. 2,5 km passiert man die Ruinen eines Wohn- und Verteidigungsturmes aus der Türkenzeit; derartige Türme dienten bedeutenden Athener Familien als Rückzugsmöglichkeit in unsicheren Zeiten.

DIE ANTIKEN STEINBRÜCHE AM HYMETTOS: Seit dem 6. Jh. v.Chr. wurde am Hymettos mit dem Abbau von Marmor begonnen; zunächst nutzte man nur die weißen Schichten, deren Material zur Herstellung von Skulpturen, Inschriftstelen und für Architektur diente. Seit dem 4. Jh. v.Chr. bis in die Spätantike wurden dann auch Blöcke aus den blaugrauen Steinschichten gewonnen, die vorwiegend in der athenischen Architektur, selten für Skulpturen Verwendung fanden. Überall dort, wo die weißen bzw. blaugrauen Marmorschichten am Hymettos-Hang zutage traten und eine genügende Qualität aufwiesen, wurden beim Brechen des Steines tiefe Einschnitte in den Hang getrieben, die heute noch deutlich sichtbar sind. An den z.T. hohen Wänden kann man die Meißelspuren, die beim Abbau der Blöcke entstanden (s.u. S. 211; **77**), erkennen. In einigen Brüchen findet man verworfene oder zerbrochene Säulen und anderes Baumaterial, das nicht an seinen Bestimmungsort transportiert wurde. Einzigartig in Attika ist ein sog. Drachenhaus, das sich oberhalb der Steinbrüche am Hang befindet (über einem großen, weit oben liegenden Steinbruch); trotz des schlechten Erhaltungszustandes dieses gerundeten Hauses aus großen, groben Marmorsteinen läßt sich noch die Verwandtschaft mit den bekannten gleichartigen 'Drachenhäusern' in Südeuböa erkennen; der Bau wird als Unterkunft für Steinbrucharbeiter gedient haben, mag aber auch religiöse Funktionen für die Arbeiter gehabt haben. – Hoch über der Stadt, unmittelbar oberhalb und südlich des Klosters Kaisariani, lädt ein nahezu horizontal den Hang begleitender Weg zu einer Wanderung ein: Man hat herrliche Ausblicke auf Athen und den Saronischen Golf mit seinen Inseln; weiter oben am Hang stößt man auf zahlreiche antike Steinbrüche; in deren Nachbarschaft wie auch an den übrigen Hängen findet man viele Arten wildwachsender Orchideen und auch andere, niedrig wachsende, doch farbenprächtige Pflanzen, besonders Asphodelos und Anemonen, beleben im Frühjahr den sonst kahlen Hymettos.

DAS KLOSTER DES AGIOS JOANNIS THEOLOGOS: Dieses Kloster liegt am nordwestlichen Fuß des Hymettos, am Rande des heutigen Vorortes Papagou.

Von der Mesogeion-Str., die nach Rafina führt, biegt man gegenüber dem Verteidigungsministerium im Ortsteil Papagou in die breite Kyprou-Str. ein, folgt dieser bis zu einem modernen Kirchplatz mit Grünanlage, den man halb umrundet, um dann in die nächste Str. (Leof. Stratarchou Papagou Al.) rechts einzubiegen. Die 10. Querstraße ist die breite Anastaseos, der man nach rechts ca. 300 m aus dem Vorort hinaus folgt; ein kleines, unscheinbares Schild weist bald hinter den letzten Häusern den Weg nach rechts zum Kloster. ÖZ: 7–12. 15–18 h.

Das Kloster wurde im 13. Jh. gegründet, und aus dieser Zeit stammt auch das Katholikon vom Typus der eingeschriebenen Kreuzkuppelkirche. Von den vier Säulen im Inneren sind zwei mit antiken ionischen Kapitellen geschmückt. Die Fresken stammen aus dem 16. Jh. Im 15. Jh. wurde der Kirche der Narthex vorgelegt, der heute durch einen modernen Veranda-Vorbau verkleidet ist. Von den anderen alten Gebäuden des Nonnen-Klosters sind nur noch Teile des Refektoriums, das Pförtnerhäuschen sowie ein Wachturm erhalten, der in die Umfassungsmauer integriert ist (17. Jh.). Im Speiseraum sind Fresken aus dem 17. Jh. zu sehen. Die Kirche wird durch große Pinien beschattet und ist von einem gepflegten, hübschen Blumengarten umgeben. – Nordöstlich des Klosters, abseits der Straße, liegt die kleine, weiß getünchte Kirche Agia Eleousa aus dem 16. oder 17. Jh., die als Friedhofskapelle des Klosters diente.

DAS KLOSTER KAREAS liegt oberhalb des gleichnamigen, südlichen Vorortes Athens in einer Schlucht, an deren Abhängen antike Steinbrüche mit Halden aus Marmorbrocken zu finden sind.

Von der großen östlichen Stadtumgehung Leof. Alimou Katechaki entlang dem Hymettos wählt man die Ausfahrt Kareas und folgt der Hauptstraße Leof. Ag. Joannou Karea durch den Athener Vorort bergauf; bevor diese nach rechts bergab führt, zweigt ein Zypressen-gesäumter Weg nach links zum Kloster hin ab. ÖZ: 7.30–12.30 h; 15 h–Sonnenuntergang.

Zu dem sehr gepflegten, modernen Nonnenkloster gehört eine sehenswerte byzantinische Kirche. Alten Hinweisen zufolge stand bereits im 9. Jh. ein Vorgängerbau an dieser Stelle; einige Funde deuten sogar auf ein frühchristliches Gebäude hin. Das heute vorhandene Katholikon stammt aus dem 11. Jh., wobei das ursprüngliche Schächtelmauerwerk durch Umbauten und Restaurierungsmaßnahmen kaum noch zu erkennen ist; einen Eindruck von der früheren Qualität erhält man am besten noch im Bereich der Apsiden. Die Kreuzkuppelkirche besaß ursprünglich im Innern vier Säulen, von denen eine später durch einen Pfeiler ersetzt wurde. Die Wandflächen sind heute unverputzt und tragen nur noch in der Apsis Reste von Fresken. Eine Platte über dem Eingang nennt eine Stiftung aus dem Jahre 1769; danach, im 19. Jh., verfiel das Kloster. Erst 1971 wurde es neu eingeweiht und einem Nonnenorden für die Missionsarbeit der orthodoxen Kirche übergeben.

DAS (PHILOSPHEN-) KLOSTER AGIOS JOANNIS KYNIGOS: Im äußersten Norden des Hymettos, hoch über der Senke zwischen diesem Gebirgszug und dem Penteli, liegt das Kloster des Heiligen Johannes 'des Jägers', auch Philosophenkloster genannt.

Man folgt der Mesogeion-Str. stadtauswärts bis zum Stadtteil Ag. Paraskevi; vor der gleichnamigen großen Platia mit moderner Kirche rechts biegt man ein und umfährt den Platz, dann folgt man der Ag. Joannou Kynigou bergauf bis zu ihrem Ende, dort hält man sich links und bei erster Gelegenheit wieder rechts bis zu einer Militärkontrolle; dort hinterlegt man den Personalausweis; die serpentinenreiche Straße führt bis zum Kloster hinauf. ÖZ: 7–12. 15–17 h.

Das Kloster, dessen Tradition bis in das 10. Jh. zurückreicht, liegt in 330 m Höhe am nordöstlichen Hang des Hymettos hinter hohen Umfassungsmauern. Die Beinamen 'Kynigos' und 'Philosophen-' beziehen sich auf den Gründer bzw. den Stifter des Klosters, das heute von einem Nonnenorden bewirtschaftet wird. Bemerkenswert ist vor allem die Klosterkirche, die Johannes dem Täufer (Prodromos) geweiht ist und an der sich zwei Bauphasen unterscheiden lassen: Der ältere Komplex ist eine kleine Kreuzkuppelkirche aus dem 12. Jh., die im 13. Jh. restauriert wurde (Inschriften). Die Mauern, im Bereich des Tambours als Schächtelmauerwerk sorgfältig ausgeführt, erhalten durch die Verwendung großer Marmorblöcke im unteren Teil einen besonderen Akzent (**48**). Im Innern wird die Kuppel von zwei Pfeilern sowie zwei monolithen, unkannelierten Säulen gestützt, die mit antiken ionischen Kapitellen gekrönt sind. Zwei weitere, gleichartige Säulen liegen vor der Südseite der Kirche. Die zweite, spätere (17. Jh.) Bauphase läßt sich leicht von außen an ihrem nachlässig gearbeiteten Mauer-

48 Das Katholi-
kon des Klo-
sters Agios
Ioannis Ky-
nigos, Ost-
seite

werk von der byzantinischen scheiden. Zu ihr gehören der großzügige Narthex mit dem Glockenturm und die flache westliche Kuppel. Ebenfalls aus
der Türkenzeit stammen die unbeschädigten Fresken im Innern; im rechten
Seitenarm des Katholikon findet man zudem geringe Reste von älterer, mut-
willig zerstörter Malerei. Spätere Anbauten an die Kirche wurden weitgehend wieder entfernt, bestehen blieb nur eine kleine Arkadenhalle aus dem
18. Jh. mit einem antiken, dorischen Kapitell. Im Süden des Hofes erinnern
noch verfallene Reste an ältere Klosterbauten. Die übrigen Gebäude sind in
neuerer Zeit entstanden.

Von Athen nach Sounion und in die Mesogaia

1. GLYPHADA, VOULA, VOULIAGMENI, VARI UND DIE SÜDWEST-ATTISCHEN KÜSTENORTE

Ein klassisches Ziel jeder Griechenland-Reise ist der Poseidon-Tempel von Sounion, eine Stätte, die nicht nur wegen der strahlend weißen Ruinen sondern auch wegen der besonders eindrucksvollen Lage auf dem Südkap von Attika zu Recht berühmt ist. Dieser Ausflug lohnt sich zudem, weil auf der Strecke zwischen Athen und Sounion, an der sog. Apollon-Küste mit vielen Badestränden, einige interessante und schöne Besichtigungsorte warten, die weniger bekannt sind, aber das Bild von Attika entscheidend abrunden: kleine antike Landheiligtümer, eine Kultgrotte, villenartige Landhäuser, frühgriechische Siedlungsplätze u.a. in der reizvollen Landschaft des südlichen Attika mit zahlreichen Meeresbuchten und hoch aufragenden Bergen in unmittelbarer Nachbarschaft.

Der Weg aus der Stadt hinaus erscheint manchem vielleicht mühsam: Schier endlos erstreckt sich das Häusermeer entlang der Vouliagmenis-Straße in Richtung Flugplatz. Es ist schwer vorstellbar, daß sich die Bebauung noch vor wenigen Jahrzehnten und erst recht in der Antike auf einzelne Gehöfte oder allenfalls kleine Dörfer beschränkte. Nicht anders ist der Eindruck, wenn man Athen über die Syngrou-Avenue verläßt und sich in Phaliron auf der Küstenstraße nach Süden wendet.

Noch nördlich des Flugplatzes von Elliniko liegt der antike Demos Halimous, dessen Name im heutigen 'Alimos' fortlebt. In diesem Vorort wurden seit dem vergangenen Jahrhundert archäologische Grabungen durchgeführt. So entdeckte man z.B. auf einer kleinen Halbinsel – heute nach einer kleinen Kirche AGIOS KOSMAS, in der Antike wohl Kap Kolias genannt – eine frühhelladische Siedlung (2500–1900 v.Chr.) mit Häusern, deren Räume hintereinander angeordnet sind, wodurch sich sozusagen mehrere Durchgangszimmer bildeten. Zu der Siedlung gehörte eine Nekropole auf dem Festland, die mit Platten bedeckte und ausgekleidete Gräber aufwies. Die Funde lassen darauf schließen, daß es sich bei den Bewohnern um Einwanderer von den Kykladen handelte. Später, in mykenischer Zeit, lag an derselben Stelle wiederum eine Siedlung, von der Häuser im Megaron-Typ zeugen. Von den Antiken ist heute auf dem Kap fast nichts mehr zu sehen. Doch mag manchen Touristen das Sportzentrum in den unmittelbar nördlich gelegenen Parkanlagen anziehen: Hier gibt es Tennisplätze und Trainingsmöglichkeiten für jede Form von Ballspielen; in einem Lehrbecken kann man zudem tauchen lernen.

Einige Kilometer östlich landeinwärts, in TRACHONES, fand man 1975 ein kleines Theater, das den Bewohnern der dortigen Gemeinde, des Demos

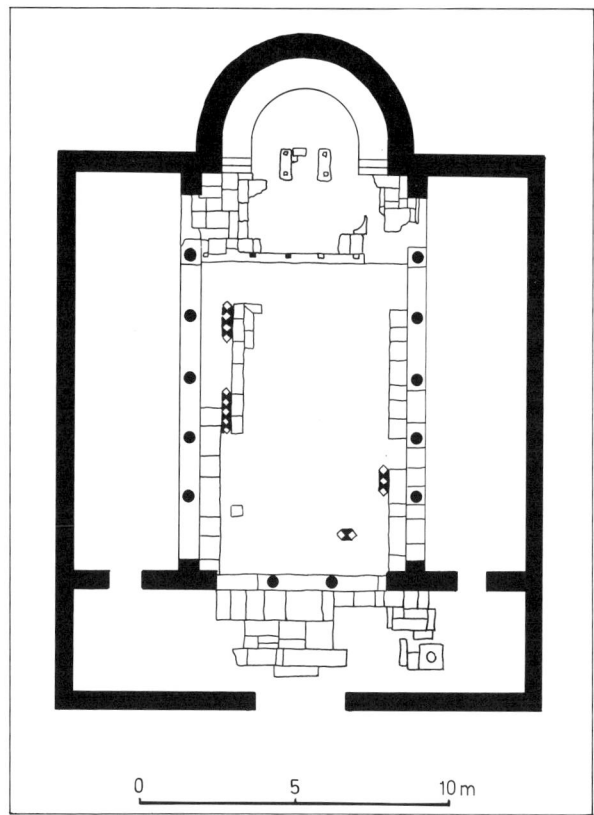

49 Glyphada,
frühchristli-
che Basilika

0   5   10 m

Euonymon, als Versammlungsplatz gedient haben muß. Es liegt an der
'Straße des antiken Theaters' (Archaiou Theatrou), die von der Vouliag-
menis-Avenue etwa 100 m nördlich der Alimos-Straße nach Westen abbiegt.
Die Ausgrabungen der letzten Jahre haben ein kleines Bühnengebäude aus
Kalksteinquadern mit Stuckverputz, eine längsrechteckige Orchestra und
ebenfalls rechtwinkelig angelegte Sitzstufen an einem leicht gebauchten,
sanft ansteigenden natürlichen Hang freigelegt. Vor die ursprüngliche erste
Sitzreihe aus Marmorplatten mit Buchstaben an der Front für die Honoratioren wurden in einer zweiten Bauphase einige massive, marmorne Sessel
aus hymettischem Marmor gestellt. Unter den Funden, die die Anlage des
Theaters gegen 350 v.Chr. datieren, sind besonders zwei archaisierende
Dionysos-Figuren zu erwähnen, die zuseiten der Orchestra aufgestellt waren.
Das kleine Theater ist insofern von besonderer Bedeutung, als es nachhal-
tig die Theorie stützt, daß das griechische Theater mit seinem auf einen Kreis
zurückgehenden Grundriß aus der Rechteckform entwickelt wurde; jedenfalls zeigen alle bis heute bekannt gewordenen frühen griechischen Theater

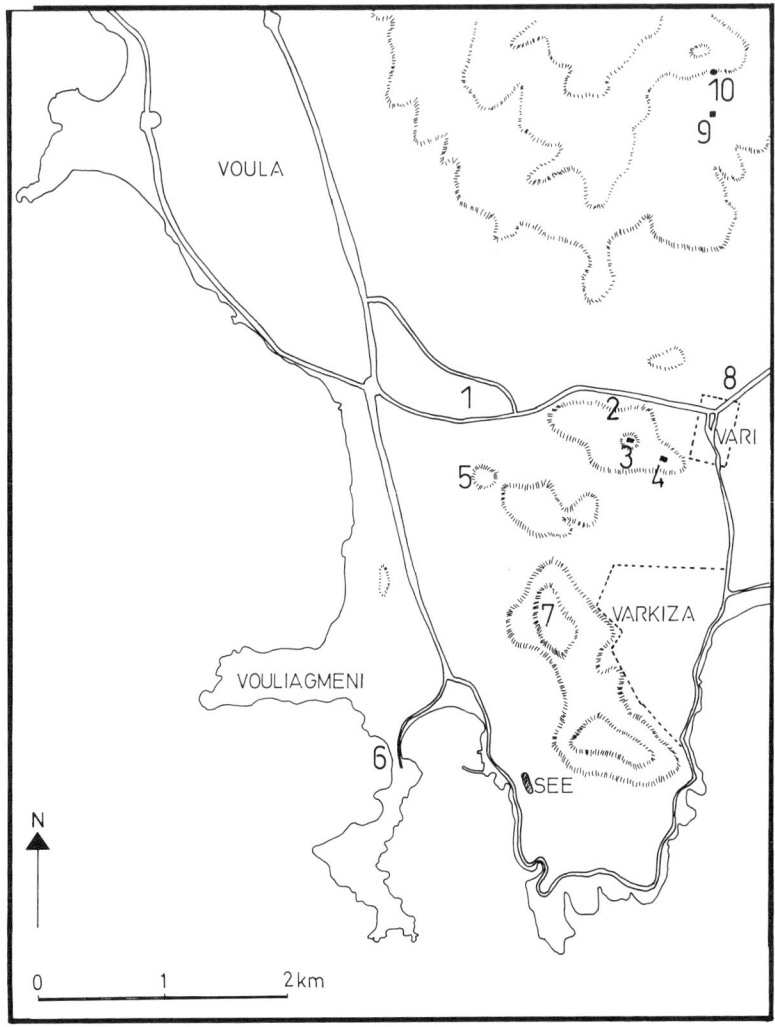

50 Orientierungsskizze der Gegend von Voula, Vouliagmeni und Vari
   1: Kalambokas; 2: klassische Grabterrasse in Vari; 3: Lathouriza, Wehrdorf;
   4: Lathouriza, geometrische Siedlung; 5: Kastraki; 6: Haus und Apollon-Tempel von Kap Zoster; 7: Kaminia-Höhenrücken; 8: Nekropole von Vari.

einen rechteckigen Grundriß, während die für uns 'klassische' Form erst im
mittleren 4. Jh. v.Chr. nachweisbar ist.
In der Nähe des Theaters, auf einem kleinen Hügel, wurde 1929 eine dreischiffige christliche Basilika über einem griechischen Heiligtum entdeckt
und ergraben. Die Reste der Kirche sind heute vollständig verschwunden;

doch kann man von ihrer Existenz auf eine fortwährende Besiedlung des Gebietes um Trachones bis in die Spätantike schließen.

Im Areal des Flugplatzes 'Ellinikon' befand sich einst eine klassischen Nekropole; ein besonders großer Quaderbau wurde bei der Anlage der Landebahn in den südwestlich anschließenden Sportflugplatz versetzt, wo er heute von der breiten Uferstraße (Leof. Bas. Georgiou B') zwischen Eukalyptus-Bäumen sichtbar ist. Südlich von Ellinikon erreicht man den noblen Vorort GLYPHADA, der in Athen bekannt ist für seine vielen Clubs, Restaurants, einen Golfplatz und Wassersport-Einrichtungen. Direkt am Meer, neben einem kleinen Yachthafen (westlich der Kreuzung Leof. Bas. Georgiou B' / Lampraki Greg.) liegen hier die Reste einer großen frühchristlichen Basilika, die angeblich zur Erinnerung an die erste Landung des Apostels Paulus in Griechenland errichtet wurde (49). Die Kirche war in drei Schiffe gegliedert, deren mittleres in einer großen Apsis endet. Vom aufgehenden Mauerwerk ist ebenso wie von den Säulen im Innern nur noch wenig erhalten, doch läßt sich erahnen, wie eindrucksvoll die Basilika direkt am Meer mit Blick auf eine kleine grüne Halbinsel im Süden gewirkt hat. Südlich von Glyphada folgt der Athener Vorort VOULA. Hier gabelt sich die Vouliagmenis-Straße: Ein neu ausgebauter Hauptzweig führt geradeaus nach Vouliagmeni (dazu s.u.), während man links nach Vari und Varkiza abzweigt (50). Ca. 2 km nach dieser Abzweigung, hinter einer langgezogenen Rechtskurve, liegt rechts (westlich) der Straße ein großes, unbebautes Areal (KALAMBOKAS genannt), auf dem man zahlreiche, zunächst sehr unübersichtlich wirkende Mauerreste erkennen kann (50,1; 51). Überblickt man diese antike Siedlung jedoch von einer Anhöhe von Westen her und durchschreitet die einzelnen Straßenzüge, so erschließen sich dem Betrachter die Hausgrundrisse sehr schnell: Es handelt sich um einen unregelmäßigen Stadtbauplan mit breiten Hauptstraßen und schmaleren Gassen; im Nordwesten des Grundstückes ist ein großer Wohnblock gut erkennbar, dessen Zentrum ein Rundturm von ca. 8 m Durchmesser bildet; an seiner Nordseite ist ein Badezimmer mit einem mehrfach erneuerten wasserfesten Fußbodenestrich zu finden. An einer etwa 30 m südlich gelegenen Straßengabelung liegt – von einer kleinen Mauer mit einem Tor umgeben – eines von drei hier nachgewiesenen Heiligtümern: Ein kleiner Antentempel mit einem Altar vor der Ostfront; sein Inneres war mit einem Kieselmosaik ausgelegt. Die Ausgrabung zeigt den Teil eines größeren klassischen Dorfes, das vielleicht als das Zentrum des antiken Demos Halai Aixonides zu identifizieren ist. Zu dieser Siedlung gehören auch in den letzten Jahren gefundene Haus-, Grab- und Heiligtumsreste, die in den einzelen Grundstücken südlich von Kalambokas und jenseits der großen Hauptstraße Vari-Vouliagmeni gefunden wurden. Dieser Teil Voulas, Pigadakia genannt, wurde in den letzten Jahren nach und nach dicht bebaut; dabei stieß man überall auf antike Ruinen, die z.T. überbaut, z.T. frei gelassen wurden: Im Zentrum des Viertels ein großes Gehöft mit quadratischem Turm, dessen untere Wandquader und Ein-

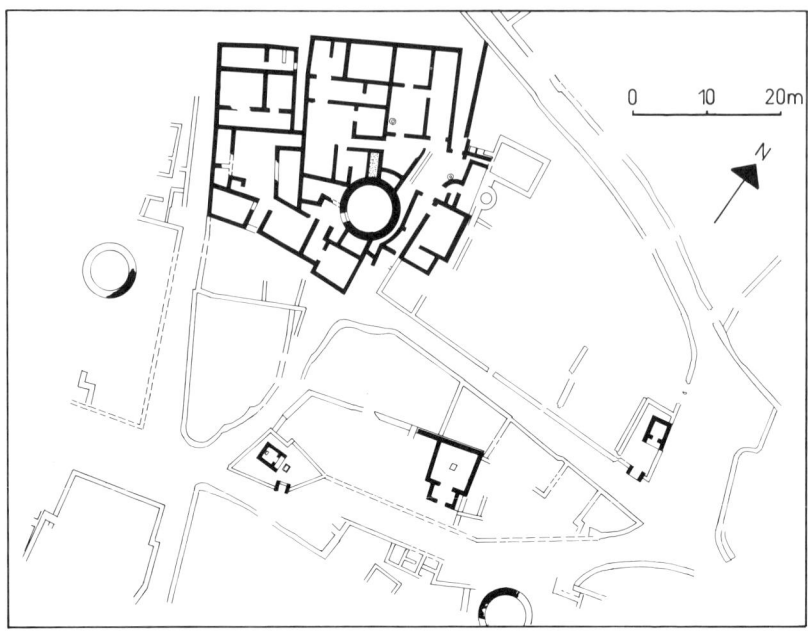

51 Voula, Kalambokas, klassische Siedlung

gangsschwelle gut erhalten sind; eine Straße mit großem Abwasserkanal wenige Meter südwestlich davon (Ecke Eleftherias und Kariotaki); eine Straßengabelung mit einem Heroon (neben Eleftherias 38) oder eine eindrucksvolle Grabterrasse (in der Athinon, Ecke Kavalas), die heute als Stützmauer eines Gartens genutzt ist, sind einige Beispiele für diese klassische Bebauung, die in ihrer Vermischung von Wohn- und ländlicher Architektur mit Grabarealen deutlich einen Vorstadt-Charakter aufweist. Über allem 'thront' im Osten ein Felsen (Kastraki), auf dem die zugehörige Akropolis dieser Siedlung lokalisiert wird.

Fährt man von Kalambokas einige hundert Meter weiter, stößt man auf eine verkehrsreiche Querstraße, die links (nach Osten) nach Vari und rechts nach Vouliagmeni führt. Wendet man sich nach rechts, so kann man südlich der Straße – noch vor der nächsten breiten Avenue – einen mit Pinien bestandenen Hügel sehen, der KASTRAKI (kleine Festung; **50**,5) genannt wird. Wer an einem Spaziergang auf den 132 m hohen Berg interessiert ist und Zeit hat, mag auf bequemem Waldweg zum höchsten Punkt im Westen hinaufsteigen. Der aufmerksame Besucher erkennt dort am Boden noch einige Grundrisse von kleinen antiken Häusern klassischer Zeit und – auf der südlichen Hangseite – die stark verstürzte Mauer eines hellenistischen Kastells. Dieses hat wohl als Lager der athenischen Opposition gegen die makedo-

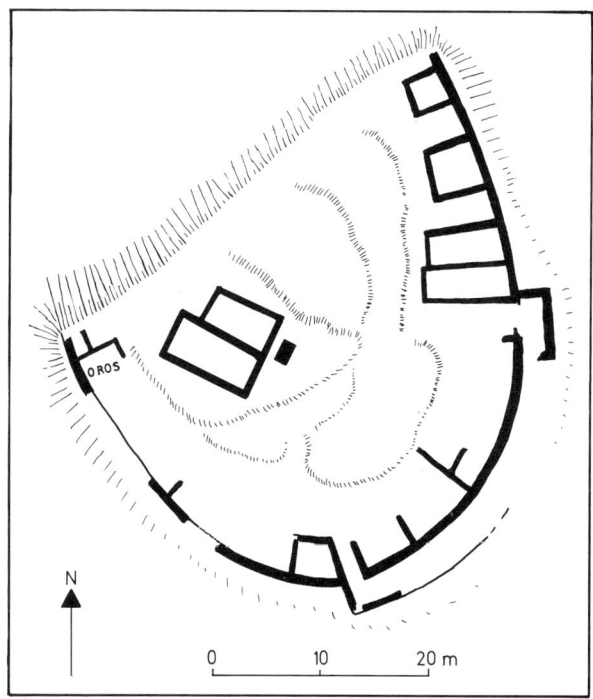

52 Vari
Lathouriza,
klassisches
Wehrdorf
a) Plan
b) rekonstru-
ierte Ansicht
von Südost,
nach Lauter

nische Besetzung des Piraeus im frühen 3. Jh. v.Chr. gedient. Westlich unterhalb dieser Akropolis befindet sich das Viertel Pigadakia (s.o.).

Der von Nord nach Süd streichende Berg südlich von Kastraki, der Vouliagmeni
von Varkiza trennt, heute KAMINIA genannt, war in der Antike die Grenze zwischen
zwei Demen (**50**,7). Das ergibt sich aus drei Inschriften, die im Abstand von etwa
300 Metern auf dem Kamm in den Felsboden eingemeißelt sind und das Wort Horos
(ΟΡΟΣ = Grenze) nennen (Taf. 16,2). Derartige Grenzinschriften findet man auch
noch an anderen Stellen in Attika (s.u. S. 157). Sie folgen markanten Geländepunkten

und liegen zumeist auf Hügelkämmen, die als natürliche Trennungslinien zwischen zwei Gemeinden dienten und mittels der Inschriften im 4. Jh. v.Chr. als Grenzen fixiert wurden.

Wendet man sich an der letztgenannten Straßengabelung nach Osten in Richtung VARI, so durchfährt man ein langgestrecktes Tal zwischen den Hymettos-Ausläufern im Norden und kleineren Hügeln im Süden. Die Straße ist von zahlreichen Tavernen, sog. Vlachika, gesäumt, die verschiedene gegrillte Fleischsorten und andere typisch griechische Speisen anbieten, eine sehr lohnende Fahrtunterbrechung oder auch ein schöner Tagesabschluß auf der Rückfahrt nach Athen.

Bevor man nach Vari hineinfährt, dort, wo die Reihe der Tavernen endet, steht südlich neben der Straße ein großer klassischer Grabbezirk, ein Mauergeviert aus großen Quadern (**50**,2); diese weisen einen feinen Fugenschnitt mit unregelmäßigen Einklinkungen an den Seiten auf, während die Ober- und Unterkanten der Blöcke waagerecht gearbeitet sind. Daneben liegen einige unverzierte Marmorsarkophage auf dem Boden.

Südlich hinter diesem Grabbezirk von Vari erhebt sich der Hügel von LATHOURIZA (**50**,3-4), auf dem an verschiedenen Stellen die Spuren einer antiken Siedlung und eines umwallten Heiligtums entdeckt wurden. Zunächst befinden sich auf dem nördlichen Gipfel schlecht erhaltene Fundamente eines längsrechteckigen Doppeltempels mit einem Altar vor der Ostseite (**50**,3; **52**). Die festungsartige Anlage rund um dieses Heiligtum, die in das späte 5. Jh. v.Chr. datiert wird, war auf drei Seiten von einer Mauer umgeben, während auf der vierten, westlichen, nach Kastraki ausgerichteten Seite der steil abfallende Fels natürlichen Schutz bot; an die Mauer waren Wohnräume angebaut. Am Rand des westlichen Hanges findet man (auf halber Höhe von Norden her, südlich neben dem Doppeltempel auf dem Gipfel und in der südlich anschließenden Senke auf einem markanten Felsriff) drei wahrscheinlich spätantike Felsinschriften, deren eckige Buchstaben bislang nicht eindeutig erklärt sind; vielleicht geben sie eine Grenzmarkierung zwischen Kap Zoster im Westen und einem kaiserlichen Besitz östlich von Lathouriza an.

Wendet man sich von diesem Gipfel nach Südosten, so erreicht man in einem Sattel unterhalb in ca. 250 m Entfernung eine sehr interessante Ausgrabung (**50**,4; **53**). Es handelt sich um mehrere gerundete, apsidale oder rechteckige Räume, die z.T. aneinandergebaut sind, z.T. aber auch einzeln frei stehen. Die in Attika bislang einzigartige Siedlung, die im 7. bis 5. Jh. v.Chr. bewohnt war, enthielt nach neueren Forschungen sowohl Kultzimmer mit Bänken an den Wänden als auch Wohnräume für Pilger. Besonders interessant ist ein kreisrunder Mauerring, in dessen Inneren man eine Brandstätte mit zahlreichen Terrakotta-Idolen gefunden hat; es handelte sich um einen kleinen, nicht überdachten Heiligtumsbezirk mit einem Altar; die heute in dem Steinkreis liegenden Platten mit rechteckigen Einlassungen für Pfosten

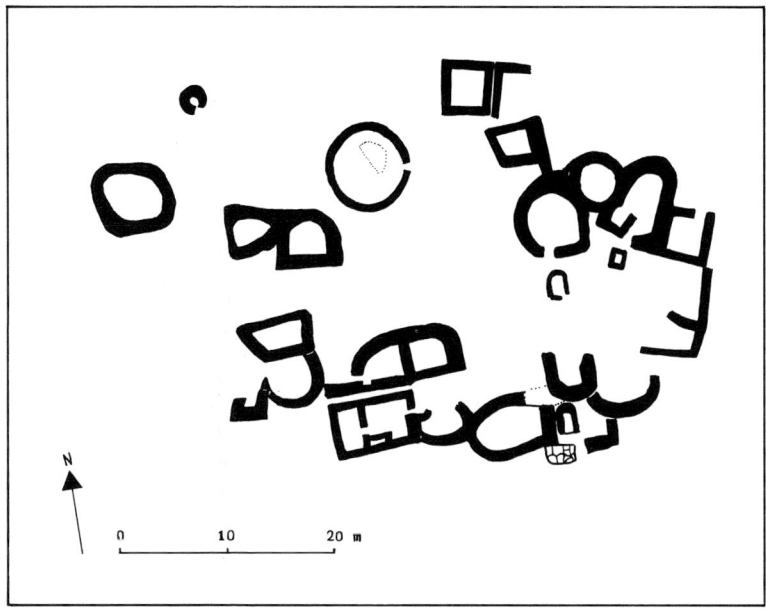

53 Vari
Lathouriza,
geometrische
Siedlung
a) Plan
b) rekonstru-
ierte Ansicht
des Nordost-
Hauses (nach
Lauter)

rahmten einst den Eingang der Stätte im Südosten der Umfassungsmauer,
sie dienten also nicht als Halterung für Stützen eines Daches, wie es die
frühere Forschung rekonstruierte. Möglicherweise bildet die gesamte Anlage eine Siedlung und ein frühes Heiligtum des Demos Anagyrous, der als
nächster südöstlich auf Halai Aixonides folgte und den heutigen Bereich
von Vari und Varkiza umfaßte. Gräber, die in der Nachbarschaft des Lathou-
riza-Hügels (neben der Shell-Tankstelle in Vari) gefunden wurden und derselben Zeit angehören, belegen jedenfalls eine dichte Besiedlung der Gegend.

Vom Dorf Vari aus kann man in einer ca. einstündigen Wanderung weitere Sehenswürdigkeiten erreichen: die VARI-GROTTE und das sog. VARI-LANDHAUS.

Wegbeschreibung: Von Vari in Richtung Koropi, nach wenigen Metern (bei einer Shell-Tankstelle) links in zunächst geteerte schmale Seitenstraße nach Nordwesten einbiegen; an deren Ende bei einer Gabelung leicht rechts in einen Taleinschnitt einem Schotterweg folgen bis zu mehreren aufgegebenen Betonhäusern auf einer Hügelkuppe. Von dort erkennt man jenseits eines Tales östlich das Vari-Landhaus; folgt man dem Schotterweg am Hymettoshang bergauf, erreicht man etwa 60 Höhenmeter oberhalb des Landhauses den Eingang zur Grotte (Metallgitter-Abdeckung), so daß fast genau in Fallrichtung südlich unterhalb die Hausruinen sichtbar sind. Mit dem Auto ist die Grotte über folgende Strecke zu erreichen: Von der Vouliagmeni-Str. 4,8 km südl. des Abzweiges zum intern. Flugplatz links in eine kleine Seitenstraße, die neben einem Schul-Baskettballplatz abzweigt; dieser ca. 4 km auf den Hymettos hinauf folgen, am Friedhof von Voula ("ΝΕΚΡΟΤΑΦΕΙΟΝ ΑΝΩ ΒΟΥΛΑΣ") vorbei bis zu einem Hochspannungsmasten; dort zu Fuß ca. 500 m Schotterweg nach rechts abwärts, an Gabelung rechts. Der Eingang liegt 290 m ü.NN wenig unterhalb des Weges, der dann weiter zum Landhaus hinabführt.

Die Vari-Grotte (**50**,10) ist in mehrfacher Hinsicht ein lohnendes und interessantes Ziel. In einer Tropfsteinhöhle mit zwei Kammern, in der ehemals auch eine Quelle entsprang, wurde in der Antike ein Heiligtum für den Hirtengott Pan und die Nymphen eingerichtet. Den Zugang bildet eine natürliche Öffnung, durch die man über zwölf aus dem Fels herausgearbeitete Stufen auf einen ersten Absatz hinabsteigen kann (nur für schwindelfreie und trittsichere Besucher mit rutschfestem Schuhwerk zu empfehlen). Dort sind erste Inschriften und Weih-Nischen in den Stein geschlagen. Der Boden der kleineren Kammer (Lampe !) ist leicht geneigt und mündet schließlich im unteren Bereich des größeren Höhlenteiles; hier sieht der Besucher eine kleine Treppe, die vom Eingang herableitet, rechts daneben eine hausartige Nische mit einer Pan-Inschrift sowie eine aus der Höhlenwand gemeißelte Sitzfigur auf einem Thron, deren Kopf fehlt; ob es sich um die Darstellung der kleinasiatischen Göttin Kybele handelt, ist umstritten. An der hoch aufragenden Trennwand der beiden Kammern hat sich ein Bildhauer, Archedemos aus Thera, in lebensgroßem Relief mit seinen Werkzeugen – Hammer und Winkeleisen oder Meißel – in den Händen selbst dargestellt (Taf. 17,1). Offenbar hat der Mann die Höhle zur Verehrung der Nymphen ausgestaltet, denn in einer Inschrift neben der Zugangstreppe hat er sich als "Nympholeptos", als von den Nymphen Verzückter bezeichnet. Diese Gottheiten wurden – nach Ausweis der Funde, darunter schöne marmorne Weihreliefs des mittleren 4. Jhs. v.Chr. – mit den Musen, den Chariten, Apollon und Pan hier über Jahrhunderte hin verehrt. Der heidnische Kult ist in spätantiker Zeit von den Christen beendet worden, die die Höhle jedoch weiter benutzt haben: Lampen mit dem Kreuzzeichen sowie Münzen der Zeit belegen dies eindeutig. Danach wurde der Platz aufgegeben und erst im Jahre 1765 durch den englischen Reisenden R. Chandler wiederentdeckt.

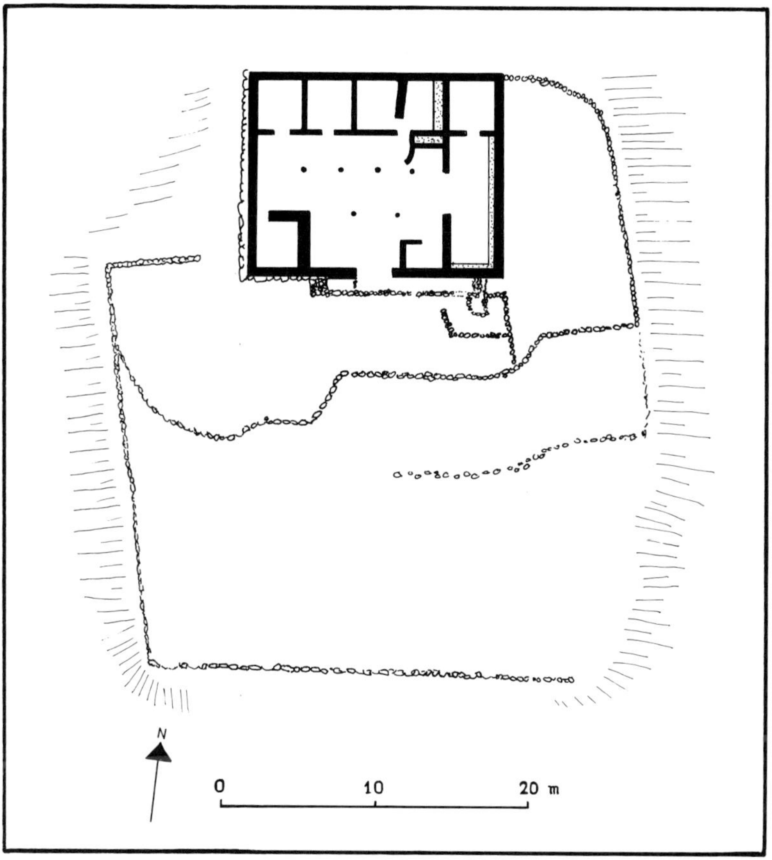

54 Das Landhaus von
    Vari
    a) Grundriß
    b) Rekonstruierte
    Ansicht von Süden
    (nach Jones)

Das Landhaus unterhalb der Grotte wird als Gutshaus, das den Mittelpunkt
eines landwirtschaftlichen Betriebes im Tal bildete, interpretiert (**50**,9; **54**).

Dafür sprechen zahlreiche Geländeterrassierungen in der Umgebung sowie die Architektur des Gebäudes: An einem Säulen-Hof liegen im Norden und Osten sechs Räume, während in der Südwestecke ein massiver Turm errichtet war; dieser diente in der Regel zur Aufbewahrung der landwirtschaftlichen Geräte und – in den luftigeren Obergeschossen – zur Lagerung der Produkte; daneben bot der Turm guten Ausblick auf das umgebende Land; bei einem Überfall konnte man sich dort verschanzen. Auf verschiedenen, durch Mauern abgeschlossenen Terrassen direkt neben dem Landhaus waren nach den Untersuchungen der englischen Ausgräber Gärten angelegt. In den letzten Jahren wurden ähnliche Farmen im südlichen Attika erforscht, die die Deutung als landwirtschaftlicher Villenbetrieb für das Vari-Haus bestätigen. Auch bei den Parallelbeispielen fand man kleine, ländliche Kultstätten für Gottheiten, die mit der Natur verbunden und beim einfachen Volk beliebt waren, im Falle vom Vari-Landhaus handelt es sich um eine Grotte, im Beispiel des Hauses auf dem Kap Zoster um ein Apollon-Heiligtum (s.u.).

Südwestlich von Vari und Varkiza strecken sich mehrere Landzungen hinaus ins Meer; die gesamte Halbinsel heißt heute Lambarda, in der Antike nannte man sie KAP ZOSTER (**50**,6). Hier fallen die letzten Ausläufer des Hymettos zum Wasser ab und bilden vier große Buchten, in denen ausgiebig Wassersport getrieben wird, z.t. allerdings in geschlossenen Strandbädern und im Bereich von Club-Anlagen. Auf den Landzungen sowie im Ort VOULIAGMENI befinden sich viele Hotels und Restaurants sowie Strandcafés. Der Name des teuren Vorortes leitet sich von dem Einsturzbecken einer Doline, einer in den Kalkfelsen gewaschenen Höhle ('Vouliagmeni' bedeutet: die Eingestürzte) her, die nahe der Küste, östlich der modernen Straße, zu sehen ist; ihre hohen, senkrechten Wände werden abends angestrahlt und bilden eine eindrucksvolle Kulisse für ein Restaurant. Das Becken ist mit einem warmen, chlorschwefelhaltigen See gefüllt, so daß an seinem Rand ein Thermalbad (24° C Wassertemperatur sommers wie winters) eingerichtet wurde.

An der engsten Verbindung des Kaps mit dem Festland wurden eine antike Villa und einige Meter weiter am Strand (im Gelände des Astir-Strandbades, auf Bitten am Eingang frei zugänglich) die Reste eines Tempels ausgegraben (Taf. 16,1). Das Heiligtum war laut Pausanias dem Apollon, der Artemis, Leto und Athena geweiht. Im Innern des Tempels, dessen erste Bauphase in das spätere 6. Jh. v.Chr. datiert wird, erkennt man drei Kultbildbasen und einen Opfertisch, nahe beim Eingang zum Adyton fand man zudem noch den Thron des Priesters. Der im 4. Jh. v.Chr. gebaute Säulenumgang stand wohl schon in römischer Zeit nicht mehr aufrecht. Vor der Ostfront hingegen ist die Basis des längsrechteckigen Altares erhalten. – Das große Gebäude nördlich des Tempels wird oft als das Priester- und Pilgerhaus interpretiert, ist aber wohl eher ein Landhaus. Es zeigt – nur in den Fundamenten erkennbar – einen Hof mit mehreren angrenzenden Räumen, die hinter einer Säulenreihe lagen (sehr ähnlich dem Vari-Landhaus, s.o.,

54), das mächtige Fundament an der Südostecke läßt einen Turm vermuten. Später wurden in dem Hof weitere Räume angelegt, die die ursprüngliche Säulenstellung überflüssig machten.

Die Straße nach Varkiza windet sich von Vouliagmeni aus um eine felsige Landzunge mit schönem Blick nach Westen auf die Silhouetten von Aigina und der östlichen Peloponnes-Küste. In Varkiza, einem Badeort mit langem Sandstrand, trifft sie wieder mit der Strecke zusammen, die – wie der antike Weg von Athen nach Sounion – durch das Tal von Vari führt. Nach Süden hin begleitet die Straße die Küste und passiert zahlreiche Badebuchten und Ferienorte, bis sie die Südspitze Attikas, das Kap Sounion, erreicht.

Einige interessante und bislang wenig bekannte Stätten lohnen für den speziell an antiker Siedlungsgeschichte Interessierten einen Umweg von Vari nach Nordosten. Denn nur ca. 2 km von Vari entfernt, rechts der Straße in Richtung Koropi, ragt ein hoher Fels namens KIAPHA THITI aus der Ebene auf, auf dem sich zahlreiche Spuren von antiker Besiedlung nachweisen ließen. Einst war der kleine Berg mit einer mykenischen Festungsmauer umgeben. Wenig unterhalb des Gipfels findet man zudem die Ruinen einer kleinen frühchristlichen Kirche, die sogar mit figürlich verzierten Schrankenplatten ausgestattet war. Aus den Jahrhunderten zwischen diesen antiken Eckdaten wurden bei den Grabungen, die Deutsche und Kanadier vor wenigen Jahren hier durchgeführten, Zeugnisse für eine spätklassische und hellenistische Besiedlung entdeckt.

Etwa 1 km südöstlich von Kiapha Thiti erhebt sich ein nach Süden streichender Höhenzug, von dem an seiner Nordseite ein einzelner Hügel durch ein schmales Tal abgetrennt wird. Auf diesem steht die kleine Kapelle PANAGIA THITI aus dem 18. Jh., in deren Wänden antike Spolien verbaut sind, darunter das Fragment eines Demenbeschlusses von Lamptrai (in der Nordwand); vor einigen Jahren fand man hier auch ein dorisches Kapitell aus klassischer Zeit. Dieses mag zu einem Kultbau gehört haben, der dem Dionysos oder der Aphrodite geweiht war; denn die ebene Fläche auf dem kleinen Felshügel, der nur von der Nordwestseite her zugänglich ist, war ein antikes Heiligtum, das durch einige in den Fels eingearbeitete Grenzinschriften von der Umgebung abgetrennt war: Man sieht auf der Südwest-, der Nordost- und der Südostseite an mehreren Stellen die tief eingemeißelten, großen Buchstaben HO, die das Wort für Grenze abgekürzt wiedergeben (noch mit dem archaisch-frühklassischen H als Aspiranten). Nördlich unterhalb dieses Heiligtums erkennt man auf mehreren Terrassenflächen noch geringe Reste von Architektur sowie Stelen-Einlassungen im natürlichen Fels: Vielleicht handelt es sich um das einem Heiligtum angeschlossene Versammlungszentrum des Demos Unter-Lamptrai. Die Ebene unterhalb des Hügels war in der Antike besiedelt und landwirtschaftlich genutzt; auffälligster Fund war hier ein Grabbezirk des 4. Jhs. v.Chr. mit Skulpturenausstattung: Neben einer Männerstatue schmückte das schöne Relief eines Löwen die Nekropole einer reichen Familie (im Museumsmagazin von Brauron).

Der Höhenrücken südlich von Panagia Thiti bildete eine antike Demen- oder eine Trittyen-Grenze. Das geht aus einer Reihe von in den Felsuntergrund gravierten Grenzinschriften hervor, die der Kammlinie bis zum im Süden querverlaufenden Tal von Porto Lombardo folgen. Man liest jeweils vier von einem Strich getrennte Buchstaben OP/ПM; sie sind wohl als 'Horos Paralia Mesogaia' aufzulösen, also 'Grenze' zwischen einem Demos oder einer Trittys 'am Meer' und einem bzw. einer 'in den Mesogaia' (das heißt, in der Binnenebene auf der Ostseite des Hymettos).

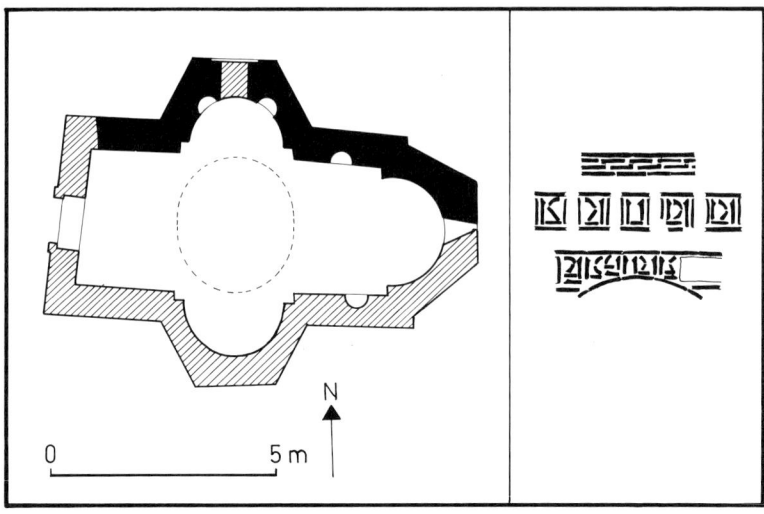

55 Ag. Dimitrios am Saronischen Golf

Folgt man der Küstenstraße von Varkiza nach Sounion, so umrundet man wenige Kilometer weiter südlich die kleine Badebucht von Agia Marina; auf einer winzigen Insel, die heute mit dem Land durch Beton-Aufschüttungen verbunden ist, wurden Baureste aus prähistorischer Zeit entdeckt. Der auf Agia Marina folgende Ort heißt AGIOS DIMITRIOS. Hier zweigt eine kleine Straße landeinwärts ab, an der man nach ca. 700 m einen baumbestandenen Ort mit einer Quelle erreicht. Die Kirche, die im 11. oder 12. Jh. an diesem Platz errichtet wurde, ist dem Heiligen Demetrios geweiht (**55**). Während die nördliche Längswand und die Hälfte der Apsis noch dem ursprünglichen Bau angehören, wurde der südliche Teil entsprechend der früheren Form in nachbyzantinischer Zeit erneuert; die unterschiedliche Ausführung des Mauerwerks zeigt dies deutlich, obwohl die Feinheiten der Bautechnik durch wiederholtes Überkälken mehr und mehr verdeckt werden. In der Nordwand sind kunstvolle Ziegelornamente zu erkennen, die für die mittelbyzantinische Zeit typisch sind: Neben einfachen geometrischen Zierbändern finden sich komplizierte Arabesken (**55**). – Südlich von Agios Dimitrios begleitet ein im Westen schroffer Höhenrücken, der DIMITRIOS-BERG, das Meer. Es lohnt sich der (von der Ostseite wenig beschwerliche) Aufstieg zu seinem nördlichen Gipfelpunkt, auf dem die Orthostatenblöcke eines klassischen Wachtturmes erhalten sind. Der Turm war wohl Teil einer größeren Anlage, deren geringe Fundamentreste sich wenige Meter östlich unterhalb am Hang ausmachen lassen. Die strategisch günstige Position des Ortes wird jedem, der an dieser Stelle steht, unmittelbar klar: Tief unter ihm liegt der Saronische Golf mit den Buchten von Porto Lombardo, Agia Marina und Varkiza; im Nordwesten blickt man zu den Ausläufern des Hymettos mit der Vari-Grotte und dem klassischen Landhaus; man sieht auf Lathouriza, das diesen Orten gegenüber liegt, und nimmt den Kaminia-Höhenzug wahr, der die Bucht von Vari und Varkiza vom Kap Zoster bei Vouliagmeni trennt – ein imposanter Ausblick auf eine Reihe der Denkmäler, die in diesem Kapitel beschrieben wurden.

2. VON ANAVYSSOS NACH SOUNION

Das Poseidon-Heiligtum auf dem Süd-Kap Attikas mit seinem klassischen Tempel, den weißen Säulen hoch über dem blauen Meer, ist zu Recht traditionell ein Muß jedes Griechenland-Reisenden. Wer diesen beeindruckenden und interessanten Platz nicht im Kreise vieler Touristen aus der ganzen Welt besichtigen möchte, sollte dies am frühen Morgen oder im Laufe des Vormittages tun – gegen Abend warten mit vielen Bussen angereiste Besuchermassen dort auf den Sonnenuntergang. Kap Sounion liegt ca. 70 km südlich von Athen, mit dem Auto benötigt man für diese Strecke ungefähr anderthalb Stunden, wenn man ohne Pausen durchfährt. Die Strecke (s.S. 146) führt über die Vouliagmenis-Str. aus Athen heraus nach Voula, dann über Vari, Varkiza und die Strandorte Agia Marina, Lagonisi, Palaia Phokaia sowie Legraina, in denen sich zahlreiche Hotels und Pensionen befinden und weitere gebaut werden.

Man passiert auf der Anfahrt nach Kap Sounion das einige Kilometer im Land liegende ANAVYSSOS. Im Bereich dieses Ortes lagen vier antike Demen (u.a. Anaphlystos, dessen Name sich im modernen widerspiegelt), deren archäologische Reste besonders im vergangenen Jahrhundert aufgenommen wurden; die meisten Siedlungsspuren der einst von geometrischer bis in frühchristliche Zeit gut besiedelten Zone sind heute verschwunden. Berühmt ist die Gegend, weil aus ihr einige sehr qualitätvolle archaische Skulpturen stammen, die heute in New York, Berlin, München und in Athen aufbewahrt werden: Im Saal 13 des Nationalmuseums stehen – jeweils auf den mit ihren Namen beschrifteten Basen – Kroisos aus Anavyssos (um 520 v.Chr.; Taf. 17,3) und der spätarchaische Aristodikos (s.S. 106).

Nördlich von Anavyssos liegt die Gemarkung ELYMPOS (auch Olympos, wie der benachbarte Berg) mit einer sehenswerten Friedhofskirche (östlich des Dorfes, rechts der Straße nach Anavyssos). Sie stammt aus nachbyzantinischer Zeit und trägt den Namen der PANAGIA MESOSPORITISSA. Der Bau, in seiner Raumaufteilung sehr ungewöhnlich, ist auf einem Fundament sorgfältig bearbeiteter antiker Blöcke errichtet. Die Bestimmung des antiken Gebäudes, das einst an dieser Stelle stand und von dem auch die Spolien im Mauerwerk stammen, ist unbekannt. Darüber hinaus sind auch Steine mit frühchristlichen Motiven in die Wände der Kirche integriert. Die Fresken im Innern werden entsprechend der Stifterinschrift in das Jahr 1772 datiert. – Wichtiger noch als die Friedhofskirche ist die Ruine einer großen frühchristlichen BASILIKA in Elympos, die man am besten von der östlichen Ortseinfahrt her erreicht: Hier zweigt an der Gabelung der Teerstraße ein Schotterweg ab, an dem nach ca. 150 m links das Ausgrabusgelände liegt. Es handelt sich um eine dreischiffige Basilika, von der die Grundmauern, die Basen der Säulenreihen, der Marmor-getäfelte Fußboden sowie im Chor Mosaiken mit Inschriften und geometrischen Motiven erhalten sind (Taf. 17,2). Hier sieht man im Boden noch den Platz des Altars, der von einem viersäuligen Baldachin umgeben war. Die besonders große Basilika mit ihrem quergelegten Narthex datiert aus dem 5. Jh. Interessant sind auch die landwirtschaftlichen Einrichtungen in einem kleinen Anbau an der Südwestecke der Kirche: Eine Olivenquetsche zum Trennen des Fruchtfleisches von den Kernen sowie eine Presse mit Auffangbecken für das auslaufende Öl. – Fährt man von Elympos noch einige Kilometer weiter in Richtung Lagonisi, so erkennt man nördlich der Straße im flachen Vorland des Paneion-Gebirgsstockes einen schroff aufragenden Felsen, der zusammen mit seiner Umgebung den Namen TRAPOURIA trägt. Im Hellenismus war er einst mit der kleinen Terrassenanlage eines Heiligtums bebaut: Vor Ort erkennt das geschulte Auge noch in den Fels geschlagene Treppenstufen (an der SO-Seite) und einige Mauerzüge aus großen Kalksteinblöcken (am Rand des östlichen Altar-Vorplatzes) sowie die Fundamente des Tempels auf dem Gipfel (markiert durch einen modernen Höhenmesspunkt). Daß diese Gegend in der Antike besiedelt und landwirtschaftlich genutzt war, belegen Hausfundamente, die man noch im vergangenen Jahrhundert hier sehen konnte; für den heutigen Reisenden wird dies nur mehr an dem Fragment eines klassischen Grabreliefs mit der Darstellung einer Loutrophoros deutlich, das in der Kirche unterhalb des Trapouria-Felsens über der Tür verbaut ist. – Ebenfalls nördlich von Anavyssos, rechts der Straße nach Keratea und ca. 3 km vom Meer entfernt, liegt die kleine Kirche des AGIOS PANTELEIMON, ein typisches Bauwerk der nachbyzantinischen Zeit (17. Jh.). Das Innere des einfachen Baues ist mit Fresken des 18. Jhs. ausgemalt. Ein hübsches Detail der Ausstattung bilden die wiederverwendeten Architrave des 9. oder 10. Jhs., die den Hauptdurchgang der Ikonostase betonen und mit einem Palmetten-Rankendekor geschmückt sind.

Wenige Kilometer westlich von Sounion liegt die bergige PATROKLOS-INSEL, heute Gaidouronisi genannt. Sie bewahrte hellenistische Mauern einer Festung, die Patroklos, dem ptolemäischen Admiral, als Basis gegen die makedonische Besatzung im Piraeus diente. Heute ist die Festung weitgehend zerstört, es sind nur mehr die Reste eines klassischen Turm-Gehöftes, das in das spätere Lager einbezogen war, erhalten.

Hat man auf der Autostraße die Patroklos-Insel passiert, biegt ein einfacher Erdweg nach Nordwesten in das CHARAKA-TAL ab. In dieser Senke wurden in den letzten Jahren zahlreiche antike Geländeterrassen entdeckt, die im 5. und 4. Jh. v.Chr. für den landwirtschaftlichen Anbau errichtet wurden. Teile der Mauern (Planierungsarbeiten für Wochenendhäuser zerstören die antiken Terrassen in letzter Zeit zunehmend, eine neue Teerstraße mit einer Betonstützmauer durchschneidet das Tal) sind noch am Nordhang des Tales zu finden, und die künstlichen Geländestufen kann man fast überall an den Hängen ausmachen. Von den Gehöften blieben nur geringe Reste: am östlichen Hang jenseits eines Bachbettes die Grundmauern einer Farm mit einer Ölpresse, die aus dem Fels herausgeschlagen wurde, und auf dem das Tal im Westen abschließenden Sattel eine Anlage mit zwei Türmen. Deutlich sichtbar ist eine Grabanlage direkt neben der Autostraße am Eingang zum Charaka-Tal: Hinter der Umfassungsmauer liegt ein einfacher Steinsarkophag noch an seinem ursprünglichen Platz. Das Grab, das in spätrömischer Zeit von einem Haus überbaut wurde, muß zu einem Gehöft gehört haben, das wenig weiter nördlich zu suchen ist, wo zahlreiche Keramikreste und größere Steine den Acker bedecken.

An der Südostseite des Tales öffnet sich eine tiefe Schlucht zum Meer hin. Daß die Hochebene oberhalb dieser Schlucht, die Ebene von AGIA PHOTEINI, in der klassischen Antike ebenfalls landwirtschaftliche Nutzfläche war, belegen Gehöft-Ruinen. Auf dem Höhenkamm, der diese Hochebene im Osten oberhalb des Tales von Legraina abschließt, wurden 1981 fünf Horos-Inschriften gefunden, die – denjenigen in der Umgebung von Vari gut vergleichbar – entlang der Kammlinie in den Fels gemeißelt sind. Sie geben die Grenze zwischen zwei Demen, 'Atene' ('Aτήνη) im Westen und vielleicht 'Sounion' im Osten, an. Auch das Tal von LEGRAINA, das sich in nördlicher Richtung bis nach Ag. Konstantinos erstreckt, hat archäologisch interessante Funde erbracht. Wenige hundert Meter nördlich des Dorfes wurden auf einer niedrigen Anhöhe inmitten des Tales die Ruinen von zwei großen klassischen Bauernhöfen gefunden, die in einer Flur mit dem sprechenden Namen 'Palaia Kopraissia', d.h. 'alter Misthaufen' gelegen sind. Weiter talaufwärts (nördlich) passiert die Erdstraße nach Ag. Konstantinos in der MEGALA PEFKA genannten Gegend einen von belgischen Archäologen ergrabenen Bezirk klassischer Brennöfen für die Verhüttung von Silbererz. Und wiederum weiter nördich, südwestlich unterhalb eines markanten, roten Kalksteinfelsens liegen die geringen Reste einer klassischen Villa und eines Badehauses, heute eine wenig übersichtliche, zugewachsene Grabung mit dem Flurnamen POUSSIPELIA.

Wenn man Legraina passiert und die letzte Straßenbiegung vor dem KAP SOUNION umfahren hat, liegt die nach Süden steil abfallende Halbinsel beeindruckend vor dem Betrachter: Man erkennt hinter der geschützten (antiken Hafen-) Bucht die zum Gipfel ansteigende Siedlungsfläche, die von einer Mauer umgeben ist, überragt von den strahlend weißen Säulen des Poseidon-Tempels (**57**). "Vom griechischen Festland springt gegen die Kykladeninseln und die Ägäis das Kap Sounion Attikas vor; es gibt einen Hafen, wenn man am Vorgebirge vorbeigefahren ist, und auf der Spitze des Kaps liegt ein Tempel der Athena Sounias." So beginnt Pausanias nicht nur sein Buch über Attika sondern seine gesamte Reisebeschreibung Griechenlands. Alle Forscher des vorigen Jahrhunderts identifizierten deshalb den damals längst bekannten, ja sogar teilweise geplünderten Tempel auf der Spitze des Kaps mit dem der Athena. Heute deutet man den hochklassischen Bau als den des Poseidon: Mehrere bei diesem Tempel gefundene Inschriften sowie die Entdeckung eines weiteren Heiligtums – ca. 500 m nördlich auf einer flacheren Kuppe gelegen – führten zu dem Schluß, daß Pausanias, der von Ionien mit dem Schiff nach Attika reiste, eine Fehlinformation weitergab. Dies ist aber verständlich, wenn man bedenkt, daß zu seiner Zeit der Athena-Tempel abgetragen, daher nicht mehr sichtbar war und der Athena-Kult vielleicht zum Tempel des Poseidon auf dem Kap verlegt worden war.

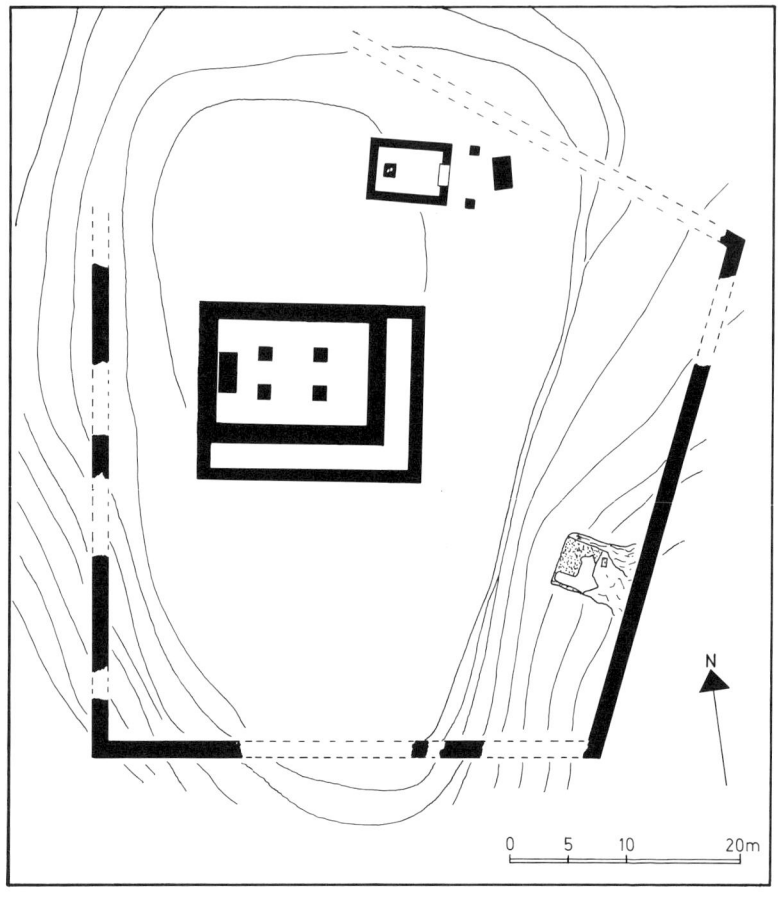

56 Kap Sounion, Athena-Heiligtum

Auf dem Hügel von Kap Sounion fanden sich prähistorische Reste, und der Kult des Poseidon an dieser Stelle ist bereits in homerischer Zeit belegt; Opfergaben (Gefäße und Skulpturen wie die riesigen Sounion-Kouroi, Nat.Mus.) zeugen für das zunehmende Interesse an den Heiligtümern des Poseidon und der Athena. Nach gegenwärtiger Kenntnis scheint es außer einem Altar auf dem Kapgipfel aber keine größere Architektur in archaischer Zeit gegeben zu haben; erst nach der Marathon-Schlacht begann man mit dem Bau eines Tempels, dessen 480 v.Chr. von den Persern zerstörten Bauglieder aus Poros-Kalkstein im Fundament des klassischen Neubaus z.T. erhalten sind. In der Parthenon-Zeit (um 440 v.Chr.) entstand dann der aus dem weißen Agriliza-Marmor gebaute neue Tempel, dessen Reste heute so weithin sichtbar sind (**57 b**). Er liegt auf einer künstlichen Terrasse mit zwei

Hallen im Norden und Westen (**57**,4), zu der ein Tor (**57**,3) Zutritt gewährte; neben diesem Propylon konnte sich der Pilger in einem Ruheraum erfrischen. Nach dem Beginn des Peloponnesischen Krieges, im Jahre 413/2 v.Chr., schützte man das Heiligtum und seine Umgebung zur Landseite hin durch eine Mauer mit zehn Türmen (**57**,1); die Lage des Tores in der Stadtmauer ist unbekannt. Diese Befestigung mußte im Laufe der Geschichte mehrfach erneuert und repariert werden, u.a. mit Marmorblöcken von Grabterrassen, die man in der Umgebung abgetragen hatte. Man passiert bei der Anfahrt auf das Kap zunächst das Athena-Heiligtum (**56**). Es liegt auf einer knapp 40 m hohen Terrasse, die von einer Mauer umgeben war. In der Mitte erhob sich ein größerer Tempel, von dem nur noch die Grundmauern erhalten sind, weiter nördlich erkennt man einen kleinen klassischen Naiskos mit einem Altar vor seiner Front und der Basis für eine Marmorstatue im Innern; traditionell wird dieser kleine Tempel mit dem homerischen Heros Phrontis in Verbindung gebracht, dessen Grabhügel man mit einem Tumulus nördlich des Tempels identifiziert. Auch bei dem großen Athena-Tempel ist die Position der Kultstatue anhand einiger Bodenplatten an der Westseite der Cella noch sichtbar, davor liegen vier Steine, die einst die Innensäulen des Gebäudes trugen. Dieser Tempel des mittleren 5. Jhs. ist aus zwei Gründen besonders interessant: Schon Vitruv, der augusteische Architekturforscher, betonte die besondere Grundrißgestaltung: Der Bau hatte nur zwei Säulenreihen, nämlich vor der Ost- und der Südseite, auf der sich möglicherweise der Eingang zu diesem Tempel befand. Darüberhinaus ist das Schicksal dieses Gebäudes kurios: Nach seiner Zerstörung (vielleicht im beginnenden 3. Jh. v.Chr., vielleicht erst während der Mithridatischen Kriege) wurden Teile seiner Architektur (8 Säulen u.a.) nach Athen auf die Agora transportiert und dort zur Errichtung eines frühkaiserzeitlichen Tempels, wahrscheinlich des kleinen 'Südost-Tempels', wiederverwendet (s.S. 69); Säulen und Kapitelle dieses Bauwerkes hat man sowohl in Sounion als auch – mit Versatzmarken versehen – in Athen gefunden.

Ungefähr 500 m südlich erreicht man das Poseidon-Heiligtum auf der Kap-Spitze (**57**). Heute führt der Weg den Besucher über die einstige Befestigungsmauer (**57**,1) nördlich an einer großen, aus Spolien errichteten Bastion (**57**,2) vorbei und seitlich des Propylon zum Tempel (Taf. 18,1). Das Tor zur Heiligtumsterrasse (**57**,3) wurde aus zwei Materialien errichtet: Im Innern verwendete man Poros, der in einem zweiten Bauabschnitt außen von weißem Agriliza-Marmor ummantelt wurde. Die Terrasse wird vom hochklassischen, auf einem podiumartigen Unterbau stehenden Tempel (**57**,5; **57** b) bekrönt, der in Grund- und Aufriß sowie in vielen Details seine Verwandtschaft mit dem Hephaisteion und dem Ares-Tempel in Athen sowie dem Nemesis-Tempel in Rhamnous zu erkennen gibt. Einige der sehr schlanken 6 zu 13 Säulen der Peristase wurden in die Parks europäischer Schlösser (z.B. Klein-Glienicke, Berlin) entführt; man erkennt sie außer an dem typischen Mar-

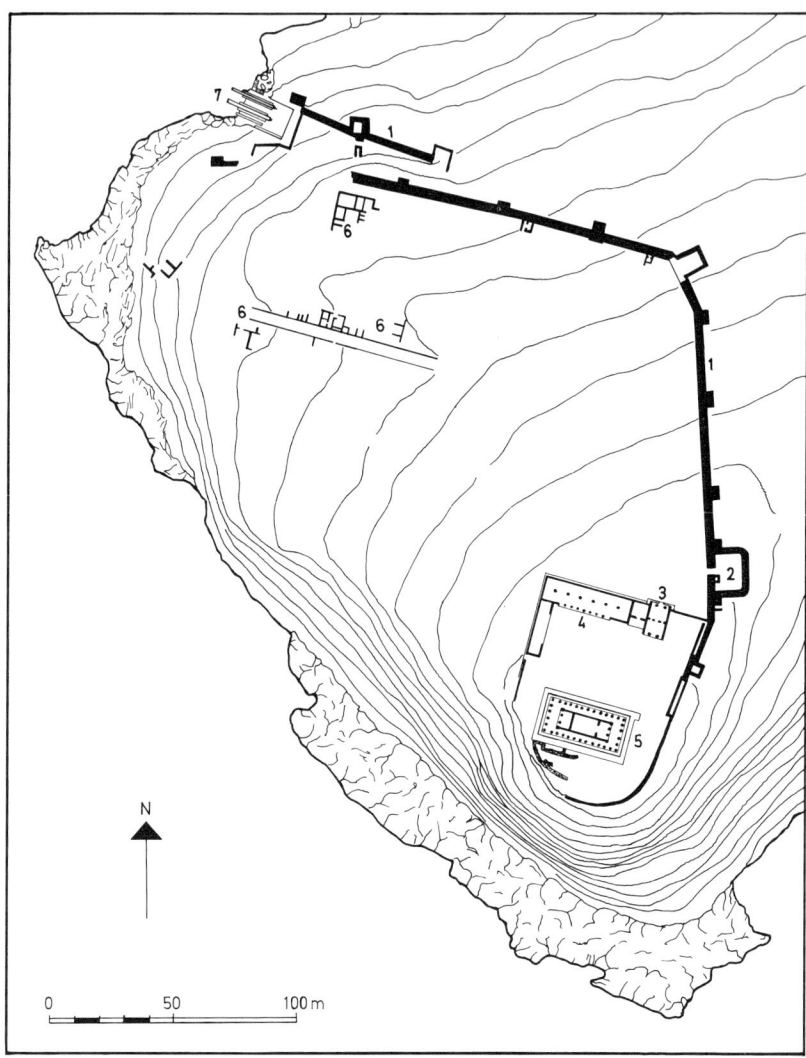

57 Kap Sounion
    a) Festung und Poseidon-Hlgt.
    1: Festungsmauer; 2: Bastion; 3: Propylon; 4: Stoa; 5: Poseidon-Tempel; 6: Häu-
    ser und Straße; 7: Schiffshaus.

mor, der mangels Eisen nicht die warme Patina des pentelischen Marmors
annimmt, daran, daß sie statt der bei dorischen Säulen üblichen 20 Kanneluren nur 16 breitere und flachere Vertiefungen zwischen den Graten haben.
Neben diesem ungewöhnlichen Architektur-Detail sind noch weitere Besonderheiten des Tempels ermittelt worden: Der Architrav des Pronaos war

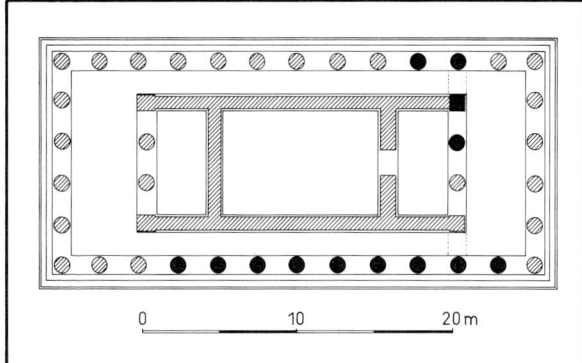

57 Kap Sounion
b) Poseidon-
Tempel,
rekonstruier-
ter Grundriß

über die Seitenwände der Cella hinaus bis zum Peristase-Gebälk durchgezogen – dies wie bei der Hephaisteion-Ostseite in Athen –, und der gesamte Raum zwischen den Frontsäulen und dem Pronaos wurde auf vier Seiten
von einem ionischen Fries mit mythologischen Kampfszenen geschmückt;
die Ringhalle wurde dadurch zu einer selbständigen Raumeinheit umgebil-
det; der dorischen Ordnung der Triglyphen und unverzierten Metopen an
der Außenseite war innen ein ionischer Fries entgegengesetzt; diese Dis-
krepanz führte zu einer starken Absonderung und Betonung der Front. Zudem
sollten offenbar neue Räume im Innern des Säulenkranzes erschlossen werden. Dafür spricht auch, daß die Rückhalle – einzigartig in der griechischen
Tempelarchitektur – tiefer als der Pronaos gebaut wurde, und daß der antike Architekt in der Cella auf die Innen-Gliederung mit Säulen verzichtete:
Hierdurch erweiterte sich der Raum ganz entscheidend.
Aufgrund dieser Beobachtungen – sehr schlanke, fast 'ionisch' proportionierte Säulen, ein ionischer Fries sowie andere Eigenheiten – haben Architekturforscher vermutet, daß eine Bauhütte von den ionischen Inseln in
Sounion gearbeitet hat, freilich unter Athener Aufsicht. Die ungeheure
Bautätigkeit in der Hochklassik zu Perikles' Zeiten, die in Attika gleichzeitig sehr viele Steinmetzen in Anspruch nahm, mag die Beschäftigung
fremder Handwerker notwendig gemacht haben (s. auch **11**).
Auf der abschüssigen, ummauerten Fläche des Kaps nördlich unterhalb der
Poseidon-Terrasse sind bis heute nur geringe Ausgrabungen durchgeführt
worden. Man fand dabei einige fest gebaute Häuser mit marmornen Tür-
schwellen, die in Verbindung mit weiteren im Gelände sichtbaren Häuser-
resten als städtische Bebauung zu interpretieren sind (**57**,6); daneben müssen in den Quartieren auch Pilger und Reisende, die z.B. wegen ungünsti-
ger Winde in der Ägäis zu einem Zwischenaufenthalt in Sounion gezwun-
gen waren, untergebracht worden sein. An der Nordwestecke der Festung,
hinter einer aus wiederverwendetem Material errichteten Bastion, sind die
Reste einer hellenistischen Halle für zwei Schiffe erhalten (**57**,7): Man
erkennt deutlich die in den Fels geschlagenen Vertiefungen für die Kiele

der Schiffe; die Seiten des über 20 m langen Schiffshauses waren mit Spolien-Blöcken aus Agriliza-Marmor verkleidet, darüber muß sich ein Dach gespannt haben. Das Haus war offensichtlich ein besonderer Teil – vielleicht für Schnellboote der hier stationierten athenischen Garnison – des natürlichen Hafens mit seinem Sandstrand, den auch Pausanias erwähnt.

Die Heiligtümer des Poseidon und der Athena sowie die städtisch bebaute Festungsanlage waren selbstverständlich nicht vom Hinterland isoliert. Vielmehr waren sie Teile eines Demos, zu dem auch ein Großteil der Laureotike, des nördlich gelegenen bergigen Gebietes mit intensivem Silberbergbau, und die etwa 4 km weiter nördlich lokalisierte Siedlung beim Pascha-Hafen und in der Panormos-Bucht gehörten (**58**). Dort sind eine mit zahlreichen Räumen gesäumte Platzanlage (ca. 81 zu 56 m Seitenlänge) sowie einige Hausreste in der Bucht des Pascha-Hafens gefunden worden; dazu entdeckte man an der Ostseite der schönen Nachbarbucht von Panormos (an der Straße Kap Sounion – Laurion nach Osten ausgeschildert) mehrere Werkstätten mit Brennöfen zur Silberverarbeitung sowie eine Hafenmole. Im vergangenen Jahrhundert wurde zudem ein Herakles-Relief in dieser Gegend gefunden, das man mit einem inschriftlich für den Demos Sounion überlieferten Herakleion verbinden kann; in derselben Inschrift ist auch von der Landwirtschaft auf der großen Pounta Zeza-Halbinsel in klassischer Zeit die Rede. Alle Antikenreste und epigraphischen Indizien belegen sehr treffend die Lage und Ausdehnung des Demos Sounion; zu dieser attischen Landgemeinde gehörten außerdem noch mehrere große Bauernhöfe sowie Silberminen mit ihren Waschanlagen in den westlich gelegenen Hügeln (s.u. S. 170) und auch die befestigte Stadt mit den Heiligtümern auf dem Kap.

3.   Das Laurion-Gebiet, Thorikos, Porto Raphti und Brauron

Das Gebiet von Kap Sounion bis nach Thorikos war besonders in klassischer Zeit das Zentrum des Silberbergbaus und bildete damit einen entscheidend wichtigen Faktor für die Macht Athens. Hier wurden Erze und besonders das für die Münzen, die "Eulen von Athen" (**62**), verwendete Silber abgebaut. Die bergige Landschaft in diesem südlichen Teil Attikas, die wenig besucht wird, hat ihren eigenen Reiz: Lichte Pinienwälder wechseln mit (z.T. modernen) Schlackenhalden, ein interessierter Wanderer entdeckt zahlreiche antike Industrieanlagen, Häuser und Zisternen, dazu Reste von klassischen Farmen und Steinbrüche des strahlend weißen Sounion-Marmors. Der Blick kann von mancher Bergkuppe in den saronischen Golf einerseits und zu den nächsten Kykladeninseln (Makronisos, Kea, Kythnos und Serifos) andererseits schweifen.

Agriliza und Souriza: Das Tal von Agriliza und dasjenige von Souriza geben dem heutigen Besucher vielleicht den intensivsten Eindruck von der

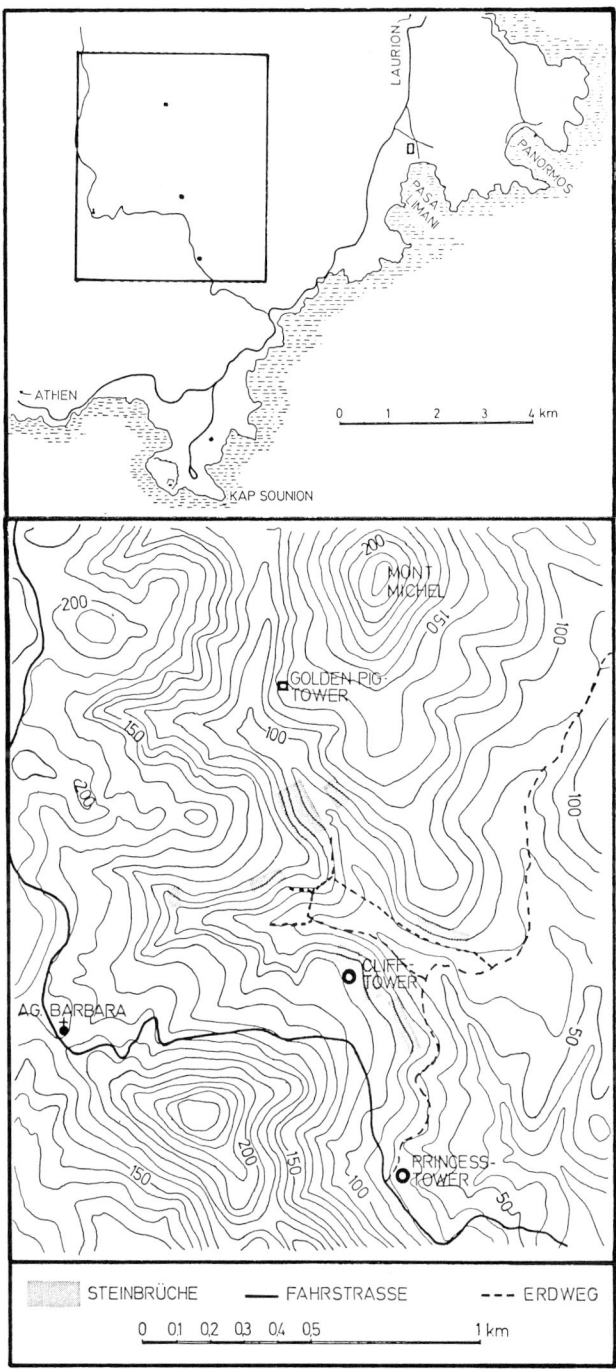

58 Agriliza-
Tal nahe
Sounion

antiken Nutzung dieses Gebietes. Für Reisende, die sich aufgrund nur noch geringer Architekturreste eine Vorstellung vom einstigen Zustand machen können und zugleich gern wandernd Antiken 'entdecken', die selbst unter Archäologen nahezu unbekannt geblieben sind, bietet sich hier ein interessanter Ausflug (**58**).

Man erreicht die beiden Täler mit dem Auto von zwei Seiten aus: Entweder biegt man auf der Straße Sounion-Laurion 1,1 km nördlich der Straßengabelung beim Kap Sounion unmittelbar neben der Taverne 'Syrtaki' in ein schmales Sträßchen ein und folgt diesem bis zu einem nach Norden hin ausgeschilderten Erdweg nach Agriliza (hier liegt neben der Straße der 'Prinzessinnen-Turm'). Fährt man die Asphaltstraße weiter und passiert zwei Kapellen und einige z.T. verlassene Häuser, so zweigt nach etwa 5 km nach rechts (Osten) ein Teerweg ab (s.u.) – Oder man biegt am Nordrand von Laurion nach Ag. Konstantinos (früher Kamariza) ab und wendet sich kurz vor diesem Ort nach Süden (Ag. Triada, Sounion). Diese Straße, die zu beiden Seiten von Schlackehalden und Stollen gesäumt ist, führt nach einigen Kilometern an einem Militärgelände vorbei, hinter dem nach links (Osten) eine Teerstraße etwa 250 m weit bis zu einem Parkplatz abbiegt. Südlich unterhalb liegt ein gut ausgegrabenes antikes Industrie-Viertel, nach Osten zu neigt sich das Souriza-Tal hinab, das dann nach Süden umbiegend in das Agriliza-Tal mündet.

Das Agriliza-Tal liegt etwa 2 km nördlich vom Kap Sounion (**58**). Im Süden ist es relativ flach und wird nach Norden zu – am Abhang des Michaelsberges – steiler und enger. In der Mitte, an der Stelle, an der ein westliches Seitental abzweigt, wurden in den letzten Jahren einige kleine Häuschen gebaut, die über eine Erdstraße erreichbar sind. Von hier aus kann man um den Fuß des 'Mont Michel' herumwandern und stößt am Ende auf das nach Westen aufsteigende Souriza-Tal. Am Anfang der Senke im Süden fällt neben der Straße der Rest eines Rundturmes auf, der den Namen 'Prinzessinnen-Turm' trägt (**58**. **59**). Er ist das Hauptgebäude einer kleinen Farm, von der noch die Umfassungsmauern und ein großer, flacher und runder Dreschplatz weiter östlich erhalten sind. Der Turm war im unteren Geschoß aus relativ kleinen Steinen errichtet, nur die Türpfosten bestehen aus großen Blöcken, die oberen Stockwerke waren mit Lehmziegeln gebaut, die heute einen großen Teil der Anschüttung rund um den Bau ausmachen. Die Eingangstür lag aus Sicherheitsgründen nicht zu ebener Erde. In dem Turm, der in das 4. Jh. v.Chr. zu datieren ist, wurden die für die Landwirtschaft notwendigen Geräte und – in den trockeneren oberen Stockwerken – die Ernte aufbewahrt; zudem war das oberste Geschoß sicherlich auch zum Wohnen eingerichtet. Die wohlgefügten Architekturreste, die nördlich der Gebäude neben der Erdstraße liegen, gehörten ebenfalls zu dieser Farm: Sie sind Teile einer Grabanlage, die der Besitzer des Hofes für sich und seine Familie errichten ließ. Eine hier gefundene Inschrift nennt als Farm-Eigentümer einen Timesios, der auch als Silberminen-Pächter und Besitzer eines zweiten Gehöftes bekannt ist, die etwa 1 km weiter nördlich liegt (sog. Cliff-Farm).
Ähnliche Farmen mit Türmen sind im Agriliza-Tal mehrfach nachgewiesen. Bei einer weiteren (**58**: 'Cliff-Tower') konnte man aufgrund von Fels-

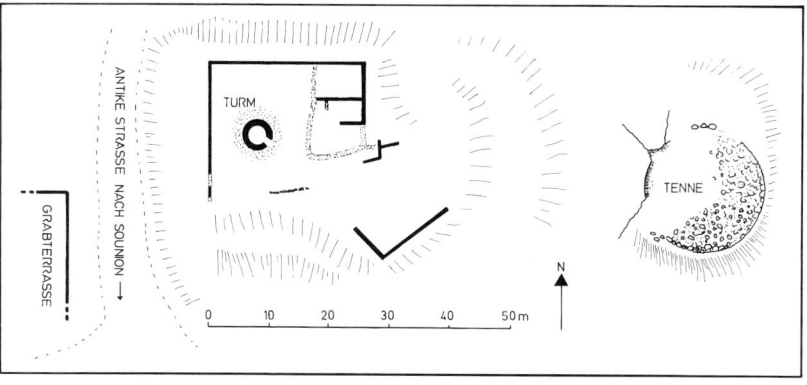

59 Die Prinzessinnen-Farm im Agriliza-Tal
  a) Plan
  b) rekonstruierte Ansicht von Nordosten (nach Jones)

inschriften, die z.T. einfache Land-Heiligtümer belegen, z.T. sich auf Gräber beziehen, den Besitzer ermitteln: Einem gewissen Timesios wurde dieses Gehöft von einem Schuldner überschrieben; Timesios besaß demnach
fast das gesamte Agriliza-Tal (antik: Nape) mit dem westlichen Seitental
für seine Landwirtschaft und Viehzucht. Oberhalb eines Steinbruches, der
einen Steilabfall bildet, liegen die geringen Reste der Cliff-Farm, die Ruinen von zwei Häusern und einem Rundturm sowie zwei Dreschplätze.
Im nach Norden verlaufenden Agriliza-Tal findet man an den Hängen zahlreiche Steinbrüche (58, graue Flächen), die den Marmor für die Bauten in
Sounion geliefert haben (Taf. 18,2); auch im Tal selbst sieht man einige aus
diesem Material errichtete Terrassen für Häuser und Gräber sowie große
rechteckige oder kleine Birnen-förmige Zisternen, in denen für die Bewoh-

ner und Arbeiter der Umgebung Wasser gesammelt werden konnte. In einigen Steinbrüchen findet man runde Vertiefungen im Marmorfels, die durch die Extraktion von Säulentrommeln für die Bauten von Sounion entstanden. Auf der Südseite des 'Mont Michel' haben englische Archäologen eine Erzwaschanlage der Klassik ausgegraben, zu der mehrere Zisternen, ein großes Haus mit zwei Höfen und ein rechteckiger Turm gehören (**58**: 'Golden Pig Tower'). Kurzgefaßt vollzog sich die Silbergewinnung folgendermaßen: In unterirdischen Stollen wurden Silbererze abgebaut und über Treppengänge und Förderschächte ans Tageslicht gebracht. Das zerkleinerte und fein geriebene Erzmaterial wurde dann in einer Anlage mit Sickergruben zum Klären des verwendeten Wassers gewaschen (**60**); anschließend schmolz man die geschlämmten und brikettierten Erze in einem Ofen – wegen der Gasentwicklung und aufgrund des großen Brennholzbedarfes zumeist am Meer errichtet, wo man importiertes Holz leicht anlanden konnte – , so daß silberhaltiges Blei abgeschieden wurde (**61**). In einem letzten Schritt trennte man das Blei in einem Läuterofen von dem Silber, das dann nach einer abermaligen Reinigung zum Münzprägen (**62**) benutzt werden konnte. In der englischen Grabung kann man eine typische, große Waschanlage an der Südwestecke erkennen, darüber hinaus zahlreiche Räume, z.T. aus Lehmziegelmauern errichtet, die als Werkstätten dienten. Zahlreiche derartige Anlagen befinden sich in einem großen Grabungsareal ca. 1 km weiter nördlich (an der Mündung des Souriza- ins Agriliza-Tal), das von griechischen Forschern untersucht wurde: Auffallend sind hier die vielen Zisternen; daneben sieht man als Werkstätten und Wohnräume genutzte Zimmer, darunter auch mit wasserfestem Putz ausgekleidete Waschkauen. In einem Haus an der Nordwestecke dieser Grabung wurde eine Inschrift entdeckt, in der ein gewisser Simos sich als Pächter eines Minengrundstückes bezeichnet, ein Mann, der auch noch aus anderen Inschriften des 4. Jhs. v.Chr. (von der

---

60 Typen klassischer Erzwaschanlagen im Laurion-Gebiet

a) Grundriß und Rekonstruktion einer rechteckigen Anlage;
b) runde, sog. heliozoidale Anlage (nach Jones und Conophagos).

Aus dem fein gemahlenen Erzgestein wurden auf Waschbrettern bzw. in einem Steinrund die Sandanteile ausgewaschen; das Kanalrechteck mit seinen Sickerbecken diente der Reinigung des Wassers, das anschließend wieder in ein erhöhtes Druckbecken geschöpft wurde. Das konzentrierte Silbererz trocknete in der Sonne, bevor es zu Läuteröfen gebracht wurde. Die erst in der Mitte des 4. Jhs. erfundenen runden Erzwaschanlagen brachten bei gleichem Wasserverbrauch zehnfach mehr Ertrag als die seit dem frühen 5. Jh. bekannten rechteckigen Erzwäschen.

61 Rekonstruktionsskizze der Läuteröfen (nach Mussche)

Die Tonöfen wurden in Schichten mit Holz bzw. Holzkohle und konzentriertem Silbererz gefüllt. Durch Reduktionsbrand wurde zunächst Bleiglanz ausgeschmolzen, das anschließend durch Oxidationsbrand in Silber und Blei geschieden wurde. Die Öfen mußten regelmäßig erneuert werden, da sie schnell mit Schlacken gefüllt waren.

60 a

61   60 b

Athener Agora) bekannt ist, die alle mit der Silbergewinnung im Laurion-Gebiet zusammenhängen. Die Silberminen wurden vom Staat an Privatpersonen verpachtet, die mit gemieteten Sklaven die Ausbeutung der Silbererzvorkommen auf eigenes Risiko betrieben. Durch die Schrift "Der Staat der Athener" des Aristoteles weiß man einiges über die Modalitäten des Silberbergbaus: Bei bereits angelegten Förderschächten betrug die Pachtzeit nur drei Jahre bei einem relativ hohen Preis; bei einem Gelände dagegen, auf dem erst neu mit der Anlage von Schächten und Stollen begonnen werden mußte und das Risiko demnach höher war, verpachtete der athenische Staat die Lizenz für zehn Jahre. Manch ein Athener wurde – z.b. wenn er Bergbau-Spezialisten anstellte – sehr reich, für andere erwies sich das Risiko als zu groß, sie ruinierten sich völlig; da im späteren 4. Jh. v.Chr. einerseits der Ertrag in der Laureotike deutlich zurückging, andererseits der 'Welt'-Preis für Silber fiel (u.a. durch die vom Alexanderzug mitgebrachten Schätze des Ostens und den intensiven Abbau im Pangaion-Gebirge), wurde in Südattika seitdem kaum mehr Silberbergbau betrieben.

In dem von der Simos-Werkstatt nach Westen ansteigenden Tal von Souriza erkennt das geübte Auge sehr viele gleichartige Industriebetriebe mit Zisternen, dazwischen befindet sich ein weiterer Turm mit rotem Stuckverputz an den Innenwänden. Gut ausgegraben und restauriert ist dagegen erst wieder ein Areal, das nur wenig unterhalb der Hügelkuppe liegt: Hier wurden Waschanlagen und Zisternen sowie Hausreste freigelegt. Am Berghang im Süden findet man noch zahlreiche, z.t. sehr tiefe Schachteingänge. Wenige Meter westlich oberhalb stehen die Mauern eines rechteckigen Turmes an, der über einer Waschanlage errichtet wurde, als diese nicht mehr genutzt wurde; daher ist er von einigen weiteren, kleinen Zisternen umgeben, die in den Fels eingetieft und mit wasserfestem Putz ausgekleidet sind. Auch dieser Turm hatte seinen Eingang hoch über dem Boden, der nur über eine (einziehbare) Holzleiter ereichbar war.

Das Gebiet muß in klassischer Zeit dicht besiedelt gewesen sein: In den Silberbergwerken und den industriellen Betrieben waren sehr viele Menschen beschäftigt, die dort wohnten und versorgt werden mußten (die Quellen sprechen von ca. 20000 Sklaven). Dazu konnten die in der Antike offenbar ertragreichen Farmen im südlichen Attika (auch im Charaka-Tal, nordwestlich von Kap Sounion, sind derartige Landwirtschaften nachgewiesen worden, s.S. 160) ein wenig beitragen; im Vordergrund stand für diese Höfe allerdings die Produktion von Olivenöl, für das Getreide aus dem Schwarzmeer-Gebiet importiert wurde. Als weiterer Wirtschaftsfaktor, wenn auch von geringerer Bedeutung, kam der Marmorabbau hinzu. Am wichtigsten war für Athen jedoch die staatlich geregelte Silbergewinnung im Laurion-Gebiet. Die athenischen "Eulen", die berühmten Silbermünzen der Stadt (**62**), waren in der gesamten antiken Welt wegen ihres hohen Silbergehaltes geschätzt. Themistokles finanzierte mit ihnen die Flotte für die Schlacht bei Salamis.

62 Frühklassische
"Eulen"-Silber-
münze von Athen

Aber schon früher, vielleicht bereits in vormykenischer Zeit, war das Silber im Laurion-Gebiet entdeckt worden; die intensive, geradezu industrielle Ausbeutung der Vorkommen begann im Jahr 483 v.Chr. Von da an wurden über Jahrhunderte hin in Athen die berühmten Silbermünzen mit dem Steinkauz auf der einen, dem Kopf der Athena auf der anderen Seite geschlagen.

— Im Jahre 1860 begann für etwa 100 Jahre eine abermalige Nutzung der südattischen Bergwerke: Gesellschaften verschiedener Nationen beteiligten sich an der Ausbeutung des Bleierzes. Daneben fanden erste Beobachtungen antiker Reste statt; doch eine systematische Erforschung der Laureotike hat erst vor wenigen Jahrzehnten begonnen.

LAURION: Die kleine Stadt an der Südostküste Attikas ist mit ihrem Hafen der Ausgangspunkt für den Besuch der hübschen Kykladeninsel Kea. Im wenig ansprechenden Ort befinden sich ein archäologisches Museum, das jedoch nicht geöffnet ist, und ein kleines Mineralien-Museum (nordwestlich des großen Platzes, neben einem Lyzeum, in einem kleinen neoklassizistischen Häuschen): Hier sind neben wenigen archäologischen Funden zahlreiche sehenswerte Mineralien aus den Bergwerken des Laurion-Gebietes ausgestellt.

THORIKOS: An der Erforschung der industriellen Nutzung des Laurion-Gebietes sind belgische Archäologen maßgeblich beteiligt, die in Thorikos zahlreiche Grabungskampagnen durchführten. Dabei sind Teile einer Stadt mit Wohnhäusern, Waschanlagen und Werkstätten entdeckt worden; es gab also Industriebetriebe, die inmitten von Häusern und zuseiten eines großen Theaters lagen.

Etwa 2 km nördlich von Laurion zweigt eine Teerstraße nach Norden zu einem großen Elektrizitätswerk ('Power Station') ab; nach ca. 400 m erreicht man bei einer Fischtaverne einen kleinen Schotterweg nach links, der bis an den Bergfuß unterhalb des Theaters von Thorikos führt.

Das antike Thorikos (63) liegt an den Abhängen des Velatouri-Berges, der – von Osten und Westen deutlich zu erkennen – einen charakteristischen Doppelgipfel aufweist. In dem Sattel zwischen den beiden Anhöhen, in dem

Siedlungsspuren schon aus neolithischer Zeit nachgewiesen wurden, befinden sich die ältesten sichtbaren Reste des Ortes (**63**,5): Ein mykenisches Kuppelgrab, das eine Kammer mit ovalem (9 m zu 3,5 m) Grundriß aufweist und eine Ringmauer besitzt. Südlich vor diesem ist ein Grab des 15. Jhs. v.Chr., ebenfalls mit einer Umfassungsmauer, zu sehen. An der Ostseite des Hanges findet man dann noch ein weiteres Kuppelgrab dieser Zeit (**63**,4); den Spuren zufolge gab es hier also einen bedeutenden mykenischen Königs-Sitz, dessen Herrscher im Mythos Kephalos genannt wird.

Steigt man den Velatouri zu den Gräbern hinauf, so erkennt man, daß der Hang des südlichen höheren Gipfels, der Akropolis, terrassiert ist; hier müssen noch zahlreiche Häuser unter der Erde verborgen sein. Von der Stadt sind bislang zwei größere Quartiere ausgegraben worden, die der Zeit vom 6. bis 4. Jh. v.Chr. angehören. Das eine (**63**,2) liegt westlich neben dem Theater und zeigt zwischen zahlreichen kleinen Hausgrundrissen eine große, gut restaurierte Waschanlage (Taf. 19,1). Man erkennt ein Bassin, aus dem das Wasser durch mehrere Löcher über geriefte Bretter lief und dabei das Erzgestein von Erde und anderen losen Bestandteilen reinigte (s.o. S. 170; **60**). Da das Wasser sehr wertvoll war, wurde es in Kanälen aufgefangen, die in einem Viereck angeordnet sind; jeweils an den Ecken befinden sich tiefe Sickerbecken, in denen sich Erdbestandteile absetzten, während man das geklärte Wasser wieder abschöpfen konnte. In der freien Fläche inmitten der Kanäle wurde das gereinigte Erzmaterial zum Trocknen ausgelegt. Neben der restaurierten Waschanlage in Thorikos führt ein vergitterter Eingang zu einem tiefen Schacht in den Berg. – Weiter westlich um den Bergfuß herum findet der Besucher einen zweiten Siedlungsteil. Interessant an dieser Wohn- und Werkstattbebauung ist die Tatsache, daß es hier auch Häuser mit einem höheren Turm als Architektur-Bestandteil gab (**63**,3). Die gesamte Siedlung besaß entsprechend der natürlichen Lage einen unregelmäßigen Grundriß; sie war nicht mit einer Mauer umgeben, sondern es gab auf der östlich ins Meer ragenden Halbinsel eine gesonderte Festung. Der Rest eines isolierten Turmes auf der Südwestseite der Siedlung (**63**,8) gehörte wohl zu einem Wacht- und Signalsystem. Einige Grabbezirke am Westhang oberhalb der größeren Stadtgrabung bezeichnen noch die Stelle, wo einst eine Nekropole lag (**63**,9); in längsrechteckigen Blöcken mit Einlassungen waren klassische Grabreliefs verzapft. Eine zweite, weitaus aufwendigere Nekropole liegt unterhab des Theaters (s.u.). – Im Flußtal befand sich ein sehr ungewöhnlicher dorischer Tempel des 5. Jhs. aus Agriliza-Marmor (**63**,7): Er war nach Auskunft einer Inschrift "zwei Göttern" geweiht, vielleicht der Demeter und Persephone oder den Dioskuren, und besaß 7 zu 14 Säulen und zwei Zugänge an den Langseiten. Der gesamte Bau ist unfertig geblieben, wie Bossen an den Säulen und Stufen beweisen (Taf. 19,2); Teile von ihm wurden zu Beginn der römischen Kaiserzeit nach Athen transportiert und auf der Agora im sog. Südwest-Tempel verbaut. Heute sind die am Ort verbliebenen Reste des Tempels trotz zweimaliger Ausgrabungen

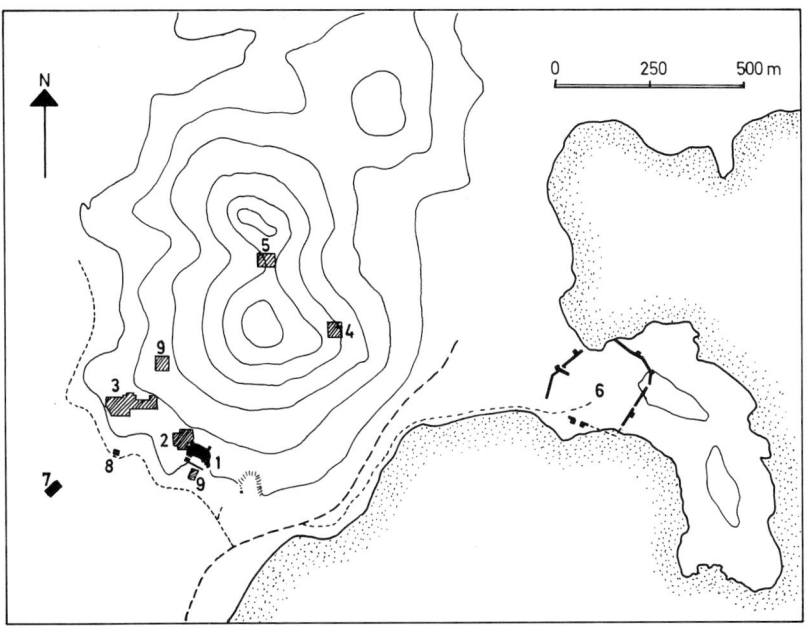

63 Thorikos, Lageplan
1: Theater; 2: Werkstatt-Viertel; 3: Werkstatt- und Wohnviertel; 4.5: mykenische Kuppelgräber; 6: Festung; 7: Tempel-"Telesterion", heute zugeschüttet;
8: Wachtturm; 9: Nekropolen.

(1893 und 1964) unter dem fruchtbaren Boden des Flußtales verborgen, sollen aber in nächster Zukunft abermals freigelegt werden.
Das größte Baudenkmal von Thorikos ist das ungewöhnliche Theater (63,1).
Seine ältesten Strukturen (Terrasse) scheinen in das 6. Jh. v.Chr. zurückzu-
reichen. Im 5. Jh. v.Chr. baute man dann an den Hang den langgestreckten,
fast rechteckigen unteren Rang der steinernen Sitzstufen (mit Buchstaben
auf den untersten Sitzen für die Honoratioren) und erweiterte die Spielfläche
(Orchestra) zu einer Ellipsenform (Taf. 19,1); ein etwaig vorhandenes Bühnengebäude muß aus Holz bestanden haben und hat daher keine Spuren hinterlassen (allerdings könnten einige große Blöcke mit Pfostenlöchern zur
Fundamentkonstruktion einer derartigen Holzbühne gehört haben, sie liegen unterhalb der Orchestra). Auf der Westseite wurde ein Dionysos-Tempel errichtet, der allerdings nur in Felsbettungen nachweisbar ist; im Osten
stand in einer Aussparung der Sitzreihen ein Altar, neben dem man einen
aus dem Fels herausgeschlagenen Raum erkennt, der vielleicht zur Aufbewahrung von Bühnenmaterial gedient hat. Im 4. Jh. v.Chr. wurde das Theater nach Norden hin erweitert und mit einer hohen, regelmäßig geschichte-
ten Stützmauer versehen; zwei Streben, in deren westlicher sich ein spitz-
bogiges Tor erhalten hat, sicherten den oberen Rang zusätzlich und dienten

als Zugangsrampen. Bedeutungsvoll ist das Theater von Thorikos, weil es mit seiner frühen Entstehungszeit beweist, daß sich das griechische Theater aus einer Rechteck- zu einer Kreisform entwickelt hat (s. Trachones, o.S. 146). – Südlich unterhalb des Theaters sieht man mehrere rechteckige Steinkonstruktionen; es handelt sich dabei um eine repräsentative Nekropole (**63**,9). Die Ausgräber entdeckten Bestattungen der Archaik und Klassik, die überraschenderweise unmittelbar neben den Wohnbezirken liegen. Man kann daraus die Hypothese ableiten, daß es sich vielleicht um besondere Persönlichkeiten von Thorikos gehandelt hat, die hier beigesetzt wurden. Doch muß für eine endgültige Interpretation der Fortgang der Forschungen in diesem Bereich abgewartet werden (am Grabungsrand erkennt man Marmorquader, die ein besonderes Monument erwarten lassen) .

An die Festung auf der östlich des Velatouri-Berges gelegenen Halbinsel erinnern heute nur mehr wenige Mauerreste, die nördlich und südlich von Agios Nikolaos zur Kapelle hinauf verlaufen und auf dem ca. 300 m westlich gelegenen Hügel freigelegt wurden (**63**,6); dort sind auch noch zwei Türme, die ein Tor rahmen, zu finden. Das Kastell wurde – wie die Mauern auf dem Kap Sounion – während des Peloponnesischen Krieges (413/2 v.Chr.) als Zufluchtsort für die Bevölkerung der unbefestigten Siedlung errichtet, und um die beiden Häfen zuseiten der Halbinsel zu decken. Diese Buchten waren es wohl auch, die bereits früh dafür sorgten, daß Thorikos zu einem Zentrum der Laureotike wurde: Zum einen bot der Ort seit alters die Möglichkeit, für die Silbergewinnung benötigtes Material auf dem Seeweg leicht heranzutransportieren (heute datiert man die Anfänge der metallurgischen Werkstätten hier mindestens auf 1550 v.Chr. zurück); zum anderen war die Lage ideal, um mit den benachbarten Kykladen, Kreta und dem übrigen Attika Handel zu treiben.

PORTO RAPHTI: Heute ist das Laurion-Gebiet mit der großen Ebene der Mesogaia, deren Hafen Porto Raphti auch 'Hafen der Mesogaia' (Limani Mesogaias) heißt, durch zwei Straßen verbunden.

Die eine führt mit zahlreichen Kurven über die Berge nach Keratea und Markopoulo; die zweite, neuere durchzieht ein Tal weiter östlich, direkt am Westfuß des Thorikos-Berges und an der alten Bahnlinie entlang und stößt kurz vor Keratea auf die erste Straße. Wenig nördlich dieses Ortes zweigt nach Osten eine kleine Straße nach Kouvaras ab, von dort kann man Porto Raphti über eine landschaftlich hübsche Strecke, vorbei an einigen modernen Klöstern und über bewaldete Hügel, direkt erreichen. Eine andere Verbindung von Keratea nach Porto Raphti führt über Markopoulo.

Der Hafen von Porto Raphti liegt sehr geschützt in einer tiefen Bucht, die von einer Halbinsel und zwei kleinen Inselchen abgeschlossen wird. Auf der größeren erhebt sich auf der Spitze ein hohes Steinfundament, auf dem die kolossale, kopflose römische Sitzstatue eines Mannes, wohl eines antoninischen Kaisers, in Feldherrntracht aufgestellt ist. Sie wurde früher als

Frau oder als Personifikation des Weltkreises gedeutet; doch die männliche Kleidung erlaubt die Identifikation als Kaiserdarstellung. Diese Figur gab dem Hafen seinen Namen: Die Einwohner bezeichneten die Marmorstatue als Schneider (=Raphtis), der bei seiner Arbeit sitzt. Bei windstillem Wetter kann man einen Fischer im Hafen bitten, zur Insel hinüberzufahren; bei geschickter Verhandlung und entsprechender Entlohnung gewinnt man einen schönen Boots-Ausflug von etwa anderthalb Stunden (incl. Besichtigung der Insel). Noch im 18. Jh. krönte auch die kleinere Insel namens Raphtopoula ein Standbild, das heute verloren ist.

Die südlich der Hafenbucht gelegene Halbinsel gegenüber dem Raphtis wurde im 3. Jh. v.Chr. mit einer Festung und der Siedlung Koroneia (heute Koroni) bebaut: Man sieht dort noch geringe Reste der Umfassungsmauer aus unregelmäßigen Feldsteinen sowie an einigen Stellen Fundamente von Häusern mit hangwärts vorgebauten Terrassen, in denen die zivile Bevölkerung der Umgebung wohnte, sowie von Baracken, in denen die militärische Besatzung untergebracht war. Aufgrund der Funde von Keramik und ptolemäischen Münzen konnten amerikanische und deutsche Archäologen die Festung in die ersten Jahrzehnte des 3. Jhs. v.Chr. datieren; die militärische Garnison war hier von 267 bis 262 v.Chr. stationiert, als der ägyptische Feldherr Patroklos, der die Athener gegen die im Piraeus verschanzten Makedonen unterstützte, in Attika mehrere Lager bauen ließ (s. die Patroklos-Insel: 160).

Damit hatte der ptolemäische Admiral den wichtigsten Hafen auf der Ostseite Attikas besetzt, der seit jeher für die Verbindung des Festlandes mit den Kykladen gesorgt hatte. Von hier aus pflegten z.B. die athenischen Gesandtschaften zum Apollon-Heiligtum nach Delos aufzubrechen. Die frühen Verbindungen der Kykladen mit Attika sind durch archäologische Zeugnisse auf der Nordseite der Bucht belegt: Dort, auf den Höhen von Perati, wurde eine frühe Siedlung (13./12. Jh. v.Chr.) gefunden, die wohl von Einwanderern von den Kykladen gegründet wurde. Weitere vorgriechische Reste, z.B. eine mykenische Nekropole westlich der Bucht, belegen die Bedeutung des sicheren Hafens schon in jenen Epochen. Funde aus klassischer, römischer (Reste einer Therme in der Themistokles-Straße) und frühchristlicher Zeit (Basilika, 150 m östlich des Bades) zeugen für die lange Tradition des Ortes.

BRAURON: In einem ruhigen, abgelegenen Tal zwischen Porto Raphti und Loutsa liegt das hübsche und gut erhaltene Artemis-Heiligtum von Brauron (Taf. 20,1), das in den Jahren nach 1948 ausgegraben und restauriert wurde (**64**). An dieser Stelle wurde die Jagdgöttin Artemis seit mykenischer Zeit bis in das 3. Jahrhundert v.Chr. kultisch verehrt; in jener Zeit hat der Fluß Erasinos, der das Tal durchzieht, bei einer großen Überschwemmung das Heiligtum mit Schlamm bedeckt und die Umgebung in einen Sumpf verwandelt. Die Bedeutung des Kultes, der seinen Höhepunkt im 5. und 4. Jh.

v.Chr. fand, belegt die Gründung eines Brauroniums auf der Akropolis von Athen vielleicht schon im 6. Jh. v.Chr.: Die Peisistratiden, die aus Brauron stammten, hatten 'ihre' Göttin in das Zentrum Attikas mitgebracht. – Außerhalb des Artemisions gefundene archäologische Zeugnisse belegen eine Besiedlung der Gegend vom Neolithikum an; in mykenischer Zeit wurde die Akropolis auf einem nach Süden ansteigenden Hügel ummauert, während man an einem östlich gelegenen Berg die Toten in Kammergräbern bestattete. Letztes Zeugnis der antiken Besiedlung der Gegend ist eine frühchristliche Basilika etwa 500 Meter westlich des Heiligtums oberhalb der Straße am Hang.

Man erreicht Brauron über eine kleine, gut befahrbare Straße von der Nordseite der Bucht von Porto Raphti aus oder von der Hauptstraße Markopoulo – Porto Raphti sowie von Loutsa aus. Der Ort ist auf allen Anfahrtstrecken ausgeschildert. [1989 bis 1992 war die Ausgrabung für Besucher geschlossen; sie ist aber auch vom Zaun aus gut zu betrachten; das Museum dagegen ist normal geöffnet.]

Das Heiligtum der Artemis diente neben dem Kultbetrieb auch als 'Internat' für Mädchen, die im Kindesalter hier oder in der Nähe für einige Jahre in einer Art klösterlicher Gemeinschaft lebten. Sie feierten alle fünf Jahre ein großes Fest zu Ehren der Göttin, die Brauronien, bei dem sie als 'Bärinnen' (Arktoi) in safrangelben Gewändern Tänze aufführten, während andere Kultgäste in einer Prozession aus Athen anreisten. Die Göttin wurde als Artemis-Iphigenie verehrt, denn Iphigenie war dem Mythos zufolge von den Taurern nach Brauron gekommen und hatte den Kult eingeführt. Euripides erwähnt in der Tragödie "Iphigenie bei den Taurern" von dem Grab der Iphigenie an diesem Ort, bei dem die Gewänder derjenigen Frauen geweiht wurden, die bei einer Geburt gestorben waren.

Die Ausgrabungen des Heiligtums (**64**) haben zahlreiche Befunde erbracht, die die schriftliche Überlieferung über den Kult stützen. So scheint der Ursprung des heiligen Platzes in einer Höhle an der Südostecke des Geländes gelegen zu haben, die später einstürzte und durch kleine Gebäude ersetzt wurde; vielleicht ist diese Stelle mit dem 'Grab der Iphigenie' des Euripides zu identifizieren.

Der eigentliche Artemis-Tempel neben der Kapelle des Heiligen Georg (15. Jh.; hier befand sich in der Antike wohl ein weiterer Kultbau) steht teilweise auf einer Terrasse, z.T. auf dem natürlichen Fels. Er war ein nach Osten hin geöffneter Antentempel, dessen Cella sich in einen mit Säulen unterteilten Raum und einen weiteren, sehr abgeschlossenen Teil, das Adyton (Unbetretbare), gliederte. Heute sieht der Besucher nur mehr geringe Fundamentreste dieses Gebäudes aus dem 5. Jh. v.Chr. unter einer großen, schattenspendenden Kiefer.

Ein eindrucksvolles Bild bietet dagegen der gut restaurierte Säulenhof mit seinen anliegenden Zimmern (Taf. 20,1). Diese Bauten wurden am Ende des 5. Jhs. aus weichem Kalkstein errichtet; nur die Kapitelle, die Metopen, die Türstürze und -schwellen bestehen aus Marmor. Es handelt sich um einen

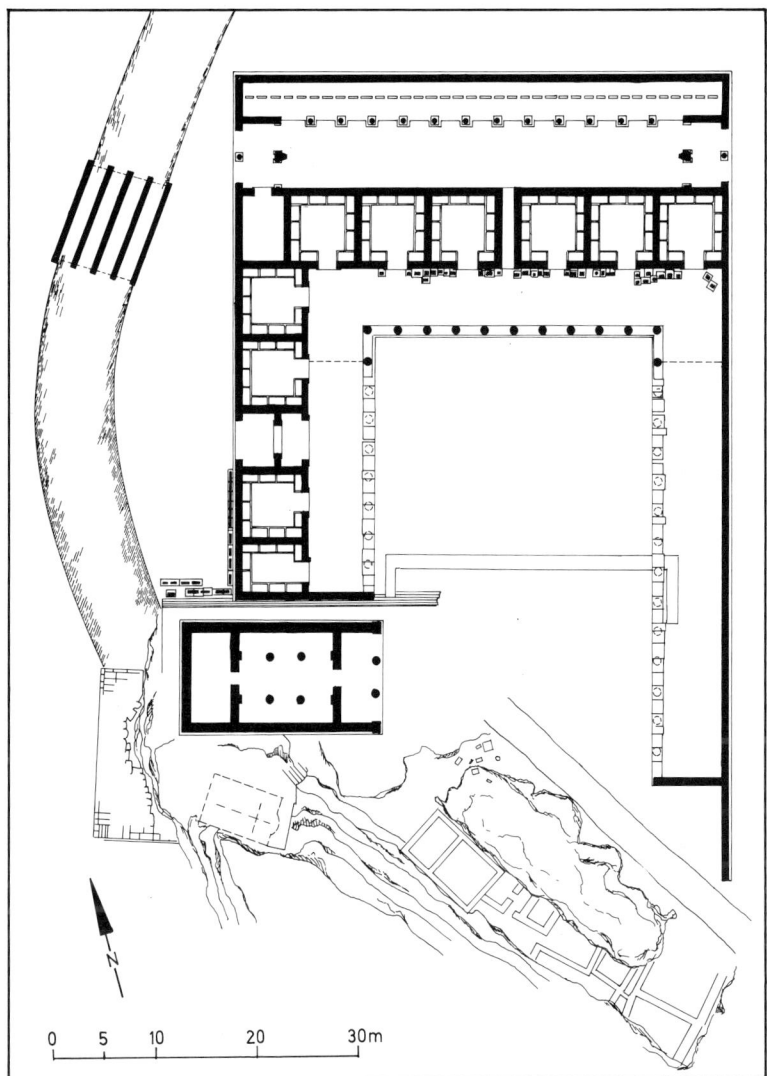

64   Brauron, Artemis-Heiligtum

rechteckigen Hof, der an drei Seiten durch Peristyle gerahmt werden sollte; doch wurden nur die Nordhalle und je eine Säule der Ost- und Westseite ausgeführt, das übrige blieb unvollendet. An der Nord- und der Westseite
des Hofes liegen zehn nahezu quadratische Räume, in denen ringsum an den
Wänden hölzerne Ruhelager (Klinen) aufgestellt waren; deren Veranke-
rungen sind als Zapfenlöcher im Porosstein-Boden erhalten; ebenso findet

man im Nordflügel noch einige der ehemals vor den Liegebetten aufgestellten Tische. Auf der Westseite ist die Reihe der Speiseräume und Unterkünfte durch den Haupteingang unterbrochen. Im Norden dieser Hofanlage wurde eine Halle angebaut, die auf beiden Schmalseiten durch breite Zugänge betreten werden konnte. In dieser Stoa waren an hölzernen Tafeln Weihgaben aufgehängt, zudem standen hier Statuetten von Jungen und Mädchen mit Geschenken auf dem Arm; sie sind Stiftungen von dankbaren Eltern für die Göttin Artemis-Iphigenie, unter deren Schutz sich insbesondere Wöchnerinnen begaben, so daß neben Figuren von Mädchen ('Bärinnen') auch Statuetten von Knaben nicht außergewöhnlich sind. Im Peristyl des Hofes erkennt man zahlreiche steinerne Basen, die ebenfalls als Träger für Weihegaben an die Göttin, Reliefs und Skulpturen, sowie für Inschriften dienten.

In der Antike konnte man das Artemis-Heiligtum von Brauron über zwei Wege erreichen: Von Athen aus führte eine Straße nach Brauron, die den Erasinos wenige Meter westlich der großen Hofanlage über eine Brücke auf fünf Pfeilern überquerte. Vom Meer her näherte sich am Hang entlang ein zweiter Weg dem Kultplatz, dem etwa der moderne Pfad zum Museum folgt.

MUSEUM: Das Museum enthält im wesentlichen die Funde aus Brauron, daneben aber auch aus der Umgebung. Besonders interessant sind die Weihgeschenke, die im Artemis-Heiligtum gefunden wurden: Statuetten von Kindern mit Gaben an die Göttin, Reliefs mit Darstellungen der Artemis und der sie verehrenden Pilger, dazu auch Weihreliefs an andere Götter (Apollon, Leto); diese Skulpturen entstanden fast alle im 4. Jh. v.Chr. (Saal II und III). – Im Eingangsraum und im Hof (mit schönem Ausblick auf die Bucht von Brauron) stehen Grabreliefs der klassischen Zeit. – Weitere Säle enthalten Vitrinen mit Keramik-Gefäßen aus der Umgebung von der neolithischen bis in die geometrische Zeit (Saal IV) sowie kleine Weihgaben aus dem Artemis-Heiligtum (Vasen, Geräte, Halsketten, Goldschmuck mit feiner Granulation und eine Bronzeblech-Statuette auf einem Holzkern aus dem 7.Jh.: Saal I). – Im Durchgang zwischen Saal III und IV hängt eine Reliefdarstellung des Polydeukion, des Lieblings von Herodes Atticus (um 150 n.Chr.), der wie ein griechischer Heros auf einer Kline lagert.

Nördlich der Straße nach Athen liegt etwa 500 m westlich des Artemis-Heiligtums eine große frühchristliche BASILIKA, die im 6. Jh. n.Chr. unter Verwendung älteren Baumateriales errichtet wurde und wohl bereits im 7. Jh. nicht mehr bestand (**65**). Man betrat sie von Westen her über einen Hof mit seitlichen Nebengebäuden, durch den mit fünf Säulen geöffneten Exonarthex und den Narthex. Das Innere der Kirche gliedert sich in drei Schiffe, dessen mittleres – breiter angelegt als die seitlichen – durch eine große Apsis mit Sitzstufen für die Geistlichkeit ausgezeichnet ist. Die Seitenschiffe erhielten erst später kleinere Anbauten: Im Norden einen kleinen Chor, im Süden eine vollständige Kapelle. Der Südseite wurde ein rundes Baptisterium mit dem Taufbecken vorgelagert, das vom Seitenschiff her zugänglich ist. Die große Kirche ist mit verschiedenen Marmorsorten ausgestattet: Die Säulen bestehen aus euböischem Cipollino, und auch die Fußböden und Wände

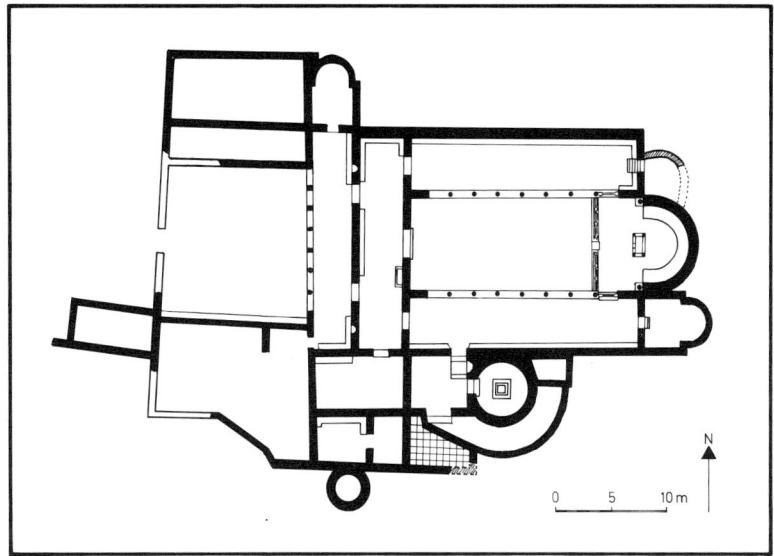

65   Brauron, frühchristliche Basilika

waren marmorverkleidet. Nach der Aufgabe der Kirche im 7. Jh. wurde in der Basilika eine kleine Kapelle errichtet, die vielleicht als Friedhofskirche zu einigen Gräbern gehörte, die man im Narthex gefunden hat.

Etwa 2 km westlich der Bucht von Brauron, schon in der Ebene der Mesogaia, sieht man auf einem kleinen Hügel einen hohen, fränkischen Turm aufragen; nach ihm ist der Ort heute 'PYRGOS VON KATO BRAONA' benannt. Er steht an einem bereits in prähistorischer Zeit bedeutenden Platz, wie Scherbenfunde und ein doppelter Ringwall, der den Hügel umschließt, beweisen.

Wenig weiter südwestlich erkennt man in den Weinfeldern rechts der Straße nach Markopoulo auf einem wenige Meter aus der Ebene herausragenden Fels mehrere Schichten großer Kalkstein-Quaderblöcke. Bei näherem Hinsehen gehören diese antiken Bauteile der Klassik zu einem längsrechteckigen, turmähnlichen Gebäude (sog. LIMIKO-TURM), das sicherlich als Rest eines größeren landwirtschaftlichen Betriebes zu deuten ist.

Weitere 2 km westlich (etwa 2 km nördlich von Markopoulo) steht einsam zwischen den Feldern, auf der Flur namens Varaba, die kleine Kapelle der Jungfrau Maria (PANAGIA; 66). Die reiche Verwendung von antiken Spolien – auf der Südseite fällt eine große Säulentrommel unmittelbar ins Auge; im Innern befindet sich eine Inschrift für Demeter und ihre Tochter Persephone –, der Stil des Mauerwerks sowie die Proportionen der niedrigen, achteckigen Kuppel lassen das hübsche Kirchlein in das 13. Jh. datieren. Die Fresken im Innern stammen aus dem 18. Jh.

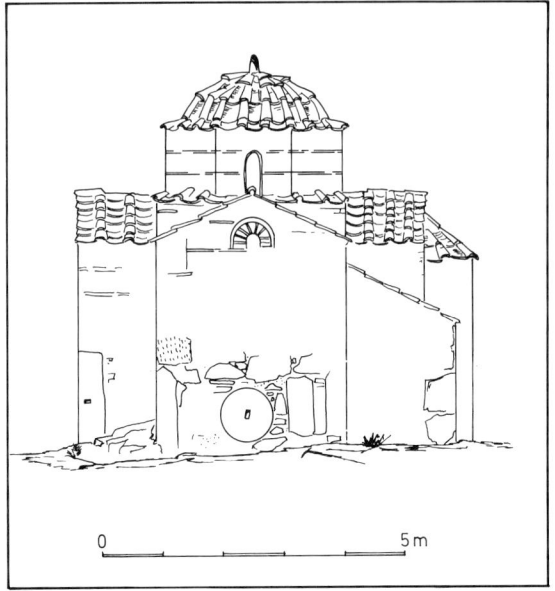

0   5 m

66 Panagia Varaba
bei Brauron
Südseite (nach
Bouras)

4. DIE MESOGAIA: LOUTSA, RAPHINA, SPATA, MARKOPOULO, KOROPI UND PAIANIA

Die große Ebene östlich des Hymettos-Gebirgszuges, im Norden vom Penteli und im Süden von den Ausläufern des Paneion begrenzt, heißt 'Mesogaia', das 'Binnenland', zu dem auch Porto Raphti und Brauron (s.o.S. 176) gehören. Die Ebene war in der Antike landwirtschaftlich intensiv genutzt. Heute ist die Gegend leider zersiedelt und unansehnlich; nur noch im Raum um Markopoulo, dem Zentrum der attischen Retsina-Produktion, findet man gepflegte Felder mit Weinreben. Der letzte Schritt zur Zerstörung dieser einst bedeutenden Kulturlandschaft war die Anlage von Landebahnen für einen neuen Athener Flughafen, der hier in den nächsten Jahren entstehen soll. Gleichwohl gibt es einige Sehenswürdigkeiten, insbesondere byzantinische Kirchen, die über das weit ausgedehnte Gebiet verstreut sind und eine Besichtigung lohnen.

LOUTSA: Nördlich der Küstenorte Porto Raphti, auch 'Hafen der Mesogaia' genannt, und Brauron liegt Loutsa, ein Dorf, das sich in den letzten Jahren an der Küste weit ausgedehnt hat, da viele Athener Familien hierher in die Sommerfrische fahren; ein langer Sandstrand lädt zum Badeaufenthalt ein. Am nördlichen Ende des Ortes wurden direkt am Strand die Reste eines großen Tempels und – wenige Schritte weiter südlich – eines weiteren, kleinen Prostylos mit einer Kultgrube (Bothros) ausgegraben. Der große Kultbau war der Artemis Tauropolos geweiht; bereits Euripides erwähnt ihn in seiner 'Iphigenie bei den Taurern'. Wie häufig bei Artemis-Tempeln (Brauron, Aulis) besaß er ein Adyton ("Allerheiligstes") hinter der Cella, in dem das Kultbild aufbewahrt wurde. Obwohl nur noch die Fundamente – diese sind nach zweimaliger Ausgrabung immer wieder mit Sand bedeckt – erhalten sind, ließ sich der Tempel als breiter dorischer Peripteros mit 8 zu 12 Säulen rekonstruieren; eine weitere Besonderheit des Bauplanes ist die Tatsache, daß die Säulen nur 16 Kanneluren hatten (vgl. Sounion, Poseidontempel). Der Tempel muß das Zentrum eines großen Festes, der Tauropolia, gewesen sein, die alljährlich mit Wettkämpfen hier stattfanden. Aufgrund der Erwähnung von zusätzlich veranstalteten Dionysien in einer Inschrift von 341 v.Chr. kann man zudem ein Theater erwarten, das aber bislang nicht gefunden wurde. Dagegen wurden Reste der spätantiken Besiedlung entdeckt, insbesondere eine frühchristliche Basilika mit drei Apsiden, die heute gänzlich verschwunden ist.

RAPHINA: Im nordöstlichen Winkel der Mesogaia liegt die Hafenstadt Raphina, von der aus man heute schnell mit Fähren und Tragflächenbooten nach Euböa und zu den nördlichen Kykladen (Andros, Tinos), aber auch zu fast allen anderen Inseln der Ägäis reisen kann. Im modernen Hafen herrscht ein reges Leben, hier werden die frisch angelieferten Fische sowohl verkauft als auch in einfachen Tavernen am Kai köstlich (und preisgünstiger als im Piraeus) zubereitet.

Der Ort Raphina, in dessen Namen noch die alte Demos-Bezeichnung Araphen weiterlebt, hat eine lange Geschichte. Aufgrund der günstigen Hafensituation mit zwei geschützten Buchten siedelten sich hier schon in prähistorischer Zeit Menschen an, die mit den Kykladen Handel trieben und Kupfer und Blei verarbeiteten. Auf einem Hügel 2 km südlich des Hafens (heute Askitario genannt) und oberhalb des großen Hafens wurden zwei Siedlungen aus frühhelladischer Zeit entdeckt, die derjenigen von Agios Kosmas an der attischen Westküste ähneln. Bei weiteren Ausgrabungen fand man, etwa 1 km landeinwärts gelegen, zahlreiche Mauerzüge römischer Zeit, die sich noch nicht endgültig bestimmen ließen; sicher erkennbar war nur eine Thermenanlage, die aus kleinen Steinen, Ziegeln und Mörtel errichtet wurde. Möglicherweise lag an dieser Stelle das Zentrum des antiken Demos Araphen.

KLOSTER DAOU PENTELIS: Wenige Kilometer westlich von Raphina zweigt von der Straße Athen-Marathon nach Norden die Zufahrt zum Kloster Daou ab, das an den südöstlichen Ausläufern des Pentelikon liegt (**67**). Es wurde bereits in mittelbyzantinischer Zeit (11./12. Jh.) gegründet, allerdings im 16. Jh. und dann nochmals 1949 vollständig renoviert. Das Kloster besitzt eine etwa rechteckige Umfassungsmauer, an der die Zellen (im O), die Trapeza mit zahlreichen Konchen (im SO) und Ställe (im N) angebaut wurden.

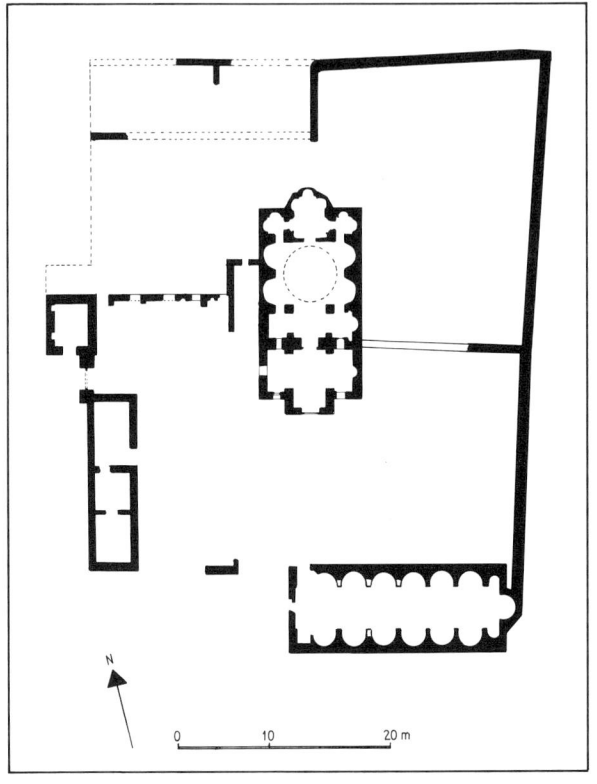

67 Kloster Daou
    Pentelis

Im Hofzentrum steht das große Katholikon, das in drei Teile gegliedert ist,
den Naos sowie den inneren und den äußeren Narthex. Der Grundriß des
Hauptbaues ist in Griechenland einzigartig: Durch die Anlage zweier zusätzlicher Kuppel-Stützen an der Nord- und der Südseite ergab sich ein sechs-
eckiger Plan des Kirchenzentrums, der auch im Obergeschoß, in dem die
Frauen am Gottesdienst teilnehmen konnten, kenntlich ist; in den Ecken des
Sechseckes, das in ein Rechteck eingeschrieben ist, wurden kleine Konchen
eingefügt; die Seitenräume tragen achtseitige Kuppeln. Das Protheson und
das Diakonikon bilden kleine Drei-Konchen-Nebenkapellen. Das Archi-
tekturschema des Hauptraumes läßt sich auf armenische und georgische Kir-
chen-Vorbilder zurückführen; im vorliegenden Zustand ist es erst in der
zweiten Hälfte des 16. Jhs. entstanden, mag aber den mittelbyzantinischen
Vorgänger kopieren. Der – ebenfalls doppelstöckige – Esonarthex wurde
gleichzeitig mit dem Naos gebaut. Dagegen ist der dreistöckige, ebenfalls
von einer Kuppel bekrönte Exonarthex, der wie ein wuchtiger Turm vor der
Fassade der eigentlichen Kirche wirkt, unter Verwendung von Spolien später errichtet worden, wahrscheinlich in der Mitte des 17. Jhs.

PIKERMI UND SPATA: Auf der Marathon-Straße, auch 'Mesogeion' genannt, die von Raphina nach Athen führt, passiert man das Dorf Pikermi. Hier muß zwar ein bevölkerungsreicher antiker Demos lokalisiert werden, doch hat man bis heute nur geringe Siedlungsspuren entdeckt.

Dabei handelt es sich insbesondere um mehrere Nekropolen archaischer und klassischer Zeit; außerdem sind zwei frühchristliche Basiliken in dieser Gegend nachgewiesen, von denen die eine, Agios Vasilios – nur mit langwieriger Suche in der Flur Vourva, an dem Feldweg von Spata nach Ag. Spiridon, südlich von Pikermi zu finden –, in ihren Fundamenten noch gut sichtbar ist: Ihr Hauptraum war durch zwei Säulenreihen in drei Schiffe gegliedert, deren mittleres in eine halbrunde Apsis mündete; an der Westseite lagen ein Narthex und ein Exonarthex in ganzer Breite vor, während die Nordseite von vier rechteckigen Räumen flankiert wurde.

Pikermi ist jedoch nicht wegen der archäologischen Reste berühmt, sondern erlangte durch wichtige paläontologische Funde weltweite Bedeutung. In dem Bachbett des Megalo Revma, das das Wasser vom Penteli sammelt und nach Raphina leitet, wurden Tierknochen aus dem beginnenden Pliozän vor etwa 8 Mio. Jahren entdeckt. Sie stammen von Tieren, die ein Savannenklima benötigen und in der Regel mit Afrika in Verbindung gebracht werden: Affen, Giraffen, Antilopen u.a. Die Funde sind wichtige Belege für die Theorie, daß die Kontinente Afrika und Europa in der Erdfrühgeschichte miteinander verbunden waren und erst durch späteres Auseinanderdriften voneinander getrennt wurden.

Einige Kilometer südlich von Pikermi, etwa im Zentrum der Mesogaia, liegt SPATA, ein kleines, verwinkeltes Städtchen, in dem früher die Funde der Umgebung gesammelt wurden (im Schulgebäude wurden klassische Grabreliefs aufbewahrt). Durchfährt man den Ort heute mit dem Auto, so sollte man nicht versäumen, ein schönes, mehrfiguriges klassisches Grabrelief anzusehen, das in einem Eckhaus an der Nordseite der Hauptstraße eingemauert ist; es stammt aus dem beginnenden 4. Jh. v.Chr. – Folgt man, Spata verlassend, der Straße in südöstlicher Richtung nach Merkouri und von dort in südwestlicher Richtung nach Koropi, so passiert man die Kirche Ag. Petros. Sie entstand vermutlich zu Beginn des 15. Jhs. und ist ein Beispiel für die Übergangsperiode von der spätbyzantinischen zur türkenzeitlichen Baukunst. Es handelt sich bei dem Bau um eine eingeschriebene Kreuzkuppelkirche vom Zweisäulentypus, bei deren Errichtung – wie so häufig in Attika – zahlreiche antike und frühchristliche Spolien verwendet wurden.

MARKOPOULO: Dieser Ort ist wegen seiner Weinproduktion in Attika bekannt; an der Straße nach Athen sieht man die großen Firmen, die Retsina und ungeharzten Wein abfüllen. Im Dorf selbst findet man einige sehenswerte Kirchen.

Unter ihnen ist besonders die Kapelle des Joannis Prodromos erwähnenswert; sie liegt rechts der Hauptstraße, die vom zentralen Brunnen (mit antikisierenden Elementen 1991 errichtet) nach Keratea führt. Der außen schlichte, gelb verputzte Bau ist innen reich mit Fresken ausgestattet, die dem bekannten Maler Georgios Markos von Argos zugeschrieben werden. Dieser Künstler arbeitete in der ersten Hälfte des 18. Jhs. in Attika. Außen ist neben der Eingangstür ein schönes Grabrelief aus den Jahren um 380 v.Chr. in die Wand eingelassen; die Darstellung – eine stehende Dienerin vor ihrer auf einem Stuhl sitzenden (verstorbenen) Herrin – wurde hier wohl als Verkündigungsszene umgedeutet.

Weitere sehenswerte Kirchen liegen außerhalb des Ortes zuseiten der Ausfallstraßen. Ag. Triada aus nachbyzantinischer Zeit findet man ca. zwei Kilometer östlich von Markopoulo auf einer kleinen Anhöhe rechts der Straße nach Porto Raphti (das Eingangstor sowie die Umfassungsmauer des früheren Klosters sind von der Straße aus hinter einer Autowerkstatt zu sehen). Sie ist eine Doppelkirche mit zwei Apsiden und zwei Nartices und erscheint nicht nur wegen zahlreicher frühchristlicher Spolien aus einer Basilika an dieser Stelle interessant sondern auch wegen ihres gut erhaltenen Freskenschmuckes aus dem 18. Jh.; er wird der Markos-Schule zugewiesen, die in den Bildern traditionelle byzantinische Elemente mit 'moderner' Dynamik verband. (Wenige Meter weiter in Richtung Porto Raphti liegt links = nördlich der Straße der Limiko-Turm, s.o. S. 181).

Am südlichen Ortsrand von Markopoulo sieht man auf einer kleinen Anhöhe einen mittelalterlichen Turm, neben dem die Ruinen einer kleinen Kapelle liegen. Unterhalb des Turmes befindet sich eine mittelbyzantinische Taxiarchen-Kirche. Ihr Ursprungsbau vom Kreuzkuppeltypus aus dem 12. Jh. wird von einem großen, uralten Olivenbaum beschattet. Im Innern erkennt man an den Bögen der Kreuzkuppel die Schächtelmauerwerk-Konstruktion, die für diese Zeit typisch ist; neben der Ikonostase mit antiken Marmorsäulen sind zudem Reste der (z.T. mehrfach übermalten) ursprünglichen Fresken erhalten, die dem späten 12. Jh. zugewiesen werden. Dem Kern der Kirche wurde in zwei späteren Bauphasen zunächst ein von zwei Bögen gestützter Vorraum und dann ein langgestreckter Narthex vorgelegt; an der Nahtstelle dieser beiden Anbauten steht auf drei Stufen eine antike Säule, deren Kapitell von einer alten Säulenbasis gebildet wird. – Wenige Schritte nördlich dieser hübschen Taxiarchen-Kirche sieht man die Wand einer weiteren Kapelle, an der noch der verblichene Rest eines Engel-Freskos erhalten ist.

Einen Kilometer südlich von Markopoulo, jedoch 200 Meter westlich der Straße nach Keratea, steht Ag. Dimitrios aus dem 18. Jh., eine einschiffige Kapelle mit später vorgelagertem Narthex. Die Kirche zeichnet sich durch frühchristliche Spolien sowie gut erhaltene Fresken des 18. Jhs. aus, die einen sehr individuellen Stil erkennen lassen.

Wenig weiter südlich, am Berghang des MERENDA-Berges östlich der Straße gelegen, wurde vor drei Jahrzehnten eine ausgedehnte Nekropole (geometrische bis hellenistische Epoche) zuseiten einer antiken Straße freigelegt. Sie gehörte zum Demos Myrrhinous, dessen Name in der modernen Flurbezeichnung Merenda fortlebt. Hier haben nach antiken Schriftquellen und Inschriften mehrere Tempel (für Artemis, Athena u.a.) gestanden. Berühmt sind die beiden archaischen Marmorstatuen der Phrasikleia und eines jungen Mannes, die heute im Nationalmuseum ausgestellt sind (Saal 9 und 10; s.S. 105); die Statuenbasis des Mädchens ist schon lange bekannt: Sie nennt den Namen Phrasikleia und den Bildhauer Aristion aus Paros, der die Figuren um 540 v.Chr. gefertigt hat.

Südwestlich von Markopoulo liegt KALYVIA-KOUVARA. Am westlichen Ortsausgang zweigt eine neue Teerstraße ("Taxiarchon") nach links ab, an der nach wenigen Metern hinter weiß gekalkten Mauern eine sehenswerte Kirche versteckt liegt. Von einer dreischiffigen Basilika des 6. Jhs. überlebte das gesamte Mittelschiff in Form der späteren Taxiarchenkirche. In ihrem Außenbau erkennt man die Arkaden mit je fünf ionischen Säulen, die ehemals den Durchgang in die Seitenschiffe der Basilika boten. Auf der Ostseite erkennt man zudem die Fundamente ihres Chores. Die heute in die Wände integrierten Säulen stammen von einem unbekannten antiken Bauwerk.

Östlich der Straße Markopoulo – Keratea liegt auf Höhe von Kalyvia-Kouvara in einer Olivenplantage Agios Georgios. Von einer frühchristlichen Basilika an diesem Platz blieb die Apsis des Mittelschiffes und ein Rest der Seitenwände erhalten. Um 1000 n.Chr. entstanden das Templon, der erste Dreifachbogen sowie die davor eingezogene Wand, die ehemals die Fassade der mittelbyzantinischen Kirche bildete; in der Türkenzeit wurde der Westteil angebaut. Antike und frühchristliche Spolien runden das Bild dieses interessanten Bauwerkes ab.

KOROPI: Am südwestlichen Rand der Mesogaia befindet sich das Städtchen Koropi, in dessen Umgebung zahlreiche sehenswerte Kirchen zu finden sind, häufig mit antiken und frühchristlichen Spolien. Westlich von Koropi, im klassischen Demos Sphettos, beanspruchen zwei antike Stätten in unterschiedlicher Weise das Interesse des Besuchers: Die METAMORPHOSIS-KIRCHE in Koropi stammt aus dem 10./11. Jh. und trägt noch Fresken aus der Zeit der Erbauung. – Biegt man im Ort bei dem kleinen Platz mit dem Standbild König Konstantins nach Westen ab, trifft man nach 500 m auf AG. PETROS links des Weges; das einfache, tonnengewölbte Kirchlein aus dem 17. Jh. zeichnet sich durch die besonders gut erhaltenen Fresken derselben Zeit aus. – AG. ASOMATOI, an der gleichen Straße weitere 500 m stadtauswärts gelegen, ist eine kleine Kreuzkuppelkirche mit antiken Spolien aus der Heiligtums-Portikus von Brauron und wurde im 17. Jh. erbaut. – Etwa 250 m westlich von Ag. Asomatoi erblickt man gegenüber dem 'Kastro tou Christou' (Kloster Bethlehem) eine niedrige Anhöhe mit einem mittelalterlichen Turm und – 50 m östlich davon – einen einfachen, langgestreckten Bau: AG. ATHANASIOS, einer Inschrift zufolge 1768 errichtet. Die Mauerreste in der Umgebung gehören zu der mittelalterlichen Stadt Philiati. Eine Vielzahl antiker Spolien und frühchristlicher Blöcke bei der Kirche dokumentiert die kulturelle Kontinuität an diesem Platz. – Das moderne Kloster Bethlehem ist von Koropi aus auch direkt zu erreichen (ausgeschildert). Auf dem Hügel ('KASTRO TOU CHRISTOU') befinden sich Reste einer mykenischen Festungsmauer aus großen, unregelmäßigen Felsblöcken. Hier läßt sich einmal die relativ dichte Folge kleinerer mykenischer Festungsplätze außerhalb Athens erkennen, hält man sich vor Augen, daß nur wenige Kilometer südlich, auf dem Hügel Kiapha Thiti (nördlich von Vari, S. 157), eine weitere Burg dieser Epoche nachgewiesen wurde (s. auch Thorikos, S. 174). – Der Platz war auch noch in hellenistischer Zeit von Bedeutung. Denn nördlich unterhalb der Klostergebäude, unmittelbar hinter der Einfahrt und neben einer kleinen Kapelle (im Innern antike Säulen aus euböischem Marmor), erkennt man mehrere Felsbettungen für Weihgeschenke sowie Spuren einer Bezirksmauer. Der Fund einer Statuenbasis mit einer Ehreninschrift für Demetrios von Phaleron belegt die Bedeutung, die dieses Landheiligtum in frühhellenistischer Zeit hatte. – An den östlichen Ausläufern des Hymettos, nordwestlich oberhalb des 'Kastro tou Christou', sieht man schon aus der Ebene in einem Sattel eine weißgekälkte Kirche, die dem PROPHITIS ELIAS geweiht ist.

Zur Kirche und zum Heiligtum folgt man der Straße vom Kloster Bethlehem in westlicher Richtung. Nach einigen hundert Metern endet der Asphalt und geht in einen
Erdweg über; bei nächster Gelegenheit wendet man sich dann zu Fuß nach rechts
und steigt über einen schmalen Pfad in Serpentinen den nördlich gelegenen Hang
hinauf.

Nach dem Aufstieg über einen Eselspfad an der Südflanke des Berges erreicht
man eine kleine Hochebene (510 m ü.NN), die in eine Senke eingebettet ist.
Sie war in der Antike mit einer Bruchsteinmauer umgeben und diente als
Heiligtum mit mindestens zwei Tempeln. Einer lag an der Stelle der späteren Kirche, die auf zahlreichen antiken Quadern errichtet wurde; von hier
hat man einen herrlichen Überblick über die Ebene bis hin nach Porto Raphti. Ein zweiter Tempel, aus schönen, polygonal geschnittenen Steinen gebaut,
befindet sich wenige Schritte weiter westlich. Beide Kultbauten werden von
dem griechischen Ausgräber in das 6. Jh. v.Chr. datiert, könnten aber auch
erst in der Klassik entstanden sein.

Folgt man von Koropi aus in östlicher Richtung der alten Straße nach Brauron, liegt nach etwa 2 km linker Hand AG. ANARGYROI. Ihre heutige Form
mit Strebepfeilern erhielt die Kirche im 18. Jh., starke Putzschichten und
die moderne Bemalung haben das Mauerwerk leider unkenntlich gemacht.
Trotz zahlreicher Umbauten ist jedoch in den semi-hexagonalen Apsiden
des Mittel- und des nördlichen Seitenschiffes noch ein mittelbyzantinischer
Kernbau, vermutlich eine Kreuzkuppelkirche, zu erkennen. Auch hier bilden antike und frühchristliche Spolien (Säulen im Innern, anderes im Vorhof) einen besonderen Schmuck. – Nur 100 m weiter östlich sieht man rechts
der Straße die Kirche der PANAGIA, einen einschiffigen Bau aus dem 17. Jh.
mit bemerkenswerten Fresken aus der gleichen Zeit und zahlreichen antiken Spolien, darunter auch das Fragment einer Grabstele des 4. Jhs. v.Chr.
Nicht unerwähnt sollen auch zwei Kirchen aus dem 18. Jh. bleiben: AG.
GEORGIOS findet man auf einer Anhöhe nördlich der Straße Koropi-Marko-
poulo, etwa einen halben Kilometer außerhalb von Koropi. Der Narthex des
langgestreckten Baues muß einer älteren Kirche zugeschrieben werden. Und
einen Kilometer südlich liegt die kleine Kreuzkuppelkirche PROPHITIS ELIAS.
Südlich von Koropi erhebt sich der Hügelzug Kondra. Vom Ort führt in
südöstlicher Richtung ein Weg in diese Berge, an dem nach ungefähr 1000 m
die Kirche AG. NIKOLAOS liegt. Der ungewöhnliche Dreikonchenbau folgt
in seiner Form einer mittelbyzantinischen Kreuzkuppelkirche (10./11. Jh.),
während einige Details des Aufbaues türkenzeitliche Charakteristika aufweisen (Veränderungen an den Fenstern, am Eingang u.a.). Der langgestreckte Narthex wurde später angefügt.
Eine besondere Sehenswürdigkeit stellt die Kapelle EVANGELISTIS LOUKAS
dar. Einige Kilometer südlich von Koropi zweigt von der Straße Koropi-
Vari eine Schotterstraße zu einem großen Steinbruch nach Westen ab (an
der Gabel eine Kapelle mit antiken Säulchen); nach etwa 200 m passiert

man das Kloster Ag. Triada. Östlich neben diesem Kloster liegt in Feigen-
plantagen die Loukas-Kirche in der Flur Lambrika, deren Namen noch an
den antiken Demos Lamptrai erinnert; dieser war in zwei Teile gegliedert,
hier handelt es sich um das Obere Lamptrai (s.o. S. 157). Die Kapelle, die
heute als Friedhofskirche des Klosters dient, wurde im 12./13. Jh.
errichtet; die unverputzten Wände zeigen von außen zahlreiche antike Spolien. Mehrere Umgestaltungen führten zu der ungewöhnlichen Form der kleinen Kirche: Der hohe, schmale Narthex mit den zugesetzten Seiteneingängen weist
durchaus Charakteristika der frankenzeitlichen Baukunst auf, während der
langgestreckte Hauptbau mit hochgezogenem Querdach seine jetzige Gestalt
wohl erst bei einer Veränderung im 17. Jh. erhielt. Im Innern entspricht die
Raumgliederung dem äußeren Anschein nicht, das Kirchenschiff besitzt in
der unverhältnismäßig dicken Nordwand blinde Bögen, die weder auf der
südlichen Längswand eine Entsprechung finden, noch mit dem Querdach
korrespondieren. Über der Tür zwischen Narthex und Hauptraum ist eine
Rosetten- und Anthemien-geschmückte Grabstele des 4. Jhs. v.Chr. verbaut,
die den Namen einer Familie aus Lamptrai trägt; das wahrscheinlich zugehörige Anthemion wurde oberhalb der Stele angebracht. Die Fresken des
Hauptraumes stammen aus dem 17. und 18. Jh.

PAIANIA: Der nächste Ort nördlich von Koropi ist Paiania, früher Liopesi
genannt, während sich der heutige Name von dem hier gelegenen antiken
Demos Paiania herleitet. Er ist bekannt als Geburtsort des berühmten spätklassischen Politikers und Redners Demosthenes (384–322 v.Chr.), der, von
den Makedonen zum Tode verurteilt, auf der Insel Poros mittels Gift Selbstmord beging. Die Umgebung von Paiania zeichnet sich ebenfalls durch zahlreiche Kapellen aus, die z.t. vom argivischen Künstler Georgios Markos
ausgemalt wurden.
Im Ort selbst gibt es ein sehr sehenswertes Privatmuseum, die SAMMLUNG
VORRES (ausgeschildert). Der Besitzer des Museums hat am Westrand von
Paiania in einem lichten Gebäude mit schönem Hof moderne griechische
Kunst ausgestellt, die einen interessanten Überblick über das Kunstschaf-
fen Griechenlands in der Nachkriegszeit erlaubt. Beinahe noch bewun-
dernswerter ist das engagierte Bestreben von Vorres, auf kleinem Raum das
verlorengegangene Attika so zu konservieren, wie es einmal gewesen ist:
Sein großes, altes Wohnhaus, im traditionellen Stil eingerichtet, kann ebenfalls als Museum gelten, obwohl der Besitzer darin lebt; man trifft auf alte
Volkskunst, schöne Möbel, Stickereien, aber auch hier da auf Antiken,
die aus der Umgebung stammen. Alles ist mit viel Mühe liebevoll gepflegt
und sorgfältig arrangiert. Ein besonderes Kleinod ist sodann der Garten, in
dem das Haus liegt. Mehrere Gärtner sind ständig damit beschäftigt, die aus-
gesuchten griechischen Pflanzen, die oft nur noch hier zu sehen sind, zu ver-
sorgen und den Park in natürlich-gepflegtem Zustand zu halten. Später einmal soll der Besitz in die Hand des Staates übergehen.

Am Osthang des Hymettos, oberhalb des Museum Vorres, liegt in 510 m Höhe die TROPFSTEINHÖHLE KOUTOUKI (von der Hauptstraße ebenfalls ausgeschildert: 'Cave Peanias'); man kann mit dem Auto bis zum Eingang gelangen, von dem aus man einen schönen Blick über die Mesogaia hat. Die 3800 m^2 große Höhle ist gut (mit farbigen Lichtspielen) beleuchtet und mit einem bequemen Rundweg ausgestattet, der alle sehenswerten Stalagmiten- und Stalaktiten-Formationen erschließt. Funde einer prähistorischen Wohn-Nutzung der Höhle sind dokumentiert.

An den Ausläufern des Hymettos, nordwestlich des Ortes (durch die Ag. Triadas-Str. erreichbar, an deren Ende rechts, dann die erste Str. links) liegt einsam auf einer kleinen Hügelkuppe mit Zypressen die kleine Kreuzkuppelkirche AG. TRIADA. Der ursprüngliche byzantinische Bau (12./13. Jh.) wurde offenbar mehrfach umgestaltet, und auch der Narthex wurde später hinzugefügt. Vom alten Freskenschmuck läßt sich die Pantokrator-Darstellung in der Kuppel nur noch erahnen, die übrigen Malereien sind türkenzeitlich oder modern.

Im westlichen Teil von Paiania findet man die Kirche AG. PARASKEVI (Spyr. Angeli-Str.), die an der Stelle einer frühchristlichen Basilika steht. Neben zahlreichen älteren Architekturfragmenten, die teils in den türkenzeitlichen Bau integriert wurden, teils im Hof liegen, blieb der Chor der Basilika als Apsis der heutigen Kapelle erhalten. Die Seitenkapelle des Ag. Charalambos entstand erst nach der Türkenzeit. Ag. Paraskevi ist mit interessanten Fresken ausgemalt, die teilweise – z.B. im oberen Bereich die 40 Märtyrer – Bilder der Paläologenzeit kopieren.

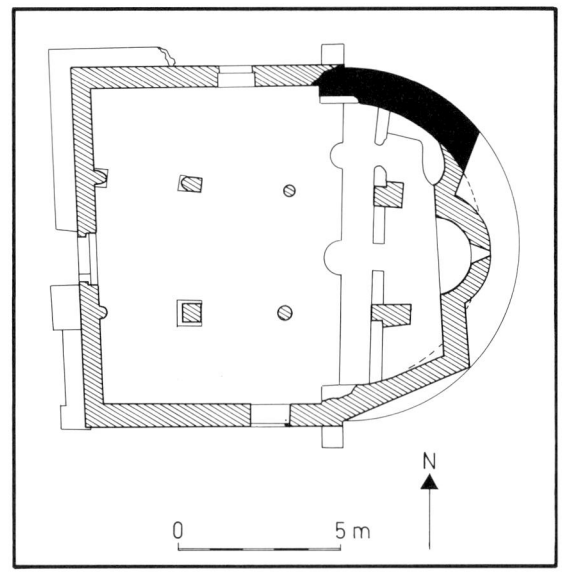

N

0   5 m

68   Paiania, Ag.
     Athanasios

Östlich des Ortszentrums (von der Plateia Davari folgt man der Papageorgiou- und der Sp.A. Papaspirou-Str.) liegt, in einem hübschen Hof mit hohen Bäumen versteckt, die PANAGIA-Kirche. Der dreischiffige Bau mit Satteldach zeigt im Osten drei semi-hexagonale Apsiden und besitzt auf der Südseite eine Seitenkapelle. Im Kirchhof sind Mauerreste eines Vorgängerbaues zu erkennen, außerdem sind Spolien als Schmuckelemente an der westlichen Eingangsseite verbaut.

Als Bau besonders bemerkenswert ist AG. ATHANASIOS (unmittelbar östlich der Straße Stavros-Markopoulo, etwa 200 m nördlich der Gabelung nach Markopoulo bzw. nach Koropi; 68). Die unsymmetrische, dreischiffige Kirche mit halbkreisförmiger Apsis wurde insgesamt in den Chor einer frühchristlichen Basilika eingebaut; ein Mauerteil dieses Vorgängers blieb im Bereich der Nordostwand bestehen. Die heutige Kirche stammt aus der Türkenzeit und bewahrt neben frühchristlichen Spolien (Säulen, Fragmente im Hof) auch antike Blöcke (Kapitelle, Grabinschriften, Fragmente im Hof). Erwähnt sei noch die Malerei der Ikonostase (1773), die den ursprünglichen Zustand des Templon imitiert.

An das Gebiet von Paiania schließt sich unmittelbar südlich die Flur Karelas an (bei der Anfahrt zur Tropfsteinhöhle biegt man nach den letzten Häusern nicht rechts bergauf ab, sondern wendet sich geradeaus nach Süden). Hier steht einige hundert Meter östlich der Straße in einem Olivenhain, etwa 1,5 km von Paiania entfernt, die türkenzeitliche Kirche AG. GEORGIOS SKLEPIOS. Der einschiffige Bau mit (umgestalteter) Kuppel wurde unter reicher Verwendung antiker Architekturteile errichtet; ebenso befinden sich auch rund um die Kirche viele antike Blöcke. Im Innern ist in der nördlichen Ecke vor der Apsis ein antikes Marmorbecken aufgestellt. In Verbindung mit dem Namen der Kirche mag die Existenz der Spolien auf ein Asklepios-Heiligtum an der Stelle von Ag. Georgios Sklepios hindeuten.

Folgt man der genannten Straße weiter nach Süden, so trifft man nach wenigen Kilometern in einer S-Kurve auf die Kreuzkuppelkirche des AG. NIKOLAOS CHALIDON aus dem 12. Jh. Die Fresken in der Kuppel und auf der darunter liegenden Zone stammen noch aus mittelbyzantinischer Zeit, andere Malereien werden der Markos-Schule zugeschrieben. Die Seitenkapelle für Ag. Savvas wurde erst viel später angefügt. Die Eingangtür wird durch Sitze aus antikem Material flankiert, weitere Marmorfragmente sind im Hof verstreut.

STAVROS (Kantza): Auf der Rückfahrt von Paiania nach Athen passiert man Stavros, eine Häuseransammlung, die nach der großen Kreuzung mit Überführung der Mesogeion-Straße benannt ist. Unmittelbar südlich des bei Stavros gelegenen Elektizitätswerkes zweigt nach Osten eine kleine Straße nach Spata ab, von dem nach etwa 500 m eine Zufahrt zum Elektrizitätswerk nach links einbiegt; hier liegt die kleine Kapelle des Agios Nikolaos. Die Umgebung hieß früher Kantza (heute auch Leontari) und war bekannt für einen

kolossalen Marmorlöwen, an den sich eine Lokalsage knüpfte: Ein wilder
Löwe der Umgebung von Markopoulo fraß alljährlich das hübscheste
Mädchen; er wurde schließlich von dem Heiligen Nikolaus in Marmor verwandelt und mit seinen Pranken im Erdboden gefesselt. So lag die Skulptur bis vor wenigen Jahren noch mit dem Bauch auf dem Boden vor dem
Kirchlein (Taf. 20,2), und man verstand die Sage unmittelbar – jüngst wurde
der MARMORLÖWE auf einen häßlichen Betonsockel unter ein Schutzdach
gestellt. Die eindrucksvolle Skulptur des vorn geduckten Tieres, eine Arbeit
des späteren 4. Jh. v.Chr., war wohl der imposante Wächter an einem Grab,
das in unmittelbarer Nachbarschaft gefunden und freigelegt wurde. Von dem
einst eindrucksvollen Grabbezirk stammen zudem einige Quader der Umfassungsmauer. Die Zuweisung der Anlage an die Familie des Demosthenes
muß leider hypothetisch bleiben, obwohl man weiß, daß die Asche des Politikers nach seinem Selbstmord auf Poros in einer Hydria nach Athen überführt worden war; vielleicht wurde sie in seinem Heimat-Demos beigesetzt.

Nicht weit vom Löwen entfernt lohnt die Kirche der PALAIOPANAGIA die
Besichtigung. Man wendet sich vom Löwen nach Osten nach Kantza; hier
wählt man, wiederum ostwärts den Weg nach Papangelaki, an dem nach
700 m die Panagia-Kirche liegt. In die türkenzeitliche Kapelle mit Satteldach wurden die Reste einer mittelbyzantinischen Kirche integriert. Die
nach Norden ausgerichtete semi-hexagonale Apsis beweist, daß es sich dabei
um einen der in Griechenland seltenen Drei- oder Vierkonchenbau gehandelt hat; denn ihr müssen weitere Apsiden auf der Ost- und Südseite und
vielleicht auch im Westen entsprochen haben. Das sorgfältige Mauerwerk
der Nordapsis stützt die Datierung. Im Innern der Apsis sieht man noch Fres-
kenreste aus byzantinischer Zeit, die übrigen Malereien der Kirche wurden
im 18. Jh. geschaffen.

Die Rückfahrt vom Löwen von Kantza nach Athen kann man gut zu einem
Besuch des Klosters Agios Ioannis Kynigos am nördlichen Ausläufer des
Hymettos nutzen (s.S. 144).

Ein kurzer Abstecher in das Gebiet nördlich der Mesogeion-Straße, die man von
Paiania kommend in Richtung Penteli kreuzt, führt nach GERAKAS. Im vergangenen
Jahrhundert waren hier noch zahlreiche Reste antiker Bebauung zu finden. In dieser Beziehung ist heute nur noch die kleine Friedhofskapelle des Ag. Georgios interessant (man erreicht sie am einfachsten, indem man in Richtung Penteli bis zu einer
rechts abbiegenden Querstraße mit dem Schild 'BDF' fährt, diesem bis zu der Fabrik
folgt und dann in südlicher Richtung etwa 1 km weiterfährt; der Friedhof liegt dann
östlich der Straße). Die kleine Kapelle zeigt über dem Eingang ein schönes klassisches Rankenanthemion und ein Loutrophoren-Grabrelief (Taf. 20,3). Im Innern ist
eine große Ecktriglyphe verbaut, die wohl von einem Tempel stammt, der vermutlich nicht weit entfernt gestanden hat.

Die Marathon-Ebene und Nordost-Attika

1. Die Marathon-Ebene und die Schlacht von 490 v.Chr.

Die Ebene von Marathon liegt an einer weiten Bucht mit langen Sandstränden, die im Sommer die Athener aus der Stadt locken. Die Strände reichen von Agios Andreas im Süden bis nach Schinias im Norden über viele Kilometer; wegen der geringen Wassertiefe erwärmt sich das Meer hier besonders schnell. Bei Schinias reichen lichte Pinienwälder fast bis an das Meer heran und bieten willkommenen Schatten; in den Tavernen kann man vom Baden ausruhen und Fisch und Salate genießen. Im Norden wird die Bucht von einer schmalen Halbinsel, der Kynosoura ('Hundeschwanz'), begrenzt, auf der Reste antiker Festungsmauern entdeckt wurden; im Westen säumen die Ausläufer des Penteli die breite Ebene. Heute wird die fruchtbare Gegend landwirtschaftlich intensiv bearbeitet, man sieht neben den üblichen silber-grünen Olivenbäumen Gemüse- und Blumenfelder, dazwischen auch zahlreiche Treibhäuser.

Einen schönen Rundblick hat man von Südwesten über die Marathon-Ebene, wenn man, aus Athen kommend, über den Penteli (über Nea Penteli oder Dionysos) in den Nordosten Attikas fährt. Weniger kurvenreich ist die Marathonstraße, die zwischen dem Hymettos und dem Penteli hindurch über Rafina und Nea Makri von Athen nach Marathon führt.

Berühmt ist die Schlacht von Marathon, in der im Herbst des Jahres 490 v.Chr. die Athener die zahlenmäßig weit überlegenen Perser besiegten, ein Ereignis, das die Vormachtstellung Athens in der klassischen Zeit begründete und auch – bis heute – das nationale Selbstbewußtsein der Griechen prägte. Die Athener errangen mit Hilfe der Platäer den Sieg; die durch einen Schnelläufer herbeigerufenen Spartaner trafen erst nach der Schlacht ein. Der glückliche Ausgang des Kampfes beruhte im wesentlichen auf der Schnelligkeit der angreifenden Schlachtreihe (Phalanx) von Schwerbewaffneten, die die gefährlichen Pfeile der persischen Bogenschützen unterliefen. Entscheidend trug auch eine Taktik zum Sieg bei, die vielleicht von Miltiades erdacht und erst nach mehrtägigem Zögern angewendet wurde: Die Phalanx wurde an den Seiten stark besetzt, während die schwächere Mitte der Reihe beim Angriff zurückwich. Das persische Zentrum konnte dann von den Seiten her angegriffen werden. Die offenbar von der Geschwindigkeit und Wucht des Angriffes überraschten Feinde wandten sich zur Flucht und wurden bis zu ihren Schiffen im Norden der Bucht verfolgt. Auch der Einsatz der persischen Reiter kam zu spät. Die gefallenen Griechen wurden in zwei Grabhügeln beerdigt: Die 192 Athener zusammen mit Opfergaben in einem Tymbos östlich der modernen Straße, etwa dort, wo sie auf die Gegner gestoßen waren, die Platäer weiter westlich (an der heutigen Stich-Straße zum Museum), vielleicht an der Stelle, wo sie den linken Flügel der Schlachtreihe abgeschlossen hatten. Demnach wären die Griechen von Südwesten auf die Perser eingedrungen.

Beide Grabhügel wurden von griechischen Archäologen ausgegraben; die Grabbeigaben, Waffen und vor allem Keramikreste, gehören zu den best-datierten antiken Funden. Vielleicht war es der den Angriff leitende Strate-ge Miltiades, der seinen Helm dem Zeus von Olympia weihte; dort wurde jedenfalls ein korinthischer Helm mit der Gravur seines Namens gefunden. Auf dem Hügel der Athener standen einst Marmorstelen mit den Namen der Gefallenen (Reste einer derartigen Liste wurden kürzlich erst in Athen ent-deckt); die heute am Fuß des Tymbos aufgestellte Nachbildung eines Grab-reliefs (s.S. 105) hingegen entstand bereits um 510 v.chr., stammt von einem anderen Ort und illustriert lediglich die Bewaffnung eines Hopliten.

An der Stelle, an der sich das feindliche Heer zur Flucht wendete, errichte-ten die Griechen ein Siegesmal, ein Tropaion ('Wendepunkt'). Die ver-mutlichen Reste des marathonischen Tropaion wurden in einem mittelal-terlichen Turm verbaut, der ungefähr in der Mitte der Ebene, bei der Kirche Panagia Mesosporitissa stand (heute über einen Feldweg erreichbar, der rechts hinter einer langen Zypressenreihe von der Straße nach Rhamnous abzweigt und bis zur Kapelle führt; daneben eine Champignonzucht). Das Siegeszeichen trug ein mächtiges ionisches Kapitell (heute im Innenhof des Marathon-Museum), auf dem vielleicht erbeutete Waffen aufgestellt waren; die übrigen großen Quaderblöcke des mittelalterlichen Turmes zeigen auf ihrer ursprünglichen Außenseite eingemeißelte lange Striche und lassen sich deshalb als Spolien von attischen Grabterrassen (s. u. Rhamnous) deuten, gehörten jedenfalls nicht zum Tropaion.

Mit der Schlacht von Marathon verbinden sich noch zwei weitere Ereig-nisse, die bis heute fortwirken: Die Sage berichtet von einem Läufer, der die Siegesnachricht nach Athen überbracht habe und dort, völlig erschöpft, tot zusammengebrochen sei. Auf dieser Geschichte basiert die 1896 einge-führte olympische Disziplin des Marathonlaufes. An der Historizität des Laufes muß aber gezweifelt werden: Während der Geschichtsschreiber Hero-dot als Zeitgenosse der Ereignisse zwar den Spartaläufer erwähnt, berichtet er nichts vom Marathonlauf. Auch die dramatische Ausgestaltung mit dem heldenhaften, tödlichen Ausgang des Laufes läßt Zweifel an der Echtheit der erst in späteren Quellen überlieferten Tat aufkommen. Die Strecke von 42,195 km für die olympische Disziplin wurde erst 1908 festgelegt, als der Startschuß in Schloß Windsor fiel und das Ziel bei der Königsloge im Lon-doner Stadion lag. Dagegen ist der ca. 260 km lange Spartalauf, der bis heute wenig bekannt ist, sicher historisch. Man kann also mit dem modernen Start-Denkmal am Ortseingang von Marathon allenfalls die rührende Geschich-te des ersten Siegers in dieser Disziplin verbinden: Mangels vorhergehen-der Qualifikation war ein einfacher griechischer Hirte von seinem Vater-land als Teilnehmer ausgeschlossen worden und gewann 1896 den Wett-bewerb als Mitglied der Mannschaft Amerikas.

2. DIE UMGEBUNG MARATHONS

DER BEREICH DES MUSEUMS (Tsepi und Vrana): Biegt man von der Hauptstraße Athen-Marathon nach links (W) zum ausgeschilderten Museum von Marathon ab, so passiert man das vorgriechische Gräberfeld von Tsepi sowie den Tymbos der Platäer. Gleich bei der Abzweigung fand man eine frühhelladische Nekropole mit mehreren Gräbern, die aus aufrecht stehenden Schiefer- und schweren Abdeckplatten bestanden; sie waren von flachen Erdhügeln bedeckt und sind heute durch Wellblechhallen geschützt. Alle Grabhügel wurden bis in die mykenische Zeit benutzt. Die zugehörige Siedlung wies man etwa 400 m südlich nach. Sehr ähnlich ist auch die etwa gleichzeitige Nekropole nördlich des Museums, die ebenfalls durch eine Halle geschützt ist. Dagegen zeigt ein mykenisches Kuppelgrab südöstlich vom Museum (die Wärter muß man um Begleitung und Öffnung bitten) eine bedeutend repräsentativere Gestalt: Ein 25 m langer Gang (Dromos) führt zu einer Tür mit einem Entlastungsdreieck über dem Sturz; dahinter liegt die Grabkammer, in der zwei Bestattungen mit Beigaben, darunter auch ein Goldbecher, gefunden wurden. Zwei bei den Ausgrabungen entdeckte, symmetrisch angeordnete Pferdeskelette im Dromos deuten auf reiche Grabinhaber hin.

Das Museum von Marathon enthält zahlreiche Funde der Umgebung: Die Beigaben der erwähnten Nekropolen, anderer Gräber und der Grabhügel füllen einen Großteil der Vitrinen, dazu (im Raum A) auch die Funde der Pans-Grotte von Oinoe aus klassischer Zeit. Die folgenden Säle beherbergen klassische Grabdenkmäler (4. Jh. v.Chr.) und Funde aus der römischen Zeit, z.B. Portraits des Kaiserhauses, die in der Villa des Herodes Atticus bei Marathon gefunden wurden. Im Hof des Museums ist das ionische Kapitell vom Tropaion der Marathonschlacht sowie eine marmorne Kline (Teil eines Sarkophages) mit einem gelagerten Mann ausgestellt. – Die Fragmente vor der Halle mit den Gräberrunden stammen vom Landgut des Herodes Atticus: Teile des Eingangsbogens mit einer Inschrift, die den Besitzer und seine Frau Regilla nennt, wurden zusammen mit den stark beschädigten Statuen einer sitzenden Frau und eines thronenden Mannes gefunden, vielleicht Darstellungen der Villenbesitzer selbst. Auf der Rückseite des Museums befinden sich Architekturreste des Isisheiligtums bei Nea Makri (Brexiza): Besonders auffallend ein ägyptisierender Türsturz mit der von zwei Uräusschlangen gerahmten Sonnenscheibe, der einst das Heiligtumsportal überspannte. Aus diesem Heiligtum stammt auch die im Saal der römischen Portraits ausgestellte ägyptisierende Statue des Antinoos.

OINOE: Etwa 3 km westlich des modernen Marathon liegt das antike Oinoe in einem abgelegenen, grünen Tal mit reichen Quellen zwischen hohen Laubbäumen.

Man erreicht es vom südlichen Ortseingang Marathons aus, indem man beim Denkmal für den Laufwettbewerb links von der Hauptstraße in eine schmalere Straße (geradeaus) abbiegt, bei einem Straßendreieck sich nach links hält und dieser Straße etwa 3 km weit bis zu einem hohen, mittelalterlichen Turm folgt.

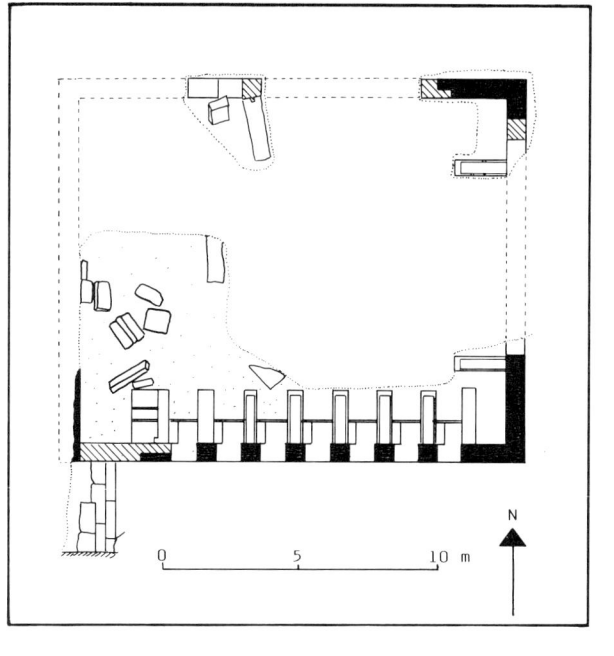

69 Marathon,
Oinoe

Unterhalb des mittelalterlichen, mehrgeschossigen Turmes wurden bei der Anlage einer modernen Rohrleitung die Reste einer römischen Therme gefunden. Man erkennt noch die Badebecken und die Ziegelstützen, die die Fußböden trugen und zwischen denen heiße Luft zirkulierte (Hypokausten).
Östlich dieser antiken Reste, am Rande eines quellreichen Gebietes, befindet sich eine merkwürdige und bis heute noch ungedeutete Anlage aus großen Marmorblöcken (**69**): Quadratische Pfeiler bilden einen Hof, an dem längsrechteckige Blöcke aufgereiht sind; diese besitzen eine leicht konkave Oberfläche und an den Seiten Nute, in die offenbar Schleusentore eingelassen waren (Taf. 21,1). Der Hof ist mit wasserfestem Putz ausgeschlagen, die gesamte, von einem Gang umfaßte Anlage muß also mit dem Wasserreichtum der Gegend funktionell zusammenhängen. Oberhalb dieser Anlage befinden sich die Reste einer Exedra, zu der seitliche Treppen hinaufführten. Wenn die Marmorteile nicht bereits in hellenistische Zeit zu datieren sind, könnten sie in der römischen Kaiserzeit errichtet worden sein, aus der auch die ebenfalls vorhandenen Ziegelkonstruktionen stammen; vielleicht diente das Gebäude als Nymphaion oder Quellheiligtum und gehörte zum Landgut des Herodes Atticus, das sich südöstlich dieser Stelle befunden hat.
Am nördlichen Abhang des Hügels oberhalb der baumumstandenen Quellen – ein schöner, grasbewachsener Weg führt um den Abhang herum – wurde 1958 der (heute zugemauerte) Eingang zu einer Tropfsteinhöhle gefunden, die auch Pausanias in seiner Reisebeschreibung Griechenlands erwähnt:

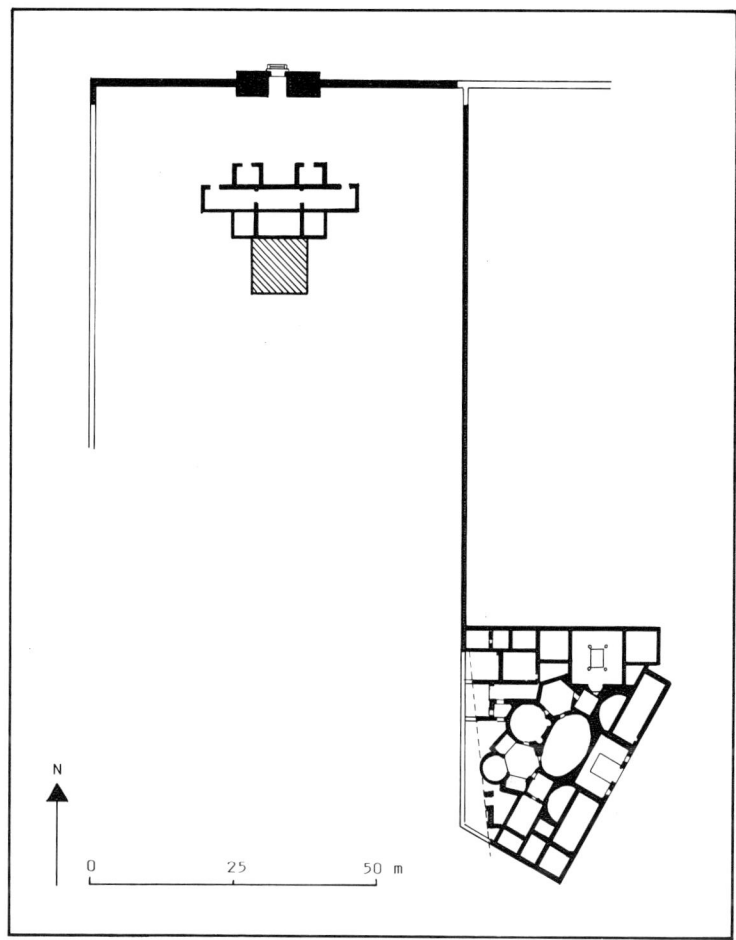

70 Nea Makri, das Iseion von Brexiza und die römischen Thermen

"Der Eingang in sie ist eng, innen aber sind Räume und kleine Seen und die sogenannte Herde des Pan, Steine, die großenteils wie Ziegen aussehen" (die Stalaktiten erinnern an Ziegenbärte). Die Funde aus dem Innern stammen aus der neolithischen und mykenischen Zeit, weiter oben wurden Gefäße, Lampen und Idole aus der klassischen Epoche entdeckt. Diese kann man wohl mit dem Pan-Kult in Verbindung bringen, der hier nach der Schlacht von 490 v.Chr. eingerichtet wurde, weil der Gott selbst den Griechen geholfen haben soll ('panischer Schrecken').

NEA MAKRI: Bevor man auf der Straße von Athen nach Marathon die Abzweigung zum Athener-Grabhügel erreicht, liegt östlich der Straße am

Meer das Isis-Heiligtum von Brexiza (am Strand hinter einem amerikanischen Militärlager, etwa 2 km nördlich von Nea Makri; **70**). Von dort stammen die Teile eines Türsturzes mit Uräusschlangen und Sonnenscheibe im Museum, marmorne Bauteile, die einst den Eingang bestimmten. Dieser führte in einen Hof mit Fußbodentäfelung, an dessen Südseite sich auf einem mehrstufigen, hohen Sockel einst der Tempel erhob. Heute sind von dem Heiligtum nur noch die Fundamentmauern, der Hof und der Tempelsockel zu sehen; durch Planierarbeiten im Jahre 1991 sind zudem Mauerteile unsichtbar geworden. Wenig südlich erkennt man die Grundmauern einer benachbarten Thermenanlage (**70**) mit runden und sechseckigen, Fußboden-beheizten Räumen, die um ein großes ovales Badebecken gruppiert sind; die Ziegelmauern waren mit Marmor verkleidet, die Fußböden ebenfalls mit wertvollen Platten belegt. An den Bruchstellen der Wände sieht man die Tonröhren, die mit heißer Luft die Räume beheizten. In der Antike muß diese Badeanlage direkt neben dem rauschenden Meer mit seinem Sandstrand einen sehr luxuriösen Eindruck gemacht haben.

In den letzten Jahren sind in der Umgebung von Marathon noch weitere Spuren der antiken Besiedlung der Ebene gefunden worden. So ließ sich die Nutzung des feuchten, z.t. sumpfigen Landes seit der prähistorischen Zeit bis in die frühchristliche Epoche belegen: An der Küste, östlich des Athener-Grabhügels, wurde eine prähistorische bis archaische Siedlung entdeckt; in demselben Gebiet zeugen zwei frühchristliche Basiliken von der langen Besiedlungskontinuität. Im 2. Jh. n.Chr. gewann das Gebiet erneut an Bedeutung: Neben Resten von Häusern und verschiedenen Heiligtümern jener Zeit, z.B. für Dionysos, Herakles, Hermes und die Chariten, belegen dies Portraits, Hermen und Inschriften, in denen die Namen der Familienangehörigen des Herodes Atticus auftauchen; dieser hat die Ausgestaltung der Gegend mit Monumenten offensichtlich gefördert, eine Tatsache, die nicht überraschen kann, stammte er doch aus Marathon selbst.

Der Marathon-Stausee: Nordwestlich von Marathon liegt ein Stausee, der der Wasserversorgung Athens dient; Wassersport und Baden sind daher in diesem See nicht gestattet. Die Zufahrtsstraßen, die sich durch die Berge von Marathon oder von Agios Stephanos aus winden, geben viele Eindrücke von der schönen, einst dicht bewaldeten Landschaft auf der Nordseite des Penteli (große Verluste im Waldbestand haben ausgedehnte Brände im Jahr 1992 verursacht). Der See bildete sich durch die Anlage der 285 m langen und 72 m hohen Staumauer, die in den Jahren 1926–1931 mit Unterstützung der USA errichtet wurde. Man kann sie zu Fuß oder mit dem Auto überqueren. Eine besondere Sehenswürdigkeit ist das Pumpenhaus: Es wurde als Kopie des Athener-Schatzhauses von Delphi entworfen, allerdings ohne den dortigen Skulpturenschmuck ausgeführt. Unterhalb der Mauer steht es tief unten im Tal, in das Spazierwege durch hübsche Anlagen hinabführen.

APHIDNAI: Im Norden des Marathon-Stausees erhebt sich ein Hügel mit einer antiken Festung, die zu der Reihe der attischen Grenzkastelle (von Aigosthenai über Oinoe, Panakton, Phyle bis nach Rhamnous: **82**) gehörte und in der Antike Aphidnai hieß. Ihre Geschichte geht bis in vormykenische Zeit zurück; hier soll Theseus die geraubte Helena versteckt haben, bis sie von ihren Brüdern, den Dioskuren, befreit wurde. In mykenischer Zeit war Aphidnai ein bedeutender Ort, der die Umgebung mit der fruchtbaren Ebene (heute bei Kapandriti) beherrschte. Noch im 4.Jh. v.Chr. lag hier eine wichtige Festung, doch heute erkennt man von der antiken Anlage fast nichts mehr (an der Südostseite ein Teil eines Turmes). Auf dem Gipfel breitet sich eine platzartige Fläche aus, an deren Westseite noch geringe Spuren von Mauern sichtbar sind; an den Hängen findet man hier und da Steinhaufen von ehemaligen Hauswänden, die auf Terrassierungen errichtet waren. Der eigentliche Reiz des Ortes liegt vor allem in seiner landschaftlichen Situation: Schöne, grasbewachsene Wege führen zwischen kleinen Eichenbäumen den kegelförmigen Berg hinauf; die nahezu unberührte Natur bringt besonders im Frühjahr ein Meer farbkräftiger Wiesenblumen, Asphodelien und wildwachsender Orchideen hervor. Dazu bietet sich eine herrliche Aussicht auf den Parnis, den Penteli, den Marathonstausee im Tal und die fruchtbaren Felder rundum. Den idyllischen Ort erreicht man von der Straße von Kapandriti nach Barnaba, von dem Feldwege nach Süden zum Hügel hin abbiegen.

3. RHAMNOUS

Das antike Rhamnous liegt im nordöstlichen Attika am Ende einer Stichstraße direkt am Meer, der Insel Euboia gegenüber. Hier ist Attika noch relativ intakt erhalten: Die Felder sind mit gepflegten Rebstöcken bestellt, die Landschaft ist noch nicht zersiedelt. In herrlicher Umgebung und mit einer wunderschönen Aussicht auf Euboia findet man die Reste eines wichtigen, klassischen Heiligtums. In der Antike führte eine Straße aus Athen, an der zahlreiche prächtige Grabbezirke lagen, südlich des Heiligtums zu den Tempeln und danach weiter zu der nahegelegenen Siedlung, die – geschützt durch eine Festung – auf einem Hügel am Meer lokalisiert ist. Der Bereich nördlich des Heiligtums, der seit 1975 weiter ausgegraben wird, ist für den Besucher nicht zugänglich; einen guten Überblick über das Gebiet bekommt man indes von der Tempelterrasse aus.

Rhamnous liegt etwa 20 Autominuten vom modernen Marathon entfernt. Man biegt von der Hauptstraße Athen-Marathon ca. 1 km nördlich des Dorfes nach Osten ab (Schinias und Ag. Marina mit Fähre ausgeschildert; zum Strand von Schinias zweigt wenig später rechts eine kleine Straße ab) und folgt dieser Nebenstraße ca. 8 km weit. Hinter dem Dorf Kato Souli und noch vor Rhamnous führt nach rechts ein Sträßchen nach Ag. Marina, einem Hafen, von dem aus man nach Südeuböa (Styra) übersetzen kann. Wenig später gabelt sich die Straße: nach links führt sie zur Ausgrabung von Rhamnous.

Im Verlauf der in den letzten Jahren wieder intensivierten Ausgrabungen wurde das eingezäunte Gelände erheblich erweitert. Wendet man sich hinter dem Kassenhäuschen unmittelbar nach links (W), so erreicht man nach wenigen Metern die südliche Gräberstraße. Als erstes sieht man die Fundamentsteine eines runden Grabes, ein in Attika mehrfach belegter Bautypus, der auf den ersten Blick an einen Turm erinnert. Die geringen Fundamentierungen und der beschränkte Durchmesser lassen aber – gerade auch im Zusammenhang mit einer von Gräbern gesäumten Straße – keine Zweifel an der Identifizierung zu. Im Verlauf des Weges nach Norden geht man zwischen langen und hohen Grabterrassen hindurch (in der Regel mit vor Ort gefundenen, aber auch unter Verwendung neuer Blöcke rekonstruiert), deren Vorderseiten mit schönen Marmorquadern repräsentativ auf den Betrachter ausgerichtet sind und auf denen die klassischen Grabreliefs gestanden haben. Etwa 50 m südlich des Tempelbezirks befinden sich westlich der Gräberstraße die Fundamente eines großen Hauses mit zahlreichen um einen offenen Hof gruppierten Räumen; der Eingang lag auf der Südseite, wo man gut das mit kleinen Steinplättchen durchsetzte Mauerwerk erkennen kann.

"Die Häuser am Meer gehören den Menschen, etwas vom Meer entfernt liegt das Heiligtum der Nemesis, die von allen Göttern am unerbittlichsten gegen Frevler ist." So beschreibt Pausanias die Lage der beiden Ausgrabungsbereiche und fügt eine Geschichte von der durch Nemesis bestraften Überheblichkeit der Perser vor Marathon an. Oben, am Ende eines Tales, das vom Meer in die fruchtbare Ebene hinaufführt, befindet sich auf einer künstlichen Terrasse über einer langen Stützmauer das Heiligtum der Rachegöttin Nemesis (**71**). Ihr Tempel wurde zu großen Teilen zerstört: Einerseits verwitterte der verwendete, minderwertige lokale Marmor, andererseits wurden die Blöcke in nachantiker Zeit unvorstellbar zerschlagen, damit das Material im Ofen zu Kalk verbrannt werden konnte. Dennoch war es möglich, ein nahezu vollständiges Bild von dem Bau und seinem Kultbild zu gewinnen: Verschiedene Forscher konnten aus Tausenden von Marmorfragmenten die reliefgeschmückte Basis und Teile des Kultbildes der Göttin – das Werk des Agorakritos von Paros, eines Schülers des Phidias – sowie große Partien des Tempels bis zum Dach wieder zusammensetzen; die Resultate dieser akribischen Arbeit sind in einem (nicht öffentlich zugänglichen) Magazinbau in Rhamnous untergebracht. Am Platz des Tempels selbst auf der Terrasse sieht man den Stufenunterbau (Maße: 21,38 m x 9,95 m) mit den Fundamenten für die Cella und einige Säulentrommeln (6 zu 12 Ringhallen-Säulen), die noch ihren Schutzmantel (Bosse) für den Transport aufweisen (Taf. 21,2). Der Bau ist also nicht fertig geworden, die Arbeiten blieben bei Ausbruch des Peloponnesischen Krieges (431 v.Chr.) liegen. Aufgrund von zahlreichen Parallelen im Entwurf und in Einzelheiten der Ausgestaltung und Proportionierung muß der Tempel etwa gleichzeitig mit dem des Poseidon in Sounion, dem Hephaisteion in Athen und dem Ares-Tempel auf der Agora entstanden sein, also in dem Jahrzehnt nach 440 v.Chr.

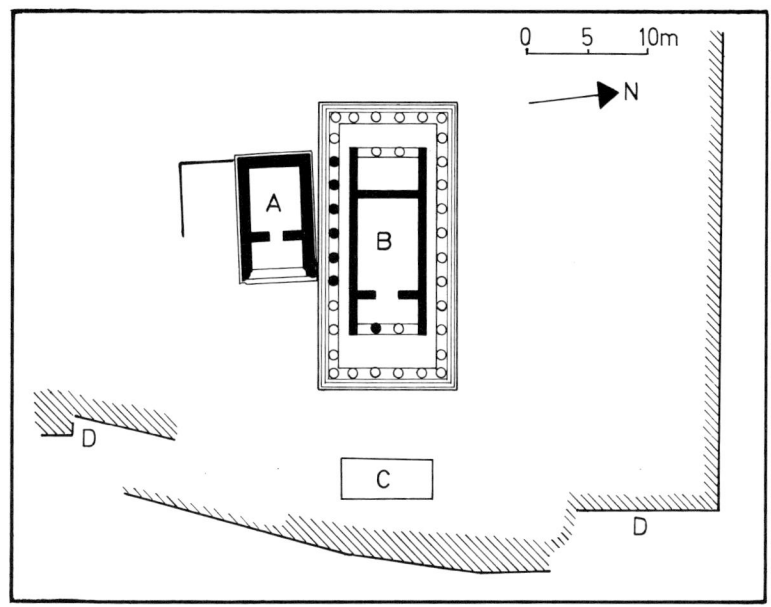

71 Rhamnous, Tempel-Terrasse
A: Schatzhaus; B: Nemesis-Tempel; C: Altar-Fundament; D: Terrassenmauer

Im mittleren 1. Jh. n.Chr. wurde er der vergöttlichten Livia, der Ehefrau des Kaisers Augustus, geweiht, wie eine Inschrift am östlichen Architrav besagt. Doch schon vor der Klassik muß hier ein Heiligtum gestanden haben, denn im Fundament des Marmortempels wurden ältere Bauteile aus Kalkstein entdeckt; der archaische Vorgängerbau fiel wahrscheinlich der Perserzerstörung im Jahre 490 v.Chr. zum Opfer. Direkt neben dem hochklassischen Tempel steht – axial ein wenig anders orientiert – ein kleinerer und älterer Bau (Taf. 21,2), der wohl als erster Schrein für eine Nemesis-Statue bald nach 490 v.Chr. errichtet wurde; denn diese Göttin war als Rächerin der frevelhaften Perser-Invasion eng mit dem Marathonsieg verbunden. Später wurden in dem kleinen Gebäude, dessen Außenmauern aus großen polygonalen Blöcken und innen aus kleinen Steinen bestehen, eine Knabenstatue, die Figur einer Priesterin und die Statue der Themis aufgestellt, der Göttin der Rechtsordnung bei Menschen und Göttern, das Weihgeschenk eines Griechen aus dem frühen 3. Jh. v.Chr. (heute im Nationalmuseum, s.S. 116). Der Bau besaß keine Säulen, sondern war ein auch an der Front geschlossener Schrein, der nur durch eine schmale Tür zugänglich war; man kann ihn wohl als Schatzhaus bezeichnen. In der Vorhalle fand man neben der Cellatür zwei Throne (heute Kopien), die ein gewisser Sostratos der Themis und der Nemesis im 4.Jh. v.Chr. gestiftet hat, ein Beleg dafür, daß in Rhamnous beide Göttinnen verehrt wurden.

Die weiteren Bereiche der Antikenstätte sind wegen Ausgrabungs- und Restaurierungsarbeiten für den Besucher noch nicht zugänglich: Vom nördlichen Ende der Tempelterrasse blickt man auf einige weiße Marmorsockel von großen, repräsentativen Grabmonumenten beiderseits der zur Stadt hinabführenden Straße.

Unten an der Küste erhebt sich ein freistehender Hügel, der von einer mächtigen Mauer mit Türmen und mindestens zwei Toren umgeben ist. In dieser Befestigung lag eine Stadt mit einer Militärgarnison; so kann Rhamnous als das östlichste der attischen Grenzkastelle angesehen werden. Nach ersten Untersuchungen im vergangenen Jahrhundert werden hier und auch an den Talhängen oberhalb der Gräberstraße seit 1975 wieder Grabungen durchgeführt, um die Wohnhäuser, die öffentlichen Gebäude (z.B. ein Theater von rechteckiger Form) und die Akropolis zu erforschen. Besonders eindrucksvoll ist das noch sehr gut erhaltene Osttor, vor dem kleine Altäre und marmorne Sitze mit einem eingeritzten Brettspiel aufgestellt waren; das hinter dem Osttor ausgegrabene Viertel weist an einer schmalen gewundenen Treppenstraße mehrere Häuser auf, darunter ein Artemis-Kultraum mit Wänden aus sehr schön bearbeiteten Marmorblöcken. – Der Festung gegenüber liegt am Nordhang ein kleines klassisches Heiligtum, das dem Heilgott Amphiaraos geweiht war: Auf einer Terrasse standen ein kleiner Schrein und zahlreiche Weihegaben für den Gott.

Einen Eindruck aus der Ferne gewinnt man von der Festung auch, wenn man südlich des Zaunes um das Ausgrabungsgelände den Weg wählt, der das westlich gelegene Tal durchquert und jenseits am Berghang entlang verläuft; eine Abzweigung nach rechts führt zu einer beliebten (FKK-) Badebucht mit Kieselstrand.

4. DAS AMPHIAREION VON OROPOS UND AVLONA

Bevor man Attika auf dem Weg von Athen nach Boiotien oder Euboia verläßt, sollte man nicht versäumen, eines der landschaftlich schönsten Heiligtümer dieses Teiles Griechenlands zu besuchen, das Amphiareion von Oropos (**72-73**). Es liegt in einem abgeschiedenen, dicht bewaldeten Tal und besitzt einige archäologisch und technisch interessante Denkmäler. Man kann die Besichtigung dieses Heiligtums auch mit einem Abstecher nach Euboia verbinden, indem man von Skala Oropou per Fähre nach Eretria übersetzt.

Man verläßt Athen auf der Nationalstraße in Richtung Lamia/Thessaloniki und biegt entweder bei Kapandriti nach Kalamos und von dort nach Markopoulo Oropou ab, oder man nimmt auf der Nationalstraße eine Abfahrt später die Straße nach Skala Oropou, von der eine Seitenstraße bei Markopoulo nach Süden zum ausgeschilderten Amphiareion führt. Von Athen benötigt man etwa 1 Std. Fahrzeit. Eine Besichtigung von Rhamnous und dem Amphiareion am selben Tag empfiehlt sich wegen der ungünstigen Straßenverbindung dagegen nicht.

In MARKOPOULO OROPOU steht die kleine, sehenswerte Kirche der ZOODOCHOS PIGI; sie befindet sich am Berghang und ist mit ihrer fast 10 m hohen Kuppel schon von weitem gut zu sehen. Der hoch aufragende, oktogonale Tambour ruht auf vier schlanken, weit auseinander gestellten Säulen, so daß ein lichter Inneraum entsteht. Im Außenbau, in dem einige Spolien (antike, fränkische) vermauert sind, fällt die Uneinheitlichkeit des Mauerstiles auf; doch ist die Ausführung im Vergleich zu anderen Kirchen derselben Entstehungszeit (Türkenzeit) recht sorgfältig. Im Innern wurde im späten 18. Jh. über einem weiß gekälkten Sockel in den oberen Wandzonen Freskenmalerei angebracht.

Das antike OROPOS lag an der Stelle des heutigen, gleichnamigen Ortes, wie einige wenige Siedlungs-Reste, die besonders bei Bauarbeiten zutage traten, belegen. Zu diesem Ort gehörte eine Orakel- und Heilstätte, die dem Amphiaraos geweiht war. Dieser war, so berichtet der Mythos, einer der Teilnehmer am Zug der Sieben gegen Theben; während der allgemeinen Flucht am Ende dieses Krieges wurde er mit seinem Wagen in einem Erdspalt, den Zeus durch seinen Blitz geöffnet hatte, verborgen. An einer Quelle, eben an der Stelle, an der sein Heiligtum liegt, soll Amphiaraos wieder aufgetaucht sein, hier wurde er seit dem späteren 5. Jh. v.Chr. als erdverbundene (chthonische) Gottheit und als Traumdeuter verehrt; dementsprechend scheint der Heilschlaf bei der Kur im Amphiareion eine wichtige Rolle gespielt zu haben. Die Orakelstätte, der dazugehörige Ort und auch die gesamte Landschaft namens Oropia, die durch die Berge deutlich von Attika getrennt ist, waren wegen ihrer Lage im attisch-boiotischen Grenzgebiet ein fortwährender Zankapfel zwischen Athen und Boiotien; nach der Schlacht von Chaironeia (338 v.Chr.) kam das Gebiet unter attische Vorherrschaft, später scheint es eine gewisse Unabhängigkeit erreicht zu haben. Die große Zeit des Heiligtums fällt in die späte Klassik und den Hellenismus (4.-1. Jh. v.Chr.); besonders für die letztere Epoche belegen dies zahlreiche Statuenweihungen von Königen und römischen Feldherren.

Man betritt das bewaldete Tal von Südwesten und steigt zum Bachbett hinab (72). Rechts unterhalb des Weges blickt man bald auf den großen Tempel des Amphiaraos, der im 4. Jh. v.Chr. auf einer hoch angeschütteten Terrasse errichtet wurde (72,1). Seine längsrechteckige Cella wurde von zwei Säulenreihen in drei Schiffe gegliedert, in deren mittlerem man die Kultbildbasis und daneben noch einen Arm der kolossalen Statue des Heilgottes erkennen kann. Ob vor der Cellafront Säulen gestanden haben, ist nicht gänzlich gesichert, dagegen ist klar, daß der Tempel keine Peristase (Säulenumgang) besaß. Eine Besonderheit ist der an der Rückseite errichtete Raum, der durch eine Tür Verbindung zum Inneren des Tempels hatte; er muß als Adyton (das 'Unbetretbare') mit dem chthonischen Charakter des Kultes zu tun haben. Vor dem Tempel erkennt man das große Fundament eines Altares (72,2), auf dem nicht nur dem Amphiaraos sondern auch einigen anderen Göttern geopfert wurde, wie Pausanias berichtet: Zeus, Herakles, Apollon, Hestia, Aphrodite, Athena und Hygieia, dazu dem Pan und den Nymphen sowie weiteren Gottheiten. Der Zeremonie konnten die antiken Besu-

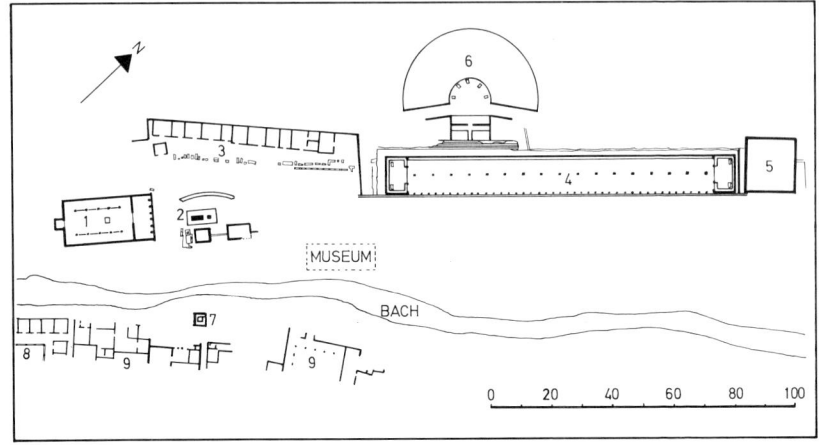

72 Amphiareion, Gesamtplan
1: Tempel; 2: Altar; 3: Agora mit Statuenbasen; 4: Stoa; 5: Bad; 6: Theater;
7: Klepsydra; 8.9: Kur-, Gast- und Verwaltungshäuser

cher des Heiligtums von einigen leicht geschwungenen Stufen – in einer
Inschrift als 'Theater beim Altar' bezeichnet – von der Nordseite her zusehen. Unterhalb des Altares, d.h. dicht neben dem Bachbett, befand sich
die heilige Quelle, östlich ein kleines Bad.

Der Weg zum Theater wird nördlich von zahlreichen Statuenbasen gesäumt,
hinter denen eine den Platz rahmende Raumgruppe erkennbar ist (**72**,3; **73**).
Die Inschriften auf den Postamenten belegen das Interesse der Großen des
Hellenismus an der Orakelstätte; unter ihnen sind – neben örtlichen Prie-
stern – z.B. die folgenden Persönlichkeiten zu nennen: Die Könige Lysimachos (306–281 v.Chr.; **73**,17) und Ptolemaios IV. (221–204 v.Chr.; seine
Frau Arsinoe: **73**,7) und römische Feldherren und Statthalter wie Sulla
(**73**,22), C. Scribonius Curion (**73**,13), Cn. Calpurnius Piso (**73**,10), Cn. Cornelius Lentulus (**73**,19), der Caesarmörder Brutus (**73**,11) und der Feldherr
und Schwiegersohn des Augustus, Marcus Vipsanius Agrippa (**73**,16). Viele
der Basen trugen zunächst Statuen von heute unbekannten Griechen, vielleicht auch weiterer Könige; später wurden die Postamente zugunsten der
genannten Römer mit neuen Inschriften (und vielleicht auch Statuen, bisweilen mag man aus Kostengründen nur die Portraitköpfe ausgewechselt
haben) versehen.

Nordöstlich anschließend erstreckt sich über mehr als 100 m eine zwei-
schiffige Stoa (**73**,4), die außen dorische, innen ionische, mit Stuck über-
zogene Säulen besaß; seltsamerweise korrespondieren die beiden Stützen-
reihen nicht miteinander. Diese Ruhehalle aus dem 4. Jh. v.Chr., die mit
Bänken an der Rückwand ausgestattet war, endet an beiden Seiten in quadratischen Sälen. Von hier aus konnte man wohl auch den sportlichen Wett-

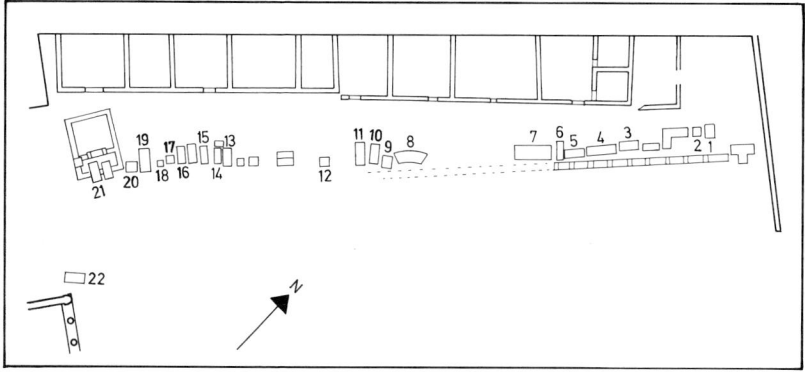

73 Amphiareion, Platz mit Statuenbasen

1: Philonautes; 2: Boidion, Tochter des Philonautes; 3: Ptoion und seine Frau Aristonike; 4: der Priester Theodoros und sein Sohn Theodoros (spätes 3. Jh. v.Chr.); 5: der Priester Diodoros und seine Frau Phanostrate (spätes 3. Jh. v.Chr.); 6: Appius Claudius Pulcher (54 v.Chr., s. Eleusis; Basis: spätes 3. Jh. v.Chr.); 7: Königin Arsinoe, Frau von Ptolemaios IV. Philopator (spätes 3. Jh. v.Chr.); 8: Diomedes (um 275 v.Chr.) und Priester Timarchos (um 150 v.Chr.); 9: Paulla Popillia, Frau des Gn. Calpurnius Piso; 10: Gn. Calpurnius Piso (100-50 v.Chr.); 11: der Caesarmörder Brutus (ca. 4 v.Chr.); 12: der Dichter Heraklit (um 30 v.Chr.); 13: der Feldherr C. Scribonius Curion (um 80 v.Chr.); 14: ein Mann von der Insel Andros (um 300 v.Chr.); 15: ? (frühes 3. Jh. v.Chr.); 16: M. Vipsanius Agrippa, Feldherr und Schwiegersohn des Augustus (27-12 v.Chr.); 17: König Lysimachos (306-281 v.Chr.); 18: ?, Bildhauer war ein gewisser Sosis (um 250 v.Chr.); 19: Gn. Cornelius Lentulus um 70 v.Chr.); 20: Megakleides aus Oropos (300-250 v.Chr.); 21: P. Servilius Isauricus (74-44 v.Chr.); 22: Sulla und seine Frau Metella (88-86 v.Chr.)

kämpfen zusehen, die in einem Stadion auf der Fläche zwischen der Halle und dem Bachbett regelmäßig ausgetragen wurden. Am nördlichen Ende der Stoa folgt ein Bad mit mehreren Räumen (73,5).

Hinter der Ruhehalle wurde am natürlichen Talhang ein kleines Theater für etwa 3000 Zuschauer angelegt (73,6). Es ist besonders wegen der gut erhaltenen und in vielen Details rekonstruierbaren Bühne berühmt (Taf. 22,1). Pfeilerstützen mit vorgeblendeten Halbsäulen tragen ein dorisches Gebälk, auf dem eine fragmentarisch erhaltene Stifterinschrift steht; in die Türöffnungen konnte man von hinten Bilder, die in der genannten Architravinschrift erwähnt werden, einsetzen – die Schlitze für deren Befestigung sind noch vorhanden. Der Chor und die Schauspieler agierten zunächst in der runden Orchestra. Später wurden die Stücke in der ersten Etage der Skene (Bühnengebäude) aufgeführt. Deshalb errichtete man über der unteren Kulisse eine neue Spielbühne, die wiederum als Hintergrund eine dorische Architektur besaß, in diesem Fall mit drei Türen; sie läßt sich durch die Architrav-

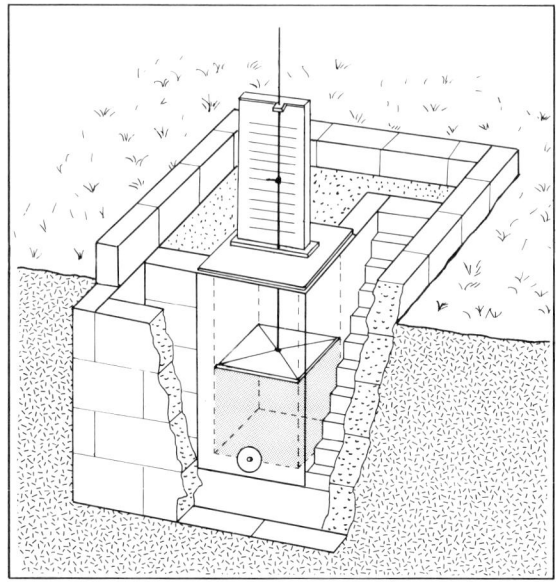

74 Schnitt durch
die Klepsydra
im Amphia-
reion von Oro-
pos

inschrift (in ihr sind die Bühne und die Türen erwähnt) in das mittlere 2. Jh.
v.Chr. datieren. Die fünf erst im 1. Jh. v.Chr. vom Priester Nikon geweihten Marmorsessel mit ihrer schönen Rankenverzierung waren also zum
Betrachten der Schauspiele von der Orchestra her äußerst ungeeignet. Bes-
sere Plätze waren die einfachen und heute verlorenen Stufen weiter oben
am Hang.
Auf der südlichen Seite des Bachbettes, in der Antike mit den großen Bauten durch eine Brücke verbunden, wurden weniger repräsentative, aber für
eine Heilstätte wichtige Gebäude ausgegraben; sie liegen heute versteckt
zwischen Sträuchern und Bäumen: Pilger- und Kurhäuser für die Unter-
bringung der Gäste, Verwaltungsgebäude und Schenken (73,8-9). Das oberste Personal des Heiligtums hingegen, die Priester, hatten kein Quartier im
Amphiareion; sie wohnten nach Auskunft der Schriftquellen in Oropos, dem
zugehörigen Ort am Meer, und kamen von dort herauf.
Ein besonders interessantes Monument ist zwischen den Gebäuderesten jenseits des Baches gut erhalten: Eine Wasseruhr (Klepsydra; 73,7). Ein quadratischer Schacht wurde innerhalb von 12 Stunden mit Wasser gefüllt, das
durch ein Loch während der folgenden 12 Stunden wieder ablief. Auf der
sich hebenden und dann wieder sinkenden Wasseroberfläche lag ein mit
einem Zeiger verbundener Schwimmer, der die jeweilige Uhrzeit (Stunde)
an einer marmornen Tafel anzeigte (74). Das technisch zu lösende Problem
derartiger Uhren, von denen eine weitere auf der Athener Agora gefunden
wurde, bestand in der Regelung des Zu- und Ablaufes des Wassers: Denn
die Griechen teilten die Zeit zwischen Sonnenauf- und -untergang in 12 glei-

che Teile; dadurch war die Stunde im Sommer tagsüber ca. 75 Minuten lang,
und die Nachtstunde dauerte etwa 45 Minuten; im Winter war es entsprechend umgekehrt. Die Abfluß-Öffnung für das Ablassen des Wassers ist bei
der Klepsydra im Amphiareion gut erkennbar: Steigt man zuseiten des Was-
serschachtes die Treppe hinab, so findet man in die Quader eingelassen eine
bronzene Scheibe mit einem kleinen Loch in der Mitte. Das 'Zifferblatt' der
Uhr ist unter einem Schutzdach am Museum ausgestellt, eine Tafel mit
waagerechten Strichen, die die Stunden angeben.

Das kleine Museum im Heiligtum ist nach einigen Einbrüchen seit Jahren
ausgeräumt und geschlossen. Doch lohnt ein Blick unter die Betondächer
rund um das Gebäude: Auf der südlichen Rückseite ist die Nordostecke des
Tempelgebälks ausgestellt, z.T. noch mit Farbresten der Mäanderbemalung
auf dem feinen Verputz der Kalkstein-Blöcke. Daneben werden zahlreiche
Teile der Hallenarchitektur und drei Basen für Dreifüße, Stiftungen von Siegern in musischen Wettkämpfen, aufbewahrt. Auf der anderen Seite des
Gebäudes findet man u.a. einige Statuenbasen und das Grabrelief einer Familie aus der Zeit um 120 n.Chr.: Vater und Mutter stehen zuseiten ihrer Tochter.

Von Oropos führt eine kleine Straße in südwestlicher Richtung nach AVLO-
NA, einem kleinen Ort am Abhang des Parnis jenseits der Nationalstraße.
Am nordöstlichen Ortseingang findet man in einer Villa, umgeben von einem
kleinen Park, das Museum Zygomala. Es enthält eine interessante Samm-
lung von Stoffen und Gewändern mit Stickereien traditioneller Volkskunst
(Öffnungszeiten unter Tel. 0295/42012 bzw. 41096 zu erfragen.)

Pentelikon, Parnis und die Thriasische Ebene

1. PENTELIKON UND DIONYSOS

Der Marmorberg Penteli oder Pentelikon hieß in der griechischen Klassik Brilessos; ein weiter südlich gelegener Vorort von Athen namens 'Brilissia' hat diese durch Thukydides bekannte antike Bezeichnung bewahrt. In der römischen Kaiserzeit (Pausanias) scheint der Name 'Pentelikon' üblich geworden zu sein. Der Berg liegt im Nordosten der Großstadt Athen und ist durch eine Senke vom Gebirgszug des Parnis getrennt. Von Athen aus erscheint er als flacher Kegel, bedeckt mit zahlreichen hellen Flecken, die die vielen Steinbrüche und Marmorbruch-Halden an seinen Hängen markieren; auf der Spitze des 1109 m hohen Berges befindet sich eine militärische Radarstation. Man kann dennoch mit dem Auto auf einer guten Teerstraße fast bis zum höchsten Punkt hinauffahren, um besonders bei klarem Wetter eine herrliche Aussicht über das Häusermeer von Athen, auf den Saronischen Golf mit Aigina und bis in die Peloponnes hinein zu genießen; Richtung Osten überblickt man die Ebene jenseits des Hymettos, die Mesogaia. Daneben bietet ein Ausflug zum Penteli die Möglichkeit, antike und moderne Marmorbrüche sowie das Dionysos-Heiligtum an seiner Nordflanke zu besichtigen. Zahlreiche Tavernen laden zum Verweilen unter schattigen Platanen ein.

Anfahrt: Man kann mit dem Auto von Athen über Chalandri die Penteli-Straße zum Dorf Penteli nehmen oder über die breite Kifissias-Straße nach Kifissia fahren, um über Ekali in Richtung Marathon nach Dionysos abzubiegen. Bei der Weiterfahrt über Dionysos hinaus geht einige km östlich bei Ag. Petros nach rechts (S) eine Straße nach Penteli, Kifissia und Chalandri ab, die an den Südhängen des Berges entlangführt. In Penteli wendet man sich nach Nea Penteli, dort folgt man hinter einem großen Platz nach links dem Schild 'Monastiri Ag. Panteleimonas'; zum Kloster führt nach einigen Kehren bei einem Heiligenhäuschen eine Teerstr. nach links, während die Str. nach rechts in vielen Serpentinen bis zum Gipfel führt. Etwa 500 m nach dem Abzweig zum modernen Panteleimon-Kloster zweigt rechts ein Schotterweg ab, auf dem man bei einer weiteren Gabel den rechten Weg nehmend nach ca. 1,5 km zu den antiken Steinbrüchen der Akropolisbauten gelangt; diese sind am besten wandernd zu erreichen. Eine andere Anfahrt zum Dorf Penteli führt über die Straße Athen-Marathon ('Mesogeion') bis zum Abzweig nach Sounion bei Stavros; dort fährt man von der breiten Hauptstraße ab und unterquert diese bei einer Ampel nach links (N), um die Penteli-Abhänge bis zum Dorf hinaufzufahren. Wer von Marathon aus über den Berg nach Athen zurückkehren will, kann wenige km südlich des berühmten Grabhügels der Athener, noch nördlich von Nea Makri, nach Dionysos und Ekali (nach W) abbiegen.

Auf dem Weg von der Athener Innenstadt über die Kifissia-Straße liegt rechter Hand (östlich) der grüne Wohn-Vorort CHALANDRI, in dem auch der Botschafter der Bundesrepublik residiert. Nicht weit entfernt (östlich) findet

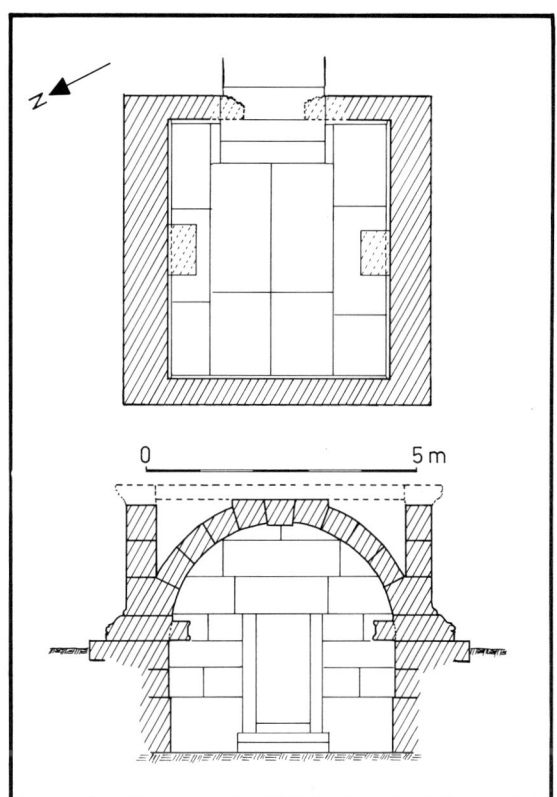

75 Chalandri,
Marmariotissa:
Plan u. Schnitt
des römischen
Grabbaues

76 Chalandri,
Marmariotissa:
Ansicht nach
Möbius (1935)

man hinter einer großen, modernen Kirche die kleine Kapelle der Panagia
Marmariotissa (an der gleichnamigen Straße, die nach re von der Ethnikis
Antistaseos, an der auch die Residenz liegt, abbiegt); sie ist vollständig in
einen römischen Grabbau inkorporiert (**75. 76**), der dadurch bis heute erhal-

ten blieb. Sein wertvolles Baumaterial gab der Kirche ihren Namen und belegt, daß das Grab für einen reichen Bewohner des antiken Phlya, das an dieser Stelle lag, errichtet worden ist.

Vorbei am neuen Olympia-Stadion und durch den Vorort AMAROUSSION, in dem zahlreiche, aus Siphnos eingewanderte Töpfer ihre Waren anbieten, erreicht man KIFISSIA auf der gleichnamigen breiten Avenue. Bereits in der Antike war die Gegend beliebt, z.b. hatte hier Herodes Atticus (101–178 n.Chr.) eine seiner Landvillen, in deren Ruinen Bildnisse von ihm und einem seiner Schüler und Schützlinge, Polydeukion, gefunden wurden. In Kifissia wohnten aber nicht nur in der Antike wohlhabende Leute, sondern auch heute noch gilt der Ort als exklusive Wohngegend mit zahlreichen neoklassizistischen Häusern in großen Gärten; seit einigen Jahren wurden in diesem und den anschließenden Vorstädten wegen der grünen Umgebung und der Kühle viele Sommerwohnungen gebaut. Neben den schönen klassizistischen Villen, die leider häufig unbewohnt verfallen, und einigen guten Tavernen und Restaurants kann man von der Endstation der S-Bahn aus ein römisches Grab aus dem mittleren 2. Jh. n.Chr. am Hauptplatz von Kifissia erreichen (Platia Platanou); es ist von einem modernen Pavillon umgeben und enthält noch vier Marmorsarkophage, die z.t. übereinander aufgestellt wurden. Sie tragen einfache Reliefs, z.B. Eroten, Stierköpfe und Stier-tötende Frauenfiguren (Niken), Karyatiden, kleine Mythenbilder sowie Girlandenschmuck; einer der Sarkophage zeigt an seiner Schmalseite eine Relief-Büste, deren Portraitkopf nicht ausgeführt sondern als grobe Rohform belassen wurde. Die Deckel der Grablegen sind wie Hausdächer gebildet und spiegeln die Vorstellung wider, der Sarkophag sei das Haus des Toten; später hingegen arbeitete man Deckel in Bett-(= Klinen-)form aus, die sozusagen den Verstorbenen als Ruhebetten bei einem Gelage dienen sollten; auch Reste eines derartigen Deckels wurden in dem früher der Familie des Herodes Atticus zugeschriebenen Grab in Kifissia gefunden. Der Bau selbst bestand aus einer unter dem antiken Straßenniveau gelegenen fast quadratischen Kammer, in die man über eine Treppe hinabsteigen konnte. Sie wurde aus Marmorblöcken gebildet; entsprechend den Funden von Gewölbesteinen muß das kleine Mausoleum von einer Tonne abgedeckt gewesen sein; vielleicht befand sich darüber ein zweites, durch Säulen geöffnetes Geschoß mit den Statuen der Verstorbenen – leider sind davon keine Reste erhalten. Die fehlenden Teile wurden wohl für die direkt daneben errichtete Moschee mit Minarett aus türkischer Zeit (heute ist die Ruine kaum mehr als Moschee erkennbar) verwendet. Das römische Grab ähnelt sehr stark dem aus gleicher Zeit stammenden, fast maßgleichen Bauwerk in Chalandri (s.S. 208, **75**), das zur Kirche der Panagia Marmariotissa umgebaut wurde und das Tonnengewölbe noch bewahrt hat.

Wie erwähnt, fand man in Kifissia Spuren des Landhauses des Herodes Atticus, im wesentlichen Reste eines Bades und einige Streufunde wie die genannten Bildnisse von ihm selbst und einem seiner Schützlinge. Die Villa, in die sich der Sophist oft zurückzog, um sich der Entspannung und der Philosophie hinzugeben, muß außergewöhnlich prächtig gewesen sein. Hier empfing er auch Gäste mit ähnlichen Interessen, wie z.B. den römischen Schriftsteller Aulus Gellius (um 145 n.Chr. als Philosophie-Student in Athen), der in seinen "Attischen Nächten" den Reichtum des Hauses beschreibt. Kifissia liegt bereits ca. 300 m über dem Meeresspiegel an den Abhängen des Penteli. Dieser ist besonders wegen seiner MARMORSTEINBRÜCHE berühmt. Seit dem 6. Jh. v.Chr. bauten die Griechen den feinkörnigen und strahlend weißen Marmor ab und verwendeten ihn vor allem als Baumaterial, da er sich wegen seiner Härte dazu besonders gut eignete, während der weichere griechische Inselmarmor (z.B. von Naxos oder Paros) besser für Skulpturen nutzbar war; dennoch arbeitete man seit der Klassik auch aus pentelischem Marmor viele Statuen, z.B. die Akropolisbauten mit ihrem reichen Skulpturenschmuck. Im Laufe der Zeit bekommt der Stein aufgrund von Eiseneinschlüssen eine schöne gelbbraune Patina. Die Vorkommen mit den qualitätvollsten Adern waren nach Aussagen antiker Quellen bereits im 2. Jh. n.Chr. weitgehend erschöpft; Pausanias berichtet, daß nach dem Bau des Stadions des Herodes Atticus (140/144 n.Chr.) der Penteli fast vollständig ausgeraubt gewesen sei. Diese Aussage ist natürlich übertrieben, da noch bis heute bei Dionysos (der Abbau auf der Athen zugewandten Seite ist inzwischen verboten) täglich große Mengen an Marmor gewonnen werden. Doch ist dieses Material häufig von grünen oder grauen Schlieren durchzogen und daher weniger qualitätvoll; bisweilen gibt es Probleme, völlig reine Stücke größeren Formates für die Restaurierungen auf der Akropolis zu finden, Material also, das aus ästhetischen und statischen Gründen keine Verunreinigungen in Form von Adern enthalten darf.

Der größte antike Steinbruch, Spilia genannt, aus dem der Marmor der klassischen Akropolisbauten stammt, liegt in etwa 700 m Höhe an der Südwestseite des Berges (Taf. 22,2). Es handelt sich um ein auf zwei Seiten senkrecht abfallendes Felsloch von etwa 50 m Seitenlänge, das an seiner Stirn in eine tiefe Höhle mündet (diese ist vor einigen Jahren durch das Militär noch weiter ausgebaggert worden). Die hohen Marmorwände zeigen deutlich die Meißelspuren, mit denen jeweils etwa gleich hohe Blöcke durch Kanäle voneinander abgetrennt wurden (**77**). Auf der Unterseite trieb man parallel zur Struktur des Steines in den Fels längsrechteckige Löcher, in die Holzpflöcke getrieben wurden; diese Keile wurden mit Wasser zum Quellen gebracht, so daß die Gewalt des sich ausdehnenden Holzes den Marmorquader vom übrigen Fels absprengte. Anschließend arbeitete man den Block noch im Steinbruch zu der nahezu endgültigen Form aus (dadurch erreichte man eine größtmöglich Gewichtserleichterung für den Transport); nur ein wenige Zentimeter starker Schutzmantel, die Bosse, die erst am endgültigen Bau- oder Aufstellungsplatz beseitigt wurde, blieb stehen (**11**). – Links neben dem Höhleneingang erkennt man wenig über dem Boden noch derartige Spalten in unterschiedlich weitreichender Ausarbeitung, in

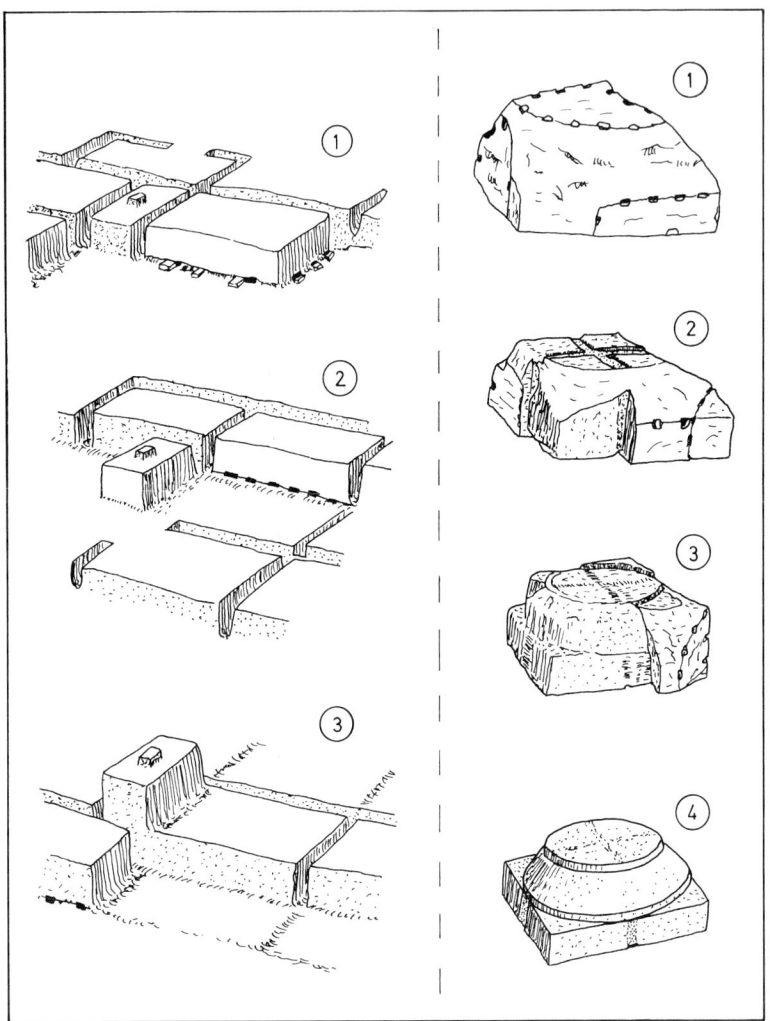

77 Marmorabbau im Steinbruch und Ausarbeiten eines Rohlings (nach Korres)

die Holzkeile eingeschlagen werden sollten. Die Felswände lassen dazu aufgrund der in verschiedenen Richtungen verlaufenden und unterschiedlich strukturierten Spitzhammer-Spuren die Blocklängen und -höhen recht deutlich erkennen.

Einige der Rohlinge wurden beim Transport beschädigt oder blieben in den Steinbrüchen aus anderen Gründen liegen, wo man sie auch noch bisweilen in diesem Jahrhundert gefunden hat. Die meisten Teile wurden aber über eine gepflasterte Straße, die vor dem Steinbruch beginnt (Taf. 22,2), auf mit

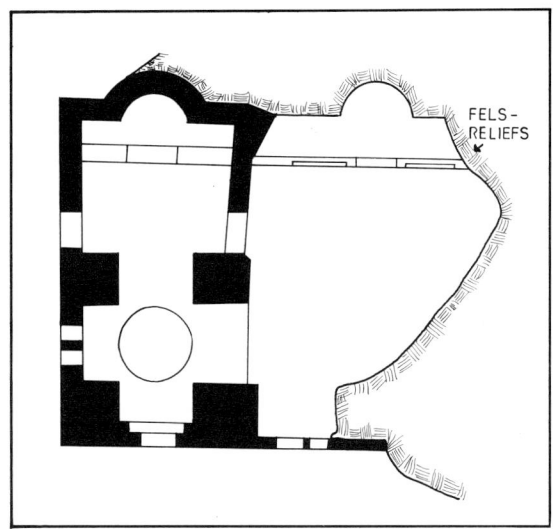

FELS-
RELIEFS

78 Die Kapellen im
    antiken Stein-
    bruch "Spilia"

Seilen gesicherten Schlitten und später auf Wagen abtransportiert und zur
endgültigen Verwendung und Bearbeitung zum Bauplatz (die Akropolis z.b.
ist ca. 18 km entfernt) oder in eine Werkstatt gebracht. Auf die Akropolis
zog man die Marmorteile meist über eine Rampe auf der Westseite hinauf;
als die Propyläen fertiggestellt waren, mußte man Kräne verwenden, deren
Stützbalken in dem Fels auf der Südseite verdübelt waren.
In den Höhleneingang des großen Steinbruches schmiegt sich eine hübsche
kleine Doppelkapelle, die z.t. an den Marmorfels angebaut wurde (**78**). Sie
stammt aus dem 11. / 12. Jh. und enthält Reste byzantinischer Fresken; an
der südlichen Höhlenwand finden sich einfache Reliefs von Engeln, die
direkt in den anstehenden Marmor eingearbeitet wurden, die ältesten Zeugnisse (7. Jh.?) christlichen Kultes an diesem Ort. Die kleine Kuppel ist durch
Risse beschädigt, die aufgrund des absinkenden Fundamentes nach den Aus-
schachtungsarbeiten entstanden sind; auch sie weist Reste von Fresko-Male-
reien auf.
Während in der später von den Christen kultisch genutzten Höhle Zeugnisse antiker Götterverehrung nicht nachgewiesen wurden, fand man 1952
wenig weiter oben am Penteli-Hang eine kleine, eingestürzte Höhle in Form
einer runden Kammer. Im Innern wurden Keramikreste und zwei beschrif-
tete Weihreliefs (heute im Nat.Mus.) entdeckt, die belegen, daß hier vom 5.
Jh. v.Chr. an über 700 Jahre die Nymphen und der Gott Pan angebetet wurden. Außer diesen Göttern muß auf dem Penteli Athena verehrt worden sein;
denn Pausanias berichtet von einer Statue auf dem Berggipfel, deren Standplatz vielleicht mit einer künstlich errichteten Plattform südöstlich unterhalb der Radarstation identifiziert werden kann. Von der Statue selbst, die

wohl aus Bronze gegossen war, ist nichts erhalten. Doch entdeckten Archäo-
logen und Marmorarbeiter zu verschiedenen Zeiten auf dem Berg andere
Kunstwerke, die unfertig waren und in der Antike aus heute unbekannten
Gründen zurückgelassen wurden: z.b. eine Löwenskulptur und – nur wenig
unterhalb des Gipfels gefunden – eine kolossale Sitzstatue, die vielleicht als
Dionysos-Bildwerk geplant war; dieser Gott wurde an einem bekannten
Kultplatz auf dem Penteli verehrt.

Das HEILIGTUM DES DIONYSOS liegt auf der Nordseite des Berges. Es gehört
zum antiken Demos IKARIA, wie aus einer Inschrift hervorgeht, die in der
Kirchenruine des Hlg. Dionysius im Heiligtum gefunden wurde (**79**). Die
Ursprünge des Kultplatzes reichen nach Ausweis literarischer Quellen und
marmorner Fragmente einer großen Sitzstatue archaischer Zeit mindestens
in das 6. Jh. v.Chr. zurück. Die Figur ist heute im Nationalmuseum (s.S.
106) ausgestellt: Dionysos trägt ein fein plissiertes Gewand und an den Füßen
Sandalen; in seiner Rechten hält er wie ein Szepter einen großen Kantharos
(Trinkbecher) als Zeichen seiner berauschenden Macht.

Das kleine Heiligtum liegt in einem Hain an einer Stichstraße, die von der
Verbindung Ekali-Marathon abzweigt (Schild); die Umgebung des bewaldeten Tales bietet einen besonderen Reiz. Der wenig besuchte Ort zeigt auf
kleinem Raum einige zwar schlecht erhaltene, aber dennoch interessante
Baureste (**79**): Um eine freie Fläche sind ein einfaches Theater im Süden,
zwei Tempel-artige Gebäude im Norden und eine Halle sowie ein Monument in Halbkreis-Form im Nordosten angeordnet; alle Bauten bis auf die
einst als Apsis der Kirche genutzte Exedra sind nur noch in den Grundmauern erkennbar. Vom Theater ist eine Stützmauer für die Erdanschüttung
der Sitzplätze erhalten; daneben findet man noch einige Marmorsessel für
Honoratioren. Das Theater ist nicht nur wegen seiner seltenen rechteckigen
Bühnenform (nicht mehr kenntlich, s. S. 146: Trachones) von Bedeutung,
sondern auch wegen der relativ frühen Datierung in das 6. Jh. v.Chr., also
in die Zeit der Einführung des Dionysos-Kultes in Athen. Der erste Sieger
in einem Tragödienwettbewerb Athens, Thespis, soll seine Werke hier zuerst
aufgeführt haben (um 534 v.Chr.), ja vielleicht sogar aus Ikaria stammen.
Im Theater fanden sowohl politische Bürgerversammlungen als auch sze-
nische Aufführungen statt. Drei siegreiche Finanziers (Choregen) eines derartigen Spektakels errichteten das halbkreisförmige Denkmal, auf dessen
Dachbalken sie ihre Namen schreiben ließen. Auf dem Dach des Monumentes war ihr Siegespreis aufgestellt, während im Innern der Nische eine
Bank den Besucher des Ortes zum Ausruhen einlud. Die Einzelteile dieses
kleinen Choregen-Denkmales sind fast vollständig erhalten und liegen um
seinen Standplatz verstreut.

Zusammen mit Dionysos wurde in Ikaria auch Apollon Pythios verehrt; ihm
gehörte das längsrechteckige Gebäude westlich neben dem Theater, wie die
amerikanischen Ausgräber (1888/9) aufgrund einer Inschrift auf der Tür-
schwelle ermittelten. Der schräg dahinter liegende Tempel ist vielleicht der-

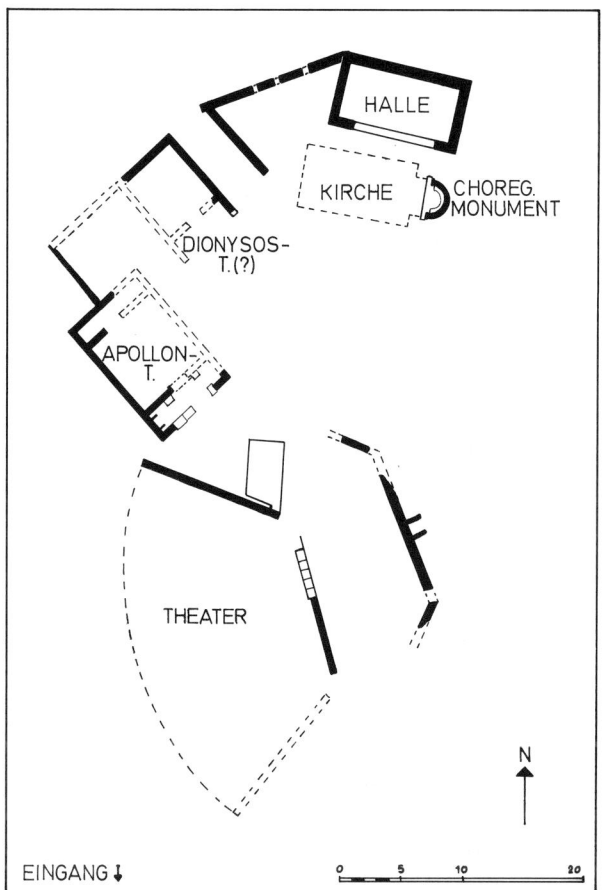

79 Dionysos
(Ikaria)
rekonstruier-
ter Grundriß

jenige des Weingottes; doch ist darüber Sicheres nicht zu sagen. Die starke
Zerstörung der Bauten, die eine genaue Zuweisung erschwert, rührt großenteils von der Verwendung zahlreicher antiker Steine für den Bau einer christlichen Kirche her. Deren Platz wird durch eine Ansammlung von verwit-
terten Marmorblöcken mit christlichen Symbolen und Ornamenten angezeigt. Das kleine Dionysos-Heiligtum stellte wohl den religiösen und kulturellen Mittelpunkt des Demos Ikaria dar. Von der antiken Besiedlung der
Umgebung ist so gut wie nichts bekannt. Ein aufwendiger Grabbezirk mit
Marmorschmuck war noch vor wenigen Jahrzehnten in dieser Gegend zu
sehen. Außerdem kann man an der Hauptstraße von Ekali nach Marathon
westlich der Abzweigung nach Dionysos einige antike Bauteile finden:
monolithe Säulen direkt neben der Straße und größere Blöcke im Wald westlich von verfallenden Schuppen. Doch fügen sich diese Beobachtungen bislang noch nicht zu einem Bild der antiken Besiedlung in diesem Gebiet.

In dem weiter nördlich gelegenen STAMATA wurde 1976 eine frühchristliche Kirche ausgegraben. In der Hügellandschaft weiter nordöstlich, in den Bergen oberhalb der Marathonebene, erforschten in den letzten Jahren griechische Archäologen mehrere antike Turm-Gehöfte sowie ein kleines Heiligtum. Einzigartig war die Entdeckung eines klassischen Ziegenpferches, in dem architektonische Einrichtungen zum Melken der Tiere gefunden wurden.

An der Straße von Ekali nach Marathon liegt ca. 2 km östlich von Dionysos ein großer deutscher Soldatenfriedhof, auf dem etwa 10000 Gefallene des 2. Weltkrieges begraben sind. Folgt man der kurvenreichen Straße noch einige Kilometer weiter, erreicht man die Abzweigung nach Penteli und Athen bei Agios Petros neben einer einfachen Landtaverne; von hier aus bietet sich eine schöne Aussicht über die Ebene von Marathon.

Über die gute Asphaltstraße am Südhang des Pentelikon, von der zahlreiche Wanderwege mit Picknickplätzen abzweigen, erreicht man das Dorf PENTELI; zahlreiche Tavernen rund um den Dorfplatz bieten verschiedene Fleischgerichte vom Grill und Spieß sowie die üblichen griechischen Vorspeisen in reicher Auswahl an. Besonders im Sommer ist es angenehm, in den Gärten der Lokale zu sitzen und die Frische des Pentelikon zu genießen.

Folgt man der Straße in Richtung Nea Penteli und Chalandri, liegt nach ca. 1 km rechts das KLOSTER PENTELI (**80**). Es ist zwar 1578 gegründet worden, doch sind die meisten Bauten jünger. Der älteste Teil, partiell bereits vor der Errichtung des Klosters entstanden, ist die Kirche, in deren Narthex Malereien von 1233 erhalten sind. Besonders sehenswert ist das an der Nordseite des Klosterkomplexes gelegene Gebäude für die Alten (Gerokomeion). Zu Seiten des westlichen Eingangs sind zwei Antiken verbaut: ein kleines Kybele-Relief und ein unfertig gebliebenes Relief mit der Darstellung des Herakles.

Außerhalb der Klostermauern befindet sich südöstlich jenseits der Straße inmitten hoher Zypressen die Friedhofskapelle AG. NIKOLAOS aus dem Jahre 1578 (nach einer Inschrift im Narthex über der Tür zum Naos). Der mit einem Gewölbe gedeckte Hauptraum weist an seinen Langseiten doppelte Blindbögen auf. Die Ostseite endet in zwei Apsiden, die sich überschneiden und zwei Bauphasen angehören. Die Kapelle wurde 1936 gründlich restauriert. Bei diesen Arbeiten integrierte man einige antike Blöcke in die Rahmung des Hofes vor dem Eingang.

Auf dem Platz von Penteli, inmitten der erwähnten Tavernen, steht ein langgestreckter Kirchenbau mit hoher Kuppel, der nach einer reichen Quelle am Ort AG. TRIAS TOU NEROU ("des Wassers") genannt wird. Der ursprüngliche Kern ist eine kurz proportionierte Kreuzkuppelkirche mit einem schmalen Narthex; später wurde dem Ursprungsbau, der wohl aus dem 14. oder 15. Jh. stammt, ein langer Exonarthex hinzugefügt. Die Kirche soll bei Baumaßnahmen im Kloster zu Beginn des 17. Jhs. dem Patriarchen als Wohnstätte gedient haben.

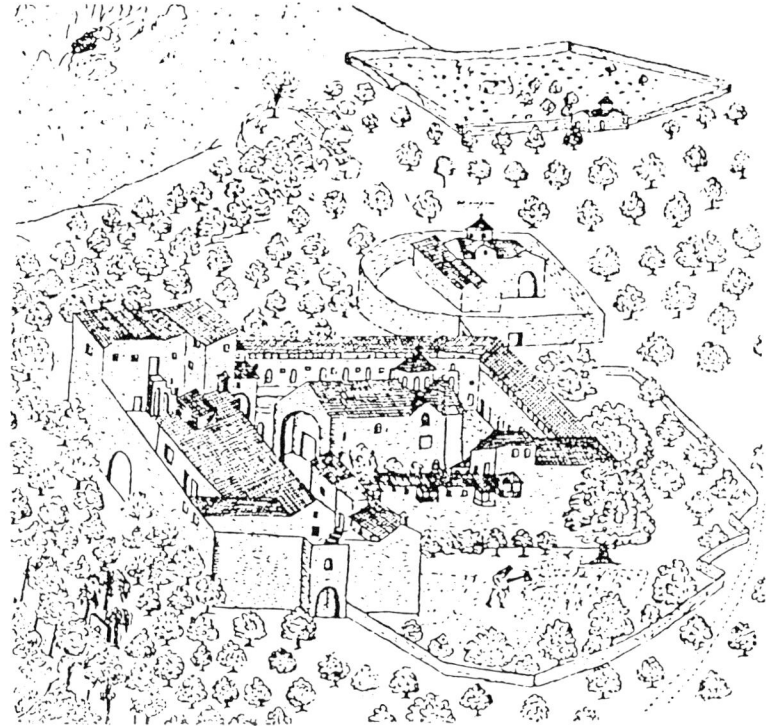

80 Ansicht des Klosters Penteli von Barski (1745)

Gegenüber (südlich) vom Kloster Penteli erhebt sich eine Anhöhe, auf deren Spitze ein Observatorium errichtet wurde. Der Hügel ist in den letzten Jahren immer mehr von Wohnhäusern zugebaut worden, die z.t. einen schönen Blick auf die Ebene von Athen bieten.

2. PARNIS MIT PHYLE UND MENIDI

Westlich des Penteli schließt der langgestreckte Gebirgszug des Parnis (Parnitha) das Athener Becken nach Norden ab. Er ist der größte und höchste Berg Attikas (bis 1413 m), über den nur wenige Pässe nach Boiotien führen. Jenseits des Aigaleos-Bergzuges erstreckt er sich als Pastra weiter bis zum anschließenden Kithairon-Gebirge; hier begrenzt er die thriasische Ebene mit Eleusis an der Küste. Sein besonderer Reiz liegt in den waldigen Höhen und Tälern, die im Sommer wegen der Frische und im Winter wegen der Wintersport-Möglichkeiten ein beliebtes Ausflugsziel der Athener sind. Am Südhang führt vom Bergfuß eine Drahtseilbahn zu einem großen Hotel mit Spielcasino hinauf; daneben windet sich eine Teerstraße in vielen Kehren bis zu einer Höhe von ca. 1000 m und verläuft dann in einer großen Schleife um den gesamten Gipfel; dabei bieten sich immer wieder schöne Ausblicke: Nach Süden in das attische, nach Norden in das boiotische Becken und nach Westen in die Skourta-Hochebene.

Anfahrt: Das Stadtzentrum verläßt man nach Norden über die Liossion-Straße in Richtung Acharnes und richtet sich nach der guten Beschilderung ('Parnitha'). Auch über die Nationalstraße in Richtung Lamia kann man bis zur Abfahrt 'Acharnes' die Zufahrt zum Parnis erreichen. Nach Phyle (Phili) führt der Weg ebenfalls über die Liossion-Straße bis Ano Liossia, wo man nach Phyle abbiegt, das Dorf durchquert und schließlich in mehreren Kehren eine gute Asphaltstr. den Berg hinauffährt. Bei einer Gabelung geht es rechts zum Kloster Panagia ton Kliston (Muttergottes in der Schlucht). Li führt die Straße weiter bergan (schöner Ausblick auf Eleusis und Salamis) bis zu einer weiteren Abzweigung (nach ca. 7 km), bei der man sich noch einige Meter geradeaus hält. Der nächste Feldweg nach li (Orientierungspunkt: Hochspannungsleitung) führt nach 10 Min. Fußweg zum antiken Kastell von Phyle.

Bei der Anfahrt zum Parnis streift man die Vororte ACHARNES und MENIDI. Das antike Acharnai war in der Klassik einer der bedeutendsten und einwohnerreichsten Demen Attikas; Thukydides berichtet, daß es eine große Anzahl von Schwerbewaffneten stellte. Nach der Schilderung des Aristophanes in den "Acharnern" (um 425 v.Chr.) arbeiteten viele Einwohner als Kohlenbrenner im Parnis. In der Siedlung, deren Zentrum auf einem Hügel westlich von Menidi nachgewiesen wurde, gab es eine Reihe wichtiger Kulte, darunter den berühmten des Kriegsgottes Ares und der Athena Areia. Ein hochklassischer Tempel (ähnlich dem Hephaisteion in Athen) war nach einer ansprechenden These der Archäologen ihr Zentrum. Man kennt den Tempel heute aufgrund von Architekturresten auf der Athener Agora: Der dortige Ares-Tempel wurde nämlich zunächst anderswo – in Acharnai – vollständig abgebaut und ist dann im Stadtzentrum wieder zusammengesetzt worden; der 'Umzug' dieses Gebäudes fand um Christi Geburt statt und ist nicht nur wegen der Keramikreste im Fundament auf der Agora zu datieren, sondern auch wegen der Versatzmarken an den einzelnen Bauteilen sicher zu rekonstruieren; die Einzelteile weisen aber deutlich die Charakteristika der Klassik auf.

Neben den auf dem erwähnten Hügel gefundenen Siedlungsresten ist ein mykenisches Kuppelgrab in Menidi, der sog. ACHARNER-TUMULUS (um 1300 v.Chr.), von Interesse. Er liegt an der Straße von Menidi nach Acharnes (Schild: 'Tholos-Tomb of Menidi') und wurde von deutschen Archäologen 1879 erforscht. Ein 26,52 m langer Gang führt zur Tür des Grabes, deren Sturz von vier weiteren Querbalken mit Hohlräumen dazwischen entlastet wird (Taf. 23,1). Die Kammer ist eines der größten mykenischen Tholosgräber Attikas (s. Thorikos) mit über 8 m Durchmesser; die Höhe des angeschütteten Erdhügels erreicht über 10 m.

Wenig außerhalb von Menidi in westlicher Richtung steht die AG. IOANNIS-Kirche. Sie ist mit einer Länge von 6,25 m und einer Breite von 4,75 m die kleinste eingeschriebene Kreuzkuppelkirche mit vier Säulen in Griechenland. Das Kapellchen mit dem runden Tambour wird in das 15. oder 16. Jh. datiert; ein aus Holz gefertigter Narthex wurde erst später dem Hauptbau vorgelagert. Über Acharnes führt eine Straße die zunächst langsam ansteigenden Hänge zum PARNIS hoch. An seinem Fuß passiert man – wie rund um Athen an allen Berghängen – zahlreiche Tavernen, in denen Lamm, Ziege und anderes Fleisch vom Grill als Spezialität angeboten wird; von den Rosten, die in separat stehenden, verglasten Räumen aufgestellt sind, dringt köstlicher Holzkohlengrill-Geruch nach draußen. Nördlich der Tavernen windet sich die Straße dann den Südhang hinauf.

Auf dem höchsten Gipfel des Parnis, dem Karambola, fanden griechische Archäologen die Reste eines Heiligtums, das Pausanias als Altar des Zeus Ombrios, des Wolkenversammlers und Regenbringers (vgl. auch Hymettos und Tourkovounia), bezeichnet. Es handelt sich um einen alten Kultplatz mit Keramikfunden aus dem 8. und 7. Jh. v.Chr. Südwestlich unterhalb des Gipfels liegt eine HÖHLE DES PAN, ein schönes Ziel für Wanderungen.

Man erreicht sie, indem man von der Bergstation der Drahtseilbahn in westlicher Richtung der Straße folgt und dann bei einer Gabelung mit dem Schild 'Spileo tou Panos 5 km' nach li abbiegt. Von hier aus führt ein breiter Schotterweg mit schönem Ausblick in die nördlich gelegenen Täler auf gleichbleibender Höhe am Nordhang entlang bis zu einer Schranke (ca. 2,5 km), hinter der dieser breite Weg ins Tal führt; wenige Meter vor der Schranke zweigt ein schmalerer Weg nach re in ein nördlich gelegenes Tal ab, den man (bei einer Gabelung nach ca. 250 m nach re) bis zu seinem tiefsten Punkt hinabwandert (weitere 3 km). Hier überquert der Weg ein Bachbett, dem man nun auf einem schattigen Pfad nach li folgt; einige 100 m weiter – mit roten Punkten markiert – führt der Pfad am linken Hang hinauf über eine Felsnase; schließlich steigt man wie auf einer Leiter an einer mit Trittstufen versehenen Felswand hinab zu einer kleinen Naturterrasse vor dem Höhleneingang.

Der Zugang zur Grotte ist ein ca. 2 m schmaler Spalt im Berg, der sich innen zu einer breiten, in der Tiefe immer flacher werdenden Tropfsteinhöhle erweitert (Taschenlampe erforderlich). Hier entdeckte man Scherben aus der spätmykenischen Epoche; im 5. Jh. v.Chr. wurde der Pan-Kult eingeführt und erst in frühchristlicher Zeit von der neuen Religion abgelöst. Der Platz hat also eine lange Kultkontinuität, von deren Hauptphasen schöne klassische Weihreliefs mit Pandarstellungen und Nymphen sowie sehr viele Lampen mit christlichen Symbolen berichten. Die Weihreliefs, die sich heute im Nationalmuseum befinden, waren ursprünglich in Felsnischen seitlich des Höhleneinganges eingelassen, wie man es auch von zahlreichen anderen Kultplätzen kennt (s. Akropolis-Nordabhang; Aphrodite-Hlgt. von Daphni u.a.); die vielen Lampen, die die dunkle Höhle früher mit ihrem Flackerschein erleuchteten, brachten ihr bei den Einheimischen den Namen 'Lampenhöhle' ein. Von der natürlichen Terrasse vor dem Eingang blickt man in

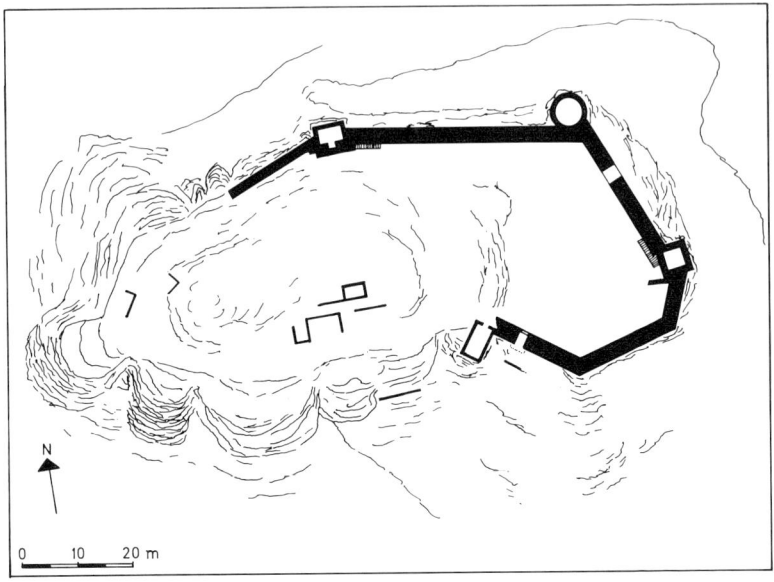

81 Phyle, Kastell

die Schlucht von Phychte und hört aus der Tiefe das über glattgeschliffene
Felsen sprudelnde Wasser, das in westlicher Richtung zum Kloster PANA-
GIA TON KLISTON fließt. Es läßt zahlreiche Laubbäume gedeihen, die sich
in dieser Gegend zwischen die üblichen Kiefern und anderen Nadelhölzer
mischen.
Obwohl das genannte Kloster nicht sehr weit entfernt liegt, ist es nur für
geübte Bergwanderer direkt von der Grotte aus zu erreichen. Es gibt aber
eine gute Autostraße vom Dorf PHILI (auch hier laden gute Fleischtavernen
zu einer Rast oder zum Mahl am Abend ein), über die man das im 14. Jh.
gegründete Kloster besuchen kann; Umbauten und neue Gebäude verbergen heute vollständig den alten Kern der Anlage. Ihr Reiz besteht daher
mehr in der schönen landschaftlichen Lage in 500 m Höhe über dem Meer:
Unterhalb des Klosters liegt die Phychte-Schlucht, an deren Felshang gegenüber in einer flachen Nische zahlreiche Heiligenbilder und christliche Stiftungen aufgehängt sind.
Ca. 7 km weiter oberhalb befindet sich das antike PHYLE, dessen Reste bei
der kleinen Kapelle Ag. Paraskevi neben einer Quelle zu vermuten sind (Terrassierungen des Hanges). Wenige Meter weiter führt der Weg, der insgesamt etwa der antiken Paßstraße entspricht, mit einer Abzweigung (, bei der
ein kleiner Naiskos entdeckt wurde,) über einen schmalen Bergsattel zum
Grenzkastell des frühen 4. Jhs. v.Chr. (**81**). Es liegt auf einem Felssporn in
680 m Höhe oberhalb eines tiefen Tales. An der Südwestseite fällt der Fels

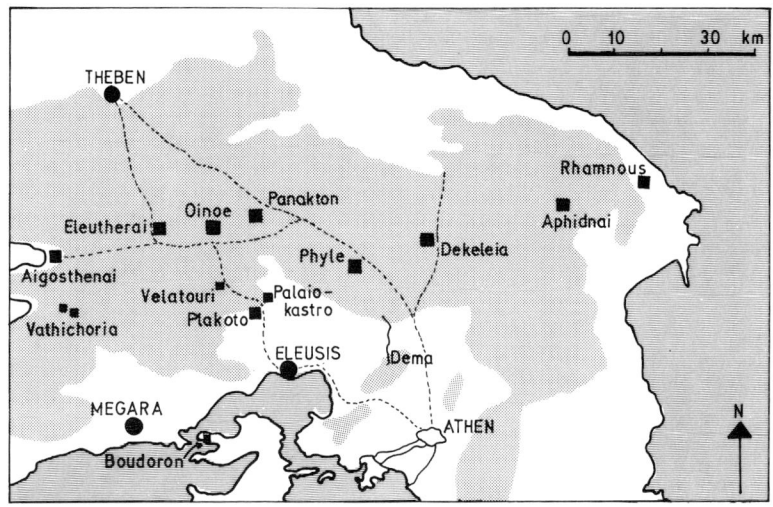

82 Kartenskizze attischer Grenzkastelle (grau: über 500 m ü.NN)

so steil ab, daß eine künstliche Befestigung nicht notwendig war; dagegen sichern an den drei anderen Seiten hohe, eindrucksvolle Quadermauern mit zwei rechteckigen und einem runden Turm das Wachtkastell. An seiner Ostseite kann man es durch ein breites Tor betreten (**81**), während an der zur Schlucht abfallenden Südseite nur eine kleine Ausfallpforte existiert (Taf. 23,2). Dort lassen sich die Türpfannen und die Löcher für die Querbalkenverriegelung im Innern studieren. Zu den Türmen der ca. 110 m langen und bis zu 35 m breiten Burg führen Treppen hinauf. Im Innern gab es zur Errichtungszeit in der Klassik keine größeren Behausungen; die Mannschaft wird in den Türmen und in Zelten oder Holzhütten gewohnt haben. Die Besatzung des Kastells hatte für die Bewachung und Sicherung der Paßstraße zu sorgen, die von Athen über den Parnis und die Skourta-Ebene nach Boiotien führte.

Die Festung war einer von mehreren Posten entlang der Parnis-Pässe: Am Südrand der genannten Hochebene liegt auf einem 718 m hohen, steilen Gipfel die Grenzfestung PANAKTON (südwestlich oberhalb des heutigen Dorfes Prasino), und westlich folgen noch einige andere Kastelle, die antike Verbindungsstraßen zwischen Attika und Boiotien kontrollierten (Oinoe, Eleutherai, Aigosthenai: s.S. 243; **82**). Während Phyle erst zu Beginn des 4. Jhs. entstand (vielleicht hatte das erhaltene Kastell aber einen Vorgänger), spielte Panakton bereits bei den Verhandlungen der Athener mit den Spartanern vor 421 v.Chr. eine Rolle, wie uns Thukydides berichtet. Trotz ihres höheren Alters beeindruckt diese Festung weniger durch ihre Architektur – die Ringmauer ist aus kleinen, unregelmäßigen Brocken schlecht geschichtet und steht nur noch in geringer Höhe an, von den Quadermauern sind nur wenige Reste erhalten – als vielmehr durch die wunderbare Lage oberhalb der Skourta-Hochebene, über die hinweg man im Osten den Parnis-Gipfel und im Norden bis nach Euboia zum zentralen Dirfi-Massiv bei Chalkis sehen kann; westlich liegen waldige Täler und südlich erscheint in der Ferne Eleusis, die Bucht von Salamis mit den auf Reede liegenden Schiffen und die Insel selbst mit ihren gestaffelten Berg-Kulissen. Jüngst wurden hier neue Ausgrabungen begonnen, die schon zu Beginn aufgrund von Inschrift-funden die Zugehörigkeit der Festung zu Attika und damit die (lange umstrit-tene) Identifizierung als Panakton belegen konnten.

Am Nordwestrand des modernen Dorfes Panakton steht die Friedhofskirche Ag. Paraskevi. Es handelt sich um eine kleine, einschiffige Kapelle aus der Türkenzeit mit einem modernen Zementdach. Sehenswert ist die schöne Marmorikonostase, die aus einem früheren Bau des 12. Jhs. stammt und in den Motiven an diejenige des Klosters Sagmata bei Theben erinnert.

Östlich der bislang besprochenen Orte liegt am Südhang des Parnis das ehe-malige Königsschloß TATOI, in dem die griechischen Könige ihre Som-merresidenz hatten (ebenfalls von Acharnes ausgeschildert). Das Gelände, das heute der Aufsicht eines Admirals untersteht, ist bis auf einen Park für die Öffentlichkeit gesperrt. In der Nähe lag in der Antike eine bekannte Siedlung namens DEKELEIA, zu der eine weitere Grenzfestung gehörte; diese hatten die Spartaner während des Peloponnesischen Krieges 413 v.Chr. errichtet, um den Athenern den Getreidenachschub von Euboia abzu-schneiden. In späterer Zeit diente das Kastell zur Sicherung der Grenze nach Norden. Funde aus dem Gebiet von Dekeleia waren in einem Anbau des Schlosses gesammelt, der jedoch 1916 abbrannte. Heute liegen bei einem kleinen Pavillon geringe Reste von antiken Steindenkmälern – Grabreliefs und Inschriftfragmente –, die aber ebenfalls bislang nicht zugänglich sind. Von der Umfassungsmauer des Kastells kann nur noch das sehr geübte Auge geringe Spuren wahrnehmen: Sie umgab den Hügel, auf dem heute die Grä-ber des griechischen Königshauses liegen, z.T. in einem byzantinischen Kir-chen nachempfundenen Mausoleum, z.T. unter freiem Himmel.

Folgt man der Straße von Tatoi nach Malakasa, so erreicht man nach weni-gen Kilometern über einen Paß eine bewaldete Hochebene mit einem moder-nen Militärlager. Auf der Paßhöhe zweigt nach links (W) ein Erdweg ab; an seinem höchsten Punkt (nach ca. 200 m) biegt man wiederum nach links auf einen schmalen Fußpfad ab, um auf den hoch aufragenden KATSIMIDI-Berg mit einem klassischen Kastell zu gelangen. Die Wachstation kontrollierte – zusammen mit dem größeren Lager – den wichtigen Dekeleia-Paßweg in die Oropia. Das schmale, nahezu elliptische Gipfelplateau des Katsimidi wurde von einer ca. 800 m langen Ringmauer eingefaßt; an den meisten Stellen sind nur noch die Fundamente der Befestigung erhalten, während die (selten quaderartig zugehauenen) Steine des Aufbaues verstürzt am Hang liegen. Auf der Höhe findet man etwa in der Mitte der gesamten Wachtposten (neben einem Antennenhaus) die aus großen Quadern bestehende Ruine eines klassischen Turmes. Vom Katsimidi-Gipfel, der sich 850 m ü.NN erhebt, hat man bei klarem Wetter einen herrlichen, die Topographie Attikas verdeutlichenden Ausblick: 200 m tiefer liegt die Paßstraße, die nach Norden durch die klar zu überschauende Hochebene verläuft; im Osten erkennt man die Ebene um Aphidnai (Kapandriti), im Süden erstreckt sich hinter Dekeleia die Ebene von Athen, begrenzt durch den Höhenrücken des Hymettos, den Saronischen Golf und den Aigaleos, während der Blick nach Westen auf die grünen Berghöhen des Parnis fällt.

3. ELEUSIS

Das berühmte Demeter-Heiligtum von Eleusis gehört zu den bedeutendsten und archäologisch wie religionshistorisch wichtigsten Stätten der antiken Welt. Es haben sich – durch die über 100-jährigen Ausgrabungen der Griechischen Archäologischen Gesellschaft – Funde aus prähistorischer Zeit bis in die Spätantike nachweisen lassen; Zeugnisse aller Perioden sind im Grabungsgelände (**83**) sichtbar. Wenn nicht die Industrie mit Raffinerien, Schiffswerften und Betonfabriken die Bucht von Eleusis weitgehend zerstört hätte, könnte der Platz eines der schönsten griechischen Heiligtümer sein. Sieht der Besucher aber von dieser Umgebung ab, so findet er hochinteressante und gut erhaltene Reste einer faszinierendsten Kultstätten der antiken Welt, dazu ein kleines Museum mit Fundstücken aus Eleusis, das nur wenig besucht am Rande der ausgetretenen Pfade von Touristen-Gruppen liegt.

Anfahrt: Man erreicht das Heiligtum von Athen aus über die Nationalstraße in Richtung Korinth, die Daphni berührt (s.o. S. 132) und die Bucht von Eleusis nördlich umrundet. Die ausgeschilderte Abzweigung führt unter der Nationalstraße hindurch (davor eine antike Brücke) in den Ort, wo von der Hauptstraße nach li (Schild) eine kleine Nebenstraße zum Eingang des Grabungsgeländes abgeht.

Die Kultgeschichte des Heiligtumes von Eleusis ist eng mit dem Demeter-Mythos verbunden. Die Göttin des Ackerbaus und damit auch der Fruchtbarkeit hatte mit Zeus eine Tochter, Persephone (auch Kore = Mädchen). Diese wurde vom Unterweltgott Hades entführt, der sie zu seiner Gemahlin machte. Demeter kam während der verzweifelten Suche nach ihrer Tochter zum König Keleos von Eleusis, der sie freundlich aufnahm und zur Amme seines Sohnes Triptolemos machte. Dieser Knabe wuchs unter der Obhut der Göttin besonders gut heran und wurde von ihr später beauftragt, den Menschen in einem geflügelten Schlangenwagen die Kornähre zu bringen und sie im Ackerbau zu unterrichten. Sein Vater Keleos soll ein Heiligtum für Demeter errichtet und den Mysterienkult begründet haben. Auf Geheiß des Zeus durfte schließlich Persephone während der Wachstums-, Reife- und Erntezeit in der Oberwelt bei ihrer Mutter leben, während sie in der Zeit der Dürre zu Hades in die Unterwelt hinabsteigen mußte. – Der Mythos von

Demeter und Persephone spiegelt die Wachstumsphasen der Natur wider; der Kult und die Mysterien waren Ausdruck der Bitte um Fruchtbarkeit in allen Bereichen.

Die beiden Göttinnen wurden als Mysteriengottheiten zweimal im Jahr in Athen und Eleusis verehrt: Die Kleinen Mysterien gegen Ende Februar (Anthesterion) fanden in Athen, südlich des Olympieion, am Ilissos statt; sie umfaßten Reinigungsriten und dienten besonders der Vor-Auswahl der die Einweihung in den Kult anstrebenden Personen (Mysten). Die Großen Mysterien, die in zwei Stufen mit Jahresabstand zur endgültigen Initiation führten, waren dann der Höhepunkt des Kultgeschehens mit einem großen, 7-tägigen Fest, das Ende September/Anfang Oktober (Boedromion) stattfand. Der zentrale Kultvorgang dieses Festes läßt sich nicht sicher erschließen; denn die Mysten unterlagen einer strengen Schweigepflicht, die tatsächlich vollständig eingehalten wurde. Die Interpretationen frühchristlicher Autoren müssen als pure Behauptungen gewertet werden, die eindeutig durch die Ablehnung der heidnischen Religion geprägt sind. Bedenkt man, daß durch die ganze Antike, über 1000 Jahre hin, sehr viele Griechen aus allen Landesteilen eingeweiht wurden, darunter auch hochgebildete Leute wie Perikles, Aristoteles, Plutarch oder die Kaiser Hadrian und Antoninus Pius, die alle durch die religiöse Faszination der Mysterien beeindruckt waren, so kann man erschließen, daß der Kult von besonderer Wirkung auf die Menschen war. Die Charakterisierung durch die Kirchenväter als unbedeutendes oder anstößiges Ritual kann deshalb nicht recht überzeugen.

Das mehrtägige Fest umfaßte verschiedene Phasen. Am ersten Tag, nach dem Vollmond des Monats Boedromion, wurden die heiligen Kultgegenstände von Priesterinnen in geflochtenen Körben, den Cisten, nach Athen zum dortigen Eleusinion an der Agora gebracht. Gleichzeitig versammelten sich die Mysten auf der Agora und wurden nochmals auf ihre geistige Eignung geprüft und registriert; dann hatten sie an den Oberbeamten ihren Geldbeitrag zu entrichten, von dem die Ausgaben des Heiligtums und die Priester und Kultgehilfen finanziert wurden. Am zweiten Festtag folgte ein rituelles Meerbad am Strand von Phaleron. Die Mysten wurden zudem mit Schweineblut bespritzt, das Fleisch der Tiere wurde anschließend bei einem Spanferkelessen verzehrt. Der dritte und vierte Tag dienten zu privaten Opfern und zur geistigen Sammlung zu Hause. Darauf folgte die Prozession von Athen nach Eleusis. Unter der Führung des Gottes Dionysos, dessen Bild vorangetragen wurde, zogen alle Mysten, die Priester mit den Heiligen Cisten und das Kultpersonal sowie zahlreiche Begleiter, eskortiert von Militär, über die Heilige Straße zum ca. 20 km entfernt liegenden Demeter-Heiligtum. Alle trugen Myrtenkränze und -zweige mit daran geknüpften Wollfäden. Während der Prozession wurden Lieder gesungen und der anführende Gott mit "Iakche"-Rufen verehrt. Vom Heiligen Tor beim Kerameikos, über den Aigaleos-Paß bei Daphni, vorbei am Aphrodite-Heiligtum ging es hinab zur Bucht von Eleusis. Auf den Brücken, die der Zug

überquerte, spielte sich ein besonderes Spektakel ab: Männer mit verhüll-
ten Köpfen riefen Bekannten im Festzug unanständige Beleidigungen zu
und machten sich über sie lustig. Zwei Brücken boten für diesen – 'Gephyrismos' genannten – Brauch Gelegenheit: eine kleine an der Ostseite der
Bucht von Salamis (noch heute existiert in diesem Bereich ein See neben
der Straße) sowie eine größere über den Kephissos (umstritten ist, ob es sich
um den athenischen oder eleusinischen Fluß gleichen Namens handelt).
Schließlich erreichte der Festzug das Demeter-Heiligtum, in dem am folgenden Tag die Einweihung stattfand. Dieser Akt vollzog sich vom Abend
an die ganze Nacht hindurch im zentralen Kultraum, dem Telesterion (**83**,16),
in Anwesenheit der Mysten, die auf den seitlichen Sitzstufen Platz nahmen.
Die kultischen Handlungen, die offenbar in dem nur von Fackeln erhellten
riesigen Raum ihre Wirkung auf die Mysten nicht verfehlten, gliederten sich
in das 'Gesagte', also in eine Art Offenbarung einer geheimen Lehre, in das
'Gemachte', wohl rituelle Handlungen der Priester, und in das 'Gezeigte',
das Enthüllen der Heiligen Kultgegenstände durch den Hierophanten, den
Oberpriester, der mit ihnen aus dem Allerheiligsten (Adyton oder Anaktoron)
heraustrat. Mehr ist von den Einweihungsriten nicht bekannt. – Nach der
die ganze Nacht dauernden Initiation fand am folgenden Tag ein Wasseropfer
mit speziellen Gefäßen statt, dessen Bedeutung nicht klar ist. Anschließend
weihten die Initianten die Kleidung des Vortages den beiden Göttinnen; dieser Brauch läßt darauf schließen, daß sie nach den religiösen Riten nicht
mehr zu profanen Anlässen getragen werden durfte; sie blieb im Heiligtum.

Entsprechend seiner Bedeutung hat der Bereich des eleusinischen Heiligtums während seiner langen Existenz zahlreiche Veränderungen erfahren
(die Bauphasen des Telesterion: **84**). Diese lassen sich anhand der Ausgrabungen und baugeschichtlicher Untersuchungen in acht große Abschnitte
gliedern:
1. Der Hügel von Eleusis ist nicht weit von einer durch Salamis geschützten Meeresbucht und am Rand einer großen Ebene gelegen, daher bot er
sich seit prähistorischer Zeit für eine Besiedlung an; Scherbenfunde belegen diese frühe Besiedlungsphase. Seit mittelhelladischer Zeit sind auf der
Akropolis von Eleusis erste Hausreste nachgewiesen, und in der mykenischen Epoche wurde im Bereich des späteren Telesterions (**83**,16) ein Megaron angelegt, das als Palast der Herrscher von Eleusis, der Eumolpiden, gilt;
vielleicht hatten diese im Bereich ihrer Wohnanlage bereits ein Heiligtum
eingerichtet. Darauf jedenfalls läßt die Tatsache schließen, daß das Unbetretbare (Adyton) der Initiations-Halle später immer an der Stelle des Megaron blieb (im Plan **83** dunkelgrau); außerdem kann man den homerischen
Demeter-Hymnos entnehmen, daß die Göttin eine Heiligtums-Gründung
eben an jenem Platz, der Terrasse unterhalb der Akropolis, befohlen habe,
eine Überlieferung, deren historischer Kern einen Kultplatz innerhalb des
Palastes erschließen läßt. Der Herrscher jener Zeit wäre dann gleichzeitig

der Priester des Kultes gewesen. Nach der Trennung der heiligen Stätte vom Königtum wurde das Wohnhaus des Priesters verlegt.

2. In geometrischer Zeit wurde vor dem Megaron durch den Bau einer Stützmauer eine Terrasse angelegt und das kleine Heiligtum durch eine weitere Mauer von der Stadt abgegrenzt.

3. In der ersten Hälfte des 6. Jhs., in der Zeit Solons, als Eleusis mit Athen endgültig vereinigt war, begann die große Ausgestaltung des Kultplatzes: Man errichtete ein längliches Telesterion von 14 x 24 m. Der Oberbau aus Ziegeln trug ein Giebeldach, das mit schön bemalten Terrakotta-Verkleidungsplatten verziert war. Das Megaron war nun das Adyton der Anlage, die mit Sitzreihen an den Längsseiten den Mysten Platz bot. Der Hof östlich des Versammlungsraumes wurde abermals durch eine polygonal gefügte Terrassenmauer erweitert (im Plan **83** gepunktet).

4. Unter der Herrschaft der Peisistratiden in der 2. Hälfte des 6. Jhs. breitete sich der Demeter-Kult über ganz Griechenland aus. Entsprechend dem wachsenden Interesse mußte das Telesterion weiter vergrößert, in seiner Grundfläche verdoppelt werden: Es stellte dann etwa ein Quadrat von über 25 m Seitenlänge dar (**83**,16, graue Fläche), dessen Innenraum durch eine Vorhalle mit drei Türen auf der Ostseite zu betreten war; das Dach wurde von fünf Säulenreihen mit je fünf Stützen getragen. Die Fundamente bestanden aus groben Kalksteinblöcken und die Wände aus feinem Poros-Kalkstein; an den Dachecken ragten wunderbare Widderköpfe aus Marmor (im Museum) über die Traufleiste hinaus. Das gesamte Heiligtum wurde durch starke Mauern geschützt, die mit Türmen bewehrt waren (**83**,18).

5. Nach der Zerstörung von Eleusis durch die Perser begannen umfangreiche Restaurierungs- und Erweiterungsarbeiten (kimonisch: 479–461 v.Chr.). Das Telesterion bekam durch den Ausbau nach Westen eine längsrechteckige Form von 50 m Länge. Dazu wurden die Stadtmauern mit abwechselnd flachen und hohen Quadern nach Osten hin vergrößert und in anderen Teilen mit vorgelegten Ziegeln erneuert (**83**,25). Am nördlichen Eingang erhielt der Kallichoros-Brunnen (**83**,6), an dem die ankommenden Mysten tanzten, seine regelmäßige Steinfassung.

6. In der Hochklassik, unter Perikles, wurde entsprechend der Bedeutung Athens ein neues Telesterion (**83**,16, schwarz durchgezogen) entworfen; Iktinos, der Architekt des Parthenon, plante einen quadratischen Bau von 52 m Seitenlänge mit Sitzstufen rundum an den Wänden. Mauern aus großen Rechteckquadern umgaben die Halle. Ihr Dach sollte zunächst von wenigen, weitgestellten Säulen getragen werden, eine Planung, die jedoch auf statische Probleme stieß; deshalb errichtete man schließlich 7 Reihen mit je 6 Säulen, wobei in der Mitte das alte Adyton mit einer Öffnung im Dach bestehen blieb. Das Bauwerk ähnelt mit diesem Grundriß sehr stark einem Profanbau derselben Zeit, nämlich dem Odeion des Perikles neben dem Dionysos-Theater in Athen (s.S. 47, **5**,31). Andere Baumaßnahmen waren die Erweiterung des Heiligtums durch neue Mauern an der Süd- und Ost-

seite (**83**,24). In der Nordostecke wurden unterirdische Speicher mit hohen Stützpfeilern (**83**,11) angelegt, die zur Aufbewahrung des für den Kult wichtigen Getreides dienten. Und im Norden entstand in der Stadtmauer ein großes, repräsentatives Tor mit einem zurückgesetzten östlichen und einem vorgezogenen westlichen Turm (**83**, unter 9); dieser Eingang muß das in Inschriften genannte 'Propylon der Demeter und Kore' gewesen sein. 7. In der ersten Hälfte des 4. Jhs. v.Chr. waren umfangreiche Erweiterungen der zentralen Halle geplant, die durch zwei diagonale, mächtige Stützpfeiler zuseiten der östlichen Vorhalle belegt sind (**83**,23); dieses Projekt kam jedoch nicht zur Ausführung. Statt dessen wurde bis gegen Ende des Jahrhunderts die bereits 352/1 v.Chr. beschlossene große Vorhalle (**83**,17) entworfen, die mit dem Namen des Architekten Philon (s. Piraeus) verbunden ist; neuere Forschungen haben ergeben, daß die heute existierenden Bauteile, die z.T. noch unfertig sind (Bossierung an den Säulen), erst in die große Ausbauphase der antoninischen Zeit gehören. Daneben entstanden einige weitere Gebäude im Heiligtum und außerhalb der Mauern: an der Südmauer ein Rathaussaal (Bouleuterion: **83**,20) und nördlich des Telesterion ein Schatzhaus (**83**,15), ein kleiner Tempel (vielleicht der Hekate: **83**,14), eine Felsterrasse mit Treppen (**83**,13) und das Pluto-Heiligtum in einer Felsnische (**83**,12); westlich des Propylon wurden Häuser für die Priester, Beamten, Herolde und anderes Personal gebaut (**83**,10). Zudem verstärkte man die Mauern (**83**,23) und errichtete auf einem westlich gelegenen Hügel mit einer Pansgrotte eine separate Festung. Ebenfalls außerhalb der Heiligtumsmauern baute man ein Theater, ein Stadion und vielleicht ein Hippodrom, weiter nördlich ein Asklepieion. Die Nekropolen von Eleusis fand man westlich unterhalb der hellenistischen Festung, wo von der Prähistorie bis in die Römerzeit die Toten beigesetzt wurden. 8. Während der Zeit der römischen Herrschaft über Griechenland erlebte das Demeter-Heiligtum von Eleusis seine architektonische Blüte. Aus dem kaiserlichen Interesse an den Mysterien resultierten zahlreiche Stiftungen, die als schöne Marmorarchitekturen heute das Gesamtbild des Heiligtums prägen. Zunächst ließ der römische Proconsul Appius Claudius Pulcher, ein bekannter Politiker Roms und Freund Ciceros, an der Stelle des alten perikleischen Propylons ein neues Tor (**83**,9) aus pentelischem Marmor errichten; diese sog. Kleinen Propyläen wurden nach 50 v.Chr. begonnen und erst vom Sohn des Prokonsuln gegen 30 v.Chr. vollendet (Taf. 24,1). Sie bestanden zunächst aus einer großen Mitteltür, neben der im Inneren der Anlage zwei kolossale Frauenfiguren mit Körben auf dem Kopf (Karyatiden) als Stützen für ein vorragendes Gebälk aufgestellt waren (eine im Museum, die andere in Cambridge, GB); im 2. Jh. n.Chr. wurden die seitlichen Wände neben dem Hauptdurchgang für zwei Nebentüren durchbrochen. – Im 1. Jh. n.Chr. entstanden südlich außerhalb der Umfassungsmauern mehrere Gebäude: Eine große Markthalle (Agora), ein Mithras-Tempel und einige Häuser. – Ein großer Bauboom während der Regierungszeiten der Kaiser Hadrian

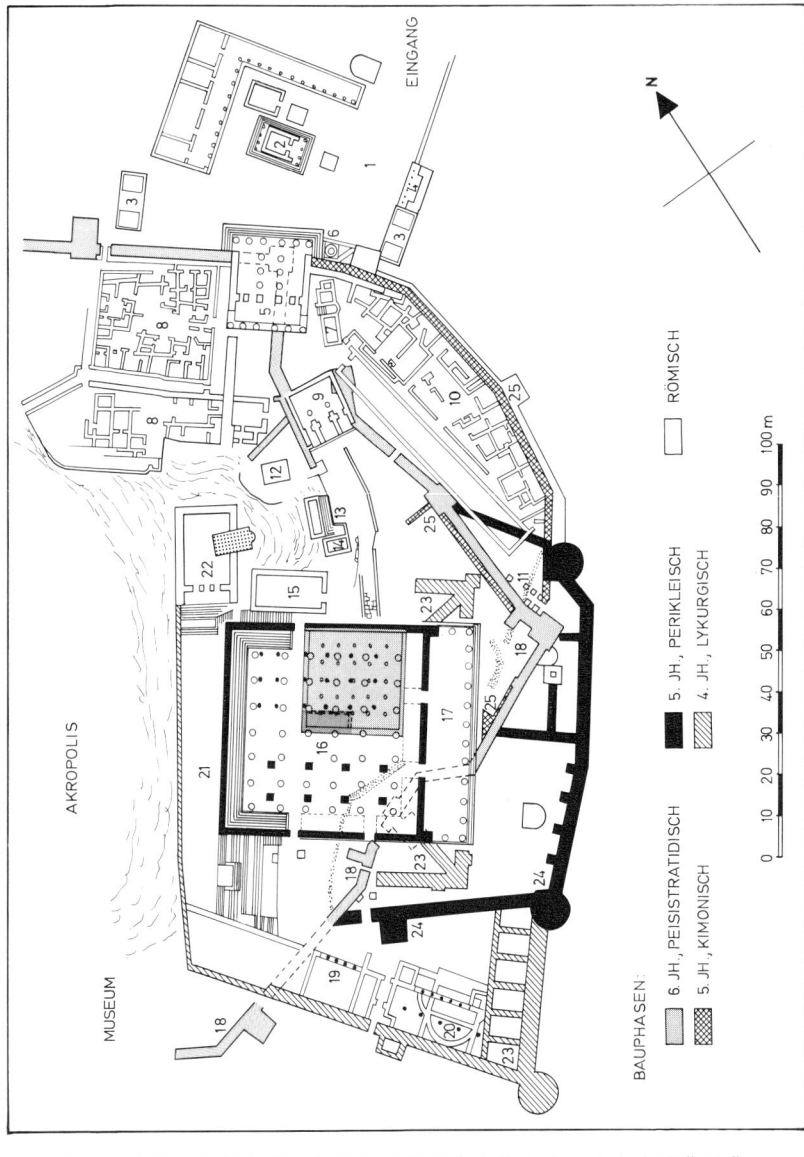

AKROPOLIS

MUSEUM

EINGANG

N

RÖMISCH

5. JH., PERIKLEISCH

4. JH., LYKURGISCH

BAUPHASEN:

6. JH., PEISISTRATIDISCH

5. JH., KIMONISCH

0 10 20 30 40 50 60 70 80 90 100 m

83 Eleusis

1: Hof; 2: Artemis-Tempel; 3: Bögen; 4: Brunnenhaus; 5: Grosse Propyläen; 6: Kallichoros-Brunnen; 7: Zisterne; 8: Häuser; 9: Kleine Propyläien; 10: Häuser; 11: Getreidespeicher; 12: Höhle (Pluto-Hlgt.); 13: Felsterrasse; 14: Tempel; 15: Schatzhaus (?); 16: Telesterion; 17: philonische Halle; 18: peisistratidische Mauer; 19: Portikus; 20: Bouleuterion; 21: Terrasse; 22: Tempel; 23: Rundturm der lykurgischen Mauer; 24: perikleische Befestigung; 25: kimonische Mauer

bis Marc Aurel (ca. 125–180 n.Chr) veränderte schließlich beträchtlich den Eingangsbereich (Taf. 24,2): In diese Zeit fällt die Errichtung der Großen Propyläen (**83**,5), eines Eingangsbaus, der dem Mittelteil des Athener Akropolis-Zuganges maßgleich und im Material entspricht; in den Giebeln über dem Durchgang waren riesige Schilde mit Büsten der regierenden Kaiser angebracht: Außen Marc Aurel und innen wohl (heute zerstört) Lucius Verus; daraus läßt sich erschließen, daß das Propylon erst in den Jahren 170–180 n.Chr. fertiggestellt war. Vor diesem Bauwerk wurde ein Platz (**83**,1) mit Marmorplatten gepflastert, auf dem rechts und links je ein großer Ehrenbogen (**83**,3) mit Statuen der Kaiserfamilie aufgestellt wurde; durch den östlichen erreichte man an der Außenseite der Heiligtumsmauern entlang, vorbei an einigen kleineren Gebäuden, den Hafen von Eleusis, durch den westlichen gelangte man auf die Straße nach Megara. Neben dem Ostbogen bot den Besuchern ein großes Brunnenhaus (**83**,4) erfrischendes Wasser, und gegen-über, an der Nordwestseite des mit Säulenhallen gerahmten Platzes, stand ein Artemis-Tempel (**83**,2) und ein Aschenaltar. Im Heiligtum selbst wurde das Telesterion (**83**,16) abermals nach Westen erweitert. Oberhalb entstand eine breite Terrasse (**83**,21), die über einige Stufen zu einem großen Tempel der 'Neuen Demeter' (**83**,22), vielleicht gleichzusetzen mit der Gattin des Hadrian, Sabina, führte. Die letzteren Baumaßnahmen im Heiligtum erforderten umfangreiche Abarbeitungen des anstehenden Felsens. An der Südmauer wurde das Bouleuterion (**83**,20) renoviert und westlich davon eine Halle (**83**,19) für einen regelmäßigen Abschluß der Südseite errichtet. Nach dieser Blütezeit bestand das Heiligtum noch bis in das späte 4. Jh. n.Chr. weiter; Veränderungen betrafen nur eine neue Befestigungsmauer, die wohl Schutz gegen die Herulereinfälle im mittleren 3. Jh. bieten sollte. Sie mußte anscheinend nie ihre Wirksamkeit beweisen. Erst 395 n.Chr. fiel das Heiligtum den Eroberungszügen Alarichs zum Opfer, der Kultbetrieb erlosch.

Rundgang (**83** und Taf. 24,2): Man betritt das Demeter-Heiligtum von Norden über den großen gepflasterten Hof (1) mit dem Artemis-Tempel (2), den seitlichen Bögen (3) und dem Brunnen (4). Die einzelnen Bauteile aus pentelischem Marmor liegen zumeist vor der zugehörigen Fundamente. Der Tempel und die Altäre des Platzes sind nur schlecht erhalten, dagegen lassen sich die Ehrenbögen mit ihren vielen Statuenbasen, auf denen die Namen der kaiserlichen Familienmitglieder aufgezeichnet sind, sowie die Großen Propyläen (5) gut rekonstruieren. Eindrucksvoll ist die gepanzerte Büste des Marc Aurel im Rundschild, der aus der Giebelmitte des großen Einganges den Platz überblickte. Links neben den Propyläen erkennt man auf dem niedrigeren Niveau des 5. Jhs. v.Chr. den runden Kallichoros-Brunnen (6), an dem die Mysten bei ihrer Ankunft von Athen tanzten; die umgebende Mauer mit polygonalen Steinen entstammt dem 5. Jh., die rechteckigen Quader des Turmes daneben sind römerzeitlich. Durchschreitet man das große Tor mit seiner doppelten Stützenreihe im Innern, so liegt links unterhalb des Weges eine römische Zisterne (7), zu der eine Treppe hinabführt. Westlich des Torbaus befinden sich in unübersichtlichem Gelände die Reste von Priesterhäusern und Wohnungen weiterer Kultpersonals (8). Nach

Süden, links unterhalb der Inneren (oder Kleinen) Propyläen (9), führt ein Weg zu einem langen Innenhof, einigen Wohnhäusern (10) und schließlich zum Getreidespeicher der perikleischen Zeit mit seinen charakteristischen Stützpfeilern (11). Von hier aus erkennt man gut die verschiedenen Mauerarten und Steinsorten, durch die sich die einzelnen Phasen der Stadtmauern und des Telesterion unterscheiden, und auch die mächtigen Fundamente der Philonischen Halle. Zurückgekehrt zum Eingangsbereich durchschreitet man auf der Heiligen Straße die Kleinen Propyläen des Appius Claudius Pulcher (9), deren Gebälk mit Reliefdarstellungen der typischen Symbole des Demeter-Kultes verziert waren: Runde Cisten und Ährenbündel, dazwischen Stierschädel mit Wollbinden und Rosetten; unter diesen Symbolen liest man die Stifterinschrift des römischen Proconsuln. Rechts oberhalb des kleinen Tores liegt die Höhle mit dem Tempel des Pluto (12) und daneben eine in den Fels geschlagene Terrasse in Form einer Rechtecknische (13); auf den Stufen stehen die Reste einiger Statuenbasen. Im weiteren Verlauf der Heiligen Straße folgen auf der Westseite ein kleiner Tempel (14) und – ein wenig oberhalb am Hang – die Fundamente eines längsrechteckigen Bauwerkes (15), vielleicht eines Schatzhauses; hier wurden verkleinerte Kopien von Figuren des Parthenon-Westgiebels gefunden, die im Museum von Eleusis ausgestellt sind. Man betritt dann das große Telesterion, das sich heute als im hellen Licht liegendes Riesenquadrat darbietet. Man muß sich die Halle jedoch ursprünglich mit einem von zahlreichen Säulen getragenen Dach recht dunkel vorstellen. Von den wohl ehemals rundum laufenden Sitzstufen erkennt man nur noch die auf der felsigen Westseite mit zwei Flügeln, die bis zu den Türen reichen. Die einzelnen Bau- und Erweiterungsphasen der Einweihungshalle sind im jetzigen Zustand schwer zu unterscheiden: In einem tiefen Loch ungefähr in der Mitte des Quadrats erkennt man eine gebogene Mauer aus unregelmäßig großen, groben Steinen vom geometrischen Megaron-Komplex (8.Jh. v.Chr.); wenig weiter südlich tritt ein Teil der solonischen Mauer hervor. Daneben, unterhalb einer durch moderne Ziegel abgestützten Platte, erscheint das schöne Polygonal der peisistratidischen Mauerfußes (6. Jh.), der in diagonalem Verlauf die südliche Telesterionecke perikleischer Zeit durchzieht. Die beiden Phasen des 5. Jhs. v.Chr. erkennt man an der Ostseite in den abwechselnd flachen und hohen Quadern (kimonisch) und den gleich hohen, aber kurzen und langen Blöcken, die z.T. mit einem Randschlag versehen sind (perikleisch). In die 2. Hälfte des 4. Jhs. v.Chr. gehört – zumindest der Planung nach – die weite, langgestreckte Halle vor dem Telesterion (17), deren Marmorsäulen nur am unteren Rand bereits mit Kanneluren versehen sind, während der Rest noch im Schutzmantel (Bosse) steckt; diese Marmorteile stammen nach neueren Forschungen erst aus antoninischer Zeit. Verläßt man südlich die zentrale Initiations-Halle, so erreicht man zur Linken ein unübersichtliches Gelände, durch die Reste der peisistratidischen Mauer (18) geteilt; an der Südseite läßt sich die römische Portikus (19) erkennen, daneben liegt das Rathaus (Bouleuterion: 20). Westlich steigt mit zahlreichen Stufen und eingearbeiteten Nischen der Fels bis zu einer langgestreckten Terrasse (21) unterhalb der Akropolis an; dieses Plateau führt zu einem erhöht liegenden großen Tempel (22), in dem heute die Kapelle der Panagitsa steht. Das südliche Ende der Terrasse führt aus dem Heiligtumsbezirk heraus; hügelabwärts gelangt man auf die eindrucksvolle Außenseite der Mauer des 4. Jhs. mit ihrem Rundturm (23); die unteren, geböschten Steinschichten zeigen eine durch senkrechte Meißelschläge gerippte Oberfläche, die im seitlichen Sonnenlicht sehr lebendig wirkt; darüber erheben sich glatte Blöcke einer z.T. erst spätantiken Renovierung. Geht man noch weiter um die Mauer herum, gelangt man zur perikleischen Befestigung (24), deren Rundturm ebenfalls deutlich wird. Hier sind die Quader mit vorragenden gro-

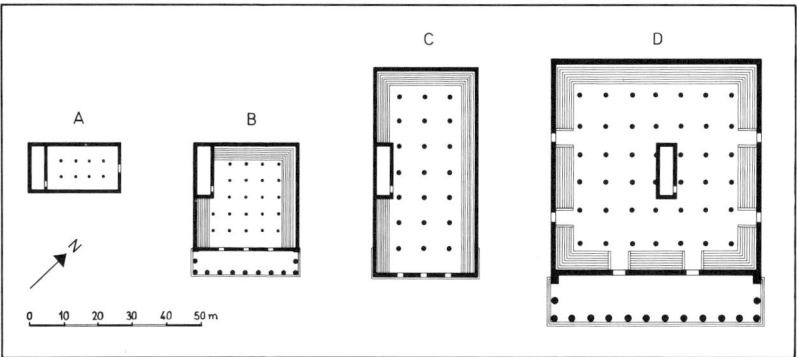

84 Eleusis, die architektonische Entwicklung des Telesterion
  A: vor 560 v.Chr.; B: um 525 v.Chr.; C: um 470 v.Chr.; D: um 320 v.Chr. (Vorhalle um 320 v.Chr. geplant, etwa 130 n.Chr. errichtet)

ben Bossen versehen. Bei der Umrundung der Mauer bis zum Eingangsbereich zurück
trifft man auf römische Zisternenanlagen aus Ziegelmauerwerk.

MUSEUM: Auf der Terrasse südwestlich oberhalb des Telesterion befinden sich unter
freiem Himmel einige Bauteile (u.a. Kapitelle der Kleinen Propyläen) und Statuen,
dazu ein attischer Marmorsarkophag mit der Sagendarstellung der Eberjagd des
Meleager. In der Eingangshalle ist eine Demeter-Statue der Hochklassik (um 420
v.Chr.) ausgestellt und ein Gipsabguß des berühmten Eleusinischen Weihreliefs (Original im Nationalmuseum; um 440 v.Chr.): Demeter steht mit einem langen Szepter in der Linken vor Triptolemos, dem sie die Kornähre übergibt, während Perse-
phone/Kore mit einer Fackel den Knaben 'segnet'. Das Relief gehört nicht nur heute
zu den bekanntesten griechischen Werken, auch in der Antike war es so berühmt,
daß Kopien davon hergestellt wurden. An der Rückwand sind die Fragmente eines
großen Weihreliefs aufgehängt, das der Priester Lakrateides kurz nach 100 v.Chr.
stiftete. Im Durchgang zum rechten Nebensaal ein Marmorferkel, dessen Weihung
mit den Reinigungsriten des 2. Festtages in Zusammenhang gebracht werden kann.
– Im Nebensaal befinden sich einige Weihreliefs, zumeist des 4. Jhs.; dazu die Statuette eines laufenden Mädchens aus der Zeit um 480 v.Chr.; zudem sind Teile der
Dachverzierung des peisistratidischen Telesterion zu sehen, an der ein marmorner
Widderkopf besonders auffällt (ähnlich demjenigen im Kloster Kaisariani von der
Akropolis). Schön ist auch die frühe attische Amphora, auf der die Blendung des
Polyphem durch Odysseus und seine Freunde und die Verfolgung des Perseus durch
die Gorgonen dargestellt ist (um 650 v.Chr.). – Im 3. Saal ragt unter den Skulpturen
(Dionysos-Figuren, u.a. mit archaistischen Mänteln) die Statuette des Poseidon mit
aufgestütztem Fuß heraus, die auf ein berühmtes Werk des 4. Jhs. v.Chr. zurückgeht. Hoch angebrachte Regale rechts im Raum tragen einige römische Portraitköpfe, die die Bedeutung des Heiligtums in der Kaiserzeit belegen; zwei Knaben-
bildnisse mit Myrtenkränzen können auf den eleusinischen Mysterienkult bezogen
werden. – Im nächsten Saal sind zwei Kaiserstatuen (Claudius und Nero) in der römischen Nationaltracht, der Toga, ausgestellt sowie eine Figur des Antinous, des Lieblings des Kaisers Hadrian. Zwei schöne Modelle des Demeter-Bezirks geben verschiedene Bauphasen wieder: Das eine zeigt die Stadtmauern und das Telesterion
im späteren 6. Jh. v.Chr. zur Zeit des Peisistratos, das andere die Erscheinung des
Heiligtums am Ende des 2. Jhs. n.Chr. zur Zeit seiner größten Blüte. – Der folgen-

de Raum mit dem Fragment der kolossalen Karyatide von den Kleinen Propyläen
beherbergt einige Grabkomplexe (darunter ein Bronzegefäß mit z.t. verbrannten
Knochen, um 500 v.Chr.) und Keramik; wichtig ist ein Tonkernos, ein rituelles Opfer-
gefäß mit zahlreichen runden Vertiefungen, in denen man der Gottheit einzelne
Gaben darbrachte. An der Wand aufgehängt sieht man die Reste eines Gewandes,
eines der wenigen Beispiele von Stoff-Funden in Griechenland. – Der letzte Saal ist
den einzelnen Keramik-Gattungen gewidmet, die in chronologischer und landschaftlicher Ordnung in Vitrinen gezeigt werden.

Außerhalb des Grabungsgeländes, d.h. im modernen Ort Eleusis, gibt es
kaum mehr Sehenswürdigkeiten; der hier angesiedelten Industrie mußte die
Archäologie Tribut zahlen. Die hellenistische Festung z.B. auf dem westlich gelegenen Hügel, an dem auch eine Pan-Grotte nachgewiesen wurde,
ist beim Steinabbau eines Zementwerkes 1953 abgetragen worden. Doch
existiert an der Platia des Ortes, wenige Schritte östlich des Heiligtums, noch
die kleine Kirche des Hlg. Zacharias, in der zahlreiche antike Architektur-
stücke verbaut sind. Eine dieser Spolien, die heute nicht mehr am Platz ist,
sondern im Nationalmuseum ausgestellt ist, war das Große Eleusinische
Weihrelief. Die Kapelle befindet sich an der Stelle einer Basilika, die die
Christen im 5. oder frühen 6. Jh. n.Chr. an der Heiligen Straße errichteten.
Sie ist damit eines der Zeugnisse für das Nachleben und die religiöse Umgestaltung des altehrwürdigen Kultplatzes.

Einen Kilometer östlich vor dem Heiligtum, neben der Überführung der
Nationalstraße, liegt die bereits erwähnte Brücke über den Kephissos (Taf.
24,3), auf der man sich die Durchführung des Gephyrismos, des Verspot-
tens der Mysten, vorstellen kann. Mit vier Bögen aus regelmäßigen, großen
Quadern gehört sie zu den eindrucksvollsten antiken Brücken in Griechenland. Laut einer spätantiken Quelle ließ sie Hadrian nach einer Überschwemmung des Kephissos, der der Prozession im Jahr 124 n.Chr. den
Übergang nach Eleusis erschwerte, errichten. Den Vorgängerbau stiftete
zwischen 320 und 315 v.Chr. einer der reichsten Athener, der mit Lykurg
verbundene Politiker Xenokles von Sphettos.

4. DIE THRIASISCHE EBENE

Nördlich der Bucht von Eleusis und Salamis erstreckt sich eine Ebene, die
von drei Bergzügen gerahmt wird: Im Osten liegt der Aigaleos, im Norden
der Parnis und im Westen der Pateras, ein Höhenzug, der die Grenze zur
Megaris hin darstellt. Nach einem hier gelegenen attischen Demos namens
Thria wurde das Gebiet Thriasische Ebene genannt. Es hatte in der Antike
– wie heute im wesentlichen auch noch – nur über zwei Paßstraßen Verbindung mit Athen: Die eine, die Heilige Straße, überquerte den Aigaleos
bei Daphni; der zweite Weg führte weiter nördlich durch ein Tal zwischen
den Ausläufern des Aigaleos und des Parnis. Ihr Verlauf entsprach ungefähr der heutigen Teerstraße von Aspropyrgos nach Ano Liossia.

Benutzt man die Nationalstraße nach Korinth, um in die Thriasische Ebene und nach Eleusis zu gelangen, so findet man wenige Meter westlich der Abzweigung nach Aspropyrgos nördlich der Straße eine ungeordnete Ansammlung von großen Marmorquadern. Diese wurden während der Bauarbeiten für die breite Straße gefunden und gehörten zu einem römischen GRABBAU. Bei genauerer Betrachtung der marmornen Blöcke erkennt man an einem Quader eine Inschrift und an einem anderen das Relief eines großen Blattkranzes mit einer im Wind flatternden Tänie.

Biegt man von der Nationalstraße nach ASPROPYRGOS ab und wendet sich von dort nach Ano Liossia, so durchquert man die Thriasische Ebene. Von der Antike bis in unser Jahrhundert hinein diente dieses fruchtbare Gebiet dem Getreide- und Olivenanbau. Die Bewässerung erfolgte mit Brunnen, während Eleusis durch eine Wasserleitung vom Parnis her versorgt wurde. Siedlungsspuren sind seit neolithischer Zeit am Rande der Ebene nachgewiesen. Heute ist die ehemals gepflegte Kulturlandschaft durch kleine Industriebetriebe und Kiesgruben zersiedelt und weitgehend zerstört.

An der Westseite der Thriasischen Ebene, auf einem niedrigen Hügel bei Magoula, und westlich der Straße von Eleusis nach Kokkini gelegen, befinden sich die Reste eines Kastells (**82**): Von einem inneren, klassischen Mauerring, zu dem ein etwa drei Meter hoch erhaltener Rundturm gehört, kann man eine äußere, stärkere und wohl erst später entstandene Befestigung unterscheiden, deren Mauerwerk nicht sehr sorgfältig geschichtet wurde. Das kleine Fort mit Namen PLAKOTO überwachte in östlicher Richtung die gesamte Ebene bis zum Aigaleos und schützte eine Straße, die von Eleusis nach Norden durch das Tal des Sarantapotamos in den Parnis und weiter nach Boiotien führte. Ihm gegenüber, auf einem nordöstlich gelegenen Hang, um ihn herum sich ein Wasserkanal windet, liegt ein weiterer klassischer Bau, PALAIOKASTRO genannt, der trotz seines merkwürdigen Bautypus als Wehranlage gedeutet wurde. Man erreicht ihn, wenn man wenige Meter nördlich der Einfahrt zu einem großen Zementwerk nach rechts abwärts in einen Erdweg einbiegt, diesem bis zum Wasserkanal folgt, an dem entlang man den Berg bis zu einer Brücke umrundet, um von dort zu seinem Gipfel hinaufzusteigen. Der Bau weist einen runden Grundriß mit sehr großem Durchmesser auf, der eine Überdachung ausschließt. An der Südwestseite befindet sich der Zugang zum Innern, von dem nach links eine Treppe auf die Mauer hinaufführt. Auch von Palaiokastro aus hat man einen guten Überblick auf die Umgebung; doch ist die Sicht nach Westen, ins Koundoura-Tal und zum Velatouri-Turm (s.S. 248) von hier aus besser als von Plakoto. Vielleicht stellte Palaiokastro also eine Verbindung zwischen den einzelnen Grenzfestungen dar; dann müßte man folgern, daß das Innere der Umwallung Behausungen aus vergänglichem Material für einen Wachtposten beherbergt hat.

An der Nordostecke der Thriasischen Ebene, wenig östlich eines weiteren Zementwerkes, sieht man bei Überquerung einer Eisenbahnlinie links und rechts der Straße auf den Hügelkämmen eine lange antike Mauer. Sie wird als 'DEMA' bezeichnet, wobei unklar ist, woher dieser moderne Name stammt (**82**). Das Dema verbindet den Parnis mit dem Aigaleos, indem es über eine Strecke von mehr als 4 km entlang der Wasserscheide zwischen der attischen und der Thriasischen Ebene verläuft. Untersuchungen von britischen Archäologen ergaben, daß die Sperre dieses Passes wohl im 4. Jh. v.Chr. errichtet wurde. Sie besteht aus vielen separaten Mauerabschnitten, die gegeneinander seitlich versetzt sind und daher zahlreiche Pforten bilden. Dazu gab es zwei größere Tore, die das Passieren auch für Wagen ermöglichten. Die einzelnen, unterschiedlich langen Teile sind in verschiedener Mauertechnik und variierender Stärke gebaut: z.t. erreichen sie eine Dicke von 2,80 m, an anderen Stellen sind sie nur 1 m stark; in der Antike war ihre Höhe wohl auf 2 m begrenzt. Durch diese Mauer sollte etwaigen Feinden Athens der Einmarsch über die nördliche Paßstraße verwehrt oder zumindest erschwert werden – im Jahre 431 v.Chr., dem ersten Jahr des Peloponnesischen Krieges, waren die Spartaner hier ungehindert nach Attika eingedrungen. Zu der gesamten Verteidigungsanlage gehörte zudem auf der Anhöhe in ihrer Mitte ein kleines Fort mit einem runden Wachtturm.

In der Nähe der heutigen Straße wurde neben dem Dema, und zwar vor seiner Front, ein Haus ausgegraben, das von einigen Forschern fälschlich als 'Priesterhaus' bezeichnet wird; es hat nämlich einen ähnlichen Grundriß wie die beim Apollon-Heiligtum vom Kap Zoster und bei der Vari-Grotte ausgegrabenen Villen (s. S. 155 und 156), die ebenfalls als Gebäude für Kultpersonal angesehen werden. Andere, überzeugendere Deutungen sind die als LANDHAUS oder Herberge. Heute sieht man von dem Gebäude nichts mehr, da es unter Schutt liegt.

Wenige Kilometer westlich, zwischen einem Hof für Müllfahrzeuge (ausgeschildert als 'Skoupidotopoi'; von hier führt ein Feldweg noch ca. 500 m nach N) und dem Parnis findet man die Reste eines weiteren Hauses. Es ist mit seiner Rückseite in den anstehenden Fels eines Hügelausläufers eingearbeitet. Man erkennt noch deutlich zwei Zimmer, von denen eines eine Stütze in der Mitte hatte, das andere eine kleine rechteckige Nische in der Wand aufweist, in der vielleicht eine kleine Figur aufgestellt war. Bei diesem Haus, das sich sicher nach Süden hin weiter ausdehnte, handelt es sich mit großer Wahrscheinlichkeit ebenfalls um ein Landhaus: Die Lage zu Füßen des Parnis am Rand der Ebene spricht für diese Deutung, weil auf diese Art wertvoller fruchtbarer Boden unbesetzt blieb.

An den Hängen des Parnis windet sich in beträchtlicher Höhe z.T. auf hohem Fundament ein Betonband, dessen Verlauf man von der Ebene aus gut verfolgen kann. Es handelt sich um das letzte Stück einer großen WASSERLEITUNG, die von weither – bereits unterhalb von Delphi stößt man auf den Kanal – Trinkwasser zur Metropole Athen schafft. Die Leitung kommt aus

den Bergen in Richtung PANAKTON, das man von der Thriasischen Ebene
aus (Abfahrt 'Mandra' von der Nationalstraße) über Kokkini, Stephani und
Prasino erreichen kann (s.S. 221). Die Paßstraße durch die Dema-Mauer
dagegen führt nach Ano Liossia und von dort entweder nach Norden bis
PHYLE (s.S. 220) oder nach Süden über ACHARNES und MENIDI (s.S. 218)
nach Athen.

Die Megaris, die attischen Grenzfestungen und Perachora

1. MEGARA

Megara und die umliegende Landschaft, die Megaris, spielte von alters her eine besondere Rolle als Landbrücke zwischen Mittelgriechenland und der Peloponnes; diese Schlüsselposition verlieh der Stadt nicht nur Macht und Bedeutung, sondern führte auch dazu, daß sie häufig umkämpft wurde, z.B. in der Klassik als Puffer zweier Bündnissysteme. Die auf zwei niedrigen Hügeln in einer großen, fruchtbaren Ebene gelegene Siedlung bestand schon in der Bronzezeit (**85**). Doch erst in der Archaik trat die Stadt geschichtlich hervor: Aufgrund eines großen Bevölkerungsüberschusses nahm Megara an der Kolonisation Großgriechenlands und des Pontosraumes teil und gründete u.a. Megara Hyblaia auf Sizilien und Byzanz, das spätere Konstantinopel. Die wechselnden Bündnisse bzw. die kriegerischen Auseinandersetzungen mit den Nachbarn – Athen im Osten und zunächst Korinth, dann der Peloponnesische Bund im Westen – führten im späteren 6. und 5. Jh. v.Chr. zu erheblichem Macht- und Landverlust (die Peraia fiel an Korinth, Salamis wurde von Athen eingenommen). Insbesondere die Handelssperre durch den attischen Seebund in den Jahren um 432 bedeutete eine völlige Isolierung der Stadt. Doch im 4. Jh., nach dem Ende des Peloponnesischen Krieges, erlebte Megara eine Zeit der Blüte; damals entstand der Ausspruch, daß die Megarer lebten, als stürben sie morgen, jedoch bauten, als lebten sie ewig. Von den angeblich schönsten Wohnhäusern Griechenlands in jener Epoche sind nur noch wenige Reste erhalten. Während der Auseinandersetzungen der Diadochen begann der Untergang Megaras: 307 v.Chr. wurde die Stadt durch Demetrios Poliorketes geplündert, danach spielte sie kaum mehr eine aktive Rolle in der Geschichte. Im Bürgerkrieg zwischen Pompeius und Caesar stand sie auf der Seite des Verlierers und hatte die Vergeltungsmaßnahmen Caesars zu ertragen. Während der Kaiserzeit zu einer bedeutungslosen Landstadt herabgesunken, litt Megara in der Spätantike unter den Einfällen barbarischer Volksstämme. In den folgenden Jahrhunderten war die Stadt Spielball der verschiedensten Mächte – Katalanen, Venezianer, Florentiner, Türken – und kam erst als Zentrum des Widerstandes in den Befreiungskriegen zu neuer Geltung. Heute ist Megara eine kleine Landstadt, Zentrum der Landwirtschaft in der Umgebung.

Nördlich von Megara lohnen zwei kleine byzantinische Kreuzkuppelkirchen des eingeschriebenen Viersäulentypus eine Besichtigung. Etwa 2,5 km vom Ort entfernt steht AG. ATHANASIOS; auffallend sind an dieser Kirche einige architektonische Unregelmäßigkeiten: Die Eingangstür ist aus der Mittelachse versetzt; dies hat seine Ursache darin, daß die semi-hexagonale Apsis nicht im rechten Winkel an den Bau anschließt, sondern schräg ausgerichtet ist; die Tür liegt dementsprechend in der Flucht der Apsis. Zu den Unregelmäßigkeiten gehört auch, daß die Säulen im Innern

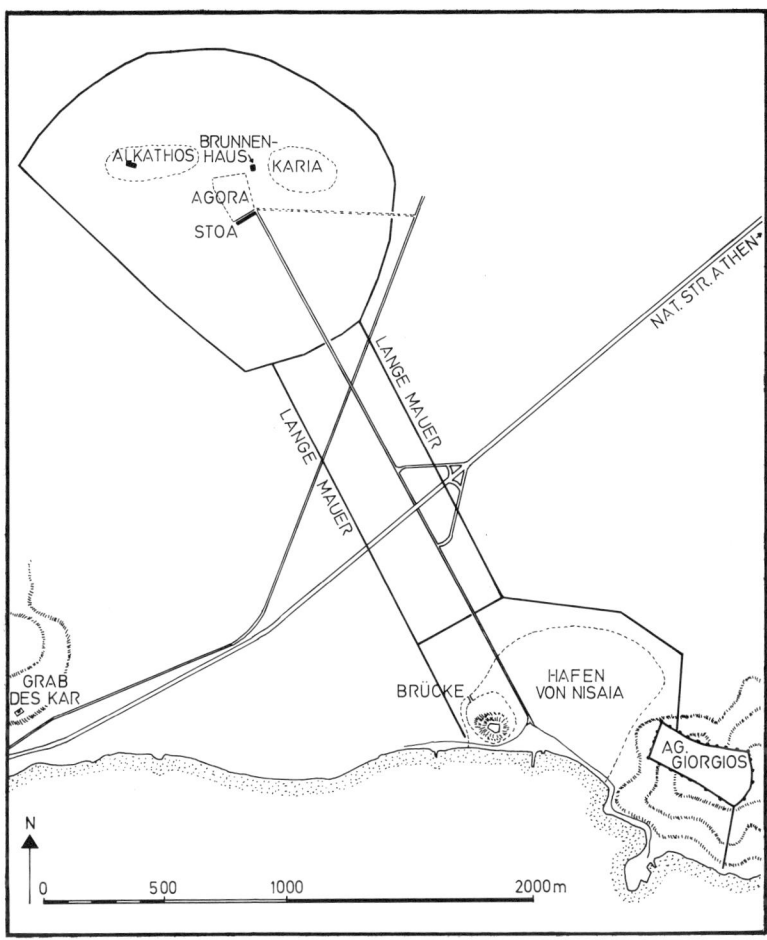

85 Megara, Planskizze der Stadt und ihrer Umgebung (nach Travlos)

nicht in gleichen Abständen zueinander stehen. Das eher nachlässige Mauerwerk der Athanasios-Kirche besteht – soweit sichtbar – aus großen Blöcken mit eingefügten Ziegelschichten. Die Kapelle wird – als Nachahmung einer mittelbyzantinischen Kirche – an das Ende der byzantinischen oder den Beginn der Türkenzeit datiert. – Die zweite, etwa 4 km von Megara entfernt liegende Kirche ist dem HLG. NIKOLAUS geweiht. An diesem Vier-Säulen-Kreuzkuppelbau fallen insbesondere die zahlreichen Spolien der Antike und der frühchristlichen Zeit (z.B. Säulenteile, Kapitelle, der Fuß eines purpurfarbenen Wasserbeckens mit Inschrift) auf. Die Verwendung großer Kalkstein-Blöcke, besonders am Tambour, deuten auf eine spätbyzantinische Datierung (13./14. Jh.) dieser Kirche hin.

Da die moderne Stadt die Fläche der antiken Siedlung bedeckt, sind nur wenige Spuren und archäologische Zeugnisse des bedeutenden Megara der

Archaik und Klassik erhalten (**85**). Die mit Mauern umgebene alte Stadt lag auf zwei niedrigen Hügeln und hatte dementsprechend zwei Akropolen: Im Westen diejenige von Alkathos, im Osten die von Karia. Auf der Höhe des Alkathos-Hügels wurden die Fundamentspuren eines archaischen Tempels nachgewiesen, der vielleicht der Athena geweiht war. In seiner Nähe steht heute die kleine mittelalterliche Hypapante-Kapelle mit zahlreichen antiken Architekturteilen und Statuenbasen.

Die meisten heute noch sichtbaren antiken Ruinen der Stadt stammen aus der Klassik. Besonders eindrucksvoll ist das große Brunnenhaus (**86**), das laut Pausanias der megarische Tyrann Theagenes im 6. Jh. v.Chr. errichten ließ; es stand nahe der mit Säulenhallen gerahmten Agora. Man findet das Quellhaus, das das Deutsche Archäologische Institut 1898/9 und nochmals 1957 freilegte, an der Hauptstraße Moraiti, Ecke Krinis. Ein großes Wasserreservoir wird durch fünf Reihen achteckiger Säulen in sechs Schiffe gegliedert (Taf. 25,1); in die Mittelreihe sind Platten eingelassen, die eine Teilung der Länge nach in zwei Hälften bewirken; die Seitenwände, z.T. in den umgebenden Fels eingetieft, zeigen schön gefugte Quader, die einst mit wasserfestem Putz versehen waren. Das Reservoir öffnete sich nach Süden zu einer nicht erhaltenen Säulenhalle; hier sind noch die Schrankenplatten zu erkennen, die es abgeschlossen haben; bei ihnen konnte man das überlaufende Wasser in Gefäße (Hydrien) abfüllen oder aber schöpfen. Gespeist wurde das Quellhaus über ein Aquädukt, das z.T. durch den Felsen geschlagen wurde. Entgegen der Nachricht des Pausanias, daß der Brunnen bereits im 6. Jh. v.Chr. entstand, muß der erhaltene Bau dem 5. Jh. zugewiesen werden. Doch mag die Initiative für eine erste Wasserleitung auf Theagenes zurückgehen; er konnte dabei vielleicht auf die Erfahrung des berühmten, aus Megara stammenden Ingenieurs Eupalinos zurückgreifen, der für Polykrates auf Samos eine großartige Wasserleitung als Tunnel durch einen Berg angelegt hat. In römischer Zeit, vielleicht nach dem Herulereinfall von 267 n.Chr., wurde das Quellhaus repariert: Man verkürzte die Innenstützen um eine 'Trommel' und erneuerte das Dach.

Ebenfalls aus der Klassik stammen Reste von Wohnhäusern, die man im modernen Stadtgebiet ausgegraben hat, die heute aber unzugänglich sind. Sie zeichnen sich durch feste Quadermauern und besonders durch die Anlage von Kellerräumen aus, die im griechischen Wohnungsbau sehr selten sind; hier dienten die unterirdischen Räume wahrscheinlich der Aufbewahrung von Nahrungsmitteln.

Die Stadt verfügte über zwei Häfen: Zum einen unterhielt Megara einen Zugang zum Korinthischen Golf bei Pagai, dem heutigen ALEPOCHORI (s. S. 241), zum zweiten war es seit etwa 460 v.Chr. – ähnlich wie Athen mit Piraeus – durch 'Lange Mauern' mit dem Hafen von NISAIA am Saronischen Golf verbunden (**85**). Kurze Stücke dieser Mauern wurden tief unter dem heutigen Bodenniveau südlich von Megara gefunden. Das mit Anschwemmungen gefüllte antike Hafenbecken von Nisaia lag zwischen zwei Hügeln:

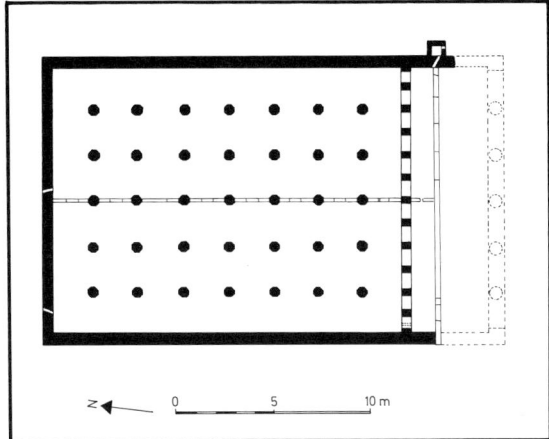

86 Megara
Brunnenhaus
'des Theagenes'

N ←— 0 _____ 5 _____ 10 m

Auf dem westlichen, der einst noch vom Festland getrennt war und die kleine Insel Minoa bildete, die über eine Brücke zugänglich war, sieht man die
Ruinen einer mittelalterlichen Burg, von der aus man einen guten Überblick
über Megara mit den zwei Akropolen und über die Bucht des Saronischen
Golfes hinüber nach Salamis hat; der östliche, höhere Berg mit der Kapelle des Hlg. Georg, der heute zu einem Militärgelände gehört, war mit einer
einfachen antiken Mauer befestigt. Südlich unterhalb dieses Hügels liegt ein
kleiner, ruhiger Hafen mit einigen Fischtavernen, die nach Salamis hin-
überblicken und zu einem Imbiß einladen.
Nicht weit von Megara entfernt, dort, wo südwestlich der Stadt die neue
Nationalstraße und die alte Straße nach Korinth direkt nebeneinander liegen und unterhalb eines Steinbruches entlangführen, befindet sich ein weiteres sehenswertes antikes Gebäude (man muß östlich neben dem Steinbruch
den Hang hinaufsteigen und gelangt ohne große Mühen entlang den Schie-
nen der Eisenbahnlinie zu dem Monument; 85). Es handelt sich dabei um
einen großen Rundbau aus Quadermauerwerk, dessen Wände einst ein dorischer Fries bekrönte. Neben dem Rundbau sieht man noch Mauern bzw.
Felsbettungen von Seitenflügeln. Wenige Meter östlich schließlich wurde
ein in den Fels gemeißeltes Grab mit einem schönen, klassischen Marmorsarkophag gefunden, der mit einem Dachdeckel verschlossen war; damit
in die Nekropole kein Regenwasser läuft, wurde oberhalb am Hang ein ablei-
tender Kanal in das anstehende Gestein gemeißelt. Die Deutung der wohl
klassischen Bauten ist umstritten: Möglicherweise handelt es sich um das
HEROENGRAB DES KAR, eines mythischen Königs von Megara, dessen Name
in dem der östlichen Akropolis 'Karia' weiterlebt und der an der Straße nach
Korinth begraben worden sein soll, wie Pausanias überliefert; vielleicht handelt es sich aber auch um einen wichtigen, großen Wachtturm an der 'Skironischen Straße', die Megara mit Korinth verbindet; die Position ist oberhalb

eines Engpasses zwischen den Felsen und dem Meer strategisch besonders günstig und exponiert und bietet einen hervorragenden Blick über die gesamte Ebene und den Hafen von Nisaia. Der Marmorsarkophag neben den Bauten kann mit der Überlieferung des Pausanias über das Heroon des Kar nicht verbunden werden, da er zu einem normalen spätklassischen Grab gehört. Der genannte Engpass am Meer entsteht durch den 'Skironischen Felsen', den östlichen, etwa 500 m hohen Ausläufer des Gerania-Gebirges. An dieser Stelle, heute noch Kakiskala ('Übler Landeplatz') genannt, spielt die Sage des Wegelagerers Skiron, der sich von den vorbeikommenden Wanderern die Füße waschen ließ und sie dabei ins Meer hinabstieß, wo sie von einer riesigen Schildkröte gefressen wurden. Erst der athenische Held Theseus beseitigte den Unhold, indem er ihn dasselbe Schicksal erleiden ließ. Für die Athener war Skiron ein Bösewicht, während die Megarer ihn als freundlichen Heros verehrten, dem sie die Straße an den Klippen verdankten. Es spiegelt sich auch in diesem Mythos die alte Konkurrenz zwischen Megara und Athen. Oberhalb des 'Skironischen Felsens', in Marmara, wurde im vergangenen Jahrhundert ein Heiligtum ausgegraben, das entsprechend einer Nachricht des Pausanias dem Zeus Aphesios ('Regensender') geweiht war. Von der gesamten Anlage – ein Hof mit einem kleinen Antentempel und, daran angeschlossen, ein Gebäudekomplex mit mehreren Speiseräumen – ist heute nichts mehr erhalten; nur alte Photographien aus der Zeit um 1900 geben noch einen Eindruck von dem Heiligtum (Taf. 25,2).

2.   ALEPOCHORI UND VATHICHORIA IM HINTERLAND VON MEGARA

Wendet man sich von Megara auf der Straße nach Nordwesten, so gelangt man auf dem Weg nach Alepochori, dem antiken Hafenort Pagai am Korinthischen Golf, in ein Gebiet fast unberührter, rauher Natur (**87**). Hier kann man auf einsamen Wegen durch Hochtäler und an Berghängen entlang wandern, oft mit einem herrlichen Blick auf den Korinthischen Golf, der tief unterhalb liegt.

Anfahrt: Von Megara aus führt eine gute, beschilderte Teerstraße nach Alepochori (ca. 15 km). Von dort kann man an der Küste entlang auf einfachen Schotterwegen, die über einen Sattel recht hoch am Hang entlang führen, nach Norden über Psatha bis Porto Germeno (Aigosthenai) fahren bzw. nach Süden über z.T. noch schlechte Wege Perachora erreichen. Zu den interessanten und schönen Hochebenen von Vathichoria, die östlich oberhalb von Psatha liegen, gelangt man, indem man von der Straße Megara-Alepochori nach Ano Alepochori (Schild) abzweigt und am östlichen Eingang dieses Dorfes in einen Erdweg mit dem Schild 'Odos Berdas' einbiegt; von hier erreicht man nach 3 km eine Wegkreuzung: Geradeaus wandert man über einen Sattel direkt in die Ebenen von Vathichoria (ca. 1 Std. bis zum antiken Rundturm); nach links führt der Erdweg über mehrere Kilometer um den Korona-Berg westlich herum, bietet einen imposanten Ausblick auf das etwa 650 m tiefer liegende Psatha und das Meer und erreicht Vathichoria von der Westseite her.

ALEPOCHORI (Pagai): Der moderne Fischer- und Ferienort liegt im Gegensatz zur antiken Siedlung direkt am Meer; Pagai dagegen, die alte Hafenstadt Megaras am Korinthischen Golf, befand sich auf einem kleinen Hügel wenige hundert Meter landeinwärts. Von der antiken Stadt sieht man nur mehr Reste der Ringmauer mit ihren Türmen. Besonders hoch erhalten ist ein Mauerstück auf der Ostseite des Areals direkt neben der modernen Teerstraße. Die nahezu ebene Fläche der Siedlung ist heute mit Feldern bestellt; Keramikfunde auf den Äckern erinnern an die antike Stadt, deren Schicksal eng mit dem Megaras verbunden war. Doch scheint der Hafen auch noch zur Zeit der Römerherrschaft eine Rolle gespielt zu haben; jedenfalls gibt es Hinweise dafür, daß Pagai um 60 v.Chr. sogar eine selbständige Polis war. Aus den nachantiken Jahrhunderten bis in die Neuzeit sind über den Fortbestand der Siedlung keine Nachrichten bekannt.

Die Bedeutung des Ortes in der Antike beruhte nicht allein auf seinem Hafen sondern auch auf seiner Lage am Schnittpunkt zweier Landrouten: Zum einen an einer Straße von Megara nach Nordwesten über Aigosthenai weiter nach West-Boiotien, zum anderen am Weg von der Peloponnes nach Nordosten in Richtung Theben. In den letzten Jahrzehnten wandte sich die Forschung vermehrt den antiken Straßenverbindungen zu; es wurden dabei Wege gefunden, von denen man an manchen Stellen noch deutlich die Trassen im Gelände sieht. Dies gilt z.B. für die Ebenen von

VATHICHORIA (**87**): Durch einen nach Norden streichenden Bergsattel wird nördlich unterhalb des Korona-Berges (761 m ü.NN) eine Hochebene in zwei Teile gegliedert: Der kleinere, östlich gelegene ('Mikrovathichori') öffnet sich in Richtung Megara zum Saronischen Golf; der westliche bildet ein größeres, abgeschlosseneres Gebiet ('Megalovathichori') mit fruchtbaren Äckern und ist über einen flachen Sattel nach Westen zum Korinthischen Golf orientiert, an dem tief unterhalb von Vathichoria der Kieselstrand von Psatha liegt. Auf eine landwirtschaftlich besonders intensive Nutzung dieser Hochebenen bereits in der Antike weisen zahlreiche Terrassierungen des leicht ansteigenden Talgeländes sowie die Reste mehrerer Bauernhöfe klassischer Zeit hin. Das herausragende, weithin sichtbare Baudenkmal dieser Epoche in Vathichoria ist ein Rundturm (**87**,3), der vielleicht ebenfalls zu einem Turmgehöft gehörte; dafür sprechen geringe Mauerspuren von Nebengebäuden (Taf. 26,1). Gleichzeitig mag der Turm aber auch als Wacht- und Aussichtsposten gedient haben (**82**). Er steht noch ca. 12 m aufrecht, es fehlen nur die obersten Quaderschichten des Aufbaues. Sogar der Wasserablauf der einst vorhandenen flachen Dachterrasse befindet sich noch an seinem Ort. Die Rundbauweise mit ihrer festen Verzahnung der Kalksteinblöcke, die nur wenig nördlich am Hang gebrochen wurden, hat ihn alle Erdbeben der vergangenen 2400 Jahre fast unbeschadet überstehen lassen. Der Turm dient heute einem Hirtenehepaar als Ziegenstall. Nahebei steht das bislang einzige moderne Haus der Ebene, deren freundliche Bewohner nach dem Weg gefragt werden können. Rechts, d.h. südlich dieses Hauses,

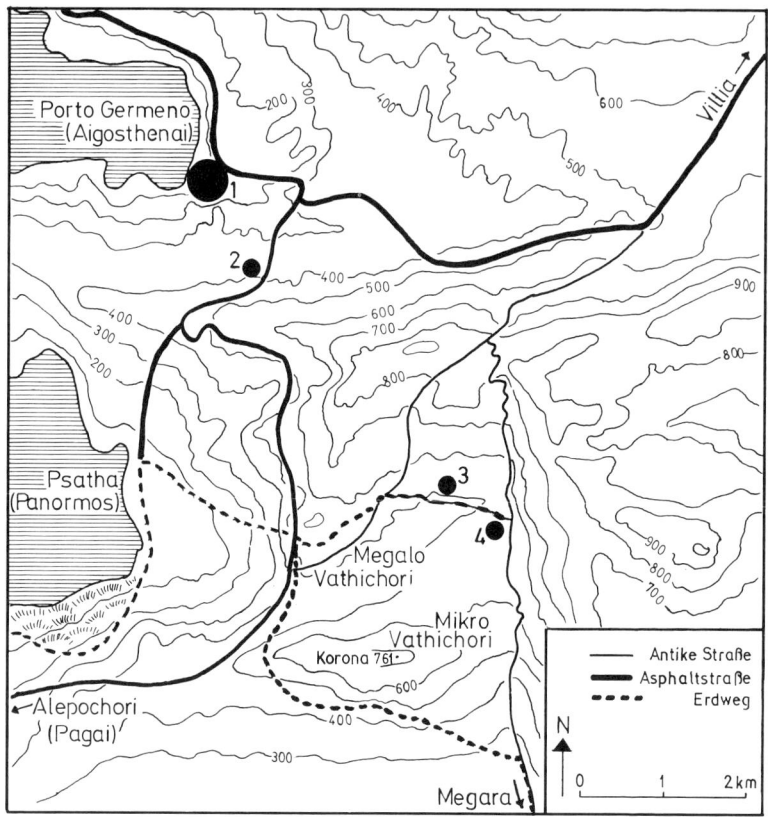

87   Kartenskizze der attischen Orte am Korinthischen Golf

beginnt ein etwa 3 m breiter Weg, der nach Südosten in Richtung Megara verläuft. Es handelt sich um eine antike Straße, die von Aigosthenai über einen Bergsattel – etwa auf der Linie der modernen Teerstraße von Porto Germeno nach Psatha – in die Ebenen von Vathichoria und weiter nach Megara führte. Stellenweise sind noch die antiken Radspuren der Karren zu erkennen, die im Laufe der Zeit in den Fels eingeschnitten wurden. Der Weg passiert zahlreiche Feldterrassen und weitere Türme, von denen ein rechteckiger, mächtiger Quaderbau am besten erhalten ist, den man nach ca. 15 Minuten Fußweg erreicht (**87**,4): Zwar sind bei Erdbeben manche der oberen Blöcke herabgefallen, dennoch ist der Wacht- und Farmturm ein eindrucksvolles Zeugnis des einstigen Lebens in dieser heute einsamen Gegend (Taf. 26,2). Auch dieser sog. Pyrgos tou Germenou, an dem die sorgfältige Quaderung, die scharfen Lotkanten und der Wasserspeier der einstigen Dachterrasse auffallen, stand nicht allein: Vielmehr findet man geringe Fundamentreste von Nebengebäuden auf seiner Ost- und eine Zisterne auf der Nordostseite. Man wird also wohl auch bei diesem Turm eine Mischnutzung annehmen können: Wacht-, Signal- und Aussichtspunkt an einer wichtigen Verbindung zwischen der Megaris und Boiotien sowie Zentrum eines Farmbetriebes.

3. DIE ATTISCHEN GRENZFESTUNGEN AIGOSTHENAI, ELEUTHERAI UND OINOE

Attika und die Megaris sind nach Norden hin, zum Nachbarn Boiotien, durch hohe Gebirgszüge abgeschlossen; nur über wenige Pässe konnte man in der Antike die Bergriegel überqueren. An diesen strategisch wichtigen Punkten wurden am Ende des 5. und zu Beginn des 4. Jhs. v.Chr. Grenzkastelle gebaut, die sich in einer langen Reihe vom Korinthischen Golf im Westen bis zum Euböischen Golf im Osten hinziehen (**82**); dazwischen lagen – jeweils in Sichtweite – Türme, von denen man mittels Leuchtfeuer Nachrichten über etwaige Feindbewegungen weitergeben konnte. Fünf der Kastelle lassen sich mit dem Auto in einem bequemen Tagesausflug von Athen aus besichtigen; die Tour geht durch abwechslungsreiche Landschaft mit Bergen, weiten Hochebenen und zu einer wunderschönen Meeresbucht mit Sand- und Kieselstrand.

Folgt man der hier vorgeschlagenen Route, so verläßt man Athen am besten über die Nationalstraße nach Korinth und biegt westlich von Eleusis in Richtung Theben ab. Die Straße führt aus der Thriasischen Ebene über einen Paß in das Koundoura-Tal (im Westen liegt der Pateras) und von dort über einen weiteren Paß in die Ebene von Oinoe. Vor dem Durchgang zwischen Kithairon und Pastra zweigt nach Westen über Villia (4 km) eine Straße nach Aigosthenai/Porto Germeno (22 km) ab. Kurz vor Porto Germeno kann man nach links auf einer neuen Teerstraße nach Psatha (**87**) abbiegen und von dort auf Erdwegen weiter nach Vathichoria und Alepochori gelangen (s. S. 240). – Folgt man jedoch der Kithairon-Paßstraße, liegt nach ca. 1 km östlich der Straße das Grenzkastell Eleutherai, das man am besten von seiner Nordseite her erreicht: Bei einer Raststation westlich der Straße steigt ein kleiner Betonweg nach Osten zum Kastell hinauf steil an. – Einige km vor der Paßstraße biegt man im Dorf Oinoe nach Osten (Schild: 'Monastirion Osiou Meletiou') ab und erreicht nach ca. 2 km noch vor dem Abzweig zum Kloster einen kleinen Feldweg nach Süden, der zum Kastell Oinoe führt (mit kleinem Schild ausgewiesen). Wenige hundert Meter weiter auf der Teerstraße zweigt nach links (3 km) eine Straße zum Kloster Osios Meletios ab. – Die Teerstraße steigt mit vielen Kehren den Parnis hinauf und mündet beim Dorf Panakto in die Skourta-Hochebene; oberhalb des folgenden Dorfes Prasino liegt auf einem Kegel-Berg das Kastell Panakton (s.o. S. 221). – Von Stephani aus kann man sich nach Süden über Kokkini nach Eleusis wenden – man passiert dann das kleine Kastell Plakoto am Westrand der Thriasischen Ebene (S. 223) – oder eine Schotterstraße nach Osten bis zur Grenzfestung Phyle (ab hier geteert; (s.S. 220) nehmen und über Ano Liossia nach Athen zurückkehren.

An der Hauptstraße von Mandra in Richtung Theben durchfährt man das kleine Dorf Koundoura, in dem ein weites, einsames und rauhes Tal nach Westen abzweigt; eine neue Teerstraße durchzieht die bergige, baumlose

Landschaft und führt auch zu einigen schlecht erhaltenen Resten einer klassischen Siedlung und eines Kastells, das traditionell mit dem literarisch überlieferten Ereneia identifiziert wird. Im Dorf PALAIOCHORI, das unmittelbar westlich der Hauptstraße liegt, findet man eine hübsche Koimesis-Kirche, die während der Türkenzeit errichtet und um die Wende vom 17. zum 18. Jh. ausgemalt wurde. Die weiß getünchte Kirche gehört dem Kreuzkuppeltypus mit niedrigem Tambour an und besitzt einen tonnengewölbten, zu den Seiten vorspringenden Narthex. Im Innern fällt unter den Fresken besonders das Bild eines Säulenheiligen neben der Tür auf. – Auf dem östlich der Kirche gelegenen Hügel im Dorf Palaiochori zeugen Mauerreste und Scherbenfunde von einem antiken Ort an diesem Platz, der im vergangenen Jahrhundert wieder neu besiedelt wurde.

Folgt man der Hauptstraße weiter in Richtung Theben, so liegt auf der folgenden Paßhöhe, die einen Ausblick auf den Kithairon und den Pateras gewährt, eine allein stehende Kapelle, die dem Heiligen Georg geweiht ist; sie gehört bereits zum Dorf Oinoe und ist eine Dependence des dortigen Klosters Osios Meletios. In einen quadratischen Grundriß ist ein Kreuz mit wohlproportionierter Kuppel eingeschrieben, die auf vier Bögen ruht; die dreiseitige Apsis wird von einem in zwei Bögen geteilten Fenster beleuchtet. Freskenschmuck ist nicht vorhanden, die Wände sind schlicht weiß gekälkt; an einigen Stellen kann man die sorgfältige Steinsetzung des Mauerwerkes erkennen. Die Datierung der Kapelle ist schwierig, vielleicht ist sie im 12., vielleicht aber auch erst im 15. Jh. entstanden.

AIGOSTHENAI: Nur wenige Kilometer nördlich von Alepochori und Psatha liegt am Südfuß des hohen Kithairon in einer geschützten Bucht Porto Germeno mit einigen guten Fischtavernen am Strand (**87**,1). In den Herbst-, Winter- und Frühjahrsmonaten ein ruhiges Dorf entwickelt sich die hübsche Badebucht mit ihren Wochenendhäuschen im Sommer zu einem betriebsamen Ferienort. Dennoch wird das sehr sehenswerte antike Kastell aus dem 4. Jh. v.Chr. kaum besucht, obwohl es mit seinen hochaufragenden Mauern und Türmen wenig oberhalb des Dorfes die Bucht geradezu beherrscht (**88**). Am besten erhalten ist die östliche Schmalseite der Befestigungswerke, die über einem natürlichen Felsabfall errichtet wurden (Taf. 27,1); der etwa 14 m hohe Südostturm stand noch zu Beginn dieses Jahrhunderts bis zur Dachschräge aufrecht, heute fehlen nur die obersten Quaderlagen. Im 12. Jh. entstand innerhalb der Festungsanlage ein byzantinisches Kloster, von dem Reste der Zellen und die Kapelle erhalten sind.

Eine Zwischenmauer trennte die Akropolis von der antiken Stadt, die sich – ebenfalls von Mauern gesichert – bis zum Meer hinab erstreckte. Von den Stadtmauern ist nur noch die nördliche mit Türmen und Toren gut erhalten und in ihrem gesamten Verlauf zu verfolgen; die südliche dagegen wurde von einem Flußlauf zerstört. Bei griechischen Grabungen in den letzten Jahrzehnten, die z.Zt. fortgesetzt werden, wurde unterhalb der Festung bei der

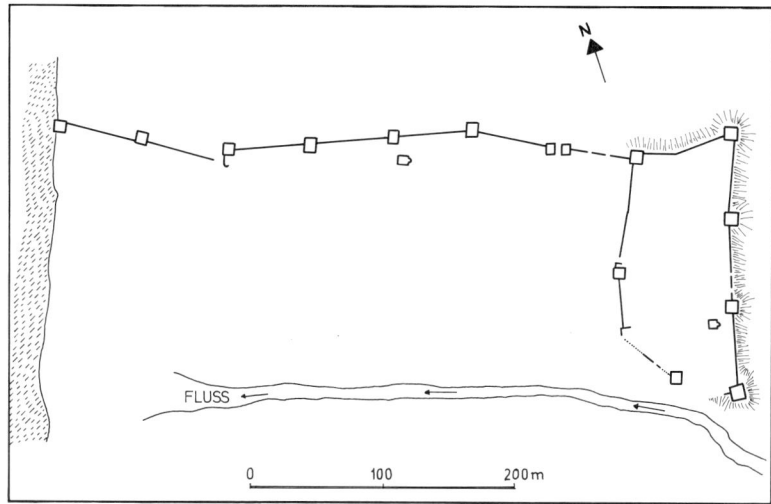

88   Aigosthenai

Nordmauer eine christliche Basilika des frühen 6. Jhs. freigelegt; ihr Grundriß mit fünf Schiffen ist gut erkennbar, und man kann auch geringe Reste
eines Mosaikfußbodens dieses Baues sehen. Im Mittelschiff der Basilika
entstand im 12. Jh. eine kleine Kreuzkuppelkirche für die Panagia, deren
weiß gekälkte Wände schon von weitem auffallen.
Die antike Geschichte von Aigosthenai ist wegen der Funktion als megarische Grenzfestung eng mit der Megaras verknüpft. Nur einmal, zwischen
234 und 197 v.Chr., ging die selbständige Polis eigene politische Wege und
schloß sich dem Boiotischen Bund an. Sonst diente sie Megara bzw. Athen
als nordwestlichste Grenzfestung, als wichtiger Stützpunkt und als Hafenort. Noch im Jahre 420 n.Chr. nennt eine Städteliste Aigosthenai als eigen-
ständige Polis.
Fährt man von Aigosthenai wenige Kilometer zurück in Richtung Villia, so
zweigt bald eine neue Teerstraße nach Süden (rechts) in Richtung Psatha
ab. An dieser Straße liegt rechter Hand wenige hundert Meter unterhalb der
Paßhöhe ein stark zerstörtes klassisches Gebäude, das als Wachtstation zwischen dem Kastell tief unten in der Bucht und dem Gebiet von Psatha diente (**87**,2); es kontrollierte die antike Straße, die von Aigosthenai zu den anderen Hafenorten am Korinthischen Golf sowie durch Vathichoria nach Megara lief. Auch neben diesem Gebäude findet man Spuren, die auf eine landwirtschaftliche Nutzung hindeuten. Von der Höhe des Passes (ca. 500 m
ü.NN) bietet sich dem Reisenden ein wunderbarer Blick über die Küsten-
buchten von Psatha und Alepochori und weiter nach Süden zum Kap Melan-
gavi mit dem Heraion von Perachora (s.u. S. 252) und auf die peloponnesische Nordküste.

ELEUTHERAI: Nahe Oinoe und nur einige hundert Meter nördlich der Abzweigung nach Villia und Porto Germeno bewachte ein klassisches Grenzkastell
des 4. Jhs. v.Chr. die Paßstraße nach Theben (**89**); die Identifizierung des
Ortes mit einem antik überlieferten Namen ist umstritten, wahrscheinlich
handelt es sich um Eleutherai; modern heißt der Platz Gyphtokastro
(Zigeunerburg). Auf der etwa 300 m langen Nordseite steht die Festungsmauer mit sieben Türmen fast vollständig aufrecht; im Innern kann man die
Treppen zum Wehrgang und die Zu- und Durchgangstüren der Türme gut
erkennen (Taf. 27,2). An der Nordwestecke gibt eine schmale Ausfallpforte, die seltsamerweise nie einen Verschluß hatte, Zugang zu Burg. Etwa in
der Mitte der nördlichen Mauer, beim fünften Turm, sind die Fundamente
eines Gebäudes mit Mittelgang und daran anschließenden Räumen erhalten, das einzige Bauwerk im Innern des Kastells, vielleicht die Komman-
dantur; die hier stationierten Mannschaften müssen wohl in Zelten oder einfachen Holzhäusern untergebracht gewesen sein. Auf der Ostseite der Burg
fällt der Fels steil zu einem Tal hin ab, die Festungsmauern sind hier großenteils abgerutscht. Doch sieht man an dieser Stelle eine in den Untergrund
gebaute Zisterne. Auf der flach geneigten Südseite sowie im Westen liegen
die Tore der Festung: Hinter den einstigen Türflügeln befinden sich kleine
Höfe, auf die wiederum Türen folgten; eindringende Feinde konnte man vor
und in diesem Hof von den Mauern herab bekämpfen. An der Torwange
der Westpforte liest man bei günstigem Streiflicht eine griechische Inschrift,
die die Entfernung nach Plataiai angibt. – Sieht man die mächtigen, gut
gefügten Quadermauern der griechischen klassischen Städte und Festungen
(u.a. Sounion, Rhamnous, Phyle, Eleutherai, Aigosthenai), so wundert man
sich über das offensichtlich große Sicherheitsbedürfnis, das in diesen Bauwerken zum Ausdruck kommt; auch Abschreckung und Repräsentation
mögen bei der Errichtung der Anlagen eine Rolle gespielt haben. Die auf-
wendigen Festungen haben jedenfalls in den wenigsten Fällen tatsächlich
eine Stadt oder ein Kastell vor der Einnahme durch den Feind bewahrt: Die
meisten von ihnen wurden durch Verrat erobert.
Zwischen 1938 und 1940 gruben griechische Archäologen südlich unterhalb des Kastells, gegenüber dem Straßenabzweig nach Villia, die Fundamente eines Tempels, einiger Häuser und zweier frühchristlicher Basiliken
aus, die man von der erhöhten Position der Festung aus sogleich bemerkt.
Insbesondere der Tempelbau ist für die Identifizierung und Benennung des
Ortes wichtig: Denn Pausanias berichtet, daß es in der Ebene von Eleutherai
vor der Paßstraße des Kithairon, die Attika mit Boiotien verbindet, einen
Dionysos-Tempel gegeben habe, dessen hölzernes Kultbild nach Athen
gebracht worden sei, als man dort – unterhalb des späteren Dionysos-Theaters – das Heiligtum dieses Gottes gründete. Dies geschah zur Regierungszeit des Tyrannen Peisistratos, in der das Gebiet südlich des Kithairon aus
boiotischem in athenischen Besitz überging. Dafür, daß der Platz auch noch
in der Spätantike besiedelt war, sprechen die beiden dreischiffigen Basili-

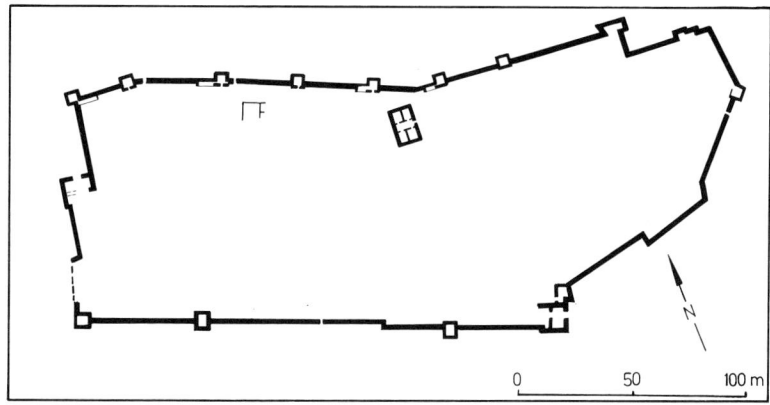

89 Das Kastell Eleutherai (Gyphtokastro)

ken; die fruchtbare Ebene von Oinoe (= Mazi) bildete die landwirtschaftliche Grundlage dazu.

OINOE: Wenig südlich des heutigen Dorfes Oinoe ragen zwei Mauern eines quadratischen klassischen Turmes auf. Die Einlassungen von Balkenlöchern auf der Innenseite sowie die Schießscharten auf verschiedenen Niveaus lassen erkennen, daß er einst mindestens vier Stockwerke besessen haben muß. Der Signalturm stellte wohl eine Verbindung zwischen Eleutherai und dem benachbarten Kastell Oinoe her. Diese folgende Festung, heute östlich des gleichnamigen modernen Dorfes gelegen, bewachte die weite, fruchtbare Ebene von Mazi; die Burg wurde früher auch Myopolis genannt und ist unter diesem Namen bis heute bekannt. Auf einem niedrigen Hügel am Nordrand der Ebene sind nur noch wenige Reste des klassischen Kastells erhalten: Die gesamte Anlage hatte einen etwa quadratischen Grundriß. Auf der Nordseite sieht man ein längeres Stück der Quadermauern aus weichem, rötlichem Sandstein, während an der Westfront härterer Kalkstein verwendet wurde. Die Mauer war mit Türmen bewehrt, und an der höchsten Stelle der Nordseite, geschützt von einem noch hoch anstehenden Turm, gewährte ein breites Tor Zugang zum Innern der Festung. Fundamentspuren der Innenbebauung sowie kurze Stücke der Westumfassung sind ebenfalls zu finden; an der Südseite sieht man Blöcke weiterer Bauten. Zusammen mit Eleutherai, Panakton und Phyle sicherte das Kastell die Nordseite Attikas entlang der Berggrenze nach Boiotien (**82**).

VELATOURI-TURM: Zu dem Sicherungssystem gehörten – wie bereits erwähnt – auch einige Wacht- und Signaltürme. Einer der strategisch bedeutendsten Türme mit einem besonders schönen, eindruckvollen Rundblick über die gesamte Megaris und die Thriasische Ebene bis hin zum Aigaleos befindet sich auf einem Berggipfel südlich des Kastells von Oinoe, auf dem 531 m hohen Velatouri (**82**), nicht weit vom Kastell Plakoto entfernt (s.o. S. 221).

Man erreicht ihn vom Kastell in südlicher Richtung über einen Feldweg, der durch die Ebene führt; anschließend folgt man einem (schwer auffindbaren) Pfad hangaufwärts auf die Bergkuppe. Auf der steilen südlichen Bergseite, dem nach Osten verlängerten Tal von Koundoura, das man auch von Plakoto aus vor dem Zementwerk abbiegend erreicht, ist der Aufstieg zwar beschwerlicher, doch ist diese Route leichter zu finden, weil man den Turm von hier aus meist vor Augen hat.

Der Rundturm besteht aus großen Quadern, die um den Gipfel des Berges aufgerichtet wurden; direkt an seiner Südseite brach man die Blöcke und sorgte so durch die Abarbeitung des Hanges für eine noch deutlichere und sicherere Position. Den Zugang bot nicht etwa eine normale Tür, sondern ein Schacht, der unterhalb der Ostseite in den Fels gemeißelt wurde und zu einer im Innern des Turmes hinaufsteigenden Treppe führte. Sie ist allerdings von einem großen Quader gesperrt. Besonders beeindruckend ist der Rundblick von diesem Turm: Nach Nordwesten sieht man zum Kastell von Eleutherai, nach Norden zu dem von Oinoe, nach Nordosten zur Festung von Panakton auf ihrem charakteristischen Kegelberg und nach Osten zur Burg von Phyle; östlich liegt die Thriasische Ebene mit der Dema-Mauer, die Aigaleos und Parnis miteinander verbindet, und im Süden schaut man zur Bucht von Salamis mit der Meerenge bei Psyttalia und auf die Berge von Salamis sowie die Silhouette von Aigina; in westlicher Richtung schließlich blickt man auf die Berge der Megaris und in das Koundoura-Tal. Dieser klassische Wachtturm liegt also in einer zentralen Position mit besonderer strategischer Bedeutung für die Grenzkontrolle des nordwestlichen Attika; gleichzeitig erschließt er dem modernen Reisenden auf nahezu einzigartige Weise den Zusammenhang zwischen den geographischen Gegebenheiten Attikas und der Megaris sowie der militärischen Grenzsicherung während der griechischen Klassik.

Das Kloster Osios Meletios (ÖZ: 8–12 h; 16 h–Sonnenuntergang): Am Südhang des Pastra-Höhenzuges liegt oberhalb der Mazi-Ebene in schöner Position ein bedeutendes mittelbyzantinisches Kloster. Es trägt den Namen seines bekanntesten Mitgliedes und Reformators. Um 1035 wurde Meletios in Kappadokien geboren; die Jahre zwischen 1053 und 1081 verbrachte er in einem Kloster bei Theben, um sich danach an einen ruhigeren Ort zurückzuziehen. Er wählte dazu das Kloster Symboulon an der Grenze zwischen Attika und Boiotien, in dem er rasch zum Abt der Mönchsgemeinschaft aufstieg. Seinen Vorstellungen von einem strengen und asketischen Leben entsprechend führte er eine radikale Reform der Klosterregeln durch. Damit kam er einem Bedürfnis seiner Zeit entgegen, denn der Zustrom von Anhängern war so groß, daß über 20 Neben-Unterkünfte geschaffen werden mußten, die jeweils von acht bis zwölf Mönchen bewohnt wurden. Wegen seiner dichten Besiedlung zu jener Zeit wurde der Hügel, auf dem das Kloster liegt, 'heiliger Berg' genannt. 1105 starb Meletios und wurde in der Klosterkirche beigesetzt. Das Kloster (nicht zu verwechseln mit einem

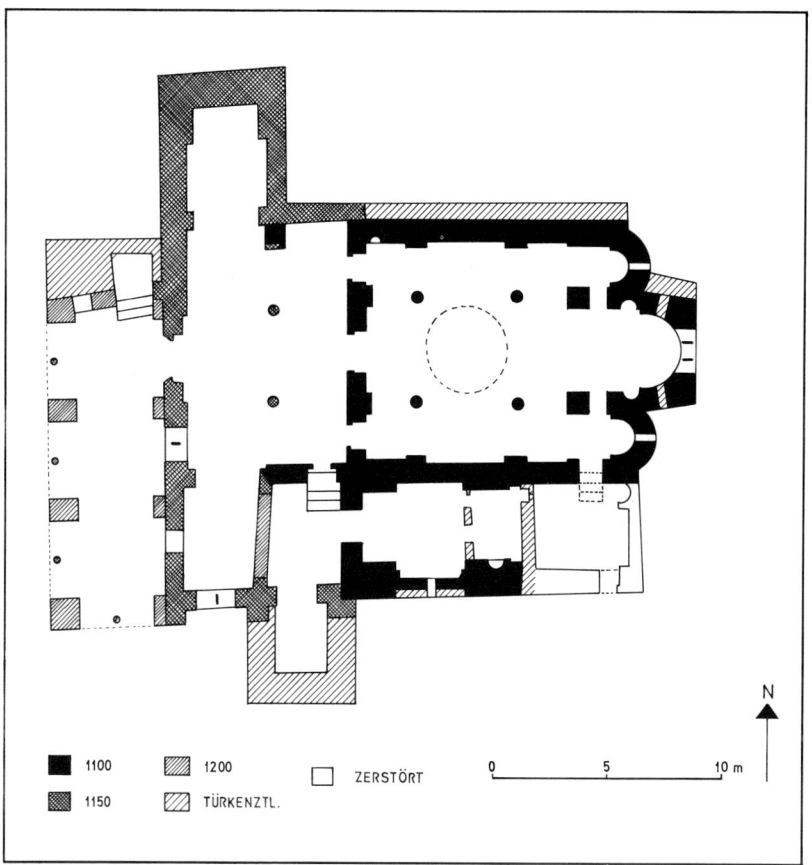

N

90 Kloster Osios Meletios, Katholikon

gleichnamigen bei Mandra nahe Eleusis) wurde unter seinem Namen bekannt
und besaß bis in das 17. Jh. große Bedeutung. 1883 wurde es vom Kloster
Phaneromeni auf Salamis abhängig, wurde vernachlässigt und verfiel, so
daß 1928 der Metropolit von Athen, Chrysostomos, die Bauten renovieren
lassen mußte und erneut Mönche einsetzte. Seit 1950 werden die Gebäude
von einem Nonnenorden bewohnt.
Man betritt die nach außen abgeschlossene Anlage von Süden her. In der
Mitte des Hofes liegt das Katholikon (**90**), das dem Betrachter zunächst als
etwas verwirrender Komplex erscheint (Taf. 28,1). Der Kernbau, der gegen
Ende des 11. Jhs. entstand, ist eine Kreuzkuppelkirche vom Viersäulentypus.
Ursprünglich besaß sie einen schmalen Narthex, dessen Westfassade aber
bereits im mittleren 12. Jh. niedergerissen wurde. An deren Stelle traten
zwei Säulen, und der gesamte Vorraum wurde erheblich nach Westen und

zu beiden Seiten hin erweitert. So entstand ein innerer Doppelnarthex. Während sich die Gebeine des Meletios zunächst in der Krypta unter dem Narthex befanden, wurden sie später in den nördlichen Flügel überführt. Erst in nachbyzantinischer Zeit wurde der offene Exonarthex in Form einer Stoa und mit einem Obergeschoß über beiden Vorhallen errichtet. Eine Treppe in dem seitlich angebauten Turm ermöglichte den Zugang zu dem oberen Stockwerk, in dem sich vermutlich die Klosterbibliothek befand. Das Bild des Katholikon wird auf der Südseite ferner durch eine kleine vorgelagerte Kapelle mit Kuppel kompliziert, die den Erzengeln (Taxiarchen) geweiht ist. Das Mauerwerk des Baukomplexes wirkt schlicht. Im Innern der Kirche ist die Ornamentik der Türstürze, des Templon und der Kapitelle besonders beachtenswert. Während die Malereien des Naos im 19. Jh. überstrichen wurden, sind im Narthex reiche Fresken aus der Wende vom 16. zum 17. Jh. zu sehen. Die bildliche Ausstattung folgt einem für die nachbyzantinische Zeit typischen Schema: Die Gewölbemitte (in anderen Narthices die Kuppel) ist der Verherrlichung Christi vorbehalten, an der Ostwand erscheinen Einzelfiguren gemäß ihrer Anordnung an der Ikonostase (rechts der Zentraltür Christus und Johannes der Täufer, links die Gottesmutter und der Kirchenpatron, außerdem an dieser Wand noch die vier Evangelisten). Oberhalb der Zentraltür erscheint ein Brustbild Christi, darüber ist der Tod des Meletios dargestellt. Die weiteren Themen sind horizontal gegliedert: Seitlich im oberen Bereich die Martyrien, unterhalb des Gesimses die Verherrlichung der Gottesmutter, darunter Einzelfiguren von Heiligen, Märtyrern u.a. und schließlich ein Band mit Ornamenten.

Das Katholikon hat bei einem Erdbeben 1981 schweren Schaden genommmen, die insbesondere im Esonarthex und außen an den Apsiden deutlich zutage treten. Trotz der Abstützungen ist die Gefahr für die Kirche in dem hübschen, mit Blumen geschmückten Klosterhof nicht gebannt.

Kehrt man zur Teerstraße am Rand der Mazi-Ebene zurück und folgt ihr nach Osten, so gelangt man in die Skourta-Hochebene, zum Kastell Panakton bei Prasino und über Stephani nach Phyle (s. S. 220).

Obwohl die in den folgenden Abschnitten besprochenen Denkmäler bereits außerhalb der Megaris liegen, wurden sie in diesen Führer aufgenommen, da wohl jeder moderne Reisende sich erst nach der Überquerung des Isthmos und des Kanals von Korinth auf dem Boden der Halbinsel Peloponnes fühlt. Es ist aber zu betonen, daß der Isthmos und auch die nördlich gelegene Landschaft um Perachora mit dem berühmten Hera-Heiligtum schon seit dem 8. Jh. v.Chr. zum politischen Einflußbereich von Korinth gehörten; historisch gesehen und auch nach der heutigen Nomos-Gliederung hat man die Megaris also bereits wenig westlich des Badeortes Kinetta am Saronischen Golf, nach Umrundung des 'Skironischen Felsens', verlassen.

4. DER ISTHMOS VON KORINTH UND DER DIOLKOS

Mit dem Begriff 'Isthmos' bezeichneten die Griechen allgemein jede Landenge; heute wird der Begriff meist auf die nur sechs Kilometer breite Verbindung Mittelgriechenlands mit der Peloponnes bezogen. Die geographischen Gegebenheiten an dieser Stelle boten zum einen die Möglichkeit, den Landzugang zur Peloponnes mit Festungswerken zu versperren; andererseits versuchte man seit der Antike, einen Kanal durch den Isthmos bei Korinth zu legen und so den langen und wegen der heftigen Winde gefährlichen Seeweg rund um das Kap Tainaron (heute Matapan genannt) um etwa 100 Seemeilen zu verkürzen. Als erster hatte der korinthische Tyrann Periander zu Beginn des 6. Jhs. v.Chr. die Idee, den Korinthischen und den Saronischen Golf durch einen Kanal miteinander zu verbinden; doch er scheiterte mit seinem Vorhaben ebenso wie nach ihm Demetrios Poliorketes, Caesar und die römischen Kaiser Caligula, Nero und Hadrian; von Nero weiß man, daß er mit Hilfe jüdischer Sklaven große Aushub-Arbeiten vornahm, deren Spuren beim Bau des modernen Kanals gefunden wurden. Statt eines Durchstiches wurde schon im 6. Jh. v.Chr. eine andere Methode der Reiseverkürzung praktiziert: Man baute quer über die Landenge eine gepflasterte Straße, auf der nicht nur von den Frachtern gelöschte Waren sondern auch kleinere Schiffe transportiert werden konnten. Dazu dienten Wagen mit einer eineinhalb Meter breiten Spur, die wohl von Tieren gezogen wurden. Die 'Diolkos' genannte Schleppbahn wurde häufig von ganzen Heeren benutzt: Z.B. überliefert Thukydides, daß während des Peloponnesischen Krieges Trierenbesatzungen mit ihren Rudern von einem Golf zum anderen wanderten und dort in bereitstehende Schnellruderer 'umstiegen'; auch Philipp II. von Makedonien und Oktavian machten sich die Schleppbahn zunutze. Reste des Diolkos wurden von griechischen Archäologen ausgegraben; sie sind am westlichen Ende auf dem Südufer unmittelbar neben dem Kanal zu finden. Über eine längere Strecke sieht man die – z.t. vom Wasser umspülten – großen Kalksteinblöcke des Pflasters, in die die Wagenräder tiefe Spurrillen eingegraben haben; einige der Steine sind mit großen archaischen Buchstaben des korinthischen Alphabets beschriftet.

Der Kanal durch den Isthmos von Korinth, eine der bekanntesten Sehenswürdigkeiten Griechenlands, wurde zwischen 1881 und 1893 von einer französischen und einer griechischen Firma gebaut (Taf. 28,2). Er ist bis zu 80 m tief, an der Sohle 21 m und an der 8 m höheren Wasseroberfläche 24,5 m breit, die Wände bestehen aus Kalkstein und Mergel. Eine Eisenbahn- und eine Straßenbrücke überspannen ihn in etwa 45 m Höhe. Seit 1988 gibt es zudem an den beiden Enden, d.h. beim östlichen Hafen Isthmia und beim westlichen Hafen Poseidonia, versenkbare Autobrücken. Wirtschaftlich hat der Kanal von Korinth heute seine Bedeutung weitgehend verloren, da ihn – im Einbahnverkehr – nur Schiffe bis zu einer Breite von 16,5 m und einem

Tiefgang von 7,3 m passieren dürfen. Die größeren werden von Schleppern gezogen, kleine Boote dürfen mit eigener Kraft die 5,6 km lange Strecke zurücklegen. Früher wurden die Abmessungen neu zu bauender Schiffe oft auf die Maße des Kanals abgestimmt; heute – im Zeitalter der Riesentanker – durchfahren ihn nur noch wenige Schiffe, meist Kreuzfahrer: Für den Betrachter ein beeindruckendes Bild, da erst ein direkter Größenvergleich die Ausmaße des tiefen Einschnittes deutlich werden läßt.

Wenige hundert Meter südlich der alten Kanalbrücke liegen neben der Nationalstraße die Reste einer breiten Sperrmauer, die aus dem 6. Jh. n.Chr. stammen, wie die vielfältige Verwendung von Spolien und Ziegeln deutlich macht. Das Festungswerk hatte mehrere Vorgänger: Schon in spätmykenischer Zeit wurde – zumindest an der Ostseite des Isthmos – eine Kyklopenmauer errichtet, und vor dem Persereinfall von 480 v.Chr. sperrte man den Isthmos vorsorglich ebenfalls mit einer Mauer.

5. PERACHORA

Wenige Meter nördlich des Kanals von Korinth zweigt eine Straße ab, die über LOUTRAKI, einen beliebten Bade- und Kurort, auf die Halbinsel der Peraia führt. Am Strand von Loutraki entlang kann man zum Westende des Kanals mit seiner im Wasser versenkbaren Brücke und über diese hinweg nach Korinth fahren. Loutraki selbst verfügt über zahlreiche Hotels, Pensionen und Ferienhäuser, die Unterkunft bieten für den Kurbetrieb der radioaktiven Natriumchloridquellen (Nieren-, Galle- und Rheumaerkrankungen). Außerdem ist der Ort bekannt für sein Mineralwasser, das man überall, in große Plastikflaschen abgefüllt, kaufen kann.

Hinter Loutraki steigt die Straße nach Nordwesten an und eröffnet schöne Ausblicke über den Golf zur Peloponnes hinüber und zum Kap Melagavi mit dem Heraion von Perachora (**91**). Nach 10 km gelangt man zu dem Dorf Perachora, das bei einem schweren Erdbeben 1981 weitgehend zerstört wurde. Die Straße schlängelt sich von hier durch Olivenhaine, Felder und Waldbestände und endet am Kap unweit eines Leuchtturmes. Zuvor passiert man einen großen See, den VOULIAGMENI-SEE, der mittels eines modernen Durchstiches mit dem offenen Meer verbunden ist. An seinen Ufern stehen einige Wochenendhäuser; auf der Westseite laden kleine Tavernen zu einfachem, aber köstlichem Fischessen ein, das man direkt am Strand oder unter Pinien genießen kann.

Die Landschaft Peraia, von der Megaris durch den Gebirgszug der Gerania getrennt und als Landwirtschaftskammer während der ganzen Antike intensiv genutzt, gehörte zunächst zum Einflußbereich Megaras, bis etwa in der Mitte des 8. Jhs. v.Chr. die Korinther der Halbinsel und auch vom Hera-Heiligtum Besitz ergriffen. Direkt am Meer und in dem von einer kleinen Bucht aufsteigenden Tal lagen damals schon die Bauten des Heraion, das im 6. bis 4. Jh. v.Chr. zu einem der bedeutendsten Sakralplätze Griechen-

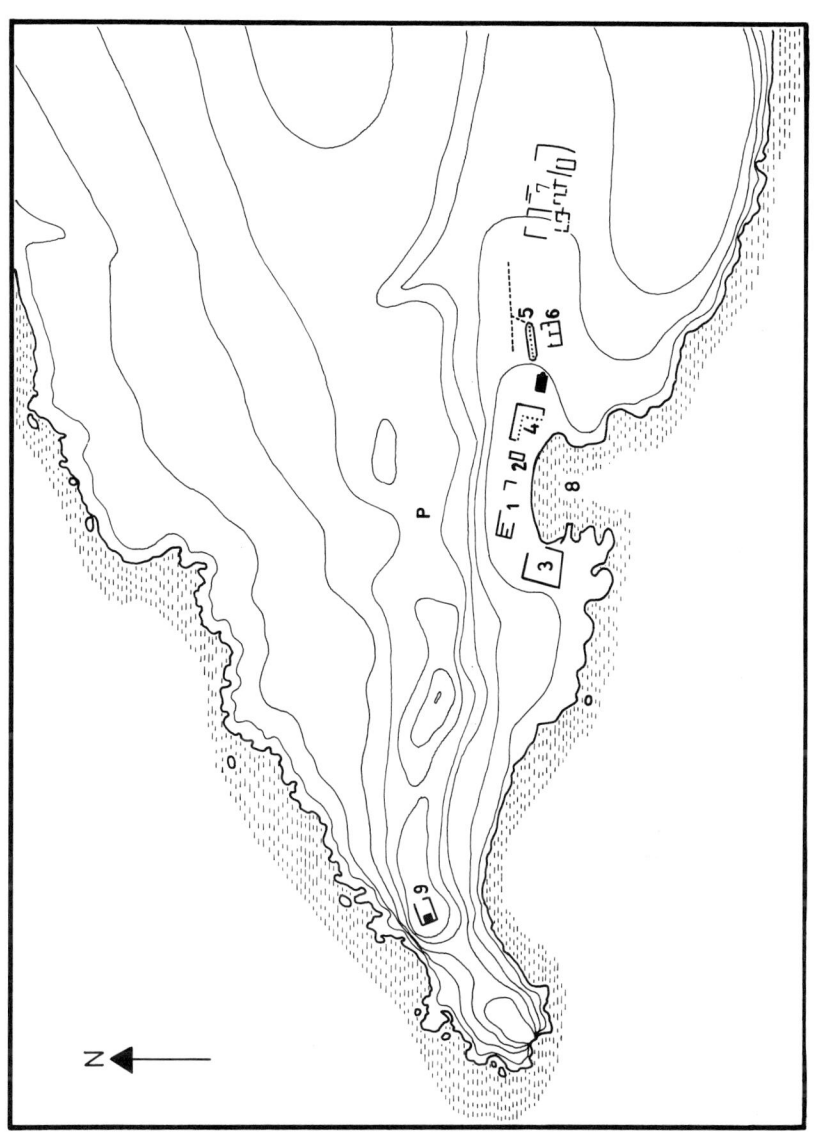

91 Perachora,
Heraion

1: Tempel
2: Altar
3: Agora
4: Stoa
5: Zisterne, Was-
   serleitung
6: Gelageräume
7: Terrassen- und
   Hausmauern
8: Hafen
9: Leuchtturm
P: Parkplatz

lands werden sollte. Von diesem heiligen Bezirk ist eine größere Ebene durch einen Ost-West streichenden Felszug, auf dem sich die antike Akropolis und die Kapelle des Ag. Nikolaos befinden, getrennt; diese Ebene war während der gesamten griechischen Antike mit verstreuten Häusern und Vorrichtungen für die Wasserversorgung der Bewohner locker bebaut; im Osten wurde sie durch eine Mauer von der übrigen Peraia abgegrenzt. In der Antike bestand für Verfolgte die Möglichkeit, in einem Heiligtum Schutz zu suchen; wenn die Priesterschaft sie als Asylanten anerkannte, waren sie dort vor dem Zugriff ihrer Verfolger und auch des Gesetzes sicher. Nach neuen Forschungen gehörte die Fläche oberhalb des Heiligtumkernes beim Tempel noch als sakrale Schutzzone zum Heraion, bot also Asylanten genügend Raum, dort für längere Zeit zu leben.

Von den hier gelegenen Gebäuden ist das bedeutendste ein klassisches Brunnenhaus; es liegt wenige Schritte nördlich der Zufahrtstraße etwa 400 m vom modernen Parkplatz entfernt (Hinweisschild). Das Wasser wurde in drei großen, in den Fels geschlagenen Kammern gesammelt und konnte auf der Westseite in einer Vorhalle mit sechs ionischen Säulen geschöpft werden. Gut erhalten sind die drei Schöpfbecken mit ihrem wasserfesten Verputz; auch die drei Kammern kann man noch erkennen, wenngleich heute Teile davon eingestürzt und verschüttet sind. Dagegen sieht man von der Architektur des Brunnenhauses nur noch geringe Reste der Kalksteinsäulen und der Seitenwände; doch lassen sich an einigen Stellen Fragmente des einst feinen, auf den groben Kalkstein aufgetragenen Stucks finden, durch den die Architektur das Aussehen eines Marmorbaues erhielt. Wenige Meter weiter östlich fanden die englischen Ausgräber ein verzweigtes Netz von unterirdischen Gängen, zu denen eine lange Treppe hinabführt. Die in den Fels getriebenen Stollen dienten als Zisternen; wenn sie gefüllt waren, lief das überschüssige Wasser durch einen Kanal in die Kammern des Brunnenhauses.

Der heilige Kultbezirk (Taf. 29) liegt östlich des Leuchtturmes in einer geschützten Bucht am Meer (**91**); trotz der scheinbar idealen Bedingungen war sie als Hafen nicht ungefährlich, da vor der Buchteinfahrt Riffe liegen. Die Bedeutung des Ortes lag deshalb vielmehr in dem großen Ansehen, das das Heiligtum der Hera Akraia, auch Hera Limenia genannt, in ganz Griechenland und in der gesamten antiken Welt genoß. Die vielen Weihgeschenke, die bei Ausgrabungen englischer Archäologen hier gefunden wurden, und auch die Entwicklung der Heiligtums-Architektur belegen den Aufschwung, den der Kult der Hera besonders im 6. bis 4. Jh. v.Chr. nahm. Im frühen 8. Jh. v.Chr. gab es an der Bucht, etwa im Bereich des späteren Kultbaues, bereits einen Tempel; er war sehr klein und wies die zu jener Zeit üblichen langgestreckten Proportionen und eine apsidale Westwand auf. Um die Mitte des 7. Jhs. wurde dieser Naos durch einen größeren, rechteckigen Bau ersetzt. Gleichzeitig terrassierte man das Gelände beim Tempel und errichtete im Tal östlich oberhalb der Bucht ein Haus für Gastmähler.

Große Umbauten fanden dann am Ende des 6. Jhs. statt: Das Gelände am Meer wurde durch Abtragung der Felswände erweitert und planiert; dann baute man einen neuen, langgestreckten Tempel mit einer zweisäuligen Vorhalle, einer langen Cella und einem schmalen Adyton im Westen; seine Fundamente sind noch heute gut erkennbar (**91**,1). Vor der Ostfront des Tempels entstand ein höchst seltsamer, einzigartiger Altar: Es handelt sich um eine niedrige, längsrechteckige Steinkonstruktion, die rundum mit einem direkt auf dem Boden aufliegenden Metopen-Triglyphen-Fries ausgestattet war; seine südliche Flanke fehlt heute, da sie zum Meer abgestürzt ist (**91**,2). Auch oben im Tal schüttete man Terrassen auf und erneuerte das Speisehaus (**91**,6). Südwestlich des Tempels schließlich wurde durch Abgraben der Felsen ein unregelmäßig geschnittener Platz gewonnen, auf dem sich Festzüge während des Kultes zu Ehren der Hera versammeln konnten, die Agora oder das Pompeion; die noch vorhandenen Reste stammen von einer späteren Gestaltung der Platzanlage (**91**,3). In diesem Zustand blieb das Heraion bis in das frühe 4. Jh. v.Chr. bestehen, dann erfolgte abermals ein Ausbau der Sakralgebäude: Der Tempelvorplatz wurde neu gestaltet, erhielt eine Stützmauer auf der Nordseite und eine Pflasterung; um den Triglyphenaltar (**91**,2) stellte man eine baldachinartige ionische Säulenarchitektur auf, und östlich davon wurde eine L-förmige Säulenhalle errichtet, die leicht aus der Achse von Tempel und Altar gerückt ist, so daß man von allen Punkten der Stoa das Geschehen am Altar verfolgen konnte (**91**,4); diese Stoa befindet sich direkt unterhalb der mittelalterlichen Kapelle. Zur gleichen Zeit veränderte sich auch das Bild der Bauten im oberhalb gelegenen Tal: Über eine Schuttschicht mit den älteren Weihgeschenken wurde eine repräsentative (schlecht erhaltene) Freitreppe gelegt, die die verschiedenen Geländestufen hin zum Hestiatorion (Speisehaus) überwand (**91**,6). Dieses bestand nun aus zwei etwa quadratischen Räumen mit Klinen an den Wänden und einer Vorhalle. Die Fundamentmauern und die Position der Klinen lassen sich noch bestimmen. Im Bereich zwischen diesem Haus und den Gebäuden in der Bucht baute man eine längs-ovale, große Zisterne mit Mittelstützenreihe, die über einen gedeckten Kanal Zulauf erhielt (**91**,5); sie gehört zu den am besten erhaltenen Bauten des Heraion. Wenig später, in der zweiten Hälfte des 4. Jhs. v.Chr. schließlich fügte man in die Platzanlage südwestlich des Tempels eine Säulenreihe ein und schuf somit einen überdachten Umgang, der das Pompeion insgesamt repräsentativer erscheinen ließ (**91**,3). In den folgenden Jahrhunderten erfolgte keine größere Bautätigkeit mehr im Heiligtum; man erneuerte nur bisweilen den Stuckverputz des Tempels und der anderen Gebäude. Schon im 2. Jh. v.Chr. wurde das Heraion aufgegeben, wahrscheinlich als Folge der Zerstörung Korinths durch die römischen Truppen unter Mummius (146 v.Chr.). Der Kult der Hera Akraia scheint später in das neu errichtete Korinth transferiert worden zu sein; jedenfalls nennt Pausanias einen Tempel der Hera Akraia, den er auf seinem Weg zur Akropolis der Stadt (Akrokorinth) sah.

Die Akropolis des Heraion besteigt man am besten vom klassischen Brunnenhaus her, indem man auf der anderen Seite der Teerstraße einem schmalen Pfad folgt, der sich von Westen durch die Bäume schlängelt. Am Fuß des Berges, auf einer kleinen ebenen Fläche, wurde vor einigen Jahren eine runde Anlage entdeckt, deren Interpretation nicht gänzlich geklärt ist. Es handelt sich um einen Steinkreis mit etwa 27 m Durchmesser, der einst ein mit wasserfestem Putz ausgekleidetes Becken rahmte. Dieses Bassin, das zu Beginn des 5. Jhs. v.Chr. errichtet wurde, war offensichtlich nie überdacht und diente nach Aussage der Ausgräber zum Sammeln von Regenwasser; eine Zuleitung in Form eines Kanals gab es nicht. Entweder handelt es sich um eine – wenig effektive – Zisterne oder um einen kultischen Platz, einen heiligen See. Der große Rundbau ist gut von der Akropolis aus zu erkennen, die östlich oberhalb auf einer kleinen Terrasse lag. Heute steht an dieser Stelle die Kapelle des Ag. Nikolaos; aus antiker Zeit stammen die Reste einer Stützmauer auf der Nordseite. Von der Westspitze der Akropolis hat man einen herrlichen Überblick über das gesamte Heiligtum in der Bucht und das Kap im Westen sowie über die nordöstlich gelegene große Ebene mit dem Brunnenhaus.

Die Inseln des Saronischen Golfes: Salamis, Aigina und Poros

1. SALAMIS

Salamis, mit 93 km^2 Fläche die größte Insel des Saronischen Golfes, wird nur von wenigen Touristen besucht. Die Zugehörigkeit zum attischen Industriegebiet Piraeus – Eleusis, die Fabriken, die Hafenanlagen auf dem Festland und der Insel, die abgewrackten Schiffe in der Bucht sowie die eintönige Betonarchitektur der Inselorte schrecken viele Besucher ab. Jedoch ist ein Tagesausflug von Athen aus durchaus lohnend, denn Salamis verfügt neben landschaftlich sehr reizvollen Landstrichen auch über historisch interessante Monumente (**92**).

Anfahrt: Man erreicht Salamis mittels zweier Fährverbindungen: Zum einen von Perama her, einem westlichen Vorort von Piraeus, den man mit dem Auto über die Nationalstraße nach Korinth bis zur ersten Abzweigung hinter Daphni (ausgeschildert: Piraeus) erreicht; man kann aber auch von Piraeus entlang der Küste in westlicher Richtung nach Perama fahren. Eine zweite Fährverbindung besteht zwischen der Küste bei Megara, von einer ebenfalls Perama genannten Fährstation aus, und der Nordseite von Salamis beim Kloster Phaneromeni.

Salamis war bereits in prähistorischer Zeit besiedelt; man fand vor allem Gräber und Keramik aus frühhelladischer bis spätmykenischer Zeit. In historischer Zeit gehörte die Insel zunächst zum Herrschaftsbereich von Megara. Zur Zeit Solons zwischen Athen und Megara hart umkämpft, wurde Salamis durch Peisistratos in der zweiten Hälfte des 6. Jhs. v.Chr. endgültig an Attika angeschlossen. Die Insel erhielt einen Sonderstatus im attischen Staatsgefüge: Ein Teil der ursprünglichen Bevölkerung wurde in den Raum von Sounion umgesiedelt und bekam dort athenisches Bürgerrecht, die Insel selbst wurde als Kleruchenland, d.h. durch Los erlangter Grundbesitz außerhalb Attikas, an attische Bürger verteilt, die weiterhin Mitglieder ihres Heimatdemos blieben. Dabei verlegte man wohl auch den Hauptort der Insel, dessen alte Lage nicht gesichert ist, in die Bucht von Ambelakia.
Berühmt wurde Salamis durch die Seeschlacht zwischen den Griechen und Persern, die vor der Ostküste der Insel im September 480 v.Chr. stattfand. Zehn Jahre nach der Niederlage bei Marathon und nach genauen Planungen unternahm der persische Großkönig Xerxes einen neuen Versuch, Griechenland zu unterwerfen. Nachdem der Widerstand der Spartaner unter Leonidas bei den Thermopylen (Sommer 480) durch Verrat gebrochen war, zogen das große Landheer und die Seestreitmacht der Perser nach Süden, zerstörten Eretria und rückten bis nach Athen vor, das weitgehend verlassen und dem Feind ausgeliefert war. Der größte Teil der Athener war nach Salamis und Poros evakuiert worden, die wehrfähigen Männer dienten als Besatzung der neuen Kriegsflotte; denn unter der Leitung des Themistokles

hatte man den delphischen Orakelspruch, sich hinter hölzernen Mauern zu verschanzen, als Aufforderung interpretiert, die (aus Holz) neu gebaute Trieren-Flotte zur Verteidigung Griechenlands zu benutzen. Am Vortag der Schlacht lagen die griechischen Ruderer vor der Bucht von Ambelakia, während die Perser vor Phaleron ankerten. Eine Schlacht auf offener See nahmen die Griechen nicht an. Themistokles soll dann durch Boten Xerxes über eine vorgebliche Uneinigkeit der vereinigten griechischen Heerführer benachrichtigt und damit den Großkönig dazu veranlaßt haben, seine Flotte in die Bucht zwischen dem Festland, der langgestreckten Insel Psyttalia und Salamis einfahren zu lassen. Das ermöglichte den Griechen, unter günstigen Bedingungen in die Seeschlacht einzutreten: Mit ihren kleineren, wendigen und schnellen Trieren (Taf. 30,1) stießen sie von beiden Flügeln auf den Feind vor, der dadurch kaum mehr Raum hatte, seine schwerfälligen und an Zahl weit überlegenen Schiffe zu manövrieren. Die Schlacht tobte den ganzen Tag über; etwa 200 der ca. 600 persischen Schiffe wurden mit dem Rammsporn der griechischen Trieren versenkt, die übrigen feindlichen Schiffe flohen zunächst nach Phaleron, am nächsten Tag zum Hellespont; eine persische Besatzung auf Psyttalia konnte gegen Abend von den Griechen ebenfalls überwältigt werden. Dies alles mußte Xerxes von seinem Beobachtungs-Thron, den er siegesgewiß an der Südflanke des Aigaleos (zwischen Piraeus und Perama) hatte aufstellen lassen, mitansehen. Er trat wenige Tage später mit seinem Landheer den Rückzug nach Kleinasien an, nur sein Heerführer Mardonios blieb bis zum folgenden Jahr in Griechenland. In der Schlacht bei Plataiai wurde dieses Restkontingent der persischen Streitmacht 479 v.Chr. von den Griechen endgültig geschlagen.

Aus der Zeit nach den Perserkriegen sind für Salamis nur noch wenige historisch bedeutende Ereignisse überliefert. Zweimal wurde die Insel während des Peloponnesischen Krieges Schauplatz von Kämpfen: 429 v.Chr. versuchten die Spartaner, den Piraeus einzunehmen, und überfielen deshalb zunächst die athenische Festung Boudoron an der Nordwestküste von Salamis (**82**; **92**). Umgekehrt eroberten die Athener zwei Jahre später von Boudoron aus den megarischen Hafen Nisaia und die Festung Minoa (**85**). 405 v.Chr. schließlich verwüstete der spartanische General Lysander während der Belagerung Athens die Insel. Sie blieb im 4. Jh. in athenischem Besitz. Während des Hellenismus wechselte Salamis mehrmals seine Zugehörigkeit und wurde wiederholt Opfer von Besetzung und Verwüstung. Im weiteren Verlauf der Geschichte spielte die Insel keine bedeutende Rolle mehr; nur die Kult-Festspiele Aianteia, die zu Ehren des Aias stattfanden, des mythischen Königssohnes, der die Salaminier im trojanischen Krieg anführte und vor Troja Selbstmord beging, sind noch bis in die römische Kaiserzeit hinein belegt.

Von der antiken Stadt Salamis ist heute nur noch wenig zu erkennen (**92**). Sie lag – bislang weitgehend unausgegraben – auf einem Hügel südlich oberhalb des heutigen Hafens von Paloukia im Gelände des Ortes AMBELAKIA.

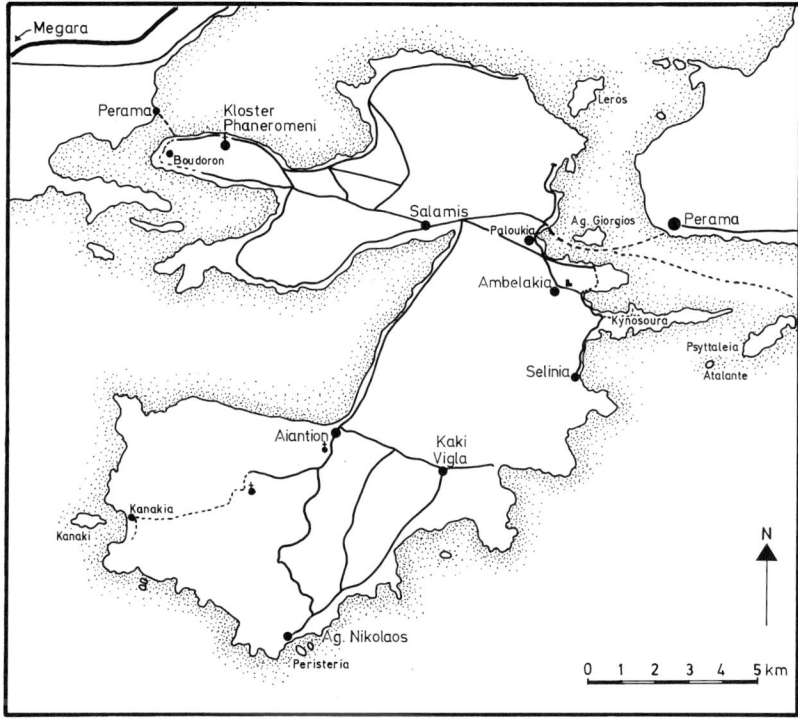

92   Salamis, Kartenskizze der Insel

Die einzige deutlich erkennbare Ruine ist das Stück einer dicken Lehmzie-
gelmauer unter einem Schutzdach, das den Verlauf der Stadtmauer markiert.
Reisende und Forscher des vergangenen Jahrhunderts sahen in der Bucht
von Ambelakia noch Mauerzüge, die bis ins Wasser reichten und dem antiken Hafenbereich angehörten. In dessen Nähe muß das von Pausanias
erwähnte Heiligtum des Aias gelegen haben, während in der Stadt selbst
inschriftlich ein Artemis-Tempel überliefert ist. Inschriften und literarische
Nachrichten nennen zudem eine Agora, die von Stoen gerahmt war, einen
Zwölfgötter-Altar, ein Gymnasium und einen Hermeskult; das Theater, in
dem die epigraphisch bezeugten Dionysien stattfanden, konnte bislang ebenfalls nicht lokalisiert werden.

Auf der südlich anschließenden, langgestreckten, schmalen Halbinsel KYNOS-
OURA ('Hundeschwanz') findet man neben einer Schiffswerft einen großen
Erdhügel mit Gräbern und einer steinernen Umfassung (von Ambelakia ausgeschildert als 'Tymbos'; 92). Es muß sich dabei um den Rest des Grabes
für die griechischen Gefallenen der Schlacht von Salamis handeln. Der Grabhügel, Polyandrion genannt, der als historisch bedeutendes Monument demjenigen von Marathon unmittelbar an die Seite zu stellen ist, wird heute lei-

der durch die umliegende Industrie sowie Grabräuberei in seinem Bestand gefährdet. Nahebei war ein mit dem Zeuskult verbundenes Tropaion aufgestellt, eines von wahrscheinlich zwei Siegesdenkmälern; ein weiteres befand sich laut Plutarch auf der Insel Psyttalia.

Der moderne Hafen von PALOUKIA beherbergt in seinem nördlichen Teil einen wichtigen griechischen Kriegsmarine-Stützpunkt. Hinter diesem erhebt sich ein steiler Felsen, an dessen Südflanke man mehrere Terrassenmauern, darunter auch kyklopische und polygonale Mauerstücke, entdeckte; sie stützten wahrscheinlich die Flächen für zwei in den Schriftquellen überlieferte Heiligtümer, eines für Athena Skiras, ein weiteres für Enyalios, einen Lanzengott, dessen Gestalt mit der des Kriegsgottes Ares verschmolz.

Von Paloukia führt eine breite Straße zum Hauptort der Insel, der unterhalb eines steilen Felsens liegt und heute Salamis, einst aber wegen der Brezel-Gestalt der Buchtumrahmung 'Koulouri' (= 'Kringel') genannt wurde; bei einer großen Kreuzung (**92**) kann man nach Süden in Richtung Aiantion abbiegen oder geradeaus an der Küste entlang zum kleinen Antikenmuseum am Ortsende fahren, in dem einige mykenische Funde sowie klassische Grabreliefs und Keramik aus Ambelakia aufbewahrt werden. Biegt man bei der erwähnten Kreuzung ab, so kann man auf landschaftlich reizvollem Weg über Aiantion die Süd- und Südwestküste von Salamis erreichen. Am südlichen Ortsrand von Aiantion steht zwischen großen Zypressen eine kleine Metamorphosis-Kirche in Kreuzkuppelform aus dem 12./13. Jh., zu der alljährlich am 5. Juli eine Prozession stattfindet. Wendet man sich wenige hundert Meter weiter südlich nach Westen, so passiert man bald eine Kreuzkuppelkirche aus dem späten 12. Jh. mit Narthex und Seitenkapelle. Nach ca. 7 km erreicht die Straße einen kleinen Paß, von dem aus ein schöner Blick hinab in die Bucht von Kanakia und zum Kloster Ag. Nikolaos reicht. Das Kloster wurde im 17. Jh. errichtet, jedoch wurden beim Bau des einschiffigen Katholikon Fragmente einer Kirche des 12. Jh. verwendet. Schmuckplatten dieses älteren Baues sind neben dem Eingang angebracht; darüber hinaus ist das Katholikon außen mit rhodischen Tellern verziert. Etwas oberhalb des Nikolaos-Klosters liegt die Kirche Agios Ioannis aus dem 15. Jh.

Auch die hübsche Strecke von Aiantion über Kaki Vigla zur Südküste, die über einen niedrigen Paß führt, läßt den Industriebereich der Insel vergessen (**92**): Dicht unterhalb hoch aufragender Bergzüge liegen kleine Buchten mit winzigen vorgelagerten Fels-Inseln, der Blick reicht über den Saronischen Golf nach Aigina hinüber und bei klarer Sicht auch zur Peloponnes-Küste. Die letzte über die Küstenstraße erreichbare Bucht namens Ag. Nikolaos (gegenüber den Inselchen 'Peristeria'), in der mittlerweile einige Athener ihre Wochenhäuser gebaut haben, wird von einem großen klassischen Rundturm bewacht, der oberhalb des Strandes auf einem Hügel errichtet wurde und die Möglichkeit bot, den Golf zu beobachten. Im Volksmund wird der Turm, der sicher zum Wachtsystem Athens während der Klassik gehörte, als Grab des Aias bezeichnet; man glaubte früher, daß hier die ursprüngliche, vor-athenische Siedlung von Salamis gelegen habe, zumal im vergangenen Jahrhundert noch zahlreiche antike Mauerzüge sichtbar waren. Heute läßt sich diese Frage leider nicht mehr klären.

Vom Hauptort Salamis erreicht man entlang der Küstenlinie oder quer durch das Land auch die Nordwestseite der Insel. Hier liegt nahe der megarischen Küste das berühmte Nonnenkloster PHANEROMENI, das 1661 gegründet wurde (**92**). Am 23. August, dem Kirchfesttag, ist es ein vielbesuchter Wallfahrtsort. Antike Blöcke, die in die Mauern der Klostergebäude integriert wurden, weisen darauf hin, daß Phaneromeni an der Stelle eines antiken Heiligtums steht (von der Kirche aus sieht man im südlichen Klosterhof eine schöne Anthemionstele). Die Klosterkirche, ein Kreuzkuppelbau für die Wandlung Christi, ist im Innern mit Fresken des bekannten Malers Markos von Argos und seiner Schule (1735) geschmückt (derselbe Maler schuf auch die Fresken in der Panagia tou Katharou in Salamis aus dem 17. Jh. mit einer sehenswerten Ikonostase sowie in der byzantinischen Kirche Agios Ioannis in Selinia südlich von Ambelakia).

In der Nähe des Klosters, auf dem westlichen Hügel der Halbinsel, legten die Athener die klassische Festung BOUDORON als Verteidigungsstützpunkt im Peloponnesischen Krieg an. Erhalten sind noch Reste der Umfassungsmauer und nahebei (ca. 400 m südlich der Fährstation, die das Übersetzen nach Megara ermöglicht) die Ruinen zweier antiker Türme, die zur Beobachtung der Meerenge dienten; ein ungeübtes Auge erkennt heute aber im Gelände fast nichts mehr.

2. AIGINA

Aigina ist die Hauptinsel des Saronischen Golfes (**93**); dank der guten Fährverbindungen wurde sie in den letzten Jahren zu einem Vorort Athens. Die Insel lohnt wegen ihrer kulturhistorisch interessanten Monumente und der hübschen Landschaft auf jeden Fall einen langen Tagesausflug; wer nicht nur einen oberflächlichen Eindruck bekommen möchte, sollte mindestens eine Übernachtung auf der Insel einplanen.

Vom Haupthafen in Piraeus nahe der S-Bahn-Endstation fahren mehrfach täglich Auto-Fähren und andere Schiffe zur Insel (ca. 80 Min. bis Souvala an der Nordküste, 100 min. bis zum Hauptort); mit den Flying Dolphins erreicht man von demselben Hafenbecken des Piraeus in 30 min. Aigina-Stadt; da diese Reiseart sehr beliebt ist, sollte man die Plätze für das Tragflächenboot rechtzeitig buchen (im Piraeus nur direkt im Hafen, in Aigina am besten gleich nach Ankunft).

Aufgrund der zentralen Lage im Saronischen Golf hatte Aigina seit alters eine besondere Schlüsselposition als Warenumschlags- und Handelsplatz inne. Bereits seit dem Ende des 4. Jts. v.Chr. war die Insel besiedelt, etwa um 2000 v.Chr. wurde an der Westküste ein befestigter Hafenort ausgebaut, der eine wichtige Vermittlerrolle zwischen dem minoischen Kreta und den festländischen Burgen spielte.

Nach der Sage herrschte hier Aiakos, der Sohn des Zeus und der Nymphe Aigina; deren Söhne Telamon und Peleus sind als Teilnehmer des Argonautenzuges und der kalydonischen Eberjagd bekannt; die Enkel Achilleus und Aias gehörten zu den berühmtesten Teilnehmern am trojanischen Krieg. In die frühe historische Zeit fiel der Aufstieg Aiginas zu einer führenden Seehandelsmacht: Im 8. Jh. war die Insel ein gleichberechtigtes Mitglied der Amphiktyonie von Kalauria (s.u. S. 277), und bereits im mittleren 7. Jh. galt die aiginetische Silbermünze in der ganzen griechischen Staatenwelt als Vorbild. In den folgenden Jahrhunderten entwickelte sich die Insel zudem zu einer beachtlichen Seestreitmacht. Daneben erlangte sie mit ihrer Bronzegießerei und der Keramikherstellung weites Ansehen. Die Ausdehnung des aiginetischen Handels im 6. Jh. v.Chr. belegen Funde im gesamten Mittelmeerraum, von Naukratis im Nildelta bis hin nach Spanien. In höchster Blüte stand zu jener Zeit auch die Bildhauerkunst auf der Insel. Nach dem Seesieg über die Perser bei Salamis genoß Aigina schließlich hohen Respekt, da das Kontingent der aiginetischen Schiffe mit ihren erfahrenen Mannschaften entscheidenden Anteil am griechischen Erfolg in der Schlacht hatte. Doch schon bald darauf begann eine Entwicklung, die zum Untergang des blühenden Inselstaates führte: Bereits im späteren 6. Jh. war Athen zu einem bedeutenden Handelskonkurrenten herangewachsen, der nun, nach dem Aufbau einer Flotte und eines Seebundes, nicht mehr gewillt war, den benachbarten Rivalen zu dulden. Als die Aigineten sich deshalb politisch Sparta annäherten, kam es zum offenen Kampf, den Athen gewann: Aigina mußte 456 v.Chr. seine Flotte ausliefern, in den Seebund eintreten und jährlich einen hohen Tribut an die Bundeskasse entrichten. Endgültig war die Macht Aiginas gebrochen, als Perikles 431 v.Chr. die Bevölkerung der Insel zur Auswanderung zwang und athenische Bürger als Kleruchen auf Aigina ansiedelte. Zwar konnte Sparta nach 404 v.Chr. die Rückführung der wenigen Überlebenden durchsetzen, doch war Aigina zu selbständiger Politik nicht mehr in der Lage. Die Insel stand in den folgenden Jahrhunderten unter der Hegemonie Spartas, Thebens, Makedoniens und des Achäischen Bundes; von 211 bis 133 v.Chr. gehörte sie zum Reich Pergamons und erlebte eine Zeit des Friedens und Wohlstandes. Danach übernahm das Römische Reich die Macht. In der Spätantike diente Aigina wiederholt als Rückzugsgebiet bei Einfällen von Barbarenstämmen. Bereits im 4. Jh. n.Chr. bildete sich eine christliche Gemeinde.

In den nachantiken Jahrhunderten war die Insel Ausgangspunkt für Piraten. Seit 1204 in wechselndem Besitz (Katalanen, Venezianer und Türken) bildete Aigina in den Befreiungskriegen einen wichtigen Zufluchtsort für die griechischen Aufständischen und war von 1826 bis 1828 der Sitz der ersten freien Regierung unter Kapodistrias; König Otto I. plante zeitweise, seinen festen Wohnsitz hier zu nehmen.

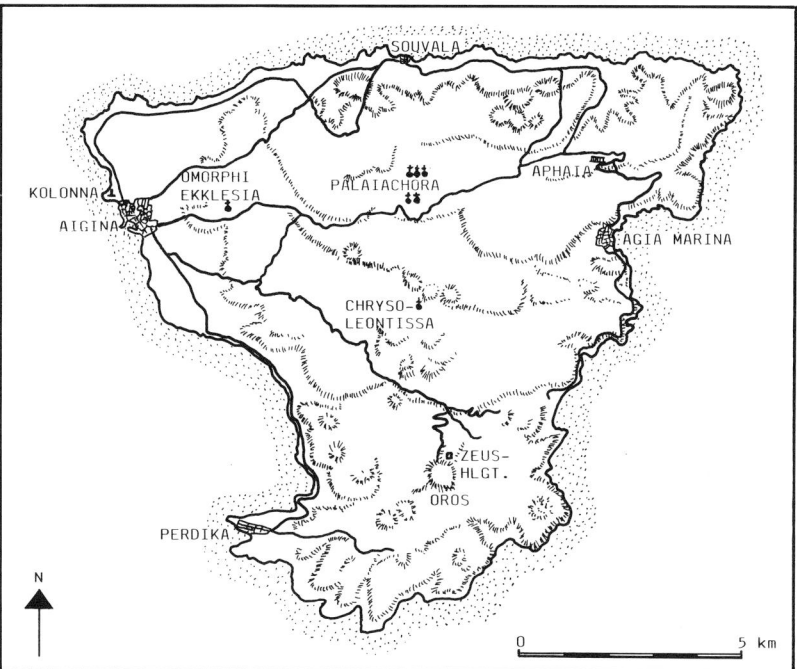

93 Aigina, Kartenskizze der Insel

Das Bild der Insel, die ca. 85 km^2 umfaßt, wird von Bergzügen geprägt (**93**). Der höchste Gipfel ist der Oros ('Berg') mit 532 m Höhe. Besonders im Nordwesten öffnet sich das Land zu größeren, fruchtbaren Ebenen, in denen die Pistazien (Phistikia), die als 'Aiginis' in ganz Griechenland bekannt und zum Ouzo beliebt sind, aber auch Mandeln und Feigen angebaut werden. Hier liegen auch die Hauptorte der Insel, und hier spielt sich ein Großteil des Ferienlebens ab, das eine weitere wichtige Erwerbsquelle für die Bewohner ist. Der Süden dagegen ist einsamer und wenig erschlossen.

Zu den wichtigsten Sehenswürdigkeiten gehören die Kolonna-Grabung im Hauptort, das Aphaia-Heiligtum oberhalb von Agia Marina, das Zeus Panhellenios-Heiligtum am Oros und die mittelalterliche Stadt Palaiochora mit ihren vielen Kirchen. Bei einem Tagesausflug nach Aigina empfiehlt sich zunächst der Besuch des Apollon-Heiligtums auf dem Kolonna-Hügel und dann die Fahrt zum Aphaia-Tempel; auf der Rückfahrt kann man sich Palaiochora ansehen und schließlich am Nachmittag zum Oros-Heiligtum fahren; doch schon dieser letzte Programmpunkt ist bei einer eintägigen Tour nur zu realisieren, wenn man auf irgendeine Weise (Taxi, Mietauto oder -moped) motorisiert ist.

AIGINA-STADT UND DAS KOLONNA-HEILIGTUM: Die Sehenswürdigkeiten im Bereich der modernen Stadt Aigina stammen überwiegend aus dem 19. und 20. Jh. Auf der Hafenmole empfängt den Ankommenden die strahlend weiß gekälkte, zweikuppelige Agios Nikolaos-Kirche; im Hintergrund rahmen einige neoklassizistische Fassaden mit vorgelagerten Cafés den Hafenrand. Im Ort selbst ist das Haus des Admirals Kanaris (nordwestlich des Hafens) erwähnenswert, das ehemalige Waisenhaus (am südlichen Ortsrand), in dem später das Gefängnis untergebracht war und das bald als Museum eingerichtet werden soll, und im Ortszentrum die Kathedrale aus der Zeit der Befreiungskriege sowie daneben das erste Gymnasium des freien Griechenland, das früher als Antikenmuseum der Insel genutzt wurde. Wenige Schritte nördlich trifft man auf einen wuchtigen, festungsartigen Wohnturm, den Markellou-Turm, in dem Kapodistrias vorübergehend seinen Regierungssitz hatte.

Während der Küstenstreifen im Mittelalter verlassen dalag, erinnern die Fundamente zweier Basiliken an eine Besiedlung des Gebietes in frühchristlicher Zeit: Eine Basilika befand sich an der Stelle der modernen Panagitsa-Kirche, eine weitere (Vardia) im Norden der Stadt (von der großen Nikolaos-Kirche geradeaus nach Norden). Auch die Fundamente einer alten Synagoge wurden gefunden (nahe der Polizeistation); der herausgelöste Mosaikfußboden dieses Baues befindet sich heute im Kolonna-Gebiet gleich rechts hinter dem Eingang.

Die antike Stadt lag auf einem Hügel nordwestlich des modernen Hafens. Unterhalb dieser Erhebung, die nach der noch aufrecht stehenden Säule des Apollon-Tempels 'Kolonna' genannt wird, befand sich der Kriegshafen; Molenreste im Wasser bestätigen die Lage; der Bereich der heutigen Landungsstelle wurde in der Antike als Handelshafen benutzt. Die Ausgrabungen auf dem Kolonna-Hügel, die zu Anfang des Jahrhunderts und dann wieder in den letzten Jahrzehnten von deutschen und österreichischen Archäologen durchgeführt wurden, brachten Funde aus der Zeit von ca. 2500 v.Chr. bis in die frühbyzantinische Epoche ans Licht. Der Platz, der sich wenig übersichtlich darbietet, wird beherrscht von dem großen Fundament des Haupttempels, der dem Apollon geweiht war (Taf. 30,2). Da der Tempel über Jahrhunderte als 'Steinbruch' genutzt wurde, ist von der Architektur des Gebäudes nicht mehr viel zu sehen; nur eine Säule des im späten 6. Jh. v.Chr. entstandenen dorischen Peripteros blieb stehen, um den Seefahrern die Richtung zu weisen; sie gehörte zur Rückhalle des Tempels, der von einem Säulenkranz von 6 zu 11 Stützen umgeben war. Der Kult an diesem Platz ist bis in das 7. Jh. v.Chr. zurückzuverfolgen. – Ein zweites, gut zu erkennendes Monument der antiken Stadt ist die hoch erhaltene Mauer im Norden des Tempels; zwischen zwei Türmen findet man ein längeres Stück der Stadtbefestigung aus schönen Quadern, die als Spolien in der spätantiken Mauer verwendet wurden. – Südlich unterhalb des Tempelfundaments liegen Mauerreste aus der Frühzeit der Besiedlung Aiginas; in höheren

Schichten fand man in diesem Bereich zudem frühbyzantinische Hausarchitektur. Wenige Schritte östlich stehen noch kunstvoll gefügte Mauerteile des Rathauses (Bouleuterion) aufrecht. Westlich des Apollontempels befanden sich zwei weitere, kleinere Schreine; daneben sieht man die Fundamente eines Rundbaues, der als Heroon des Phokos, eines der Söhne des Aiakos, gedeutet wird. Am westlichen Rand des Plateaus, z.T. ins Meer abgerutscht, lag ein hellenistischer Kultbau, der vielleicht für den pergamenischen König Attalos II., einen Mäzen Athens und Aiginas, errichtet wurde.

Im Bereich des modernen Museumsbaues, der bislang nicht endgültig eingerichtet und jüngst geschlossen werden mußte (einige Skulpturfragmente des Aphaia-Tempels und andere griechische Plastiken, zwei römische Portraits und Keramikfunde sowie das Modell eines prähistorischen Hauses mit Obergeschoß sind hier besonders zu erwähnen) befand sich ein großes Theater, von dem Pausanias überliefert, es sei demjenigen von Epidauros vergleichbar gewesen. Weiter östlich, jenseits der modernen Straße, muß das literarisch überlieferte, bislang aber noch nicht entdeckte Stadion lokalisiert werden.

Südöstlich außerhalb der Stadt, an der Phaneromeni-Straße, liegt kurz hinter dem Ortsausgang das KLOSTER PHANEROMENI. An der Stelle einer dreischiffigen Basilika, deren Apsiden noch gut erkennbar sind, begann man im 13. Jh., eine große Kirche zu errichten, die jedoch unvollendet blieb. In einem nahegelegenen Haus residierte im 19. Jh. der Bischof von Aigina. Vom Garten dieses Hauses aus erreicht man zwei unterirdische Kapellen und eine kleine Höhle, in der beim Bau der Kirche im 13. Jh. eine Ikone der Muttergottes gefunden worden sein soll. Das Haus und die umliegenden Ländereien gehören heute dem Kloster Chrysoleontissa, das weiter im Landesinneren gelegen ist (s.u.).

DIE OMORPHI EKKLESIA UND PALAIOCHORA: Auf der Fahrt zum Aphaia-Heiligtum bzw. nach Ag. Marina biegt man zwei Kilometer außerhalb des Zentrums der Stadt Aigina bei einem Hinweisschild 'Agii Asomatoi' links ab und wendet sich kurz danach erneut nach links, um die 'Schöne Kirche', die Omorphi Ekklesia, zu erreichen. Der kleine Bau, der den Ag. Theodoroi geweiht ist, wurde laut einer Stifterinschrift im Jahre 1282 errichtet. Die einschiffige, tonnengewölbte Kapelle ist innen mit schönen Fresken ausgemalt, die Episoden aus dem Leben Christi zum Thema haben. Das Mauerwerk besteht aus Kalksteinplatten eines antiken Bauwerkes.

An der Straße zwischen Aigina und Agia Marina liegt etwa sechs Kilometer vom Hafen entfernt das moderne Kloster Ag. Nektarios. Biegt man hier von der Straße nach Norden ab und passiert die Klostergebäude, so erreicht man auf leicht ansteigender Straße eine kleine Kirche ('Stavros') rechts des Weges; von hier aus kann man den Hügel von Palaiochora bequem besichtigen.

Das Kloster Ag. Nektarios, ehemals Ag. Triada, wurde zu Beginn dieses Jahrhunderts gegründet. Es diente dem Erzbischof Nektarios als Rückzugsort vor seinem Tod 1920. 1961 wurde Nektarios heilig gesprochen und das Kloster, inzwischen ein vielbesuchter Wallfahrtsort mit zahlreichen modernen Bauten, nach ihm benannt. Ebenso wie das unterhalb gelegene Kloster Ag. Aikaterini wird es von Nonnen bewirtschaftet.

Vom Kloster hat man einen schönen Blick auf den nordöstlich gelegenen felsigen Hügel von PALAIOCHORA, dem mittelalterlichen Hauptort Aiginas (**94**). Nach einem Überfall durch sarazenische Seeräuber 896 n.Chr. flohen die Bewohner der alten Stadt aufs Festland oder zogen sich ins Inselinnere zurück. An einem Platz, der vielleicht mit dem von Herodot überlieferten antiken Oia identisch ist, entstand eine neue Siedlung. Doch selbst die küstenferne Lage bewahrte den Ort nicht vor wiederholter Besetzung und Zerstörung (1537 durch die Türken, 1665 durch die Venezianer). Bis 1800 blieb Palaiochora bewohnt, dann zog die Bevölkerung nach und nach wieder zur Küste hinunter. 1830 wurde der Ort endgültig verlassen.

Von den Häusern der damaligen Zeit blieben nur einige wenige Ruinen und Fundamente; doch über 30 Kirchen am Hang erinnern an die Jahrhunderte, in denen Palaiochora ein blühender Ort war (Taf. 32,1). Für einen Besuch des Hügels sollte man sich Zeit nehmen, um die Atmosphäre, die ein wenig an Mistra auf der Peloponnes erinnert, aufnehmen zu können; im Frühjahr ist eine Besichtigung besonders schön, wenn ein bunter, duftender Blumenteppich die Hänge, die verlassenen Höfe und Wege bedeckt.

Die Kirchen, die z.T. heute noch gepflegt werden, stammen sowohl aus byzantinischer als auch nachbyzantinischer Zeit und wurden in einem eigenen provinziellen Stil errichtet. Es handelt sich überwiegend um kleine, einschiffige Bauten mit Tonnengewölbe und gemauerter Ikonostase. Wo die Hanglage keine regelgerechte Ausrichtung der gesamten Kirche zuließ, wurde zumindest der Altarraum nach Osten orientiert, so daß bei einigen Kirchen eine gewisse Asymmetrie durch Bema und Ikonostase an einer seitlichen Längswand entstand. Die Kirchen sind mit Fresken geschmückt, und einige besitzen kunstvoll gearbeitete Steinfußböden. Im gesamten Gebiet von Palaiochora stößt man auf antike und frühchristliche Architekturfragmente, die teilweise in die Kirchenbauten integriert sind, teilweise als Schmuck in den Höfen liegen.

Ein Rundweg (mit einem roten Pfeil markiert) beginnt bei dem Kirchlein Stavros (**94**,1) an der Straße und führt über den gesamten Hügel. Die Kirchen sind namentlich bezeichnet. Hier soll nur auf wenige Beispiele in der Reihenfolge des Rundweges (**94**,1-13) eingegangen werden.

Der Weg steigt über Stufen hinauf zur Kirche Ag. Georgios Katholikos (2) aus dem 14. Jh. Ursprünglich für den orthodoxen Ritus bestimmt, wurde der Bau unter der Katalanenherrschaft umgewidmet und war vorübergehend Aufbewahrungsort für den Schädel des Heiligen Georg, der 1462 nach Venedig gebracht wurde. – Weiter oberhalb liegt die Episkopi-Kirche, die dem Ag. Dionysios von Zante geweiht wurde

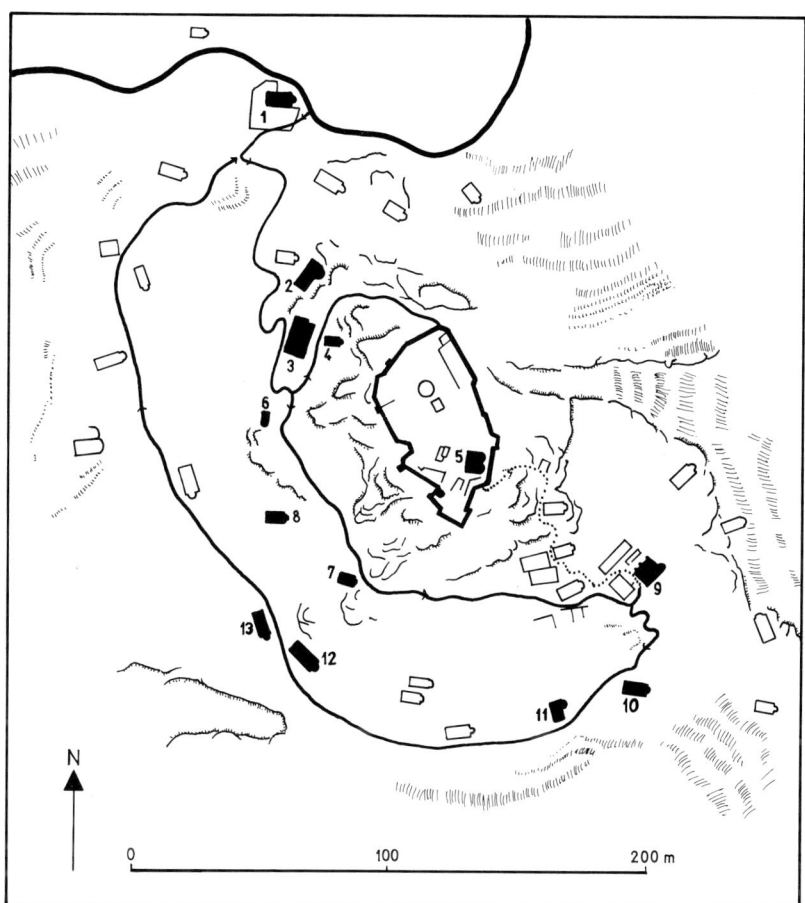

94 Aigina, Lageskizze der Kirchen von Palaiochora

(3). Dionysios war 1576 bis 1589 Bischof von Aigina; von den Stufen neben dem Kircheneingang pflegte er gesegnetes Brot zu verteilen. Seine Wohnkapelle liegt gegenüber der Kirche. Die Episkopi mit Haupt- und Seitenschiff sowie einer Kuppel war eine Zeitlang die Hauptkirche von Palaiochora. – Nun kann man in nördlicher Richtung, vorbei an der Kirche Ag. Nikolaos (mit sorgfältig gearbeiteter Türeinfassung; 4) auf steilem Pfad den Gipfel des Hügels erreichen, der eine herrliche Rundsicht über die Insel gewährt. Hier errichteten 1654 die Venezianer ein Kastell mit Wehranlagen, Zisternen und Wohnbauten. Außer einigen verstürzten Mauern blieb nur die Doppelkirche Ag. Georgios (für die katholische Messe) und Ag. Dimitrios (für den orthodoxen Ritus) erhalten (5). – Der Abstieg nach Südosten ist ein wenig steil, läßt aber einen hübschen Blick auf die bunten Schindeln von Ag. Kyriaki (9) zu. – Einfacher ist es, zur Episkopi (3) zurückzukehren und von dort dem Weg in südlicher Richtung zu folgen. Er führt an dem Kirchlein Ag. Anna (6) vorbei, das teilweise in den Felsen gearbeitet wurde und zahlreiche Spolien bewahrt. Unterhalb der Apsis befindet sich eine Zisterne. – Von Ag. Theodoroi (7) aus kann man den Aufbau der Taxiarchen-Kirche (8) schräg unterhalb erkennen, einer interessanten Kreuzkuppelkirche aus dem Jahr 1293 mit Fresken aus dem 14. Jh. – Besonders stimmungsvoll und mit zahlreichen antiken Spolien geschmückt ist der Hof vor der Klosterkirche Ag. Kyriaki – Zoodochos Pigi (9), die vom 17. Jh. bis 1830 den Mittelpunkt von Palaiochora bildete. Die Doppelkirche besitzt gut erhaltene Fresken. – Unterhalb liegt Ag. Ioannis Theologos mit Glockenturm und Kuppel (10), sogleich kenntlich an den leuchtend blauen Farben. Die hübsche Kirche stammt aus dem frühen 14. Jh. – Von hier aus führt der Pfad in zunächst westlicher Richtung um den Hügel herum zum Ausgangspunkt zurück; u.a. sieht man rechts des Weges Ag. Nikolaos mit seitlicher Apsis (11), Ag. Dimitrios (17. Jh.; 12) sowie links des Pfades die Koimesis tou Theotokou (17. Jh.) mit besonders schönen Fresken (13).

Auf der Südseite der Straße Aigina-Ag. Marina, gegenüber dem Hügel Palaiochora und somit östlich des Nektarios-Klosters, steht die älteste Kirche der Umgebung, AG. NIKOLAOS MAVRIKA. Die schöne Kirche, die dem Schutzpatron der Seefahrer geweiht ist, wurde im 13. Jh. errichtet. Der Bau gehört zum Typus der eingeschriebenen Kreuzkuppelkirchen. Die Fresken im Inneren stammen einer Inschrift zufolge aus dem Jahr 1330, eine weitere Inschrift nennt die Jahreszahl 1522. Beachtenswert sind auch einige Schiffszeichnungen, die in den Wandverputz eingeritzt wurden.

Gegenüber dem Kloster Ag. Nektarios führt ein Weg in südlicher Richtung zum KLOSTER CHRYSOLEONTISSA. Das Kloster wurde um 1600 in einsamer Lage gegründet und zu Beginn des 19. Jhs. erweitert. Von außen vermittelt es mit dem Turm und seinen hohen Mauern, hinter denen den Besucher ein blumengeschmückter Hof erwartet, einen fast festungsartigen Eindruck. In der Kirche sind die kunstvoll geschnitzte Ikonostase sowie eine alte Ikone der Muttergottes besonders sehenswert. Noch heute wird in Dürrezeiten auf der sehr trockenen Insel eine Prozession mit der Bitte um Regen veranstaltet, bei der die Ikone der Panagia mitgetragen wird.

DAS APHAIA-HEILIGTUM: An der Nordostseite der Insel Aigina und ungefähr 12 km vom Hauptort entfernt (**93**) befindet sich das Aphaia-Heiligtum, eine der nach Lage und Erhaltungszustand schönsten Antikenstätten Griechenlands: Auf einem etwa 200 m hohen Bergsattel zwischen Kiefern gelegen, ragen die Ruinen des spätarchaischen Tempels empor; der Platz bietet eine herrliche Aussicht über das Meer und die Bucht von Athen; nach Süden geht der Blick zum Touristenort Agia Marina hinab und auf die Ostküste der Insel.

Hier lag zunächst ein Naturheiligtum der Nymphe Aphaia, einer aus Kreta stammenden Naturgottheit, deren Kult anhand von Keramik und Idolen bis in die Zeit um 1400 v.Chr. zurückzuverfolgen ist. Später, wohl in archaischer Zeit, wurde – vielleicht aufgrund der Konkurrenzsituation zum benachbarten Athen – Athena die Kultgenossin der Aphaia im Heiligtum. Die ursprünglich knapp bemessene Felsfläche wurde seit der Frühzeit des Kultes immer mehr abgearbeitet: Es entstand dadurch zunächst eine erste kleine Terrasse, die um 700 v.Chr. mit einer Mauer umgeben wurde; in dieser Umfriedung gab es eine Zisterne, im Zentrum einen Altar und am Südrand ein mehrräumiges Gebäude, ein sog. Priesterhaus. Im 7. Jh. wurde neben diesem Haus in die Temenosmauer ein Torbau eingefügt und vielleicht bereits ein erster Schrein errichtet. Um 580 v.Chr. dann monumentalisierte man das einfache Heiligtum: Die umfriedete Terrasse wurde nach Süden und Westen durch umfangreiche Aufschüttungen beträchtlich erweitert, der Altar deutlich vergrößert und ein erster dorischer Steintempel gebaut. Er besaß an der Front vier Säulen und auf den Seiten jeweils eine weitere Stütze; hinter dieser Vorhalle lag eine langgestreckte Cella. Bei den deutschen Ausgrabungen wurden so viele Architekturteile gefunden, daß man den Bau weitgehend rekonstruieren konnte; eine besondere Überraschung für die Bauforscher und Archäologen waren die frischen, grellen Farben, die an den Baugliedern erhalten sind. (Ein Modell des Tempels und eine Teilrekonstruktion der Fassade ist in einer Studiensammlung im Aphaia-Heiligtum aufgestellt, die bislang leider wegen Wärtermangels nicht öffentlich zugänglich ist.) Nordöstlich des Tempels stand neben der Zisterne ein das gesamte Heiligtum überragendes Weihgeschenk: Auf einer hohen Säule wachte eine archaische Marmorsphinx über den Platz, ähnlich der Sphinx der Naxier im Apollonheiligtum von Delphi.

Im vorletzten Jahrzehnt des 6. Jhs. v.Chr. zerstörte ein Brand den Tempel, und so entschlossen sich die Aigineten zu einem Tempel-Neubau und einer repräsentativen Umgestaltung des gesamten Platzes (**95**). Zwar wurde für den Tempel und den Altar der alte Standplatz beibehalten, doch das Heiligtum bekam nun, um 510/500 v.Chr. einen geordneten, rechtwinkligen Grundriß. Dazu schüttete man – insbesondere im Nordwesten – neue Terrassen auf und umgab das gesamte, längsrechteckige Areal mit einer hohen Temenosmauer. Ein großes Propylon, dessen Dach an der Außen- und Innenseite von zwei achteckigen Säulen gestützt wurde, gewährte den Zugang zum Tempelvorplatz. Östlich neben dem Tor und außerhalb des Temenos entstand ein größeres, neues Priester- und Verwaltungshaus; in einem kleinen Anbau war ein Bad mit drei Sitzbadewannen und einem Schöpfbecken untergebracht. Auf dem einheitlichen Niveau der Terrasse innerhalb der Umfassungsmauer bildeten der Tempel, eine breite Rampe und der langgestreckte Brandopferaltar eine eindrucksvolle Flucht. Der Altar wurde auf beiden Seiten durch zwei schmale Hallen flankiert, in denen Skulpturengruppen aufgestellt waren. Und im Norden ragte neben der alten Zisterne, die über einen Kanal mit Regenwasser vom Tempeldach gefüllt wurde, noch die imposante archaische Sphinxsäule hoch auf.

Die Reste der damals entstandenen Bauten sind heute zu besichtigen (**95**). Sie wurden wohl nur bis 431 v.Chr. benutzt, als die Aigineten die Insel verlassen mußten. Nachdem bereits 1675 englische Reisende die Ruine besucht hatten, wurde der Tempel 1811 von zwei englischen und einem bayerischen

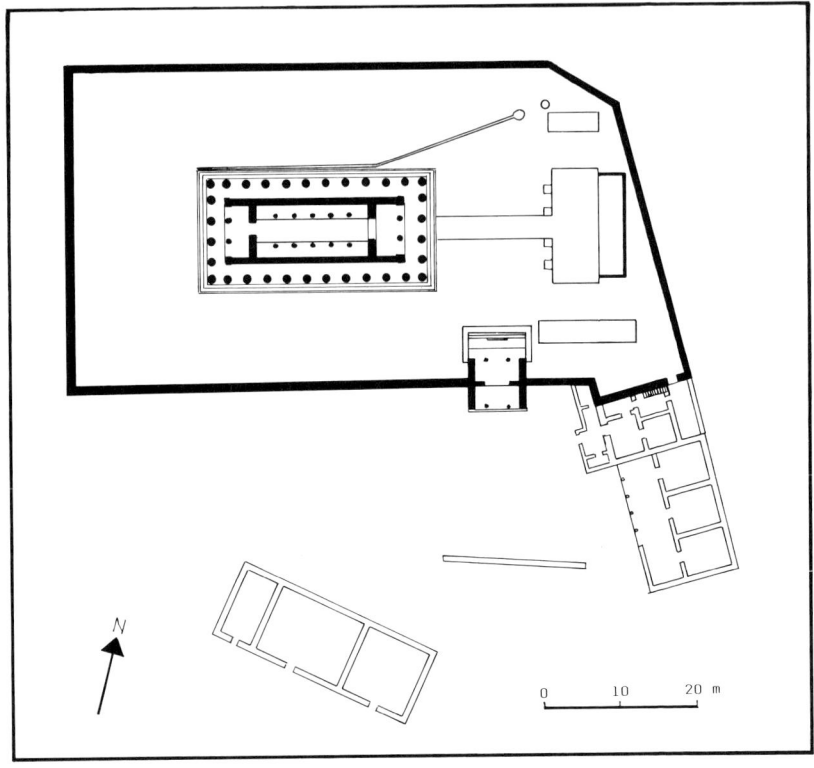

95   Aigina, Aphaia-Heiligtum

Architekten (Cockerell, Foster und Haller von Hallerstein) wiederentdeckt; vom bayerischen König Ludwig angekauft, gelangten die Giebelplastiken und weitere Bildwerke des Heiligtums über Rom, wo sie durch B. Thorvaldsen ergänzt wurden, in die neu gebaute Glyptothek nach München.

Wie alle Bauten des Aphaia-Heiligtums wurde auch der Tempel aus Kalkstein errichtet, dessen Oberfläche mit einer feinen, teilweise bemalten Stuckschicht verputzt war. Der Tempel ist ein hervorragendes Beispiel spätarchaischer dorischer Architektur (Taf. 31,1): Über einer Ausgleichsschicht liegen drei Stufen, der Unterbau des Tempels. Auf der obersten Stufe steht die Peristase von 6 zu 12 Säulen, für seine Zeit ein auffallend kurz proportionierter Bau. Die dorischen Kapitelle tragen den Architrav, auf dem der Fries aus Triglyphen und unverzierten Metopen liegt. Darüber befand sich das Dach, in dessen Giebeldreiecke im Osten und Westen vielfigurige Statuengruppen aus feinem Inselmarmor gestellt waren (s.u. mit **96**). Die Giebelseiten schmückten Marmorsphingen, die -mitte war mit einem von zwei Koren gerahmten Gewächs aus Voluten und Palmetten gekrönt. Die Dachfläche selbst war mit gebrannten Tonziegeln gedeckt, eine Ausnahme bil-

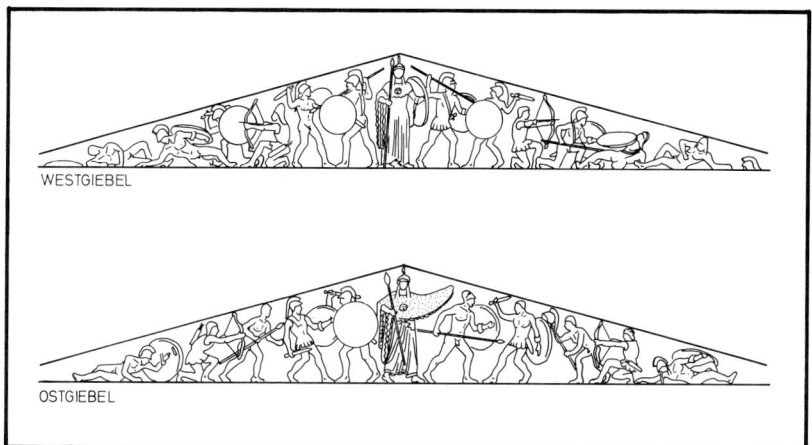

WESTGIEBEL

OSTGIEBEL

96   Die Giebelgruppen des Aphaia-Tempels

dete die äußere Ziegel-Reihe: Der gesamte Dachrand (Sima) bestand aus
marmornen Platten, die an den Langseiten in aufrecht stehenden Palmetten
endeten.

Die Cella des Tempels besitzt eine zwei Joche tiefe Vorhalle und ein eineinhalb Joche tiefes Opisthodom; beide waren durch Schranken, die man
zwischen die Anten und die Säulen eingesetzt hatte, für Unbefugte verschlossen; und beide waren durch Türen mit der Cella verbunden.

Das Tempelinnere hatte einen roten Estrichboden und war durch zwei doppelstöckige Säulenreihen in drei Schiffe gegliedert; der Wiederaufbau von
Teilen dieser Innengliederung macht den Aphaia-Tempel, einen der besterhaltenen dorischen Tempel Griechenlands, so eindrucksvoll; man kann
sich den gesamten Aufbau leicht vor Augen führen, nur den hellen, licht-
durchfluteten Eindruck muß man durch tiefe Dunkelheit des Innenraumes
ersetzen. In der Flucht der nördlichen Reihe der Innensäulen war neben der
Opisthodom-Tür auf einem Kalksteinsockel das alte, kleine Kultbild der
Aphaia aufgestellt; das Mittelschiff beherrschte das Standbild einer über-
lebensgroßen bronzenen Athena, Sinnbild des kampferprobten Aigina und
wohl seit dem späteren 6. Jh. v.Chr. Mitbewohnerin des Heiligtums.

Athena tritt auch in den Figurengruppen der Giebeldreiecke (**96**), die heute
bis auf wenige Fragmente (s.o. S. 106) in der Münchner Glyptothek aufgestellt sind, als zentrale Gestalt auf: Im Ostgiebel nimmt sie mit ausholender
Gebärde am Kampfgeschehen teil, während sie im Westgiebel ruhig steht.
Zu beiden Seiten der Göttin tobt ein Kampfgeschehen, das zwei Schlachten
um Troja schildert, bei denen Aigineten teilnahmen: Im Osten ist es der erste
mythische Kampf mit Telamon und Herakles; im Westen der zweite Zug
gegen Troja mit Aias und Achilleus. Beim Vergleich der beiden Giebelgruppen bemerkt man sogleich, daß sie ganz unterschiedlich konzipiert und

daß die Figuren in ihren plastischen Einzelformen andersartig gebildet sind. Dies liegt daran, daß die Statuengruppen in einer Zeit des Umbruchs von der archaischen zur frühklassischen Kunst geschaffen wurden; daher weicht der etwa zehn Jahre jüngere Ostgiebelschmuck von den älteren, noch mehr dem Archaischen verbundenen Westgiebelfiguren ab: Zum einen agieren im Westen nur jeweils Zweikampfgruppen, während im Osten neben Zwei- kämpfen auch weitgespannte, die gesamte Giebelbreite überbrückende Kom- positionen auftreten (z.b. ist der Gegner des bogenschießenden Herakles rechts der ganz links im Zwickel liegende Laomedon). Vergleicht man zudem die Gestaltung der Figuren miteinander, so fällt auf, daß die Statuen des Ost- giebels gelöster, weniger starr und frontal ausgerichtet und damit deutlicher vom Kriegsgeschehen gezeichnet sind als die des Westgiebels; im Osten tragen die Kämpfer deutlich an der Last des Schicksals, während im Westen selbst die von Pfeilen durchbohrten Krieger geradezu 'heiter' erscheinen (besonders deutlich bei den in den Zwickeln liegenden Gefallenen).

Neben diesen beiden Figuren-Ensembles gab es noch zwei weitere Statuen- Gruppen, die auf dem Tempelvorplatz in zwei kleinen Hallen aufgestellt waren. Sie stehen stilistisch und nach ihrer Größe dem Westgiebelschmuck sehr nahe, so daß man angenommen hat, daß diese Fragmente zunächst für den Ostgiebel vorgesehen waren, für den dann aber gegen Ende der Bauzeit aufgrund der Stilentwicklung jener Zeit eine neue, modernere Gruppe geschaffen wurde; sie mögen aber auch separat geplante und aufgestellte Weihgeschenke gewesen sein. Die Fragmente des Tempelvorplatzes (eben- falls zum größten Teil in München) gehören zu einer Kriegerkampfgruppe, vielleicht Griechen gegen Amazonen, und zu einer Darstellung der für die Kultgeschichte des Heiligtums wichtigen Szene des Raubes der Nymphe Aigina durch Zeus, eine Verbindung, aus der das aiginetische Herrscher- geschlecht der Aiakiden hervorging.

DAS ZEUS PANHELLENIOS-HEILIGTUM AM OROS:
Der höchste Berg Aiginas, der Oros (**93**), war seit alters ein besonderer reli- giöser Platz: Hier lag ein Heiligtum des Zeus, der später den Beinamen Pan- hellenios bekam, da an bestimmten Tagen im Jahr sein Kultfest – ähnlich dem des Zeus in Olympia – Frieden in ganz Griechenland herbeiführte. Zu den Festtagen schickten alle Staaten Teilnehmer, die selbst in Kriegszeiten freies Geleit hatten. Die Lieder des Dichters Pindar vermitteln eine Vor- stellung von der Bedeutung des Heiligtums; sie entstanden als Lobgesänge auf die Sieger in den großen griechischen Wettkämpfen, die aus den Rei- hen der Aigineten stammten.

Anfahrt: Man verläßt Aigina-Stadt nach Südosten, passiert das ehemalige Gefäng- nis, biegt bei nächster Gelegenheit rechts (neben der Straße einige Grabungslöcher von einer antiken Nekropole) und dann wieder links ab. Die Teerstraße führt durch Felder mit Mandel- und Pistazienbäumen und windet sich schließlich an einem Berghang nach Osten hinauf (Richtung Lazarides). Nach einigen Kilometern bricht die Teerdecke ab, und man passiert bald eine kleine Kapelle (links des Weges); wenig weiter zweigt rechts ein Erdweg ab; nach ca. 250 Metern läßt man das Fahrzeug stehen und setzt den Weg zu Fuß auf einem steinigen Feldweg fort, der zu der links (südlich) sichtbaren Kirche und dem hellenistischen Heiligtum hinaufführt. Folgt man dem Hauptweg in westlicher Richtung am Hang des Oros entlang bergauf, kann man in ca. 20 Minuten Fußweg von Westen her leicht den Gipfel des Oros besteigen.

Mit dem Heiligtum des Zeus Panhellenios ist eine Sage aus der Frühzeit Aiginas verbunden: Bei einer großen Dürreperiode sollen die Bauern hilfeflehend zu ihrem König Aiakos gekommen sein, der daraufhin auf dem Gipfel des Oros Zeus um Regen anflehte. Als seine Bitten erhört wurden, errichteten die Aigineten auf dem Berg einen Altar, den Ursprung des Heiligtums, und verehrten an ihm den 'Wolkenversammler'. Und auch heute noch wird die Ansammlung von Wolken am Oros von der Bevölkerung Aiginas als sicheres Zeichen für baldigen Niederschlag interpretiert. Auf dem Berg, an dessen antik terrassierten Hängen man Siedlungsspuren der Zeit um 2000 v.Chr. fand, steht heute an der Stelle des antiken Altares die Kapelle des Prophitis Elias, zu der noch immer Regenprozessionen stattfinden; die untersten Lagen des Kirchenfundamentes sind aus großen, rechteckigen Blöcken gefügt, die vom antiken Heiligtum an diesem Platz übernommen wurden. Von dem Vorplatz der Kapelle hat man einen so herrlichen Rundblick über den Saronischen Golf, daß sich der Aufstieg sehr lohnt: Auf der Südwest- und Westseite begrenzt die Peloponnesküste mit Methana und dem vorgelagerten Poros das Panorama; an der Südwestspitze Aiginas liegt das kleine Fischerörtchen Perdika mit seinen einfachen Tavernen; nach Norden fällt der Blick auf die flacheren Gebiete der Insel und die Küsten von Salamis und der Megaris; auf der anderen Seite der Kirche reicht die Aussicht bei klarem Wetter bis in die Athener Bucht, südlich daneben ragt der langgestreckte Rücken des Hymettos auf; und bei besonders reiner Luft kann man sogar das Kap Sounion erkennen.

Am Nordhang unterhalb des Oros-Gipfels liegen die Ruinen des hellenistischen Terrassenheiligtums, das mit dem Altar des Zeus auf dem Gipfel verbunden war (**97**). Aufgrund der Funde, die man bei Ausgrabungen geringen Umfanges gemacht hat, läßt sich die repräsentative Ausgestaltung des Platzes mit seinen hohen Stützmauern und dem großzügigen Treppenaufgang auf der Nordseite in die Zeit der pergamenischen Herrschaft datieren, also um 200 v.Chr. Es liegt nahe, daß König Attalos II. selbst für die Baumaßnahmen verantwortlich war, da er sowohl Aigina als auch Athen reiche Stiftungen zukommen ließ. Doch scheint es an diesem Platz auch schon früher einen Heiligtumsbezirk gegeben zu haben: Ein archaischer Weihgeschenkträger in Säulenform mit Inschrift (am Kopf des Treppenaufganges liegend) sowie Züge von Polygonalmauern aus der Blütezeit der aiginetischen Selb-

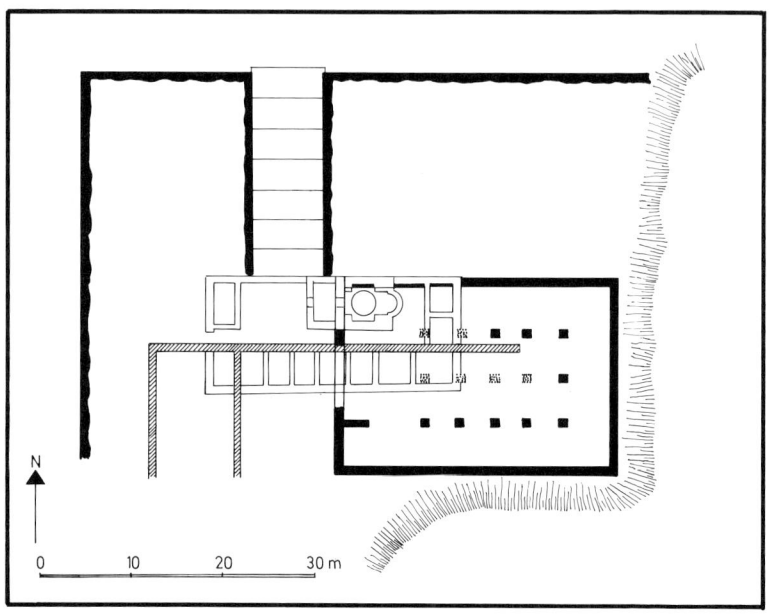

97 Aigina, Zeus Panhellenios-Heiligtum am Oros

ständigkeit im 6. Jh. v.Chr. sprechen dafür, daß die Pergamener nur einen bereits vorhandenen Kultplatz ausgestalten ließen. Das hellenistische Terrassenheiligtum besteht aus einer hoch aufragenden Mauer an der Nordseite (die westliche Hälfte ist weitgehend eingestürzt), in deren Zentrum eine leicht ansteigende, getreppte Rampe auf ein Plateau hinaufführt (Taf. 31,2). Die Wangen des Aufganges bestehen aus schön gefügten, rechteckigen Quadern, die anderen Teile der Terrassenmauern sind unregelmäßiger konstruiert. Im Südosten wird die Heiligtumsfläche von einem eindrucksvollen Felsmassiv begrenzt, von dem einige große Brocken herabgerollt sind. Über dem Zentrum der Anlage wurde unter Verwendung von antiken Spolien ein byzantinisches Kloster – Mauerreste der Zellen kann man noch erkennen – mit einer Taxiarchen-Kirche gebaut; die Kapelle, eine Kreuzkuppelkirche mit langem Narthex, wurde aus zahlreichen Blöcken des hellenistischen Heiligtums errichtet; sie steht mit ihrer Nordseite exakt auf einem langen antiken Mauerzug, der zu einem großen Gebäude gehört, das im Innern durch mächtige Pfeiler gestützt wurde. Die Ausgräber interpretierten es als Pilgerherberge; da Unterkünfte für Heiligtumsbesucher jedoch in der Regel einfache Häuser waren und auch nicht das Zentrum einer großen Terrassenanlage einnahmen, muß es sich bei dem einst sehr repräsentativen Pfeilersaal um ein weitaus bedeutenderes Bauwerk handeln, das mit dem Kult des Zeus Panhellenios verbunden war.

Südlich des byzantinischen Klosterhofes findet man eine große, in den Fels gearbeitete Zisterne; in ihr wurde eine spätarchaische Bronzehydria (Wassergefäß) gefunden, auf deren Lippe eine Weihinschrift für Zeus Panhellenios angebracht war. Heute schöpfen Hirten das Wasser der Zisterne für ihre Ziegen, die aus einigen ausgehöhlten Steinblöcken, die als Tröge fungieren, trinken. Weiter westlich, unterhalb einer Felsstufe des Oros-Hanges, kann man eine weitere Zisterne und andere Felseinarbeitungen entdecken, deren Zusammenhang mit dem Heiligtum bislang nicht geklärt ist.

Das Heiligtum des Zeus Panhellenios am Fuß des Oros gehört zu den im Hellenismus besonders beliebten Terrassenanlagen (Asklepieion auf Kos, Athena Lindia-Heiligtum auf Rhodos u.v.a.); durch die weiträumige Überbauung eines Berghanges und die Aufrichtung großer Stützmauern sollten die ankommenden Pilger beeindruckt und dann mit durchdachter Wegführung auf das höher gelegene Plateau, auf dem der Kultbau stand, hinaufgeleitet werden. Auf Aigina ist diese Konzeption in relativ kleinem Format ausgeführt worden, das Heiligtum wird aber im Zusammenhang mit dem hoch aufragenden Oros und dessen Gipfelaltar seine beeindruckende Wirkung nicht verfehlt haben.

3. POROS

Die kleine Insel Poros, nur wenige Meter vor der peloponnesischen Ostküste gelegen (**98**), ist ein beliebtes Ziel für Athener, die der Stadt entfliehen wollen; die Kombination von hübschen Sandstränden und bewaldeten Bergen macht Poros besonders reizvoll. Außerdem kann man die Ruinen eines berühmten Poseidon-Heiligtums besichtigen. Die Insel ist leicht und schnell von Piraeus aus zu erreichen und lohnt einen Tagesausflug oder auch, verbunden mit dem Besuch Aiginas, einen mehrtägigen Abstecher vom Festland auf die Inseln des Saronischen Golfes.

Im Hafen von Piraeus, nahe der Endstation der S-Bahn, liegen die Autofähren, die nach Aigina und auch Poros fahren; morgens früh um 8 Uhr startet dort zudem das Passagierschiff 'Eutychia', das kurz in Aigina anlegt und dann nach Poros weiterfährt. Wer die Zeit eines Tagesausfluges auf die Insel besonders intensiv nutzen will, dem sei die Anfahrt nach Poros mit dem Flying Dolphin empfohlen, der – im Gegensatz zu dem Tragflügelboot nach Aigina – im Zea-Hafen startet.

Die Insel Poros besteht aus zwei Teilen, die heute durch eine sumpfige Landenge miteinander verbunden sind, in der Antike aber voneinander getrennt waren: Im Süden die kleine Insel Sphairia, auf der jetzt das Städtchen Poros liegt, und im Norden Kalauria mit dem Heiligtum des Poseidon als Zentrum (**98**). Die Halbinsel Poros, deren Name 'Furt' bedeutet, war bis in die Spätantike mit der Peloponnes verbunden; erst dann senkte sich das Land, so daß der heutige, etwa 250 m breite, nur 4 m tiefe Kanal entstand, über den kleine Boote den Personenverkehr zum gegenüberliegenden Galatas abwickeln. Der Ort Poros wurde von Albanern im 17. Jh. am Hang eines Hügels an-

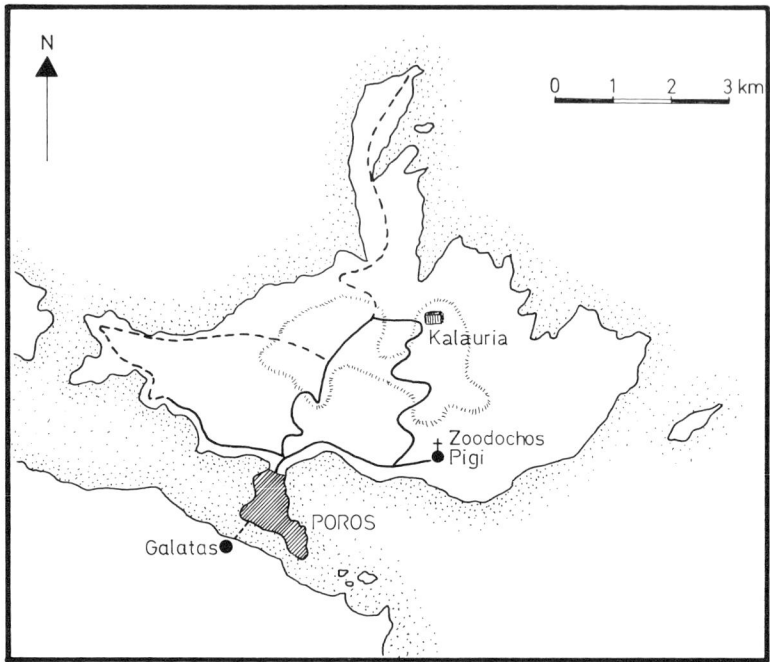

98   Poros, Kartenskizze der Insel

gelegt; er bietet mit seinen neoklassizistischen Häusern einen malerischen
Anblick, der durch die Lage an der Meerenge, mit den Bergen der Peloponnes und der Halbinsel Methana im Hintergrund, noch betont wird. Im
Nordwesten des Ortes liegt in einer Bucht eine griechische Marineschule,
die bereits zur Zeit König Ottos I. gegründet wurde und daher in klassizistischen Gebäuden untergebracht ist.
Überquert man die Landenge nach Norden, so betritt man die Insel KAL-
AURIA, die von drei bis zu 390 m hohen Bergen beherrscht wird. Sie war
bereits in mykenischer Zeit besiedelt, erlangte aber erst in archaischer und
klassischer Zeit durch das Asylrecht des Poseidon-Heiligtums Bedeutung.
Der Kult des Meeresgottes ist bis in die geometrische Zeit zurückzuverfolgen: Im 8. Jh. lag hier das Zentrum eines Bundes, dem zahlreiche Hafen-
städte des Saronischen Golfes sowie Athen und das boiotische Orchomenos
angehörten; dieser Staatenbund mit seinem religiösen Zentrum auf Kalauria scheint im 3. Jh. v.Chr. noch einmal aufgelebt zu sein. Nach dem ver-
geblichen Aufstand Athens gegen die Makedonenherrschaft 322 v.Chr. flüchtete der bedeutende Redner und Politiker Demosthenes hierher und beging
Selbstmord, bevor ihn die makedonischen Häscher festnehmen konnten. Im
übrigen war Kalauria politisch meist von Troizen abhängig, das auf dem
peloponnesischen Festland gegenüber der Insel liegt. Erst in der Zeit der

Befreiungskriege gegen die Türken spielte Poros wieder eine geschichtlich relevante Rolle: 1828 trat hier eine Konferenz der englischen, französischen und russischen Schutzmächte zusammen, die über das neu zu schaffende Griechenland berieten. Zwei Jahre später wurde die Marineschule gegründet, die am 13.8.1831 der Schauplatz eines Konfliktes zwischen dem Ministerpräsidenten Kapodistrias und dem Admiral Miaoulis von Hydra war: Ein Teil der griechischen Flotte, darunter das Flaggschiff 'Hellas', wurde im Hafen von Poros zerstört, da Miaoulis sie nicht an die Russen ausliefern wollte, wie es die Regierung angeordnet hatte.

Man kann auf Poros sehr schön wandern, man kann aber auch mit dem Auto, einem Taxi oder einem Moped umherfahren; eine besonders reizvolle Weise, die Insel kennenlernen, ist eine Tour mit einem gemieteten Fahrrad. An der Südküste von Kalauria, über eine gute Straße am Meer entlang nach etwa 4 km erreichbar, liegt über einer hübschen Bucht mit zahlreichen Tavernen das Kloster der Panagia Zoodochos Pigis ('Muttergottes der lebensspendenden Quelle'; **98**). Es wurde im 18. Jh. inmitten von Bäumen nahe einer Quelle errichtet. Im Katholikon findet man eine ältere, geschnitzte Ikonostase des 16. Jhs., die aus Kaisaria in der heutigen Türkei stammt. Während der Befreiungskriege wurden hier zwei griechische Admirale beigesetzt, deren Gräber man im Klosterhof sieht.

Eine kehrenreiche Straße durch bewaldetes Gebiet führt zum Poseidon-Tempel von Kalauria, der in einem Sattel zwischen zwei Bergkuppen angelegt wurde. Heute sieht man in dem Ausgrabungsgelände, das rechts neben der Straße in einem eingezäunten, aber frei zugänglichen Areal liegt, nur noch geringe Spuren, da die antiken Bauten viele Jahrhunderte lang als Steinbruch gedient haben, bevor 1894 Ausgrabungen stattfanden. Das von Kiefern und Oliven bestandene Plateau trägt in Erinnerung an den einst bedeutenden Platz den Namen Palatia.

Außerhalb des eingezäunten Bereiches, gegenüber dem Eingang, wurde ein etwa quadratisches Gebäude gefunden, dessen Funktion unklar ist; vielleicht handelte es sich um eine Herberge. Betritt man das Ausgrabungsgelände (**99**), so befindet sich links neben dem Eingang eine 48 m lange Halle, die an den Enden leicht vorgezogene Flügel besaß und wohl im 3. Jh. v.Chr. entstand. Sie führt auf ein Propylon zu, vor dem eine halbrund geschwungene Basis (Exedra) aufgestellt ist. Daneben gewährte ein Durchgang mit je zwei Säulen auf der Außen- und Innenseite Zutritt zum Heiligtumsbezirk. Hier stand man dann auf einem von vier Säulenhallen gerahmten Platz, der sich zum Tempel hin erweiterte und öffnete; die Stoen wurden aber nicht alle gleichzeitig errichtet, sondern sie entstanden nach und nach während des Jahrhunderts zwischen 420 und 320 v.Chr. Von ihrer Architektur erkennt man noch die seitlichen und rückwärtigen Mauerfundamente, z.T. aus schön zugehauenen, blaugrauen Blöcken errichtet, und die Basen sowie einige Säulentrommeln der mittleren und vorderen Säulenreihen (Taf. 32,2). Der im Osten dieses Platzes gelegene Tempel war von einer eigenen Umfas-

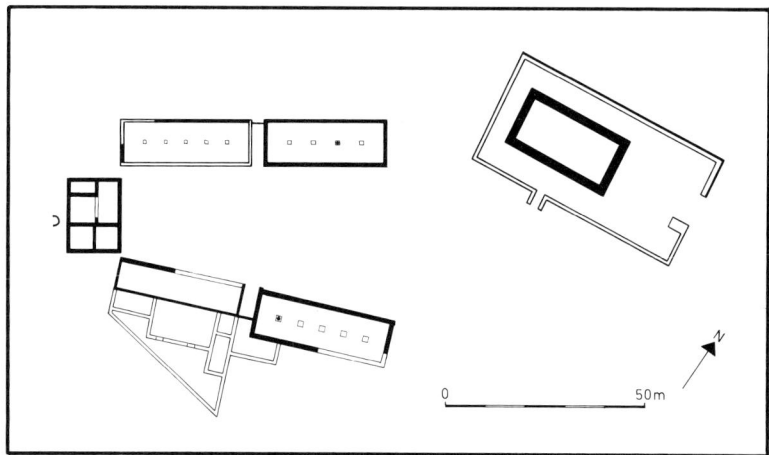

99   Poros, Kalauria, Poseidon-Heiligtum

sungsmauer aus unregelmäßig behauenen Blöcken gegen den übrigen Bezirk abgetrennt; zwei Tore innerhalb dieser Temenosmauer, ein größeres Propylon in der Achse des Altars und Tempels auf der Ostseite sowie ein kleinerer Nebeneingang im Süden, erlaubten den Zugang zum Temenos. Dieser wurde um 520 v.Chr. als dorischer Peripteros mit 6 zu 12 Säulen erbaut. Heute sieht man von seinen Fundamenten fast nichts mehr, sie wurden nahezu vollständig ausgeraubt; doch ist im Gelände die Temenosmauer mit den zwei Durchgängen noch gut erkennbar. Nordöstlich des Tempels fällt das Plateau steil zum Meer hin ab; hier bietet sich dem Besucher ein schöner Ausblick auf die Nordküste von Poros/Kalauria mit z.T. tiefen Buchten und über den Saronischen Golf hinweg zur gebirgigen Halbinsel Methana und nach Aigina.

Ein Besuch der Insel Poros, die heute zum Nomos Attika gehört und auch in der Antike zeitweise mit Athen verbunden war, gibt die Möglichkeit, einen Abstecher auf die Peloponnes zu unternehmen, z.B. um das Hippolytos-Heiligtum und die antiken Stadtruinen von Troizen zu besuchen, die in einem Gebiet intensiven Zitronenanbaues liegen. In der Blütezeit im Frühjahr, während der auch noch die Früchte an den Bäumen hängen, ist diese Gegend von einem intensiven Duft erfüllt, der ebenso wie das Bild der weißen Blüten und gelb leuchtenden Zitronen zwischen den tiefgrünen Blättern unvergeßlich in Erinnerung bleiben wird.

ANHANG

1. Die geographische Gliederung von Attika

Jeder, der Griechenland bereist, wird die stark ausgeprägte landschaftliche Gliederung bemerken: Hohe Gebirgszüge trennen die einzelnen Landschaften voneinander und lassen kleine Siedlungskammern entstehen. Trotz der guten Verkehrsverbindungen heutzutage wirken die Berge noch immer als deutliche Barrieren. Ein zweiter geographischer Aspekt, der das Bild Griechenlands bestimmt, ist das dichte Nebeneinander von Land und Meer; fast jede griechische Landschaft hat mehrere Zugänge zum Mittelmeer; durch tiefe Buchten ist das Land auf weite Strecken mit dem Meer eng verzahnt. Wegen dieser Voraussetzungen fand in der Vergangenheit der Kontakt zwischen den Siedlungsbereichen häufig eher über See als auf dem Landweg statt. Man kann – zumindest für die Antike – davon sprechen, daß die landschaftliche Ordnung Griechenlands wesentlich zu der politischen Gliederung beigetragen hat, wenn auch bisweilen die natürlichen Grenzen bewußt überschritten wurden, um eine benachbarte Siedlungskammer an den eigenen Staat anzuschließen.

Die trockene und verkarstete Landschaft Attika erscheint dem Reisenden von Gebirgszügen zergliedert und wenig einheitlich. Nach Norden, gegen Boiotien, besitzt sie mit dem Parnis, Pastra und Kithairon einen natürlichen Sperriegel. Der Parnis und Teile des Pentelikon scheiden zudem die Oropia, die in der Antike zwischen Boiotien und Attika umkämpfte Siedlungskammer um Oropos, vom attischen Kernland. Südlich vom Parnis liegt die Ebene um Athen, Pedion genannt, die sich zum Saronischen Golf öffnet, sowie das Gebiet um Eleusis, die Thriasische Ebene. Sie werden durch den Bergzug des Aigaleo voneinander getrennt. Im Nordosten ist die Siedlungskammer Athens vom Pentelikon begrenzt, auf dessen östlicher Gegenseite die Bucht von Marathon liegt, die in der Antike in vier Gemeinden (Tetrapolis) gegliedert war. Im Osten Athens erstreckt sich der Hymettos, der die Stadt zu den Mesogaia hin abriegelt. Südlich dieser einst fruchtbaren Ebene schließen sich die Berge von Merenda, das Paneion, der attische Olymp sowie das Hügelland der Laureotike an.

Eine besondere Stellung nimmt die Megaris ein, die heute zu Attika gehört, aber während ihrer langen Geschichte zeitweise unabhängig und mit Athen verfeindet, zeitweise Mitglied anderer Bündnissysteme, zeitweise auch mit Attika vertraglich assoziiert war. Die Landschaft, die nach ihrem Hauptort Megara benannt ist, erstreckt sich westlich des Pateras-Gebirges und bildet einen schmalen, gebirgigen Streifen zwischen dem Saronischen und dem Korinthischen Golf; im späteren 8. Jh. v.Chr., in dem Korinth den westlichen Zipfel der Megaris mit dem Hera-Heiligtum von Perachora übernahm, und nochmals im 6. Jh. v.Chr., als die Athener die Insel Salamis eroberten, wurde das Staatsgebiet von Megara erheblich verkleinert. Dennoch spielte die Stadt eine bedeutende Rolle in der griechischen Geschichte, insbesondere in der Klassik; schon früher nahm sie intensiven Anteil an den Koloniegründungen im Westen.

Das heutige Bild Attikas ist zum einen geprägt durch die große Trockenheit, die in dieser Landschaft herrscht; zum anderen trägt sie schwer an den Zivilisationsschäden, die ihr im Laufe der letzten Jahrzehnte zugefügt wurden: Allein während des

2. Weltkrieges fielen im Raum Athen-Megara 45000 ha Wald dem Raubbau zum Opfer, die Nachkriegsjahre brachten weitere große Verluste. Immer noch brennen jährlich viele Hektar Wald ab, meist eine Folge von Fahrlässigkeit, und die mühevollen Aufforstungsarbeiten können kaum einen Ausgleich schaffen. Auch das nahezu unvorstellbar schnell expandierende Athen forderte Tribut von der Natur: Wohnte man vor 150 Jahren in der Phidias-Straße (**2**,34) bereits außerhalb der Stadt, so ist nicht nur die Athener Ebene heute völlig mit Häusern bedeckt; die Wohnbebauung schiebt sich nun auch die Berge hinauf und die Küsten entlang fast durchgehend bis nach Sounion. Die Umgebung Athens wurde durch kleine Häuser völlig zersiedelt, die oft jahrelang als Betongerippe unfertig stehen bleiben; große Teile des Landes liegen brach, da Bauspekulation hohen Ertrag verspricht. Nur an wenigen Stellen der Mesogaia, der Gegend bei Marathon und Rhamnous oder der Thriasischen Ebene kann man beim Anblick der Olivenhaine, der Wein- und Getreidefelder noch ahnen, daß auch Attika durchaus fruchtbare Landstriche besaß, die hauptsächlich in den letzten drei Jahrzehnten zerstört wurden.

2. DIE HEUTIGE STRUKTUR: VERWALTUNG UND WIRTSCHAFT

Die heutigen 'Regierungsbezirke', Nomoi genannt, entsprechen in groben Zügen den antiken Landschaften mit ihren Stadtstaaten (Poleis); nur in Einzelheiten weicht der moderne Grenzverlauf gegenüber dem – nicht in jedem Falle sicher nachweisbaren und über längere Zeit gleichbleibenden – der Antike ab; z.B. gehörte die Peraia, die kleine, von Bergen und dem Meer begrenzte Siedlungskammer beim Hera-Heiligtum von Perachora, ursprünglich zur Megaris, wurde aber im späteren 8. Jh. von Korinth eingenommen und ist auch heute nicht Teil des Nomos Attika. Die Nomoi sind in Eparchien untergliedert (Kreise, z.B. Megaris) und diese wiederum in Demoi (Gemeinden; hier blieb der antike Begriff 'Demos' erhalten) mit dem Bürgermeister (Demarchos) an der Spitze; auf einer niedrigeren Verwaltungsebene stehen die Koinotita (Landgemeinde) und der Oikismos (Siedlung einzelner Häuser) mit einem Vorsteher. Jeder Nomos hat eine Hauptstadt; Athen ist nicht nur die Hauptstadt des gesamten Staates Hellas ('Griechische Demoratie'), sondern auch des Nomos Attika.

Griechenland besitzt eine durchschnittliche Bevölkerungsdichte von ca. 65 Pers./km^2. Durch die Landflucht einerseits und die Ballung in wenigen städtischen Zentren andererseits gibt es aber große Unterschiede der Besiedlung: In Athen leben etwa 6000, in Piraeus sogar über 8000 Menschen auf einem Quadratkilometer. Selbstverständlich haben sich dadurch starke soziale Veränderungen ergeben: Der Grieche ist ein eng an den Geburtsort bzw. an den ursprünglichen Heimatort der Familie gebundener Mensch. Bis heute reisen die Griechen deshalb zur Stimmabgabe bei Wahlen und während der Ferien im Sommer regelmäßig 'in ihr Dorf'.

Die großen Industriebetriebe sind im Umkreis der Städte Athen und Piraeus angesiedelt; die Bucht von Eleusis wurde durch die Petrochemie entstellt; und auf dem Land in Attika findet man zunehmend kleine Industriebetriebe, z.B. griechische Marmorhändler – Hymettos und Pentelikon sind Marmor- und Kalksteinlieferanten – oder Filialen mitteleuropäischer Pharmafirmen. Die Mesogaia östlich des Hymettos bilden nach wie vor ein Zentrum des Wein- und Olivenanbaues. Das Hügelland der Laureotike führt Erze und Marmor, die in jüngster Zeit aber nicht mehr genutzt werden. Daneben sind der Handel – seit alters her eine der wichtigsten wirtschaftlichen Grundlagen Griechenlands – sowie der Export von etwa 90 % der mineralischen Rohstoffe, von Zitrusfrüchten, Oliven und Öl, von Tabak, Baumwolle und Wein bedeutende ökonomische Quellen des Landes; Schiffbau, Zementproduktion sowie Textilindustrie ergänzen diese Wirtschaftszweige. Erwähnt werden soll noch die Tierhaltung, in nennenswertem Umfang auf Schaf und Ziege beschränkt und in der Regel extensiv betrieben, die aber nur den einheimischen Bedarf deckt. Seit neuestem gibt es daneben Stallhaltung von Kühen und Hühnern.

3. DIE FLORA

Trotz landschaftlicher Eigenarten ist das Mittelmeerklima im allgemeinen durch milde, feuchte Winter und heiße, trockene Sommer charakterisiert. Die Pflanzen, die an dieses Klima angepaßt sind, haben ihre Wachstumsphase und Blüte in der Regenzeit, von Oktober bis April. Während der heißen Sommermonate machen zahlreiche Pflanzen eine Trockenruhe durch. Die krautigen Pflanzen sowie die oberirdischen Teile von Knollen- und Zwiebelpflanzen sterben ab. Die immergrünen Hartlaubgewächse sind dagegen durch die besondere Beschaffenheit ihrer kleinen, ledrigen, oft nadelartigen Blätter in der Lage, den Wasserverlust während der Trockenperiode minimal zu halten. Andere Pflanzen überleben mit Hilfe ausgedehnter, wurzelstockähnlicher unterirdischer Speicherorgane.

Auch im Mittelmeergebiet bestand die ursprüngliche Pflanzendecke aus Wäldern. Durch Kahlschlag, Brände sowie Überweidung kam es zu einer fortschreitenden Verkarstung, ungeschützter Mutterboden wurde von Stürmen und Regenfällen abgetragen, neue Humusbildung durch ungestörtes Pflanzenwachstum fehlte. In Attika findet man alle Übergangsstadien dieser Entwicklung.

Reste der Bewaldung haben sich besonders im nördlichen und östlichen Bereich Euböas gehalten, in den höheren Lagen von Parnis, Pateras und Penteli. Vorherrschend ist dabei die Aleppokiefer, aber auch Steineiche und besonders Kermeseiche sind vertreten. In feuchten Gebieten und im Bereich von Quellen wachsen Platanen und Silberpappeln. Außerdem sind Zypressen, Johannisbrotbäume, Maulbeerbäume u.a. zu nennen. Akazien und Eukalyptus, ursprünglich aus Australien importiert, sind inszwischen in Griechenland fest beheimatet. Zu den landwirtschaftlich genutzten Bäumen, die jedoch auch wildwachsend vorkommen, gehören Feigen, Mandeln, Pistazien (besonders auf Aigina), Oliven und Granatäpfel.

Die Macchia ist ein Buschwald von 1 bis 2 m Höhe. Sie besteht aus Myrte, Lorbeer, Erdbeerbaum, Ginster und Wacholder. Daneben findet man Mastix- und Stinksträucher, Strauchklee und überall den anspruchslosen und von Juni bis September blühenden Oleander.

Die Garrigue oder Phrygana besteht aus niedrigen Zwergsträuchern, meist unter 50 cm, die häufig Dornen tragen und daher dem Tierfraß widerstehen. Schreitet jedoch die Erosion weiter fort, so können sich auf den Felsen nur die kleinsten und anspruchslosesten halten. Zur Garrigue gehören die Zwergeichen, Johanniskraut, Wolfsmilcharten (u.a. die Dornbusch-Wolfsmilch) und die Vielfalt der Disteln (z.B. die goldgelbe Eberwurz, die blaue Kugeldistel, die rote Eselsdistel und die Mariendistel). Als Küchenkräuter finden Thymian, Rosmarin und Salbei Verwendung. Die Knospen des Kapernstrauches, der im Juni blüht, werden als 'Kapern' in Salzlake eingelegt. Daneben gedeihen Zwiebel- und Knollenpflanzen und kurzlebige krautige Gewächse. Diese Flora wird zudem durch all die kurzlebigen Krautpflanzen, die Zwiebel- und Knollengewächse ergänzt, die während der Regenzeit ein buntes Blütenmeer hervorrufen.

Der Blumenkalender, hier beschränkt auf wenige Beispiele, beginnt im September/Oktober nach den ersten Regenfällen mit dem Erscheinen der rosa Cyclamen und der gelben Sternbergia. Im November folgen verschiedene Crocus- und Colchicum-Arten, auch wilde Narzissen sind zu sehen. Im Dezember und Januar blühen die roten Anemonen, im Februar kommen Hyazinthen, Blausterne und zahlreiche Kleesorten hinzu. Daneben gibt es die Blüten der Lauche und der Asphodelien. Im März und April bestimmt der rote Klatschmohn das Blütenbild, man findet gelbe und violette Irisarten sowie eine kleine grün-braune Iris, Hermodaktylos genannt, dazu Bocksbart, Reseda, Natternköpfe, Margeriten und kleine Ringelblumen. Die Alkanna fällt durch ihre kräftige blaue Farbe auf. Typisch für Griechenland sind die zarten griechischen Faltenlilien sowie die Schachbrettblumen (Fritillaria graeca), die an kleine Tulpen erinnern und deren Blüten im Innern ein feines Schachbrettmuster in rostrot und gelbgrün tragen. Im Mai blühen zudem Glockenblumen, Löwenmäulchen, Skabiosen und die prächtigen Siegwurzgewächse. Unter den Gräsern sind Walch, Windhafer, Kamm-, Gold- und Zittergras vertreten. Der violette geflügelte Strandflieder und die gelben Mittelmeer-Strohblumen eignen sich vorzüglich zum Trocknen. Im Mai und Juni sind zudem überall die violetten Strauchpappeln, die gelben Königskerzen und die Blüten des Akanthus zu sehen, dessen Blätter als Vorbild für die Rankenornamente und Kapitellverzierungen antiker Architektur dienten. Auch die Disteln (z.B. die goldene Eberwurz, die blaue Kugeldistel, die rote Eselsdistel und die Mariendistel) haben im Mai und Juni ihre Blütezeit. Ursprünglich aus Amerika stammen zwei Gewächse, die heute wie kaum andere das Pflanzenbild der Mittelmeerländer und somit auch Griechenlands prägen, die Agave mit ihren meterhohen Blüten und der Feigenkaktus mit kleinen, gelben Blüten und saftigen Früchten.

Kapernstrauch, wilder Rittersporn, Schwarzkümmel und Anis gehören zu den wenigen Blüten im Juli; im übrigen ist die Landschaft bereits braun und trocken, schon eine kleine Unachtsamkeit kann einen Brand mit verheerenden Folgen auslösen. Eine letzte Bemerkung sei den wildwachsenden Orchideen gewidmet, die in Griechenland noch in großer Zahl zu finden sind, jedoch auch hier infolge der rapiden Umweltveränderungen sowie des Mißbrauchs durch den Menschen (Abreißen der Blüten und Sammeln der Knollen) stark gefährdet sind und daher des besonderen Schutzes bedürfen. Von den vielen Vertretern seien nur die genannt, die in den besprochenen Landschaften am häufigsten vorkommen; die Blütezeit der Orchideen liegt zwischen Februar und Mai. Als erste erscheint die Mastorchis (Barlia robertiana), gefolgt vom Ohnsporn (Aceras anthropophorum) sowie den Knabenkräutern und Ragwurzen (Orchis italica, quadripunctata, papilonacea, pauciflora, provencialis; Dactylorhiza romana; Ophrys lutea, tenthredinifera, aesculapii, fusca, attica, ferrum equinum, mammosa und oestrifera). Relativ spät blüht der Zungenstendel (Serapia). Mit etwas Glück kann man in den Waldgebieten das schwertblättrige und das weiße Waldvögelein (Cephalanthera longifolia und damasonium) finden.

4. DIE FAUNA

Neben der unendlichen Vielfalt der Insekten, Spinnen- und Kriechtiere, die Griechenland bevölkern, nimmt sich die Zahl der wild lebenden Säugetierarten eher bescheiden aus: Neben Hasen, Kaninchen, Igeln und kleinen Nagern wird z.B. der Fuchs in Attika nur noch sehr selten beobachtet. Dagegen gehören die großen Scharen von Fledermäusen, ebenfalls Säugetiere, zum alltäglichen Erscheinungsbild der Dämmerung und der Nachtstunden.
Die Bandbreite der heimischen Vogelarten ist groß. Neben Spatzen, Rotkehlchen, Buchfinken und Baumläufern findet man Rebhühner, Fasane, den Wiedehopf, die

Nachtigall und viele andere. Am Wasser halten sich verschiedene Möwen- und Reiherarten auf (in jedem Frühsommer besucht ein Reiher sogar den Kerameikos und fischt im Eridanos-Bach Kaulquappen). Mauersegler und Schwalben verlassen nur über die Wintermonate das Land. Erwähnenswert ist auch der Greifvogelbestand; besonders die kleinen Arten wie Falken und Sperber kann man überall antreffen. Dagegen ziehen sich die Eulenvögel immer mehr zurück. Früher brütete der Steinkauz in den Felsen der Akropolis; sein lateinischer Name 'Athena noctua' erinnert noch heute daran, daß er in der Antike das Wappentier Athens war und auf die Rückseiten der Münzen geprägt wurde (**62**).

Zur Klasse der Reptilien gehören die Schildkröten, deren prominentester Vertreter, die griechische Landschildkröte, überall im Land anzutreffen ist. Während der Paarungszeit im Frühjahr fechten die Männchen heftige Kämpfe mit lautem Fauchen und 'Rempeln' aus. An das warme Klima vorzüglich angepaßt sind auch die Echsen, deren Vielfalt in Griechenland groß ist. Auffällig ist die große Smaragdeidechse mit ihrem kräftig grünen Schuppenkleid. Ein überaus nützlicher Mitbewohner der Häuser kann der Mauer-Gecko sein, dessen fein gefurchte Zehen-Haftkissen ihm erlauben, kopfüber an der Zimmerdecke nach Insekten und Ungeziefer zu jagen. Unter den Schlangen gibt es zahlreiche harmlose Vertreter, aber auch giftige Vipern. Obwohl Schlangen sehr scheue Tiere sind, sollte man sich bei Wanderungen über Land mit langen Hosen und festem Schuhwerk gegen sie schützen und bedenken, daß sie in den frühen Morgenstunden nicht so schnell fliehen können wie bei großer Wärme; denn die Körpertemperatur ist bei diesen wechselwarmen Tieren von der der Umgebung abhängig. Welche der Natternarten in der Antike als Symbol des Heilgottes Asklepios verehrt wurde, läßt sich nicht sicher klären; Einigkeit herrscht jedoch darüber, daß es eine Kletternatter gewesen sein muß, wie z.B. die Aeskulapnatter, die bis zu zwei Meter lang wird und eine braune Oberseite zeigt.

Die Klasse der Lurche wird hauptsächlich durch Frösche und Kröten vertreten, die man in Tümpeln, Sümpfen und auch antiken Zisternen findet (Kerameikos, Laureotike).

Aus der reich besetzten Klasse der Insekten können hier nur wenige Beispiele herausgegriffen werden, z.B. unter den Schmetterlingen der große Segelfalter mit schwarz-blaßgelb gestreiften Flügeln, der in Mitteleuropa inzwischen selten geworden ist; oder der Mittelmeer-Spitzenfalter mit hell eingefaßten dunkelbraunen Flügeln, das Widderchen mit roten Punkten auf leuchtend blauen Flügeln oder der Kleine Fuchs, der Admiral, der Schwalbenschwanz u.v.a., die auch in Mitteleuropa heimisch sind. Im Frühjahr kann man die langen Wanderketten der Prozessionsraupen beobachten, die beträchtlichen Schaden anrichten und deren Gespinstnester oft in großer Zahl in den Nadelbäumen hängen; sie sind Raupen des unauffälligen Kiefernspinners. In der Nähe von Bächen und Flüssen findet man verschiedene Libellenarten; überall summen große Hornissen, Wespen, Hummeln und Bienen, und an vielen Berghängen sind kleine Bienenkästen aufgestellt. Das sägende Zirpen der Zikaden ist abhängig von der Aktivität der Tiere und der Umgebungstemperatur, so daß gerade die heißen Mittagsstunden ab Juli von dem fast lärmenden Geräusch erfüllt sind. Unter den in Griechenland lebenden Grillen ist besonders die imposante Maulwurfsgrille zu nennen. Die Schildwanzen bestechen durch ihre leuchtenden Farben. Erwähnenswert sind auch die goldgrün schillernde Rosenkäfer, der Hirschkäfer, der Nashornkäfer und die Unzahl kleiner Marienkäfer. Der Pillendreher, der seine Eier in mühsam hergestellte Dungkugeln legt, wurde aufgrund seiner Fortpflanzungseigenarten im antiken Ägypten als heiliger Skarabäus verehrt. Ein großes Problem stellte bis in dieses Jahrhundert das reiche Vorkommen der Anopheles-

Mücke in Griechenland dar, denn die durch sie übertragene Malaria gehörte zu den häufigsten Todesursachen. Nach dem Zweiten Weltkrieg wurde mit Unterstützung der Engländer und Amerikaner ein fünf Jahre währender Feldzug gegen die Brutstätten dieser Mücke geführt, so daß heute keine Infektions-Gefahr mehr besteht.

Unter den Spinnentieren verdient die Wespenspinne besondere Beachtung nicht nur wegen ihrer auffallenden schwarzgelben Zeichnung, sondern auch wegen ihres besonders schönen Radnetzes. Die Malmignatte, schwarz mit roten Punkten, ist eine Giftspinne, deren Biß für Menschen nicht lebensbedrohend ist, aber starke Schmerzen und eventuell allergische Reaktionen hervorrufen kann. Das gleiche gilt für den Stich des hellen Skorpions, der gern unter Steinen sitzt, und für den Biß des Skolopenders, eines langen, hellen Gliederfüßers, der sich sogar an Skorpione heranwagt. Nicht unberücksichtigt sollen die vielen Tierarten bleiben, die im Meer leben und von denen sich an den Stränden zahlreiche Spuren finden, so z.b. die Gehäuse zahlreicher Wasserschnecken und Muscheln wie der Purpurschnecken, die in früherer Zeit den kostbaren Farbstoff lieferten, der Napfschnecken sowie der Herz-, Feil-, Tell- und Miesmuscheln und der langgestreckten Messermuscheln. An den Felsen vor der Küste siedeln Seeigel, die manchmal ebenso wie See- und Schlangensterne und der weiße Rückenschulp von Tintenfischen an Land gespült werden. Zwischen den Felsen kann man unter Wasser kleine Einsiedlerkrebse mit ihren Schneckenhäusern beobachten; vereinzelt sollen in Unterwasserhöhlen vor der attischen Ostküste Muränen leben. Krabben, Garnelen, Langusten und auch Oktopoden gehören zum begehrten Fang eines Fischers, daneben gibt es in Küstennähe viele barschartige Fische (Barben, Meeräschen u.a.). Jedoch sind die griechischen Küsten schon lange nicht mehr so fischreich wie ehedem, der Fischfang mit Grundnetzen, mit Dynamit, die Sportfischerei und die Umweltbelastung des Meeres (Athen, geschweige denn kleine Orte besitzen bis heute keine Kläranlagen) haben eine gesunde Regeneration des Bestandes zunichte gemacht. Ein besonderes Erlebnis ist es, bei einer Schiffahrt, z.B. zu den Kykladen, Delphine zu beobachten, die bisweilen dicht an die Fähren und Boote herankommen und sie mit schönen Sprüngen über eine Strecke begleiten.

Nebenstehend:

100   Die dorische Bauordnung und ihre Termini

5. EINIGE GRUNDBEGRIFFE DER ANTIKEN ARCHITEKTUR

Die griechische Architektur läßt sich (abgesehen von lokalen Sonderformen) in drei verschiedene Bauordnungen gliedern, die dorische, die ionische und die korinthische. Auf dem griechischen Festland herrschte die dorische Ordnung vor, die aufgrund der Beziehungen zum kleinasiatischen Griechentum durch Elemente der ionischen Ordnung bereichert wurde. Die korinthische Ordnung ist eine späte Form, die am Außenbau erst seit dem ausgehenden 4. Jh. v.Chr. (s.S. 89) auftrat. Unabhängig von der Bauordnung gibt es bei den Tempeln (und Schatzhäusern) unterschiedliche Grundrisse, die nach Typen geordnet werden können. – Für die wichtigsten Bauglieder hat sich, zum Teil durch das "Handbuch" des römischen Architekten Vitruv (um Christi Geburt), ein Fach-Vokabular herausgebildet, dessen wesentlichste Begriffe in den nachfolgenden Abbildungen erläutert werden.

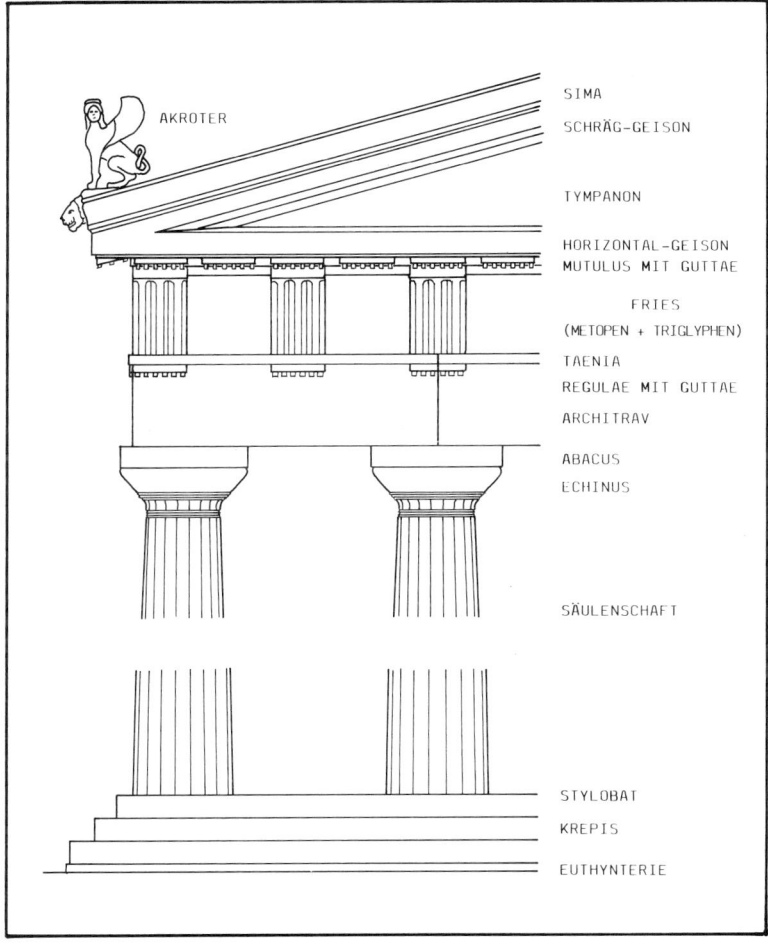

AKROTER

SIMA
SCHRÄG-GEISON

TYMPANON

HORIZONTAL-GEISON
MUTULUS MIT GUTTAE

FRIES
(METOPEN + TRIGLYPHEN)

TAENIA
REGULAE MIT GUTTAE

ARCHITRAV

ABACUS
ECHINUS

SÄULENSCHAFT

STYLOBAT
KREPIS
EUTHYNTERIE

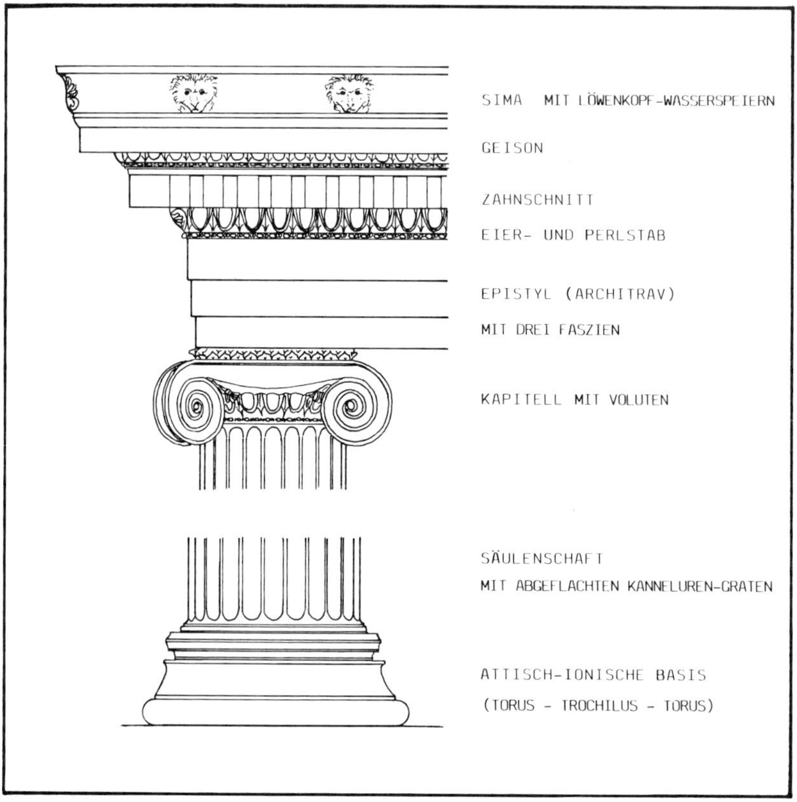

SIMA MIT LÖWENKOPF-WASSERSPEIERN
GEISON
ZAHNSCHNITT
EIER- UND PERLSTAB
EPISTYL (ARCHITRAV)
MIT DREI FASZIEN
KAPITELL MIT VOLUTEN
SÄULENSCHAFT
MIT ABGEFLACHTEN KANNELUREN-GRATEN
ATTISCH-IONISCHE BASIS
(TORUS - TROCHILUS - TORUS)

101 Die ionische Bauordnung und ihre Termini

1
2
3
4
5
6

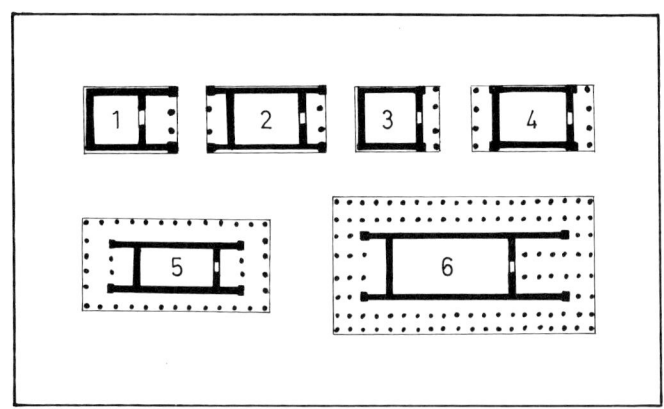

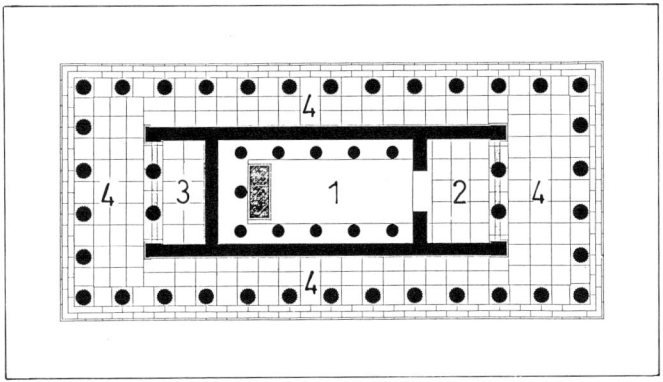

103 Ein klassischer Peripteros (Hephaisteion):
1: Cella mit Kultbildbasis und Säulenstellung; 2: Pronaos; 3: Opisthodom;
4: Säulenumgang (Peristase); 5: Anten

6. BEMERKUNGEN ZUM BYZANTINISCHEN KIRCHENBAU IN GRIECHENLAND

a) Frühchristliche Phase (Rahmendaten: 306–527)
Als Konstantin d.Gr. den Kaiserthron des Römischen Reiches im Jahre 306 n.Chr.
bestieg, änderte sich die Situation der bis dahin bedrängten christlichen Gemeinde
grundlegend. Auf das Toleranzedikt (311) und den Sieg an der Milvischen Brücke
(312) folgte das Edikt zur Gleichberechtigung des Chistentums (313). 330 n.Chr.
wurde Konstantinopel (ehemals Byzanz) Hauptstadt des Römischen Reiches, die
kulturelle Tradition des Ostens gewann zusätzlich an Einfluß; 395 erfolgte die endgültige Teilung des Römischen Reiches in ein westliches und ein östliches Herr-
schaftsgebiet.
Bereits seit 380 war das Christentum Staatsreligion. Während christliche Andach-
ten in den ersten Jahrhunderten n.Chr. nur versteckt möglich und überwiegend auf
private Räume beschränkt waren, konnte die Christengemeinde nun offen auftreten.
Heidnische Tempel wurden umgewidmet und – in manchen Fällen mit baulichen
Veränderungen – als christliche Kirchen genutzt. Durch Einmeißeln des Kreuzes auf
heidnischen Architekturteilen, Reliefs, Altären etc. wurde diese Umwidmung demon-
striert. Christliche Heilige nahmen den Platz antiker Götter und Heroen ein, oft mit
ähnlichen Namen und Eigenschaften wie die heidnischen Vorgänger.

Nebenstehend:

102 Grundriß-Typen griechischer Tempel:
1: Antentempel; 2: Doppelantentempel; 3: Prostylos; 4: Amphiprostylos;
5: Peripteros; 6: Dipteros

Beispiele frühchristlicher Kirchen in antiken Bauten lassen sich in Athen zahlreich finden; so wurden etwa der Parthenon, das Erechtheion, die Pinakothek der Akropolis-Propyläen, das Hephaisteion (**20**), das Asklepieion, der Ilissos-Tempel (**32**) sowie die Hadriansbibliothek im christlichen Sinne umgestaltet.

Gleichzeitig entstanden bereits im 4. Jh. n.Chr. erste rein christliche Bauten, die dem Architekturkonzept der Basilika folgten. Häufig wurden bei ihrer Errichtung die Fundamente und das Steinmaterial antiker Tempel und profaner Gebäude verwendet. Bis in das 6. Jh. blieb die Basilika der vorherrschende Kirchentypus. Reste frühchristlicher Basiliken sind z.B. in Brauron, Elympos oder in Glyphada zu sehen.

Die frühchristliche Basilika (**104**) ist ein langgestreckter, nach Osten orientierter Bau. Das Innere wird in der Regel durch Säulenreihen in drei, seltener in fünf oder mehr Längsschiffe gegliedert. Das Mittelschiff (1), das über die Seitenschiffe (3) hinausragt, kann eine zusätzliche Empore tragen. Über Fensterreihen, die beiderseits im oberen Bereich des Mittelschiffes angebracht sind, erhält der Kirchenraum sein Licht (Licht- oder Obergaden). Das Mittelschiff endet mit einer Apsis (2), in der eine Sitzbank für die Priesterschaft umläuft (Synthronon). Vor der Apsis befindet sich der Altar. Der gesamte, leicht erhöhte Altarraum wird durch eine Schrankenanlage (Templon) von der übrigen Kirche abgetrennt. Seitlich im Gemeinderaum (Naos) steht eine Kanzel aus zwei Pulten (Ambo) für die Lesung aus dem Evange-

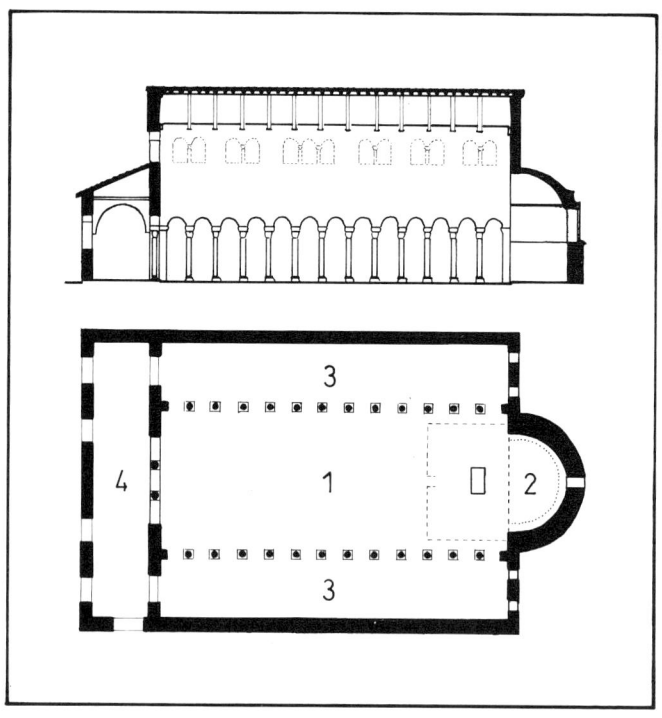

104   Frühchristliche Basilika, Grundriß und Aufriß
    1: Mittelschiff; 2: Apsis mit Synthronon; 3: Seitenschiffe; 4: Narthex; 1 + 3:
    Naos

lium und den Episteln. Eine dreibogige, säulengestützte Anlage (Trivelon) schmückt den Durchgang vom Kirchenraum zur Vorhalle (Narthex: 4). Dem Narthex ist häufig noch ein säulenumstandener Hof (Atrium) vorgelagert. Zur Innenausstattung der Basilika gehören ferner Mosaiken, der Boden kann alternativ auch mit Marmorplatten bedeckt sein. Altar, Schrankenplatten, Synthronon und Ambo sind in der Regel ebenfalls aus Marmor, seltener aus Kalkstein gefertigt.

Das Baukonzept der Basilika, dessen Wurzeln in der Antike liegen, blieb im Westen richtungsweisend und bestimmte für mehr als 1000 Jahre den Kirchenbau. Im Osten dagegen ging die Ära der frühchristlichen Basilika im 6. Jh. zu Ende, auch wenn basilikale Bauformen vereinzelt weiterhin auftraten und in mittelbyzantinischer Zeit sogar eine gewisse Renaissance erfuhren.

b) Frühbyzantinische Phase (Rahmendaten: 527–843)
Im Jahre 527 bestieg Justinian den Kaiserthron des oströmischen Reiches. Mit der Schließung der letzten Philosophenschulen und der Platonischen Akademie in Athen (529) fand der Übergang vom antiken zum christlichen Weltbild seinen Abschluß. Auch für die Architektur des oströmischen Reiches bedeutete diese Zeit eine Neuorientierung. Während der Westen beim Kirchenbau weiterhin am Konzept der Basilika festhielt, wurden im Osten neue Formen geschaffen, deren Wurzeln in den Zentralbauten der Spätantike (Gräber, Gartengebäude, Thermen) zu suchen sind. Die räumliche Neuorientierung, durch eine zentrale Kuppel betont, wurde für den Kirchenbau der folgenden Jahrhunderte eine entscheidende Grundvoraussetzung. "Byzantinische Architektur beginnt mit Justinian" (Krautheimer).

Nach dem Tod Justinians zerfiel das Reich. Byzanz mußte sich gegen Übergriffe der Slawen, Bulgaren und Araber zur Wehr setzen und verlor einen großen Bereich seines Herrschaftsgebietes. Schwere wirtschaftliche Krisen erschütterten das Reich. Der sog. Bilderstreit teilte sowohl den Klerus als auch die Gläubigen in zwei Lager, die einen erbitterten Kampf um die figürliche Darstellung der Kirchenmalerei ausfochten (726–768; 813–843); die Bilderfeinde wollten nur Kreuze und Ornamente zulassen; jedoch wurde die Kontroverse 843 endgültig zugunsten der Bilderfreunde beigelegt.

Für Attika ist die Zeit zwischen dem 7. und 9. Jh. eine dunkle Epoche. Alte Bauten aus frühchristlicher und frühbyzantinischer Zeit wurden zerstört oder verfielen, ohne daß ein Wiederaufbau erfolgte. In anderen Gebieten wurde der Kirchenbau jedoch fortgesetzt, wobei immer wieder auf das Formengut der spätiustinianischen sowie der unmittelbar darauf folgenden Jahre zurückgegriffen wurde. Neben der Kuppelbasilika, in einigen Fällen mit vorgezogenen kurzen Seitenarmen, entwickelte sich die Kreuzkuppelkirche, der das griechische Kreuz mit vier gleich langen Kreuzarmen zugrunde liegt. Dieser Kirchentyp ist voller Symbolik; Plan und Anordnung aller architektonischen Elemente sind eng mit der endgültigen Festlegung der byzantinischen Liturgie, die sich zwischen dem späten 6. und frühen 8. Jh. entwickelte, verbunden.

c) Mittelbyzantinische Phase (Rahmendaten: 843–1204)
Im Jahre 843 endete der 'Bilderstreit', 867 begann mit Basil I. der Aufstieg der makedonischen Dynastie. Die folgende Epoche wurde eine Blütezeit des byzantinischen Reiches, die 'Goldenen Jahre'. Wissenschaft und Kunst wurden intensiv gefördert, wertvolle Dokumente jener Zeit entstanden auf dem Gebiet der Geschichtsschreibung und der Literatur. Auch unter der Regierung der Dukas (1059–1081) und der Komnenen (1081–1185) hielt diese Entwicklung an.

Trotz wiederholter kriegerischer Auseinandersetzungen mit Bulgaren und Arabern sowie innerer Machtkämpfe festigte sich die Position des byzantinischen Reiches.

Als zentraler Knotenpunkt der Handelsrouten fungierte Byzanz als Bindeglied zwischen dem Westen, dem slawischen Balkan und dem islamischen Machtbereich. 961 gelang die Befreiung Kretas von den Arabern, 1014 und 1018 schlug Basileios I. die Bulgaren und feierte diese Siege mit einem Triumphzug zur Athener Akropolis. Auch der Einfluß der byzantinischen Kirche wuchs stetig. Am Ende des 9. Jhs. erhielten zwei Missionare, die Brüder Kyrillos und Methodios aus Thessaloniki, den Auftrag, die Slawen zu christianisieren, und entwickelten dabei für die Bibelübersetzung in die slawischen Sprachen ein besonderes Alphabet. 1054 kam es zum endgültigen Bruch zwischen der römischen und der byzantinischen Kirche. Durch die Eroberung Athens 1204 durch die Kreuzritter des vierten Kreuzzuges wurde der Blütezeit ein jähes Ende gesetzt.

Vor dem Hintergrund dieser Entwicklung setzte im 9. Jh. eine rege Bautätigkeit ein; im Kirchenbau kristallisierte sich ein hochentwickelter Stil heraus. Während die bedeutendsten Werke der frühen mittelbyzantinischen Zeit in Boiotien lokalisiert sind (Skripou, Osios Loukas), findet man die Hauptwerke der mittelbyzantinischen 'Klassik' (Ende 11.–Anfang 12. Jh.) in Attika (z.B. Daphni). Neben verkürzten Kreuzkuppelkirchen gibt es einfache, tonnengewölbte Kirchensäle sowie basilikale Bauformen, die eine gewisse Neubelebung erfahren. Prägend für den Kirchenbau jener Epoche war jedoch das Architekturkonzept der eingeschriebenen Kreuzkuppelkirche. Der Grundriß zeigt ein griechisches Kreuz, das in ein Quadrat eingeschrieben ist. In den Hauptachsen kreuzen sich vier Tonnengewölbe, die im Außenbau als Satteldächer in Erscheinung treten. Der zentrale Raum wird durch vier Stützen begrenzt, wobei es die Varianten mit vier Pfeilern oder Wandzungen, mit zwei Pfeilern und zwei Säulen oder mit vier Säulen gibt. Sphärische Dreiecke (Pendentifs) oberhalb der Stützen schaffen die Verbindung zum Rund oder Polygon des Tambours. In den Diagonalen entstehen vier Ecknischen oder Seitenkapellen; die beiden östlichen Seitenkapellen sowie der östliche Kreuzarm enden in Apsiden (**105**). Vor

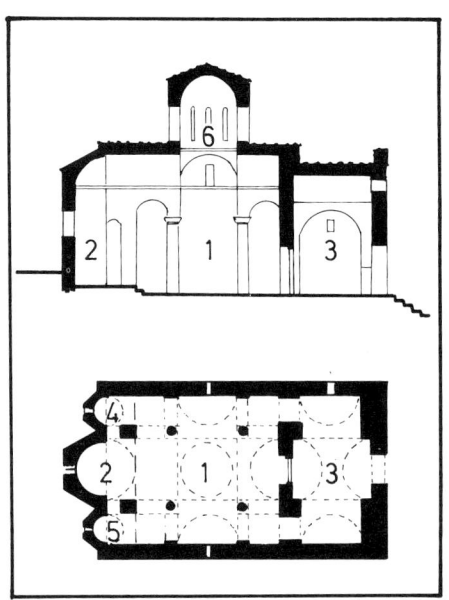

105   Grund- und Aufriß einer
      mittelbyzantinischen
      Kreuzkuppelkirche
      (Asteri):
      1: Naos mit vier Säulen
      und vier Eckkomparti-
      menten; 2: Bema; 3:
      Narthex; 4: Diakonikon;
      5: Protheson (oder Pro-
      thesis); 6: Tambour mit
      Kuppel

der mittleren, größten Apsis befindet sich der Altar, der durch eine Schrankenanlage (Templon oder Ikonostase) vom Naos getrennt ist. Die nördliche Seitenkapelle dient der Vorbereitung des Abendmahles (Prothesis), die südliche beherbergt die liturgischen Geräte und Gewänder (Diakonikon). Diesem Kernbau ist häufig noch ein Narthex und manchmal ein zusätzlicher Exonarthex in Form einer Stoa vorgelagert.

Ob der großzügige Acht-Stützen-Bau aus der eingeschriebenen Kreuzkuppelkirche mit vier Stützen entstanden ist oder eine Erweiterung des oktogonalen überkuppelten Zentralbaues darstellt, ist ungeklärt. Obwohl die Bauform in der byzantinischen Tradition wurzelt, scheinen in die Konstruktion Elemente anderer Länder (Armenien, islamische Länder) eingeflossen zu sein. Die strenge Gliederung des Vier-Stützen-Typus wird durch Bögen und Nischen aufgeschlossen, deren Stützen in einem Quadrat angeordnet sind. Über ihnen leiten Trompen zu einem Achteck über, das wiederum durch Pententifs mit der Kuppel verbunden ist. Dieses System erlaubt eine weitgespannte Überwölbung des gesamten Raumes vor Prothesis, Bema und Diakonikon.

In der Bautechnik und der Dekoration der Kirchen ging Griechenland durchaus eigene Wege und setzte sich vom Geschmack der Hauptstadt ab. Während in Byzanz und auch in Thessaloniki der großräumige Acht-Stützen-Bau bevorzugt wurde, findet man in Griechenland überwiegend den Vier-Stützen-Typus; der Tambour tritt im Außenbau rund oder – wie es für die Athener Kirchen typisch ist – achteckig in Erscheinung; Zickzack-Bänder rahmen die Fenster und gliedern die Wände horizontal; vom frühen 11. Jh. an wurden die Fensterkonturen zusätzlich durch säulengestützte Halbbögen betont; seit ca. 1080 wurden meist mehrere schmale Fenster als Gruppe gemeinsam von einem Ziegelbogen überspannt (**106**); von etwa 1150 an faßte man Fenster ebenso wie Bögen und Tympana mit Stein ein. Ein ganz eigener Stil bildete sich auch in der Beschaffenheit des Mauerwerkes heraus, das durch Struktur und Farbe geprägt war, das sog. Schächtel- (oder Kästel-) Mauerwerk. Im 10. Jh. bestand das Kästelmauerwerk aus unregelmäßigen Hausteinen, die durch waagerechte und senkrechte Ziegellagen gerahmt wurden; Ziegelsetzungen

106 Fenstergliederung einer mittelbyzantinischen Kirchenapsis

füllten auch die eventuell entstehenden Zwischenräume locker aus. Vom Beginn des 11. Jhs. an war die Mauertechnik voll entwickelt und wurde sehr sorgfältig ausgeführt: Die Hausteine wurden durch bearbeitete Quader ersetzt, die in regelmäßige Ziegellagen – in der Horizontalen ein- oder zweireihig – eingeschlossen wurden. Im 11. Jh. traten als Schmuckelemente ferner vertikale Ziegelsetzungen auf, die pseudokufischen Charakter hatten (**55**). Mit der Zeit entwickelten sich ganze Friese aus derartigen Ziegelarabesken, die später als Ornament auf Tonplatten übertragen wurden. Gegen Ende des 11. Jhs. verschwand diese Schmuckform wieder. Ab ca. 1080 bestand die Basis der Außenwände häufig aus kreuzförmigen Quadersetzungen.

Im 10. Jh. entstand auch ein festes Bildprogramm für die Bilder-Innenausstattung der Kirchen, das entweder in aufwendiger und teurer Mosaik-Arbeit oder aber in Freskomalerei ausgeführt wurde (**107**). In der Kuppel ist Christus als Pantokrator oder alternativ die Vorbereitung des Thrones für den Weltenrichter zu sehen, zwischen den Tambour-Fenstern die Propheten. Die Pendentifs tragen Abbildungen der Evangelisten oder der 'hohen Feste' (Hauptereignisse des Lebens Christi): Verkündigung, Geburt, Taufe und Darstellung im Tempel bzw. Auferstehung, die im Byzantinischen als Abstieg Christi in die Unterwelt und Befreiung Adams dargestellt wird. Die Mutter Gottes ist in der Hauptapsis zu sehen. Die Gewölbe der Kreuzarme und die oberen Wandzonen tragen Szenen aus dem Leben Christi, von den Ereignissen nach seinem Tod oder aus der Marienlegende. Auf den unteren Wandflächen erkennt man die 'Stützen der Kirche': Heilige und Kirchenväter. Rechts und links des Durchganges vom Naos zum Bema sind Christus, die Mutter Gottes, Johannes der Täufer (Prodromos) und der jeweilige Kirchenheilige dargestellt. Beischriften bezeichnen die dargestellten Personen und die Szenen, ohne die das Bild nicht rechtmäßig ist. Dreidimensionale Darstellungen sind in der byzantinischen Kirche verboten.

d) Spätbyzantinische Phase (Rahmendaten 1204–1460)

1204 eroberten die fränkischen Kreuzritter Griechenland, das sie in Baronien aufteilten; Athen wurde fränkisches Herzogtum unter dem Haus de la Roche.

1261 etablierten sich auf der Peloponnes die Paläologen-Kaiser, deren byzantinisches Reich, mit einer kurzen Zwischenperiode unter der Dynastie der Kantakuzenen (1348–1382), bis zur Eroberung Griechenlands durch die Türken bestehen blieb. Attika und Athen waren Einfällen der Katalanen (1311), der Florentiner (1387) sowie der Venezianer ausgesetzt. Im 15. Jh. rückte der Islam vor; Konstantinopel wurde 1453 von den Türken erobert, 1456 fiel Athen. Mit der Eroberung Mistras, des Sitzes der Paläologen-Kaiser, fand die byzantinische Epoche 1460 ihr Ende, auch wenn Euboia noch zehn weitere Jahre unter venezianischer Herrschaft blieb.

Wesentliche Impulse in der Kirchenarchitektur und -kunst gingen in dieser Zeit von der Peloponnes aus. Neben einer Spätentwicklung der Basilika mit hochgezogenem Querschiff und kreuzförmiger Dachanlage (Typus mit Dachtransept), die auch auf Euboia seit 1250 häufig belegt ist, herrscht weiterhin der Kreuzkuppelbau vor; allerdings wurde der Baukörper zu schmalen und hohen Proportionen verändert. Die Kuppel konstruierte man klein, den Tambour vergleichsweise hoch. Die Mauertechnik wurde nachlässig, der Schmuck wurde ärmlich und nahm überhand. Formziegel mit Wellen-, Haken- oder Spitzen-Ornamenten fanden Verwendung. Auf Mosaikkunst zur Innenausstattung wurde weitgehend verzichtet. Das Formengut der Malerei zeigt retrospektive Tendenzen; dieser Malstil, der im 14. Jh. aus Konstantinopel kam, eroberte im 14. und 15. Jh. Kreta und entwickelte sich dort zur 'kretischen Schule', die bis in das 17. Jh. in Griechenland bestimmend war.

Seit dem 13. Jh. nahm die Ikonenmalerei einen unaufhaltsamen Aufschwung. Wahrscheinlich liegt der Ursprung der Ikone in der Zeit des 'Bilderstreites', in der sie als

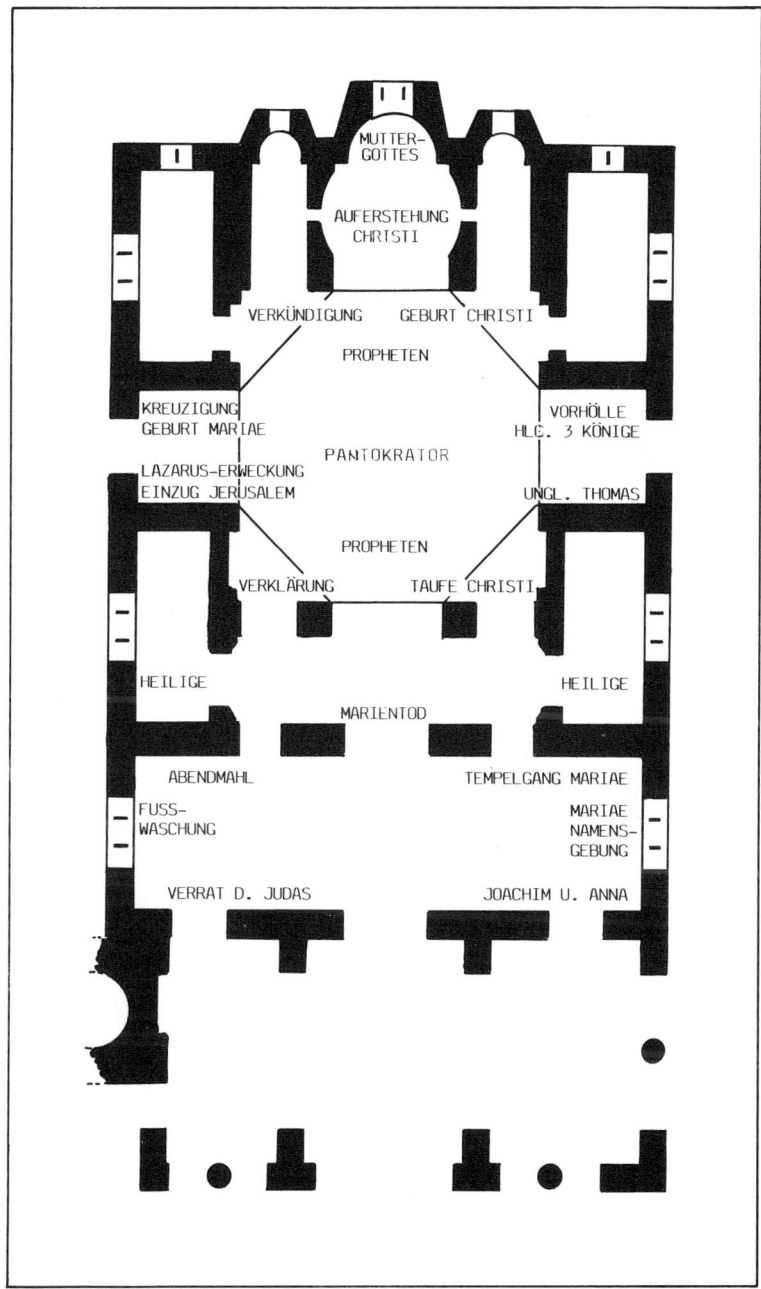

107 Ausstattungsschema einer byzantinischen Kirche (Daphni)

tragbares Bild eine Ausweichmöglichkeit für die Bilderfreunde darstellte. Auch für die Ikonenmalerei galten (und gelten noch) feste Regeln bezüglich des Themenkreises und der Ausführung sowie der Anbringung in der Kirche: Jede Ikone hat dort ihren geweihten Platz.

e) Nachbyzantinische, türkenzeitliche Phase (ab 1460–1830)

Während der türkischen Besatzungszeit war es den Christen durchaus erlaubt, ihre Religion auszuüben; jedoch wurden sie mit hohen Steuern belegt, und die Heirat oder die Bekehrung eines Moslems waren streng verboten. Der Sultan bestimmte den Patriarchen von Konstantinopel, der seinerseits dadurch weltlicher Würdenträger des ottomanischen Reiches und Oberhaupt der griechischen Christen war. Dieses Vorgehen führte zu erbitterten Machtkämpfen innerhalb des Klerus. Von dem jeweiligen türkischen Statthalter hing es weitgehend ab, ob die Christen starken Repressalien ausgesetzt waren. In vielen Fällen wurde die Kirche als Bewahrerin der christlich-byzantinischen Tradition zum Kern des griechischen Widerstandes gegen die Eroberer.

In Attika herrschte vom Beginn des 17. Jhs. eine rege Bautätigkeit. Klöster wurden erneuert und erweitert, es entstanden zahlreiche Kirchen. Neben einfachen Kirchensälen findet man Kreuzkuppelkirchen mit relativ flachen Kuppeln; das Mauerwerk wurde aus Bruchsteinen oder groben Quadern errichtet; das Kircheninnere wirkt dunkel, da es nur von wenigen schmalen Fenstern beleuchtet wird. Das Bema wurde häufig durch eine einfache, gemauerte Ikonostase abgegrenzt. In der Kirchenmalerei wurde im 17. Jh. die kretische Schule von den peloponnesischen Malern abgelöst, deren Darstellungen volkstümliche Tendenzen aufweisen.

7. NÜTZLICHE RATSCHLÄGE UND ADRESSEN FÜR DEN REISENDEN

ALLGEMEINES

INFORMATIONSSTELLEN

Da Griechenland zu den touristisch stark frequentierten Reiseländern gehört, kann jedes Reisebüro bereits erste Auskünfte erteilen. Weitere Informationsstellen: Griechische Zentrale für Fremdenverkehr (EOT) in: a) Neue Mainzer Str. 22, 6000 Frankfurt/M., Tel. 236561-3; b) Pacellistr. 2, 8000 München, Tel. 222035; c) Abteistr. 33, 2000 Hamburg 13, Tel. 454498; d) Kärntner Ring 5, 1015 Wien, Tel. 52531718; e) Gottfried Keller-Str. 7, 8001 Zürich, Tel. 328487; f) in Athen: am Flughafen Elliniko: Tel. 9799500; in der Filiale der Nationalbank am Syntagma-Platz, Ecke Stadiou: Tel. 3222545 und 3252267.

DIPLOMATISCHE VERTRETUNGEN

Deutsche Botschaft: Vasilisis Sophias 10, 151 24 Marousi, Tel. 01 (Athen) 36941. Österreichische Botschaft: Leoforos Alexandras 25, Athen, Tel. 811036, 816800. Schweizer Botschaft: Iasiou 2, Athen, Tel. 7230364-6.

AUTOATLANTEN, KARTEN, SPEZIALFÜHRER

Die Auswahl an Kartenmaterial und Autoatlanten zu Griechenland ist ebenso unüberschaubar geworden wie die reiche Führerliteratur. Praktisch und zuverlässig auch in der Angabe der Besichtigungsstätten sind die Karten des RV Reise- und Verkehrsverlag Griechenland 1:800.000. Wer auch die wenig bekannten, oft nur über 'Feldwege' erreichbaren Stätten problemlos finden will, sollte auf griechische Karten zurückgreifen, die das Land in einzelne Landschaften bzw. Verwaltungsbezirke aufgeteilt vorlegen; gut und preiswert sind insbesondere die Karten der 'Edition D. & B. Loukopoulos', erhältlich in Athen, Stoa Nikoloudi 10 (Passage zwischen der Panepistimiou und der Stadiou, gegenüber der Nationalbibliothek). – Besonders für denjenigen, der im Frühjahr in Griechenland reist und sich für die Flora interessiert, sind folgende Pflanzenbestimmungsbücher zu empfehlen: Steinbachs Naturführer, Pflanzen des Mittelmeerraums, Mosaik-Verl. München (1987); Kosmos Naturführer: Die wildwachsenden Orchideen Europas, Franck'sche Verlagsbuchhdl. W. Keller & Co. Stuttgart (1982).

REISEPAPIERE

Für EG-Angehörige reicht bei der Einreise via Italien oder mit dem Flugzeug der Personalausweis. Bei der Anreise durch nicht zur EG gehörende Staaten braucht man einen Reisepaß. Erforderlich sind Führerschein, Fahrzeugschein und Grüne Versicherungskarte. Es empfiehlt sich ein Reisepaß (s. Reisepapiere).
Bei Mitnahme von Haustieren (Hund, Katze) gelten in den Durchreiseländern und in Griechenland folgende Gesundheitsbestimmungen (Stand 1993): Für Österreich: Intern. Impfpaß mit Tollwutimpfung (mindestens 30 Tage vor Einreise, nicht älter als ein Jahr) sowie tierärztliches Gesundheitszeugnis. Für die dem. jugoslawischen Staaten: Intern. Impfpaß mit Tollwutimpfung (mindestens 15 Tage vor Einreise, nicht älter als 6 Monate) sowie tierärztliches Gesundheitszeugnis. Für Italien: Intern. Impfpaß mit Tollwutimpfung (mindestens 15 Tage vor Einreise, nicht älter als 11 Monate), tierärztliches Gesundheitszeugnis und Mitführen von Leine und Maulkorb. Griechenland verlangt für Tiere einen Internationalen Impfpaß mit Tollwutimpfung (mindestens 15 Tage vor der Einreise und nicht älter als 1 Jahr) sowie ein tierärzt-

liches Gesundheitszeugnis. – Die Mitnahme von Haustieren ist wegen der ungewohnten Hitze und insbesondere wegen einiger in Griechenland endemischer Krankheiten (Leishmaniose, Echinokokkose) nicht zu empfehlen.

REISEZEIT

Griechenland hat jahreszeitlich bedingt mindestens zwei Gesichter: Im Frühling (März bis Mai) herrscht eine üppige Vegetation mit großer Blumenpracht; anfänglich ist es teilweise noch regnerisch (Schauer), im Mai jedoch relativ stabil und warm (bis 30° C). – Im Sommer (Juni-August) ist es in Griechenland sehr heiß (bis 45° C); durch z.t. starke Winde (Meltemia aus Norden) wird die Hitze etwas erträglicher, in den aufgeheizten Städten ist es unangenehm, in den Bergen sehr schön, am Meer erträglich, aber voll. Ab ca. Mitte August treten Nachmittag-Gewitter auf. – Im Herbst sind ab September erste kurze Regenfälle möglich; die verdorrte Natur erlebt eine Art zweiten Frühling mit einer kurzen Blütezeit. Im Oktober wird es kühler (15-25° C), der November ist bereits ein Regenmonat. – Der Winter (Dezember bis Februar) ist die griechische Regenzeit mit Temperaturen von 0–15° C. Sie ist unterbrochen von einer Reihe herrlicher Sonnentage, meist zu Anfang Januar. Schneefall ist in Attika selten.

GESUNDHEITSVORSORGE

Außer gutem Sonnenschutz (Kopfbedeckung, Brille, Cremes) und einem Antihistaminikum (Insektenstiche) ist keine besondere Vorsorge erforderlich (s. auch Reiseapotheke). Für Deutsche ist der Anspruchsausweis E 111 nützlich, der bei der griechischen Sozialversicherungsanstalt IKA zur Beratung über Ärzte und Krankenhäuser vorgelegt werden kann. Beim direkten Aufsuchen eines Arztes muß die Behandlung in der Regel bar bezahlt werden. Für Deutsche: Der ADAC bietet eine preiswerte Kranken-Auslands-Versicherung an.

DEVISENVORSCHRIFTEN

Deviseneinfuhr in bar oder Reiseschecks ist unbeschränkt möglich; Devisen über 1000 $ müssen bei der Einreise deklariert werden, da ihre Ausfuhr verboten ist. Griechische Währung – Drachmen – können bis zu 35000 Drs./Person eingeführt werden; doch sind die Wechselkurse in Griechenland günstiger, so daß sich im Heimatland nur der Umtausch eines 'Notgroschen' empfiehlt.

ZOLLBESTIMMUNGEN

Keine von den üblichen Regelungen mitteleuropäischer Ländern abweichenden Zollbestimmungen (s. auch Reisepapiere, Devisenvorschriften). Bei Mitnahme von aufwendigeren Elektrogeräten (TV, Video) oder Kameras können diese bei der Einreise angemeldet und bei der Ausreise aus dem Paß ausgetragen werden.

Die Ausfuhr von Antiquitäten (Gegenstände von kunst- oder kulturgeschichtlicher Bedeutung, die über 100 Jahre alt sind) sowie von Antiken ist grundsätzlich verboten und wird bestraft.

SPEZIELLE INFORMATIONEN

APOTHEKEN

Bezeichnet mit dem roten Kreuz auf weißem Grund und der Aufschrift 'ΦΑΡΜΑ-
KEION – PHARMACY'. Im Fenster sind die jeweils diensthabenden Apotheken in
einer Liste aufgeführt. Viele der einfachen Medikamente erhält man ohne Rezept.
Homöopathische Medikamente sind nur schwer zu finden.

ÄRZTLICHE VERSORGUNG

Die Botschaften stehen meist mit einem die jeweiligen Landsleute betreuenden Arzt
in Verbindung (ein deutsch sprechender Arzt [Dr. Kaliampetsos] im Iatriko Kentro
Athinon, Marousi). s.auch o. 'Gesundheitsvorsorge'.

AUTOFAHREN

Das Straßennetz ist gut, jedoch nicht von der Dichte und Qualität wie das der mitteleuropäischen Länder. Die Nationalstraße von Evzoni (ehem. jugoslaw.-griech.
Grenze) über Thessaloniki nach Athen und weiter über Korinth nach Patras (mit relativ niedrigen Gebühren) hat nicht den Charakter einer Autobahn; hier wird auch der
Standstreifen als Fahrspur benutzt; doch werden große Teile z.Zt. ausgebaut. Zu ent-
legenen Besichtigungsstätten muß man oft auch auf Erdwegen fahren. – Das Tank-
stellennetz ist dicht, auch bleifreies Benzin ist an fast allen Stationen zu erhalten. In
den Schönwettermonaten sollte man es vermeiden, Freitag nachmittags und Samstag morgens die Großstädte zu verlassen und am Sonntag nachmittags und abends
dorthin zurückzukehren: Die Ausfallstraßen und die Nationalstraße sind viele Kilometer zugestaut. – Bei Pannen hilft ELPA, der griechische Automobil- und Touringclub, sowie der EXPRESS-SERVICE, ein gleichartiges Privatunternehmen (Not-
ruf an den Straßen auf Schildern bekanntgegeben).

AUTOVERMIETUNG

Die in Europa üblichen Firmen für Autovermietungen sind auch in Griechenland
ansässig; darüber hinaus gibt es auch kleinere und preiswertere Privatfirmen, die
man besonders an der Leof. Syngrou findet. Die bekannten Firmen haben Büros am
Flugplatz, an der Leof. Vas. Amalias und der Leof. Syngrou; auch größere Hotels
vermitteln Mietwagen dieser Firmen. Preisgünstig ist oft ein 'Paket' aus Flugticket
und Mietauto, das man im Heimatland bereits buchen kann. Vermietet werden sowohl
einfache PKW als auch – beliebt in Griechenland, aber unbequemer und gefährlich
wegen der Sonneneinstrahlung – offene Jeeps; daneben findet man (bereits im Heimatland zu buchen) auch Wohnmobile – für Camper, die viel besichtigen wollen,
die ideale Reisemöglichkeit in Griechenland.

BANKEN

Es werden bei griechischen Banken Devisen, EC-Schecks und Traveller-Schecks
akzeptiert. EC-Schecks dürfen nur bis zu einer bestimmten Höhe (z.Zt. 35000 Drs.,
ändert sich wegen des Kursverfalls der Drachme bisweilen) ausgestellt werden.

CAMPING

Das sehr dichte Netz von Campingplätzen (unterschiedlicher Qualität und Ausstattung) ermöglicht diese Reiseart auf nahezu ideale Weise. Über die in den Verzeich-

nissen der mitteleuropäischen Automobilclubs genannten Plätze hinaus existieren
noch kleinere, oft neue Einrichtungen; diese sind in einem zusätzlichen Verzeich-
nis 'Camp in Greece. Griechischer Campingführer in Zusammenarbeit mit dem Auto-
mobil- und Touringclub von Griechenland (ELPA)' genannt. – Die meisten Cam-
pingplätze öffnen erst mit der Ostersaison und schließen ca. Mitte September.

EINKÄUFE UND SOUVENIRS

Durch die EG-Zugehörigkeit Griechenlands kann man fast alle mitteleuropäischen
Produkte kaufen; überall gibt es Supermärkte mit Selbstbedienung. – Souvenirs und
Geschenke kann man am besten in den zahlreichen Straßen und Gassen rund um den
Monastiraki-Platz und in der Plaka einkaufen; ein Rundgang durch das gesamte
Gebiet mit Qualitäts- und Preisvergleich und auch Handeln empfiehlt sich allerdings.
Man findet hier Schmuck, Emaille-Arbeiten, Kupfer- und Messingwaren, Stickereien, gewebte Stoffe, Lederwaren, Teppiche und Nachahmungen antiker Keramik
und Malerei. Im 'Haus der griechischen Tradition' (Mitropoleos/Ecke Nikis) werden in einer musealen Verkaufsausstellung Keramik, Stickereien, Schnitzereien und
anderes traditionelles Kunsthandwerk angeboten. Moderne keramische Produkte
sollte man im Vorort Maroussi erwerben. Geschmackvolle Geschenke, darunter viele
Nachbildungen antiken Schmuckes und anderer Gegenstände findet man in den kleinen Läden des Goulandris-Museums (Neophytou Douka 4) und des Benaki-Museums,
Gipsabgüsse von antiken Skulpturen oder Terrakotten im Verkaufsladen des Nationalmuseums (Untergeschoß). – Die meisten Läden, die an Touristen Souvenirs u.a.
verkaufen, akzeptieren Schecks und Karten der unterschiedlichen, international
bekannten Firmen.

ELEKTRIZITÄT

Normal sind 220 V-Steckdosen. Es empfiehlt sich die Mitnahme eines Stecker-Adap-
tersets, da die Buchsen der Steckdosen bisweilen einen geringeren Durchmesser als
in mitteleuropäischen Ländern aufweisen. Häufig haben die griechischen Elektro-
leitungen keine Erdung.

ESSEN UND TRINKEN

Es gibt viele Restaurants, die sich auf den Geschmack der europäischen Touristen
eingestellt haben; das Essen ist dann meist von geringerer Qualität und teuer. In einfachen Tavernen sucht man entweder an der Theke das Essen aus oder läßt es sich
in der Küche zeigen. Meist ißt man dort am besten, wo viele Einheimische sitzen.
Die Essenszeiten liegen spät: Mittags von ca. 12.30 h bis 15 h, abends ab 9.00 h. –
Vor dem Abendessen trinkt man gern auf der Platia, dem Hauptplatz des Ortes, einen
Anisschnaps (Ouzo), z.T. mit Meze (kleiner Teller mit Appetithappen) oder mit Nüssen oder Pistazien serviert. Zur griechischen Küche, die viel Olivenöl benutzt,
bekommt sehr gut der geharzte Wein (Retsina), den man am besten als offenen Wein
vom Faß (chima) bestellt. Im übrigen sind die trockenen Weiß- und Rotweine (besonders von Santorin) zu empfehlen. -
In vielen Restaurants bestellt man aus einer reichen Auswahl verschiedene Vor-
speisen-Tellerchen (Orektika), von denen sich jeder am Tisch nur ein wenig nimmt;
so kann man von allem einmal probieren, z.B. Tsatsiki, gefüllte Weinblätter (Dol-
mades), gebratene Zucchini-Scheiben (Kolokythakia), frittierte Käsetäschchen (Tiro-
pittakia), gegrillter Käse (Saganaki), Ziegenkäse (Feta), Salate u.v.a. Als Hauptspei-
sen gibt es immer eine Auswahl bereits fertiger, (lau-) warmgestellter Gerichte, die

man in der Küche beim 'Töpfegucken' aussucht; daneben werden Fleisch und Fisch vom Grill (tis scharas) oder aus der Pfanne (tiganito) angeboten. Als Nachspeisen werden Obst, Obstsalat, Eis, Kuchen oder sehr süße Teilchen gereicht; Spezialitäten sind ein lange in Sirup gekochter Apfel mit Sahne oder Joghurt, Joghurt mit Honig und Walnüssen, Galaktoboureko (süßer Griespudding in Blätterteig oder mit Zuckerfäden) oder Chalva (Gries-Kuchen mit Rosinen und Nüssen).

FEIERTAGE UND FESTE

Gesetzliche Feiertage: 1.1.; 6.1.; 25.3.; 1.5.; 28.10.; 25.12. – Kirchliche Feiertage: 6.1.; Rosenmontag; Karfreitag und Ostern; Pfingsten; 15.8.; 3.10.
Griechenland hat zwei Nationalfeiertage: Am 25.3. wird der Unabhängigkeitstag, genauer: der Beginn des Unabhängigkeitskrieges, gefeiert, am 28.10. der 'Ochi-Tag', an dem 1940 die griechische Regierung 'nein' sagte zum italienischen Kapitulations-Ultimatum.
Eine große Rolle spielen die kirchlichen Feste. Die Feiern für bedeutende Heilige der orthodoxen Kirche werden in den einzelnen Familien mit Namenstags-Festen verbunden: 7.1.: Johannes; 21.5.: Konstantin (=Kostas) und Nikolaos (=Nikos) sowie Eleni (halb Griechenland ist mit dem Auto unterwegs und füllt die Tavernen); 15.8.: Panajotis und Maria (an diesem Tag, an dem häufig die Sommerhitze durch ein erstes Gewitter 'gebrochen' wird, fahren Tausende zu den Kirchen der Muttergottes, viele Kranke pilgern per Schiff zur Panagia auf Tinos, um für ihre Heilung zu beten); 26.10.: Dimitrios (Schutzheiliger von Thessaloniki). – Am 6.1. (Theophania) findet die Meeresweihe durch den Erzbischof von Athen im Piraeus statt: Er wirft ein Kreuz ins Wasser, das von Tauchern anschließend geborgen wird. – Die vor-österliche Fastenzeit beginnt nach dem Kathari Devtera, der dem Rosenmontag der römisch-katholischen Kirche entspricht; zu den traditionellen Bräuchen an diesem Tag gehört in Athen das Drachensteigenlassen. In Theben wird die 'Vlachenhochzeit' gefeiert, ein bekanntes Volksfest, bei dem junge Männer ein Laienspiel aufführen. – Das wichtigste Kirchenfest der griechisch-orthodoxen Kirche ist Ostern. Das Fest wird nach anderen Kriterien berechnet als in der römisch-katholischen Kirche, kann deshalb vom Termin des nicht-orthodoxen Ostern stark abweichen. In der Kar-Woche finden viele Gottesdienste statt, die Kirchen sind fast durchgehend geöffnet. Am Karfreitag wird das Epitaphios, das stilisierte, mit Blumen geschmückte Grab Jesu Christi in einer Prozession um die Kirche getragen. Die großen Ostergottesdienste beginnen am Samstag vor Mitternacht. Um 24 h wird die Auferstehung Christi mit Glockengeläut, Knallfröschen und Kanonenschüssen gefeiert. Von den Kirchen treten die Gläubigen den Heimweg mit brennenden Kerzen an; dann wird die traditionelle Speise der Osternacht gegessen, die Majiritsa, eine Eingeweide-Suppe mit Hammelkopf. Am Sonntag findet der Festschmaus mit gegrilltem Lamm oder Hammel statt; auch rotgefärbte Eier gehören zum Osterfest, teilweise in Hefezöpfe eingebacken. – Der 3. Oktober ist dem Schutzheiligen Athens gewidmet, dem Dionysios Areopagites, dem ersten Athener Märtyrer; es findet in Athen eine Prozession von und zur Dionysios-Kirche in der Skoufa-Straße statt.

FLUGGESELLSCHAFTEN UND -HÄFEN

Athen wird von allen internationalen Fluggesellschaften angeflogen; zudem besitzt Griechenland eine eigene Fluggesellschaft, Olympic Airways. Zu beachten ist, daß die Abfertigungsgebäude der Olympic von denen aller anderen Fluglinien getrennt sind: Olympic liegt auf der West-, die internationalen Linien auf der Ostseite der gemeinsam benutzten Rollbahnen. – Beim Umsteigen von internationalen Fluglinien zur Olympic muß man sein Gepäck in Athen entgegennehmen, dem Zoll vorführen und dann mit dem Taxi oder Bus zum westlichen Olympic-Abfertigungsgebäude fahren. – Olympic Airways fliegt zu sehr vielen Orten und Inseln innerhalb Griechenlands zu relativ günstigen Preisen; daher ist ein innergriechischer Flug eine attraktive Alternative zur Bus- oder Schiffsreise.

GELD UND GELDWECHSEL

Die griechische Währung ist die Drachme; es gibt 1-, 2-, 5-, 10-, 20-, 50-und 100-Drachmenmünzen, zudem 50-, 100-, 500-, 1000- und 5000-Drachmenscheine. Die griechische Währung ist einer beträchtlichen Inflation unterworfen (Anfang 1987: 1 DM = 62 Drs.; Anfang 1993: 1 DM = 130 Drs.). Neben Bargeld können EC- und Traveller-Schecks getauscht werden. – s. auch Devisenvorschriften.

KLEIDUNG

Es empfiehlt sich guter Sonnenschutz, insbesondere für den Kopf. Da das griechische Licht sehr intensiv ist und z.B. vom Marmor gleißend reflektiert wird, ist eine dunkle Sonnenbrille nützlich. Gegen den häufig starken Wind und für die abendliche Abkühlung ist ein warmer Pullover praktisch. Für Besichtigungen im Gelände oder auch auf dem glatten Akropolisfels sollte man festes, rutschsicheres Schuhwerk mitbringen. Wer bewohnte Klöster aufsuchen will, sollte dies nicht in freizügiger oder sportlicher sondern dezenter Sommerkleidung tun; für Frauen sind meistens Röcke statt Hosen vorgeschrieben, die Schultern sollten bedeckt sein.

KULTURINSTITUTE

Goethe-Institut: Omirou 14-16, Athen, Tel. 3608111; Deutsches Archäologisches Institut: Pheidiou 1, Athen, Tel. 3620270, 3620092; Österreichisches Archäologisches Institut: Leof. Alexandras 25, Athen, Tel. 8213708; Schweizer Archäologische Schule, Skaramanga 4 b, Athen, Tel. 8221449.

KUR-HEILBÄDER

Vouliagmeni mit Chlorschwefelquellen (20° C); Heilanzeige: Rheuma- und Arthritisbeschwerden sowie Frauenleiden. – Loutraki (nahe Korinth): radioaktive Natriumchloridquellen (31° C) für Badekuren bei Nieren-, Gallen- und Rheumaerkrankungen.

LESETIPS

Allgemein empfehlenswert ist die Lektüre griechischer Mythologie (etwa in der Ausgabe von Schwab), zudem die Reisebeschreibung Griechenlands von Pausanias (deutsch beim Artemis-Verlag, München/Zürich). Zum modernen Griechenland: N. Cage, Hellas. Ein Porträt Griechenlands. Original: Portait of Greece 1971, in Griechenland als Paperback von Efstathiadis (Athen 1987) erhältlich. – J. Gaitanidis, Griechenland ohne Säulen (München 1964 und zahlreiche überarbeitete Neuauflagen). – Zur Einstimmung für Kinder: K. Allfrey, Delphinensommer (Berlin 1963, später weitere Auflagen). – s. zu speziellen Hinweisen die Bibliographie.

MASSE UND GEWICHTE

Die Gewichtseinheit 'Pfund' oder 'Liter' ist unüblich, man bestellt nach 'Kilo', z.B. ein Kilo Wein oder Milch (ena kilo krasi oder gala) oder ein Viertel (Kilo) Käse (ena tetarto tiri).

NOTFÄLLE

Erste Hilfe-Notruf: 116; Polizei: 100. Für Autopannen s. Autofahren; für Ärzte s. Gesundheitsvorsorge und Ärztliche Versorgung.

ÖFFNUNGSZEITEN

Es ist zu beachten, daß die Öffnungszeiten der staatlichen Museen und Stätten gerade in letzter Zeit häufig geändert wurden; daher sind auch in der Zukunft Abweichungen vom hier gegebenen letzten Stand möglich. Private Museen und Sammlungen haben oft gesonderte Öffnungszeiten.

Es gibt zudem zwei jahreszeitlich bedingte Regelungen der Öffnungszeiten; von Mitte Oktober bis Anfang April werden die sommerlichen Nachmittags-Zeiten um ca. 2 Std. reduziert. Grundsätzlich sind alle staatlichen Museen und Besichtigungsstätten an folgenden Tagen geschlossen: 1.1.; 25.3.; Karfreitag bis 12 h; Ostersonntag; 1.5.; 28.10.; 25./26. 12; Wahltage.

Prinzipell (Sommer und Winter) sind Museen und Besichtigungsstätten Di-Fr von 8.30 bis 15.00 h, Sa-So von 8.45 bis 14.00 geöffnet und montags geschlossen.

Ausnahmen von dieser prinzipiellen Regelung:

a) die folgenden Museen: Akropolismuseum in Athen; in Heraklion, Chania, Olympia, Epidauros, Korinth, Delphi, Dion und Thessaloniki (incl. Weißer Turm): Geöffnet: Mo 12.30–19.00; Di–Fr 8–19; Sa-So 8.30–15.00. – Athen, Nationalmuseum: Mo 11–17; Di–Fr 8–17; Sa–So 8.30–15.

b) die Ausgrabungsstätten in Athen, Akropolis, auf Aigina, Aphaia-Hlgt., in Olympia, Mykene, Tiryns, Epidauros, Palamidi, Korinth, Delphi, Dodona, Dion, Knossos, Gortryn und Phaistos: verlängerte Öffungszeiten.

c) Weitere Sonderregelungen: Sounion: tägl. 10.00–Sonnenuntergang; Mistra: tägl. 8–18, vom 1.10. – 31.3.: 8.30–15.00; Rhodos, mittelalterl. Mauern: Mo und Sa 15–17; Rhodos, Schmucksammlung: Mo-Fr 8–13; Sa–So 8–12.

Die Eintrittspreise sind je nach Bedeutung der Stätte / des Museums unterschiedlich, am teuersten sind die berühmten, viel besuchten Stätten und Museen; grundsätzlich ist der Eintritt sonntags frei; für Schüler und Studenten, jeweils mit internationalem Ausweis mit Paßbild, gilt ein reduzierter Eintrittspreis.

PHOTOGRAPHIEREN

Touristenphotos sind fast überall möglich; in einigen Museen allerdings ist das Photographieren nicht, in anderen nur gegen Gebühr und in wiederum anderen mit Blitzlicht nur gegen Gebühr erlaubt. Militärische Einrichtungen und militärisch wichtige Objekte (z.B. Brücken) dürfen nicht abgelichtet werden.

POST

Postämter (TAXYΔPOMEION; 'Post Office') sind mit einem gelbgrundigen Schild mit Posthorn und Hermeskopf mit Flügelhut gekennzeichnet. Telephonieren ist in Postämtern nicht möglich, die Telephongesellschaft OTE ist von der Post getrennt. Die Hauptpost befindet sich in der Aiolou-Str. 100 (zwischen Stadiou und Panepistimiou).

RADIO UND FERNSEHEN

Das griechische Radio und Fernsehen (ERT) strahlt mehrere Programme aus, daneben gibt es viele Privatsender. Der Radiosender ERT 1 bringt jeden morgen um 7.50 h deutschsprachige Nachrichten. Die Deutsche Welle ist auf verschiedenen Wellenlängen mit einem Kurzwellenempfänger erreichbar. Im Fernsehen sind in das normale Netz einige europäische Satellitenprogramme eingespeist, z.b. Euronews, CNN, RAI, TVE und Eurosport sowie französische Sender.

REISEAPOTHEKE

Die Reiseapotheke sollte enthalten: Sonnenschutzmittel, Antihistaminikum-Salbe gegen Insektenstiche und Verbrennungen, Durchfall-Mittel, Verbandsmaterial.

SPRACHE

s.u. 'Zur Aussprache des Neugriechischen'.

TAXI

Taxifahren ist in Griechenland relativ preiswert. Man achte darauf, daß das Taxameter eingestellt wird; wenn man sich auskennt, kann man für große Strecken auch einen Preis vereinbaren. Das Taxameter beginnt mit einem niedrigen Anfangspreis, es ist aber eine Mindestsumme zu zahlen, auch wenn diese noch nicht auf dem Zähler erreicht ist (350 Drs. in Athen). Üblich ist auch die Mitnahme und das Zusteigen anderer, fremder Passagiere während der Fahrt; nur so kann der Taxifahrer auf seine Kosten kommen; der Einzelpreis wird dann nicht mittels Teilung des Gesamtpreises durch die Anzahl der Mitfahrer errechnet, jeder zahlt den vollen Tarif. Für größere Gepäckstücke muß eine Zusatzgebühr entrichtet werden. Einheimische rufen nicht besetzten Taxis in gebückter Haltung ihr Ziel, meist nur den Stadtteil, entgegen.

TELEFONIEREN

Die Telephongesellschaft OTE unterhält zahlreiche Büros, in denen von Einzelapparaten direkt durchgewählt werden kann; eine Digitalanzeige zeigt die verbrauchten Gebühren an, die anschließend an der Kasse bezahlt werden müssen. Daneben gibt es auch Telephone mit Zählern an Kiosken, Telephonzellen mit Münzautomaten, rote Telephone für innerörtliche Gespräche in Restaurants und ebenfalls an Kiosken, in die man eine Münze (z.Zt. 10 Drs.) einwerfen muß, und Magnetkarten-Telephone (Preis der Magnetkarte Drs. 1000.-). Als günstigste Zeit für Anrufe in die Heimatländer hat sich die Mittagspause von 15 bis 18 Uhr erwiesen; bei Einheimischen darf man in dieser Zeit aber keinesfalls anrufen, dort erst nach 19 h. Vorwahlnummern (danach ohne die Anfangs-0 der Ortsvorwahl): Deutschland: 0049; Österreich: 0043; Schweiz: 0041.

THEATER- UND ANDERE VERANSTALTUNGEN

Jeden Sommer finden in Griechenland Festspiele statt, zu denen Theater- und Ballettaufführungen sowie Konzerte gehören; diese Veranstaltungen sind auf das Herodes Atticus-Odeion, ein Theater auf dem Lykabettos, das antike Theater in Epidauros und weitere Stätten verteilt. Programme und Eintrittskarten zu den oft ausverkauften Veranstaltungen sind bei einer Vorverkaufsstelle in Athen erhältlich: Stadiou-Str. 4 (in einer Passage). – Auf dem Gelände der Pnyx stehen die Sitze für die

Vorführung von 'Ton und Licht' (Sound and Light; Son et Lumière); im täglichen Wechsel werden hier in deutscher, englischer und französischer Sprache abends (ab 21 h) antike Texte zur griechischen Geschichte und den Denkmälern Athens verlesen und dabei die Bauwerke der Akropolis angestrahlt. – Beim Kloster Daphni findet im Sommer ein Weinfest statt, bei dem man griechische Weine probieren und griechische Musik hören kann.

TRINKGELD

Je nach Qualität der Bedienung gibt man dem Kellner 10% der Rechnung oder mehr; beinahe wichtiger ist aber das Zurücklassen eines Betrages für den Kellner, der das Besteck, Brot und die Getränke bringt; er lebt weitgehend von diesem Trinkgeld.

VERKEHRSMITTEL

Das normale Verkehrsmittel neben dem Privatwagen ist in Griechenland der öffentliche Bus; das Autobus-Netz ist dicht, die Linien verkehren in regelmäßigen Abständen. Es ist bei den Überland-Bussen auch möglich, den Fahrer um einen Halt zwischen zwei Stationen zu bitten, wenn man aussteigen will. – Gut sind auch die Schiffsverbindungen zu den griechischen Inseln, sowohl mit Fähren als auch mit reinen Passagierschiffen und sog. Flying Dolphins. – Die Eisenbahn verkehrt im wesentlichen nur zwischen Thessaloniki und Athen; Nebenstrecken führen auch nach Chalkis und nach Pyrgos und Olympia; letztere Fahrt ist mit der Eisenbahn sehr zeitaufwendig. Für alle drei Reisemöglichkeiten gibt es Informationen in Reisebüros in den griechischen Städten. – Von Athens Flughafen Elliniko verkehren Busse in die Innenstadt: Zum einen unterhält Olympic Airways eine Busverbindung zwischen dem Syntagma-Platz und dem Westflughafen, zum anderen gibt es je einen Doppeldeckerbus ('Express') zum internationalen und zum Olympic-Flugplatz, beide Linien durchqueren die Innenstadt (Syntagma-, Omonia-Platz, Busbahnhöfe).
Bushaltestellen für Fahrten innerhalb Attikas: Aigyptou-Platz beim Pedion Areos und Thision.
Busbahnhof für Fahrten nach Westen, Norden und auf die Peloponnes: Kifissou 160. – Auf die Peloponnes nach Tripolis; Megalopolis; Langadia über Tropaia und Vytina; Leonidi über Astros; Andritsaina; Malevi; Kalavryta; Nauplia; Kranidi; Epidauros, Theater; Pyrgos; Krestena, Zacharo (Loutra Kaiapha); Olympia; Phigalia; Korinth; Xylokastro über Kiato; Loutraki; Derveni; Nemea; Ag. Theodoroi; Sparta; Gytheion; Gerolimin; Areopolis; Monemvasia; Kalamata; Koroni; Messene; Pylos; nach Gargalianoi über Kyparissia, Chora und Philiatra. – In die Landschaften Epirus und Aitolien nach Arta, Ioannina; Preveza; Parga; Thesprotiko; Kanalaki; Igoumenitsa; Agrinion; Aitoliko; Vonitsa über Amphilochia; Mesolongi; Makrinia; Mytika; Navpaktos; Astakos; Thermos. – Zu den ionischen Inseln Zakynthos; Korfu; Leukas; Kefallonia. – In die Landschaften Makedonien und Thrakien nach Kozani; Kastoria; Edessa; Veria; Florina; Kilkis; Serres; Drama; Kavalla; Grevena; Thessaloniki; Komotini und Xanthi.
Busbahnhof für Fahrten nach Boiotien, Phthiotis, Thessalien und nach Euboia: Liossion 260. Von hier fährt man nach Theben; Volos; Lamia; Atalanti; Trikala; Larissa; Karditsa; Karponisi und Euboia.
Innerhalb Athens fährt man mit städtischen Bussen (weiß-blau) oder mit O-Bussen (Trolleys, gelb).
Von Kiphissia (nördlicher Vorort Athens) führt bis nach Piraeus eine S-Bahn, die im Innenstadtbereich unterirdisch verläuft. Wichtige Stationen für Besichtigungen

sind: Viktoria (zum Nationalmuseum), Omonia (zum Nationalmuseum und den großen Prachtstraßen), Monastiraki (für Plaka und Monastiraki), Thision (für Kerameikos, Agora und Akropolis sowie 'Fels-Athen').

WASSER

Das Leitungswasser in Griechenland ist trinkbar, schmeckt aber teilweise stark nach Chlor. In allen Lebensmittelgeschäften gibt es in Plastikflaschen abgefülltes Quell- oder Sodawasser zu kaufen.

ZEIT

In Griechenland gilt die MEZ + 1 Std.; Sommerzeit gilt wie in den mitteleuropäischen Ländern (ca. Ende März bis Ende September).

ZEITUNGEN, ZEITSCHRIFTEN

In Athen und anderen großen Städten bzw. in Touristenzentren bekommt man fast alle großen europäischen Zeitungen und Zeitschriften, in den Großstädten noch am Abend des Erscheinungstages, sonst einen Tag später.

8. ZUR AUSSPRACHE DES NEUGRIECHISCHEN

Es gibt im Neugriechischen zwei 'Sprachen', die 'Hoch-' (Katharevousa) und die 'Volkssprache' (Dimotiki). Die Volkssprache, die oft die alte griechische Grammatik vereinfacht, wurde 1977 durch Verfassungsänderung zur gültigen griechischen Amtssprache erhoben. Dies wird auf den ersten Blick an den Akzenten sichtbar: Während es früher drei verschiedene Akzente gab, wird heute häufig nur mehr ein die Silbe betonender Punkt oder Strich als Akzent geschrieben. Schon diese Veränderungen der jüngsten Zeit, die auch weiterhin virulent sind, erschweren eine einheitliche Wiedergabe der griechischen Orts- und Personennamen sowie der Begriffe. Zudem gibt es leider bis heute keine verbindlichen Regeln für die Transskription des Neugriechischen ins lateinische Alphabet. Es wurde hier eine Art der Übertragung gewählt, die einen Kompromiß darstellt zwischen der humanistischen und – besonders bei modernen Ortsnamen – einer phonetisch der neugriechischen Aussprache möglichst nahekommenden Schreibweise. Weil dabei Kompromisse unvermeidlich waren, sind die Transskriptionen nicht immer konsequent nach einheitlicher 'Regel'. Auf Akzente wurde verzichtet; wer in Griechenland reist, wird auf den Straßenschildern meist die zu betonende Silbe mit einem Akzent markiert finden. Das neugriechische Alphabet und die Aussprache der Buchstaben (-kombinationen):

Buchstabe	Name	Transskription	Laut
A – α	Alpha	a	a
Αι – αι	–	ai/e	ä (kurz)
Αυ – αυ	–	av	af/av
B β	Vita	v/w	w
Γ γ	Gamma	g	g/vor i- und e-Laut: j
γγ	–	ng	ng
Γκ – γκ	–	k/nk	Wortbeginn: k; im Wort meist nk
γχ	–	nch	nch
Δ – δ	Delta	d	stimmh. engl. th
E – ε	Epsilon	e	e

Buchstabe	Name	Transskription	Laut
Eι – ει	–	i/ei	i
Eυ – ευ	–	ev/eu	ev
Z – ζ	Zita	z	stimmh. s
H – η	Ita	i	i
Θ – θ	Thita	th	stimml. engl. th
I – ι	Iota	i	i
K – κ	Kappa	k	k
Λ – λ	Lambda	l	l
M – μ	Mi	m	m
Mπ – μπ	–	b/mb	b/mb
N – ν	Ni	n	n
Nτ – ντ	–	d	d
Ξ – ξ	Xi	x	x
O – ο	Omikron	o	o
Oι – οι	–	i/oi	i
Oυ – ου	–	ou/u	u
Π – π	Pi	p	p
P – ρ	Rho	rh	r
Σ – σ – ς	Sigma	s/ss	stimml. s
T – τ	Tav	t	t
Y – υ	Ipsilon	y/i	i
Φ – φ	Phi	ph/f	f
X – χ	Chi	ch	ch
Ψ – ψ	Psi	ps	ps
Ω – ω	Omega	o	o

9. Dɪᴇ ᴡɪᴄʜᴛɪɢsᴛᴇɴ SᴇʜᴇɴsᴡÜʀᴅɪɢᴋᴇɪᴛᴇɴ ɪɴ ᴄʜʀᴏɴᴏʟᴏɢɪsᴄʜᴇʀ Oʀᴅɴᴜɴɢ

Hier kann sich derjenige Reisende informieren, der nicht alle, sondern ausgewählte Denkmäler einer bestimmte Epoche oder Gattung besichtigen möchte; über das Orts-Register läßt sich die Beschreibung der jeweiligen Sehenswürdigkeiten leicht auf-finden.

Prähistorische Zeit:
Kykladen-Kultur: Museum für Kykladen- und antike griechische Kunst (Slg. Gou-landris): Athen, Neophytou Douka 4; Athen, Nationalmuseum, Saal 6; Ag. Kosmas-Halbinsel; Perati; Raphina.
Mykenische Kultur (Gräber, Burgen): Athen, Nationalmuseum, Raum 4 und 5; Athen, Akropolis, Pelargikon; Menidi; Kiapha Thiti; Thorikos; Koropi, Kastro tou Chri-stou; Marathon.
Geometrische und archaische Zeit (8.-6. Jh. v.Chr.):
Architektur: Athen: Akropolis, Alter Athena-Tempel; Agora, Südost-Brunnenhaus; Akropolis-Südabhang: Brunnenhaus. Vari, Lathouriza; Vari, Nekropole; Anavys-sos, Nekropole; Eleusis, Telesterion; Diolkos nahe Korinth; Aigina: Kolonna, Aphaia-Hlgt. und Zeus Panhellenios-Hlgt.

Skulptur: Athen: Akropolismuseum, Säle 1-6; Nationalmuseum, Räume 7-13; Kerameikos-Museum.

Keramik, Kleinkunst: Athen: Nationalmuseum, Saal 7 und Vasenslg.; Kerameikos-Museum; Agora-Museum; Museum Kanellopoulos; Brauron, Museum; Marathon, Museum; Eleusis, Museum.

Klassische Zeit (5.-4. Jh. v.Chr.):
Architektur, Tempel und andere Heiligtums-Bauten: Athen, Akropolis: Erechtheion, Athena Nike-Tempel, Parthenon, Propyläen; Akropolis-Südabhang: Asklepieion; Agora: Hephaisteion; Ilissos-Gebiet: Apollon-Tempel. – Vouliagmeni, Kap Zoster: Apollon-Tempel; Sounion, Poseidon- und Athena-Tempel; Brauron, Artemis-Tempel; Koropi, Prophitis Ilias; Rhamnous, Nemesis-Tempel und Schatzhaus für Themis und Nemesis; Amphiareion von Oropos; Daphni, Aphrodite-Hlgt.; Eleusis, Telesterion; Perachora, Heraion; Aigina, Kolonna- und Aphaia-Hlgt.; Poros, Kalauria.
Architektur, Theater: Athen, Dionysos-Theater. Piraeus; Trachones; Thorikos; Dionysos; Rhamnous.
Architektur, andere öffentliche Großbauten: Athen, Akropolis-Südabhang: Odeion des Perikles; Agora: Verwaltungsgebäude der attischen Demokratie, Hallenbauten; Pnyx; Pompeion des Kerameikos; Stadion. Piraeus, Schiffshäuser, Skeuothek; Megara, Brunnenhaus; Perachora, Brunnenhaus.
Architektur, Wohnsiedlungen, Häuser: Athen, Agora, Südwestecke; Nymphen- und Musenhügel ('Fels-Athen'). Vari, Kalambokas; Thorikos.
Architektur, Stadt- und Festungsmauern: Athen, Kerameikos; Musenhügel; Athinas-Str. – Lathouriza; Sounion; Thorikos, Festung; Rhamnous; Eleusis; Dekeleia; Phyle; Panakton; Oinoe; Eleutherai; Aigosthenai.
Architektur, Grab- und Ehren- bzw. Erinnerungsdenkmäler: Grabdenkmäler: Athen, Kerameikos; Piraeus, Museum (aus Kalithea); Voula, Pigadakia; Vari; Sounion-Umgebung: Charaka-, Agriliza-Tal; Thorikos; Stavros, Löwe von Kantsas; Marathon, Grabhügel; Rhamnous; Megara-Nähe, sog. Grab des Kar. – Ehren- bzw. Erinnerungsdenkmäler: Athen: Akropolis (Statuen); Bezirk des Dionysos-Theaters, Tripodenstraße (choreg. Weihgeschenke); Piraeus, sog. Grab des Themistokles.
Architektur, Werkstätten und Bauernhöfe: Athen, Agora, Südwestecke; Kerameikos; Vari; Vouliagmeni; Sounion-Umgebung: Charaka- und Agriliza-Tal; Laurion-Gebiet; Thorikos; Vathichoria.
Grotten für griechische Götter (Pan, Nymphen u.a.): Athen, Akropolis, Nordabhang; Vari-Nähe; Daphni; Phyle; Marathon – Oinoe.
Skulptur, Statuen, Reliefs und Architekturschmuck: Athen, Akropolismuseum; Nationalmuseum Säle 14-28; Agora-Museum. Piraeus; Brauron; Marathon; Eleusis; Aigina.
Skulptur, Grabreliefs: Athen, Kerameikos mit Museum; Nationalmuseum, Säle 16-28. Piraeus; Brauron; Marathon.
Keramik und Kleinkunst: Athen, Nationalmuseum, Karapanos-Saal (36), Obergeschoß; Kanellopoulos-Museum; Agora-Museum; Benaki-Museum; Goulandris-Museum. Brauron; Eleusis.
Hellenistische Zeit (3.-1. Jh. v.Chr.):
Architektur, Tempel und sakrale Bauten: Athen, Olympieion; Aigina, Zeus Panhellenios-Hlgt.
Architektur, Theater: Athen, Dionysos-Theater (Umbauten); Amphiareion.
Architektur, andere öffentliche Großbauten: Athen, Akropolis-Südabhang: Eumenes-Stoa; Agora: Attalos-, Mittel- und Südstoa; Turm der Winde. Eleusis, Kleine Propyläen.
Architektur, Wohnsiedlungen, Häuser: Koroni.

Architektur, Stadt- und Festungsmauern: Athen, Musenhügel; Piraeus, Mounychia-Hügel; Vari, Kastraki; Sounion, Erweiterung; Koroni.

Architektur, Grab- und Ehren- bzw. Erinnerungsdenkmäler: Athen, Akropolis, pergamenische Pfeilermonumente; Bezirk des Dionysos-Theaters, Tripodenstraße (choreg. Weihgeschenke); Agora, Attalos-Pfeiler. Dionysos, choregisches Monument. Skulptur, Statuen, Reliefs und Architekturschmuck: Athen, Nationalmuseum Säle 28-31; Agora-Museum; Brauron; Aigina.

Keramik und Kleinkunst: Athen, Nationalmuseum: Stathatos-Slg., Obergeschoß; Kanellopoulos-Museum; Benaki-Museum. Aigina.

Römische Kaiserzeit (1.-4./5. Jh. n.Chr.):

Architektur, Tempel und sakrale Bauten: Athen, Akropolis, Roma-Augustus-Tempel; Agora, Südwest-, Südost- und Ares-Tempel (versetzte ältere Bauten); Olympieion. Eleusis, Telesterion-Vorhalle, Artemis- und Sabina-Tempel; Marathon, Iseum; Rhamnous, Nemesis-Tempel, Erneuerung.

Architektur, Theater und Odeion: Athen, Herodes Atticus-Odeion; Agora, Odeion des Agrippa.

Architektur, andere öffentliche Großbauten: Athen, Agora, Pantainos-Bibliothek; römische Agora; Hadrians- Bibliothek, -Bogen und -Wasserleitung; Stadion des Herodes Atticus; Aphrodite-Tempel beim Stadion. Marathon, Isis-Tempel; Eleusis, Große Propyläen; Platzanlage mit Bögen und Brunnenhaus sowie Terrasse oberhalb des Telesterion.

Architektur, Wohnhäuser: Athen, Akropolis-Südabhang; Agora, Südseite; Areopag-Westseite.

Architektur, Grab- und Ehren- bzw. Erinnerungsdenkmäler: Grabbauten: Athen, östl. oberhalb des Stadion; Chalandri; Kiphissia; Aspropyrgos, Nationalstraße. – Römische Marmorsarkophage: Athen: Kerameikos; östl. oberhalb des Stadion; Nationalmuseum, Innenhof bei der Cafeteria. Kiphissia; Eleusis.

Skulptur, Statuen, (Grab-) Reliefs und Architekturschmuck: Athen Nationalmuseum (Neuaufstellung); Agora-Museum; Kanellopoulos-Museum. Porto Raphti, Kolossalstatue auf Insel; Brauron; Marathon; Eleusis.

Keramik und Kleinkunst: Athen: Nationalmuseum; Kanellopoulos-Museum; Benaki-Museum.

Antike Steinbrüche:

Piraeus, Akte; Pentelikon; Hymettos; Agriliza-Tal bei Sounion.

Frühchristliche bzw. frühbyzantinische Phase:

Basiliken und sonstige Kirchen: Athen, Einbauten in den Parthenon, das Erechtheion, das Hephaisteion, die Hadriansbibliothek; Areopag, Kirche des Dionysios Areopagites. Kaisariani, Taxiarchenkirche; Glyphada; Kiapha Thiti; Elympos; Brauron; Pikermi (Mesogaia), Ag. Vasileios; Aigosthenai.

Sonstige Kunst: Athen, Byzantinisches Museum.

Mittelbyzantinische Zeit:

Kirchen und Klöster: Athen, Agora: Agioi Apostoli; Plaka: Ag. Ioannis Theologos, Ag. Nikolaos Rangavas, Ag. Aikatherina, Soteira tou Kottaki, Metamorphosis Soteiros; Kleine Mitropolis; Kapnikarea; Ag. Theodoroi; Lykodimou; Ag. Asomatoi; Moni Petraki; Ag. Panton. Kalogreza, Omorphi Ekklesia; Hymettos-Klöster: Kaisariani, Asteri, Ag. Ioannis Theologos, Ag. Ioannis Kynigos, Kareas; südliches Attika: Ag. Dimitrios, Ag. Nikolaos und Panagia Varaba bei Markopoulo; sonstiges Attika, Megaris: Daphni; Osios Meletios; Aigina: Ag. Theodoroi; Aigina, Palaiochora: Ag. Nikolaos, Ag. Stephanos, Ag. Ioannis Theologos.

Sonstige Kunst: Athen, Byzantinisches Museum; Benaki-Museum.

Türkische Epoche:
Architektur: Athen, röm. Agora, Fetiye Moschee und Portal zur Koranschule; Monastiraki-Platz, Moschee.

Neoklassizistische Epoche:
Architektur: Athen, Weiler-Gebäude (Museum Makrygianni), Altes Schloß (Parlament), Zappeion, Altes Parlament, Schliemann-Haus, Akademie, Universität, Nationalbibliothek, Deutsches Archäologisches Institut, 'Odeion', Nationalmuseum, Häuser in der Plaka, Villen in Kiphissia; Aigina, Häuser beim Hafen.

Grabdenkmäler: Athen, 1. Friedhof.

LITERATURHINWEISE

Bei den Literaturhinweisen ist Vollständigkeit nicht angestrebt; dem interessierten Leser soll durch sie vielmehr nur die Möglichkeit geboten werden, anhand der Angaben weiterführende wissenschaftliche Publikationen aufzufinden, die wiederum ältere Literatur nennen; reiche bibliographische Angaben sind in den genannten Werken von J. Travlos zu finden. Die hier benutzten Abkürzungen sind die Sigel des Deutschen Archäologischen Institutes.

Lexika und Nachschlagewerke

S. Lauffer (Hrsg.), Griechenland. Lexikon der historischen Stätten. Von den Anfängen bis zur Gegenwart (München 1989).

D. Leekley - R. Noyes, Archaeological Excavations in Southern Greece (Park Ridge N.J. 1976) 1-29 (zu Attika).

D. Leekley, Archaeological Excavations on Greek Islands (Park Ridge N.J. 1976) zu Aigina, Salamis und Poros.

D. Müller, Topographischer Bildkommentar zu den Historien Herodots. Griechenland (Tübingen 1987).

R. Stillwell (Hrsg.), The Princeton Encyclopedia of Classical Sites[2] (Princeton N.J. 1979).

J. Travlos, Bildlexikon zur Topographie des antiken Athen (Tübingen 1971).

J. Travlos, Bildlexikon zur Topographie des antiken Attika (Tübingen 1988).

Griechische Architektur

W.B. Dinsmoor, The Architecture of Ancient Greece (New York 1975).

G. Gruben, Die Tempel der Griechen[4] (München 1986).

H. Knell, Perikleische Baukunst (Darmstadt 1979).

Byzantinische Architektur

Γ. Ἀ. Σωτηρίου, Χριστιανικὴ καὶ βυζαντινὴ ἀρχαιολογία (Athen 1942).

Γ. Ἀ. Σωτηρίου, Εὑρετήριον τῶν μεσαιωνικῶν μνημείων τῆς Ἑλλάδος. Μέρος Αʹ. 1. Μεσαιωνικὰ μνημεῖα Ἀττικῆς. αʹ. Ἀθηνῶν (Athen 1927 und 1929).

Ἀ.Κ. Ὀρλάνδος, Εὑρετήριον τῶν μεσαιωνικῶν μνημείων τῆς Ἑλλάδος. Μέρος Αʹ. 1. Μεσαιωνικὰ μνημεῖα Ἀττικῆς. βʹ. Τῆς πεδιάδος τῶν Ἀθηνῶν καὶ τῶν κλιτύων Ὑμηττοῦ, Πεντελικοῦ, Πάρνηθος καὶ Αἰγάλεω (Athen 1933).

Ἀρχεῖον τῶν Βυζαντινῶν Μνημείων τῆς Ἑλλάδος. ed. Ἀ.Κ. Ὀρλάνδος. 1, 1935 - 12, 1973.

R. Krautheimer, Early Christian and Byzantine Architecture (Penguin Books 1965).

Ch. Bouras – A. Kaloyeropoulou – R. Andreadi, The Churches of Attica (Athen 1970).

P. Hetherington, Byzantine and Medieval Greece (London 1991).

Reiseberichte und erste Erforschung Griechenlands

E. Dodwell, Klassische Stätten und Landschaften in Griechenland. Impressionen von einer Reise um 1800. Erläutert und mit einem Nachwort von U. Sinn (Dortmund 1982).

A. Papanikolaou-Christensen, Athens 1818–1853. Views of Athens by Danish Artists (Athen 1985).

F.-M. Tsigakou, Das wiederentdeckte Griechenland in Reiseberichten und Gemälden der Romantik (Bindlach 1987).

Mythologie

G. Schwab, Die schönsten Sagen des klassischen Altertums (1837 und zahlreiche Neuauflagen).

H. Hunger, Lexikon der griechischen und römischen Mythologie (Hamburg 1974 und Neuauflagen).

Umweltzerstörung in der Antike

K.-W. Weeber, Smog über Attika. Umweltverhalten im Altertum (Zürich – München 1990)

Neuere Literatur zu einzelnen Stätten

Akropolis von Athen: U. Muss – Chr. Schubert, Die Akropolis von Athen (Graz 1988); L. Schneider – Chr. Höcker, Die Akropolis von Athen. Antikes Heiligtum und modernes Reiseziel (Köln 1990); H.R. Goette, Antike Welt 21, 1991, 165 ff. 290.

Dionysos- und andere Theater: W. Wurster, Antike Welt 24, 1993, 20 ff.

Griechische Agora in Athen: J.M. Camp, The Athenian Agora. Excavations in the Heart of Classical Athens (London 1986; deutsche Ausgabe: Ph. von Zabern, Mainz 1990); H.A. Thompson – J.M. Camp, The Athenian Agora. A Guide to the Excavation and Museum (Athen 1990); G.. Dontas, Hesperia 52, 1983, 48 ff.

Wohnhäuser und 'Fels-Athen': H. Lauter-Bufe – H. Lauter, AM 86, 1971, 109 ff.; H. Lauter, Antike Welt 13, 1982, 44 ff.

Kerameikos in Athen: U. Knigge, Der Kerameikos von Athen. Führung durch Ausgrabungen und Geschichte (Athen 1988).

Hadrianisches Athen: D. Willers, Hadrians panhellenisches Programm. Archäologische Beiträge zur Neugestaltung Athens durch Hadrian. Antike Kunst 16. Beih. (Basel 1990).

Neoklassizistische Bauten Athens: Σ.Β. Σκοπελίτη, Νεοκλασσικά σπίτια της Αθήνας και του Πειραιά[3] (Athen 1987; mit engl. Resumee).

Plaka: Λ. Μιχελή, Πλάκα. Ιστορική μνήμη και μυθοπλασία[2] (Athen 1988).

Antike Festungen und Wacht- bzw. Farmtürme in Attika: J.R. McCredie, Fortified Military Camps in Attica. Hesperia Suppl. 11, 1966; J. Ober, Fortress Attica (Leiden 1985); dazu: M.H. Munn, AJA 1986, 363 ff.; H. Lohmann, Gymnasium 94, 1987, 270 ff.; J. Ober, Hesperia 56, 1987, 197 ff.; Fortificationes antiquae. Ed. S. Van de Maele – J.M. Fossey (Amsterdam 1992).

Tourkovounia: H. Lauter, Der Kultplatz auf dem Turkovuni. AM Beih. 12 (1985).

Piraeus: K.-V. von Eickstedt, Beiträge zur Topographie des antiken Piraeus (Athen 1991).

Vari und Umgebung: H. Lauter, AA 1982, 299 ff.; M.K. Langdon, Chiron 1988, 43 ff.; M.K. Langdon, Festschr. E. Vanderpool. Hesperia Suppl. 19, 1982, 90 f.

Kiapha Thiti und Panagia Thiti: G.R. Stanton, BSA 79, 1984, 298 ff.; H. Lauter u.a., MarbWPr 1989 ff.

Trapouria: H. Lauter, AA 1980, 242 ff.

Charaka-Tal: H. Lauter, Hellenika Jahrbuch 1981, 162 ff.; H. Lohmann, Hellenika Jahrbuch 1983, 98 ff.; H. Lohmann, Jb. Ruhr-Univ. Bochum 1985, 71 ff.; H. Lohmann, Atene (Köln 1993).

Sounion: H. Lauter, MarbWPr 1988, 11 ff.; U. Sinn, Antike Welt 23, 1992, 175 ff.

Laureotike (Silberbergbau, Farmen, Steinbrüche): C.E. Conophagos, Le Laurium antique (1980); J.E. Jones, Greece & Rome 29, 1982, 169 ff.; H.R. Goette, AM 106, 1991, 201 ff.

Thorikos: H. Mussche, Thorikos. Eine Führung durch die Ausgrabungen (1978)

Koroni: H. Lauter-Bufe, MarbWPr 1988, 67 ff.

Brauron – Loutsa (Artemis-Tempel): M.B. Hollinshead, AJA 89, 1985, 419 ff.

Stavros (Kantza): U. Knigge, AM 91, 1976, 167 ff.; Ξ. Αραπογιάννη, Πρακτικά Β' Επιστημονικής Συνάντησης ΝΑ Αττικής. Καλύβια Αττικής 25.-28. Οκτ. 1985 (1986) 255 ff.

Pentelikon, Steinbrüche: Vom Penteli zum Parthenon. Werdegang eines Kapitells zwischen Steinbruch und Tempel gezeichnet und beschrieben von M. Korres (München 1992).

Marathon-Ebene (röm. Denkmäler): Ξ. Αραπογιάννη, Πρακτικά Γ' Επιστημονικής Συνάντησης ΝΑ Αττικής. Καλύβια Αττικής 5.-8. Nov. 1987 (1988) 307 ff.

Rhamnous: V. Petrakos, Rhamnous (Athen 1991).

Eleusis: Δ. Ζιρῶ, Τά μεγάλα προπύλαια τῆς Ἐλευσίνας (Athen 1991); K. Preka-Alexandri, Eleusis (Athen 1991).

Vathichoria: J. Ober, AJA 91, 1987, 569 ff.

Perachora: U. Sinn, AM 105, 1990, 53 ff.

ORTS-REGISTER

1: Athen, Akropolis von Westen. Panoramaphoto von Des Granges, um 1870

2: Athen, Akropolis und Olympieion mit dem Ilissos und dem Musenhügel,
um 1900

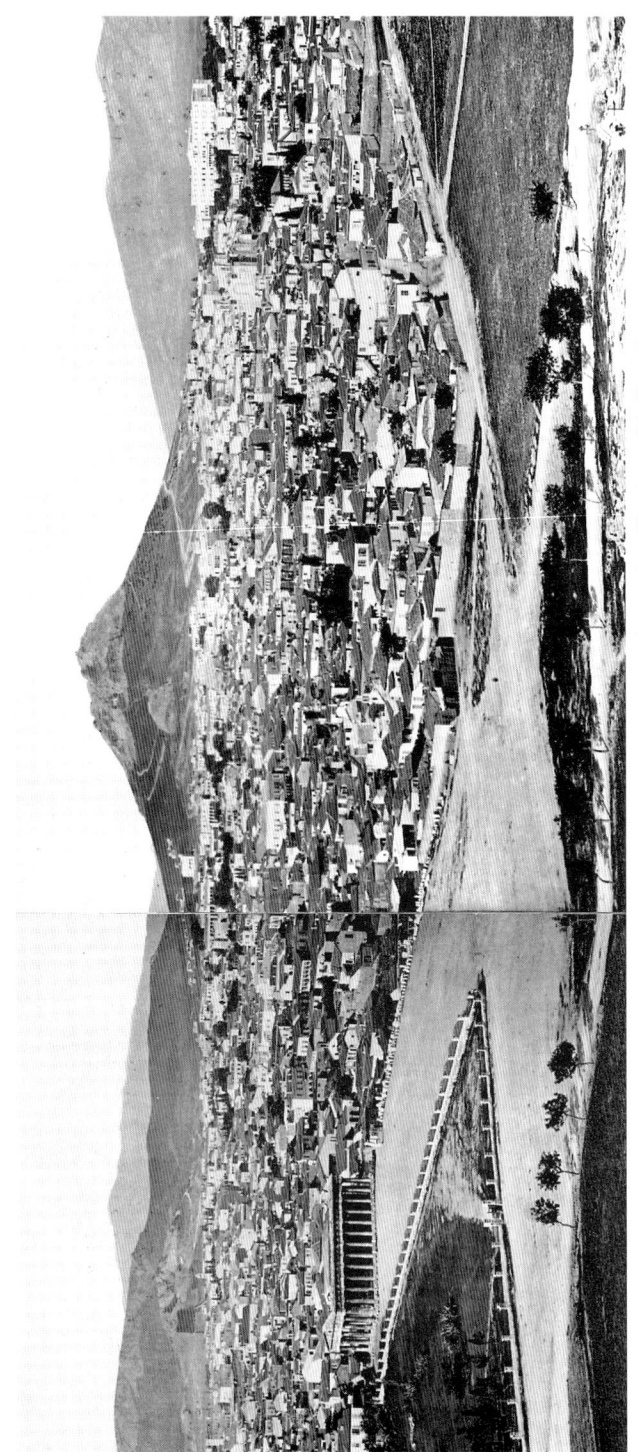

Athen mit Hephaisteion und Agora-Bereich, hinten das Königsschloß und
der Lykabettos. Panoramaphoto von Des Granges, um 1870

2: Athen, Akropolis: Modell des Zustandes um 180 n.Chr. (Mus. Makrygianni, nach M. Korres)

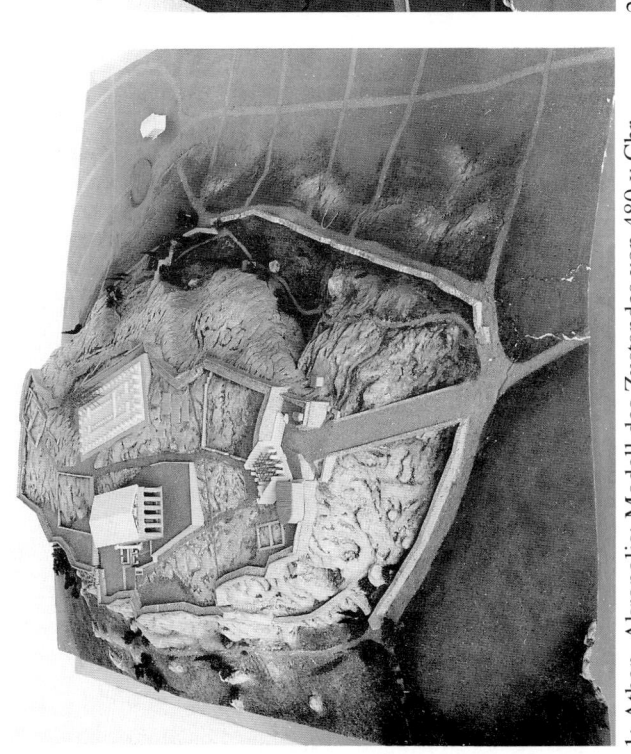

1: Athen, Akropolis: Modell des Zustandes von 480 v.Chr. (Mus. Makrygianni, nach M. Korres)

1: Athen, Akropolis: Propyläen-Ostfront; hinten der
   Nymphenhügel (um 1900)

2: Athen, Akropolis: Nike-Tempel von Osten

Athen, Akropolis: Fundament des Vor-Parthenon

1: Athen, Akropolis: Erechtheion und Parthenon (1928)

2: Athen, Akropolis: Erechtheion-Westseite. Photo Robertson 1854

1: Athen, Akropolis: Zwei archaische Koren vor dem Parthenon - Photo Wagner, um 1936. Das Bild kombiniert in unhistorischer Weise Werke aus zwei Epochen, die nie gleichzeitig sichtbar waren: Die Koren lagen bei Fertigstellung des Parthenon im 'Perserschutt'. Das Photo gibt aber einen Eindruck von der Wirkung der Skulpturen im Freien.

2: Athen, Nat.Mus:
Hadrianische Statuetten-Kopie der Athena Parthenos

1: Athen, Dionysos-Theater, Prohedrie mit Thron des Dionysos-Priesters

2: Athen, Dionysos-Theater um 1890; dahinter das Museum Makrygianni

1: Athen, Kerameikos: Überblick von Osten, vorn das Pompeion

2: Athen, griechische Agora: Überblick von Westen

1: Athen, Plaka mit römischem Markt

2: Athen, Plaka-Treppenstraße

Athen, Kleine Mitropolis

1: Athen, Erster Friedhof, Mausoleum H. Schliemanns

2: Athen, Nationalbibliothek

1: Piraeus, südliche Stadtmauer (um 1890)

2: Piraeus: Mikrolimano mit Steinen der Hafenmole; links der Mounychia-Hügel

1: Kloster Daphni, Ansicht von Süden

2: Das Aphrodite-Heiligtum von Daphni

1: Kalogreza, Die Omorphi Ekklesia in Galatsi

2: Das Kloster Kaisariani: Katholikon und Badehaus

1: Vouliagmeni: Der Apollon-Tempel auf Kap Zoster

2: Vouliagmeni: Oros-Inschrift auf dem Kaminia-Höhenzug, im Hintergrund Kap Zoster

1: Vari: Reliefbild des Archedemos in der Pans-Grotte

2: Elympos: Apsis der frühchristl. Basilika,
Mosaik und Altar-Standspuren

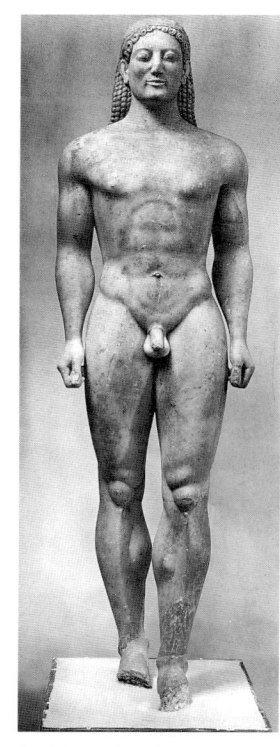

3: Athen, Nat.Mus.: Kroi-
sos von Anavyssos

1: Kap Sounion, Poseidon-Tempel (um 1870)

2: Agriliza-Tal bei Kap Sounion: Marmorsteinbruch des Poseidon-Tempels

1: Thorikos: Das Theater und das Werkstattviertel

2: Thorikos: Der heute mit Erde bedeckte dorische Tempel (um 1895)

1: Brauron: Überblick über das Artemis-Heiligtum von Süden

2: Stavros: Der Löwe von Kantza

3: Gerakas, Ag. Giorgios:
Anthemion und Grab-
relief mit Lekythos

1: Marathon, Oinoe: Hofanlage mit Schleusen

2: Rhamnous: Die Stufen des Nemesis-Tempels und des Schatzhauses

1: Amphiareion von Oropos: Das Theater

2: Pentelikon, Spilia: Marmorsteinbruch und Schleifbahn

1: Menidi: Sog. Acharner-Tumulus

2: Phyle: Blick durch die südliche Pforte in das klassische Kastell

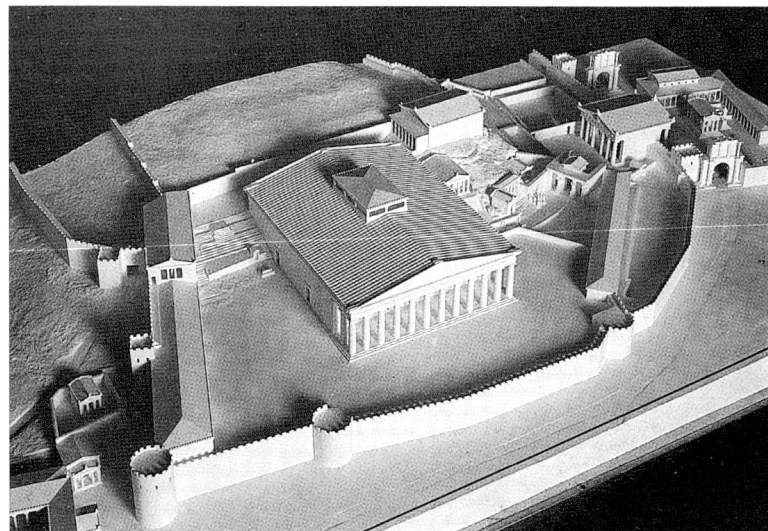

Eleusis. 1: Fries von den Kleinen Propyläen. – 2: Modell des Demeter-Heiligtums im Zustand um 180 n.Chr. – 3: Brücke über den Kephissos

1: Megara: Brunnenhaus 'des Theagenes'

2: Megara: Das heute zerstörte Heiligtum des Zeus Aphesios (um 1890)

1: Vathichoria: Rundturm mit Gehöft-Ruinen

2: Vathichoria: Sog. Pyrgos tou Germenou

1: Porto Germeno: Ostmauer des Kastells von Aigosthenai (um 1900)

2: Gyphtokastro: Die Nordmauer-Innenseite des Kastells Eleutherai am Kithairon-Paß

1: Das Katholikon des Klosters Osios Meletios bei Oinoe

2: Bauarbeiten am Kanal von Korinth (1890)

Das Heraion von Perachora, Ansicht von Westen

1: Der Nachbau einer klassischen Triere im Hafen von Piraeus

2: Aigina: Das Kolonna-Heiligtum mit dem Apollon-Tempel

1: Aigina: Aphaia-Tempel

2: Aigina: Zeus Panhellenios-Heiligtum

1: Aigina, Palaiochora

2: Poros: Stoa im Poseidon-Heiligtum von Kalauria

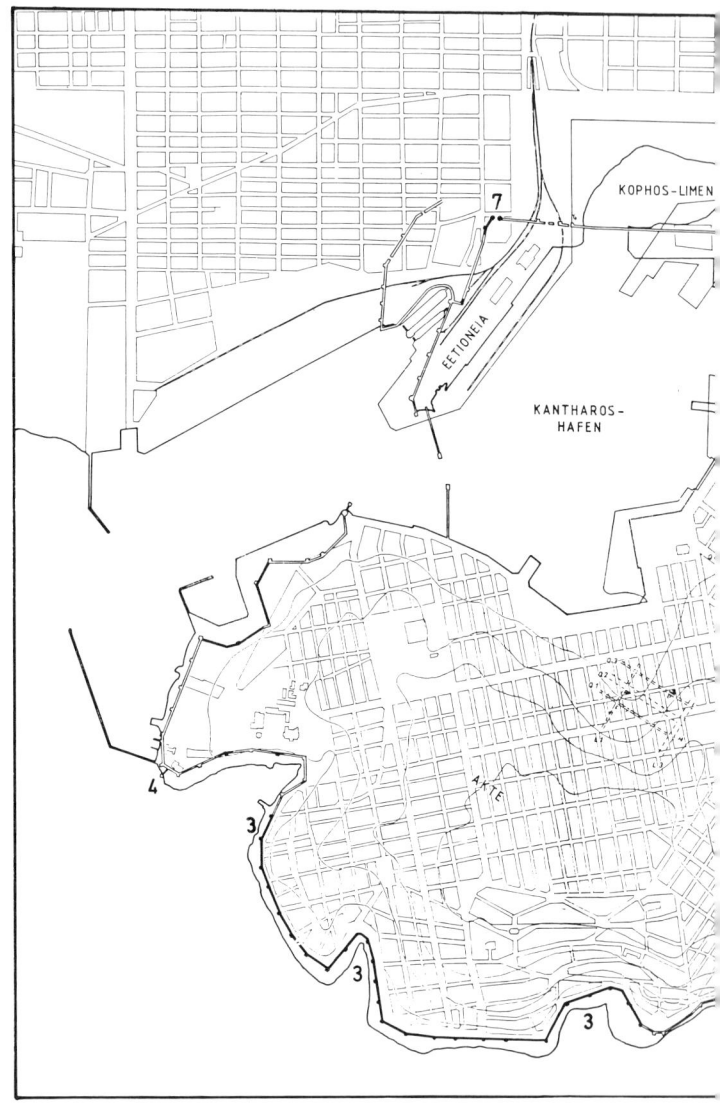

40   Stadtplan des Piraeus

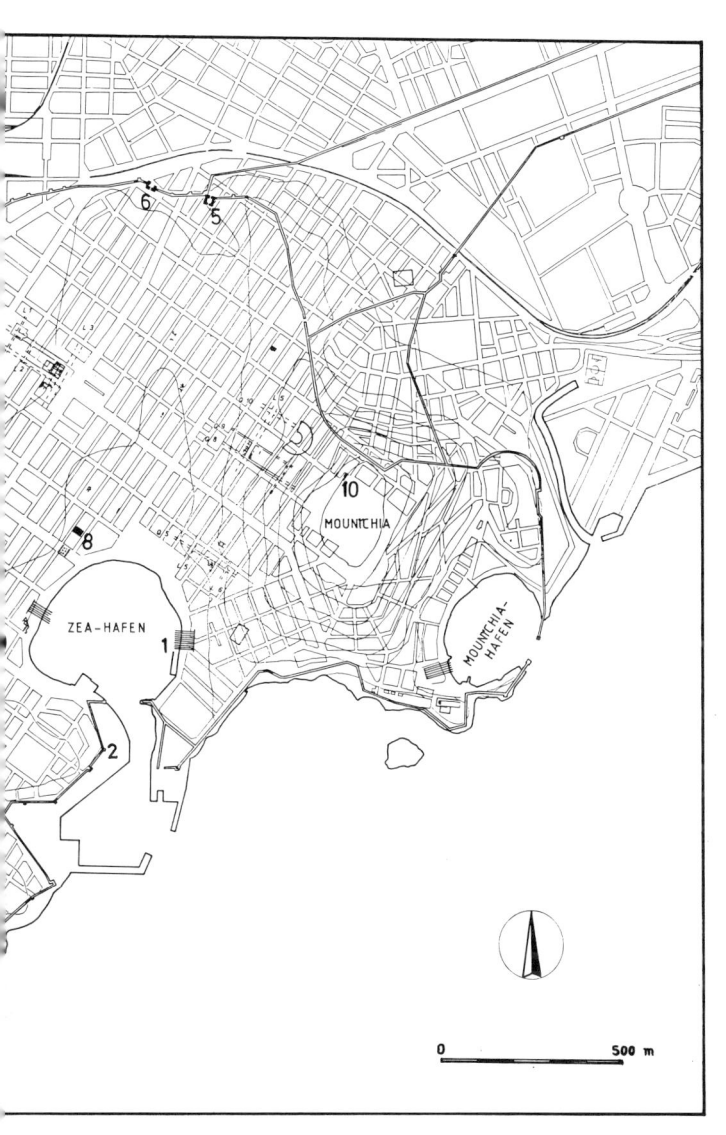

ZEA-HAFEN

MOUNICHIA

MOUNICHIA-HAFEN

1

2

8

6

5

10

0   500 m